谨以此书献给我已故父母
愿他们在天之灵永享至福与静美

本书由教育部人文社会科学研究项目基金资助
(项目批准号：09YJA720009)

A Study of Thomas Aquinas's Philosophy of Language

阿奎那语言哲学研究

董尚文◎著

人民出版社

责任编辑:洪　琼
版式设计:顾杰珍

图书在版编目(CIP)数据

阿奎那语言哲学研究/董尚文 著. -北京:人民出版社,2015.6
ISBN 978-7-01-014929-5

Ⅰ.①阿… Ⅱ.①董… Ⅲ.①阿奎那,T.(1225～1274)-语言哲学-研究
Ⅳ.①B503.21

中国版本图书馆 CIP 数据核字(2015)第 127142 号

阿奎那语言哲学研究
AKUINA YUYANZHEXUE YANJIU

董尚文　著

人民出版社 出版发行
(100706　北京市东城区隆福寺街 99 号)

北京中科印刷有限公司印刷　新华书店经销

2015 年 6 月第 1 版　2015 年 6 月北京第 1 次印刷
开本:787 毫米×1092 毫米 1/16　印张:26.5
字数:480 千字　印数:0,001-1,500 册

ISBN 978-7-01-014929-5　定价:69.00 元

邮购地址 100706　北京市东城区隆福寺街 99 号
人民东方图书销售中心　电话 (010)65250042　65289539

序

段德智

《阿奎那语言哲学研究》是董尚文教授继《阿奎那存在论研究》之后推出的又一部研究阿奎那哲学思想的力作。与他的《阿奎那存在论研究》一样,这部著作也具有重大的理论意义和学术价值。

《阿奎那语言哲学研究》之所以具有重大的理论意义和学术价值,最根本的原因就在于它研究的是"阿奎那的语言哲学"。

一是与其研究的是"阿奎那"的语言哲学密切相关。谈到阿奎那,人人通常将其视为西方中世纪哲学的代表人物。这无疑是正确的,但却不充分。例如,阿奎那在基督宗教神学史上的地位就远非西方中世纪哲学的代表人物这样一个判断所能涵盖的。因为在迄今为止的基督宗教神学史上,他是一位无与伦比的基督宗教神学家,而不仅仅是一位无与伦比的基督宗教神学家之一。在漫长的基督宗教神学史上,除阿奎那外,至今尚没有一人撰写出一部堪与《圣经》相提并论的基督宗教神学著作,但是阿奎那却写出了这样一部著作,这就是他的《神学大全》。教皇利奥十三在其著名的《永恒之父通谕》中将其视为阿奎那的"首要的和真正独享的荣誉"以及"任何一个天主教博士都不能分享的荣誉",① 即是谓此。托马斯不仅是一位无与伦比的基督宗教神学家,而且还是一位西方哲学史上迄今为止少数几位最伟大的哲学家之一。当代西方大哲罗素在谈到阿奎那的历史地位和当代影响时,曾经相当中肯地指出:阿奎那作为"最伟大的经院哲学家",不仅具有"历史上的重要性",而且还有"当代的影响",他不仅具有柏拉图、亚里士多德、康德和黑格尔"同样"的历史地位,而且,就其当代影响而言,"事实上","还超过康德和黑格尔两人"。② 研究这样一位哲学大家和神学大家的语言哲学,其学术价值无疑是非同寻常的。

---

① 利奥十三:《永恒之父通谕》,载托马斯·阿奎那:《神学大全》第1集第7卷,段德智、徐弢译,北京:商务印书馆2013年版,第263页。

② 罗素:《西方哲学史》上卷,何兆武、李约瑟译,北京:商务印书馆1981年版,第549页。

二是与其研究的是阿奎那的“语言哲学”密切相关。长期以来,我国学界在语言问题上存在有一定的片面性。这很可能与斯大林的语言观有关。20世纪50年代初,斯大林在《论语言学中的马克思主义》和《论语言学的几个问题》等著作中,强调语言是“交际的工具”和“一种社会现象”,而忽视了语言的本体论意义和价值。① 因此,这种“语言工具论”和“语言社会现象论”固然也内蕴有一定的真理,但却缺乏应有的理论深度。其实,语言从其产生之日起,就具有明显的本体论意蕴。《道德经》一开始就明确区分了“可道之道”与“不可道之道”,曰:“道可道,非常道。”这里所谓的“常道”也就是“不可道之道”。②《道德经》的可贵之处不仅在于其区分了可道之道与不可分之道,而且还在于其强调了二者的内在统一性,强调“可道之道”无非是“不可道之道”的自我彰显。“道德”的“德”无非是“道”的“德”。在这个意义上,我们不妨将《道德经》简称为《道经》。从语言哲学的角度看,我们不妨将“可道之道”称作“有言之言”,而将“不可道之道”称作“无言之言”。或许也正是在这个意义上,庄子区分了“大知”与“小知”、“大言”与“小言”。他在《齐物论》中说道:“大知闲闲,小知间间;大言炎炎,小言詹詹。”③也正因为如此,当代西方大哲海德格尔不仅有“此在有语言”的说法,而且还进而强调语言的本体论地位,宣称:“存在是语言的家。人以语言之家为家。”④“我们不仅是说这语言,我们从语言而来说。”⑤这就是说,不是我们人在说语言,而是语言在说我们人。这就将“言”与“在”的传统关系从根本上颠倒过来了。⑥

特别值得注意的是,在催生和提升人们,尤其是在催生和提升普通民众对语言本体论地位的认知方面,基督宗教曾扮演了并且还在继续扮演着一个几乎无可替代的角色。这一点从《圣经》看是相当明显的。《圣经》不仅提出了“太初有道,道与上帝同在,道就是上帝(the Word was God)”,⑦而且在其首篇《创世记》中即鲜明地提出了“以言创世”的思想。如所周知,在《创世记》中,上帝的创世活动都是由“说”来开启的。由此我们可以说:上帝的言说活动同时就是上

---

① 参见《斯大林选集》下卷,北京:人民出版社1979年版,第514、524页。

② 参见《道德经》,第1章。

③ 《庄子》,安继民、高秀昌注释,郑州:中州古籍出版社2006年版,第14页。

④ 《海德格尔选集》上卷,孙周兴选编,上海:上海三联书店1996年版,第358页。

⑤ 《海德格尔选集》下卷,孙周兴选编,上海:上海三联书店1996年版,第1134页。

⑥ 参见段德智:《主体生成论》,北京:人民出版社2009年版,第273—274页。

⑦ 《约翰福音》1:1。而且,其中,“道”的希腊词为“λογος”,英文单词即为“Word”。这就把道的语言内涵明白无误地表达出来了。

帝的创造活动。鉴此,“我们不妨将创世之道称作言说之道,将创世之道理解为‘以言创世’,将创世论理解为‘言论’”。[①] 可以说,如此鲜明和突出地强调和渲染语言的本体论性质和地位,在此前的西方古代文献中很难见到。因此,研究基督宗教神学和哲学主要代表人物阿奎那的语言哲学思想无疑是理解和阐释语言的本体论、认识论和方法论价值和意义的一条重要通道。

董尚文教授的《阿奎那语言哲学研究》可谓雄心勃勃。因为该著不仅试图“为人们考察整个西方语言哲学发展史提供一部专门研究代表中世纪基督宗教语言哲学形态的学术论著”,而且还企望“推动托马斯主义与当代英美分析哲学、欧陆语言哲学进行卓有成效的对话,进一步拓展托马斯主义传统的研究领域,以便弥补国内外托马斯主义研究者对阿奎那语言哲学思想的重视不够与反思不足”。(见该著“导言”)但是,无论如何,该著的中心论题依然是阿奎那的“语言哲学”。一如作者自己所说:该著的“主要任务”是“借助于历史发生论与哲学诠释学相结合的方法考察阿奎那语言哲学的历史渊源、基本论域及其当代发展效应”。(见该著“导言”)毋庸讳言,早在五年前,我的一个博士生就曾以“阿奎那语言哲学研究”为题完成了他的博士学位论文,尽管这位博士生因其“敢为天下先”值得称道,但因董尚文教授的新著《阿奎那哲学研究》与其视角相异,在出发点、侧重点和落脚点上均有所不同,在标题方面的这样一种雷同并无损于董著的创新性和学术价值,无损于董著同样是一部优秀的高水准的学术著作。

董著的第一个值得赞赏之处在于其具有鲜明的问题意识和国际视野。黑格尔在谈到哲学的时代性时,曾经深刻地指出:“哲学并不站在它的时代以外,它就是对它的时代的实质的知识。”[②]然而,哲学为要成为它的时代的“实质的知识”,它就必须回答它的时代提出的问题。马克思曾经突出地强调过问题意识的重要性。他写道:“对一个时代来说,主要的困难不是答案,而是问题。”[③]爱因斯坦也曾经说过:“提出一个问题往往比解决一个问题更重要。因为解决问题也许仅是一个数学上或实验上的技能而已,而提出新的问题,却需要有创造性的想象力,而且标志着科学的真正进步。”[④]当今时代虽然哲学思潮繁多,但“分析哲学—科学主义”思潮与“生存主义—人本主义”思潮毕竟是其中两个最

① 段德智:《哲学的宗教维度》,北京:人民出版社 2013 年版,第 436 页。
② 黑格尔:《哲学史讲演录》第 1 卷,贺麟、王太庆译,北京:商务印书馆 1981 年版,第 56 页。
③ 《马克思恩格斯全集》第 40 卷,北京:人民出版社 1982 年版,第 289 页。
④ 转引自徐炎常:《科学的假设》,北京:科学出版社 1998 年版,第 7 页。

重要的思潮。这样一种哲学格局一方面致使宗教语言的意义问题,特别是阿奎那的语言哲学和自然神学,遭遇到了逻辑经验主义的致命挑战;另一方面又致使基督宗教神学家在应对这一挑战过程中也相应地产生了两个基本派别,这就是宗教语言功能派和宗教语言生存论派。逻辑经验主义既然以其所谓实证原则拒斥任何形式的形而上学,也就从根本上否认了宗教语言的任何意义,否认了包括阿奎那语言哲学在内的所有宗教语言理论的合理性和合法性。这就使得宗教语言神学家不能不奋起抗争。宗教语言功能派的代表人物布雷斯维特和布伦等人以后期维特根斯坦的语言游戏理论和日常语言哲学牛津学派的言语行为理论为基础,主张根据日常语言在宗教背景中的特殊功能来揭示宗教语言在人类社会生活中的意义。宗教语言生存论派的代表人物布尔特曼和蒂利希则主张从生存论或存在主义的立场来解读宗教语言。布尔特曼宣称:"神话的真正目的,不是要提供关于世界面貌的一幅客观图景,而是要表达人对于他生活在其中的这个世界上的人自身问题。"①蒂利希一方面强调宗教乃"人的终极关切",乃"人自己的存在及意义";另一方面又强调人的终极关切的"象征性"表达及宗教语言的象征性质和意义,指出:"除非通过对象征话语的语义分析,否则就无法描述对上帝的认识。"②董著的卓越之处不仅在于它具有国际视野,充分考虑到了当代哲学家和基督宗教神学家关于宗教语言的各种争论和观点,而且还在于它将这些争论内容精明地归结为下述两点:一是宗教语言的意义问题,二是宗教语言的品格问题(亦即我们人何以能够谈论上帝的问题)。前者关涉的是宗教语言的"内在性"或宗教语言的"入世"性质;后者关涉的则是宗教语言的"超越性"或宗教语言的"出世"品格。这就在事实上提出了当代宗教语言研究中需要致力解决的两个基本问题,从而为阐释阿奎那的语言哲学理论提供了一般背景和理论框架。尽管董著对阿奎那语言哲学的阐释并非尽善尽美,但它依据当代哲学和基督宗教神学的争论所作出的应从宗教语言的意义和品格两个层面来思考和阐释阿奎那语言哲学的建议,是阿奎那语言哲学的当代研究者无论如何都不能完全置之不理的。

董著的第二个值得赞赏之处在于其突出地阐释了阿奎那的命名与意指理论。既然如上所说,宗教语言的意义问题是考察和阐述阿奎那语言哲学的首要目标和基本任务,阐释阿奎那的命名与意指理论就不仅是一项不能不做的事

---

① 转引自詹姆斯·C.利文斯顿:《现代基督教思想》,何光沪译,赛宁校,成都:四川人民出版社 1999 年版,第 751 页。

② 《蒂利希选集》下卷,何光沪选编,上海:上海三联书店 1999 年版,第 1030 页。

情,而且还是一项必须首先着手的事情。因为命名和意指理论所关涉的正是语词或名称的意义问题。亚里士多德在谈到语词的意义时曾经指出:"语音词是思想内容的符号,书写词是语音词的符号。正如并非所有人都用同样的文字一样,并非所有的人都发同样的语音,但是,这些符号直接表示的思想内容是相同的,这些思想内容所反映的事物也是相同的。"①从总体上讲,阿奎那继承的正是亚里士多德的这样一种意义理论。按照阿奎那的意义理论,"语词是观念的符号,而观念是事物的相似物",从而,"任何一件事物,我们都是能够就其能够藉我们的理智得到认识而言而给它起一个名称的"。而且,虽然我们今生看不到上帝的本质,但既然"上帝乃受造物的原则",我们便可以"由受造物认识上帝",并"依据受造物来为上帝命名"。② 这样,阿奎那的思想本身即可用来回应当代逻辑经验主义者的挑战。董著在这一部分里不仅考察了阿奎那的命名原则、口语的意指和意指的模式问题,而且还考察了指代与意指的区分以及命名与意指理论的神学意蕴等问题。这就面对当代宗教语言意义之争大背景,对阿奎那的语言意义理论作出了较为系统和深入的阐释。

董著的第三个值得赞赏之处在于其对阿奎那类比思想的系统阐述。阿奎那的类比理论在其语言哲学中不仅具有方法论的意义,而且具有认识论和本体论的意义。与其在形而上学方面坚持"从存在者到存在、从形下到形上"的致思路线,在认识论上坚持"从外物到概念、从感觉到理智"的致思路线,在人学方面特别注重"身体的实体性质和生成性功能"相一致,在自然神学方面,阿奎那则坚持"从感性事物到超感性事物、从受造物到造物主"的"宇宙论范式"。③ 为了实现"从感性事物到超感性事物、从受造物到造物主"的认识上的"跳跃",阿奎那不仅设计了"由果溯因"的"后天演绎法"(以实现对"上帝存在"的认知)和"排除方法"(以实现对"上帝本质"的认知),而且还设计了"类比方法"(以实现对"上帝属性"的认知)。如果从人类获取对上帝本身的肯定性认知角度看问题,类比方法无疑具有特别重要的意义。正因为如此,阿奎那无论是在《反异教大全》中还是在《神学大全》中都反复论证和强调了他的"类比方法":"事情只能是:言说上帝和受造物的名称既不是单义地也不是多义地称谓的,而是类比地称谓的。"④尽管阿奎那强调说:我们不能说"上帝类似于受造物",而只能说

---

① 亚里士多德:《解释篇》,16a5。

② 托马斯·阿奎那:《神学大全》第1集第1卷,段德智译,北京:商务印书馆2013年版,第197页。

③ 段德智:《中世纪哲学研究》,北京:人民出版社2014年版,第118页。

④ 托马斯·阿奎那:《反异教大全》第1卷第34章,第1节。

"受造物类似于上帝",[①]我们不能把我们通过类比获得的关于上帝属性的知识视为上帝的属性本身,这些属性是以"一种更其卓越的方式"、"一种至上的样式""存在于上帝身上的"。[②] 但我们毕竟可以通过宗教语言的类比功能,对上帝的属性具有某种知识。而且,也正因为如此,阿奎那不仅强调了宗教语言具有"隐喻"的意义,而且还强调宗教语言具有"历史"的、"字面"的、"譬喻"的、"寓言"的、"道德"的和"奥秘"的意义。[③] 而这些在事实上也就回应了当代宗教语言之争所关涉的第二个问题,即宗教语言的特殊品格问题,也即我们何以可能以及究竟如何认识上帝的问题。鉴此,阿奎那的类比思想近年来受到我国学者较为普遍的关注。翟志宏教授在其著作《阿奎那自然神学思想研究》(人民出版社 2007 年出版)中、黄超副教授在其论文《托马斯的存有类比思想及其语言学意义》(《武汉大学学报》2004 年第 3 期)中、许才义博士在其博士学位论文《阿奎那语言哲学研究》(2010 年)中,都对阿奎那的类比思想作过较为深入的探讨。相形之下,董尚文教授的阐述似乎更有层次感,也更见系统性。董尚文教授的特殊努力主要表现在:(1)对阿奎那类比理论的思想渊源作了较为系统、较为深入的探讨;(2)对阿奎那类比理论作了类型学考察,指出并论证了阿奎那的类比理论不仅具有"逻辑类比"和"形而上学类比"的维度,而且还具有"神学类比"的维度;(3)论证并强调了"神学类比"的宗教实践和宗教理论的意义和价值。按照作者的观点,阿奎那之所以强调其类比理论的"神学类比"这一维度,乃是因为他作为一位神学家想要解决的是:"信徒们在他们的生活实践中必然会面临的一个极其重要的宗教语言难题:既然上帝超越了万事万物,而人在今生又根本无法获得关于上帝的本质的知识,那么人如何藉着源自于受造物的日常语言正确而有意义地谈论上帝呢?"(见该著第 4 章第 4 节)董尚文教授对于阿奎那类比理论的意向性的这样一种描述或者设计,显然意在回应当代逻辑经验主义者的有关诘问。也正因为如此,作者随即强调了阿奎那"神学类比"的宗教信仰实践意义和理论意义,指出:"解决这一难题不仅对于指导信徒的生活实践而且对于发挥神学为信徒的信仰真理提供解释的功能都具有重要的理论意义。"(见该著第 4 章第 4 节)由此看来,董尚文教授对阿奎那类比理论的阐述不仅具有层次感,而且也具有明确的意向性。

---

① 托马斯·阿奎那:《反异教大全》第 1 卷第 29 章,第 5、6 节。

② 同上,第 1 卷第 30 章,第 2 节。

③ 托马斯·阿奎那:《神学大全》第 1 集第 1 卷,第 19—24 页。

董著的第四个值得赞赏之处在于作者特别注重哲学元典的阅读和引用。我这里所谓哲学元典是指各时代一流的哲学大家的代表作。黑格尔在界定哲学时，曾经深刻地指出：哲学是“对它的时代的实质的知识”，是其所在时代的“最盛开的花朵”，而每个时代的一流哲学家及其代表作（即哲学元典）不仅构成其所在时代的“主导原则”，而且还进而构成整个哲学历史发展中“全部锁链里面的一环”。① 就西方哲学论，柏拉图、亚里士多德、奥古斯丁、阿奎那、笛卡尔、洛克、莱布尼茨、休谟、康德、黑格尔、胡塞尔、罗素、海德格尔等都是这样的哲学大家或黑格尔所说的“理性思维的英雄”，②其代表作都堪称哲学元典。只要浏览一下董著，就不难发现，该著不仅注重引用哲学原著，而且还特别注重引用哲学元典。这就不仅使其具有历史感，而且也使其具有厚重感。譬如，就该著第一章论，它之阐释“影响阿奎那的三重语言哲学传统”，倘若从其最基本的立场论，似乎并无什么新意，因为这项工作此前就有人做过了，但它之注重援引哲学元典就使得这一章显得比较厚重，给人耳目一新的感觉。需要指出的是，援引元典说起来容易，真正做起来却相当困难。因为一个人倘若想要随心所欲地援引哲学元典，他就不仅必须大量阅读哲学元典，而且还必须精心消化哲学元典。但哲学元典恰恰是最难阅读、最难消化的“硬骨头”。一个人倘若没有坚硬的“牙齿”和“耐心”，无论如何啃不动这些“硬骨头”，倘若没有非常健康的“肠胃”和“耐心”，也消化不了这些“硬骨头”。这里所说的坚硬的“牙齿”和健康的“肠胃”关涉的是一个人的哲学功力问题，而这里所说的“耐心”关涉的则是一个人的哲学定力问题。哲学功力与哲学定力之间的关系，一如鲁迅先生所说的芝麻和芝麻油的关系：③一个人有了哲学定力，就有望形成哲学功力，而一个人倘若有了哲学功力，也就有望形成更强的哲学定力。反之，一个人倘若没有哲学定力，他就不可能有什么哲学功力，一个人倘若没有哲学功力，他也不可能有什么哲学定力。当前我国哲学界哲学功力特别好的学者并不特别多，一个重要原因就是人们缺乏必要的哲学定力。这样一种令人难堪的局面其实也事出有因。既然整个社会和整个学界诱惑太多，浮躁成风，要人们横刀立马，修炼定力，自然是件不易之事。但中国哲学要发展，就需要有学者敢于横刀立马，闹中取静，担当其这项事业。从董尚文教授的这部著作中，我们不仅可以窥见其

① 黑格尔：《哲学史讲演录》第1卷，第56、48页。

② 同上，第7页。

③ 鲁迅在《致徐懋庸（1933年12月20日）》中曾说过“芝麻油原从芝麻打出，取以浸芝麻，就使它更油”（《鲁迅书信集》，上卷，北京：人民文学出版社1976年版，第464页）。

哲学功力,而且同样也可以窥见其哲学定力和哲学担当。所有这些都非常难能可贵。

然而,毋庸讳言,正如任何一部优秀的著作都有其局限和不足之处一样,董著也同样如此。例如,由于作者刻意从回应当代宗教语言意义之争的角度和高度来审视阿奎那的语言哲学,这便有意无意地使得阿奎那语言哲学的一些内容及其历史影响成了该著的盲点而得不到应有的阐释。诚然,这并非由于作者疏忽所致,而实在是由该著的理论视角使然。正如当一个人从一个圆柱体的顶端来审视这个圆柱体时,进入他的视野的便只能是一个圆形,这个圆柱体的长方形的一面便自然成了这个视者的盲点。在哲学和哲学史研究中,由于人们所真实具有的都只能是自己特有的哲学观点和哲学阅历,人们即使在描述和阐释同一个哲学对象时也往往会出现不同的景观,有各自不同的兴奋点和盲点,从而形成各种不同的理论阐释。而整个哲学和哲学研究也正是这些不同风格的理论阐释中被不断地推向前进的。因此,我在此指出董著中存在的这个问题并无苛求于人的意图。此外,董著的极个别地方由于分析得过于细腻而显得有些支离,也给人以不尽完满之感。但瑕不掩瑜(如果上述两点可以视为该著之瑕的话),从整体上说,该著是一部观点鲜明、主题突出、结构严谨、史料翔实、论证充分的高水准的学术专著。

但愿我国有更多的青年才俊能够像董尚文教授这样精心耕耘我国的阿奎那哲学园地,不时奉献出像《阿奎那语言哲学研究》这样的学术精品,也希望董尚文教授一如既往地潜心耕耘这块园地,奉献出更多的学术精品。如是,我国阿奎那哲学研究走到国际阿奎那研究前列的日子也就为期不远了。

是为序。

2015 年 4 月 8 日

于武昌珞珈山南麓

目 录
CONTENTS

第二部分 基本论域

导　言

本书以探究圣托马斯·阿奎那(Sancti Thomae de Aquino,1224/1225—1274年)的语言哲学思想为选题,它的主要任务是借助于历史发生论与哲学诠释学相结合的研究方法考察阿奎那语言哲学的历史渊源、基本论域及其当代发展效应。此选题的目的在于:一方面,试图为人们考察整个西方语言哲学发展史提供一部专门研究代表中世纪基督宗教语言哲学形态的学术论著;另一方面,冀望为推动托马斯主义与当代英美分析哲学、欧陆语言哲学进行卓有成效的对话,进一步拓展托马斯主义传统的研究领域而抛砖引玉,以便弥补国内外托马斯主义研究者对阿奎那语言哲学思想的重视不够与反思不足。

一、选题缘起与相关背景

笔者选择阿奎那语言哲学思想加以研究主要缘起于自20世纪初期以降在西方哲学和基督宗教神学领域广泛出现的反形而上学和反自然神学思潮的强烈触动。这种思潮差不多浸透在整个20世纪的西方哲学和基督宗教神学中。否定形而上学语言和宗教神学语言的意义、否定谈论上帝的可能性等亦是反形而上学和反自然神学思潮的题中应有之义。20世纪初以逻辑经验主义为代表的分析哲学从基督宗教外部否定形而上学语言和宗教语言的意义,引发了关于形而上学语言和宗教语言的意义之争;与此同时,在基督宗教神学内部,巴特新正统主义在反自然神学的旗号下否定人类语言谈论上帝的可能性,引发了迄今尚未了结的关于如何能够谈论上帝的问题的争论。由于发生于英国和欧洲大陆的这场涉及宗教语言的意义问题和谈论上帝的可能性问题的争论直接针对的目标之一乃是托马斯主义传统的形而上学和自然神学,因此新托斯主义者也积极主动地回应了逻辑经验主义和基督宗教新正统主义的挑战。正是这场持续时间长而且影响范围广的形而上学语言和宗教语言问题之争迫使我们强烈地感受到完全有必要回过头去重新检视一下以托马斯主义为代表的经院哲学和自然神学传统对人类语言现象以及它被用来谈论上帝的逻辑哲学基础到底持有什么样的基本理论。

为了理解本选题的必要性和重要性,我们还必须进一步深入地了解并且客观地评价在这场争论中针对宗教语言现象所提出的一些主要的分析方法和基本理论观点。

在西方哲学领域,自20世纪初期逐渐兴起的逻辑经验主义思潮打着反形而上学和宗教神学的旗帜在英国引发了关于形而上学语言和宗教神学语言有无意义的长久争论,这一争论在50—60年代几乎达到了白热化程度。逻辑经验主义作为当时最具影响力的一种语言分析哲学思潮以其提出的证实原则与证伪原则作为语言的意义标准大张旗鼓地否定形而上学语言和宗教神学语言的意义,它对形而上学语言和宗教神学语言所发起的挑战一开始就遭到了一部分哲学家以及包括新托马斯主义者在内的神学家们强有力的批评。根据当时的争论情况来看,批评者们比较普遍地注重方法论的反省和建构,他们通过指出逻辑经验主义凭靠先设定语义条件再以证实或证伪原则作为衡量宗教神学语言的意义标准存在着严重的方法论缺陷,力图表明宗教神学语言无论是否根据逻辑经验主义的意义标准加以证实或证伪都不缺乏其意义。事实上,这场声势浩大的争论充分反映出争论的双方在方法论观念上存在着的根本分歧。如何正确地看待逻辑经验主义的语义分析方法是语言哲学必须加以认真反思的重要问题之一。尽管逻辑经验主义的语义分析方法对于自然科学命题的解释以及符号逻辑的发展来说自有其积极意义,然而这并不意味着它因此而能够作为一种具有普适意义的方法论工具无条件地应用于每一个不同的研究领域,尤其是当逻辑经验主义用科学解释来代替性质完全不同的宗教解释时语义分析方法是否僭越了它自身的适用范围乃是一个事先必须予以认真解释清楚的前提性问题。事实上,正如一些新托马斯主义者所批评的那样,证实或证伪原则本身尚且不能如它自身所要求的那样由任何经验事实来予以证实或证伪,因此它自身都无法根据这一同样的标准来衡量它自身是否有意义,更不用说它有资格作为语言的绝对意义标准了。如果把逻辑经验主义的证实或证伪原则无条件地引入到宗教神学语言中,照搬科学语言规范来为宗教神学命题设置绝对的意义标准,并且以此向宗教神学语言发出某种纯理性的逻辑诘难,那么这样的做法明显地具有一种站在唯科学主义立场上否定宗教神学语言的特殊本性及其固有意义的独断论嫌疑。

在基督宗教神学领域,自20世纪初期在欧洲大陆影响甚广的巴特新正统主义配合着英国的逻辑经验主义哲学也打出了反形而上学和自然神学的旗号,它从基督宗教内部质疑甚至完全否定人凭借其自身的自然理性去认识和谈论上帝的可能性,从而把逻辑经验主义挑起的关于宗教神学语言的意义之争又进一步引向了题域更加广泛的关于人如何能够谈论上帝的问题之争。在围绕这个问题的争论中,具有不同哲学背景的神学家们充分地利用了他们各自所接受的哲学理论对宗教神学语言的特殊本性、认识论基础及其基本逻辑进行了深入的反思,他们针对如何能够有意义地谈论上帝的问题提出了许多具有建设性意义的宗教语言分析理论。从方法论的角度来看,在这些宗教语言分析理论中颇具影响力的主要有功能分析、生存论分析、象征论分析等。

倡导对宗教语言进行功能分析的著名代表人物主要是R.B.布雷斯韦特(Rechard Bevan Braithwaite,1900—1990年)、P.V.布伦(Paul Van Buren,1924—1998年)等人。他们基本上以后期维特根斯坦(Ludwig Wittgenstein,1889—1951年)的语言游戏理论和日常语言哲学牛津学派的言语行为理论为基础,主张把语言作为一种用于人类各种交往目的的复杂社会现象来加以考察,提倡根据日常语言在宗教背景中的特殊使用功能来揭示宗教语言在人类社会生活中的意义。例如,R.B.布雷斯韦特认为,宗教论断(religious assertion)的给予方式正如道德论断的给予方式一样,在于它表达了说话人遵守与其生活方式相关的某一特殊宗教信念的行为意向时的具体用法。在他看来,宗教论断的意义完全可以通过观察一个信仰者在与其宗教信念相关的生活方式中所具有的行为意向而得到清楚地阐明,我们既可以观察他的行为,也可以观察他对自己的行为意向提供的辩解,"正是他的行为意向才构成了所谓的宗教信念。"①同样地,P.V.布伦也极力主张对宗教语言进行功能分析,他把宗教语言作为基本语言形式之一放到了整个人类语言活动范围之中来加以考察,通过阐释语言游戏的多样性、复杂性以及人类语言活动区域图的丰富内涵来确证宗教语言的特殊性。在他看来,现代西方文化由于崇尚物质而使人们在语言交流方面更加注重科学、经济、历史、常识等诸种语言形式,从而使这些形式的语言居于人类语言活动的中心地位,这种中心语言完全受法则的支配,因而它们的语义清晰;然而,宗教语言却处于整个人类语言活动区域的边缘地位,它试图通过扩展人类语言的日常用法而表达超越日常使用范围的更多意义,因而它有自身的特殊功能,这种边缘语言所表达的东西正如其他中心语言所表达的东西一样也是人性的一个特定方面,因而也有它自身的特殊意义。从总体上看,倡导对宗教语言进行功能分析的初衷是为了阻击并且消解逻辑经验主义固有的语义分析方法,它承认宗教语言也有其自身的基本逻辑和独特性,强调宗教语言的意义寓于它的特殊使用功能之中,这有其合理性的一面。然而,功能分析本身作为一种方法论建构在反对逻辑经验主义用狭隘的经验事实充当衡量宗教语言的意义标准时却又滑向了另一个极端,即它只注重宗教语言的现实功能而置其语义生成的客观事实基础于不顾。逻辑经验主义的意义标准固然有其偏颇之处,然而它却并非一无是处,功能分析若要对宗教语言的复杂功能作出具有合理性的阐释,那么它就绝

① R.B.Braithwaite,"An Empiricist's View of The Nature of Religious Belief",*The Existence of God*,ed.by John Hick,London:Macmillan Publishing Co.Inc.,1964,p.239.

不能仅仅满足于一味简单化地阻击和消解逻辑经验主义的语义分析方法。相反,它最好是尽可能地吸收逻辑经验主义的合理因素,以便矫正它自身所具有的方法论缺陷。

提倡对宗教语言进行生存论分析的最著名的代表人物无疑是鲁道夫·布尔特曼(Rudolf Bultmann,1884—1976年)。他提出只有从个人的生存处境出发来解释和理解新约圣经的神话语言,才能揭示出在神话语言中所隐藏的真实意义,从而使人把握基督信仰的福音。他的这一基本主张从本质上讲就是要把对上帝的谈论转化为对人的生存之谈论。为此,布尔特曼提出必须对圣经的神话语言进行生存论解释,他把这种生存论解释称为"去神话化"(Demythologizing)。在他看来,尽管圣经的神话语言所表达出来的对整个世界的理解往往是与科学世界观相冲突的,然而这并不意味着它所表达的观念与人的生存处境是毫无任何关联的。相反,布尔特曼认为,神话的意义就在于它间接地表达了对人的生存问题的某种关注,只有解除了神话语言的描述形式,才能把它所隐藏的关于人的生存论意义彰显出来。圣经是用神话语言来谈论上帝进入人的生存处境时的言说,这样的言说与人本身的生存问题及其自然理解密切相关。"当我们与历史中的耶稣的话语相遇时,我们确实无需用一套关涉理性的有效性的哲学去辨析;耶稣的话语不过是与带着需要解释自己的生存问题的我们相遇。"①由于上帝的话语直接指涉人的生存问题的核心,因此,如果我要谈论上帝,那么我就必须同时谈论我自己,因为"上帝的问题与我自身的问题是同一的"②。需要注意的是,去神话化并非意味着简单地把圣经的神话语言翻译成人的生存论语言,它同时也是作为一种解释圣经神话语言的方法论观念被提出来的。布尔特曼认为,我们对人的生存处境的提问与圣经中的提问是一致的。如果我们想要解释圣经本文,那么我们就必须以某种前理解为前提进行提问,才能构成一种交流——问与答的逻辑。一个解释者向圣经本文提问的前提来自于他对自身的生存问题的自我理解,也就是说,来自于对他自身的生存的有限性的自我意识。只有当一个解释者把他自己及其连带的生存论问题置于某种解释活动之中,并且他的自我理解又把提问本身掷向与圣经本文的主题相遇时,他才能与圣经本文建立起一种活生生的关联。同样地,一个解释者对于他自身的生存的有限性的自我理解也是以某种前理解为前提的,这种前理解只能来自于圣经主题谈论的上帝及其对人的恩典,只有以这种前理解为根据,他对其生存有限性的自我理解才能超越有限而达至无限的神圣维度。显而易见,布尔特曼的这种说法显示出了解释学的理解循环:一方面,圣经本文作为一种前理解

① Rudolf Bultmann, *Jesus Christ and Mythology*, London: Macmillan Publishign Co.Inc., 1958, p.4.

② Ibid., p.53.

为人的生存有限性的自我理解提供了可能;另一方面,人的生存有限性的本文又作为另一种前理解反过来为理解圣经本文提供了可能。这样,作为前理解的生存论关联域便使解释——聆听上帝的话语成为可能。上帝在他的话语中与人相遇,只有当一个人依照上帝的话语改变了他自己的生存方式时,上帝才会在他的此时此地的生存处境中在场。对个人来说,上帝的在场就是信仰的发生。从方法论的角度来看,布尔特曼的去神话化理论是针对相对主义的历史批判方法提出来的。相对主义的历史批判把基督信仰仅仅视为一个历史事件的信仰行为,否认它有超历史的真实性和有效性,从而否认基督信仰的绝对意义,这显然是把历史现象当作自然现象进行客观化研究的结果。但是,在布尔特曼看来,人与历史的关系根本就不同于人与自然的关系,人在回视历史的时候必然会使他自己也成为历史的一部分,人只有在带着他自身的问题去询问历史的时候,历史才会对带着其自身问题的询问者敞开自身。因此,在个人与历史之间存在着某种生存论关联,个人只有从他自己的生存处境出发去询问历史,历史才会提供与他自身的生存处境相关的某种意义。从思想渊源来看,布尔特曼的生存论分析在很大程度上受惠于德国著名的存在主义哲学家马丁·海德格尔(Martin Heidegger,1889—1976 年)的基础生存论分析。众所周知,海德格尔把人的此在作为追问存在意义的切入点,虽然在他对此在的理解中几乎排除了人与上帝的关联,但是布尔特曼还是敏锐地意识到了海德格尔的基础生存论分析对基督宗教神学的间接支持,力图把他的生存论分析方法向神学领域加以推进。布尔特曼采用海德格尔的生存论分析方法扩展了基督宗教的一些传统概念,例如生存的历史性、可能性、事实性、时间性、未来性、决断性、有限性等。尽管如此,布尔特曼对海德格尔的利用显然并不彻底,尤其海德格尔在其晚年转向与诗人的对话,他强调语言乃存在之家,这同样是为了解释究竟应该以何种方法在本己的生存中言说那不可言说的存在本身。然而,遗憾的是,布尔特曼却并未对此加以充分利用。总的来说,布尔特曼的生存论分析所走的是一条从人到上帝的途径,他试图扩展人类语言的日常用法,以便用它来谈论上帝。尽管他用这种方法成功地解除了神话语言的描述形式,使圣经的福音宣示充分地彰显出来,方便人们理解其意义,然而,当他把人类语言的一般用法扩展到上帝这个关节点的时候,他却无法清楚地解释在谈论人的生存的语言与谈论上帝的语言之间究竟有什么样的逻辑关联。事实上,布尔特曼最终只能把上帝简化为人的一种生存理想或者价值观念的核心,然而这样一来,他的生存论解释就存在着把上帝同化为人类生存范围内的一个因素从而贬低上帝的神圣性和超越性的危险。因此,布尔特曼的生存论分析所面对的困难不在于他对神话的生存论解释本身,而在于他为了能够谈论上帝的活动和上帝之道而最终不得不求助于传统的类比理论。

企图在谈论人的生存的语言与谈论上帝的语言之间建造起一座逻辑桥梁的是当

代颇具盛名的系统神学家保罗·蒂利希(Paul Tillich,1886—1965年)。他努力寻求一种能够把人的生存问题与神学的答案贯通起来的所谓“关联方法”来解释基督宗教信仰的内容。在蒂利希看来,宗教信仰乃是人的终极关怀,而基督宗教神学正是一种与人的生存问题有着密切关联性的神学。一方面,基督宗教神学始于人的生存所提出的问题,因此它必须对人的生存问题由以产生的处境进行分析;另一方面,人的生存问题的答案又不可能从产生问题的生存处境中简单地演绎出来,因此基督宗教神学又必须说明人的生存问题的答案只能由基督宗教的启示信息所提供。只有当人的生存问题与基督宗教神学的答案之间存在着一种特定的关联性时,基督宗教的启示信息才能真正构成对人的终极关怀,从而为解决人的生存问题提供真正有意义的答案。因此,为了说明在基督宗教的启示信息与人的生存问题之间的逻辑关联,蒂利希提出了关于宗教语言的象征论。在他看来,适合于表达人的终极关怀的神学语言只能是象征,正如他所说:“人的终极关怀一定要用象征才能表达出来,因为只有象征性语言才能表达这个终极者。”①具体来说,我们可以从五个方面来简要地概括蒂利希的宗教语言象征论的基本内容。第一,象征(symbols)与符号(signs)既有相似性,又有差异性。在蒂利希看来,象征与符号的相似性在于它们都指向自身之外的其他事物。但是,两者之间又着明显的差异性:一切符号都不参与规定被指向的实在,因此它们不以任何方式分有它们所意指的实在和力量;然而,一切象征却都参与规定被象征的实在,因此它们分有它们所表象的实在的意义和力量。第二,象征的主要功能在于它们揭示隐匿实在的诸多层面——既在更深的层面上揭示实在本身,又在特殊的层面上揭示人的心灵。每一个象征都能够揭示非象征语言所不能说明的实在的每一个层面,也都具有一个专属于它自身的特殊功能,这种特殊功能是不能被其他象征所代替的。第三,宗教象征有它的特殊本性,它的独特性就在于它所揭示的不是实在的一般层面,而是实在的最深层面。他指出:“宗教象征的功能与所有其他象征的功能一样,即它们都揭示了隐匿实在的某个层面,而其他方式则根本不可能揭示这个层面。我们可以把这个层面称为实在的最深层面,即作为所有其他维度和深度的基础的实在层面,因此,它不是与其他层面毫不相关的,而是基本的层面、位于所有其他层面之下的那个层面、存在本身的层面或者存在的终极力量。宗教象征揭示了人的心灵对这一最深层面的体验。如果一个宗教象征不再具有这一功能,那么它就消亡了。然而,如果新的象征产生了,那么它们是来自于与存在的终极基础(即神圣者)的某种新关系。”②对蒂利希来说,终极实在的最深层面无非就是神圣层面。虽然宗

① Paul Tillich, *Dynamics of Faith*, New York: Happer and Row, 1957, p.41.

② Paul Tillich, “The Nature of Religious Language”, *The Christian Scholar*, XXXVIII, 3, September, 1955.

教象征来自于我们经验周遭世界的时空性事物，它们自身并不是神圣者，然而它们却分有神圣性。第四，在宗教象征中存在着两个基本层面：一个是超验层面，它超越于我们周遭经验实在的范围之外，在这个层面上的基本象征包括上帝本身、上帝的性质和上帝的活动三个要素；另一个则是内在层面，也就是神圣者临在于时空中的现象层面，它内在于与实在的遭遇之中，包括神圣者在时空中的肉身化、在特殊境遇中以特殊方式成为神圣载体的实在以及一些最初只是纯粹的符号而后来在使用过程中却变成了象征的符号。第五，正如一般命题有其自身的真值一样，一切宗教象征也都有它们自身的真值，它们不依赖于任何经验的批评，它们的真值仅仅取决于产生它们的宗教境况，"它们的真就在于它们对于产生它们的宗教境况是恰当的，相反，它们的假则在于它们与产生它们的宗教境况是不恰当的"①。从总体上讲，蒂利希把宗教语言理解为一套象征系统，并且使用本体论的语言概念对之加以说明。他认为，除了"上帝是存在本身"这个陈述是一个非象征性的陈述之外，其他关于上帝的陈述都是象征性的，它们都只能在这一陈述的基础上以神学的方式给出，神学所给出有关上帝的启示信息就是对隐含在人的生存有限性中的问题的象征性回答。"宗教象征系统具有双重涵义：一方面，它们指向其所象征的无限者；另一方面，它们又表象着用以象征无限者的有限者。它们将无限者拉近到有限者这里，又把有限者推向无限者。它们使神性面对人性开放，同时又把人性提升至神性。"②

显而易见，蒂利希的宗教语言象征论对于克服逻辑经验主义忽视符号语言与象征语言的根本差异的缺陷、纠正它妄图把所有的语言表达形式都与诸如数学和物理学之类的科学语言拉平的极端偏颇倾向具有重要的理论意义。虽然他的宗教语言象征论为人类语言用以谈论上帝架起了一座逻辑桥梁，但是他所建立的这座逻辑桥梁本身显得尚不牢固，还需要进一步解释只有在宗教象征与它们所象征的终极实在之间存在着某些基本的相似性才能保证它们是有意义的。因为这个缘故，象征问题最终又必须转向类比问题，只有借助于存在者与存在本身之间的类比，才能真正解释清楚宗教象征表达了关于终极实在的内容。因此，在蒂利希那里，"这座桥梁由'存在'之语言以及隐含在这种语言中的关于存在之类比的传统理论所构成"③。如果把上帝理解为存在本身，而不是理解为具体的存在者，那么借助于存在者与存在本身之间的类比，"存在"概念就构成了所有关于上帝的象征性陈述的基础，任何具体的存在者都能够作为存在本身的一个象征被用来揭示存在的意义，因为它分有存在本身，因

① Paul Tillich, "The Nature of Religious Language", *The Christian Scholar*, XXXVIII, 3, September, 1955.

② Paul Tillich, *Systematic Theology*, Vol.1, Chicago: The University of Chicago Press, 1951, p.240.

③ ［英］约翰·麦奎利：《谈论上帝：神学的语言与逻辑之考察》，安庆国译、高师宁校，成都：四川人民出版社1997年版，第42页。

而具有作为上帝的象征的可能性。

以上所述这些关于宗教语言的解释方法和理论观点强烈地促使我们必须转向去了解经院哲学传统中的基督宗教语言哲学，尤其是要转向去了解作为这一传统的典型代表的阿奎那语言哲学。因为正如从对宗教语言的功能分析方法中所看到的那样，若要想避免功能分析自身的方法论缺陷，那么就绝不能仅仅注重宗教语言的现实功能却置其语义生成的客观事实基础于不顾，而阿奎那语言哲学的意指理论则比较详细地解释了语义生成的客观事实基础，这对于克服功能分析的方法论缺陷具有重要的纠偏作用。同样地，从对宗教语言的生存论分析方法和象征论分析方法中也不难看出，它们都把我们不约而同地导向了中世纪经院哲学传统关于存在者的类比理论，而阿奎那语言哲学为人类语言有意义地谈论上帝提供了在中世纪最为完整的类比理论，这对于生存论分析和象征论分析寻求宗教语言的基本逻辑具有极其重要的启发意义。因此，在这个意义上，可以说发生在 20 世纪西方哲学和神学领域中的这场关于宗教语言的意义之争以及关于谈论上帝的可能性之争——无论就其把阿奎那所代表的中世纪传统形而上学和自然神学作为争论对象而言，还是就其所提出的解决方案而言——决定了我们转向去探究阿奎那语言哲学的必要性和重要性。

当然，笔者选择探究阿奎那语言哲学也与我国的托马斯主义研究现状密切相关，因为这对于推进我国的托马斯主义研究也是一件具有重要意义的事情。在华夏大地上，自顺治十一年（公元 1654 年）利类思第一次选择阿奎那《神学大全》的部分文本汉译为《超性学要》以降，托马斯主义在中国的传播已经步履蹒跚地走过了三个多世纪的历史行程。然而，在这个行程中相当长的一段历史时期，托马斯主义的传播基本上采取了对阿奎那的著作进行有选择性地译介的方式，并且这种通俗化的选择性的译介又仅限于神学领域，而对之做深入细致的学术研究者却极为罕见。直到 20 世纪下半叶，托马斯主义在中国的传播仍然是以译介为主，以研究为辅。在我国台湾地区，台中光启出版社和台湾商务印书馆从 60 年代末开始出版发行由吕穆迪神父翻译的阿奎那《驳异大全》，1975 年由台湾先知出版社首次出版了纪念阿奎那逝世七百周年的《多玛斯论文集》。在我国香港地区，基督教辅侨出版社于 1965 年出版了由谢扶雅先生等人翻译的选自于阿奎那《神学大全》、《反异教大全》、《论真理》等作品中的部分内容所合成的《圣多默的神学》。在我国大陆地区，直到 1990 年年底才由上海人民出版社首次出版了傅乐安先生所撰写的《托马斯·阿奎那基督教哲学》。即便是这些数量极少的论文和专著，也基本上属于一种介绍性的学术研究。在整个中国学术思想领域，托马斯主义研究始终都处于一个边缘化的位置，而且相关研究的总体水准之低下很难与国际托马斯主义研究相提并论。随着 21 世纪的帷幕缓缓拉开，汉语学界的托马斯主义研究才开始出现从边缘状态逐步向中心位置移动的一丝曙光，正在形成一个前所未有的研究热潮。尤其是在最近十多年里，托马斯主义在中国的传播可以说取得了令人瞩目的成绩。一方面，对阿奎那著作的译介力度明显地大增，不仅在中国台湾地区已经出版了《神学大全》的汉译全本，而且在中国大陆地区也正在相继推出《神学大全》、《反异教大全》、《论存在者与本质》等诸多神学和哲学著作的汉译全本；另一方面，以武汉大学段德智教授为倡导者和领军者在大陆哲学和宗教学界所推动的新一轮托马斯主义研究陆续推出了一系列颇具学术分量的专题性研究成果，而且在国内哲学界和神学界多次主持召开了与托马斯主义相关的国际学术研讨会，正逐渐在国际托马斯主义研究领域形成中国学者自身的影响力。尽管如此，我国的托马斯主义研究仍然处于起步阶段，大量的论题都有待进行开拓性研究。在此学术背景下，笔者于 2009 年度申报的“阿奎那语言哲学及其当代发展效应研究”这一课题被正式批准为教育部人文社会科学研究规划基金项目，亦可谓恰逢其时。本书就是这一研究课题的最终成果，它的出版无疑将填补国内托马斯主义研究的一个历史空白，即便在国际托马斯主义研究领域，它也算得上是第一部比较全面地研究其语言哲学的专著，尽管在国外零散地研究其语言哲学的某一方面的论文倒有不少。

二、基本架构与主要内容

本书的正文部分共有五章，它的基本架构是由其承担的主要任务所决定的，总共包括历史渊源、基本论域以及当代效应三个组成部分。其中，第一章属于“历史渊源”这一部分，旨在详细地厘清影响阿奎那的古希腊语言哲学传统、犹太教语言哲学传统、基督宗教语言哲学传统提供了何种可资利用的思想资源；第二至四章属于“基本论域”这一部分，旨在系统地探讨阿奎那语言哲学的理论主题，它是由命名与意指理论、内在语理论、类比理论三个主题化的语言哲学理论构成的统一整体；第五章则属于“当代效应”这一部分，旨在简要地考察阿奎那语言哲学的当代发展状况及其历史影响。

就历史渊源部分而言，本书的第一章是对影响阿奎那的三重语言哲学传统进行的历史考察，这一历史考察的目的在于厘清这些不同传统为阿奎那语言哲学提供了何种可资利用的思想材料。一是着重考察了作为阿奎那语言哲学之重要来源的古希腊语言哲学传统。尽管在古希腊思想传统中语言哲学本身尚处于整个古希腊哲学的底层，然而这一传统不仅对人类语言现象最早进行了具有相当理论深度的哲学反思，这种语言哲学思考本身也伴随着整个古希腊哲学经历了一个由浅入深的相当长的历史发展过程，为阿奎那语言哲学的产生提供了十分丰富的思想资源，其中直接对它发生较大影响的有柏拉图的命名理论和语言工具论、亚里士多德的逻辑哲学和语言本质观、斯多亚学派的逻各斯学说和谓述理论等。二是简要地考察了对阿奎那语言哲学的形成发生较大影响的犹太教语言哲学传统。犹太教作为基督宗教脱胎而来的母体不仅为基督宗教提供了代表希伯来宗教精神的《旧约》圣经,而且它关于耶和华以"话语"创世的神学思想直接影响了基督宗教的"圣道"(Divine Word)观念。在犹太教传统与基督宗教传统之间所具有的精神性亲缘关系为它们藉着各自的释经学和神学表达出来的不同语言哲学思想之间相互借鉴和彼此扬弃提供了可能。阿奎那语言哲学在一定程度上批判地吸收了犹太教语言哲学传统中的某些有用的思想因素,其中最主要的是对希腊化犹太教神哲学家斐洛的寓意解经思想及其逻各斯学说、中世纪犹太教神学家迈蒙尼德关于谈论上帝的否定性描述理论的借鉴与扬弃。三是侧重考察了阿奎那语言哲学直接赖以产生的基督宗教语言哲学传统。正如犹太教传统一样,基督宗教传统也把人类自然语言现象置于一种神圣景观下来加以审视,不仅赋予人类语言以神圣本源,而且把人类语言的意域从经验的有限此岸一直延展到超验的无限彼岸。基督宗教在充分利用和改造古希腊具有理性主义特征的哲学时出于解释"上帝之道"(Word of God)及其降生成人等神学问题的需要,使语言问题从整个古希腊哲学的底层逐渐浮现出来。从教父时代起直到中世纪,整个基督宗教传统都试图把语言问题提升到本体论的地位,以便超越认识论问题,因为基督宗教把一切有待解释的事物及其存在都归结于作为神圣本源的上帝藉着他的"道"创造出来的。阿奎那语言哲学在本质上乃是基督宗教性的,它不可避免地要把基督宗教语言哲学传统固有的一些基本元素吸纳到它自身之中,这些基本元素主要有奥古斯丁以符号论架构确立的内在语理论、波埃修在诠释亚里士多德逻辑学时提出的意指理论以及具有明显的新柏拉图主义特征的伪狄奥尼修斯关于谈论上帝的神秘神学等。

就基本论域部分而言,本书的第二至四章是对阿奎那语言哲学的命名与意指理论、内在语理论以及类比理论的系统梳理和深度阐释。其中第二章完整地梳理并阐释了阿奎那的命名与意指理论:一是剖析了他提出的根据对事物的认识给事物命名的基本原则以及他在名称的由来(id a quo)与其所指(id ad quod)之间作出的重要区分;二是详细地剖析了阿奎那基于波埃修所诠释的亚里士多德关于文字、口语、思想与实在之间的关系而提出的意指理论;三是专门阐释了阿奎那在他的意指理论中作出的关于被意指事物(res significata)与意指模式(modus significandi)、意指(significatio)与指代(suppositio)两个重要的区分;四是从命名上帝的知识论基础和神圣名称的意指两个方面重点揭示了阿奎那的意指理论所包含的神学意蕴。本书第三章完整地剖析了阿奎那的内在语理论及其意义。首先,从话语类型论的角度分析了阿奎那关于内在语(verbum interius)与外在语(verbum exterius)的重要区分以及他对它们之间的相互关系的认识。其次,从知识论的角度揭示了阿奎那关于内在语的形成及其本质的思想。最后，详细地梳理并清晰地阐释了阿奎那的内在语理论在基督宗教的三位一体教义、创世教义和道成肉身教义中的神学应用，充分揭示了阿奎那内在语理论所具有的神学意义。本书第四章重点阐释了阿奎那的类比理论，不仅从思想史的角度梳理了类比理论的来龙去脉，而且突出了它在基督宗教神学语境中对推动古希腊传统类比思想的创造性发展所作出的巨大贡献。阿奎那超越了古希腊传统尤其是亚里士多德的类比思想，他在类比理论上的重要贡献主要表现在三个方面。一是阿奎那从逻辑学的角度不仅通过创新地利用和改造亚里士多的"核心意义"（pros hen）学说来揭示了类比词的逻辑语义特征，而且还提出了他自己的类比类型论，并在此基础上进一步阐明了类比与隐喻之间的语义学关系。二是阿奎那从形而上学的角度详细地论述了中世纪传统所坚持的有关"存在者的类比"（analogia entis）学说，他通过批判巴门尼德所谓"存在者是一"的观点而提出并阐明了关于存在者的范畴类比。三是阿奎那从神学的角度阐释并论证了神圣名称的类比谓述，而且以因果关系为基础利用柏拉图主义传统的分有学说对神圣名称的超越类比的可能性进行了形而上学辩护，从而使类比成为人类语言有意义地谈论上帝的有效逻辑方法。在由上述三个板块所构成的阿奎那语言哲学的基本论域中，命名与意指理论处于基础地位；内在语理论是意指理论的进一步展开和深化；类比理论则处于核心地位，也是阿奎那语言哲学的归宿，因为它的根本目的在于为基督宗教神学使用人类语言有意义地谈论上帝提供理论支持。

就当代效应部分而言，本书第五章是对阿奎那语言哲学的当代发展状况所作的简要考察。尽管阿奎那语言哲学本身属于中世纪经院哲学传统，然而它却随着罗马天主教当局推动的托马斯主义复兴运动的发展而逐渐走向了现代思想进程，它的基本理论、观点和方法为新托马斯主义者所传承，并且成为他们用来与现代语言哲学进行对话的重要精神遗产，同时它自身也在与现代思想的对话中被不断地丰富和发展，尤其是当20世纪语言问题成为西方哲学和基督宗教神学共同关注的核心问题时，阿奎那语言哲学的当代价值和重要影响也越来越凸显。本章有意地选择了自20世纪初期以来在西方哲学和基督宗教神学领域分别围绕宗教语言的意义问题以及如何能够谈论上帝的问题所发生的争论作为一个特殊观察视角，因为这场涉及宗教语言的争论不仅影响范围广而且经历时间长，完全可谓一个重大的当代思想史事件，通过详细地考察逻辑经验主义哲学和新正统主义神学对宗教语言进行的否定性挑战以及新托马斯主义对这一挑战的回应，凸显了阿奎那语言哲学的当代发展效应。

根据上述主要内容，我们不难发现阿奎那语言哲学同时兼具分析理性精神和形上超验精神两种基本品格。只有牢牢把握了这两种基本的精神品格，我们才能真正理解阿奎那语言哲学的基本内容及其实质。一方面，阿奎那语言哲学明显地具有一种源自于古希腊语言哲学传统的分析理性精神。从总体倾向来看,古希腊哲学总是习惯于把一切需要解释的事物都归结为只有理性才能把握的某种本源,当代著名的法国哲学家雅克·德里达(Jacques Derrida,1930—2004年)曾经把古希腊哲学传统的这一总体倾向概括为“逻各斯中心主义”,应该承认这一概括还是比较实事求是的。就同样属于这古希腊传统的语言哲学而言,也是如此。从柏拉图语言哲学经亚里士多德语言哲学直到斯多亚学派的语言哲学,无论就对语言本质的理解而言,还是就对语言、思想与实在之间的关系之理解而言,整个古希腊语言哲学传统都表现出了一种非常强烈的分析理性精神。尽管古希腊语言哲学传统把语言视为人的一种自然的表达活动,然而这一传统的分析理性精神却决定了这种具有明显逻辑语法特征的语言观有其正确性和合理性的一面。海德格尔曾经对这一传统的语言观作出了比较公允的评介,他说:“没有人胆敢宣称上述语言观——即认为语言是对内在心灵运动的有声表达,是人的活动,是一种形象的和概念性的再现——是不正确的,甚或认为它是无用的而加以摈弃。上述语言观是正确的,因为它符合于某种对语言现象的研究,而这种研究在任何时候都能在语言现象中进行。所有与语言现象之描述和解释结伴而来的问题,也都是在这一正确性的范围内活动的。”①受古希腊哲学传统的影响,阿奎那语言哲学无疑传承了这种具有逻辑语法特征的语言观,它基本上是处在柏拉图语言哲学和亚里士多德语言哲学的脉络之下,在一定程度上也把语言视为表达思想的工具,仍然保留着古希腊语言哲学传统的这种分析理性精神,我们无论从他的名称和意指理论、内在语理论抑或从他的类比理论中都不难体会到他所传承的这种分析理性精神。另一方面,阿奎那语言哲学又与生俱来地拥有一种源自于犹太——基督宗教语言哲学传统的形上超验精神。众所周知,犹太——基督宗教语言哲学传统是在一种超验的神圣景观下来审视人类语言现象的,属于这个传统的语言观始终都具有一种希腊语言哲学传统所缺乏的超验维度。犹太——基督宗教传统强调语言的“语词”(即“道”)具有神圣性质,因为它归根到底有其神圣本源,正如《约翰福音》(1:1—3)所说:“太初有道,道与神同在,道就是神。这道太初与神同在。万物是藉着他造的;凡被造的,没有一样不是藉着他造的。”由于人类语言也是神的创造物,它与神圣之言有着本体论关联,因此,人类语言能够超越经验描述范围而直涉神圣之域。阿奎那语言哲学产生于犹太——基督宗教传统,它在本质上是一种基督宗教语言哲学。因此,它不可避免地遗传了作为这个传统固有文化基因的形上超验精神。在阿奎那语言哲学中,这种形上超验精神从总体上讲体现在它试图超越对人类语言的纯粹逻辑的描述界线,把人类语言的隐喻、象征、类比等特性推到了一个相当突出

---

① [德]海德格尔:《在通向语言的途中》,孙周兴译,北京:商务印书馆1999年版,第5页。

的地位,以便借助于它们来解释使用人类语言谈论上帝是有意义的。当然,阿奎那语言哲学所兼具的分析理性精神与形上超验精神并非彼此冲突的而是相互契合的两种精神品格,这也是阿奎那和谐地处理信仰与理性关系的反映。

最后尚需说明的是,语言哲学本身并不是托马斯主义重点关注的主题,它只不过是整个托马斯主义的一个组成部分而已。在阿奎那时代,不光语言问题或者逻辑学,甚至连认识论也不是整个经院哲学重点关注的主题,经院哲学家们着重关注的仍然是自古希腊哲学以降的传统本体论。阿奎那基督宗教哲学着力推进的也是这一传统本体论。正是因为这个缘故,所以当代著名的法国新经院哲学家吉尔松(Etienne Henri Gilson,1884—1978 年)才称赞托马斯主义为“形而上学历史上的一场革命”①。当然,尽管中世纪经院哲学在其特定的历史时期所重点关注的核心问题和基本主题是本体论,然而这并不意味它对认识论、逻辑学或者语言哲学就漠不关心。事实上,人们从西方哲学发展史中已经清楚地了解到本体论、认识论和逻辑学(语言哲学)三者是一致的,它们之间的一致性当然不仅仅是指在古代本体论、近代认识论和当代语言哲学之间存在着历时性的统一,而且更重要的是指本体论、认识化、逻辑学(语言哲学)作为三种基本的哲学形态存在着共时性的统一。本体论所探讨的“在”只有当它向认识论所探讨的“思”显现的时候才能作为认识对象为理智所认识;同时,认识论的“思”作为认识活动也只有当它思及本体论的“在”时才不是空洞无物的;同样地,逻辑学(语言哲学)所探讨的“言”实为心声,认识论的“思”作为认识结果也只有当它对逻辑学的“言”显现的时候才能作为心声被言说。因此,在任何一个特定的历史时代,在、思、言之间的统一性都决定了那个时代哲学的本体论、认识论、逻辑学(语言哲学)三种基本的哲学形态总是具有一致性。就托马斯主义所代表的经院哲学而言,虽然本体论是它的首要关切之所在,但是这并不意味着就可以完全忽视甚或否定它的语言哲学的重要性。事实上,阿奎那语言哲学与他的本体论、认识论这两种具体的哲学形态联系得相当紧密。如果我们不同时结合他的本体论和认识论,那么我们也就无法真正理解他的语言哲学。随着世易时移,当西方近代哲学从本体论转向认识论后不久,哲学家们又发现了语言问题是一个迫切有待正视的重要主题。在当代英美语义学和欧陆诠释学都不约而同地转向关注语言问题的宏大思想背景下,倘若我们能回过头来挖掘并整理以托马斯主义为代表的中世纪基督宗教语言哲学遗产,开显它的内在精神价值,那么这对于推动托马斯主义与当代语言哲学对话,对于推动当代哲学、神学乃至整个人类文化的建设与发展,必将是一件具有重要意义的事情。

---

① E.Gilson, *History of Christian Philosophy in the Middle Ages*, New York: Random House, 1955, p.365.

第一部分

历 史 渊 源

第一章

影响阿奎那的三重语言哲学传统

尽管语言哲学是20世纪才广泛兴起的一门显学,然而关于语言现象的哲学思考却古已有之。如果我们把语言哲学视为一个与艺术哲学、宗教哲学等其他学科并列的哲学学科领域的话,那么检视语言哲学发展的历史就必然要向前延伸到人类最初从事哲学思考的童年时代,因为语言本身乃是哲学思考借以实现的表述方式,最初的哲学问题与语言问题总是不可避免地同时交织在一起的,只不过哲学问题本身被主题化了,而语言问题却成为讨论哲学问题的某种模糊背景而已。随着对哲学问题讨论的深入,隐含在哲学思想中的语言问题才逐渐彰显出来被人们所意识到,专门对语言问题进行哲学反思则是在人们的哲学思维水准已经提高到一定程度后的结果。但是,自从人类有了语言哲学最初的觉醒之后,语言哲学问题便成为不同时代的哲学家们所关注、探究的课题之一,他们对语言现象的思考成果逐渐汇聚成了语言哲学发展的历史洪流。不同哲学家的极具个性化的语言哲学思考都为整个语言哲学发展的历史河流提供了思想活水,尤其是那些取得丰硕成果的哲学大师,他们的思想成果往往会成为整个语言哲学历史发展的阶段性标杆。

阿奎那语言哲学是西方语言哲学发展到一定历史阶段的产物,也是整个西方语言哲学发展史的重要环节之一,它本身也有与其紧密相扣的前环节作为理论来源和思想基础。本章的主要任务在于考察阿奎那语言哲学的历史渊源。这一历史考察的目的不仅在于追溯阿奎那语言哲学的思想根基及其来龙去脉,而且在于摸清它的主要关切和基本论域,以便我们在西方语言哲学发展的宏大历史视域中对阿奎那的相关思想形成一种前理解,因为这种前理解对于我们进一步理解其语言哲学有着至关重要的诠释学意义。阿奎那语言哲学有它的三重历史渊源:一个是古希腊语言哲学传统,这个传统赋予了阿奎那语言哲学以分析理性精神;另外两个则分别是犹太教语言哲学传统和基督宗教语言哲学传统,这两个传统赋予了阿奎那语言哲学以形上超验精神。

第一节　古希腊语言哲学传统

古希腊思想家们对语言现象的哲学思考不仅经历了一个漫长的历史发展过程，而且产生了极其丰富的思想成果，这些思想成果尤其是巴门尼德、柏拉图、亚里士多德以及斯多亚学派的思想成果不仅针对人类语言现象提供了极其深刻的洞见，而且在整体上体现出一种强烈的分析理性精神，它们通过不同的途径以不同的方式对阿奎那语言哲学的形成产生了深远的历史影响，为它提供了具有明显理性主义特征的希腊元素。

一、从哲学语言到语言哲学

古希腊语言哲学是西方语言哲学发展史上最早出现的理论形态之一，它的产生撇开其复杂的外在社会历史条件不论，也有哲学本身发展的内在必然要求。虽然哲学的产生事实上远远晚于人类语言现象的出现，但是从最初的哲学开始它便与语言自然地结下了不解之缘，因为哲学思想从一开始就是借助于语言表达方式才得以实现的，语言作为哲学思想赖以实现的物质外壳始终伴随着哲学思想的每一步发展。尽管如此，哲学却并非从一开始就能够自觉地把语言作为它自身的研究对象。事实上，语言作为哲学思想的表述方式却是在哲学本身发展到一定程度并且在它与哲学思维本身呈现出明显的张力之后才逐渐成为哲学反思的对象的。只有当哲学思维的发展与它通过语言的实现之间的矛盾得到充分展开的时候，语言问题最终才会凸显出来并且被主题化，哲学才会自觉地把语言本身作为自身反思和研究的对象，从而产生最初的语言哲学形态。

众所周知，西方哲学是从神话母体中脱胎而来的，在哲学以其抽象思维方式运用概念、推理、论证解释世界万物之前，人们早就已经通过形象思维方式运用神话来说明他们生活于其中的日常现实世界。神话所采用的与形象思维方式相适应的表述方式是某种感性的形象语言，这种语言曾经被德国著名的文化哲学家恩斯特·卡西尔(Ernst Cassirer，1874—1945 年)称之为“诗意想象的语言”①。其实，早在 18 世纪上半叶，意大利著名的人文学者维柯(Giambattista Vico，1668—1744 年)在其《新科学》中就已经证明了在哲学产生之前的形象思维及其诗性语言与抽象思维及其哲学语言

① ［德］卡西尔：《人论》，甘阳译，上海：上海译文出版社 1985 年版，第 34 页。卡西尔认为最初的语言是表达情感或爱慕的，它在时间上早于表达思想或观念的语言。他说：“和概念语言并列的还有情感语言，与逻辑的或科学的语言并列的还有诗意想象的语言。语言最初并不是表达思想或观念，而是表达情感和爱慕的。”(见该书第 34 页)

是根本不同的，甚至是彼此对立的。根据他的研究，远古时代甚至荷马时代可以说基本上是一个诗歌的时代，在那个时代的人们仅凭他们的自然本性就是一些崇高的诗人，尽管他们的抽象思维能力并不怎么发达，然而他们的记忆力却特别强大，想象力尤其奔放，创造力也极其高明。他们基本上以自己的记忆力和想象力为基础，采用形象思维方式去把握周围的可感事物，并且使用一种诗性语言对它们给予栩栩如生的描述。这种表达形象思维方式的诗性语言完全不同于后来用以表达抽象思维方式的哲学语言。“哲学语句越升向共相就越接近真理；而诗性语言却是越掌握殊相（个别具体事物）就越确凿可凭。”①因此，在维柯看来，诗与哲学从根本上讲是相互对立的，正如他说：“按照诗的本性，任何人都不可能同时既是高明的诗人又是高明的玄学家，因为玄学要把心智从各种感官方面抽开，而诗的功能却把整个心灵沉浸到感官里去；玄学飞向共相，而诗的功能却要深深地沉浸到殊相里去。”②

诗性语言与哲学语言的对立似乎还仅仅是事情的一个方面；事情的另一方面则在于：既然哲学是从神话母体中产生出来的，那么作为哲学表现方式的哲学语言也必定是从作为神话表现方式的诗性语言中产生的。于是，我们尚需进一步弄清的问题是，哲学语言何以能够从与其相对立的诗性语言中产生？此外，从诗性语言到哲学语言的演化究竟是以怎样的方式实现的呢？

从诗性语言演化为哲学语言不是一件一蹴而就的事情，而是经历了一个十分漫长的自然历史过程。首先，从诗性语言到哲学语言的演化必须有赖于人类自身发展到具有一定的抽象思维能力和推理能力的时候才具备实现这种演化的物质基础。其次，与诗性语言相适应的形象思维本身就具有将感性的具体事物普遍化的倾向，这也为从诗性语言向哲学语言的演化提供了内在的可能性。维柯在他的《新科学》一书中比较具体地描述了形象思维及其诗性语言是如何将感性事物普遍化的。他说：“最初的人民仿佛就是人类的儿童，还没有能力去形成事物的可理解的类概念，就自然有必要去创造诗性人物性格，也就是想象的类概念，其办法就是制造出某些范例或理想的画像，于是把同类中一切和这些范例相似的个别具体的人物都归纳到这种范例上去。”③简单地说，诗性语言本身就具有某种普遍性特征，这种普遍性乃是通过对个别形象的范例化这一途径来实现的。所谓个别形象的范例化，就是指“把各种不同的人物、事迹或事物总括在一个相当于一般概念的一个具体形象里去。”④应该承认，维柯所描述的诗性语言的特征及其实现普遍化的方式还是比较符合实际情况的，

① ［意］维柯：《新科学》，朱光潜译，北京：商务印书馆 1989 年版，第 122 页。
② 同上，第 458 页。
③ 同上，第 120 页。
④ 同上，第 121 页。

这在哲学语言的确立过程中得到了充分的证明。众所周知，古希腊最早的哲学学派是米利都学派，其代表人物主要探讨的是自然哲学问题，他们试图寻找自然万物的“始基”，也就是万物由以产生、最终又复归于它的本原。泰勒斯（Thales，生卒年代不详）最先寻找到的始基是水，阿那克西曼德（Anaximander，生卒年代不详）重新寻找到的始基则是一种无定形的东西，他称之为“阿派朗”（aperiron）；阿那克西美尼（Anaximenes，生卒年代不详）在综合了前两者的思想基础上最后找到的始基则是气。虽然他们各自提出的始基学说彼此不同，但是他们都有一共同的特点，那就是他们都把某种感性的个别事物当作始基，并且将它提升为自然万物的普遍原理。显而易见，这与维柯所描述的形象思维及其诗性语言的特征基本上是一致的。虽然米利都学派的哲学家们分别选择了不同的具体事物作为万物的本原各有其不同的原因或根据，但是他们之能够把一个感性的个别事物（无论它是水、阿派朗，还是气）作为一个普遍原理来看待，这与语言本身的普遍性密切相关，因为至少语言本身的普遍性为他们这样做提供了可能性。事实上，任何一个具有实际意义的语词本身就已经具备了某种程度的普遍性，即使对于某个具体的东西我们只能用手指着它说“这一个”，那么被我们说出来的“这一个”便是一个具有某种程度的普遍性的语词，因为它作为语词本身显然不同于它所指称的对象：它作为语词本身是一个普遍的概念，而它所指称的对象则是一个具体事物。德国古典哲学大师黑格尔（Friedrich Hegel，1770—1831年）对此曾经深有体会地指出：“当我们说出感性的东西时，我们也是把它当作一个普遍的东西来说的”①，因为黑格尔认为语言能够把它的意谓直接地颠倒过来，使它变成共相。当米利都学派的哲学家们用一个感性的个别事物作为万物的始基时，他们实际上是把一个指称具体事物的语词的普遍性进一步提升为具有更高的普遍意义的哲学本原概念。邓晓芒教授在分析泰勒斯以水为万物的始基时指出：“泰勒斯的努力，实际上可以看作一种寻求语言的努力，一种超越日常语言而构思哲学语言的努力。这一努力既失败了，又成功了：失败是因为‘水’毕竟是一个感性事物的概念，并不具有他所赋予的那种最高的普遍性，无法承担它所应担负的把握整个感性世界的使命，因而遭到了进一步思维运动的扬弃；成功则是因为，这一努力是自己导致了自身的进一步扬弃的，因为它通过自己的意图而指示了一条寻求哲学语言的道路，后来者则沿着它所指出的这条道路而不断前进。因此这是一个矛盾，即用来表达哲学概念的语词在意谓方面的感性局限性（如具体的水）与它所承担的普遍使命（即成为万物的本原）不相适合的矛盾。整个希腊早期自然哲学的发展和运动，可以说都是这

---

① ［德］黑格尔：《精神现象学》上卷，贺麟、王玖兴译，北京：商务印书馆1979年版，第66页。

一内在基本矛盾在思维中不断推动的结果。”①诚然，不仅以泰勒斯为代表的米利都学派的哲学家们是如此，而且毕达哥拉斯（Pythagoras，生卒年代不详）学派亦复如此，甚至在所谓“晦涩的哲学家”赫拉克利特（Heraclitus，生卒年代不详）那里也有同样的情形。在哲学语言的逐步形成过程中，由于刚刚踏入哲学门槛的哲学家们没有任何现成的哲学语言可以用来表达他们已经萌芽的哲学思想，因此，在寻求对世界本原的哲学语言表达时，他们只能借助于传统的诗性语言作为表述方式。然而，诗性语言本身所固有的感性局限性从一开始就制约了哲学家们意欲表达的哲学思想。由于古希腊早期哲学家们的抽象思维能力和推理能力总的来说比较低下，他们尚未明确地意识到在他们自身的哲学思想与他们的表述方式之间存在着内在矛盾，因此他们不可能重新创立他们所需要的抽象概念来表达自身的思想，而是在传统的诗性语言中尽可能地努力寻找表达自己思想的语词，其结果往往是把一个指称感性的个别事物的具体语词作为一个典型范例直接转化为与之相应的抽象概念来加以使用。例如，将古希腊神话中的时间之神的具体名称“克罗诺斯”（Chronus）直接转化成一个抽象的“时间”概念等，诸如此类的情况在普遍使用诗性语言的时代往往是一种十分常见而自然的现象。尽管那些如此转化而成的概念是古希腊早期哲学家们用来把握整个感性世界不可或缺的语言工具，然而这些概念本身却无法真正起到它们作为哲学概念来表达整个感性世界的普遍原理的作用。从诗性语言上升到哲学语言只能有待于人类的抽象思维能力提高到一定程度的时候才能真正实现。即使在毕达哥拉斯学派那里已经开始使用具有较高抽象程度的“数”来作为一个表达万物的普遍原理的基本概念，数本身作为自然力物的量的规定性仍然具有某种程度的可感性质。因此，毕达哥拉斯及其门徒只能把数目想象成某种有形的感性直观对象，诸如“长方形数目”、“三角形数目”、“金字塔形数目”等，甚至把它们想象成一些“数目的小球球”②。由此可见，毕达哥拉斯学派提出的“数”的概念在严格意义上还没有完全达到它作为哲学概念所要求的那种最高的普遍性，它还处在从日常的诗性语言向概念化的哲学语言过渡的途中。

直到赫拉克利特提出所谓“逻各斯”（λόγος/ logos）才是古希腊哲学语言萌芽的一个重要标志性事件。尽管就他以火作为万物的始基而言，他与以往的哲学家们相比从表面上看似乎并无二致，仍然是用某种具体的物质性因素来说明感性的自然世界的统一性，用某种变动不居的东西来解释自然万物的运动变化，然而他对作为万物本原的火的说明却比以往的哲学家尤其是米利都学派的三位哲学家有着更加深刻的

---

① 邓晓芒：《思辨的张力——黑格尔辩证法新探》，长沙：湖南教育出版社 1992 年版，第 15 页。

② ［英］罗素：《西方哲学史》上卷，北京：商务印书馆 1997 年版，第 62 页。

理论意蕴。这种理论意蕴并不简单地体现在火比水、气更加具有活动善变的特性，也不仅仅体现在火既是自我运动又是能够促使其他事物运动的东西，更重要的是，火的自我运动还遵循一定的“尺度”或者“分寸”，正如他所说：“这个有秩序的宇宙（科斯摩斯）对万物都是相同的，它既不是神也不是人所创造的，它过去、现在和将来永远是一团永恒的活火，按一定的尺度燃烧，一定的尺度熄灭。”①赫拉克利特在这里所提到的“尺度”（μέτρος/metros）也就是后来他所谓的“逻各斯”，因为他认为火的燃烧与熄灭、万物的生灭转化都遵循“相同的逻各斯”。由于赫拉克利特经常在不同的含义上使用“逻各斯”一词，因此现代学者对这个词的基本含义给予了各种不同的解释。如果从他们的解释思路上来看，那么我们可以把这些解释大致区分为科学主义和人文主义两种解释倾向。

科学主义解释思路倾向于将其基本含义解释为一种“尺度”、“分寸”、“大小”（或者数量上的比例关系）以及“规律”、“原则”等。例如，研究古希腊哲学的著名学者基尔克（G.S.Kirk）认为，λόγος 的词根是 λεγ，原来有“挑选”、“选择”之意，由此引申出“计算”的意思，于是就有了“尺度”、“比例”之意，后来又逐步演变为“公式”、“计划”等，最后达到“规律”的意思。② 这种科学主义解释倾向固然有其合理性的一面，也有利于人们把赫拉克利特的思想与毕达哥拉斯学派的数学原则联系起来，但是这种解释倾向由于囿于科学语言的范围，因此它遮蔽了“逻各斯”一词的本来含义。

然而，人文主义解释思路却倾向于把“逻各斯”一词的基本含义与“言说”、“话语”等意思联系起来。事实上，λόγος 一词源自于表示“说话”之意的动词 λεγω（lego），它最初被用来表示“安排”的意思，人们“用嘴把语词安排好”就是“言说”、“言谈”，由此引申出话语交流之意。人们说出的一句话就是 λόγος，而说出的一番话则用它的复数形式 logoi 来表示。当然，所说出的一句话或者一番话已经不纯粹是在说那个别的感性意象，然而所说出的话或多或少都是一番抽象的道理，由此派生出“道理”、“理性”、“根据”、“关系”等诸多不同的意思。例如，海德格尔认为，λόγος 有一个基本含义主导着它的其他含义，这个基本含义就是“言谈”。只有先了解“言谈”一词的意思，才能正确地理解 λόγος 的内涵。而 λόγος 之为言谈，其意思是在人言谈的时候把“话题”所涉及的东西公开出来，让他人看到言谈所谈及的东西。“只要言谈是真切的，那么，在言谈（ἀπόφανσις）中，言谈之所谈就当取自言谈之所涉；只有这样，言谈着的传达用所谈的东西才能把所涉的东西公开出来，从而使他人也能够通达所涉的东西。这就是 λόγος 之为ἀπόφανσις 的结构。”③λόγος 的其他含义，诸如“理

---

① DK 22B 30.

② 参见汪子嵩等：《希腊哲学史》第一卷，北京：人民出版社 1997 年版，第 459 页。

③ ［德］海德格尔：《存在与时间》，陈嘉映、王庆节译，熊伟校，北京：三联书店 1987 年版，第 41 页。

性”、“根据”、“关系”等，统统受制于 λόγος 之为言谈这一基本含义的主导。应当承认，海德格尔对“逻各斯”作为“言谈”的基本结构之分析还是比较符合赫拉克利特提出的逻各斯学说的。一方面，在赫拉克利特那里，逻各斯乃是一种主观精神的表达，它与灵魂的能力——思想是密切相关的。赫拉克利特说：“灵魂有它自已的逻各斯，它自行增长。”①虽然“思想是人人共同的”②，但是只有健全的思想才是最优越、最智慧的，“它能说出真理并按真理行事，按事物的本性认识它们”③。另一方面，他又反复强调逻各斯的公共性，认为逻各斯不是一个人私有的，而是每个人都具有的共同的东西。“所以必须遵从那共同的东西。虽然逻各斯是共同的，但大多数人还是按照他们自已私自的理解那样生活着。”④在赫拉克利特看来，这种人人共同具有的逻各斯就是一种客观尺度，因此，“不要听我的话，而要听从逻各斯，承认一切是一才是智慧的”⑤。由此可见，这种既能够表达主观精神又能够作为公共的客观尺度的逻各斯不是别的什么，而是话语或者语言。因为语言在本质上既是主观思想的表达，又是具有客观内容的东西。语言不仅在 λέγειν（“言说”、“展示”）的含义上作为主观精神的表达，即“言谈之所谈”，而且在 λεγομενον（“被言说者”、“被展示者”）的含义上作为被表达出来的客观内容，即“言谈之所涉”。在古希腊哲学试图寻求对变动不居的自然万物进行规定和表达的童年时代，赫拉克利特最终找到逻各斯作为“一切皆流”的自然万物的本原——火的尺度，实际上也就是以语言作为“变”中之“常”，努力把一切变化不定的东西规定和把握在语言之中，并且以语言来表达不可言说的“变”本身。这当然是一件十分有趣的事情，因为无论米利都学派还是毕达哥拉斯学派，它们的哲学对变动不居的世界本原之追寻在一定程度上也是对规定和表达世界的统一性的哲学语言之追寻，这种追寻在经过一定的历史阶段之后，最终在赫拉克利特那里又回到了语言本身。用语言来规定和表达世界的本原，这是语言本身最初的朦胧觉醒。之所以说语言的这一觉醒是朦胧的，乃是因为在赫拉克利特那里语言自觉的程度还是相当低的，毕竟他充其量也只不过是意识到了语言所具有的对于世界的暗示性作用而已，他还不可能真正懂得语言本身就蕴含了世界的道理，更不可能意识到语言本身所具有的对于世界的建构性作用——语言并非简单地再现世界，而是规定和构造了世界的显现。因此，我们绝不可过分地夸大在赫拉克利特那里所体现出来的语言的自觉程度。虽然他提出的逻各斯学说就其思想内容而言无疑已经处于当时所

---

① DK 22B 115.

② DK 22B 113.

③ DK 22B 112.

④ DK 22B 2.

⑤ DK 22B 50.

能达到的思想巅峰,但是,由于他并未摆脱传统的诗性语言思维方式的强烈影响,因此他仍然只能借助于感性化的语言去表达理性化的哲理。"他所以被人认为'晦涩',主要还不是因为他思想深奥、表述古怪和性格奇特,而是由于正在形成中的哲学思维当时找不到适当的语言和语法来表达这个矛盾现象的反映。"[①]虽然赫拉克利特朦胧地意识到了语言中蕴含的世界统一性,但是传统的诗性语言思维方式使得他无法真正认清语言(逻各斯)的本性。当他从不断运动变化的客观世界的本性走向语言的本性时,语言所固有的暗示世界的统一性的确定性不但没有得到应有的维护,反而受到了一定程度的动摇。他的火本原说本身就是对本原及其所派生的世界万物的经验流变性的强烈肯定,甚至在本原与其所派生的万物之间也是不断转化的。一旦世界万物相对独立存在的那种统一性遭受经验流变性的瓦解,那么表述世界万物的统一性的语言的确定性同样也会被消解掉。面对"一切皆流"的整个现象世界,语言又如何能够规定并把握它呢?赫拉克利特对这个问题的回答是:"我们踏进又不踏进同一条河流,我们存在又不存在。"[②]显而易见,在这种表达经验流变的语言中,现象世界的确定性被遮蔽了。更进一步,如果绝对流变的现象世界是一个完全丧失了其自身的同一性或统一性的经验之流,那么语言("逻各斯")就再也无法用"是"来对之加以言说了,人们只能像他的学生克拉底鲁那样对这个现象世界沉默无语地动动手指,这样一来,语言("逻各斯")对现实世界的表述功能就被彻底地勾销了。尽管如此,赫拉克利特颇富原创性的逻各斯学说在西方哲学史上仍然具有极其重要的历史地位,它不仅标志着古希腊哲学语言的萌芽,而且标志着西方哲学基本精神的孕育。

从哲学语言的萌芽到语言哲学的确立注定需要经历一个漫长的历史过程,这不仅因为语言本身作为人化了的自然物有一个生长与成熟的过程,而且因为哲学思维的发展与其语言表述之间的矛盾展开也有一个过程。只有当哲学思维与其语言表述的矛盾得以充分地展开之后,人们才能把语言现象本身作为关注的对象,才能逐渐把语言研究提到议事日程上来,才能在此基础上对语言现象进行哲学反思,以便寻找到恰切而合理的方案去解决它们之间的矛盾。当赫拉克利特率先将"逻各斯"作为哲学范畴使用之后,继续把对逻各斯的追寻视为哲学之首要任务的哲学家无疑是巴门尼德(Parmenides,生卒年代不详)。但是,巴门尼德对赫拉克利特的思想并不满意,他明确地意识到了从赫拉克利特的思想中引申出来的结论不仅无助于对语言的本性之认识与把握,而且这种思想极容易造成对语言的确定性的动摇甚或破坏。因此,与

---

① 汪子嵩等:《希腊哲学史》第二卷,北京:人民出版社 1997 年版,第 137 页。

② DK 22B 49.

赫拉克利特从现象世界的流变性走向语言的非确定性之路相反，巴门尼德则走向了一条从思想和语言的确定性、合逻辑规律性到存在的绝对确定性之路。在他看来，一切思想认识都必须有它们的确定对象，表达思想认识的语言必须遵守具有严格确定性的逻辑规律。如果被思想的东西没有确定性或者规定性，那么人就既不可能思想它，更不可能说出它是什么。因此，巴门尼德从思想和语言所必需的确定性、合逻辑规律性出发，最终把世界的本原（始基）从以往具有流变性甚或无规定性的感觉对象变成了具有确定性或者规定性的理智对象。

巴门尼德用来表达本原的哲学范畴“estin”或者“to einai”乃是一个兼具逻辑学意义（“是”）与本体论意义（“在”）的双关语词。一方面，“estin”或者“to einai”是连接主词与谓词的逻辑系词。主词通常表示作为存在者的主体，而谓词则通常表示作为主体的存在者所具有的本质和属性，把主词与谓词连接起来的系词（“是”）处于表示存在者的主词与表示存在者的本质或者属性的谓词之间，这个系词既展示着谓词所表示的关于主词的本质意义或者属性意义，也就是谓词所表达的思想内容，同时又关联着主词所表示的对象性存在。因此，这个系词是人的思想意识中具有语言逻辑特征的规定性或者确定性，它被用来指示由主词和谓词所构成的命题的真理性，用以说明主词所意指的东西总得是点什么，这个东西不可能是毫无任何规定性或者确定性的虚无，否则便不可能用“是”来对之加以确定性地言说了。但凡使用了“是”的言说都必须是具有某种确定性、合逻辑规律性的言说。在巴门尼德看来，赫拉克利特所谓“既存在又不存在（既是又不是）”的言说乃是一种引人误入歧途的逻各斯，对这样的言说必须尽力加以避免。他指出，就存在者与非存在者而言，只有两条道路可以设想：第一，“存在者存在，它不可能不存在”，只有这种逻各斯才是“关于真理的可靠的逻各斯”，[①]否认这种逻各斯就是否认真理，因此这是一条“真理之路”。巴门尼德确认这种逻各斯的真理性，本质上就是承认后来形式逻辑的同一律（A=A）。第二，所谓“存在者不存在，非存在者必然存在”的言说乃是一种不可思议的逻各斯，因此这是一条应该尽力避免的“意见之路”。巴门尼德否认这种逻各斯的真理性，本质上就是承认后来形式逻辑的不矛盾律（A≠-A）。

另一方面，“estin”或者“to einai”也是意指真实对象的语词，它们所表达的也是具有客观实在性的对象性存在。然而，值得注意的是，对于巴门尼德来说，这种真实的对象性存在不是在现象世界中的任何感觉给予物，而是内化于人的思想意识之中并且为人的语言所表述的东西，因为他把存在的特征描述为唯一的、不动的、连续不可分的、无生无灭的、完整的，然而具有这些确定性特征的存在对象只能是理智理解

① DK 28B 8.

的观念对象，根本就不可能是感觉感知的经验对象。具有经验流变性特征的现象世界反倒被他视为“非存在”。他反复地强调了存在的可思想性、可表述性以及非存在的不可思想性、不可表述性。例如，他说：“能够被表述（λέγειν，legein）、被思想的必定是存在，因为仅仅对存在而言这才有可能，非存在是不可能的”①；“我不允许你说，也不允许你思想存在来自非存在，因为非存在是既不能被表述，也不能被思想的”②；“思想只能是关于存在的思想。因为你找不到一个没有它所表述的存在的思想。”③诸如此类的说法充分表明巴门尼德对世界本原的形上解释实际上是一种语言学的诉求，也就是说，把语言本身固有的抽象规定性颠倒为现实世界的确定性，以抽象的概念化语言来充当世界万物的本原。不过，对于他来说，只有肯定性的概念化语言才能适合于担当对世界本原的形上解释之重任，但是否定性的概念化语言因其不具确定性而无法担当起这一重任。当赫拉克利特把变动不居的现象世界说成“既存在又不存在（既是又不是）”的时候，巴门尼德敏锐地觉察到赫拉克利特的言说破坏了语言对现象世界的固定（规定）功能，他认为赫拉克利特的这种逻各斯是理性误入歧途的结果。因此，为了维护与强化语言的固定（规定）功能，巴门尼德反过来要求人们把现象世界当作不可思想、不可言说的“非存在”，尽力避免乃至抛弃任何企图言说非存在的意见之路。在他看来，“这条道路是什么也学不到的，因为你既不能认识非存在，也不能将它说出来”④；“将那条道路当作不可思想的、不可言传的途径抛弃吧。”⑤在否定了非存在的可思想性和可表述性之后，他就只能肯定存在的可思想性和可表述性了。因此，他把“表述”、“思想”、“存在”放在同一系列之中，而所谓“表述（λέγειν，legein）”实际上就是在展示、言说意义上的逻各斯，这充分表明他非常清楚地意识到了语言（在 λέγειν 意义上的逻各斯）、思想、存在之间的同一性。虽然他还没有把思想本身也看成是某种语言，但是他始终都把“表述”与“思想”联系在一起，认为能够被表述出来的东西必定是能够被思想的，而思想的对象又只能是存在。在此意义上，他提出的“思想和存在是同一的”这个著名命题也可以被理解为语言（在 λέγειν 意义上的逻各斯）和存在是同一的。

如果说赫拉克利特的逻各斯学说标志着古希腊语言哲学最初的朦胧觉醒，那么巴门尼德关于思想、语言与存在的同一性命题则标志着古希腊语言哲学的真正觉醒。为了使逻各斯变成真理，巴门尼德在区分了感觉与思想的基础上又进一步区分了两

① DK 28B 6.

② DK 28B 8.

③ Ibid.

④ DK 28B 2.

⑤ DK 28B 8.

类截然不同的逻各斯:一类是表达思想内容的逻各斯,只有这样的逻各斯才是对存在的有意义的言说,因而它是确定而可靠的真理;另一类则是表达感性印象和感觉内容的逻各斯,然而这样的逻各斯是毫无意义的空洞的言说,因此它是因人而异的不可靠的意见。"所谓思想就是关于存在的思想,因为你绝不可能找到一种不表述存在的思想。在存在以外,没有也绝不会有别的东西。因为命运将存在作为一个不动的整体拴在一起了。因此,凡人们在他们的语言中加以固定的,自以为是真的东西,不过是空洞的名称,如生成和毁灭、存在又不存在、位置的改变、色彩的变化等。"①这两类逻各斯的区分一方面表明了巴门尼德固守语言(逻各斯)表达抽象的本体世界的真理性的立场;另一方面,也表明了他在反对赫拉克利特把非存在当作存在并且试图以语言(逻各斯)固定现象世界的运动变化时却走向了另一个极端,也就是说,他不仅把充满否定性的现象世界视为"非存在"予以抛弃,而且把用否定词("不是")进行表述的语言也一同终止了。这样一来,其结果就与赫拉克利特殊途同归了,即动摇了语言(逻各斯)表述日常现实世界的可能性。事实上,曾经把赫拉克利特所谓"万物皆流"的思想推向极端的克拉底鲁(Cratylus)恰好证明了巴门尼德所导致的这一结果。克拉底鲁批评了赫拉克利特关于"人不能两次踏进同一条河流"的说法。他认为,当人一次踏进一条河流的时候,由于踏进去的这条河流的河水在不断地流动,早已经不是同一条河流原有的河水了,所以人甚至一次也不能踏进同一条河流。不仅如此,他还以这种极端化的变动观为前提进一步作出了如下推论:人根本什么也不能说,因为当你说"某物是什么"的时候就等于说某物作为什么而存在,然而,当你要这样说它的时候,它早已不是原来的那个事物了;因此,可以得出的结论便是:"人根本不能说什么,而只能简单地动动他的手指。"②这样,语言对现实世界的表述功能就被克拉底鲁彻底地否定了。尽管巴门尼德导致动摇甚或否定语言(逻各斯)表述现象世界的可能性,然而他在反对赫拉克利特的斗争中却发展了逻各斯学说,他那营造概念化语言的努力在客观上强化了逻各斯的理性作用。人们在他的残诗中可以清楚地看到,当女神狄凯告诫巴门尼德"要用你的逻各斯去解决我告诉你的这些纷争"的时候,这里所提到的"逻各斯"已经具有诸如"理智"、"理性"、"论证"之类的含义;当他结束"关于真理的可靠的逻各斯和思想"时,这里与"思想"联系在一起的"逻各斯"也同样包含着"推理"、"论证"之类的意思。不仅如此,巴门尼德还特别使用了"hodos"("道路"、"途径")一词对逻各斯进行补充说明,强化了逻各斯作为思考问题的"手段"或"方法"的功能,促进了逻各斯向逻辑化方向发展。他关于存在者是

① DK 28B 8.

② [古希腊]亚里士多德:《形而上学》,1010a10—14。

“一”、“不动的”等基本观点的论证已经涉及到形式逻辑的同一律、矛盾律和排中律等逻辑公理问题，尽管他当时尚不清楚形式逻辑为何物。

自从巴门尼德赋予逻各斯作为方法的推理、论证之类的含义之后，爱利亚学派的芝诺（Zeno，生卒年代不详）、麦里梭（Melissus，生卒年代不详）等人就将这种推理、论证过程充分展现出来了。他们在继承和发展巴门尼德学说的时候进一步强化了逻辑论证的重要作用，并且为巴门尼德学说作出了一系列辩护性论证。这些论证所采用的基本方法就是先假定对手的观点（例如存在是“多”或“运动的”）为真，然后以对手的观点为前提逻辑地推出与之相矛盾的或者荒唐可笑的结论来，以便最终说明与其承认对手的观点为真，倒不如承认巴门尼德的观点（例如存在是“一”或“不动的”）为真。① 这种方法的基本特点就是从对方的逻各斯出发推出与之相反的逻各斯，从而迫使对手放弃原来的逻各斯而承认与之相反的逻各斯。这不仅是一种以其人之道还治其人之身的反证法，而且包含了在康德（Immanuel Kant，1724—1804年）意义上所谓“二律背反”思想的萌芽，后来苏格拉底（Socrates，前469—前399年）在对话中惯用的“问答法”或者“精神助产术”基本上也是源自于此，以致亚里士多德（Aristotle，前384/383—前322年）甚至把芝诺说成“辩证法的创立者”。如果说赫拉克利特学派的克拉底鲁在客观上证明了巴门尼德关于流变的现象世界作为“非存在”根本就无法用语言加以固定和把握的观点，那么爱利亚学派的芝诺和麦里梭则共同维护了巴门尼德关于只有存在才能被思想和表述的观点，他们促进了逻各斯作为一种普遍有效的尺度朝着获取和论证真理性知识的逻辑化方向发展。

继爱利亚学派之后把逻各斯作为最重要的课题提到议事日程上来的无疑是智者学派。智者学派明显地不同于以往的自然哲学流派，智者们把思考问题的重点从自然事物转向了社会事务，他们绝大多数人都具有相当明显的人本主义倾向，讨论的主要问题通常是与人有关的各类社会现象，语言问题便是其中与人的关系最为紧密的社会现象之一，因为智者们基本上是一批以培养好的公民即“人”本身为己任的职业教师，他们最根本的活动就是教人善辩的技艺——修辞学，也就是演讲术和论辩术。由于演讲和论辩的目的在于使用语言说服别人和驳倒对手，这种专门传授演讲术和论辩术的职业客观上需要对语言现象给予足够的重视。因此，在智者时代语言现象成为受到普遍关注和讨论的最重要的问题，最初的语言哲学思想可以说就是在这种关注和讨论中应运而生的。我们大致可以从三个方面来理解智者为语言哲学的产生

---

① ［古希腊］柏拉图：《巴门尼德篇》，128D。参考《柏拉图全集》第二卷，王晓朝译，北京：人民出版社2003年版。

所作出的重要贡献。

首先,就语言观而言,智者对于语言现象比以往的哲学家有更加深入的体认,这有助于推动对语言现象的哲学反思。虽然智者们在语言观上并没有达成普遍一致的共识,但是不同的智者对于语言现象都有各自不同程度的认知。例如,著名智者高尔吉亚(Gorgias,约前480—前370年)对于语言的本质和功能就有比较明确的认识。他把语言看作是一种最微小的肉眼看不到的东西,然而这种东西又不是那种真实存在的外在事物,虽然它与实在事物是异质的,但是它具有一种强大的力量,通过它能够对人的灵魂产生重要的作用。在他的修辞范文《海伦颂》中,高尔吉亚就是根据语言对灵魂的作用来为海伦(Helen)因受到语言的诱惑而前往特洛伊这件事不应该受到谴责进行辩护的。他指出,以语言作为手段进行诱惑和欺骗能够在人们的灵魂上随心所欲地制造某种印象,正如在法庭上的辩论一样,借助于语言技巧,说出的一席话可以支配一大群人,而不管所说的话是否真实。他说:"语言对于灵魂状况的力量可以和药物对于身体状况的作用相比。正如药物作用于身体内不同的体液既可以治病也可以致死一样,语言也是如此,不同的话能使人悲伤、快乐或者恐惧,有害的劝说还能迷惑和麻醉灵魂。"①在他看来,语言对灵魂的影响是自然现象(physis),依靠平时养成的习惯克服这种影响则是人为现象(nomos)。虽然nomos不能改变physis,但是physis一定能够影响nomos。然而,海伦受到语言的诱惑或者欺骗犹如受到暴力的劫持一样,她是身不由己地同意了别人所说的话而做错了事。因此,应该受到谴责的不是海伦,而是诱惑者或欺骗者。事实上,在古希腊发生的那场历时长久而影响深远的关于physis和nomos的争论中,语言现象就被牵涉其中,智者们围绕语言的本性问题——名称到底是自然的还是人为约定的——展开了广泛了争论,这场争论可以称得上是后来柏拉图(Plato,前427—前327年)撰写《克拉底鲁篇》讨论语言主题的前奏曲。

其次,出于传授语言技艺的职业考虑,智者自觉地对修辞学进行了比较全面的研究,其中包括从语义学角度对确定名称的正确性问题的探讨,直接涉及早期语言哲学的命名理论。现代语言哲学讨论的意义理论在古希腊最初是以命名理论的形态出现的。为了正确而有效地使用语言,纠正用词不当的错误,智者们对语词的意义进行了相当深入细致的研究,提出了关于名称的正确性问题,也就是所谓"正名"(orthoepeia)问题。他们普遍地讲究用词技巧,要求订正名称的意义,努力做到名副其实,以便提高人们的文化素养和认识水平。据说普罗泰戈拉(Protagoras,约前

① [古希腊]高尔吉亚:《海伦颂》,转引自汪子嵩等:《希腊哲学史》第二卷,北京:人民出版社1997年版,第126页。

490—前421年)就曾经探讨过正确使用名称的问题,他可能是最早提出关于正名问题的智者①;安提丰(Antiphon,生卒年代不详)提倡词义的清晰性,他不仅坚决反对含糊地使用语词,而且教给人们创造新词的方法以表达新的意思;普罗狄科(Prodicus,生卒年代不详)是研究正名问题最有名的智者,他不仅最先提出了关于同义词的问题,而且在研究词义的区分方面无人出其右,以致柏拉图赞赏有加地说:"在分辨词的意义方面,普罗狄科在智者中是最优秀的。"②苏格拉底不仅提到自己曾经向普罗狄科学习过名称的区分问题③,而且不无遗憾地说:"关于名词的知识是重要的,如果我不是贫穷的话,一定会听伟大的普罗狄科的五十个德拉克玛的课程,他自己说那是关于语法和语言的完整的教育课程。"④尽管智者针对名称进行的语义分析属于作为使用语言技艺的修辞学的一部分,然而,当他们追求名称的正确性时,他们却不可避免地触及了名实关系这一早期语言哲学的基本问题。应当承认,虽然智者们都热衷于探讨如何正确地使用名称的问题,但是这并不意味着他们在名实关系问题上普遍地持有正确的主张。由于智者们的著作绝大部分都已经佚失,我们目前尚无法确定不同的智者在名实关系问题上究竟持有什么样的基本观点。智者们所谓的"正名"基本上属于关于正确的措词或者表述(correct diction)的问题,就对名称的正确性问题的理解而言,它们的修辞学意义远远超过了其语言哲学意义。即使我们承认智者们在正名问题上都普遍地要求做到名副其实,也不能因此而说他们对于作为衡量名称的正确性的事实标准的理解是完全一致的。实际上,在像普罗泰戈拉和高尔吉亚这样的智者那里,所谓事实至多也只能是在感觉论意义上的相对事实,而不是在客观存在意义上的绝对事实,尤其是对于彻底否认有超越现象的存在的高尔吉亚来说,语词根本就无法表述任何实际事物,人们也无法追究它是否符合事实。因此,智者们无论在词义问题上抑或在名实关系问题上都可能持有彼此不同的甚或相反的主张。尽管如此,他们对词义问题和名实关系问题的探讨在一定程度上直接推动了语言哲学的产生。

最后,智者们通过对论辩术(eristic)的探讨为古希腊早期语言哲学的产生作出了巨大的贡献。虽然论辩术如同演讲术一样也是修辞学的重要组成部分之一,但是它比演讲术更加偏重于逻辑论证;同时,论辩术所涉及的不是纯粹的论辩技巧问题,它还牵涉逻各斯的真理性问题。从这个意义上讲,智者们所探讨的论辩术与语言哲

① [古希腊]柏拉图在《斐德罗篇》中提到普罗泰戈拉首创了正名(267C),在《克拉底鲁篇》中也提到苏格拉底建议赫谟根尼向普罗泰戈拉学习正名问题(391C)。

② [古希腊]柏拉图:《拉凯斯篇》179D。

③ [古希腊]柏拉图:《卡尔米德篇》163D。

④ [古希腊]柏拉图:《克拉底鲁篇》384B。

学之间的联系实际上是十分紧密的。就普罗泰戈拉所代表的智者们大力倡导并广泛采用的论辩术而言，它的基本思想在于：任何一个命题都有两个相反的逻各斯，二者可以互不矛盾地同真，只不过它们之间存在着好坏、强弱、利弊等价值的不同；论辩的目的是为了捍卫自己和反对别人；实现论辩目的的关键技艺是建立起比论敌的逻各斯更加有说服力的逻各斯，或者将自己柔弱的逻各斯变成比论敌更加强势的逻各斯，从而驳倒论敌，获取胜利。由此可见，这一基本思想的核心是两个相反的逻各斯可以互不矛盾地同真。普罗泰戈拉提出的这一主张之所以得到智者们的广泛赞同，乃是因为在智者时代尚未形成在亚里士多德意义上的形式逻辑，他们未能在同一思维过程中看待逻各斯的真假问题，而是从感觉主义、相对主义和抽象的可能性出发去考察逻各斯的真理性。一方面，感觉主义和相对主义原则在普罗泰戈拉所谓"人是万物的尺度"这一著名命题中得到了集中体现。[①] 如果从这一原则出发，那么一切知识都变成了个人的感觉与意见，知识的真理性就完全以个人相对的感觉为尺度进行衡量，你个人感觉是真的，它就是真的；逻各斯的真理性也是如此，凡是巧舌如簧、善于辞令、能说会道的人就拥有逻各斯的真理性，只要能够说清道理的语言就会被视为真理。另一方面，智者们普遍地把可能性看成高于现实性，他们在论辩中事先设定各种抽象的可能性，然后再用归谬法对这些抽象的可能性逐一加以审视，否定他们所要反对的可能性，最后达到他们的论辩目的。柏拉图在谈到一批修辞学家的时候说他们认为"可能性比真实更值得重视。"[②]亚里士多德在《修辞学》中也对智者的论辩术使用某种抽象的可能性反对其他可能性甚或客观事实的做法进行过批判。如果从抽象的可能性出发而不顾客观事实，那么每一个命题都具有多种可能性，人们自然就可以随心所欲地使用某一种可能性来反对另一种可能性而不产生任何矛盾了。因此，以这种感觉主义、相对主义和抽象的可能性为理论基础，智者们就可以自然地推断出两个相反的逻各斯能够互不矛盾地同真了。如果说普罗泰戈拉在语言（逻各斯）与其所表述的客观事物之间设置了人的感觉这一障碍，从而用个人感觉的相对性消解语言的真理性，那么高尔吉亚则彻底地割断了语言（逻各斯）与其所表述的客观事物之间的联系，甚至连语言的可传达性也被他完全否定了。众所周知，高尔吉亚在反对巴门尼德学说的时候曾经提出了三个非常著名的命题："第一，无物存在；第二，如果有某物存在，人也无法认识它；第三，即便可以认识它，也无法把它告诉别人。"[③]其中，

① 普罗泰戈拉对这一命题的完整表述是："人是万物的尺度，是存在者存在的尺度，也是不存在者不存在的尺度。"（北京大学哲学系外国哲学史教研室编译：《西方哲学原著选读》，北京：商务印书馆 1987 年版，第 54 页）

② ［古希腊］柏拉图：《斐德罗篇》，67A。

③ 北京大学哲学系外国哲学史教研室编译：《西方哲学原著选读》，北京：商务印书馆 1987 年版，第 56—57 页。

第三个命题与语言哲学直接相关,因为它涉及词与物的关系问题或者说名称的意义问题。如前所述,巴门尼德曾经提出过存在—思想—语言三者的关系问题,他认为能够被思想和表述的只能是存在者。然而,高尔吉亚不仅彻底地否定了巴门尼德所谓存在者存在,而且认为即便退一步承认存在者存在,它也是无法用语言加以表述和把握的。他大体上从三个方面论证了他提出的第三个命题。第一,语言与客观实在是完全异质的,客观实在是感官的对象,可见的东西只能由视觉来把握,可听的东西只能由听觉来把握,然而人们用嘴巴说出的仅仅是逻各斯,而不是真实的存在。正如可见之物不会变成可听之物,可听之物不会变成可见之物一样,外在于人的客观实在也不会变成人的语言(logos)。第二,语言的存在方式及其被感知的方式完全不同于客观实在的存在方式及其被感知的方式,给予的东西或者存在的东西只能由类似给予的或者存在的东西来表达,即使语言是给予的,它也不同于其他给予的东西,可感之物与可说之词是大不一样的,因为可感之物由某种感官感知,然而语言则通过另一种手段来感知。正如我们不能用视觉去感知声音、用听觉去感知颜色一样,我们也不能用思想去感知可感对象。第三,不同的人有不同的思想和感知,同样的东西不可能同时出现在不同人的心智之中。即使人们能够知道并且能够用语言来表述他们所知道的东西,在听者的心目中也不可能拥有与说者所说相同的东西。如果在一个人的心智中没有某一事物,那么他就不可能依靠别人关于此物的语言来理解它。因此,语言不可能明白无误地把在说者心目中的东西传达给别人。

在通过上述论证否定了巴门尼德关于语言可以表述存在者的观点之后,高尔吉亚又更进一步强调语言是由于外在的可感事物的刺激而从它所造成的印象中产生的。例如,由于香味的刺激就从它所造成的印象中产生了表达香味的语言;同样地,由于颜色的显现就从它所造成的印象中产生了表达颜色的语言。倘若如此,那么就“不是语言表现外在的对象,而是外在的对象表现了语言”①。这样一来,高尔吉亚就完全把语词与事物之间的关系颠倒过来了,语言所表述的东西反过来变成了表现或者摹仿语言的东西。各种形式的唯心主义哲学正是利用了语言与其所表述的对象之间的颠倒关系才得以产生的。马克思(Karl Heinrich Marx,1818—1883年)曾经对这种产生唯心主义的“哲学语言的秘密”进行过非常恰当而深刻的揭露。他指出:“语言是思想的直接现实。正像哲学家们把思维变成一种独立的力量那样,他们也一定把语言变成某种独立的特殊的王国。这就是哲学语言的秘密,在哲学语言里,思想通过词的形式具有自己本身的内容。从思想世界降到现实世界的问题,变成了从语言降到生活中的问题。……哲学家们只要把自己的语言还原为它从中抽象出来的普通

① 汪子嵩等:《希腊哲学史》第二卷,北京:人民出版社1997年版,第273页。

语言,就可以认清他们的语言是被歪曲了的现实世界的语言,就可以懂得,无论思想或语言都不能独自组成特殊的王国,它们只是现实生活的表现。”①高尔吉亚无疑是最先意识到语言与其所表述的对象之间的颠倒关系的哲学家。通过词与物的关系的颠倒表达,他实际上自觉地提出了一个相当严肃的语言哲学问题:既然我们向别人转达的是语言本身,而不是语言所表述的对象,那么究竟应该如何确保语言本身与其所表述的对象之间的统一性呢?这是迄今为止仍然令语言哲学家们争论不休的一个悬而未决的重大问题。如果仅仅从这个意义上讲,那么高尔吉亚完全可以被视为古希腊语言哲学的先驱,不管他的思想观点及其论证方式如何。当代西方研究智者运动的著名学者柯费尔德(G.B.Kerferd)在谈到高尔吉亚在语言哲学方面的贡献时曾经对他作出了这样的评介:“高尔吉亚隐约地——我甚至可以说他是相当自觉地提出了整个意义和指称的问题。我们不要过分地纠缠他研究问题的不恰当的方式,重要的是他开始看到了一个可以说是相当严重的问题:如果语词通常总是指称事物的,而且这似乎是人们使用语词的首要目的,那么一个语词怎么恰好就是我们所想要意指的事物,而不会是我们不想要意指的其他什么东西呢?如果所指称的东西就是语词本身,那就方便多了;如果语词本身就能够反映出所指称的东西的差异性特征,那也简便多了。但是,除了拟声词,除了用语音反映所指称的东西的某些语词之外,事物的特征都不会出现在语词之中。我们不得不去研究被附加在语词上的语义,并且去发展语义学说。……但是,语义与其相应的语词的语音必定是不同的。……在认识活动中也产生了同样的问题:我们使用语词来表述思想和感知,那么语词、思想和事物之间又有什么关系呢?”②应当承认,高尔吉亚提出的问题的确具有深远的历史意义,从此以后的古希腊哲学也日益表现出重视对语言现象的哲学研究,从麦加拉学派到柏拉图乃至亚里士多德,很多古希腊哲学家都曾经试图解决高尔吉亚的语言哲学难题,但是他们都未能成功地加以解决。

智者继承和发展了爱利亚学派的论证方法,他们把逻各斯学说作为首要问题予以高度重视,通过认真探讨如何使用逻各斯的技艺而大力推动了古希腊语言哲学的产生,也为逻辑思维科学的形成创造了有利的条件。但是,由于他们提倡的作为演讲术和论辩术的修辞学单纯地追求以说服别人和战胜对手为目标,因此他们最终走上了片面强调包括正确措词和表达技巧等在内的语言形式以及包括论证技巧等在内的思维形式的发展道路,而完全忽视了语言所表述的思想内容,尤其是用个人的感觉和体验来权衡利弊、决定取舍,并且以此作为判断语言表述的“真理”标准,其结果就是

① 《马克思恩格斯全集》第3卷,北京:人民出版社1965年版,第525页。

② G.B.Kerferd, *The Sophistic Movement*, Cambridge University Press, 1981, pp.99-100.

取消了作为客观事实的存在标准，从而也就取消了判断语言本身的真理性的终极根据或者尺度，语言在他们那里最终变成了某种形式的诡辩。事实上，在智者推动的论辩之风盛行的时代就已经开始出现一些著名的悖论乃至诡辩。其中，最为著名也具讽刺意味的诡辩是普罗泰戈拉与其弟子欧亚塞卢（Euathlus）为是否应该交付学费的问题发生争论时提出来的。据说，他们师徒二人曾经事先约定学生在入学的时候先交付一半学费，另一半学费则要等待学生学成出师并打赢第一场官司的时候再交付。然而，欧亚塞卢学成出师后因为尚未打赢第一场官司而一直拒付另一半学费。于是，普罗泰戈拉为了收回另一半学费便向欧亚塞卢提出了如下论证：如果我到法庭去控告你，不管这场控告官司的输赢结果如何，你都必须向我交付另一半学费，因为，如果我胜诉而你败诉了，那么法庭就会判决你必须支付另一半学费；反之，如果我败诉而你胜诉了，那么，因为你已经打赢了第一场官司，因此你也必须按照事先的约定向我交付另一半学费。然而，毕业出师的欧亚塞卢自然很精通老师的论辩术，他始终铭记老师关于任何事物都可以形成两个相反逻各斯的教导，只要设法使自己的弱逻各斯变为强逻各斯，就可以破除对方的逻各斯，达到取胜的目的。于是，欧亚塞卢便以其人之道还治其人之身，也提出了一个拒付另一半学费的论证：不管老师诉讼的输赢结果如何，我都不必向老师交付另一半学费，因为，如果我打赢了这场官司，那么法庭就会判决我不必交付另一半学费；反之，如果我打输了这场官司，那么按照我们的约定，由于我尚未打赢第一场官司，所以我也不必交付另一半学费。虽然他们师徒二人提出的论证是一种典型的诡辩，但是它充分暴露了智者所教导的论辩术在哲学上存在着致命的理论缺陷，即如果以相对主义感觉论作为理论基础，那么势必导致片面地强调语言本身所包含的逻辑真理而忽视语言所表述的思想内容的客观真理，从而使语言的真理完全变成相对于个人的感觉而言的主观真理。因此，智者们所教导的理论反过来也可以成为否定他们自身的理论武器。随着雅典帝国的衰落，政治、经济等各方面动荡的加剧，智者思潮的消极影响日益凸显出来，它固有的理论缺陷又被后来的一些智者推向了极端，从而使演讲术和论辩术最终蜕变成随意玩弄文字游戏的诡辩术，甚至在古希腊民主制城邦中助长了普遍出现的煽动民众的蛊惑家的恶性发展，这在一定程度上败坏了古希腊社会风气。

二、柏拉图语言哲学

尽管智者思潮最终走向了它自己的反面，给古希腊社会风气造成了比较严重的消极影响，然而它在客观上却使语言现象成为一个重要问题被凸显出来，并且引起了人们的高度重视。与智者差不多同时代的苏格拉底对语言的重要性以及哲学与语言之间的联系就有相当深刻的体认。他指出："我们按照惯例学到的最好的东西，也就是说我们借以认识生活的一切事物都是通过语言学来的;我们学得的其他一些有用的知识也都是通过语言学来的;最好的教师是最会运用语言的人,懂得最重要道理的人都是最会讲话的人。"①虽然苏格拉底十分重视语言问题,提倡通过语言来学习知识,但是他坚决反对像智者那样哗众取宠式地滥用语言,反对他们以单纯地追求说服别人和战胜对手为目标而片面地强调语言形式和论证技巧、忽视语言所表述的知识内容的错误倾向,反对他们以相对主义感觉论为基础的主观真理论。苏格拉底提倡以追求客观真理为目标而深入细致地探究语言本身所表述的知识内容。他对智者的诡辩术进行了无情的揭露和批驳,创立了以求知为目的的辩证法(dialektikos),并且把智者的论辩术改造成了追求真理的工具。苏格拉底的辩证法就是通过对话进行反复辩难,在提出问题和回答问题的过程中诱导对方推论出一系列既违背事实又违反逻辑的荒唐结论,从而迫使对方不断地承认并修正错误,引导他们逐步认识真理。从语言哲学的角度来说,这样的辩证法与智者的论辩术、诡辩术的根本区别在于是否承认语言所表述内容的客观真理性,换句话说,是否承认语言的形式真理与其所表述对象的事实真理之间具有一致性。实际上,苏格拉底的辩证法与智者的论辩术乃至诡辩术是对高尔吉亚提出的语言哲学问题的两种截然相反的回答。在苏格拉底之后,作为小苏格拉底学派之一的麦加拉学派也十分重视对语言现象的哲学研究,他们不仅提出了诸如"说谎者"、"蒙面人"等一系列著名的语言悖论,而且讨论了普遍名称(共相)的意义问题,对高尔吉亚提出的语言哲学问题作出了独特的回答。例如,欧布里德(Eubulides,生卒年代不详)以质疑的形式提出了一系列语言悖论,其中绝大多数都含有相当深刻的哲理,而不纯粹是进行诡辩或者说玩弄语言游戏,这一点从说谎者悖论中是不难看清楚的。说谎者悖论是这样的:如果有一个人承认自己正在说谎,那么他究竟是在说谎还是在说真话呢? 无论人们怎么回答这个问题,总是会陷入自相矛盾的两难境地。显而易见,这个悖论基本上与普罗泰戈拉师徒二人围绕学费问题提出的论证属于同一类型,它们的实质在于一个陈述语句本身与所陈述的内容在逻辑真值上相互矛盾。亚里士多德曾经在他的《辩谬篇》中把这种矛盾解释为一般与个别的矛盾。他说:"没有什么能阻止说他是一个笼统的说谎者,尽管在某些特殊方面是真实的,或者他所说的事情中有一些是真实的,但他自己并不是真实的。如若在关系或地点或时间上有某些限制的话,情况也同样如此。"②这正如一个人发誓要破坏自己的誓言并且又破坏了这一发誓本身一样,他只是在特殊情况下信守了自己的誓言,在一般情况下他是不信守誓言的。虽然亚里士多德的这一解释还算不上

① [古希腊]色诺芬:《回忆苏格拉底》第3卷第3章第11节,吴永泉译,北京:商务印书馆1984年版。

② [古希腊]亚里士多德:《辩谬篇》,180b8—11。

是最为恰切的解决方案，但是它的确反映了麦加拉学派的基本哲学主张，那就是他们只承认普遍东西的绝对真实性，完全否定个别东西的实在性。斯提尔波（Stilpo，生卒年代不详）认为，一般是与个别相事物分离的真实存在，而个别事物则不是真实的存在，因此根本就不能用语言表述个别事物，因为语言表述都涉及普遍的东西。例如，"人"、"白菜"等普遍名称只能指称一般的人和一般的白菜，根本就不能指称个别的人和个别的白菜。不仅如此，他还把一切个别事物的诸多属性分解为一般并且称之为独立的存在，而否认个别事物的真实存在。这样一来，他认为根本就不能用与主词不同的谓词来称谓一个对象。例如，我们不能说"这个人是善的"，而只能说"人是人"、"善是善"。这便真正成了马克思所说的"把语言变成某种独立的特殊王国"了，原本是为了用来表达个别的感性事物的语言，一旦被确立起来，它便反过来变成权衡个别的感性事物的普遍尺度了，人们可以通过用个别的感性事物进行示例的方式来说明语言的含义。由此可见，斯提尔波把语言与其指称之间固有的颠倒关系绝对化了，语言的普遍性被视为绝对独立的存在，而它所指称的个别事物反倒不是真实的存在了。一旦像麦加拉学派那样把一般与个别的关系完全割裂开来，那么，只要涉及个别现象，便会陷入难以确定的自相矛盾。例如，蒙面人悖论就是割裂一般与个别的关系所导致的自相矛盾。这个悖论可以简单地表述如下：你说认识自己的父亲，但是刚才进来的那个蒙面人是你的父亲，而你却不认识他；于是，便会出现"你不认识你所认识的人"这一自相矛盾的说法。姑且撇开"认识"一词的歧义性不论，仅仅就在这个语境中所谓"认识"而言，虽然它指的是认识个别的人，但是这个个别的人现在因蒙面而隐藏了他的个体性特征，变成了一般的人，从而使得熟人也不认识这个个别人了。由此可见，麦加拉学派通过彻底割裂一般与个别的关系而把语言与其指称之间的关系颠倒过来，从而使语言所表达的思想内容变成了一个特殊的独立王国。

柏拉图可谓古希腊哲学史上第一位比较系统地反思语言问题的哲学家，他的长篇对话《克拉底鲁篇》可算是一部研究古希腊语言哲学的经典文本，由于其中一些基本语言哲学思想是通过他笔下的苏格拉底之口表达出来的，因此很难辨明它究竟属于柏拉图还是属于苏格拉底。在这种情况下，我们不妨将其中苏格拉底所表达的语言哲学思想放在柏拉图的名下进行阐述，因为，即便它真正属于苏格拉底，那也是经过柏拉图精雕细琢的结果。《克拉底鲁篇》讨论的主题是关于名称的正确性问题，也涉及语言与知识的关系。这篇对话的主角是苏格拉底，与他对话的配角是思想观点相左的赫谟根尼和克拉底鲁。对话过程是以赫谟根尼在介绍克拉底鲁关于名称的自然论的时候谈到克拉底鲁神秘地嘲讽"赫谟根尼"这一名字拉开序幕的。当赫谟根尼谈到名称的真实性的时候，他说每一个人的名字就是别人称呼他的那个名称。克拉底鲁对此回应说："如果世上所有的人都叫你赫谟根尼，那么赫谟根尼就不会是你的名字了。"[①]赫谟根尼对克拉底鲁的这句神秘嘲讽之言感觉一头雾水。只有苏格拉底知道这是克拉底鲁说出的一句调侃之言,因为"赫谟根尼"(Hermogenes)是由"赫尔墨斯"(Hermus)和"出生"(Genea)两个语词复合而成的,其意思是"生于赫尔墨斯"或者说"赫尔墨斯的儿子"。在古希腊神话中,由于赫尔墨斯是宙斯的传旨者和信使,也被视为商人的庇护神和雄辩之神,因此克拉底鲁的这句调侃之言实际上就具有一语双关的意思:一方面赫谟根尼并未像他自己的名字所意谓的那样交上好运,另一方面他也并不像他自己的名字所意谓的那样擅长讲话。尽管克拉底鲁所说的是一句反讽式的玩笑话,然而它所引导出来的却是一个相当严肃的语言哲学问题:到底是否有名副其实这么一回事?换言之,名称究竟能否正确地描述实际事物?一个相当有趣而又值得注意的现象是,在希腊语中用以表示"名称"的语词是 onoma,它同时兼有"语词"的意思。这就说明希腊人最初是从名称的角度来理解语词的,语词对希腊人来说似乎只是名称而已,它并不代表真实存在的事物。因此,一旦希腊启蒙思想开始怀疑语词的真理性的时候,上述问题也可表述为语词到底能否正确地描述实存的事物?更进一步,人们究竟能否谈论语词的正确性?也就是说,人们究竟能否要求语词与实际事物的统一性?这与高尔亚提出的语言哲学问题比较相似,它构成了《克拉底鲁篇》得以产生的思想背景。

在《克拉底鲁篇》中,柏拉图首先借赫谟根尼之口简要地介绍了当时在思想界出现的试图使用两种不同的方式规定语词与事物之间的关系的语言哲学理论——自然论和约定论,它们分别表达了人们对于语词的真理性问题的相信与怀疑两种截然对立的态度。如前所述,在智者时代,在语言的起源问题上早就已经出现过 physis 与 nomos 的争论,前者主张语言是自然而然的,而后者则主张语言是人为约定的。克拉底鲁的主张代表了自然论,而赫谟根尼的主张则代表了约定论。克拉底鲁认为,任何一个事物都自然地具有它的名称,一个名称并不是人们约定俗成的,也不是人们一致同意使用的声音的一部分,它有其内在的真实性或者正确性,这一点对于希腊语和蛮族语来说都是一样的;[②]事物最初的名称是由超自然的力量所赋予的,并非每一个人都能够随意地提供事物的名称,只有那些能够看出事物的天然名称的人才能提供名称;[③]每一个事物与生俱来都有它的恰当名称,它的名称对于它来说必然是真实的;[④]名称的正确性在于它的真实性,一个事物的名称只要它成其为名称,它便天然地是正确的,根本就不可能有任何错误的名称,因为错误的名称是言说"不存在的东

① [古希腊]柏拉图:《克拉底鲁篇》,383B。
② 同上,390E。
③ 同上,383A。
④ 同上,438C。

西”,也就是言说虚假的东西,然而虚假的东西是不可能被言说也说不出来的,即使它被说出来,也是一种无意义的声音;①在名称与事物之间自然地具有相似性,一个名称是某个事物的形象,凡是正确给予的名称都与它们所表述的事物是完全相同的,名称的用途就是告知某个事物的本性的消息,知道了一个名称也就等于知道了它所表述的事物。② 克拉底鲁的上述主张反映了古希腊人从神话时代以来所形成的一种传统信念,那就是相信在语词与事物之间具有不可分割的原初的内在统一性,这种神秘的内在统一性保证了在语词与事物本身之间能够自然地相符,只要人们能把事物的恰当名称寻找出来,它就能够被用来恰当地表达事物。德国当代著名的诠释学家加达默尔(Hans-Georg Gadamer,1900—2002 年)说:“语词和事物之间的内在统一性对于一切远古时代是这样的理所当然,以致某个真正的名称即使不被认为是这个名称的承载者的代表的话,它也至少被认为是这个名称的承载者的一部分。”③如果说克拉底鲁的自然论代表了自希腊远古时代开始所形成的传统观念,那么赫谟根尼的约定论则代表了古希腊启蒙思想对传统观念所提出的质疑。赫谟根尼认为,名称的正确性的基本原则在于它是人们约定俗成的和人们一致同意的,除此之外别无其他原则。④ 如果坚持赫谟根尼的这一基本原则,那么这就意味着必须坚持以下四个基本观点:第一,在语词与事物之间没有原初的内在统一性,语词外在于事物,自然从来就没有赋予事物以任何名称,一切名称都是由人所赋予的,只有人才是命名者;第二,既然名称的正确性在于人为地约定与同意,那么人所提出的任何名称都是正确的;第三,既然人所提出的任何名称都是正确的,那么名称可以随意地加以改变而不影响事物的存在,例如,人们可以任意地改变一个家奴的名字,新的名字与旧的名字一样也能够很好地适用于他;第四,一切名称都是一种习俗和使用者的习惯,任何语词都可以被用来称呼任何事物,而任何事物都可以使用任何语词加以命名。上述基本原则和观点大致上就是赫谟根尼的约定论的主要内容。

柏拉图在《克拉底鲁篇》中借苏格拉底之口对名称的自然论和约定论进行了比较深入的批驳。虽然名称的自然论和约定论是两种对立的语言哲学理论,但是它们两者都在各自的极端化观点中包含着一些在某种程度上闪烁真理性火花的因素。苏格拉底采用了去其糟粕而取其精华的策略对这两种极端理论进行了批判性地吸纳。

首先,苏格拉底着重批驳了约定论。他认为,既然命题(logos)存在着真假之分,因为真实的命题表述存在的事物,而虚假的命题则表述不存在的事物,那么构成命题

---

① [古希腊] 柏拉图:《克拉底鲁篇》,429B—E。

② 同上,435D。

③ [德] 加达默尔:《真理与方法》下卷,上海:上海译文出版社 1999 年版,第 516—517 页。

④ [古希腊] 柏拉图:《克拉底鲁篇》,384D。

(logos)的名称也必定存在着真假之分,因为真实的名称是真实命题的构成部分,而虚假的名称则是虚假命题的构成部分。① 既然不同的人对同一事物使用不同的名称,那么名称的意义就不完全是因人而异的,也不是随意地确定的,更进一步说,在语词与事物之间的关系也不纯然是约定俗成的。如果根据普罗泰戈拉所谓"人是万物的尺度"的说法,真理仅仅像事物相对于每一个人的感觉所显现的那样毫无其固有的自然本性可言,那么不仅名称没有真假之分,人亦无智愚之别了。② 因此,在语词与事物之间的确有某种深层的联系,语词的意义并不是人为地任意约定的,人也不能随便对它加以改变,否则的话,如果承认语言是全然约定俗成的,人们可以给事物任意地命名,那么就会出现称人为马或者称马为人的情况,从而无法解释名称和命题的正确性,并且语言作为人与人沟通的媒介而存在的必要性也就会被取消。由此可见,约定论难以逾越的界限就在于:"如果语言要想存在,我们就不能任意地改变语词的含义。"③通过对约定论的批判,苏格拉底也清楚地觉察到了其中所包含的一些合理因素,诸如在语词与事物之间存在着差异性;语言确有其人为性和约定俗成的一面;语词具有可变性与多元性;等等。

其次,苏格拉底也从两个方面对自然论提出了批驳。一方面,他否定自然论关于在名称与事物之间的绝对同一性的观点,而只承认在两者之间的相对统一性,批判了自然论关于名称天然正确的观点。在苏格拉底看来,如果像自然论那样坚持名称与事物的绝对同一性,那么不仅无法解释语言的多样性(例如同一事物可以拥有不同的名称、同一名称也可以拥有多种含义而且可以指谓不同的事物等)和可变性(例如语义可以因时因地而发生变化等),而且还会抹杀语词或者名称在正确程度上的差异性,因为承认在语词与事物之间具有某种程度的相似性并不意味着两者就是绝对同一的,即使就那些正确且恰当地表述事物的语词而言,它们在正确性和恰当性的程度上也存在着一定的差别,更何况名称不是天然正确的,它们还有正确和错误之分。另一方面,他否定名称神创说,而肯认名称人造说。在苏格拉底看来,名称乃是人根据事物的自然本性仿造而成的,而不是任何神赋予事物的。因此,寻找最初名称的真相的恰当做法应该是努力探讨如何用字母和音节来模仿事物并对之加以表达,而不是一遇到困惑就像古代悲剧诗人那样乞求于等候在天空中的神灵说:"诸神赐予了最初的名称,因此这些名称是正确的。"④从苏格拉底对自然论所作出的上述批判中,我们不难看出自然论难以逾越的界限在于:"我们不可能看着所指的事物而想着对

---

① [古希腊] 柏拉图:《克拉底鲁篇》,385A—C。

② 同上,385D—386C。

③ [德] 加达默尔:《真理与方法》下卷,上海:上海译文出版社 1999 年版,第 518 页。

④ [古希腊] 柏拉图:《克拉底鲁篇》,425E。

语言进行批判，说语词并没有正确地反映事物。”①通过对自然论的批判，苏格拉底也清楚地觉察到了其中所包含的一些合理因素，诸如在语词与事物之间存在着相似性关联，这种相似性是判断语词的正确性与恰当性的标准；语词不允许随意地变更；语言不完全是人为约定的产物，等等。

通过对自然论和约定论的内在不合理性的批驳，柏拉图敏锐地发现了两者都无法揭示出语词与事物的真实关系，他最终在整合了这两种极端理论的合理性因素的基础上确立起了他自己的语言哲学思想。在《克拉底鲁篇》中，柏拉图的语言哲学思想同样借苏格拉底之口得到了比较多的正面论述。

第一，在语词与事物之间存在着确定的联系，这种联系本身不能由人任意地决定和改变。虽然在语词与事物之间没有自然论所主张的那种原初的内在统一性，但是在它们两者之间又的确存在着固定的联系，这种联系并不像约定论所主张的那样是由人随意地确定的，而是按照事物的固有本性确立起来的。苏格拉底指出，一切事物都有它们的固有本性，它们并非仅仅相对于人才存在，也不受人的影响，更不会因人的想象而变化不定，而是独立自存的，按照它们的固有本性维系自然所规定的关系。人的行为也如同自然事物一样是按他的本性完成的。例如，在切割行为中，一个人并非随便使用任何工具都能够切割成功，他只有使用恰当的工具并且按照自然过程进行切割，才能取得成功。说话和命名也是人的一种行为，也只有使用恰当的工具并且按照它们的自然方式进行活动，才能获得成功。如果一个人出于自己之所好而随心所欲地使用任何方式去讲话和命名，那么就会导致他的讲话和命名行为出现谬误和失败。因此，“必须按照自然过程用恰当的工具来给事物命名，而不能随心所欲；只有这样我们才能成功地命名，除此别无他途”②。

第二，名称是由人制造的，然而并非每一个人都能随心所欲地制造名称，只有少数具有智慧的人根据事物的本性才能制造名称。苏格拉底把名称的制造者称为“命名者”，也就是制造 nomos 的人。他认为，能够熟练地制造名称的人是少数有智慧的人，就连他们也只能根据自己所理解的事物的本性（physis）进行命名。事物的本性就是事物的相（Idea）或者型（Eidos）。他以木匠制造纺织用的梭子以及铁匠制造工具为例，类比地说明了命名者只能根据事物的相或者型来为事物命名。一个木匠制造作为纺织工具的梭子只能根据那种在本性上适合于纺织的东西。他不能以某个残缺不全的梭子为模型，而只能根据梭子的型来进行制造，只有梭子的型才是真正理想的梭子。同样地，不同的铁匠为了同样的目的而制造同样的工具，虽然他们使用不一

① ［德］加达默尔：《真理与方法》下卷，上海：上海译文出版社 1999 年版，第 518 页。

② ［古希腊］柏拉图：《克拉底鲁篇》，387D。

样的铁，但是他们必须根据相同的相来进行制造，尽管在不同的地方使用不同的铁进行制造，然而被制造出来的东西却是同样好的工具。根据同样的理由，既然名称是传授和区分事物的性质的工具，那么命名者在给某个事物命名的时候也只能根据这个事物的相或者型进行命名。①

第三，名称是对事物的本性之摹仿。苏格拉底通过考察原生名称的词源意义而提出了命名是以字母和音节来摹仿事物的本性的观点。他认为，正如音乐以乐音来摹仿对象而绘画以颜色来摹仿对象一样，命名也在字母和音节中表达被命名对象的本性，也就是说，凭借字母和音节造成对事物的本性的摹仿，两者之间的区别在于：音乐和绘画所摹仿的是事物的外在现象，而命名所摹仿的则是事物的内在本质。② 名称对事物的本性之摹仿是通过对字母、音节的分类以及对事物的分类这两种方式来完成的。具体地说，这个完成过程包括三个基本步骤：第一步是区分元音、半元音、辅音以及不发音的字母，并且对它们进行归类，用字母合成音节，由音节合成语词；第二步则是完成对事物的分类，这以认识事物的本性为前提；第三步则是把由字母和音节合成的语言文字与不同种类的事物相对应。一旦完成了这三个基本步骤，人们就可用某个语词去指称它所摹仿的事物了。这样，先由不同的字母合成为音节，再由音节合成为名词、动词等各种语词，最后由语词合成为完美的语言。苏格拉底承认这种用字母和音节来摹仿事物的说法听起来似乎很可笑，但是它可以用来解释原生名称何以能够正确地描述事物的真相，除此之外，别无其他原则能够适合于担当此任。③

第四，名称既有正确和错误之分，又有适切性程度之别。苏格拉底认为，虽然名称是对事物的本性之摹仿，但是，由于命名者对事物的本性的理解不同，因而名称也会有真假之分和好坏之别。名称的正确性乃是指名称反映了事物的真实本性。被用来命名一个事物的语词之所以能够按照这个事物之所是而对之命名，乃是因为语词本身具有某种可以借以命名被意指事物的意义。只有恰当地把一个事物的本性作为意义赋予了某个名称，才能算得上是正确地命名了这个事物。例如，只有把男人的共同属性归于“男人”，把女人的共同属性归于“女人”，才能算是正确地命名他们。否则，如果我们没有把事物的本性或者把原本就不属于事物的性质作为意义赋予某个名称，那么这种做法就是错误地命名，这样的名称也相应地是错误的名称。例如，如果把男人的共同属性作为意义赋予“女人”这个名称，或者把女人的共同属性作为意义赋予“男人”这个名称，那么这样做就是错误地命名，这样的名称也相应地是错误的名称。只有当一个名称的意义真实地反映了事物的本性的时候，这个名称才能具

① ［古希腊］柏拉图：《克拉底鲁篇》，389E—390A。

② 同上，423A—E。

③ 同上，425D—E。

有其正确性或者适切性。但是,即使就正确的名称而言,也会有其适切性的程度差异。正如绘画在用颜色摹仿事物的时候有优劣之分一样,命名在用字母和音节摹仿事物的本性的时候也有其适切性的程度不同。无论绘画抑或命名都只能在一定的程度上摹仿事物及其本性,但是它们不可能在每一个细节上都达到与被摹仿的事物完全相同的程度,否则的话,那就是再造同一个事物了。正如只有用合适的色彩和构形来摹仿事物才能产生出好的绘画一样,也只有用合适的字母和音节来摹仿事物的本性才能产生出好的名称。因此,既然名称只能大致地摹仿事物的本性,那么原生名称所使用的字母和音节出现了诸如累赘、脱漏、字母误换等破坏语词的美和结构的错误便属于常有的事情,不仅在一个句子中的语词会出现这种现象,而且连整个句子也会如此。①

第五,名称也有其约定俗成的一面,而不仅仅受制于事物的本性。虽然苏格拉底的基本立场是站在自然论一边的,但是他并没有全盘否认约定论的合理性。尽管他提出的名称摹仿事物的本性的学说充分强调了在名称与事物的本性之间存在的相似性,然而他却同时也承认在名称与其所指称的事物之间还存在着一定的差距,两者并无原初的内在统一性或者自然的相符关系。事实上,他坦率地承认还存在着许多名不副实的现象。命名者有可能制造出一些并不恰切的名称来,这些名称不能摹仿事物的本性,正如工匠有可能制造出一些残破的梭子来,而这些梭子并不符合理想的梭子(即梭子的相或者型)一样。② 因此,如果要消弥在名称与事物的本性之间存在着的差距,那么就必须考虑社会习惯和约定对于决定名称的正确性所起的重要作用,并且把它作为一种补充原则用来指导命名活动。③ 例如,在命名数的时候,由于在数的名称与数本身之间毫无任何相似性可言,因此人们就必须通过约定和习惯来建立起它们两者之间的联系。由此可见,苏格拉底批判地吸纳了自然论和约定论的合理性,把两者有机地整合在一起,从而避免了它们各自的极端化。加达默尔针对苏格拉底的这种折衷主义做法曾经一针见血地指出:"凡相似性原则(Ähnlichkeitsprinzip)不能适用的地方,约定原则(Konventionsprinzip)就必须作为补充而出现。"④

第六,名称是工具,知识先于名称。苏格拉底在对话中谈到必须按照自然过程使用恰当的工具来给事物命名时特别强调了名称是工具的思想。他指出,当我们给事物命名的时候,我们把名称当作一件工具所做的事情就是在相互传递信息,并且按照

① [古希腊] 柏拉图:《克拉底鲁篇》,432A—433C。
② 同上,431C—434C。
③ 同上,435A—D。
④ [德] 加达默尔:《真理与方法》下卷,上海:上海译文出版社 1999 年版,第 522 页。

事物的本性来对它们作出区分。因此,“名称是传授和区分性质的工具。”[①]名称作为工具与其他一切工具是相似的。就其他工具而言,工具制造者必须把工具的自然的型表现出来。同样地,名称制造者也必须把每一个事物的真正自然的名称放入到声音和音节中去,按照理想的名称(即名称的型)制造出一切名称。[②] 名称的用途乃是告知有关事物的信息。苏格拉底的名称工具论同时也暗含了必须首先理解事物的本性然后才能给事物命名的思想,也就是说,知识先于名称。事实上,在处理关于知识与名称的相互关系时,苏格拉底明确地主张,首先要有关于事物的本性的知识,然后才有事物的名称;知识的真假决定名称的意义的正确性与适切性。由于克拉底鲁主张名称神创和天然正确论,因此名称就是事物,它提供了关于事物的唯一最好的信息。人们知道了一个名称也就等于知道了它所表达的事物。但是,苏格拉底绝不赞同克拉底鲁的这种观点。他认为,名称的意义在于摹仿事物的本性,因此名称的意义的正确性与适切性取决于命名者对事物的本性的理解是否正确。如果像克拉底鲁所主张的那样,那么那些追随名称去探索事物并分析名称的意义的人就会处在上当受骗的巨大危险之中,因为最初的命名者显然仅仅是根据他自己对事物的本性之理解所产生的印象而赋予名称以意义的。如果他产生的印象是错误的,那么他据此而提供的名称也必定是错误的。如果他的追随者长期照此推演下去的话,那么就会产生一系列连锁式的错误。因此,我们必须考察命名者据以命名的第一原则是否得以正确地被建立起来。[③] 通过大量地考释名称的词源意义,苏格拉底总结出了获取关于事物的知识的两种不同方式:“一种方式是学习形象,以形象为真理的表达方式,并且要正确地察觉形象;另一种方式学习真相,事物的真相及其形象在适时地起作用。”[④]显而易见,第一种方式是以名称作为中介形象来获取关于事物的知识,而第二种方式则并不需要名称的中介,它直接通过事物本身来获取关于事物的知识。在他看来,两相比较,只有第二种方式才能正确地建立起据以命名的第一原则,正如他所说:“通过事物本身来学习事物。这好像是一种更加高尚、更加清晰的方式”;“事物的知识并不是从名称中派生出来的。不是,要学习和研究事物必须学习和研究事物本身。”[⑤]当然,苏格拉底并不否认在经过最初命名之后人们可以通过名称去认知事物,然而,就据以命名的第一原则而言,他却明确地主张知识是先于名称的,因为,即使没有名称,也可以获得关于事物的知识。这样一来,语词本身作为工具所具有的认

---

① [古希腊]柏拉图:《克拉底鲁篇》,388C。
② 同上,389C—D。
③ 同上,435D—436D。
④ 同上,439A—B。
⑤ 同上,439A—B。

知功能就被他限制在相当狭隘的范围内了。从根本上讲,在柏拉图那里,从分析语词的意义出发通向真理性知识的道路是被堵塞的。相反,获取关于事物的真实知识的过程本身就是一个无语词的过程。

就语言与知识的关系而言,柏拉图在他的第 7 封书信中又对语词的认知功能重新进行了深刻地反思,这一反思可以被看作是对《克拉底鲁篇》处理名称与知识的关系问题的一个有益的补充。在第 7 封书信中,语词在获取关于事物的知识的过程中所起的重要作用得到了非常明显的强调。柏拉图认为,对于任何事物而言都可以区分出名称、描述、形象、知识和实在这五样东西。例如,对于一个被称为"圆"的事物来说,共有五样东西值得注意。第一样东西乃是它的名称叫"圆";第二样东西是它的描述,也就是由名词和动词组成的定义:从每一个端点到中心都相等的那个事物;第三样东西是它的形象,这样东西既可以画出来,又可以擦去,却不影响真正的圆,其他的圆全都与这个真正的圆相关;第四样东西是关于它的知识、理智和正确的意见,这样东西既不存在于声音之中,也不存在于形体之中;第五样东西乃是作为实在的那个真正的圆。柏拉图指出,关于存在物的知识必定是通过名称、形象、描述这三样东西而来的,包括知识在内的前四样东西是理解第五样东西的前提。"在上述各种情况下,一个人如果不以某种方式把握前四样东西,那么他就绝不会获得对第五样东西的理解。"①在这里,我们不难发现语言(名称、描述等)被作为获取关于基本实在的知识的一个前提性的认知因素而得到了承认,这在某种程度上可以被看作是对《克拉底鲁篇》提出的关于知识先于语言的观点的一种修正。当然,这种修正也仅仅是就语言与认知辩证法相联系而言的。紧接着,我们还可以清楚地看到柏拉图实际上把语言当作一种具有不确定性的外在因素来对待的,并且语言的约束性认知功能完全是从认识所指向的作为基本实在的事物本身(理念)出发而暂时出现在他的认知辩证法之中的。在柏拉图看来,就名称、形象、描述和知识这四样东西而言,其中的每一样东西始终都具有一定程度的不确定性。"重要的问题在于,如我前不久所说的那样,有两样东西:基本的实在和具体的性质,当心灵寻求的不是具体事物的知识,而是基本实在的知识时,心灵面对着的这四样东西中的每一样都有着人们想象不到的具体表现,无论以语言的样式还是以形体的样式。这四样东西中的每一样都使得用语言或例证表达出来的实在变得容易被明显的感官所驳斥。其结果实际上就使每一个人都成为困惑和不确定性的牺牲品。"②不仅如此,"由于语言的不恰当,这四样东西(名称、描述、形象、知识)在说明某个对象的基本实在的时候,确实起着一种说明

① [古希腊]柏拉图:书信第 7 封,342E。

② 同上,343B—C。

某个对象的具体性质的作用。因此,没有一个有理智的人会如此大胆地把他用理性思考的这些东西置于语言之中,尤其是以一种不可更改的形式,亦即用所谓书写符号来表达。”①由此可见,对柏拉图来说,语言就像事物的感性现象那样至多不过是一种突出自身的表面之物而已,真正的辩证法家在获取关于纯粹理念的知识时恰恰应该对语言本身采取一种弃置不顾的态度。加达默尔在谈到柏拉图发现理念的认知辩证法与语言的约束性之关系时曾经写下一句极富深刻洞见的评语:“柏拉图所谓的发现理念过程比起诡辩派理论家的工作还更为彻底地掩盖了语言的真正本质,因为诡辩派理论家是在语言的使用和误用中发展他们自己的技巧(technē)的。”②

虽然《克拉底鲁篇》讨论的主题是关于名称的正确性与适切性的问题,但是这种讨论可以说几乎涵盖了古希腊人对语言现象的哲学思考的全部范围,在柏拉图的其他作品中被零星地表达出来的语言哲学思想基本上可以被看作是对《克拉底鲁篇》所表达的思想在某种程度上或者在某个方面的补充。在《克拉底鲁篇》中,关于名称的正确性与适切性的问题是与关于它的真理性的问题相互交织在一起的。但是,苏格拉底敏锐地觉察到了这两个问题的不同。他认为,名称不仅有关于它的正确性与适切性的问题,而且还有关于它的真理性(alēthē)的问题。③ 如前所述,约定论把名称的正确性与适切性理解为名称的约定俗成,也就是说,人们根据社会习俗一致地同意使用一个名称来给事物命名,而自然论则把名称的正确性与适切性理解为在名称与事物之间内在的绝对同一性,也就是说,名称就是事物。通过对自然论和约定论的批判,苏格拉底把名称的正确性与适切性理解为对作为工具的名称的正确使用,并且把名称的真理性同它的正确性与适切性区分开来。他认为,名称的真理性不在于它正确地适用于事物,而在于它所具有的显现在声音中的意义。他对约定论的批判是从区分真实的逻各斯与虚假的逻各斯出发的,在此基础上把作为逻各斯的构成因素的语词或者名称也进一步区分为真实的和虚假的,并且把命名作为讲话活动的一部分与在讲话中发生的对事物的存在或者本质的发现相关联。④ 正是在这里,细心的读者不难发现这种从作为讲话的逻各斯的真或假推断出作为其构成因素的语词的真或假的推论显然是一种很成问题的推论。不仅如此,当苏格拉底把语词的真或假理解为它们是否正确地相配或者相符于事物的时候,这样理解的相配或者相符实际上已经完全超出了语词自身的领域而进入了逻各斯的领域,因为在逻各斯中被显现出来的真理并不如同在语词的意义中单纯地显现出存在物一样,而是要把存在物完全

① ［古希腊］柏拉图:书信第7封,342E—343A。
② ［德］加达默尔:《真理与方法》下卷,上海:上海译文出版社1999年版,第520页。
③ ［古希腊］柏拉图:《克拉底鲁篇》,430D。
④ 同上,385B—387C。

置于某种判断关系之中。庆幸的是,我们能够在《智者篇》中看到柏拉图对他的相关思想所作的某种程度的修正与补充。在《智者篇》中,柏拉图在解决虚假的说话和思想何以可能的问题时把逻各斯说成是"型"或者"相"的彼此结合。他指出,既然"种"是相互连结的,那么我们把它们彼此分离开来乃是不合理的。如果把某物与其他一切事物完全分离开来,那么这就意味着完全取消了一切逻各斯。我们的逻各斯之所以能够存在,其原因就在于我们把"相"或者"型"彼此结合在一起。① 必须注意的是,柏拉图在此所说的由"相"或者"型"彼此结合而构成的逻各斯系指由语词构成的具有指称意义并且通过声音表达出来的各种语言,包括现在所谓的陈述、命题、判断、话语等等在内。他说:"必须肯定逻各斯是存在的一个'种',如果剥夺了它也就是剥夺了哲学,这可是非常严重的事情。现在我们必须对逻各斯的性质取得一致的看法,如果根本没有它,那就什么都不能说了。"②柏拉图从构成逻各斯的语词说起,他把人们在说话的时候用来指称存在的符号区分为名词和动词两种:后者所表达的是行动,而前者所表达的则是行动的实施者。他指出,正如有些事物能够相配而有些事物则不能够相配一样,语言符号也是如此。有些语词能够相配,它们结合在一起能够表示某个事物,是具有意义的;然而,有些语词却不能相配,即使我们把它们成串地言说出来,它们也不表示任何事物,根本就没有任何意义可言。一个逻各斯绝不会由单纯的名词结合而成,例如"狮鹿马"以及诸如类的表示行动的实施者的名词,即便它们被连成一串,也不可能真正构成一个逻各斯。同样地,一个逻各斯也绝不会由单纯的动词结合而成,例如"走跑睡"以及诸如此类的表示行动的动词,即便它们被连成一串,也不可能真正构成一个逻各斯。只有当名词和动词结合在一起的时候,才能构成一个最简单的逻各斯。③ 例如,当我们说"人理解"的时候。只有这样结合而成的逻各斯才能提供关于事实的信息,或者提供关于现在、过去、将来的事件的信息。这样的逻各斯不是简单地"称呼"某个事物,而是凭借着名词与动词的结合去"陈述"某个事物。④ 更进一步,这种由名词与动词结合而成的逻各斯必定是关于某个事物的逻各斯,我们不可能有不关于任何事物的逻各斯。不仅如此,这样的逻各斯还具有

---

① [古希腊] 柏拉图:《智者篇》,259E。

② 同上,260A。

③ 柏拉图凸显名词和动词为逻各斯的构成部分,忽略了连词、介词、冠词等其他小品词,这种思想直接影响了亚里士多德,他认为名词和动词对于那能够是真实的或虚假的逻各斯来说是充分而必要的,他所创立的形式逻辑也不把其他小品词视为逻各斯的部分,实际上只是一种主谓逻辑。康福德对此评述道:"对小品词的这一忽略在逻辑学中导致了严重的后果。它促进了每一个命题都有一个主词(名词)和一个谓词(通常为形容词或动词)的理论。"(Francis MacDonald Cornford, *Plato's Theory of Knowledge*, London: Routledge & Kegan Paul, 5th Impression 1957, p.307)

④ [古希腊] 柏拉图:《智者篇》,261E—262D。

真实或者虚假两种不同的性质。一个真实的逻各斯所说的是与存在着的事物相同的东西，例如“泰阿泰德坐着”就是一个真实的逻各斯。然而，一个虚假的逻各斯所说的却是与存在着的事物相异的东西或者非存在的东西，例如“泰阿泰德在飞”就是一个虚假的逻各斯。这种以“异”为“同”或者以“非存在”为“存在”的逻各斯就是虚假的逻各斯。① 柏拉图还指出，在逻各斯中有肯定和否定这件事情发生。当然，这种肯定和否定把存在物置于主体有意识地对之进行的某种判断关系之中，以便确定逻各斯所表达的意义是否与实际存在的状况相符合。但是，柏拉图把一个逻各斯所表达的思想内容是否与实际存在的状况相符作为确定它是否具有意义的根据显然是对语言的意义标准的一种十分偏颇的理解，因为它忽视了语言还有它自身相对独立的意义。

值得注意的是，柏拉图的讨论深刻地触及了“思想”(dianoia)与“逻各斯”(logos)的关系问题。在他看来，思想和逻各斯具有同一性：它们都有真有假，在它们各自之中也都有肯定和否定的事件发生。然而，两者同时作为“言谈”的不同之处仅仅在于它们是否与声音的可感性质相关联：思想严格地被他称作在心灵内部进行的无声的自我谈话，而从心灵中产生并且通过嘴唇发出来的声音之流则被他称为逻各斯。柏拉图还特别把发生在无声的思想中的肯定和否定称为“意见”(doxa)。显然，这里“意见”一词不仅在一般意义上具有尚未把握核心知识的“看法”或者“见解”的意思，而且更重要的是它还具有“判断”的意思。因此，英译者普遍地把这里出现的doxa一词译为judgment，因为在柏拉图时代人们把城邦议会经过大多数人投票后通过的决议也称为doxa，这本身就可以示例doxa的意涵之一乃是指众人经过思虑权衡后作出的决定或者结论。柏拉图说：“思想(dianoia)是心灵与自身的对话，意见(doxa)是思想的结论。”②在这里，我们不难看出“意见”(doxa)一词就明显地具有“判断”的意思。这种看法在柏拉图稍早所写的《泰阿泰德篇》中就已经得到了比较明确地表达。他在这篇对话中对思想过程作出了这样的描述：“我把思想说成心灵与它自身围绕正在思考的某个主题而进行的谈话。你必须把这个解释当作一个无知者的看法。但是我有这种想法，当心灵在思想时，它只是与自身谈话，提出问题，回答问题，说出对错。一旦它作出决定，无论是缓慢的还是突如其来的，此时疑问已经消除，两个声音肯定了相同的事情，于是我们就称之为‘意见’(doxa)。因此，我会把思想描述成谈话，把意见说成是宣布了的逻各斯——不是大声地对别人说，而是沉默地对自己说。”③从这种关于思想与逻各斯的同一性的论述中，我们不难看出他已经扩

① ［古希腊］柏拉图：《智者篇》，263A—D。
② 同上，263A。
③ ［古希腊］柏拉图：《泰阿泰德篇》，190A。

展了“逻各斯”一词的传统用法，把思想也视为一种无声的逻各斯。尽管柏拉图从来就没有像后来的斯多亚学派那样明确地提出“内在逻各斯”(λόγος ενδιαθετος)的概念，然而他实际上却已经明确地认识到在作为心灵自我对话的思想过程中原本就包含着语言的约束性，因而他把思想视为一种无声的语言。对于柏拉图来说，在传统意义上以声音的可感性质为特征的逻各斯不仅是表达思想的工具，而且也是表达知识的工具，然而，作为无声语言的思想却仅仅是表达知识的工具。由于他坚持关于纯粹理念的知识的先验性，而且在认知结构上又强调那直接以纯粹理念作为其自身的认识对象的理性认知能力(noesis)高于思想(dianoia)，[①]因此，对于获取关于纯粹理念的知识来说，那种作为无声语言的思想实际上并不具有独立的约束性认知功能。尽管如此，在柏拉图看来，由于 dianoia 仍然是最接近于 noesis 的，因此那种作为无声语言的思想也是最适合于表达关于纯粹理念的知识的工具。这一点从《斐德罗篇》讨论辩证法与修辞术孰优孰劣等问题时柏拉图对逻各斯的分类中可以得到十分清楚地证明。在这篇对话中，他区分了三种不同类型的逻各斯，并且比较了它们彼此的优劣。第一种类型是写成文字的逻各斯，这种逻各斯是僵死的，当它被传给别人的时候很容易产生误解，却又不能进行自我辩护和解释。第二种类型是在讨论过程中说出的逻各斯，这种逻各斯比写成文字的逻各斯更加高明，因为在讨论过程中当出现问题和误解的时候，它可以进行自我辩护和解释；同时，通过讨论，一个人还可向其他人传播真理。第三种类型是与知识一道写在灵魂中的逻各斯，这种逻各斯是有生命的，它能够进行自我保护，并且知道对谁可以言说或者保持沉默，而写成文字的逻各斯只不过是它的影像罢了。如果按照优劣程度来排列这三种类型的逻各斯，那么它们之间的顺序应该依次为写在灵魂中的逻各斯——在讨论过程中说出的逻各斯——写成文字的逻各斯。显而易见，最高类型的逻各斯是与关于真、善、美的知识一道写在灵魂中的，这种逻各斯实际上就是思想，它可以通过言说或者书写的方式表现出来，然而它自身却仅仅是表达关于纯粹理念的知识的工具。柏拉图对逻各斯的分类充分表明，虽然他已经在某种程度上认识到思想本身也是一种语言，但是，由于他坚持关于纯粹理念的知识的先验性，因此他不可能真正弄清隐含在认知过程中的语言的约束性。对于柏拉图语言哲学来说，关于语言的认知功能问题基本上是一个尚未进入论域的话题。

三、亚里士多德语言哲学

肇始于赫拉克利特的逻各斯学说伴随着古希腊哲学从以流动性、非确定性为主

① ［古希腊］柏拉图：《国家篇》，511D—E。

的自然论向以静止性、确定性为主的存在论转变而加快了向逻辑化方向和道路演进的步伐。爱利亚学派把语言与存在紧密地结合在一起，使逻各斯变成了真理性的言说，从而开启了言说存在的语言的逻辑化进程。智者学派对如何使用逻各斯的技艺的探讨在客观上进一步推动了语言的逻辑化进程。但是，由于智者们过于专注语言的形式而遗忘了语言所表达的存在内容，从而使逻各斯丧失了其固有的真理性，因此，他们大力倡导的作为语言技艺的修辞学最终不可避免地沦为诡辩术。苏格拉底和柏拉图坚决反对智者学派的诡辩论，他们又重新回归到了巴门尼德把语言与存在紧密关联的立场上。苏格拉底寻求普遍性定义的"问答法"不仅追求以存在作为语言内容的真理性支撑，而且促进了语言本身的逻辑化，尽管他在那反复辩难的对话过程中从未给予任何具有终极真理性的答案，然而他那开放式的对话过程本身却是对真理性言说的无限接近。柏拉图继承和发展了乃师的问答法，他在自己所建构的相论范畴体系中以及为了解决相论的内在矛盾和困难而提出的通种论中不仅发挥了他自己的"辩证法"的语义逻辑分析特长，而且还使用了大量的逻辑推演，为形式逻辑的产生创造了有利的条件。然而，由于柏拉图在存在论上把相的世界与现象世界分离开来，并且把前者视为独立自存的实在，而把后者却视为前者的摹本，他的这种明显地具有超验色彩的存在论从语言哲学的角度来看实际上是颠倒了语言的意谓，也就是说，把语词或者范畴所表达的具有普遍性的共相变成了独立自存的理念王国，因此，他的"辩证法"根本就无法使用相论的诸范畴来真实地说明和解释现象世界。

为了寻求说明和解释关于现象世界的真理，亚里士多德从他早年接受的柏拉图主义中逐渐摆脱出来，并且对它进行了一番根本性的改造。一方面，他在存在论上对柏拉图关于相的超验论进行了经验论的变革。他反对柏拉图把相与个别事物分离化、绝对实在化，转而以现象世界的个别事物为真实存在的第一本体，并且坚决主张相存在于个体事物之中。这样，相的实在性就被落实在个体事物的基础上了，从而使相从彼岸的超验世界被拉回到了此岸的经验世界。另一方面，他在逻辑上对柏拉图主义进行了方法论的补充。尽管柏拉图的"辩证法"相较于苏格拉底的"问答法"而言具有更强的逻辑色彩，然而他的"辩证法"所采用的语义分析却有一个基本缺陷，那就是，它仅限于对共相语词或者范畴进行单义的抽象分析，无法具体地揭示出共相语词或者范畴的丰富多样的意义，这个基本缺陷是由于他把语词或者范畴的共相意谓加以绝对实在化的结果，因此柏拉图无法提供一种科学的语义分析方法，也不能在相论的基础上建立起科学的逻辑理论，以便为探究科学知识提供合适的方法论工具。亚里士多德从柏拉图的超验意义上的相论转向了他自己的经验意义上的存在论，这种转向的语言哲学意义就在于：他把柏拉图的相论所颠倒了的语言意谓又重新颠倒过来了，回归到了语言表现感性的自然世界的朴素立场上，从而使具有普遍性的共相语词或者范畴的意义深深扎根于感性经验的个体事物之中。从这个意义上讲,亚里士多德在语义分析方面建立起了一种完全不同于苏格拉底和柏拉图的独特的逻辑理论,这种逻辑理论要求从现实世界的具体事物出发去对共相语词或者范畴的意义进行多样化的具体分析,反对从理念世界的抽象原则出发去对共相语词或者范畴的意义进行纯粹单义的普遍性理解。事实上,坚持对共相语词或者范畴进行多义性的具体分析,反对将它们的意义进行单义性的抽象理解,乃是贯穿于亚里士多德许多著作中的一个基本的方法论主张。他在批判柏拉图主义的错误根源时曾经指出:“不对多种意义进行区分,就不可能找到实在的因素。”①他还批判了柏拉图学园派抽象地谈论“善”的相和其他的相。在他看来,这种抽象的谈论乃是逻辑上的空谈,根本就无助于善的生活和行为,因为他们不能发现善的多种具体意义。在《尼各马可伦理学》中,他强调了“善的意义和‘是’的意义同样多”,决不能对任何范畴仅仅进行“单一的普遍意义”的理解。② 他还指出:“同语句的多义性、歧义性相关的错误,产生于不能区分一个语词的多重意义——因为有些语词如‘一’、‘是’、‘相同’的多种意义不易区分。”③由此可见,亚里士多德始终都高度重视以多义性分析方法来克服苏格拉底和柏拉图的单义性分析方法的缺陷。他的多义性分析方法主要包括区分语词或者范畴的核心意义与从属意义、同名同义与同名异义、自然意义与逻辑意义三种基本的意义分析,这样的意义分析对于他系统地建构包括语义分析逻辑在内的形式逻辑理论来说起到了极其重要的方法论作用。亚里士多德在古希腊哲学史上可谓最早完成了形式逻辑的系统建构,这也可以说是古希腊分析理性精神走向成熟的一个重要标志。但是,他的逻辑化工作对于语言本身的发展来说既造成了积极的影响,也产生了消极的后果:一方面,语言的逻辑化促进了语言的抽象化和精确化,使语言变成了固定的、精密而枯燥的抽象符号,从某种程度上讲,这对于哲学和其他各门科学知识的系统化来说无疑是有益的,也是必要的;另一方面,语言的逻辑化又导致了语言本身发展的片面化,不仅使语言从目的变成了手段,而且变成了单纯的技术性工具和思想性工具,尤其是随着那些意蕴无穷的语词逐渐为一些干瘪的专门术语所代替,它们越来越遮蔽语言本身的丰富生活意境和诗意的暗示性意谓,使语言成为越来越失去血肉的骨骼。例如,人们不难清楚地看到在古希腊具有丰富生活意蕴的“逻各斯”一词伴随着语言的逻辑化进程而最终变成了主要意指“理性”这一狭窄含义的语词。

逻辑是语言的技术化,尽管纯粹的逻辑学属于广义的语言学,然而它却不是语言哲学,只有逻辑哲学才属于语言哲学讨论的范围。虽然在此我们没有必要考察亚里

① [古希腊] 亚里士多德:《形而上学》,992b20。

② [古希腊] 亚里士多德:《尼各马可伦理学》,1217b20—35。

③ [古希腊] 亚里士多德:《辩谬篇》,169a22—28。

士多德的逻辑学,但是考察其逻辑学的哲学基础却是理解他的语言哲学的一个重要方面。《工具论》收集了他的六篇逻辑著作,其中作为开首之作的《范畴篇》明确地表达了他的逻辑哲学思想,这显然不是现代意义上所理解的形式逻辑著作,而是一篇兼融本体论与逻辑学的逻辑哲学著作。其中所论述的范畴兼具本体论和逻辑学的双重意涵,表明他的逻辑学与形而上学是紧密结合的。亚里士多德使用的"范畴"(kategoria)一词在希腊语中的字面意思是"在法官面前提出控告",而"控告"当然也包含了"陈述"或者"说明"之意,在此基础上又引申出"指谓"、"表述"、"分类"等多种涵义。他所讨论的范畴既是最具普遍性的语词,也是对作为哲学研究对象的"存在"(是)本身的分类。① 《范畴篇》一开始就区分了语词或者名称的"同名异义"(homonymy)与"同名同义"(synonymy)。所谓"同名异义",系指一些事物尽管有一个共同的名称,然而相应于这个名称的事物的定义却不相同。例如,一个现实的人与一个画中的人,尽管两者都可以被称为"动物",然而要想说明两者各是什么就必须使用不同的定义,因为两者各为不同的存在。因此,当我们使用"动物"一词来称谓这两者时,该词对它们的称谓便是同名异义的。值得注意的是,同名异义并非简单地指一个名称可有多种歧义,而是指它的意义属于不同的范畴系列,也就是说,它所指称的事物属于不同的存在。所谓"同名同义",系指一些事物不仅有一个共同的名称,而且与这个名称相应的事物的定义也相同。例如,一个人和一头牛都可以被称为"动物",并且动物的定义对于这两者来说是相同的,因为两者属于相同的存在。因此,它们两者是同名同义地加以命名的。同样,值得注意的是,同名同义也并非简单地指一个名称的词源意义相同或者逻辑意义等值,而是指它所指称的事物属于相同的存在,从而在同一范畴系列中有属于同一"种"的共同意义。他一开始就区分名称或者语词的同名异义和同名同义,显然不是为了从语法的角度去简单地考察一个名称或者语词的意义,而是为了从事物的范畴归属的角度去辨别同一个名称或者语词所指称的不同的事物的异质性与同质性,从而揭示它的意义因为在不同的范畴系列中属于不同的"种"而有异义性,因为在相同的范畴系列中属于同一个"种"而有同义性。同名异义与同名同义的区分充分表明亚里士多德的语义分析坚持根据名称或者语词与其指称对象的关系去辨析它的意义,当一个名称或者语词被用来指称具体存在的

---

① 亚里士多德《范畴篇》所讨论的范畴究竟是对语词的分类,还是对语词所指称的事物的分类?从古代注释家一直到现代西方学者对此问题尚存意见分歧。例如,卢卡西维茨(J.Lukasiewicz)认为是对语词的分类而不是对存在的事物的分类;洛伊德(G.E.R.Loyd)、威廉·涅尔和玛莎·涅尔(William Kneale and Martha Kneale)夫妇等学者则认为是对语词所指称的事物的分类而不是对语词的分类。在此,我没有采用这两种对立的偏颇意见,而是采用了汪子嵩等著《希腊哲学史》第三卷对上述两种意见的综合观点。参见汪子嵩等:《希腊哲学史》第三卷(上),北京:人民出版社 2003 年版,第 152 页。

事物时,应当根据它的指称对象的定义去具体分析它在同一范畴系列的意义同质性和不同范畴系列的意义异质性。他的语义分析归根到底落实于对实在的意义分析,表明他主张语言的意义源自于客观存在的具体事物。因此,同名异义和同名同义的语义分析方法反映了亚里士多德坚持语言表述事物、名以举实这一语言哲学基本立场。

亚里士多德区分的十个范畴同样也能反映出他坚持语言表述事物、名以举实的基本立场。他认为,表述事物的语言形式有简单的和复合的两种:前者是单独的名称或者语词,例如"人"、"牛"、"奔跑"、"获胜",这种形式的语言并不包含肯定或否定,也没有正确(真)或者错误(假)之别;后者是由不同的名称或者语词结合而成的陈述语句,例如,"人奔跑"、"人获胜",这种形式的语言包含着肯定和否定,也有正确(真)或者错误(假)之分。在此基础上,他又把一切非复合的名称或者语词进一步划分为十个范畴。(1)本体:例如,"人"、"马"等;(2)数量:例如,"二肘长"、"三肘长"等;(3)性质:例如,"白的"、"懂语法知识的"等;(4)关系:例如,"二倍"、"一半"、"较大"等;(5)地点:例如,"在市场"、"在吕克昂"等;(6)时间:例如,"昨天"、"去年"等;(7)姿态:例如,"躺着"、"坐着"等;(8)状况(具有):例如,"穿鞋的"、"武装的"等;(9)活动:例如,"动手术"、"针灸"等;(10)承受:例如,"被动手术"、"被针灸"等。在他看来,无论人类的非复合的语词有多么丰富,它们都不会超出这十个范畴;相应地,所有非复合的语词所指称的具体的存在者也不会超出这十类。在他看来,以上十个范畴在地位上不是平列的,其中本体范畴居于中心地位,它表示的是独立自存的主体,而其他九个范畴表示的则是依附于本体的存在。因此,本体范畴是其他九个范畴的基础,其他九个范畴都是被用来表述本体范畴的。他在对十个范畴作出进一步区分时提出了关于存在及其相应的语词分类的两个基本原则:第一,是否表述一个主体;第二,是否"存在于一个主体之中"。第一个原则是一个逻辑表述原则,主体是主词所指称的对象,所谓"是否表述一个主体",其意思是说一个语词能否在一个语句中充当主词的谓词。当一个语词被用作谓词来表述主体或者主词的时候,其间的逻辑关系不仅反映出该语词所指称的对象属于何种存在,而且反映出该语词与主体之间的逻辑意义。第二个原则是一个本体论原则,所谓"存在于一个主体之中",其意思"不是指像部分存在于整体中那样的存在,而是指离开了所说的主体,便不能存在"①。这一原则的实质是把"独立自在"与"依附性存在"区分开来:如果存在于一个主体中,那么相应的语词之所指便是依附性存在;如果不存在于一个主体之中,那么相应的语词之所指便是独立自在。按照这一原则,只有本体范畴才能表述独

① [古希腊]亚里士多德:《范畴篇》,1a23—24。

立自在的主体,它是其他九个范畴所依存的基质;然而,其他九个范畴所表述的却只能是主体的某个方面的属性。如果把这两个原则结合起来进行衡量,那么本体最终只能是现实存在的个别事物,正如他所说:"本体,就其最真正的、第一性的、最确切的意义而言,乃是那既不可以用来述说一个主体又不存在于一个主体里面的东西,例如某一个个别的人或某匹马。"①他把个别事物(tode ti)称为"第一本体";而把个别事物所在的属和种则称为"第二本体",其中属比种又更加具有本体性。从个体到属再到种乃是本体性依次从强到弱的序列。第一本体是第二本体的主体,第二本体表述第一本体,反之则不然。"第一本体之所以最正当地被称为第一本体,是因为它们乃是所有其他东西的基础和主体。"②显而易见,第一本体与第二本体的区分实际上是殊相与共相的区分,亚里士多德对两者关系的解释充分说明了他反对柏拉图把共相看成是与个别事物相分离的独立自在的本体论。他说:"除了第一本体之外,任何其他的东西或者是被用来表述第一本体,或者是存在于第一本体之中,因而如果没有第一本体存在,就不可能有其他的东西存在。"③他以个别事物为第一本体的本体中心论把逻辑表述原则置于本体论原则的基础上,以语词在其本体论上的自然意义作为其所构成的主谓词之间的逻辑关系意义的本原,这表明他坚持名由实定的基本思想。

亚里士多德不仅从现实存在的具体事物出发追溯语词的意义来源,而且以客观存在的事实作为衡量由语词所构成的言语(陈述语句)和意见的真假标准。在解释本体最突出的标志在于它保持自身数量上的同一性而能够在自身的变化中容许有相反的性质的时候,他特别以非本体性的语言现象作为例子同本体进行对比解释。他指出,只有本体才能具有这个标志,而其他一切非本体性的东西都不具有这个标志。或许有人会认为一句话或者一个意见是一个例外,因为同样的话能够既是正确的,又是错误的。例如,如果"他坐着"这句话是正确的,那么当他站起来之后这同一句话就将是错误的。就意见而言,其情形也是如此。如果任何人以为某个人坐着并且这个意见是正确的话,那么当这个人站起来之后还继续坚持同样的意见就是错误的。在他看来,尽管这个例外在一定程度上可以被承认,然而这种情况发生的方式与本体的情形却是不同的。本体是由于自身的变化才会容许有相反的性质。例如,由于本体自身的变化,先前是热的东西现在却变成冷的了。但是,言语和意见却与此相反,它们在各方面都保持不变,仅仅因为实际情况改变了,才使得它们拥有了相反的性质。例如,尽管"他坐着"这一句话保持不变,然而它却有时是正确的,有时是错误的,其真或假要视当时的实际情况而定。就意见而言,也是如此。因此,如果有人承

---

① [古希腊]亚里士多德:《范畴篇》,2a13—15。

② 同上,3a1。

③ 同上,2b3—6。

认这个例外并且主张言语和意见能够容许有相反的性质，那么这种主张就是错误的。无论如何，言语和意见的本性是绝不能更改的。以上解释涉及语言逻辑与客观事物的关系问题。一方面，他区分了语言逻辑与客观事实的界限；另一方面，他也意识到了两者之间的相互联系，主张语言逻辑反映客观事实并且与其一致。他甚至还提出了以客观事实作为判定一个语言陈述的真假标准："言语是正确的还是错误的，取决于事实如何，而不是依靠言语本身的什么容许相反性质的能力。"①根据一个语言陈述所对应的经验事实来判定它的真假，这是一种典型的关于真理的符合论，从语言哲学的角度来看也是一种朴素的实在论。应当承认，这是亚里士多德一以贯之的一个基本观点。除了《范畴篇》等逻辑著作之外，他还在《形而上学》中多次阐述了这种符合论意义上的成真说。例如，在《形而上学》第四卷第七章中，亚里士多德指出："对于一个事物必须要么肯定要么否定其某一方面。这对定义什么是真和假的人来说十分清楚。因为一方面，说存在者不存在或不存在者存在的人为假；另一方面，说存在者存在和不存在者不存在的人则为真。因而说事物存在或不存在的人，就是以其为真实或者以其为虚假。但是存在者不能说成不存在，不存在者也不能说成存在。"②再比如，在第六卷第四章中讨论"作为真的存在"和"作为假的非存在"时，亚里士多德又指出，作为真的存在和作为假的非存在依赖于结合与分离，真是思想对实际相互结合的东西加以肯定，或者对实际相互分离的东西加以否定；假则与之相反。因此，真假不在事物中，而在思想中。③ 此外，在第九卷第十章中讨论真假问题的时候，他指出，存在和非存在最主要的意义是真和假，凡是主观思想断定实际结合的东西是结合的，或者实际分离的东西是分离的，就是真；反之，凡是不符合客观实际情况的就是假。例如，不是因为人们真实地认为一个人是白的，他便是白的，而是因为他实际上是白的，我们这样说了，才是说了真话。④

亚里士多德对于真假问题的看法极有可能是受到了柏拉图思想的启发。如前所述，柏拉图在他的《泰阿泰德篇》、《智者篇》等后期对话中曾经提出过与亚里士多德符合论意义上的成真说或多或少有些类似的看法。在《泰阿泰德篇》中，当讨论到假意见如何可能的问题时，柏拉图曾经提出过"蜡板说"和"鸟笼说"，以人们印在蜡板上的印象或者从鸟笼中取出的鸟与实际情况不符合为喻来说明假意见乃是人们在思想中把一种存在的东西当成另一种存在的东西。同样地，在《智者篇》中，柏拉图在阐明了通种论之后也谈到了关于错误的说话和思想的问题。他指出，逻各斯是通过

---

① ［古希腊］亚里士多德：《范畴篇》，4b10。

② ［古希腊］亚里士多德：《形而上学》，1011b24—30。

③ 同上，1027b19—26。

④ 同上，1051b1—9。

有声语言表达的思想，只有由名词和动词结合在一起才能构成有意义地言说事物的逻各斯（陈述、命题、判断、话语），如此构成的逻各斯才能发生肯定和否定的事情，它才能具有真实和虚假的性质。由于真实的逻各斯所表述的东西是存在的，因此名词和动词可以结合在一起而形成有意义的逻各斯。然而，由于虚假的逻各斯所表述的东西是不存在的，因此名词和动词不能结合在一起而形成有意义的逻各斯。例如，在“泰阿泰德坐着”和“泰阿泰德在飞”这两个逻各斯中，前者是真的，因为它所表述的内容是存在的，名词“泰阿泰德”与动词“坐”是可以相互结合的；后者是假的，因为它所表述的内容是不存在的，名词“泰阿泰德”与动词“飞”是根本不能相互结合的。之所以说柏拉图对于逻各斯的真假问题的看法与亚里士多德符合论意义上的成真说或多或少是类似的，乃是因为一方面两者都具有一种朴素实在论的性质，都根据存在的事实来确定语言陈述的真假，另一方面两者在断定真假的标准问题上却又有着本体论基础的根本区别。根据柏拉图的通种论，在逻各斯中，语词的结合是“相”或者“型”的结合，区分逻各斯的真假标准在于分有“存在”还是“非存在”的“相”或者“型”，具体地说，虚假的逻各斯之产生乃是因为有的“相”或者“型”与“非存在”相结合并且以“异”为“同”、以“非存在”为“存在”而造成的，他以“相”或者“型”为真实存在的本体，并且他理解的“存在”和“非存在”都是相论意义上的。但是，对于亚里士多德来说，他以个别事物为真实存在的第一本体，他理解的“存在”是以本体为中心的诸范畴所表述的存在者，并且“非存在”也是一种“存在”，它指不是某个事物的其他事物，因此在命题中主谓词的结合是所“是”的东西的表述关系，区分其真假的标准在于它所表述的内容同“存在”或者“非存在”的事实是否相符合。由此可见，亚里士多德对于语言意义的来源问题以及语言陈述的真假问题的看法比柏拉图的看法更加具有经验论意义上的合理性；但是，亚里士多德对语言性质的理解也有片面性，因为他把语言的不变性绝对化了，尽管语言归根到底要表述事物与事实，然而语言本身却不是纯然被动的东西，他对此似乎认识不足。

值得注意的是，虽然亚里士多德认为一切命题都具有或真或假的性质，但是他并没有把命题的真假性质本身绝对化。相反，他的符合论意义上的成真说恰恰蕴含着关于命题的真假性质的相对性的思想。如前所述，在亚里士多德看来，判断一个命题的真假标准在于它所指称的对象和表述的意义与事实情况是否相符，但是事实情况本身又是具有时间性的，会随着时间的推移而不断变化，这就意味着一个命题的真假会随着事实情况的变化而变化，因而是相对的。在《灵魂论》中，他指出，“真实的意见”在它所表达的事实不知不觉地发生变化时会变得“虚假”。① 思想的真假与时间

---

① ［古希腊］亚里士多德：《灵魂论》，428b8。

密切相关，他指出，在思想中当把若干对象结合在一起的时候就会产生真实或者虚假，思想的真假会随着思想对象的变化而变化，因此判断思想的真假，尤其是当思想涉及过去的或者未来的事情时，我们还应当结合时间进行考虑。例如，我们不仅应当考虑“克里翁是白的”这句话的真假，而且还应当考虑克里翁之为白，究竟是属于过去的事情，还是属于将来的事情。[①] 在其逻辑著作中，他同样重申了判断命题的真假应当考虑时间性问题的观点。例如，在《解释篇》中，当谈到两个相互矛盾的命题必然或真或假的时候，他特别针对单称命题结合时间性从逻辑哲学的角度进行了具体的分析和解释。他说：“关于现在或过去所发生的事情的判断，无论是肯定的还是否定的，必然或者是真实的，或者是虚假的。”[②]无论是关于普遍的全称命题，还是关于个别的单称命题，只要它所表述的内容是关于现在或者过去所发生的事情，都具有这种或真或假的必然性。但是，如果一个单称命题所表述的内容是关于将来的事件，那么它就没有这种或真或假的必然性。他说：“当主词是单称的，而被用来述说它的东西是属于将来的东西的时候，情形就不同了。因为，如果所有的命题不论肯定的或否定的，都或者是正确的，或者是错误的，那么，任何一个宾词，必定就或者属于该主词，或者不属于该主词，因之如果有人断定具有某种性质的一个事件将会发生，而另一个人则否认它，那么，显然其中一人的话就将与实在相符而另一个人的话就将不与实在相符，因为该一宾词在将来的任何时间中不能够同时既属于该一主词又不属于它。……如果是这样，那么就没有什么东西能够是偶然地发生的，不论是在现在或在将来；因之万事是无选择的余地的；每件事物皆按照必然性发生，并且是注定了的。因为或者是肯定它将发生的人的话与事实相符，或者是那否认它将发生的人的话与事实相符，两者必居其一；反之，如果事物不是按照必然性而发生，则一事件就能够随便不发生，正像它能够随便发生一样；因为就其对于现在或将来的事物的关系而言，‘偶然的’一词的意义就是说：实在界是如此构造的，以致事物的发生可能采取两个对立的方向中的任何一个。”[③]总而言之，我们不能无条件地承认一切相互矛盾的两个命题都具有一真一假的必然性。因此，判断命题的真假应当结合时间性进行考虑，尤其是对未来事件的判断还涉及现实与潜能、必然与偶然之间的关系等一系列哲学问题，更应当对之进行具体的分析。“因为未来的事件取决于人的意志和行为，一般地说，并不总是处于现实状态的事物，存在着两种可能性，即‘可能’和‘不可能’。同样地，在这些事件中，也有两种可能性，即‘存在’和‘不存在’。这些事件可能发生，也可能不发生。……所以很显然，并非所有的事物都必然地存在或必然地发生，而是

① ［古希腊］亚里士多德：《灵魂论》，430b1—5。
② ［古希腊］亚里士多德：《解释篇》，18a29—30。
③ 同上，18a34—18b9。

存在着偶然性,肯定命题并不比否定命题更真实或更虚假,一般说来,有些情况倾向于某一方向,但它们有时仍可能改变为其他方向。"①根据亚里士德的看法,虽然我们可以说一切事物在现在或者将来的时间中存在或者不存在、发生或者不发生,这是必然的,但是我们不能确定其中任何一个说法或者命题具有必然性。他以"一场海战在明天或者发生,或者不发生"为例进行了解释。一场海战仅仅在"或者明天发生,或者明天不发生"这一点上具有必然性,然而这场海战"将发生或将不发生"却不是必然的。凡是关于那些包含了偶然性或者相反可能性的事件的矛盾命题都具有这种性质。"很显然,就矛盾命题中所有肯定命题和否定命题来说,其一为真实,其一为虚假,这并不是必然的。因为这些事件还只是一种可能性,而不是现实的存在,它和现实存在的事物是有差别的。"②由此可见,他对涉及未来事件的命题的真假之分析是一种典型的逻辑哲学分析,这也充分反映出他的逻辑学说与形而上学之间的内在关联。

语言的本质也是语言哲学关注的重要问题之一。一贯注重揭示事物"是什么"(ti esti)的亚里士多德也认真思考过语言是什么的问题。在《解释篇》第一至四章中,他联系思想对语言(包括语句、命题、语词等)是什么的问题进行了详细的考察,反映出他对语言及其本质的认识不同于苏格拉底和柏拉图。亚里士多德写道:

> 口语是内心经验的符号,文字则是口语的符号。正如所有的人的书法并不是相同的,同样地,所有的人也并不是有相同的说话的声音;但这些声音所直接标志的内心经验,则对于一切人都是一样的,正如我们的经验所反映的那些东西对于一切人也是一样的。不过,这个问题已在我的论灵魂的文章里讨论过了,它是属于与我们当前的研究不相同的一种研究的。
>
> 正如在我们心灵里面有不牵涉到正确或错误的问题的一些思想,也有那些必须或是正确的或是错误的思想,同样地,在我们的语言里面也有这种情形。因为正确和错误蕴涵着结合和分离。名词和动词,只要不把别的东西加上去,乃是和没有加以结合或加以分离的思想一样的;如"人",或"白",作为孤立的词,还是既非正确的也非错误的。为证明这点,试考虑"羊—牡鹿"一词。它是有某种意义的,但关于它,并无所谓真实和错误,除非现在时式的或其他时式的"是"或"不是"被加上去。③

上述两段文字向来就受到研究者广泛地引用和讨论,不同时代的注释家们因为对之存有歧义而进行了不同的解释和争论。无论人们对之持有怎样的意见分歧,亚里士

① [古希腊]亚里士多德:《解释篇》,19a7—21。
② 同上,19b1—4。
③ 同上,16a3—19。

多德对语言的类型、本质、意义及其真假问题的思考在这两段文字中得到了集中体现。

首先,正如柏拉图把逻各斯区分为在灵魂中的逻各斯、在讨论中说出的逻各斯、写成文字的逻各斯三种类型,同样地,亚里士多德也作出了内心经验、口语、文字的区分。亚里士多德所谓内心经验相当于柏拉图所谓灵魂中的逻各斯,两者都是指在心智中产生的思想。柏拉图曾经把思想描述成在灵魂中进行的无声的自我对话,他实际上已经把思想视为心灵语言了。同样地,当亚里士多德把口语视为内心经验的符号的时候,这也意味着他把内心经验视为心灵语言了。虽然亚里士多德在《解释篇》中没有明确地把内心经验说成是内在语言,也没有把口语和文字说成是外在语言,但是他在《后分析篇》中已经明确地提到了外在逻各斯和内在逻各斯的区分。例如,他说:"证明像三段论一样,所涉及的不是外在的而是内在的逻各斯。反对外在的逻各斯总是可能的,但是要反对内在的逻各斯却不总是可能的。"①显然,所谓内心经验就是内在逻各斯,而所谓口语和文字则是外在逻各斯。尽管他并没有像柏拉图那样比较口语与文字的孰优孰劣,然而他关于"文字是口语的符号"这一说法却蕴含着口语优先于文字的意思,也就是说,口语是第一性的,它是文字的本源,而文字则是第二性的,它是由口语派生而来的。

其次,亚里士多德把语言的本质理解为内心经验的符号。不仅口语直接地是内心经验的符号,而且文字作为口语的符号归根到底也间接地是内心经验的符号。值得注意的是,这里所谓"内心"一词乃是"灵魂"一词的通俗说法,而"经验"一词则是希腊文 πάθημα 一词的意译,其字面意思在中文里可以直接翻译成"感受",然而在拉丁文里则把这个词翻译成 passio,凸显了灵魂的心智部分所发生的思维是一种承受思维对象作用的过程,或者是承受其他诸如此类的事物作用的过程。亚里士多德曾经在《灵魂论》中详细地考察感觉、想像、思维等不同的心理形式的发生过程,他认为灵魂的心智部分原本是一块未书写任何文字的白板,然而它能够"承受对象的形式,并潜在地和对象同一";②并且心智本身潜在地是思维对象,"思想在心智之中就像在一块没有被现实地书写的写字板上的字一样"③。因此,所谓"内心经验",实际上就是"灵魂的感受"(passions of the soul)。根据后来阿奎那所作的注释,"灵魂的感受"在此应该被理解为"理智的概念",④系指理智所领悟或者理解到的事物的本

① [古希腊]亚里士多德:《后分析篇》,76b24—27。

② [古希腊]亚里士多德:《灵魂论》,429a10—15。

③ 同上,429b30—430a1。

④ Aristotle: *On Interpretation Commentary by St. Thomas and Cajetan* (*Peri Hermeneias*), Translation from the Latin With an Introduction by Jean T. Oesterle, The Marquette University Press, Milwaukee, Wisconsin, 1962, p.25.

质。如果我们从更加宽泛的意义上来理解,那么“灵魂的感受”也可以指灵魂的心智部分在认识事物的过程中所形成的思想。因此,也可以说亚里士多德实际上把口语的本质理解为思想的符号。在他看来,思想是外在语言的本源,而外在语言则是思想的符号。尽管不同的民族各有专属于本民族的不同口语和文字作为思想的符号,然而思想本身及其对象对于整个人类来说却基本上是相同的。

最后,亚里士多德认为外在语言(口语和文字)与内在思想在真假性质上是类似的。思想有时没有真假之分,而有时则必然牵涉真假问题,外在语言也是如此。语言最基本的构成要素是语词,虽然单独的语词有它自身的意义,但是它自身正如没有结合和分离的思想一样,既不是真实的,也不是虚假的。尽管由语词(名词+动词)构成的语句是一连串有意义的声音,可以牵涉真或假,然而并非所有的语句都牵涉真或假。例如,祈使句、命令句等就是无真假可言的语句。总之,外在语言只有通过结合(compositionem)和分离(divisionem)才会产生真实和虚假。结合和分离首先是在思想中进行,然后才被表达在口语和文字中。通俗地讲,所谓“结合”,就是指通过“是”把主词和谓词连接在一起而形成一个肯定语句;所谓“分离”,就是指通过“不是”把主词和谓词分隔开来而形成一个否定语句。亚里士多德把通过结合和分离而产生的具有真假性质的语句称为“命题”(ἀπόφανσις)。[①] 他说:“并非任何句子都是命题,只有那些自身或者是真实的或者是虚假的句子才是命题。”[②]他在《解释篇》中仅仅考察了作为命题的陈述语句,因为其他类型的语句主要属于修辞学或者诗学考察的范围,而不属于逻辑学考察的范围。他认为,命题乃是由名词和动词构成的陈述句,然而单独的名词或者动词却不能作出有任何意义的陈述,不管它是回答某一个问题的陈述,还是对自己意见的陈述。尽管在任何一个命题中都包含着名词和动词,然而亚里士多德却特别强调动词及其时间性在命题中所起的作用。他说:“所有的命题都含有一个动词或一种动词的时态,甚至‘人’的定义,如若不增加‘现在是’、‘过去是’、‘将来是’或某些这一类的词,那么它就根本无法形成命题。”[③]他把命题区分为简单命题和复合命题两种。复合命题是由简单命题构成的命题,而简单命题又进一步被区分为肯定命题和否定命题。他说:“简单命题是一种有意义的陈述,它肯定或否定某一事物在过去、现在或将来的存在。”[④]总之,对于他来说,外在语言乃是思想的符号,两者具有相同的真假性质。

---

① 在英语世界,现代逻辑所说的“命题”使用的是 proposition 一词,但是与亚里士多德在这里称为“命题”的希腊文ἀπόφανσις 一词在字面意义上对应的英文应该是 enunciation 一词。

② [古希腊]亚里士多德:《解释篇》,17a1—5。

③ 同上,17a11—13。

④ 同上,17a23。

亚里士多德可谓古希腊哲学史上对语言现象进行过系统考察的哲学家，他的考察不仅涉及语言现象的方方面面，而且在许多方面的认识都已经达到了相当深刻的程度，但是这并不意味着他的语言哲学所涉及的各个方面都完全超越了前人的思想或者已经达到了相当成熟的程度。事实上，他对某些语言哲学问题的认识不仅显得或多或少有点混乱，甚至还不及前人的思想深刻。别的暂且不说，仅仅就名称的意义而言，我们就可以明显地看到他既主张自然论，又主张约定论，没有把两者辩证地统一起来，无法揭示词与物之间的真实关系。一方面，与他所坚持的个体主义本体论和经验主义知识起源论的立场相一致，他的语言哲学在理解词与物的关系问题上也持一种自然主义朴素实在论的立场。如前所述，他的多义性语义分析方法以范畴的自然意义为其逻辑意义的本原，这说明他的语义分析的基本出发点在于肯认语词是表示自然对象本身的意义的符号，语词的意义归根到底来源于真实存在的个体事物以及因其作用于人的灵魂而产生的感觉、意见和知识。他认为，名由实定，名实相符。名称的意义在于它所指称的实在的对象之中，应当切合它所表述的对象本身的意义。在语言哲学上的这种自然主义朴素实在论是他一以贯之的一个基本立场。在讨论许多问题的时候，他都明确地表现出了这种朴素实在论的倾向。例如，在《辩谬篇》中，当讨论到虚假推理的错误根源时，他指出："如果要使反驳和推理产生效果，名称和它所表示的表示的对象应当是同一的。"①有人认为，如果一个语词有多种意义，那么论证就不能被用来针对思想，因为针对思想的论证取决于回答者在心里对被承认观点的某种态度，因此针对语词的论证与针对思想的论证并不同一。在亚里士多德看来，这种观点是荒谬的，针对语词的论证与针对思想的论证是同一的，因为对名称和实在对象的意义之理解表现为推理的思想内容，实在本身的意义恰恰是语词论证与思想论证统一的根据。② 再如，在《范畴篇》中，当讨论到"性质"范畴的时候，他主张命名的根源在于事物的性质。"在大多数情况下，实际上几乎在所有情况下，事物的名称都是从其性质而取得的。比如，一个人由于'白'的性质，就被说成白净的；由于'有教养'而被叫做有教养的；由于'公正'而被称为公正的，在其他同类情况下也是如此。"③由此可见，坚持语词的意义源自于现实存在的事物乃是亚里士多德的一个基本思想。另一方面，他在语词的意义问题上又明确地主张约定论。在他看来，名称是因约定俗成而具有某种意义的声音。"名词的意义通过约定俗成而来，声音本身并非名词，只是在它作为一种符号时才能成为名词，例如，野兽所发出的那种含糊不

---

① ［古希腊］亚里士多德：《辩谬篇》，168a30。

② 同上，170b13—37。

③ ［古希腊］亚里士多德：《范畴篇》，10a29—32。

清的声音虽然有一定意义，但这种声音并不是名词。”①不仅语词的意义是人们约定俗成的结果，而且句子的意义也是如此。他明确地指出：“每一个句子之所以有其意义，并非由于它是身体的某一机能所借以实现的一种自然工具，而是如我们所指出的那样是约定俗成的。”②亚里士多德既没有在自然论与约定论之间作出明确的取舍，又没有对两者的内在不合理性作出批判性的审察，更没有把两者整合成一种统一的理论，从这种意义上讲，他的意义理论甚至还不如柏拉图笔下的苏格拉底的思想显得深刻。

四、斯多亚学派的语言哲学

斯多亚学派可算得上希腊化时期对西方世界的精神生活影响最大的哲学流派之一。在希腊化时期，虽然基督宗教在整个西方世界的精神生活领域无疑是来自于外部的最伟大的竞争者，但是它从斯多亚学派那里吸取了许多重要的思想资源，其中也包括语言哲学方面的思想资源。由于阿奎那语言哲学在本质上是一种基督宗教语言哲学，而基督宗教语言哲学又与斯多亚学派的语言哲学有着更为直接的理论渊源关系，因此我们还必须进一步考察斯多亚学派的语言哲学。

首先值得一提的是斯多亚学派的逻各斯学说，因为它对基督宗教的三位一体学说和基督论等神学思想产生过极其重要的影响。斯多亚学派的哲学就是德里达在概括希腊哲学传统时所说的那种典型的逻各斯中心主义。在该学派所划分的哲学的三个部门（逻辑学、伦理学和物理学）中，虽然其核心部门是伦理学，但是它也凸显出浓厚的逻各斯中心主义色彩，因为它的基本精神乃是提倡人应该“过顺从自然的生活”。然而，斯多亚学派所理解的“自然”一词实际上就是指“逻各斯”，中文通常将其翻译为“理性”。因此，所谓“过顺从自然的生活”，其意思就是“过顺从理性的生活”。不过，在斯多亚学派的哲学家那里经常被使用的“逻各斯”一词却有着相当广泛的含义。他们把逻各斯视为创造并支配宇宙万物的神圣力量，这样的逻各斯至少包括三个方面的重要意义。第一，逻各斯是世界万物的本原和运行法则，这也是赫拉克利特在最先使用这个词的时候所指的意思，也就是说，它作为万物本原的火的变化“分寸”或者“尺度”。斯多亚学派把逻各斯视为神，认为整个世界以及其中的每一个部分都由神所创造，并且接受神的统治。逻各斯作为世界万物的本原被斯多亚学派描述为“宇宙创造之火”，也就是“创造理性”，有时也被称为“种子理性”（logos spermatikos），它作为世界万物遵照它而运行的普遍法则常常被描述为弥漫于自然中的

---

① ［古希腊］亚里士多德：《解释篇》，16a27—29。

② 同上，17a1。

生命气息,也就是所谓的“普纽玛”(pneuma),有时也被称为“宇宙灵魂”、“世界理性”等等。第二,逻各斯也是决定人类行为的道德律,甚至是决定整个社会活动的理性秩序。对于斯多亚学派来说,人的行为是由人的灵魂所启动和控制的,而灵魂则是人的行为的“主导因素”或者“统治本原”(governing principle)。在人的灵魂中的理性(logos)乃是人之为人的高级本性。作为自然发展的结果,人的理性实际上是神圣理性的具体体现,人的尊严及其人格之伟大取决于人按照自身所具有的理性行事。斯多亚学派的有些哲学家还把这种逻各斯学说直接地运用于社会管理。他们相信,每一个人都分有普遍的神圣理性,人只有过一种顺从理性的生活,整个社会生活才会出现美好的秩序。作为斯多亚学派伦理学基本概念的“自然法”(lex natrualis)一词所指的就是人内心的道德律,这也是逻各斯的重要含义之一。对于斯多亚学派来说,这种道德律也是一般意义上的法律的基础,因为它的创制者乃是神圣的逻各斯本身。第三,逻各斯还意指人的理性认识能力。斯多亚学派的哲学家认为,当人发展到成人阶段时,他就会自然地具有理性。理性是人的灵魂的重要部分之一,人只有凭借它才能认识实在,从而获得关于实在的真理性知识。虽然斯多亚学派的哲学家们常常把为逻各斯所决定的人称为“智人”(logikos),但是他们对于普通人最终成为智人却基本上秉持一种悲观主义态度,根本就不相信每一个普通人都能真正成为智人。事实上,他们只相信极少数的贤哲才有可能实现智人的理想,而绝大多数普通人都不可能达到这个目标。

此外,斯多亚学派还经常在“话语”或者“言谈”这样的原初意义上使用“逻各斯”一词,尤其是在说明人的灵魂不同于其他动物的灵魂的时候,他们除了说明“逻各斯”一词所具有的“理性”这一含义之外,总是会强调它所具有的“语言”这一意义。对于斯多亚学派来说,正如人的理性认知能力一样,人的语言能力也是人的灵魂的重要部分之一。① “逻各斯”一词的原初意思就是语言,斯多亚学派的哲学家们对此不仅非常了解,而且乐于强调。在他们看来,亚里士多德所谓“人是唯一具有逻各斯的动物”②的说法不仅包含了“人是唯一具有理性的动物”的意思,而且包含了“人是唯一具有语言的动物”的意思。塞克斯都·恩披里柯(Sextus Empericus)告诉我们:“斯多亚学派说,人与非理性动物的区别在于内在的语言而不在于说出的语言,因为乌鸦、鹦鹉和坚鸟也会发出清晰有别的声音。”③必须注意的是,塞克斯都·恩披里柯在此所转述的斯多亚学派的意思仅仅说对了一半,而另一半意思则是值得怀疑的,我们

① 斯多亚学派把人的灵魂分为八个部分:五种感觉、生殖能力、语言能力和理性认知能力。

② [古希腊]亚里士多德:《政治学》,1253a11。

③ [古希腊]塞克斯都·恩披里柯:《反逻辑学家》第二卷,第275—276节。Cf.*Sextus Empericus*, 4 Vols.,Loeb Classical Library,Rep.2000.

还需要对之进一步作出具体的分析。塞克斯都·恩披里柯在此所提到的“内在的语言”和“说出的语言”实际上是斯多亚学派根据亚里士多德主义而提出的关于“内在逻各斯”（λόγος ενδιαθετος）和“外在逻各斯”（λόγος αποφαντικος）的著名区分：前者是在心灵中的无声话语，即思想；而后者则是思想的外在表达，有时也被称为“说出的逻各斯”或者“说出的语言”（λόγος προφορικος）。然而，内在逻各斯和外在逻各斯却并不是两个完全不同的逻各斯，而是同一个逻各斯的两个不同的方面。同一个逻各斯从内部看是思想，而从外部看则是言说。如前所述，柏拉图曾经把思想描述成在灵魂中所进行的无声的自我对话，现在斯多亚学派则明确地把思想理解为人的内在语言（内在逻各斯），说它是人与其他非理性动物的区别之所在，这无疑正确地表达了斯多亚学派的意思。不过，由于外在逻各斯只有借助于可感的声音才能得以表达，因此，除非相对于可感的声音而言，否则我们就不能说人与其他非理性动物的区别不在于“说出的语言”或者“说出的逻各斯”。显然，斯多亚学派所谓的“外在逻各斯”并不仅仅指可感的声音，更重要的是它作为说出的语言必然包含了使可感的声音成为人的语言的某种本质规定性。因此，我们绝不能不加任何限制地说人与其他非理性动物的区别不在于“说出的语言”或者“说出的逻各斯”。我们可以合理地假定，塞克斯都·恩披里柯的转述极有可能是对斯多亚学派的说法的一种误解。对于这一假定，我们还可以进一步引用第欧根尼·拉尔修（Diogenes Laertius）在介绍斯多亚学派区分动物的叫声与人的说话时所写的一段话来加以证明。他这样写道：

> 动物的声音或叫唤只是由自然冲动产生的空气振动；人的说话是音节清晰的，而且如第欧根尼所说，是理性的发音，它在人14岁时就达到成熟。此外，斯多亚学派认为声音是有形体的东西……因为凡是能产生效果的都是物体；而当声音从发声人传向听见它的人时确实产生了效果……一个陈述或命题（logos）是来自心灵的话语，且总是意味着什么。①

在这段引文中，拉尔修提到的巴比伦的第欧根尼（Diogenes of Babylon）据说是在斯多亚学派中最注重也最擅长考察语音学的思想家之一。他就区分了人的说话声与动物的鸣叫声。在他看来，人的说话声不同于动物的鸣叫声的地方就在于它是思想的有声产品。由此可见，斯多亚学派非常清楚人所说出的语言根本就不同于动物的叫唤声，尽管两者都能借助于可感的声音来表现自身。同时，这段引文也清楚地告诉我们，在斯多亚学派看来，人的说话不仅从声音上讲是音节清晰的理性的发音，而且人所说出的语言（logos）是来自于他的心灵的话语，它总是有其自身的意谓。因此，无

① ［古希腊］第欧根尼·拉尔修：《著名哲学家的生平和学说》第七卷，第55节。Cf.Diogenes Laertius, *Lives of Eminent Philosophers*, 2 Vols., Loeb Classical Library, 1925.

论就内在逻各斯而言,抑或就外在逻各斯而言,它们都是人与其他非理性动物的根本区别之所在。从这个意义上讲,斯多亚学派与亚里士多德关于“言语为人所独擅”①的说法基本上是一致的。

斯多亚学派对内在逻各斯和外在逻各斯的区分有着重要的理论意义。这一区分在希腊语言哲学史上第一次明确地把思想也视为一种内在语言,它标志着古希腊哲学理解和认识语言的一次扩展与深化。一旦思想被当作一种内在语言来看待,那么语言就不再纯然是表达思想的工具,也不再仅仅是暗示世界和蕴含世界的因素,而是在一定程度上与思想本身同一,能够直接参与并且规定人对现实世界的理解和认识。在这个意义上,可以说语言本身也是现实世界呈现于人的心灵中的建构性因素之一。因此,思想活动不是一种彻底脱离语言的纯粹的理解活动,而是一种受到语言约束的理性认知活动。这就意味着人的思想过程同时也是一个语言发挥作用的过程;知识作为人的理性认识结果,既不是完全脱离语言的东西,也不是先于语言的东西。从这个意义上讲,斯多亚学派的内在逻各斯与外在逻各斯的区分标志着对自柏拉图以降的工具主义语言观以及知识先于语言的传统思想的一种超越。从斯多亚学派的语义理论中,我们可以明显地看到对语言在人的认知过程中的能动作用的突出强调。

语义问题也是斯多亚学派讨论的一个重要课题。尽管从逻辑学的角度来看斯多亚学派继承了亚里士多德主义,然而关于语言的意义是什么的问题,斯多亚学派的回答与亚里士多德的回答却明显不同。亚里士多德认为,语言是内心经验的符号,而内心经验所表达的对象是外部世界的客观事物。因此,对于亚里士多德来说,语言直接指称的是思想,并且通过思想而间接地指称外在世界的客观对象。但是,对于斯多亚学派来说,由于思想也属于人的一种语言(尽管它是内在语言),因此语言的意义并不是思想,而是介于思想与客观对象之间的某种东西,他们称之为“谓述”(λεκτόν)。这个语词是从希腊语的“λέγειν”一词演变而来的,“λέγειν”是一个动词,其意思就是“言说”、“表述”、“意味”、“指示”、“展示”等。然而,“被说出者”、“被表述的东西”、“所意味的东西”、“所展示的内容”等,凡是针对主语所说或者所提及的一切都是“λεκτόν”(lecton)一词所表示的意思。它们之间的词源关系有助于我们理解“谓述”就是人们通常所说的关于语言的“意义”或者“意思”。值得注意的是,在希腊语中,人们通常使用两个不同的语词来表示“意义”或者“意思”:当针对某个人询问是什么意思的时候,人们所使用的就是“λέγειν”(“指示”、“展示”等)一词,与此相应的λεγομενον(“被指示者”、“被展示者”等)就是这个人在回答询问时所表达的“意

① [古希腊]亚里士多德:《动物志》,536b2。

思”;然而,当针对一个语句询问是什么意思的时候,人们使用的则是“σημαίνειν”(“表示”、“意指”等)一词,与此相应的 σημαινόμενον(“被表示者”、“被意指者”等)就是语句所表达的“意思”。显而易见,斯多亚学派所说的“谓述”不是针对询问人而言的,而是针对询问语言而言的,它与 σημαινόμενον 是等同的。塞克斯都·恩披里柯记载了一段非常完整的话来转述斯多亚学派对语言及其意义的看法:

> 斯多亚学派说有三种相互联系的东西:被意指者(τάσημαινόμενα)、意指者(τάσημαίνοντα)和承受名称者。意指者是一个讲话(φωνή),例如‘狄翁’;被意指者是意指者所显示的东西本身,这种东西与我们的思想一致而潜在存在,被我们所理解,但是野蛮人不能理解之,尽管他们也听到了所讲的名称(希腊语表示‘名称’词 onoma 同时兼有‘语词’的意思——引者注);而承受名称者则是存在于外部的东西,例如狄翁本人。这些东西中,有两种是物体性的:讲话和承受名称者;有一种则是非物体性的,这就是被意指者(τάσημαινόμενα),亦即谓述(λεκτόν),它是真的或假的。①

这段十分重要的话值得我们认真加以考察,因为它清楚地说明了斯多亚学派对在语言表达过程中所涉及的语音、语义、外部对象等诸多因素的区分及其相互关系的理解。我们从其中不难看出所谓“意指者”、“被意指者”、“承受名称者”是依次表示语音、语义以及语言所言及的外部对象三个因素的概念。对于斯多亚学派来说,意指者、承受名称者同被意指者之间的区别在于:前者是物体性的,而后者则是非物体性的。因为意指者涉及的是语音,它被理解为一个讲话的声音(在希腊语中“φωνή”一词表示“发声”的意思,引申为“讲话”的意思),而承受名称者是语言所言及的外部对象,它们两者都能够产生作用或者接受作用,因而也都是物体性的“某种东西”(τότί),它们在本体论上都处于同一个真正存在的等级上。但是,由于被意指者涉及的是语音所显示的东西,这一被显示的东西实际上就是某种意义。对于精通某种语音的人来说,他能够理解这种语音所表达的意义。但是,对于不懂某种语音的人来说,即使他能够清楚地听到这种语音,他也不能听懂这种语音所表达的意义,因为这种语音所表达的意义不能对不懂这种语音的听者产生任何效果,然而能够“产生效果”恰恰是物体性东西的标志。因此,被意指者是非物体性的,它在本体论上并不作为客观事实本身是实存的(existent),却作为语音所显示的事实内容因其与思想一致而是潜在存在的(subsistent)。从这个意义上讲,被意指者处在低于意指者和承受名称者的存在等级上。在意指者与被意指者之间存在着的物体性与非物体性的区别表明,它们

① Sextus Empiricus, *Against the Professors*, 8, 11—12; Cf. *Sextus Emper????*, 4 Vols., Loeb Classical Library, Rep.2000.

之间的关系其实是语言与语言所表达的东西之间的关系。被意指者作为语言所表达的东西乃是语言的意义,斯多亚学派将其等同于"谓述"。这一点从塞克斯都·恩披里柯转述的斯多亚学派给谓述所下的定义中可以明显地看出来。他告诉我们:"他们(指斯多亚学派——引者注)说谓述是按照理性的表述而存在的东西,一个理性的表述是这样一种表述:其中所表述的东西在讲话里是可以传达的。"①这个定义清楚地说明了谓述就是语言的意义。但是,斯多亚学派又进一步认为,说谓述(被意指者)有真假之分乃是一种颇成问题的看法,因为并非所有的谓述(被意指者)都是真的或者假的。塞克斯都·恩披里柯就明确地指出了这一点。例如,就"狄翁"这个词而言,无论它意指什么,被意指的东西都没有真假之分。

谓述理论与认识论的紧密结合是斯多亚学派语义理论的一大特色,因为语言哲学与认识论只不过是斯多亚学派的逻各斯学说的两个不同方面而已。对于斯多亚学派来说,逻各斯从内部来看就是与认知相关的思想,而从外部来看则是言说,尤其是指在辩论中的论说。从第欧根尼·拉尔修所介绍的谓述定义中我们就可以清楚地看出它与斯多亚学派认识论中的印象理论是密切相关的。他告诉我们:"有些印象是理性的,其他的就不是理性的。理性的印象就是理性动物的那些印象,……他们(指斯多亚学派——引者注)说谓述是按照理性的印象而存在的东西。"②在斯多亚学派的认识论中,"印象"(φαυτασίαι)这个名称是从印章在蜡上的印迹恰当地借用过来的,它被定义为灵魂中的印迹。按照第欧根尼·拉尔修的说法,斯多亚学派把印象区分为两类:一类是把握性印象,这类印象源自于实在对象并且与之相一致,以印章的方式铸刻在人的心灵上,它是清楚明晰的;另一类则是非把握性印象,这类印象一般来说并不源自于实在对象,退一步说,即便这类印象源自于实在对象,它也不与之相一致,它不是清楚明晰的。③ 这两类印象的区分充分说明斯多亚学派的哲学家们并没有赋予所有的印象以可靠性,他们所看重的仅仅是清楚明晰的把握性印象(katalepsis),并且宣称它是真理的标准。如此强调把握性印象在获得真理性知识的过程中所具有的地位和作用,这意味着斯多亚学派对于感性知识的明证性和确定性有着极其强烈的追求。"把握性印象"仅仅是一个比喻,旨在说明知识是主体与客体相互作用的结果。一方面,客观对象对主体的意识产生作用,向主体的意识呈现自身,这是印象产生的经验论起源;另一方面,主体的意识也反过来对客观对象产生能动作用,也就是说,它不是完全被动地接受客观对象的呈现,而是主动地建构客观对象的呈现,具有积极地朝向客观对象的呈现之"把握"和"认可",这是在印象的产生过程

---

① Sextus Empiricus, *Against the Professors*, 8, 70.

② [古希腊]第欧根尼·拉尔修:《著名哲学家的生平和学说》第七卷,第51、63节。

③ 同上,第45—46节。

中的主体性的体现。“把握性印象”这一比喻本身就蕴含着印象是主体与客体相互作用的结果。对于斯多亚学派来说,作为在印象的产生过程中的主体性的体现,主体的意识把握和认可客观对象的呈现。当然,主体的意识的这种把握和认可还包含着语言和概念的能动作用。斯多亚学派甚至还把在概念中的前把握性概念(prolepseis)作为真理的标准。前把握性概念是在人类理性出现之前的少年时代通过感觉的方式自然习得的,而不是通过刻意追求和专门教导的方式获得的,并且这种前把握性概念对于所有的人来说都是相同的。在这个意义上,我们可以说“前把握性概念”也是自然的“共同概念”(koinai ennoia)。为了凸显概念起源的经验论,斯多亚学派的哲学家们往往把概念归结为心灵的某种印象。他们认为,当人的心灵被某个客观对象激活的时候,它便产生一种自然力量施加到该对象上,抓住并且认可该对象在心灵中的呈现,于是就产生了把握性印象,并将其储存起来作为记忆的资源。记忆只不过是在人的心灵中稳定持久的印迹而已。同类记忆的积少成多就变为经验,而概念就是从经验中产生的。因此,概念归根到底是一种被加工改造过了的印象。当然,产生概念的方式是多种多样的,其中主要有接触、相似性、类比、转换、复合、反对、过渡、缺失等。①

斯多亚学派的哲学家们强调概念的经验论起源,这并非意味着他们忽视语言和概念在认识过程中所起的能动作用。相反,这恰好表明语言成分从一开始就伴随着印象。不仅对于尚未具备理性的少年来说有自然习得的前把握性概念直接伴随着感性印象,而且对于具备理性的成人来说更是如此,因为在成人的心灵中储备了大量由经验所产生的概念,当这些概念为接受到的感性印象所激活的时候,心灵就会从其储存的概念中选择合适的概念来概括和同化接受到的感性印象,使它处于某种概念的形式中,而不是仅限于单纯地刻画印象。更重要的是,成人的印象是理性的,而理性印象乃是心灵对事物的本性的直觉,当它呈现自身的对象时,具有表述能力的思想就会对被呈现的对象作出某种解释,这就已经预设了某种语言的形式,至少已经预设了针对理性印象的某种命题的形式。“因为首先出现的是印象,然后,具有表述能力的

---

① 关于第欧根尼·拉尔修归于斯多亚学派名下的那些解释概念产生的方式有如下记载:“对可感事物的概念来自接触;来自相似性的概念是从眼前的东西推衍出来的概念,比如从苏格拉底的塑像中获得‘苏格拉底’的概念;而通过类比获得的概念中,有的是借助扩展,如‘狄提俄斯’(Tityus)和‘独眼巨人’的概念;有的借助于缩减,如侏儒的概念。‘地球的中心’是通过与更小的球体的类比而被领会的。至于通过转换获得的概念,‘胸前长着眼的魔鬼’就是一个例子。而‘马人’是通过复合的方式获得概念的例子;‘死亡’一词是通过‘反对’(对立)获得的概念。此外,有些概念是通过过渡而获得的,比如‘谓述’和‘位置’。‘正义’和‘善’这两个概念是自然地获得的。还有,通过缺失也可以产生概念,比如‘没有手的人’。”([古希腊]第欧根尼·拉尔修:《著名哲学家的生平和学说》第七卷,第53节)

思想对自己所接受的印象赋予命题的形式。”①例如，针对理性印象所呈现的某个经验对象，可以在思想中形成“这是一个椭圆”的命题形式，而不仅仅是一个有大小的某种形状。诸如此类的命题形式是具有表述能力的思想赋予理性印象的，它们是一种内在语言的形式。斯多亚学派的哲学家们把在认识过程中产生的理性印象当作这种语言形式的表述对象，这充分说明他们把语言的意义理解成某种思想性的东西。事实上，当斯多亚学派把谓述定义为“按照理性的印象而存在的东西”时，这个定义本身就已经清楚地表明理性印象是谓述的认识论基础。如果没有相应的理性印象，那么就没有谓述。同时，谓述只不过是伴随理性印象的语言对应物而已，它本质上是某种思想性的东西，而不是理性印象所呈现的实际对象本身。这也与斯多亚学派在本体论上把谓述与实在对象分别置于两个不同的存在等级上是相契合的。塞涅卡(Seneca)用拉丁文所举的一个例子非常清楚地显示了谓述与实在对象在存在等级上的区别。他这样写道：

> 我看到正在散步的卡图：感觉显示了这一点，我的心灵相信这一点。我看到的是一个物体，我把自己的眼睛和心灵指向这个物体。于是，我说：“卡图在散步。”现在我所说的不是一个物体，而是关于一个物体的某种宣称，有人称之为enuntiatum(“所陈述的东西”或者“命题”)，有人称之为effatum(“所宣称的东西”)，有人称之为dictum(“所说出的东西”)。因此，当我们说：“智慧”时，我们是在理解某个物体性的东西；但是，当我们说：“他是有智慧的”时，我们是针对某一个体说些什么。②

在这段文字中，“enuntiatum”(“所陈述的东西”或者“命题”)、“effatum”(“所宣称的东西”)、“dictum”(“所说出的东西”)这三个语词是塞涅卡用拉丁文翻译希腊文“λεκτόν”(“谓述”)的不同尝试。他对这个例子的解释清楚地表明实在对象是独立存在的物体；然而，谓述却是实在对象呈现给心灵的理性印象的语言对应物，这种语言对应物在本质上是非物体性的东西。斯多亚学派的谓述理论把语言的意义与实在对象区分开来，这是在该学派的语言哲学中的一种颇具现代性意义的思想元素。当今时代，有不少研究斯多亚学派的西方学者对此大加褒扬。例如，夏普利斯(R.W. Sharples)认为，斯多亚学派能够区分语言的意义与实际对象乃是一大进步，它预示了现代语言哲学对意义和指称的区分。③ 从事希腊化哲学研究的权威学者朗格(A.A. Long)也认为，能够区分“意思”(sense)和“指称”(reference)是斯多亚学派语言哲学

① [古希腊]第欧根尼·拉尔修：《著名哲学家的生平和学说》，第49节。

② Seneca, *Epistulae*, 117, 13. Cf. A. A. Long and David Sedley, (eds.), *The Hellenistic Philosophers*, 33E, Vols.i and ii, Cambridge University Press, 1987.

③ Sharples, R.W., *Stoics, Epicurus and Sceptics*, Routledge, 1996, p.23.

最有意思的特征之一，这种语义理论有如弗雷格的类似意义理论一样，能够让人用意涵不同的语词去描述同一事物却又不陷入同义反复。①

斯多亚学派的哲学家们不仅在他们的谓述理论中区分了语言的意义与其所指的实在对象，而且进一步提出了谓述类型论。他们把谓述划分成“完全的”（αὐτοτελη）和“不完全的”（ἐλλιπη）两大类：“不完全的就是表达式是未完成的，例如‘写’；因为我们会问：‘谁在写呢’？完全的就是表达式是完成的，例如‘苏格拉底在写’。”②不过，这段话似乎会让人觉得这是对谓述的语言表达式的划分，而不是对谓述本身的划分，其中所举的例子也说明了这一点，因为人们一般都会认为谓述与其语言表达式（包括说出的声音、语词或者语句在内）是有区别的。但是，在斯多亚学派的哲学家看来，谓述与其语言表达式是相对应的，并且它只能借助于表达它的语言表达式来体现和识别。于是，他们便采取了通过对语言表达式的划分来实现对谓述本身进行划分的策略。因此，我们看到斯多亚学派对谓述的划分与对其语言表达式的划分实际上是合二为一的。换言之，一个谓述是否完全乃是同它的语言表达式的完成与否相对应的：就完成的语言表达式而言，其谓述是完全的；就未完成的语言表达式而言，其谓述也是不完全的。按照第欧根尼·拉尔修的说法，不完全的谓述似乎又可以进一步被划分成谓词和主词，而完全的谓述则可以进一步被划分成命题、问题、探究、命令、宣誓、祈祷等。总之，谓述的语言表达式可大可小、十分广泛，小到一个语词（谓词和主词），大到一个句子甚至整个推理，几乎囊括了命题式语言活动的全部范围。不过，斯多亚学派的哲学家们并不是对全部谓述都感兴趣。他们感兴趣的主要是完全的谓述，其中他们讨论得最多的则是命题（ἀξιώματα），因为命题的逻辑意义是最重要的。他们除了把命题区分为肯定的和各种否定的（包括“否认的”、“缺乏的”）之外，还区分了简单命题和复合命题：前者由一个命题构成；后者则由几个命题构成，或者由一个命题加以重复而成。他们把简单命题视为最基本的命题，因为一切推理都建立在简单命题的基础上。对于简单命题，他们又根据它的确定性的程度不同而采取三分法对之作了进一步划分。按照塞克斯都·恩披里柯的说法，简单命题可以分为“确定的”（ὡρισμένα）、“不确定的”（ἀόριστα）、“居间的”（μέσα）。“确定的命题是通过指称代词来表达的，例如‘这个人正走着’；‘这个人正坐着’。因为我在用指称代词指向一个具体的人。所谓不确定的命题乃是以某种不确定的成分为首的，例如‘某人正坐着’。居间的命题的形式是：‘一个人正坐着’或者‘苏格拉底正走着’。‘某人正走着’之所以是不确定的，因为它并没有确定任何正走着的主体；它可

---

① A.A.Long, *Hellenistic Philosophy*, *Stoics*, *Epicurus*, *Sceptics*, 2nd, Berkeley, University of California Press, 1986, p.138.

② ［古希腊］第欧根尼·拉尔修：《著名哲学家的生平和学说》第七卷，第63节。

以一般化地指称各个个体。但是‘这个人正坐着’就确定了,因为它指明了被点出的那个人。‘苏格拉底正坐着’是居间的,因为它既不是不确定的(因为它指明了具体的人)也不是确定的(因为它没有用指称代词来表达),而是居于确定与不确定之间。”①用指称代词充当确定命题的主词乃是斯多亚学派知识论的经验还原论在语言学上的反映。当斯多亚学派在知识论上将把握性印象视为真理标准的时候,其中所体现出来的对感性知识的绝对清晰性和确定性的深信不疑反映在语言学上就是给予用指称代词(“这个”或者“那个”)充当主词的命题以绝对的确定性,因为指称代词是直接指向一个确定对象的手势语言的对应物。指称代词直接地指称一个对象,而不是间接地描述一个对象,这体现了说话者对所指对象的存在的确切相信。② 指称代词充当命题的主词所具有的这种优越性是其他任何语词都不具有的。用其他语词充当主词的命题或多或少都包含着某种程度的不确定性,由它们所构成的命题的真理性必须依赖于相应的确定命题的真理性。例如,“人”这一通名作主词就没有具体地确定个别人;相反,它能够普遍地指称任何人。在斯多亚学派的哲学家们看来,诸如此类的通名(共相概念)其实是一种纯粹的虚构,它们的所指没有任何存在性可言,除非它们受到限定并且同存在联系起来,否则它们就没有任何确定性可言。除此之外,他们还认为,甚至诸如“狄翁”、“苏格拉底”等专名也包含着某种程度的不确定性,因为专名尽管指明了个体具有的特殊性,然而它却没有指明个体的在场。一个专名并不直接地指称一个对象,而是表示一个总是可以表达的个体所具有的特殊性,即使在随着时间的变化而变化的情形下,也是如此。然而,指称代词在某个特定的时间所表达的东西却不可能是在某种已经变化的情况中在场的东西。从这个意义上讲,专名并不具有指称代词所表达的那种确定性,因此它不能充当一个确定命题的主词。斯多亚学派的哲学家们给予指称代词充当确定命题的主词的特殊地位,这充分说明他们强调一个命题的主词不仅必须有其确定的指称,而且它的指称还必须满足在当前世界上存在这一条件,否则的话,这个命题就会“被摧毁”(φθείρεσθαι)。例如,指

---

① [古希腊]塞克斯都·恩披里柯:《反逻辑学家》第二卷,第96—97节。

② 指称代词指称对象的直接性在斯多亚学派对第一人称代词“我”的词源学分析中也得到了相当明确的体现。克律西波(Chrysippus)曾经指出,当我们说出“我”(ego)这个词的时候就已经有了明确的指称方向,而不会与其他指称方向混淆。他说:“我们在说出ego的时候也是这样发声的:指向着我们认为思想所在地的我们身上的部位,因为指称代词自然地和合宜地传达到那里。而且,即使不用手来进行这一指称,我们在说ego的时候也会向自身折回,因为ego这个词就是这样的,它在发声中伴随着指称。因为我们在发出ego的第一个音节的时候,是让下嘴唇指称式地向自己移动;而第二个音节伴随着脸颊的运动,朝向胸口倾斜,就像指称一样;这么做时不会指向任何远处,就像说ekeinos(那个人)时的那样。”(伽伦:《论希波克拉底和柏拉图的学说》第二卷,第2章,第9—11节。Cf. A. A. Long and David Sedley, eds., *The Hellenistic Philosophers*, 34J, Vols. i and ii, Cambridge University Press, 1987)

称代词“这个”就不能被用来指称作为死者的狄翁,因为,如果指称代词“这个”指称的是狄翁本人,那么,当狄翁活着的时候,“这个人死了”这一命题就是不可能的,因为这是自相矛盾的;然而,当狄翁死了之后,这一命题却并不存在了,因为指称代词“这个”在一个特定的时间所表达的确定东西不可能被表达在业已发生变化的情况中。因此,“这个人死了”这一命题在狄翁死后立刻就被摧毁了。然而,“狄翁死了”这一命题却是不可被摧毁的。斯多亚学派给予了指称代词优越于专名的直接性和确定性,就语言分析而言,这是一种典型的经验还原论,这种理论与当代著名的分析哲学家伯特兰·罗素(Bertrand Russell,1872—1970年)的逻辑经验主义有着惊人的相似。罗素把亲知的感觉预料视为知识大厦的可靠基础。从语言表达式上讲,亲知的知识是通过逻辑专名来表达的,然而一切亲知之外的知识却是通过摹状词来表达的。逻辑专名只有指称,却没有任何内涵。在他看来,只有诸如“这个”或者“那个”之类的指称代词才能充当逻辑专名。然而,诸如“苏格拉底”等称呼式的专名都不是严格意义上的逻辑专名,而是一种伪装的摹状词,因为它们并不直接地指称特殊的个体。因此,这样的专名并不具有独立的意义,它们只能从逻辑专名那里获得某种派生的意义。由此可见,斯多亚学派在语言分析上的经验还原论堪称罗素式的逻辑经验主义的先声。

斯多亚学派在语言分析上的经验还原论也体现在其独特的自然词源学说中。他们首先把复杂句子的意义还原到简单句子,然后又把简单句子的意义进一步还原到语词的自然性。与亚里士多德坚持语词的意义是约定俗成的产物这一基本立场相反,斯多亚学派则坚持关于语词的意义的自然起源论。第欧根尼·拉尔修曾经提到过斯多亚学派的贤哲对关于语词的意义的约定论毫无任何兴趣,他们对此无说可说。① 亚历山大里亚的神学家奥利金(Origen)在他的《反塞尔修斯》一书中也谈到过斯多亚学派的哲学家们坚持语词是自然的产物而非社会习俗的产物的立场,因为他们认为“原初的声音是对被命名的事物的模仿。这是他们引入了某种词源学因素的基础。”②斯多亚学派的词源学研究是从声音问题开始的。在这个学派中有不少哲学家都十分关注语音学。例如,巴比伦的第欧根尼就曾经区分过人类的说话声与动物的鸣叫声,他认为人类的语音是思想的有声产品。在斯多亚学派看来,作为思想产品的语音就其原初的基本声音而言是通过模仿外部现实事物而自然形成的,从这个意义上讲,语词及其构成要素(字母和音节)具有再现外部现实事物的本性的功能。当然,斯多亚学派的哲学家们并未说所有语词的意义都反映了它们所指称的事物的实

① [古希腊]第欧根尼·拉尔修:《著名哲学家的生平和学说》第七卷,第83节。

② Origen, *Against Celsus*, 1.24.Cf.*The Ante-Nicene Fathers*: *Translations of the Writings of the fathers Down to A.D.* 325, ed. by Alexander Roberts and James Donaldson. 4 vol., Grand Rapids, Mich.: Eerdmans, 1988.

际属性。就他们所作的词源学解释而言,其中绝大多数都与名词有关,这似乎说明他们只相信一些基本名称具有再现事物的本性的功能,其他语词则是在这些基本名称的基础上被建构起来的。既然不是所有语词的意义都能够从自然词源学的角度进行解释,那么斯多亚学派要想坚持关于语词的彻底的自然词源学就是一件十分困难的事情了。事实上,在斯多亚学派内部,哲学家们对待语词的自然词源学立场和态度也不是完全一致的。例如,在早期斯多亚学派中,来自于塞浦路斯的西提乌姆的芝诺(Zeno of Citium of Cyprus)以及来自于亚述的克里安赛斯(Cleanthes of Assos)就非常坚信在语词与外部现实事物之间存在着一一对应的自然关系。在他们看来,每一个名称都只能被用来称呼与其所指相对应的自然事物,如果使用其他的名称来称呼同一事物,那么这就违反了它的自然本性。然而,索里的克律西波(Chrysippus of Soli)却否认语词的意义与其所指称的事物的属性是直接对应的。在他看来,语词的意义具有自然的模糊性,不仅同一个语词可以在不同的意义上被使用,而且不同的语词也可以在同一个意义上被使用。虽然斯多亚学派的哲学家们在语词与外部现实事物的关系问题上所持的具体观点还有一定程度的差异甚或有冲突,但是他们在总体上都坚持语词的自然词源学,因为这种寻求语词的自然基础的词源学与他们在认识论上坚持认识起点上的绝对真理性立场是一致的。

斯多亚学派的语言哲学具有极其重要的理论意义。首先,就其谓述理论而言,它可以有效地阻止柏拉图主义把共相语词的意义独立化为一种客观存在的理论冲动。一方面,斯多亚学派强调谓述是按照理性的表述而存在的东西,它具有某种程度的客观性,一个给定的语句总是具有跨越主体间心灵间隔而可以相互传达的共同意义,它是相对独立于说话者和听话者的思想内容;另一方面,斯多亚学派的哲学家们又在本体论上强调谓述仅仅伴随着思想而潜在存在,也就是说,他们始终把谓述定位在一种准存在或者次级存在的水平上,使它不能脱离本体而独立自存,这样,就可以有效地防止把语言的普遍意义加以实在化。其次,斯多亚学派在语言起源论上坚持自然词源学,这是以自然语言抑制人工语言自我膨胀趋势的一种理论努力。苏格拉底、柏拉图乃至亚里士多德都出于对自然语言的含混性、歧义性等弊病的不满而自觉地离开了自然语言的命名体系,他们采取了走人工语言路线的分析策略,通过定义赋予日常自然语词以新的涵义,在此意义上,可以说他们的语义理论都在一定的程度上坚持约定论。然而,斯多亚学派却采取了走自然语言路线的分析策略,要求把语词尤其是理论语词的指称最终还原为它们的经验基础,使语言能够言及存在,以此来确保语言的意义的真理性。最后,在斯多亚学派的语言哲学中包含着一些具有现代性意义的思想元素,它不仅有助于推动中世纪语言哲学的发展,而且对现代语言分析哲学也具有重要的启发意义。

第二节 犹太教语言哲学传统

阿奎那语言哲学不仅有古希腊语言哲学传统作为自身的理论渊源，而且有犹太教圣经解释学作为自身的理论渊源。希腊化犹太教哲学家斐洛（Philo Judaeus，公元前25—公元40年）的寓意解经思想及其逻各斯学说和中世纪犹太教哲学家摩西·迈蒙尼德（Moses Maimonides，1135—1204年）关于上帝的否定性描述理论也对阿奎那语言哲学的形成产生过不可忽视的影响。一方面，它们为它提供了具有建设性意义的犹太教元素；另一方面，它们也为它提供了可资批判的思想素材。

一、斐洛的寓意解经与逻各斯学说

古希腊语言哲学的研究对象是以自然语言为基础的日常语言。然而，当日常语言被运用于宗教领域的时候，它就会因为信仰对象的神秘性和超验性而不可避免地具有某种宗教特质，从而成为一种特殊类型的语言，即宗教语言。一般来说，宗教语言是对超验对象及其启示的表达或者谈论，它远远超越了日常语言所谈及的世俗对象，不仅具有日常语言的世俗特性，而且具有自身特有的神圣性。在人类社会生活中，宗教语言广泛地被应用于宗教观念的孕育、宗教经验的表达、宗教行为的描述、宗教制度的建立、宗教经典的阐释以及宗教教义体系的建构等诸多方面。正如日常语言是一般哲学家们探讨的对象一样，宗教语言也是一般哲学家们尤其是宗教哲学家们探讨的对象。在许多有典籍的宗教中，人们不难发现这些宗教的经典经常提及人类语言现象。例如，在古老的犹太教经典《旧约》中，我们不仅可以读到耶和华神以言创世的故事，而且可以读到耶和华神通过变乱人类语言来阻止人类企图建造巴别塔的故事：

> 那时，天下人的口音言语都是一样。他们往东边迁移的时候，在示拿地遇见一片平原，就住在那里。他们彼此商量说："来吧，我们要做砖，把砖烧透了。"他们就拿砖当石头，又拿石漆当灰泥。他们说："来吧，我们要建造一座城和一座塔，塔顶通天，为要传扬我们的名，免得人们分散在全地上。"耶和华降临，要看看世人所建造的城和塔。耶和华说："看哪，他们成为一样的人民，都是一样的言语，如今既作起这事来，以后他们所要做的事就没有不成就的了。我们下去，在那里变乱他们的口音，使他们的言语彼此不通。"于是，耶和华使他们从那里分散在全地上，他们就停工不造那城了。因为耶和华在那里变乱天下人的言语，使众人分散在全地上，所以那城名叫巴别（就是"变乱"的意思）①

① 《创世记》11:1—9。

对于这个意味深长的圣经故事,虽然人们可以从不同的角度进行解读而获得不同的启示,但是不论从哪个角度进行解读,它都能让人感受到语言对于人类活动的极端重要价值。如同哲学家一样,神学家也十分重视对语言现象的哲学反思。当然,神学家与哲学家在反思语言时也明显有所不同,因为神学家总是不可避免地要结合自己所信仰的宗教精神来对语言进行哲学反思。在希腊化时期,最早把古希腊哲学中的逻各斯学说与希伯来宗教精神结合在一起的是犹太教神哲学家斐洛,他也被人们称为亚历山大里亚的斐洛(Philo of Alexandria),因为亚历山大里亚是流落异邦的犹太人在埃及聚集的希腊文化中心城市,而斐洛正是这个城市的犹太社团的领袖。

斐洛的思想比较典型地反映了希腊文明和希伯来文明的融合会通。一方面,长期居住在亚历山大里亚的生活经验使得斐洛不断地接受希腊文化的熏陶,并且对希腊文化有着极为深刻的肯认;另一方面,斐洛作为流落异邦的犹太人对自己从小就接受的希伯来传统犹太一神教有着坚定的信仰和忠诚。这种希腊理性主义文化和希伯来信仰主义文化的双重影响最终把斐洛造就成了一个典型的希腊化犹太教哲学家。他的基本思想一方面深深扎根于犹太教传统,另一方面又是希腊主义的或者被希腊化了。尽管斐洛的思想作为希腊化犹太教精神的一种表达并没有引起拉比犹太教的足够重视,然而它却在早期基督宗教思想家中产生了极其重要的影响,不仅为基督宗教思想家借用和发展希腊主义元素提供了范例,而且也为希腊化哲学本身的发展开辟了一条新的路径。

在斐洛的作品中,我们可以发现他对语言问题有着极为特殊的敏感性,这种敏感性源自于他对犹太教经典的解经实践活动。斐洛的绝大多数作品都涉及他对犹太《旧约》圣经尤其是《摩西五经》的解释。就他所采用的解释方法而言,他最热衷和擅长的是由斯多亚学派所倡导的寓意解释法。斯多亚学派的寓意解释法强调的不是要根据文本的字面意义,而是要根据作者的真实意图,从外在的字面意义背后努力去寻找那种隐藏着的内在的隐喻意义,以便对在史诗或者其他经典叙事中出现的关于神和英雄的荒谬描述作出合理的解释。斐洛充分认识到这种寓意解释法对于解释犹太教经典在字面意义的理解上出现的困惑、荒谬、奇异或者错误有着重要的作用,因此他在自己的解经活动中自觉地采纳了这种方法。当然,他不是首创性地把寓意解释法应用于诠释犹太教经典的神哲学家。事实上,在他之前亚历山大里亚早就已经形成了寓意解经的传统。例如,在《出埃及记》(17:19)中提到的“柱”,在《所罗门智训》(10:17)中就被解释成了“智”;在《出埃及记》(12:23)中提到的“灭杀者”,在《所罗门智训》中就被解释成了“上帝圣言”;等等。不仅如此,在犹太教内部原本就存在着允许离开希伯来圣经文本的严格字面意义进行解释的一定自由度。例如,在犹太教法典《出埃及记》(15:25)中提到的"树"就经常被法学家们解释为"戒律"的象征。当然,在犹太教内部法学家解释经典的这种自由度还是相当有限的,从总体上讲,这种解释仍然必须严格地以犹太教圣经为依据。斐洛的作用和贡献在于他扩大了寓意解经的范围和自由度,把寓意解释法娴熟地并且一以贯之地应用于自己的解经实践活动之中,使之普遍化。人们不难看到,就斐洛所论及的有关犹太教圣经的每一个主题以及出现在犹太教圣经中的每一件事情而言,他几乎都是尽可能地从外在的字面意义背后去寻找隐藏在其中的隐喻意义,更重要的是,在他的寓意解经活动中经常采用希腊哲学的观念对圣经语词进行解释。尽管他的寓意解经不仅遭到了正统的希伯来拉比犹太教的拒斥,而且受到了亚历山大里亚希腊化犹太教中那些拘泥于字面意义解释者的强烈反对,然而他却为自己采纳并且广泛地使用寓意解释法的合理性进行了辩护。在他看来,犹太教的《圣经》是上帝启示的真理性言说,绝不能被判定为虚假的证明,因此绝不能允许有与神圣启示之言不相符合的任何东西存乎其中,但是任何一个有理智和教养的人都能够明确地感受到其中有些语言描述若按字面意义去理解,则会产生奇异、荒谬或者错误,这只能说明文本的真正意义隐匿在字面意义之下而尚未真正被把握。再者,《圣经》又是按神圣之言对每一个人言说的,就那些仅仅停留于理解可见之物的芸芸众生而言,他们只能理解《圣经》文本的外在的字面意义;但是,就那些能够透过可见之物而理解不可见的细微暗示的少数精英而言,只有他们才能理解隐匿在外在字面意义下面的内在灵性意义;因此,只有对《圣经》文本进行寓意解释,它所传递的普遍信息才能被每一个人理解。这一辩护充分说明,相对于字义解释所揭示的表面的外在真理而言,斐洛更加看重的是寓意解释所揭示的深层的内在真理。事实上,他在自己的解经实践活动中几乎针对每一种字面意义都力图给予寓意解释。他这种做法给人造成一种忽视字面意义的印象,从而招致强烈的批判。当然,斐洛本人也似乎从中体验到了极端寓意化解释的危险性,因为极端寓意化解释最终会导致解释的随意性。正是因为这个缘故,斐洛又试图以字面意义的自主性和确定性对寓意解释可能导致的随意性加以限制。他把字面意义和隐喻意义的关系理解为身体和灵魂的关系。他对灵魂与身体关系的理解既凸显了前者对后者的高贵性,又强调了后者对前者的不可舍弃性。一方面,在他看来,正如灵魂比身体具有更加高贵的价值,同样地,寓意解释所揭示的真理比字义解释所揭示的真理也具有更加高贵的价值。"《圣经》的解释要依据寓意中传达的更深刻的意义,因为对于这些人(即解释者)来说,整部律法将一个带有文字戒律的生命存在类比为它的身体,而将隐匿在它的文字中的看不见的意义比作灵魂。正是在后者中,理性的灵魂尤其开始将事情按照它自身来思考,从而通过话语的明镜看到概念的特殊之美,展露和揭示符号的意义,并为那些只需稍微启发就能通过可见的东西看到不可见的东西的人敞开赤裸的思想。”①他告诫读者不应该仅仅停留在明显的字面意义上，而应该向前推进到隐喻意义，因为文字之于神谕，犹如影像之于实体，启示出来的更高价值才是真实的。另一方面，他又认为，正如身体是灵魂不可舍弃的居所，同样地，字面意义也是隐喻意义的寓所。“如果我们仅仅注意事物的内在意义显示给我们的东西，其他的一概不顾，那么我们就会忽视圣殿的圣洁以及其他许多东西。不，我们应该把所有这些外在规定看作身体，它们的内在意义看作灵魂。因此，正如我们不得不考虑身体，因为它是灵魂的居所，同样，我们也必须充分注意律法的文字。我们如果保持并遵守这些，就能对这些符号所寓含的那些事物获得更清晰的理解；而且，我们也不会招惹大众的非难以及他们必定会提出的对我们的指控。”②斐洛还特别警告读者不要因为忽视文字意义的自主性和确定性而陷入极端寓意化理解的危险之中。他说：“有些人依照属理智的象征意义来理解律法的字面意义，他们过分拘泥于理智层面的意义，对于字面意义却随意忽视。我不得不说，这样的人处理问题的方式太过草率，太过简慢。他们本来应该仔细关注这两种意义，更详尽、更准确地研究不可见的含义，以一种无愧的态度遵循可见的含义。”③尽管他不否认字面意义的自主性和确定性，然而他却坚信只有寓意解释法才是从外在文字通向《圣经》内在的本质真理的唯一途径。

我们必须认识到，斐洛对寓意解释的辩护在很大程度上是由他从事的解经活动的实践需要所决定的，而不是出于解经活动的诠释学理论反思的结果。事实上，他对寓意解经法的辩护并没有提出完全令人信服的诠释学理由。尽管如此，他对寓意解经法的执着恪守和广泛应用使宗教语言的意义问题成为语言哲学关注的重要主题之一，这对于我们反思古希腊语言哲学传统的语义理论来说具有重要的启发价值。一方面，寓意解释显然是对字面意义的超越，它完全突破了我们用来指称和描述经验世界的日常语言的界限。因此，探究如何理解日常语言在谈论超验领域的神圣对象时所产生的意义问题，不仅能够从表达功能的角度彰显语言本身具有的超验的宗教维度，而且能够促使人们把宗教语言纳入哲学反思的视域，从而扩展传统语言哲学的研究领域。另一方面，寓意解释也使人们充分地意识到了日常语言的有限性。我们的日常语言根本就不足以完全表达其自身，只有彻底地返回到激发日常语言的精神源泉中，我们才能寻求对它的宗教意义的理解。我们从《圣经》文本中所理解到的精神意义之不同于字面意义反映了日常语言的逻辑与宗教语言的逻辑之间的差异性，从这个意义上讲，承认宗教语言的

---

① *Philo of Alexandria: The Contemplative Life, the Giants, and Selection*, tr.by David Winston, New York, 1981, p.55.

② Philo, *On the Migration of Abraham*, 91－93. Cf. Colson, F.H., and Whitaker, G.H., *Philo*, Greek text with introductions and an English translation, 10 vols., Loeb Classical Library, London and Cambridge, Mass., 1929-1962.以下所引斐洛的著作皆出自于这一参考文献，不再对之予以列出。

③ Ibid., 89-91.

逻辑特殊性乃是我们重新反思传统语义理论的局限性、全面探究语言现象的重要理论前提之一。因此，当我们充分肯认古希腊语言哲学传统在追求语义的精确性的过程中表现出来的分析理性精神时，我们千万不要遗忘了我们使用的日常语言本身还具有某种超验的精神品质，它能够使我们在一定程度上表达我们自身所固有的形而上学冲动。

斐洛在对犹太教经典进行寓意解释的时候充分借用了古希腊哲学传统的一些重要概念。在他看来，犹太教经典与古希腊哲学尤其是柏拉图主义相比，它们只不过是使用不同的语言表达相同的精神实质而已。他甚至认为犹太教经典的隐喻语言与古希腊哲学语言基本上是可以互译的。基于这一看法，他尽可能地借用了希腊哲学语言来对犹太教经典进行寓意解释。其中最值得一提的是，他借用斯多亚学派的逻各斯学说并且结合柏拉图的理念论对上帝与世界、人的关系所作的解释。如前所述，"逻各斯"一词原本是古希腊哲学传统的一个基本概念，从赫拉克利特率先提出这一概念到斯多亚学派对它的广泛使用，其含义已经演变得相当复杂了。早在斐洛之前，犹太教经典的希腊文七十子译本就已经使用"逻各斯"一词来翻译上帝的"话语"。从小就受到古希腊哲学和犹太教双重影响的斐洛十分自然而便利地领悟到"逻各斯"与"话语"在互译相释中融合共生的意蕴。出于使希伯来文化的信仰诉求能够在希腊文化语境中得以理性地被理解之需要，斐洛在充分利用斯多亚学派的逻各斯学说的基础上对它进行了一番创新性地改造，使"逻各斯"从古希腊哲学传统的一个核心概念转化成了希腊化犹太教圣经神学的一个核心概念。

一方面，斐洛恪守了犹太教《圣经》希腊文七十子译本用"逻各斯"一词来翻译上帝的"话语"这一传统，在该词所具有的"言谈"的意义上来解释在《旧约》中频繁出现的上帝之言。例如，我们可以在圣经《旧约》中读到以下这样经文："因天主的一句话，诸天造成，因上主的一口气，万象生成"；[①]"主发一言就将他们病除，且拯救他们脱离了阴府"；[②]"他一发出他的语言，冻结即刻消融，他一吹起他的和风，冰水即刻流动"；[③]"我藉先知砍伐了他们，以我口中的言语杀戮了他们"；[④]等等。在这些经文中所提到的有关上帝的"话语"一词都被用"逻各斯"一词来加以翻译和解释。[⑤] 另一

① 《圣咏集》33:6。
② 同上，107:20。
③ 同上，147:18。
④ 《欧瑟亚》6:5。
⑤ 为便于读者理解 logos 一词所翻译的上帝的"话语"一词，在此引用的这些经文取自于圣经汉译思高本，因为它直接以"话"或者"言"将其意义译出，然而圣经汉译和合本则经常以"命"或"令"代替"话语"译之，有时亦直接以"话"译之。请读者分别对照理解汉译和合本的相应译文："诸天藉耶和华的命而造，万象藉他口中的气而成"（《诗篇》33:6）；"他发命医治他们，救他们脱离死亡"（《诗篇》107:20）；"他一出令，这些就都消化，他使风刮起，水便流动"（《诗篇》147:18）；"我藉先知砍伐他们，以我口中的话杀戮他们"（《何西阿书》6:5）。

方面，斐洛也并非简单地停留在“逻各斯”与“话语”两个概念的互译层面上，而是根据斯多亚学派对逻各斯作出的内外之分把《旧约》中频繁出现的上帝之言理解为外在逻各斯，与此相应，也把上帝的思想和理性理解为内在逻各斯。实际上，在犹太教内部早就已经存在着关于上帝的智慧的说法，斐洛从斯多亚学派的逻各斯学说出发看到了“智慧”（sophia）与“逻各斯”（logos）之间的一致性，他把在《旧约》中凡是归属于智慧的属性和功能也都归属于逻各斯。他在对《创世记》（2:10—14）所描述的从伊甸园流出来的河进行寓意解释的时候指出，“河”意指一般的德性，亦即善，它是从作为上帝之智慧的伊甸园中流出来的，这就是上帝的逻各斯。从这一寓意解释中，我们可以清楚地看出斐洛使用阳性名词“logos”取代了阴性名词“sophia”。当然，在斐洛的思想中，取代“sophia”一词的“logos”一词就是斯多亚学派所谓的“内在逻各斯”。在他看来，但凡在圣经《旧约》中提及上帝之智慧的地方都是指内在逻各斯。例如，我们可以读到这样的经文：“耶和华啊，你所造的何其多，都是你用智慧造成的”；①“智慧必使你行善人的道，守义人的路”；②“耶和华以智慧立地，以聪明定天”；③“高举智慧，她就使你高升；怀抱智慧，她就使你尊荣”；④等等。根据斐洛的理解，在这些经文中所提到的智慧就是对内在逻各斯的颂扬。正如斯多亚学派一样，斐洛也把逻各斯视为内在于世界的基本原理。在他看来，逻各斯既存在于宇宙之中，又存在于每一个人之中；然而，无论它在宇宙之中抑或人之中，它都又分别表现出内、外两种形式，并且内在形式是外在形式的本原。就其存在于宇宙之中而言，逻各斯既是由以构成理智世界的原型理念，又是由以构成感觉世界的可感形式，并且后者是前者的摹本和形象。同样地，就其存在于每一个人之中而言，逻各斯既作为思想的内在形式（即内在逻各斯）位于居主导地位的心智之中，又作为话语的外在形式（即外在逻各斯）位于舌头、嘴和其他言辞借以表达的机体之中，并且前者是后者即说话者所说出的话语之源泉。

斐洛还特别联系古希腊哲学的“aletheia”（“真理”）概念来说明逻各斯的功能。众所周知，在希腊语中，“aletheia”一词最初的语源学意义是表示由于自身涌现出来的力量而将掩盖真相的东西去掉从而使之显露出真面目来的意思，后来随着古希腊哲学的产生和发展，“aletheia”一词又开始与“episteme”（“知识”）一词联系在一起，从而获得了“真理”的意思。斐洛深知“aletheia”一词的语源学意义和哲学意义，并且借此说明了逻各斯的功能。他指出，造物主智慧地把清晰的表象和真理两种美德分

① 《诗篇》104:24。
② 同上，2:20。
③ 同上，3:19。
④ 同上，4:8。

配给了逻各斯，在自然中的逻各斯是真实的（alethes），它清晰地将万物显现出来，使人们尊崇真理，远离错误。他说："就我们个人而言，逻各斯有两种形式，一是话语的外在形式，二是思想的内在形式，他给予每一个人这两种美德作为他们的特殊属性；言说就是要清晰地显现，思想就是运思真理（aletheia）。因为思想功能的责任就是根除错误，语言功能的责任就是赋予所有人自由的游戏，帮助他们以最大的准确性澄清事实。"①

在斐洛的解经活动中，他对斯多亚学派的逻各斯学说之引入不仅使犹太教一神论信仰在希腊文化语境中获得了便于理解的哲学化形式，而且反过来以犹太教一神论信仰的普适性重塑了古希腊哲学传统的"逻各斯"概念，使之具有了特殊的神学意蕴。

首先，逻各斯与上帝永恒同在。在斐洛看来，就逻各斯与上帝的关系而言，一方面，逻各斯与上帝是统一而不可分离的。逻各斯作为上帝的属性依赖于上帝的存在，无论作为上帝的思想或者智慧的内在逻各斯，还是作为上帝之言的外在逻各斯，它们都附属于上帝的存在，而不是一个有其自身神圣本体论地位的分离的存在。他指出，逻各斯"是上帝的形象（eikon），是智力感知的一切存在的首领，与真实存在的唯一的太一离得最近，没有丝毫的间隔距离。"②上帝与其逻各斯之间的关系如此之紧密，以致斐洛把逻各斯描述成神力的驭者，而把上帝则描述成坐在马车上为驭者正确掌握宇宙缰绳而指引方向。他多次强调逻各斯的不朽性，与"永恒的"上帝并肩而存，③甚至还直接把它说成是"永存的逻各斯"（ho aidios logos），④旨在防止人们把上帝与其逻各斯分离，从而使逻各斯变成外在于上帝的神圣实体的危险。另一方面，斐洛又提醒人们防止把逻各斯与上帝相互等同起来的危险。尽管逻各斯与上帝同在，也具有永存性，然而它却不是与上帝等同的神。他要求人们必须注意上帝与其逻各斯之间的不同，不能将两者完全等同起来。他认为，上帝作为太一是独一无二的，但是逻各斯作为上帝的属性并不像上帝那样不被创造，而是受造的、生成的。他把逻各斯视为"一切生成物的先行者"，⑤甚至把它排在受造物之列。他说："上帝之言高居于整个世界之上，是受造物中最年长的，也是最包罗一切的。"⑥为了把上帝与其逻各斯区分开来，斐洛明确地表达了逻各斯是仅次于上帝的神的观点。"第一存在是上帝，仅次于他的是上帝之言。"⑦他还把上帝称为"第一神"，而把逻各斯称为"第二

---

① Philo, *Moses* II.128-129.

② Philo, *On Flight and Finding*, 101.

③ Philo, *On the Confusion of Tongues*, 41.

④ Philo, *On the Decalogue*, 134.

⑤ Philo, *On the Migration of Abraham*, 6.

⑥ Philo, *Allegorical Interpretation of the Law*, 175.

⑦ Ibid., 86.

神”,[1]并且以“神”(theos)这个称谓前面是否加定冠词作为指称两者的不同标志,只有加了定冠词的“那个神”(ho theos)这个特殊称谓才指真实的上帝本身,而没有加定冠词的“神”这个普遍称谓给予了上帝的“首要之言”。[2]

其次,逻各斯又是上帝创造和管理世界的工具。在谈到世界的创造和管理的时候,斐洛特别选用了“工具”(organon)一词来描述逻各斯的功能。他明确地断言上帝把逻各斯用作自己的工具,借以实现神圣目的。众所周知,在圣经《旧约》的《创世记》中,一开始就记载了上帝凭借自己的“话语”创造世界的故事——上帝说有什么,于是就会有什么。例如,上帝说要有光,于是就有了光。只要上帝说出了什么事情,所说出的事情就会变成现实,整个世界都只不过是上帝言说的产物而已。斐洛对逻各斯作为上帝的创世工具的功能作出非常清晰的解释。他说:“上帝的形象是圣言,通过他,构成整个宇宙。”[3]他还指出,上帝通过自己的话语创造世界无须借助于时间,因为“时间本身只是随着世界的受造而出现的。当上帝说话的时候,他在创造,两者在时间上没有任何间隔。如果需要更好地说明这一真理,我们可以说,上帝的逻各斯就是行动(ho logos ergon en autou)。”[4]对于斐洛来说,逻各斯作为上帝的创世工具,显然不是指一种在物质性存在意义上的工具,而是指一种在“模型”或者“范型”(paradeigma)意义上的工具,正如工匠所拥有的最重要的工具不是其手中握有的物质性工具,而是其心目中预先就已经孕育的即将被制造之物的理念一样。整个宇宙都只不过是按照上帝思想中的理念模型创造的产物罢了。相对于上帝而言,逻各斯是上帝的形象(eikon)。然而,相对于受造的世界而言,逻各斯则是万物受造所依据的理念(idea)。逻各斯作为上帝的思想之表现本质上就是一个柏拉图所谓的理念世界,斐洛则称之为“理智世界”(kosmos noētos),也就是一个不朽而无形的观念形式系统。除了作为上帝创世的工具之外,逻各斯还是上帝管理世界的工具。有时,斐洛也使用斯多亚学派的语言把逻各斯描述成牢不可破的锁链,说它将宇宙链接在一起,统合成一个协调一致的整体;有时,他又直接把逻各斯说成“万物的统治者和舵手。”[5]他认为,上帝在创造世界的时候赋予了一个统辖宇宙生命的理性法则,通过它不仅使整个宇宙万物变得井然有序,而且能够指导人类事务,因为人的“正确理性”(orthos logos)是在宇宙万物中发挥作用的神圣逻各斯的反映。

最后,逻各斯是维系上帝与人的中介。在斐洛的思想中,逻各斯还被赋予了中介

---

① Philo, *Questions and Answers on Genesis*, II.62.

② Philo, *On Dreams*, I.229-230.

③ Philo, *On the Special Laws*, I.81.

④ Philo, *On the Sacrifices of Abel and Cain*, 65.

⑤ Philo, *On the Cherubim*, 36.

角色,起着关联超验的创造者与经验的受造物的纽带作用。逻各斯的中介功能不仅体现在它是上帝创造和管理世界的工具,而且体现在它是沟通上帝与人之间的关系的桥梁。他说:“创造了万物的那位父亲将处于把受造物和创造者分开的分界上的特权作为一件精美的礼物赐给他的逻各斯,赐给在地位上他的老资格的首要使者。同一个逻各斯是代表有死的人不断向不朽的上帝祈求的人,他易惹烦恼,也是统治者派给臣民的使节。这个逻各斯享有这份礼物,非常高兴地用这样的语词来形容:‘我站在主和你们之间。’(《申命记》5:5)即,既不像上帝那样不被创造,但也不像你们那样被创造,而是处在两极之间,对两边都守信。对创造者而言,是一个保证,担保整个人类不会反叛,不会放弃秩序而选择混乱;对于受造物而言,则增强其希望,仁慈的上帝不会忽略他自己的作品。”①逻各斯既是上帝对人的使节,又是人对上帝的代表。因此,斐洛常常以“神人”、“天使”等各种名称来形容逻各斯所扮演的中介角色。他之所以把逻各斯当作维系上帝与人的中介,是因为这与在圣经《创世记》中记载的神按照自己的形象造人的故事有关,而逻各斯又被他视为上帝的形象。因此,在他看来,神“是仿照神圣逻各斯的样子造人的,神圣的生气注入他的面部。”②每一个人都分有神圣的逻各斯,人的理智就其本性而言乃是神圣理智的摹本。因为这个缘故,所以斐洛强调人应当效仿逻各斯而生活。这种效仿既是伦理性的,也是理智性的、神秘性的,也就是说,人只有以上帝的至善为目标,过净化灵魂的理性生活,最终达到与神圣的逻各斯相通的神秘境界,才能成为真正意义上的上帝之子。

总而言之,斐洛的寓意解经法和逻各斯学说是表达希腊化犹太教信仰的一种富有探索性和原创性的尝试,尽管他所取得的丰硕思想成果并未在拉比犹太教思想家中引起应有的重视,然而他的思想成果却在早期基督教思想家中产生了极其重要的影响,并且构成了基督宗教思想的重要理论背景和渊源。他的寓意解经思想和逻各斯学说对于促进语言哲学本身的发展具有重要的理论意义。一方面,他的寓意解经思想和逻各斯学说扩展了人类日常语言的基本意域,使谈论经验世界的具体对象的日常语言转变成了谈论超验世界的神圣对象的宗教语言,以便使之能够有效地表达宗教信仰。另一方面,他的寓意解经思想和逻各斯学说也凸显了宗教语言哲学的一个基本问题,即人类用于表达经验对象的日常语言如何被应用于有意义地谈论超验的神圣对象?要想解决这一问题,还必须满足一个基本的知识论前提条件,即只有超验的神圣对象能够在某种程度上为人所认知,人类的日常语言被应用于有意义地谈论它才得以成为可能。如果神圣对象是绝对超验的,以至于神圣者完全而彻底地不

① Philo, *Who is the Heir*, 205-206.

② Philo, *On the Creation*, 139.

为人所企及，人对之根本就不可能形成任何一点知识，那么人类的日常语言也根本就不可能被用来有意义地谈论它。在斐洛的思想中，上帝与人不是彼此完全隔绝的两极。尽管他的上帝论一再强调上帝的超验性，然而他却不相信上帝的超验性是阻隔上帝与人彼此关联的无限鸿沟。与此相反，在他看来，超验的上帝能够以他的逻各斯显现自身，至少他能够通过逻各斯的中介间接地为人所接近和认知。因此，在创造者与受造物之间扮演沟通两极的中介角色的逻各斯就是使人类的日常语言有意义地谈论超验的上帝成为可能的知识论前提条件。但是，就上帝通过自己的逻各斯为人类所认知的方式而言，他并非直接地而是间接地为人所认知，而且人类通过逻各斯所获得的关于上帝的知识也是十分有限的，因为人类只能认知上帝的存在，而不能认知上帝的本质。这就意味着，尽管逻各斯是使人类的日常语言有意义地谈论上帝成为可能的知识论前提条件，然而，由于它无法保证人类藉着它而认知上帝的本质，因此人类的日常语言就不可能在其固有的意义上实现对上帝的直接谈论，而只能通过扩展或者超越日常语言的固有意域来实现对上帝的间接谈论。例如，通过类比来实现对上帝的谈论就是一种常用的方式，我们可以把上帝说成是“父亲”、“牧羊者”、“光”、“国王”、“主神”等，并且通常必须使用诸如“不朽的”、“不变的”、“不可见的”等否定性语词。然而，这种类比性的言说或者否定性的言说一方面超越了人类日常语言的固有意域，另一方面又只能达到对上帝的间接言说，因此根本就无法真正触及上帝的本质。这充分说明人类的日常语言被用来谈论超验的上帝至多不过是为了使人更好地理解神圣真理的一个方便法门而已。事实上，在斐洛看来，由于上帝的本质不能为人所知，因此人类语言根本就不能在其固有意义上被用来描述上帝。他认为，超验的上帝始终都是“任何名称、任何话语、任何种类的概念都不适用于他的那样一位上帝。”①不仅被言说不适用于上帝的本质，而且上帝没有自己的专门名称。如果上帝有自己的圣名，那么它也必定秘不示人，因为根据犹太人的传统观念，一个名称所表示的是被称谓对象的内在本质，然而上帝的本质却是人类语言无法表达的。在斐洛看来，尽管我们可以看到在圣经《旧约》中至少以两种方式提到了上帝的圣名：一曰“神”，二曰“主”，甚至还提到了一个由四字母合成的颇具神秘性的名称 YHWH（耶和华），然而所有诸如此类的名称却只不过是上帝出于对人类的仁慈而赐予人类在谈论到他的时候便于使用的一些代用名而已。这样的代用名仿佛是上帝的真名一样，然而上帝的真名实际上却从来就没有显现给任何人，因为上帝在本质上就是不可名状的。当讨论到如何正确地理解在圣经《旧约》希腊文七十子译本中所提到的“主神”这一名称的时候，斐洛所写的如下这段文字淋漓尽致地体现了上帝不可名状的

① Philo, *On Dreams*, I.67.

思想：

> 对这位存在者，甚至不能用任何属于人的名称来恰当地指称，这是非常合乎理性的事情。你们难道不明白，他对那位真正想知道并且要求他对那些询问他名字的人作出回答的先知所说的话吗？他说："我是自有永有的。"(《出埃及记》3:14)这话的意思等于是说："我的本性乃是存在，不可被名称描述。"但是，为了使人类不至于对最为卓越的这位存在者完全给不出任何称呼，他赐予他们语言的特权，恩准他们使用(仿佛是他的真名似的)"主神"这个语词。他是教诲、完善和德性的实践这三道天赋训令之主，亚伯拉罕、以撒和雅各则是其圣经上的符号。他说，因为这是"我的终生名"，仿佛它是在人们现在生活的年代中才被发现似的，而不是在一切时间存在以前就有的。它也是不在记忆或知识之外陈列的"一个纪念品"，而且进一步说，它是写给已经出生的人，而不是给尚未显露出来的自然物。因为那些进入有死者行列的人，需要对于神圣名称的一种选择，其目的在于即使不能接近实在本身，但他们可以接近这位至高无上的存在者的名称，并且在此基础上与它发生一种关系。从整个宇宙的这位统治者口中传出的圣道宣称，从来就没有一个真正的上帝名称显现给任何人。他说："我从前向亚伯拉罕、以撒、雅各显现为全能的神，至于我名'耶和华'(YHWH)，他们未曾知道。"(《出埃及记》6:3)但是，当正确地翻译这些话，并且按照它们的恰当次序放置时，它们就会读作"我的真正名称，他们未曾知道"，他们所知道的，只是虽然在普遍地使用，但是不甚准确的代用名，至于滥用的缘由，上面已经陈述过了。诚然，这位存在者是如此地难以描述，即使侍奉他的那些权能，也无法告诉我们他的真名。所以，那位修行者在与神和人的较力中潜心于对德性的探索之后，他对这位不可见的主说："请将你的名告诉我。"但主却说："何必问我的名？"(《创世记》32:29)他不暴露他那特有的和真正的名，他说："因为对你来说，从对我的崇拜中获益就足够了，至于作为受造物符号的名，在不朽的本性中是找不到它们的。①

斐洛强调上帝不可名状是为了表明上帝的本质的不可言说性，但是这并不意味着他否认人类的日常语言能够实现对上帝的间接谈论。恰恰相反，在他看来，既然人类能够认知上帝的存在，那么人类的日常语言就能够通过逻各斯的中介而实现对上帝的有意义的谈论。

二、迈蒙尼德的否定性描述理论

迈蒙尼德是中世纪最著名的犹太教哲学家，他在晚年所写的《迷途指津》(*Moreh*

---

① Philo，*On the Change of Names*，11-14.

Nevukhim,1190)是一部代表其成熟思想的犹太教哲学巨著,在中世纪产生了广泛而深远的历史影响。尽管这部著作的初衷是为了给那些在阅读犹太教经典的时候因为理性思考与戒律要求的矛盾而产生困惑的教徒提供经文释义方面的指南,然而它实际上却并不像它表面上看起来那样是一部普通的圣经解释学著作,而是一部借助于亚里士多德哲学来阐释犹太教信仰的宗教哲学著作。他在该书中力图证明犹太教经典的信仰表达与以亚里士多德主义为代表的古希腊哲学的理性精神是一致的,即便当古希腊哲学的某些具体观点与犹太教信仰发生矛盾的时候,他也会站在犹太教传统的信仰立场上对它们加以修正和克服。迈蒙尼德在给他的学生约瑟夫拉比的信中清楚地说明了该书不是为无知之徒或者初学思辨的普通大众而写的,而是为像约瑟夫拉比那样具有理智才能和哲学修养的人而写的。作为一部高度哲学化的圣经解释学著作,《迷途指津》自然要以犹太教《圣经》中的语言问题作为切入点,因为它的作者的目的就是要利用古希腊哲学的基本概念来诠释犹太教《圣经》中的语言难题。迈蒙尼德在该书的"绪论"中开宗明义地指出了撰写该书的两个目的。第一个目的是要解释犹太教圣经《先知书》中出现的疑难语词,它们包括多义词、派生词和歧义词,对于那些具有理智才能和哲学修养的人来说,"由于人类理智已把他吸引住,领他进驻到理智的领域,所以,当他按自己的想法去理解,或按别人的说法去理解《律法书》时,他总是被那些字面含义,以及上面提到的那些多义词、派生词和歧义词的含义搞得苦恼不堪。因此,他陷入了困惑和迷乱状态,不知道他是应该遵循理智,放弃他原来知道的那些词语的意义,还是应该坚持他对这些词语的理解,不让自己受理智的困扰,从而背弃理智,离开理智"。① 第二个目的则是要解释在《先知书》中出现的一些含糊不清的比喻,它们不仅有其字面上的外在意义,而且有与其外在意义不同的内在意义,普通大众以为它们只有外在意义而无内在意义,"即使是有真才实学的人,当他思考这些比喻并根据其外在意思来理解并解释它们的时候,他也会陷于莫大的迷惑"。② 正是因为考虑到这样两个目的,所以迈蒙尼德才在该书的第一篇中用了整整70章的篇幅来解释那些被应用于上帝的圣经语词,它们既包括一些表示上帝有形体的语词,也包括一些暗示上帝多样性的语词。他不仅利用亚里士多德的物理学和形而上学基本概念对这些疑难语词和含糊比喻进行了解释,而且在进行圣经语言解释的同时又特别注重方法论的反省,力图从其中提炼出某种能够为圣经解释学提供更具普遍适用性的方法论原则,从而形成了一种对上帝的描述进行普遍解释的宗教语言理论。

---

① [阿拉伯] 迈蒙尼德:《迷途指津》,第一篇绪论,傅有德等译,济南:山东大学出版社1998年版,第5—6页。

② 同上。

作为一名圣经解释者，迈蒙尼德坚持这样的解释原则："《托拉》用人的语言说话。"①在他看来，《圣经》是用人能够理解的语言写成的。然而，我们人类的语言却完全是受造性的，这种语言出现在我们这样的受造物中间使我们能谈论那些通过我们的感官为我们所认知的受造物。当我们使用这种深深扎根于受造世界中的人类语言来谈论这个世界的创造者时，我们势必会遇到一些难以克服的巨大障碍，因为作为传统犹太教信仰对象的创造者不仅是独一无二的超验的上帝，而且是一位绝对单纯的上帝，然而那种适合于我们人类语言谈论的对象却是一些作为经验性的复合体的受造物。为了便于我们人类能够理解超验的上帝的话语，《圣经》使用了这种适合于我们谈论受造物的人类语言来谈论上帝，其中许多地方都充满了各种拟人论的语言。但是，根据亚里士多德主义哲学，那些拟人论的语言不可能在它们的字面意义上是真实的，因为那些拟人论的语言总是暗含着形体性。因此，既然在《圣经》中广泛地使用了那些暗含着形体性的语词和表达式来表述上帝，那么我们就必须对这样的语词和表达式作出非字面意义的重新解释。在处理这样的语词和表达式的时候，迈蒙尼德基本上遵循了阿拉姆语翻译家昂克劳（Onquelos）的方法，避免对它们作出任何在字面的形体性意义上的理解而直接解释它们所具有的内在的精神性意义。例如，对于在《撒迦利亚书》（14:5）中所谓"耶和华我的神必降临，有一切圣者同来"这句话，迈蒙尼德就将其解释为意指"上帝的口谕要传下，就是说，他通过先知而许下的诺言将要兑现。"②因为在希伯来语中，动词"降临"（bo）既可以被用来指形体的某种运动，又可以被用来在比喻的意义上指非物体性事件的发生。因此，如果我们想要用它来描述上帝，那么我们就不能在前者的意义上来理解它，因为前者所暗含的形体性与上帝的绝对单纯性是不相容的，因为凡是有形体的东西都是有广延性，并且凡是有广延性的东西都是可分的，然而上帝的绝对单纯性却意味着他全然是不可分的。在迈蒙尼德看来，凡是在犹太教经典中使用了暗含有受造性的任何语词来表述上帝的地方，如果我们从字面意义上来理解这样的语词，那么我们的理解就是错误的。由于这种适合于谈论受造物的人类语言的旨意模式是受造性的，因此人类语言作为谈论创造者上帝的工具就是不充足的。既然如此，那么这是否意味着我们人类根本就不能使用自己的语言来谈论上帝却只能在他面前保持沉默呢？迈蒙尼德对这个问题的回答显得相当谨慎。一方面，他对在上帝面前保持沉默的立场显然抱有非常同情的态度，他甚至认为对上帝充满激情的赞美并不比沉默显得更加虔诚。例如，迈蒙尼德引

① ［阿拉伯］迈蒙尼德：《迷途指津》，第一篇第 26 章，第 57 页。此语出自巴比伦《塔木德》：《姑嫂篇》，71b；《中间门》，31b。

② 同上，第一篇第 22 章，第 54 页。

用大卫王所谓“沉默就是对您的赞美”(《诗篇》65:2)这句话以赞同的态度加以解释说:“这个表述极为恰切,因为不管我们怎样颂扬和赞美上帝,我们所说的总包含一些不适合用于上帝的东西,包含了一些有损上帝的说话,因此,最好保持沉默,并且满足于理智的反思。”①在他看来,人在赞美上帝的时候所说的一切言词都是苍白而徒劳的,因为对上帝的赞美不在于说出不可言说的东西,而在于反思应该反思的东西。另一方面,迈蒙尼德又认为沉默本身不是对人类语言谈论上帝的不充足性问题的唯一可能的回答。在他看来,虽然上帝的绝对超验性和单纯性使人类语言对他的谈论完全显得不充足,但是这种不充足性并不等同于人类语言谈论上帝的不可能性。既然犹太教《圣经》是用人能够理解的语言写成的,那么人类语言就能够在某种程度上有意义地谈论上帝。实际上,迈蒙尼德所关注的问题并不在于人类语言是否能够有意义地谈论上帝,而在于人类语言有意义地谈论上帝的正确方法究竟是什么。这种问题意识决定了他必定会从方法论的角度反思人类语言对上帝的描述。他比较、分析了人类语言描述事物的肯定和否定两种基本方法,并且在此基础上总结性地概括出了描述上帝的正确方法。

就人类语言描述事物的肯定方法而言,迈蒙尼德又进一步区分了五种不同的具体方法,并且分别对它们进行了简要地例说。

第一种方法是用表示一个事物的本质的定义来描述该事物。例如,“人是有生命的、有理性的存在者”这句话就是用表示人的本质的定义来描述人的。然而,这种描述方法只不过是用一个定义来解释一个名称罢了,它绝不能被用来描述上帝,因为人对上帝的本质一无所知,根本就不可能对上帝形成任何定义。

第二种方法是用表示一个事物的本质的部分定义来描述该事物。例如,当我们说“人是有生命的存在者”,或者说“人是有理性的存在者”的时候,我们就是分别在用表示人的本质的定义所包含的两个部分(“生命”和“理性”)之一来描述“人”这个主词。虽然我们采用这种描述方法可以揭示出主词与谓词两个概念之间的必然联系,但是我们也不能采用它来描述上帝,因为不仅上帝是不可定义的,而且上帝的本质也是不可分的。否则的话,我们就会把上帝的本质理解为复合的,而这种理解与上帝的绝对单纯性显然是不相容的。

第三种方法是用一个事物的一些非本质的性质来描述该事物。例如,当我们用一个事物的颜色、味道、冷、热、干、湿、长、短、曲、直、软、硬、强、弱等等来描述该事物的时候就是如此。一个事物所具有的这种性质并不构成该事物的本质,它们在最广泛的意义上可以被称为该事物的偶性。由于偶性对其所在的主体或者基质可以起到

① [阿拉伯] 迈蒙尼德:《迷途指津》,第一篇第 59 章,傅有德等译,济南:山东大学出版社 1998 年版,第 131 页。

限定或者修饰的作用，因此它们可以被用来描述一个事物。尽管如此，然而这种采用偶性来描述事物的方法也不适用于上帝，因为，如果我们采用这样的方法来描述上帝的话，那么我们就会把上帝变成偶性的基质或者主体。这样一来，我们就会把上帝理解为一个复合体，从而就会与上帝的绝对单纯性发生冲突。

第四种方法是用一个事物与其他事物的关系来描述该事物。例如，“蔡德(Zaid)是某人的父亲”，或者说“他是某人的朋友”，或者说“他住在某个地方”，或者说“他出生于某个时代”等诸如此类的说法就是如此。这种与时间、空间或者与另一个事物的关系既不是事物的本质，又不是与事物的本质相关的性质。如果我们采用事物之间的关系来描述事物，那么这并不必然暗示着被描述的事物的本质的复多性和可变性。乍看起来，关系在不十分严格的意义上似乎最可能适用于描述上帝，因为关系既不暗示上帝的复多性，又不暗示当那些与上帝相关的事物发生变化的时候上帝本质的可变性。尽管如此，迈蒙尼德经过审慎地思考后仍然认为关系不能被用来描述上帝，这不完全是因为上帝与时间、空间无关，更重要的是因为在上帝与他所创造的事物之间的关系不是相互的。受造物之间的关系往往意味着相互关联的两个事物不仅在属相(species)上是相同的，而且它们的相互关系是对等的；但是上帝与其受造物既没有相同的属相，又不是对等的相互关系。从这个意义上讲，用一个事物与另一个事物之间的相互关系来描述上帝就是错误的。

第五种方法是用一个事物的行动来描述该事物。例如，“蔡德做这个门”或者“蔡德缝衣服”等诸如此类的说法就是如此。当我们用一个事物的行动来描述该事物的时候，“行动”一词所指的不是具有作出某个行动的潜在能力，而是指处于现实状态的某个行动。迈蒙尼德认为，一个事物的行动与它的本质是相分离的，不同的行动并不意味着在行动者的本质中必定包含着导致不同行动的各种因素。这种用行动来描述事物的方法也适用于上帝，因为上帝的一切行动都不是上帝的本质的一部分，它们反倒源自于上帝的本质。

上述五种被用来描述事物的具体方法有一个共同特点，即它们都是用一个事物的肯定属性来描述该事物，其中“属性”一词之所指主要包括以下两种情况：如果它所指的是被陈述事物的本质，那么在此意义上当然可以说上帝具有属性，因为它在此意义上对事物的描述仅仅是对一个名称的解释；如果它所指的是附加于被陈述事物的本质之上的因素，那么在此意义上就决不能说上帝具有属性，因为它在此意义上所描述的仅仅是附属于被描述事物的本质的偶性。虽然迈蒙尼德明确地主张肯定属性不能被用来有意义地描述上帝，但是他同时也承认这个主张有唯一的例外情况，那就是涉及上帝的行为的肯定属性能够被用来有意义地描述上帝。根据这一分析，迈蒙尼德对在《先知书》和《摩西五经》中采用属性来描述上帝的情况进行了总结性的解释。他指出,如果人们仅仅从字面上去理解这种描述,那么他们就会误以为上帝尽管超越了形体却没有超越与形体相关的偶性。但是,这种描述不是为了说明上帝具有如同受造物所具有的那种偶性,而是为了说明上帝是至善至美的存在。在《圣经》中,那些被归于上帝名下的属性绝大多数都是被用来表述上帝的各种不同行为的属性,它们与上帝的本质无关,因为行为的不同并不意味着行为者的本质就是多种因素的复合。即使诸如生命、能力、智慧、意志之类的属性,它们也并不意指上帝的本质,而是仅仅意指上帝与其创造物之间的关系。当我们把这样的属性归于上帝的时候,其意义与它们被应用于作为受造物的人身上的意义是大不相同的,因为它们之被用于上帝是为了表达上帝的绝对完善性,而它们之被用于我们则是为了表达我们自身的完善性的相对性。

通过对人类语言描述事物的肯定方法的分析,迈蒙尼德相信,除了表示上帝的行为的肯定属性之外,其他任何肯定属性都不能被用来描述上帝;即使可以用表示上帝的行为的肯定属性来描述上帝,这种属性也与上帝的本质无关,因为上帝绝不具有任何肯定属性。在拒绝承认使用肯定属性来描述上帝的方法的合理性之后,迈蒙尼德反倒乐意承认使用否定属性来描述上帝的方法的合理性。他说:"要知道,对上帝的否定性描述才是正确的描述。"①那么,何谓"否定性描述"呢?简言之,所谓"否定性描述"是相对于"肯定性描述"而言的,既然肯定性描述是借助于语言表达式肯定一个对象具体有某种属性,那么否定性描述就是借助于语言表达式否定一个对象具有某种属性。相应地,针对一个对象被语言表达式所肯定或者否定的属性则分别称之为"肯定属性"或者"否定属性"。在迈蒙尼德看来,一方面,否定性描述与肯定性描述作为表述事物的两种基本方法有相同之处:它们都能够在某种程度上限定被描述对象的范围,这样的限定乃是以它们自身的方式排除在其他情况下所不能排除的东西,从而产生一定的解释效果。例如,假定你看到远处有一个东西而不知道它是什么,当你询问别人的时候,你被告知那是一个动物,那么这一肯定性回答就具有了一定的解释效果,因为这个回答已经向你表明了你所见之物的一个属性。尽管这个属性还不能使你把所见之物与具有同样属性的其他事物区别开来,也就是说,它不能使你得知所见之物是什么样的动物,然而它却把你所见之物限定在被肯定的属性的意域之内,从而排除了其他意域,也就是说,它已经向你表明了所见之物既不是植物,也不是矿物。同样地,否定性描述也能够产生某种解释效果。例如,假定你知道一个房间里有某种东西却又不知道它是什么,当你询问别人的时候,你被告知它既不是植物,也不是矿物,那么这一否定性的回答也能把这个东西限定在所排除的属性的意域之外,从而向你表明这个东西的某

① [阿拉伯] 迈蒙尼德:《迷途指津》,第一篇第 58 章,傅有德等译,济南:山东大学出版社 1998 年版,第 126 页。

种特性，也就是说，你可以从这一否定性回答中得知这个东西是某种动物，即使你还不能确定它是哪一种动物。另一方面，否定性描述与肯定性描述又有着明显的区别。就那些作为知识对象的事物而言，肯定性描述能够以直接的方式提供关于被描述事物的某种知识，或者是关于其本质的知识，或者是关于其偶性的知识；然而，否定性描述却只能以间接的方式提供关于被描述事物的本质的知识。虽然肯定性描述和否定性描述作为两种基本方法都能适用于受造物，但是它们并不都能适用于上帝，其中只有否定性描述方法才能适用于上帝。由于上帝的存在的绝对性及其本质的单纯性和完善性，他没有任何肯定属性，因此对上帝的肯定性描述是不适宜的。我们只能知道上帝存在，却不能知道上帝的本质。我们对上帝的全部知识就在于我们知道自己无法真正理解他是什么。如果我们使用肯定属性来描述上帝，那么这样的描述就意味着上帝的缺陷，因为一旦我们肯定了上帝的什么，我们就会在两个方面远离上帝：一是在上帝的绝对完善性方面远离他，因为我们所肯定的东西仅仅对于作为受造物的我们来说才是一种完善性；二是在上帝的绝对单纯性方面远离他，因为上帝在其本质之外没有任何附加的因素。“然而，否定属性却是我们必须用以指导我们的心灵、通向我们必须信仰的关于上帝的真理的东西。一方面，否定属性并不暗示复多，另一方面，它们向人传送了最大可能的关于上帝的知识。”①因此，在迈蒙尼德看来，我们能够有意义地描述上帝的正确方式就是否定性描述。就掌握有关上帝的知识而言，否定性描述有助于我们最大可能地接近关于上帝的知识，因为我们在描述一个对象的时候每增加一种属性，这个对象就会得到更加详细的说明，从而使我们更加接近对这个对象的真正理解。迈蒙尼德还认为，对上帝的否定性描述需要我们通过研究和钻研而获得，需要仔细地确证每一种用以指称上帝的否定属性，所否定的东西必须否之有据。“我们通过研究和钻研，就能获得关于上帝的知识，这种研究和钻研的目的在于了解不能用来指称上帝的每个事物的不可能性，而不在于肯定某种作为上帝本质的附加因素而归于他的东西，也不是为了当我们发现对于我们而言的某种完善时，就把它归于上帝。”②

尤其值得注意的是，迈蒙尼德所谓“对上帝的否定性描述”强调的重点不在于要求表述上帝的语言形式必须是否定的，而在于要求我们必须否定性地理解所有被用以表述上帝的谓词的意义。就对上帝的否定性描述而言，其语言形式可以是多种多样的，既可表现为以“上帝”为主词并且使用否定系词（“不是”）连接起一个具有肯定意义的谓词，从而形成一个具有系表结构的否定命题，其逻辑形式为“上帝不是P”；也可表现为以“上帝”为主词并且使用肯定系词（“是”）连接起一个具有否定意

① ［阿拉伯］迈蒙尼德：《迷途指津》，第一篇第58章，傅有德等译，济南：山东大学出版社1998年版，第127页。

② 同上，第一篇第59章，第130页。

义的谓词,从而形成一个具有系表结构的肯定命题,其逻辑形式为“上帝是非 P”,譬如说,“上帝是非实体的”,“上帝是不朽的”,等等。但是,在迈蒙尼德看来,即使表述上帝的语言形式表现为以“上帝”为主词加上一个具有肯定意义的谓词,从而形成一个具有系表结构的肯定命题,其逻辑形式为“上帝是 P”,我们也必须对其谓词(P)的意义进行否定性的理解。事实上,在《圣经》中出现的用以描述上帝的语词有许多都是在我们的日常语言中具有肯定意义的语词,例如,“存在”、“生命”、“能力”、“智慧”、“善”、“正义”、“仁慈”、“爱”等。当我们把这些在我们的日常语言中具有肯定意义的描述性语词运用于上帝的时候,我们绝不能按照它们的字面意义简单地作出肯定性的理解,而只能从它们的否定意义来加以理解。即便就一个并不显然地包含着否定词的命题而言,它也隐然地包含着否定的意义。例如,当我们说“上帝是有智慧的”时,我们只能把其意思理解为对“上帝的无知或者愚昧”的否定;当我们说“上帝是有生命的”时,我们只能把其意思理解为对“上帝的死亡”的否定;当我们说“上帝是有能力的”时,我们的意思是说他“不虚弱”;当我们说“上帝是有意志的”时,我们的意思是说他“不草率而且不放纵他的创造物”;等等。总之,当《圣经》借助于日常语言的那些具有肯定意义的语词来表述上帝的时候,意在向我们传达有关上帝的完善性。但是,当它们被用于描述上帝时所指的完善性与当它们被用于描述受造物时所指的完善性是极不相同的。如果我们在它们指称受造物的完善性的同一意义上去理解它们所指称的上帝的完善性,那么我们的理解就是错误的,因为它们在此意义上只能暗示上帝的缺陷,有损上帝的完善性。因此,当它们被用于描述受造物与上帝的时候,二者只不过是名称相同罢了,而意义则完全不同:当它们被用于描述受造物的时候,这种描述是一种肯定;然而,当它们被用于描述上帝的时候,这种描述实际上却是一种否定,尽管它们在语言形式上表现为一种肯定。

迈蒙尼德不仅考察了描述上帝的方法,而且专门考察了上帝的名字和上帝的话语。

关于上帝的名字,他给出了与斐洛截然不同的解释。在斐洛看来,上帝没有任何专名,任何被用于上帝的名称都是滥用语言的结果。然而,在迈蒙尼德看来,上帝却有一个“专名”(Shem ha-meforash/nomen proprium),那就是 Tetragrammaton,这个专名是由 yod,he,vau,he 四个希伯来文辅音字母组成的名字。[①] 这个神圣名字只能书写,

---

① 犹太教《圣经》的希腊七十子译本在处理《出埃及记》(6:3)提到的上帝的名称时将其翻译为“τετραγράμματον”(Tetragrammton),这个希腊语名字是由副词“τετράκις”(四次地)和名词“γράμμα”(字母)构成的,意思是由四个字母组成的语词,指代由四个字母组成的上帝的名称。英译本《圣经》通常按照 yod,he,vau,he 四个希伯来文辅音字母处理成四个英文辅音字母 YHWH 组成的名字。中译和合本《圣经》则把它译为“耶和华”,思高本《圣经》则译为“雅威”。例如,《出埃及记》(6:3)的经文在汉译和合本中被译为:“我从前向亚伯拉罕、以撒、雅各显现为全能的神,至于我名耶和华,他们未曾知道。”

却不能按照它的字母来发音。只有在每一个辅音的后面再加上一定的元音，它才能被读出声来。但是，除非在圣殿里举行祭祀祝福的时候或者在赎罪日由指定的祭司来读，否则它便是绝不能被读出声来的。虽然迈蒙尼德并不清楚这个神圣名字的词源，但是他认为这个名称在希伯来语中按照它的发音很可能表示"绝对存在"的意思，因为它的庄严性以及人们说出它的巨大恐惧感都与它表示上帝的本质而不表示任何其他受造物这一事实相关。因此，这个名字只能适用于上帝，只有它才是上帝真正的专名。除了这个只能书写而不能按照它的字母来读的名称之外，在《圣经》中出现的其他所有关于上帝的名字都取自于上帝的行为，它们都是在上帝创世之后才有的，因而都是一些派生词或者代用名。尽管这些关于上帝的代用名可以与受造物通用，然而，当它们被应用于上帝与受造物的时候，在这两种情形下它们是名同而义异的。我们绝不能按照它们在被应用于受造物时的字面意义来理解它们在被应用于上帝时的意义，因为我们对于它们在被应用于上帝时的意义只能加以否定地理解。在这些代用名中，迈蒙尼德着重考察了上帝向摩西所显示的那个名字。当摩西询问上帝的名字是什么，以便他能告诉以色列人是谁派他来的时候，上帝回答说："我是我所是。你要对以色列人这样说：'那自在者打发我到你们这里来。'"[①]迈蒙尼德对上帝显示给摩西的 Ehyeh asher Ehyeh（"我是我所是"）这个由短语构成的名字作出了详细的分析。[②] 他认为，这个名字所表达的就是关于上帝绝对存在的思想。迈蒙尼德指出："上帝所说的就是 Ehyeh asher Ehyeh，这是一个从动词 hayah 转变而来的名字，它的意思是'存在'(existing)，因为 hayah 表示'是'(to be)，而在希伯来语中在动词'是'与'存在'(exist)之间没有任何差别。这个短语的关键在于，表示'存在'(exist)的这同一个词是作为一种属性而重复使用的。asher 这个词，即'那个'(that)就像阿拉伯语中的阳性和阴性关系代词 illadi 和 illati，是一个不完全名词，必须有另一个名词来补充；它可以被看作是后面述词的主语。第一个被陈述的名词是 ehyeh，用来陈述第一个名词的第二个名词还是 ehyeh，完全相同的词，仿佛是在表示被陈述的对象与用来陈述其属性的东西在这里必然是同一的。因此，这是一个上帝存在的思想的表述，但并不是在这个词的通常意义上来说的；或者，换句话说，上帝是'那个是存在的存在'(the existing Being which is the existing Being)，即这个存在的存在是绝对的。"[③]在迈蒙尼德看来，虽然"我是我所是"这个由短语构成的名字所表达的上帝

① 《出埃及记》3:14，译文略有改动。

② 《圣经》拉丁文译本将这个名字译为 Ego sum qui sum，英译本通常译为 I am who I am，中译和合本译为"我是自有永有的"，但也可直译为"我是我所是"或者"我是自在者"或者"我是自有者"。

③ ［阿拉伯］迈蒙尼德：《迷途指津》，第一篇第 63 章，傅有德等译，济南：山东大学出版社 1998 年版，第 145 页。

的存在是绝对的,但是这个绝对存在的观念同样必须被理解为对“存在”一词的通常意义的否定。在日常语言中,“存在”一词通常被理解为指一切事物都具有的偶性,也就是说,它是在事物的本质之外的一个附加因素。由于普通大众所熟悉的各种存在都是属于有形体的受造物的,他们离开了形体或者与形体相关联的东西是无法想象存在的,因此人类所具有的存在概念是受造性的,它具有受造物的意指模式。然而,上帝的存在与他的本质是完全同一的,他不是一个把存在作为偶性或者附加因素纳入其自身中的实体。因此,当我们把存在归属于上帝或者说“上帝存在”的时候,我们必须否定地理解被归属于上帝的存在。从这个意义上讲,否定上帝的存在比起肯定他的存在来要更加正确得多,至少这一否定可以避免我们把上帝的存在错误地理解为受造物的存在,尽管这一否定似乎接近于无神论的边缘。当然,迈蒙尼德要求我们必须否定地理解被归属于上帝的存在,他的意思并不是说上帝不存在。相反,他的意思是说上帝确实存在,然而上帝却并不以受造物的模式存在,而是以他自身独一无二的模式存在。因此,上帝的绝对存在应该被理解为上帝不可能不存在,他从来就没有停止存在,而且将来也不会停止存在。总之,除了 Tetragrammaton 这一专名之外,在《圣经》中出现的其他有关上帝的代用名都是为了要么表明某些行为与上帝的关系,要么向我们传达上帝的完善性。

关于上帝的话语,迈蒙尼德同样根据否定性描述方法进行了解释。他认为,我们绝不能把语言这一属性归于上帝,因为语言正如其他受造物一样也是上帝以同样的方式创造出来的。我们把自己的语言归属于上帝,正如我们把自己的各种行为归属于上帝一样。因此,我们绝不能在日常语言的意义上去理解上帝的话语,只能通过否定日常语言的受造性意义去理解其比喻意义。一切日常语言都具有受造物的性质,它通常被理解为与物质的声音相关联的言词,或者被理解为与形体相关联的文字。但是,我们绝不能认为上帝也使用与声音相关的言词讲话,或者也使用跟我们一样的手去书写文字。当《圣经》告诉我们上帝向先知们发话或者对他们说话的时候,我们只能将其理解为先知们获得了一种神圣知识,他们传达给我们的东西来自于上帝,而不是完全出自于他们自己的思想观念。在《圣经》的创世叙述中,我们被告知上帝是藉着“话语”创造世界的,换言之,上帝说有什么,于是就有了什么,整个世界都是上帝“说”出来的。对此,迈蒙尼德通过词义分析具体地解释了“上帝说”这种创世行为的含义。他指出,在希伯来语中,“说”(amar)和“讲”(dibber)是同义词,它们可以表示三种意思:一是指用声音表达出来的“言语”(speach),例如,“摩西就说话(yedabber)”;①二是指仅仅存在于心中而未用言词表达于外的“思想”(thought),例如,“我

① 《出埃及记》19:19。

就心里说(ve-amarti)”;[①]三是指“意志”(will),例如,“难道你要(omer)杀我”。[②] 然而,当“说”和“讲”这两个词被应用于上帝的时候,它们却只能有最后两种含义,也就是说,它们或者表示上帝的意志,或者表示上帝的思想。例如,在《创世记》第一章中出现了“上帝说”(God said)这个短语,我们就不能根据它的字面意义去理解,只能将其理解为“他要”(He wills)的比喻意义。总之,在《圣经》中提到了上帝藉着自己的“话语”创造世界以及上帝用手指在石版上书写的文字等,[③]这些都是一种比喻的表述,我们绝不能根据它们的字面意义去理解。虽然迈蒙尼德并未像奥古斯丁那样作出外在语与内在语的区分,但是从他对“说”和“讲”这两个希伯来语词的分析来看,他不是简单地把语言理解为表达思想的工具,而是把理智活动(思想)、意志活动(愿望)与语言紧密地结合在一起,并且将它们视为语言的一部分。

迈蒙尼德的《迷途指津》在中世纪产生了极其广泛而深刻的历史影响,而且它的影响并不局限于犹太教世界,而是波及了整个西方基督宗教世界。他那关于有意义地言说上帝的否定性描述理论是阿奎那语言哲学的重要理论来源之一。阿奎那在他的《神学大全》、《论上帝的权能》等许多著作中都多次引用过迈蒙尼德的观点,虽然他在讨论宗教语言问题的时候往往把迈蒙尼德作为自己的批判对象,但是这并不妨碍他批判地吸取迈蒙尼德思想中的合理因素。事实上,我们从阿奎那的著作中不难发现他的有些思想观点与迈蒙尼德的思想观点仍然有着内在一致性,尽管彼此之间也有很大的差别甚或对立。

第三节　基督宗教语言哲学传统

如果说在古希腊哲学传统中语言哲学相较于作为显学的本体论和知识论而言几乎处于最底层的地位,而且往往作为知识论的附带产物被探究,那么在基督宗教传统中神学家们出于对上帝的创世论以及道成肉身的救恩事件之领悟,在利用古希腊哲学资源作为工具来对之进行神学解释的时候把语言问题从哲学问题的最底层提升出来并使之成了基督宗教哲学关注的重点之一,甚至被提升到了本体论的高度。语言问题与神学问题的紧密结合是基督宗教语言哲学的本质特征。本节的主要任务是考察影响阿奎那语言哲学的三个历史形态的基督宗教语言哲学渊源:第一个是它的奥古斯丁渊源;第二个是它的波埃修渊源;第三个则是它的伪狄奥尼修斯渊源。这些教

---

① 《传道书》2:15。

② 《出埃及记》2:14。

③ “耶和华在西奈山和摩西说完了话,就把两块法版交给他,是神用指头写的石版。”(《出埃及记》31:18)“字是神写的,刻在版上。”(《出埃及记》32:16)

父思想家们在基督宗教神学语境下对语言现象的深刻体悟构成了阿奎那语言哲学的直接理论来源,并且他们对古希腊哲学资源与基督宗教神学的成功整合开启了连接中世纪哲学与古希腊哲学的通道,从而为阿奎那语言哲学吸取新柏拉图主义、柏拉图主义、亚里士多德主义等古希腊思想元素提供了间接的理论来源。

一、奥古斯丁的符号论

在基督宗教语言哲学发展的历史脉络中,有一位颇具原创性思想的神学家和哲学家对阿奎那语言哲学的形成产生过极为重要的影响,他就是基督宗教教父哲学的集大成者——奥古斯丁(Aurelius Augustinus,354—430 年),因为阿奎那在 13 世纪以亚里士多德主义哲学为理论基础革新基督宗教神学理论体系的时候所针对的正是长期作为正统神学理论体系的奥古斯丁主义。奥古斯丁对语言的哲学思考是全方位的,不仅包括人类语言,而且包括神圣语言。他在他的《忏悔录》(*Confessiones*)、《论教师》(*De Magistro*)、《论辩证法》(*De Dialectica*)、《论三位一体》(*De Trinitate*)以及《论基督宗教学说》(*De Doctrina Christiana*)等诸多作品中都广泛地探讨了语言问题。由于这些作品大体上是在奥古斯丁思想成熟时期完成的,因此我们可以从其中综合出奥古斯丁的语义学。从总体上看,奥古斯丁是在一种符号论架构下思考语言现象的,他把语言视为符号(signa),围绕符号的本质、功能、类型、意义等诸多问题进行了考察和阐释,并且结合基督宗教的三位一体教义讨论了人类语言与神圣语言之间的类比关系,提出了许多具有原创性的思想观点。奥古斯丁的语义学本质上是一种符号论,它构成了阿奎那语言哲学的第一个历史形态的基督宗教语言哲学渊源。

既然奥古斯丁把语言现象置于符号论架构下来考察,那么我们首先必须了解他是如何看待符号的本质和功能的。就符号的本质而言,他指出,符号"就是被用来表示其他事物的事物"①。在他看来,尽管一个符号本身也是某个事物,然而并非每一个事物都是一个符号。有些事物既能够被用作其他事物的符号,又能够以具体实物的形态另作他用。例如,在《圣经》中记载了摩西扔进苦水里使苦水变甜的那根木头、雅各用作枕头的那块石头、亚伯拉罕借以代替其子献祭的那只公羊等,所有这些事物既能够作为具体实物来使用,又能够被用作其他事物的符号。但是,还有另外一些事物,它们除了被用作符号之外,从来就不会以具体实物的形态另作他用。例如,我们除了把语言当作其他事物的符号来使用之外,就再也不会将其另作他用了。因此,我们必须把诸如语言之类的符号(signa)与符号所指物(significabilia)区分开来,

① Augustine, *On Christian Doctrine*, 1.2, Cf. Rev. Professor J.F. Shaw, Schaff, P., ed. *A Select Library of the Nicene and Post-Nicene Fathers of the Christian Church*, Edinburgh: T&T Clark, 1994, first series, vol.II.

以便我们在讨论事物的时候考虑事物本身,然而在讨论符号的时候则考虑那被用作符号的事物所象征的东西。

就符号的功能而言,奥古斯丁主要从认识论的角度进行了阐述。他指出:“符号是一个能使感官产生印象的事物,能使其他某些事物作为它自身的一个结果进入心中。”[①]例如,当我们看到某处有一个脚印的时候,我们就可以推论出留下这个脚印的动物经过这里;当我们看到某个地方冒烟的时候,我们便可以推论出那里有火;当我们听到一个人发出某种声音的时候,我们便可以猜测出他心里的某种思想和情感;当士兵们听到不同的号角声的时候,他们就可以作出不同的战斗行动。由此可见,符号所具有的这种认识论功能是由符号的本质所决定的。既然符号在本体论上指示它之外的某种事物,那么所指之物就能以符号为手段被感官所经验,从而被心灵所认知。

奥古斯丁不仅阐明了符号的本质及其认识论功能,而且处理了符号的多样性问题。尽管他对这一问题的处理还算不上深入细致,然而他却提出了几种不同的类型学方案来试图解决这一问题。

第一种类型学方案是以符号使用者是否具有使用事物作为符号的意图为分类标准的。奥古斯丁据此把多样性的符号区分为自然符号与约定符号两类。所谓“自然符号”,系指那些能导向认识其他事物的符号,尽管它们的使用者没有任何使用它们作为符号的意图。例如,火冒出的烟、动物留下的脚印等都可以被用作符号,然而人们却没有把它们作为符号的任何意图,只是通过经验观察而知道它们所表示的火、动物等,尽管除了烟、脚印等之外人们根本就没有真正看到它们所表示的火、动物等。所谓“约定符号”,系指人们为了表达自己心中的情感、认识和思想而约定俗成的用以相互交流的那些符号。它们之所以被用作符号,乃是因为提供它们的人具有把自己心中之所想力图表达出来并传达到别人心中的愿望。否则,人们便没有其他任何理由把它们作为符号来使用。显然,奥古斯丁区分自然符号与约定符号的着眼点不在于符号本身的本体论差异,而在于符号的产生与人的意志之间的关系:前者是自然形成的;而后者则是人为约定而成的。他所关注的重点不是自然符号,而是约定符号,如他所说:“我们希望考虑和讨论这种与人相关的符号,因为哪怕是包含在《圣经》中的神给予我们的符号,也是通过人为人们所知的,即通过那些写《圣经》的人。”[②]在与人相关的各种符号中,最主要的就是人的语言,因为语言正是人借以相互交流思想和情感的符号。语词就是最典型的语言符号。“在人表达心中思想的手段中,语词占有绝对主要的地位。”[③]

① Augustine, *On Christian Doctrine*, 2.1.

② Ibid., 2.3.

③ Ibid., 2.4.

第二种类型学方案是以语词符号与人的感官之间的关系为分类根据的。奥古斯丁据此区分了可听的符号与可见的符号。[①] 他指出,人借以相互交流思想的符号绝大多数都是与听觉和视觉相关的,然而与其他感觉相关的符号却是很少的。与听觉相关的符号是大量的,其中绝大部分又都是由语词组成的,它们是可听的符号。与视觉相关的符号主要有两种:一种是通过各种动作表达出来的形体语言,诸如手势和其他肢体动作等;另一种则是书写文字。无论形体语言抑或书写文字都是有形的、可见的符号。"因为语词一接触到空气就会立刻消失,不会延续得比它们的声音更长久,因此人们就用字母来构成语词的符号。这样就使得声音对于眼睛来说变得可见了,当然,不是作为声音为眼睛所见,而是以某些符号为手段。"[②]

第三种类型学方案是以符号的意义为分类根据的。奥古斯丁据此区分了专有符号与象征符号。关于这一区分,我们将结合符号的意义问题一并加以讨论。

如果说可见的符号与可听的符号就语词符号的表现方式而言是不同的,从而给人造成的感官作用也是不同的,那么,就语词符号的意义而言,两者实际上并没有什么本质的差别。在某种程度上,可见的符号也可以被视为可听的符号的符号。因为这个缘故,所以奥古斯丁通过可听的符号说明了符号的表现方式与其意义之间的区别。在《论教师》中,他以演说为语境指出,一个符号包含着声音和意义两个部分,其中声音是符号的物质表现方式,然而意义则与符号所指之物相关联。当声音撞击耳朵的时候,它就能够为听觉所感知;但是,只有当人看到声音所表示的事物的时候,它的意义才能为心灵所理解。[③] 此外,在《论辩证法》中,他还说:"语词是关于某个事物(这些事物或者是可感的,或者是可理解的,或者是隐藏的)的符号,当一个人说出这个语词的时候,听者就能够想到这个事物。然而,符号却把自身展现给人的感官,并且把外在的某物展现给心灵。"[④]语词本身绝不会把它所表示的事物直接地展示在人面前,它仅仅提示人去寻找它所表示的事物。只有当人根据语词的提示去寻找相应事物的时候,它才是有影响力的,从而它作为一种符号也才能变得有意义。在《忏悔录》一书中,奥古斯丁生动地描述了他回忆自己在孩提时代牙牙学语的过程中是如何学会把语言与其意义关联起来的。他这样写道:

> 据我记忆所及,从此以后,我开始学语了,这也是我以后注意到的。并不是

① 维特根斯坦说:"奥古斯丁没有谈到词的种类的区别。"([奥] 维特根斯坦:《哲学研究》第一部分,第1节,李步楼译,北京:商务印书馆2005年版)这一说法显然是不符合奥古斯丁思想实际情况的主观论断。

② Augustine, *On Christian Doctrine*, 2.5.

③ Augustinus, *De magistro*, 10.34, 144－145. Cf, Augustine, *Against the Academicians and the Teacher*, translated by Peter King. Indianaplis IN: Hackett Pub. Co., 1995.

④ Augustinus, *De dialectica*, V.

> 大人们依照一定的程序教我言语，和稍后读书一样；是我自己，凭仗你，我的天主赋给我的理智，用呻吟、用各种声音、用肢体的种种动作，想表达我内心的思想，使之服从我的意志；但不可能表达我所要的一切，使人人领会我所有的心情。为此，听到别人指称一件东西，或看到别人随着某一种声音做某一种动作，我便记下来：我记住了这东西叫什么，要指那件东西时，便发出那种声音。又从别人的动作了解别人的意愿，这是各民族的自然语言：用面上的表情、用目光和其他肢体的顾盼动作、用声音表达内心的情感，或为要求、或为保留、或是拒绝、或是逃避。这样一再听到那些语言，按各种语句中的先后次序，我逐渐通解它们的意义，便勉强鼓动唇舌，借以表达我的意愿。①

维特根斯坦曾经把这段著名引文所表达的词与物的关系简要地概括为关于人类语言的本质的"图画"。他说："在我看来，上面这些话给我们提供了关于人类语言的本质的一幅特殊的图画。那就是：语言中的单词是对对象的命名——语句就是这些名称的组合。——在语言的这一图画中，我们找到了下面这种观念的根源：每个词都有一个意义。这一意义与该词相关联。词所代表的乃是对象。"②后来有许多研究者甚至根据维特根斯坦的这一说法而用"奥古斯丁图画论"来概称他的语言哲学思想。这样的概括当然有失偏颇。事实上，奥古斯丁的语言哲学思想有着非常丰富的内容，即便仅仅就词与物的关系而言，他的语义学也远非简单的逻辑图画论所能概括的。对于他来说，尽管语词的意义由它指称的对象所决定，然而语词的意义却并不是对象本身。他对语词的意义之多样性有着充分的认识，这从他对专有符号与象征性符号的区分中可以清楚地看出来，因为这一区分是根据符号的意义而作出来的。他指出："符号或者是专有的，或者是象征性的。当符号被用来指称某些对象，而这些对象就是它们被造出来要指称的对象时，它们就被称为专有符号。例如，当我们说'bos'的时候，我们的意思是公牛，因为所有使用拉丁语的人都用这个名词称呼公牛。当我们用某个专有名词来表示的事物本身被用来表示其他事物的时候，这种符号就是象征性的。例如，我们说'bos'并且用这个名词的音节来理解通常由这个名词表示的那个对象，但是进一步如《圣经》所示，把公牛理解为宣讲福音的人，根据使徒的解释，经上说：'牛在场上踹谷的时候不可笼住他的嘴。'"③由是观之，语词并非仅有一个固定不变的意义，即便是专有名称，也可以被用作象征性符号，从而又具有其象征性意义，这差不多就触及到需要根据语词的使用情况去理解语词的意义问题了。事实上，在其《论基督宗教学说》一书中，当谈到对圣经的模糊段落（ad ambigua scriptura-

① ［古罗马］奥古斯丁：《忏悔录》卷一，第八章，周士良译，北京：商务印书馆2009年版。

② ［奥］维特根斯坦：《哲学研究》第一部分，第1节，李步楼译，北京：商务印书馆2005年版。

③ Augustine, *On Christian Doctrine*, 2.15.

rum)的意义之理解的时候,奥古斯丁指出,圣经的模糊性主要是由于混淆了专有意义与象征性意义而造成的,因此人们最好的办法应该是学习和掌握希伯来语和希腊语,并且充分利用揭示模糊段落的各种译本和解释。① 他还建议人们应该把模糊的段落与清楚的段落进行比较,以便澄清其意义。他说:"待我们自己对《圣经》的语言有了一定程度的熟悉之后,我们就可以开始考察那些模糊的段落,在这样做时,从那些比较清楚的表达中取例,启发对那些比较模糊的段落的理解,毫不犹豫地使用那些清楚的段落来理解存疑的段落。"②他还谈到了如何结合相关的语境去分析陌生语词的意义问题,无论陌生语词属于外国语抑或属于本土语。他说:"对于我们不知其意义的这些种类的语词或者短语,最好的方法就是把它们背下来,以便向比较博学的人请教,或者借助于一些段落,这些我们不知其意义的上下文,来掌握这些语词或者短语的作用和意义,在我们的记性的帮助下,我们可以轻易地集中我们的注意力,学会所有这些语词。"③至于如何把握象征符号的意义,他指出:"它们的意义部分要靠语言的知识来寻找,部分要靠关于事物的知识来寻找。"④此外,对于非字面的寓意之理解,他还建议人们最好是熟悉修辞学,掌握各种修辞格和话语的表达方式,以便深入到圣经比喻的精神中去。⑤ 所有这些说法充分表明,即便仅就奥古斯丁的语义学而论,它也绝不是前期维特根斯坦所描述的那种逻辑图像论。⑥

奥古斯丁对语言现象的哲学思考是与基督宗教信仰密不可分的。之所以如此,乃是因为基督宗教的上帝创世论、道成肉身思想以及三位一体教义等许多极为重要的核心神学观念都是与语言问题紧密相连的。众所周知,基督宗教的《圣经》宣称世界万物都是上帝凭借自己的"道"(logos)从无到有地创造的结果。这一创世论的信仰宣称把语言本身提升到了本体论的高度,于是,语言便成了世界万物的终极本源。为了使基督宗教的创世论能够被想像和理解,早期教父就已经使用过语言的奇迹。在《约翰福音》的序言中,我们也可以看到约翰是用"话语"来描述耶稣基督道成肉身的奥秘这一真正的拯救行为的。上帝借以创造世界万物的"道"被称为"上帝之子"。只有"道"变成了肉身,上帝之子才能真正以人的形象进入具有时间性的人类历史世

① Augustine, *On Christian Doctrine*, 2.12.

② Ibid., 2.14.

③ Ibid., 2.21.

④ Ibid., 2.23.

⑤ Ibid., 3.29.

⑥ 前期维特根斯坦逻辑图像论的经典表述为:"一个名称代表一个事物,另一个名称代表另一个事物,并且它们被相互结合在一起,以这样的方式这个整体便像一幅生动的图像一样呈现了这个基本事态。"[4.0311]([奥] 维特根斯坦:《逻辑哲学论》,韩林合译,北京:商务印书馆 2014 年版,第 35 页)

界之中。基督的拯救行为就是通过作为人类之子的耶稣在十字架上受难牺牲而实现的。此外,圣灵的现实性也只有在道成肉身中才能得以真正实现。对所有这些充满神秘性的教义所作的神学解释都充分体现在基督宗教的三位一体理论之中。当教义神学试图利用古希腊哲学作为工具来解决其自身的神学问题的时候,古希腊哲学同时也通过这种工具作用而被扩展到一个全新的思想领域。人类语言现象正是在这种教义神学中才得以间接地被提升为哲学反思的对象,因为,只有通过与人类语言的对照,上帝(圣父)与其话语(圣子)的统一性问题才能得到类比的说明。① 奥古斯丁也是在思考"上帝之道"(Verbum Dei)及其肉身化(Incarnatio)与三位一体(Trinitate)等神学教义问题的时候才深化了他那作为符号的语词理论。不过,我们尤其需要注意的是,当奥古斯丁在基督宗教神学背景中思考语言问题的时候,人们通常对他所谓的"语词"(verbum)很容易产生误解,仿佛它(无论以简单语词抑或复合语词的形式出现)仅仅是针对单纯的观念而言似的。实际上,它不仅仅表示在一般字、词、句意义上所说的狭义语词的意思,而且还包含了用以表达理性思想(无论神圣思想抑或人的思想)的"话语"或者"言语"的意思。早在《圣经》希腊文七十子译本选用"logos"一词来翻译希伯来经文中的"话语"或者"言语"一词的时候,"logos"一词的意涵也就随之游离出古希腊哲学语境而获得了相应的基督宗教神学意蕴。奥古斯丁使用的《圣经》拉丁文译本是根据希腊文译本转译而成的,其中希腊文译本的"logos"一词又被拉丁文译本处理成为"verbum"一词。② 拉丁文《圣经》在翻译上的这一处理已经使"verbum"一词的意涵超出了"语词"的意义范围,具有了更为广泛的"话语"或者"言语"的意思。在《圣经》中描述的上帝的创世活动充分表明上帝是以"言"创世,而非以"词"创世。奥古斯丁在《忏悔录》中提到上帝创造万物的时候说:"你一言而万物资始,你是用你的'道'——言语——创造万有。"③他还说:"你召唤我们,教我们领会你的言语:'道',这'道'是'和你天主同在'(《约翰福音》1:1)的天主,是永永不寂的言语,常自表达一切,无起无讫,无先无后,永久而同时表达一切,否则便有时间,有变化,便不是真正的永恒,真正的不朽不灭。"④由此可见,他结合基督宗教的核心教义提出的关于作为符号的 verbum 理论与其说是语词理论,毋宁说它是一种话语理论。从教义神学的角度来说,奥古斯丁面临的最主要的神学任务之一是对自教父

---

① 在新约《圣经》中表达圣父与圣子的统一性的经文是:"太初有道,道与神同在,道就是神。"(《约翰福音》1:1)

② 汉译和合本《圣经》将该词煞费苦心地翻译为"道",既有作动词用的"言说"之意,又有作名词用的"道理"或"法则"之意。

③ [古罗马]奥古斯丁:《忏悔录》卷十一,第五章,周士良译,北京:商务印书馆 2009 年版,第 236 页。

④ 同上,卷十一,第七章,第 237 页。

时代以来教会所坚持的三位一体教义进行解释。在解释三位一体教义的时候,他所关注的重点问题在于:一方面,作为圣子的上帝之道如何不被简单地理解为上帝发出的感性的声音,以免陷入阿里乌派的等级从属论(subordinationismus)错误之中?① 另一方面,如何通过人类语言来类比地说明作为圣子的上帝之道与圣父的统一性?为了解决这样的神学问题,奥古斯丁从古希腊思想传统中寻求到了可资利用的语言哲学资源,其中既有亚里士多德主义因素,又有柏拉图主义和新柏拉图主义因素,更有斯多亚学派的思想因素。基督宗教神学在利用这些古希腊语言哲学资源作为工具解释三位一体奥秘的同时,也反过来从宗教维度促进了古希腊语言哲学的发展。

奥古斯丁在《忏悔录》中曾经提到过自己在青年时代阅读亚里士多德《范畴篇》的感受,他非常强烈地体验到亚里士多德的这部著作对于他理解上帝的属性不仅毫无用处,反倒贻害了自己。② 尽管如此,他却在撰写《论三位一体》第五、第六、第七卷的时候仍然借助于亚里士多德的范畴论来反驳阿里乌派的反三位一体论证。无论公教信仰抑或阿里乌派都坚持绝不能使用限定性谓词或者偶性谓词对上帝作出任何断言的原则。然而,阿里乌派惯于用以攻击公教信仰的三位一体教义的理论武器却是从这一双方都赞同的原则出发作出的如下论证:对上帝不管所说是什么,都是在实体上的言说,而不是在限定上的言说;既然在实体上说圣父是非受生的而圣子则是受生的,并且作为非受生者不同于作为受生者;因此,圣父与圣子在实体上相异。为了反驳阿里乌派的这一论证,奥古斯丁首先借助于亚里士多德对实体与偶性的区分把对上帝的言说区分为“在实体上的言说”和“在关系上的言说”两种。与此相应,他也把言说上帝的谓词区分为实体性的和关系性的两种。所谓“在实体上的言说”,系指就其自身而对上帝进行的言说,也就是说,它是针对上帝的存在(是)本身(ipsum esse)而言的。例如,当我们说上帝是智慧、善、伟大、正义、永恒、全能等等的时候,所有这些都是在实体上的言说,这意味着上帝由其自身而是智慧的、善的、伟大的、正义的、永恒的、全能的等,或者说,上帝就是智慧本身、善本身、伟大本身、正义本身、永恒本身、全能本身等。凡是被用来言说上帝的实体性谓词都是针对上帝的存在(是)本身而言的,因为上帝即存在(是)本身。在上帝那里,“存在(是)”与“是智慧”、“是善”、“是伟大”、“是正义”、“是永恒”、“是全能”等并非两回事,而是一回事。“因此,无论

---

① 等级从属论(subordinationismus)是基督宗教神学中把圣父、圣子和圣灵视为三个不同等级而具有从属关系的学说。它表现为或者主张圣子的等级低于并且从属于圣父,或者在此基础上进一步主张圣灵的等级又低于并且从属于圣父和圣子。这种学说由四世纪的阿里乌在希腊教父查士丁和奥利金的思想基础上加以全面发挥和阐述,在381年君士坦丁堡大公会议上被裁定为反三位一体论的异端邪说。

② [古罗马]奥古斯丁:《忏悔录》卷一,第十六章,周士良译,北京:商务印书馆2009年版,第68页。

就其自身而言上帝被称作什么，都既可用圣父、圣子、圣灵三重名称来言说，又可用三位一体的单数而非复数来言说。"①所谓"在关系上的言说"，系指相对于与他者的关系而对上帝进行的言说。例如，当我们说圣子是圣言、形象、受生等的时候，这些都是在关系上的言说。凡是被用来言说上帝的关系性谓词都是彼此相对而言的。例如，圣父之被称为圣父乃是相对于圣子而言的，圣子之被称为圣子也是相对于圣父而言的。因为这个缘故，所以圣父不是圣子，圣子也不是圣父。同样地，"受生者"也是相对于"生产者"而言的，正如圣子是相对于圣父而言的一样。总而言之，"我们必须坚持的要点就在于：无论那至上的神圣者就其自身而言被称作什么，都是在实体上言说的；无论相对于他者被称作什么，都是在关系上而非在实体上言说的；就他们每一位自身而言不管所说者为何，都必须视作三位最终相合为一单数而非复数，这便是圣父、圣子、圣灵有'同一实体'这一表达式的力量之所在。"②众所周知，"关系"这个范畴在亚里士多德的范畴论中属于九个偶性范畴之一。但是，奥古斯丁认为，即便那些被用来言说上帝的谓词是关系性的，它们也不是在限定上说的或者在偶性上说的，而是就上帝的永恒属性而言的，因为在上帝那里根本就没有任何限定或者偶性。例如，圣父是相对于圣子来说的，而圣子则是相对于圣父来说的，尽管圣父或者圣子是在关系上而非在实体上说的，然而他们却不是在限定上说的，因为一个永远是父，而另一个则永远是子。"因此，尽管作为圣父异于作为圣子，却不存在实体的差异，因为他们之被如此称呼，不是在实体上的，而是在关系上的；而这一关系不是一个限定，因为它是不变的。"③在区分了言说上帝的两种方式之后，奥古斯丁进一步认为，在关系上的言说必须以在实体上的言说为基础，并且在关系上的差异性并不影响在实体上的统一性。他举例说，主人之为主人是相对于奴隶而言的，"主人"之所指乃是某种关系。然而，主人之被称为人则是就他自身而言说的，"人"之所指乃是某种实体或者存在者（是者）。当然，如果没有某个人这一实体或者存在者（是者），那么就没有任何可以因关系而被称为主人的东西了。"因此，凡是就关系而言的存在者（是者），去掉了关系之后，仍然是某种东西；因此，主人是人，奴隶是人，负重的动物是马，用做抵押的东西是钱。人、马、钱都是就其自身而言的，意指实体或存在者（是者）；然而，主人、奴隶、负重的动物、抵押品乃是相对于他者而言的，意指某种关系。但是，如果没有某个实体，那么就没有可以因关系而被称作主人的东西了；如果马不是某种存在者（是者），那么就没有可因关系而被称为负重的动物的东西了；同样地，如果钱不是一

① Augustinus, *De trinitate*, 5:9. Cf. Augustine, *The Trinity*, the English version introducted, translated, and noted by Edmund Hill, New City Press, Brooklyn, New York, 1991.

② Ibid., 4:3.

③ Ibid., 5:6.

个实体,那么就不可能有因关系而被称为某物的抵押品了。因此,如果圣父不是某种就其自身而言的东西,那么他就绝对没有可以相对于他者而言的东西了。”①根据上述分析,说圣父是非受生的而圣子则是受生的,就不是在实体上的言说,而是在关系上的言说;并且,作为非受生者之不同于受生者只是在关系上的差异,而不是在实体上的区别;因此,圣父与圣子并非实体相异。这样,奥古斯丁便驳斥了阿里乌派异端关于圣父与圣子实体相异的论证。

我们必须注意,奥古斯丁利用古希腊语言哲学资源的目的不仅仅是为了从反面消极地破除阿里乌派反三位一体的异端邪说,更重要的是为了从正面积极地确立起对三位一体奥秘的神学阐释。根据基督宗教神学,上帝借以创世的“道”作为上帝之子是与上帝同在的,这就意味着圣子与圣父在实体上具有内在的统一性。因此,作为圣子与上帝同在的“道”就不能被简单地理解为上帝像人那样以感性的声音发出的话语,这也意味着圣言与人言之间有着无限的差异性。在《忏悔录》中,当谈到上帝以“道”创世的时候,奥古斯丁对此作了十分清楚的描述。他说:“你怎样说话呢? 是否如‘有声来自云际说:这是我钟爱的儿子’(《马太福音》3:17;17:5)一样? 这声音有起有讫,有始有终,字音接二连三的递传,至最后一音而归于沉寂,这显然是一种受造物体的振动,暂时的振动,为你的永恒意志服务,传达你的永恒意志。肉体的耳朵听到这一句转瞬即逝的言语,传达给理智,理智的内在耳朵倾听你永恒的言说。理智把这一句暂时有声响的言说和你永恒的、无声的言语:‘道’比较,便说:‘二者迥乎不同,前者远不如我,甚至并不存在,因为是转瞬即逝的,而我的天主的言语是在我之上,永恒不灭的。’(《以赛亚书》40:8)”②尽管在圣言与人言之间具有无限巨大的差异性,然而奥古斯丁却坚信两者仍然存在着某种程度的相似性,因为《圣经》的权威已经确认了人是“上帝的形象”(imago Dei)。就人而言,最堪称为上帝的形象的东西不是别的什么,而是人的心智。尽管心智属于人的灵魂,然而它却是在人的灵魂中最灵秀的东西。因此,把人称为上帝的形象不是根据人的本性的一切东西,而是仅仅根据人的心智。③ 正因为人具有这一形象,所以他能够凌驾于其他一切动物之上。众所周知,使徒曾经在《圣经》中把人的心智对上帝的认识和理解比喻成对着谜镜观看。④ 奥古斯丁由此受到启发,在他看来,虽然人不可能通过理解受造物来直接地辨识神圣三位一体的奥秘,但是存在着通过人的心智这面“镜子”(speculum)间接地观

---

① Augustinus, *De trinitate*, 7:2.

② [古罗马]奥古斯丁:《忏悔录》卷十一,第六章,周士良译,北京:商务印书馆2009年版,第236页。

③ Augustinus, *De trinitate*, 15:11.

④ “我们如今仿佛对着镜子观看,模糊不清,到那时,就要面对面了。”(《哥林多前书》13:12)

看神圣三位一体奥秘的可能性。诚然，在一个镜子中“观看”（speculantes）不同于面对面的“直观”（visio），因为在镜中所见只能是形象。尽管如此，但是这一形象毕竟源自于上帝。因此，奥古斯丁便转向按照上帝的形象所造的人的心智方面去寻找那些能够被用来类比地解释神圣三位一体奥秘的东西。他在人的心智的谜镜中最终找到的三位一体形象是理智、记忆、意志，或者说理智、知识、爱。当他把在人的心智中找到的这些三位一体形象与神圣三位一体奥秘进行类比解释的时候，我们可以清楚地看到他把语言现象作为关注的重点凸显出来了，因为只有通过与人的语言进行类比才能理解作为圣子的上帝之道。于是，人的语言一方面直接成为他借以进行神学阐释的有效工具，另一方面也间接成为他进行哲学反思的对象。奥古斯丁基于一种符号论的知识论解释了人的心智中的三位一体形象。在他看来，我们的一切知识，无论它们是意识通过身体感官感知的，还是意识通过自身感知的，也无论它们是思辨的，还是实践的，都是理智的产物，并且被贮存在记忆的仓库中。当我们意识到它们的时候，我们便会想到它们。即使在我们没有想到它们的时候，它们也存在于我们的意识之中。他通过所谓的“思想”（cogitatio）把理智产生的知识与语言关联起来，正如他所说：“必须知道，如果我们想说出它们，除非我们想到它们，否则是不能说出的。即使没有话语被说出，正在思想的人也无疑正在心里说。”①在谈到思想的本质的时候，一方面，他把思想说成是意识的一种视觉。这样的视觉当然不是肉眼的外在观看，而是理智的内在注视。无论身体感官所感之物是否在场，被感知事物的相似性都能够在思想中受到注视。另一方面，他又把思想说成是心智的一种言说。这一说法既有柏拉图主义的影响，因为柏拉图早就已经把思想说成是灵魂与自身进行的无声的内在对话；也有《圣经》的经文作为其根据，因为在《圣经》中有许多处都或隐或显地把思想与人对自己说话或者在自己心里说话关联在一起。例如，我们可以读到这样的经文：“他们对自己说话，不出声地思想。”②在奥古斯丁看来，无论思想作为意识的视觉，还是作为心智的言说，两者并不矛盾。虽然就身体的外在感官而言，视与听是两回事，因而人们总是听人说话而不是看人说话，但是就人的内在思想而言，在人的意识中却没有视与听之分，它们是一回事。然而，在福音书中，每当提到思想作为心智的内在言说的时候，耶稣总是看到而不是听到人们心里所说的。耶稣通过他自己的思想看到了人们的思想，人们却本以为只有他们自己能够看到他们自己的思

① Augustinus, *De trinitate*, 15:17.

② 《智慧书》2:1。奥古斯丁还以耶稣所谓“入口的不能污秽人，出口的乃能污秽人”（《马太福音》15:11）这句经文为例解释思想是心智的一种言说。他指出，“入口”和“出口”分别指人的肉身之嘴和心智之嘴，因为耶稣对此作了清楚地解释，如他所说：“岂不知凡入口的，是运到肚子里，又落在茅厕里吗？惟独出口的，是从心里发出来的，这才污秽人。因为从心里发出来的，有恶念……这都是污秽人的。”（《马太福音》15:17—19）

想。由此可见,奥古斯丁最终把语言问题完全回溯到思想的内在性中去了。

为了便于从心智这面镜子中看到圣言的某种形象,奥古斯丁根据斯多亚学派的内在逻各斯与外在逻各斯的区分也把话语相应地区分为"内在语"(verbum intimum)与"表达语"(verbum prolatum)两种:前者指在心智内部产生的话语,即思想;而后者则指以声音、手势等感性的物质形式外在地表达出来的话语,主要包括各种口语、文字、身体符号等。这一区分涉及话语的普遍性与多样性问题。奥古斯丁在讨论语言问题的时候所看重的不是物质形式的表达语,而是精神形式的内在语。换句话说,他所关心的是话语的普遍性,而不是其多样性。这是由两个方面的原因所决定的。首先,因为内在语是表达语的本源,而表达语则是内在语的符号。他说:"文字是发明出来使我们能与那些不在场的人交谈的;但它们是口语的符号,而我们的口语又是我们所想之物的符号。"①显然,这一说法是奥古斯丁话语理论中的亚里士多德主义因素,因为在《解释篇》中亚里士多德已经明确地表达过"口语是内心经验的符号,文字是口语的符号"这一思想观点。符号之所指与符号本身的关系是"一"与"多"的关系。内在语是本源性的一,而表达语则是现象性的多。对于奥古斯丁来说,本源性的话语乃是内在语,只有它才配堪称"话语"之名。"鸣声在外的话语乃是明亮于内的话语的符号,正是后者才配值'话语'的名称。因为肉嘴所说出的乃是'话语'的声音,它之所以被称为'话语',乃是因为内在语摄取了它以便向外显现。"②他认为,同一个内在语能够在不同的民族语言中以不同的声音被表达出来,即便在相同的民族语言中,它也能够以声音(针对听觉)、文字和身体姿势(针对视觉)等多种外在的可感符号被表达出来,这一事实本身就足以说明话语并不能通过某种感性的物质形态来表明它的真实存在。③ 其次,因为内在语相较于表达语而言具有更高的认识论价值。在奥古斯丁看来,真实的话语必定能够就事物本身而如其所是地说出它是什么。然而,凡是与声音、手势等各种具体的感性现象相联系的表达语皆不可能使事物如其所是地被说出来,它们最多只能表达出与它们各自特殊的感性形式相统一的某种具体意义。但是,当我们倾听某种特殊的感性语言的时候,我们不是为了理解这种语言偶然具有的某种特殊的感性形式,而是为了更深入地理解那体现于这种特殊感觉形

---

① Augustinus, *De trinitate*, 15:19.

② Ibid., 15:20.

③ 奥古斯丁说:"当我们说真话,即吐真知时,话语必然产生于我们贮存在记忆中的知识,这个话语与产生它的知识绝对地是同一种东西。这形成于我们所知之物的思想,正是我们在心里说出的话语。这个话语既不是希腊语,也不是拉丁语,也不是任何其他言语。但是,当有必要把知识传达给我们的听众时,我们就采用了某些符号来指称这个话语。通常是用声音,有时也用姿势,一个针对他们的耳朵,一个针对他们的眼睛,采用身体符号以便我们心中所带的话语为他们的身体感觉所认知。"(Ibid., 15:20)

式中的思想理性。这种思想理性先于所有指称它的符号,它源自于由心智所产生并且被贮存在记忆中的知识。从这个意义上讲,这种思想理性本身不是具有特定感性形式的具体语言,而是一种具有理性形式的心语(verbum cordis)。虽然作为思想理性的内在语能够体现在一切具体的感性语言之中,但是它在每一种具体的感性语言中的体现都是不完全的、不充分的。"当它被嘴说出或者用某种身体符号说出的时候,便不是如其所是地被说出了,而是以一种为身体所看和所听的方式被说出。"①因此,真实的话语不是表达语,而是内在语或者心语,它是完全独立于感性现象的。

奥古斯丁从他对话语这种理解中发现了它具有重要的神学意义,因为它适合于被用来类比地解释基督宗教的三位一体奥秘。

一方面,既然内在语超越了一切感性现象,那么它作为一种本源性的话语能够与作为圣子的上帝之道进行类比,尽管它还有其自身的不完善之处,然而它却能够充当圣言的一面镜子,我们可以从其中观看圣言的某种形象。

首先,人的内在语与产生内在语的理智(藉着它所产生的知识)之间的关系在某种程度上适合于被用来类比地解释作为上帝之道的圣子与其圣父之间的关系。因为,当贮存在记忆中的知识正在被思想的时候,作为思想的内在语与产生知识的理智在本质上是同一的,正如作为上帝之道的圣子与其圣父在本质上是同一的一样。当然,这里所牵涉的仅仅是上帝借以创造万物的"道",也就是与上帝同在的"道",而不涉及在某个特定时间显现于历史世界中的圣言,例如,上帝在某一特定的时空中显现给某个先知的话语。换言之,这一类比仅仅牵涉圣子完全的神性,也就是他与圣父的同一本质性。

其次,在人的内在语与其表达语之间的关系也可以被用来类比地解释在上帝之道与其肉身化之间的关系。既然在人的内在语与其表达语之间的关系是一与多、本源与现象的关系,那么在它们之间就既有某种相似性,又有某种差异性,这有助于我们理解作为圣子而与上帝同在的圣言与在特定时空中历史地显现出来的圣言之间的关系。正如人的内在语先于它的外在表达一样,与上帝同在的圣言也先于那在特定的时间进入历史世界中化为肉身的基督的创生与显现。在基督宗教传统中,那与上帝同在的圣言通常被理解为上帝的智慧。为了将它传达给人类,那与上帝同在的圣言不得不在一个特定的时间采用一种感性的形式向人类显现,这便是《圣经》所说:"道成了肉身,住在我们中间,充充满满地有恩典,有真理。"②正如人的内在语在其外在的显现中不可能得到充分而精确的表达一样,那与上帝同在的圣言也与那以外在

---

① Augustinus, *De trinitate*, 15:20:"nam quando per sonum dicitur, vel per aliquod corporale signum, non dicitur sicut est, sed sicut potest videri audirive per corpus."

② 《约翰福音》1:14。

的感性方式历史地显现的圣言保持着某种程度的差异性。奥古斯丁说:“我们的言语以一定的方式变作了肉体的声音,以此向人的感官显现,正如上帝的圣言化身成人,以此向人的感官显现一样。也正如我们的言语变成了声音却并不就等于声音一样,上帝的圣言化身成人却不可想象它就等于肉身。是以采用而非等同的方式,我们的言语变成了声音,圣言变成了肉身。”①尽管如此,人的内在语的外在显现与圣言的外在显现仍然有巨大的差异。因为,虽然人的内在语在其外在的显现中也有其自身的存在,但是这种外在的显现始终都无法充分而精确地表达内在语的真实存在;然而,圣言的外在显现与上帝的智慧却是完全同一的,上帝实际上能够充分地显现在自己的圣言的表达中。“仿佛把自己说出去了一样,圣父生出了在一切方面都与他等同的圣言。如果在他的圣言中有任何东西是多于或少于他自身中的,那么他就未曾完全地、完善地说出自己了。”②就此而言,那作为智慧与上帝同在的圣言与那在特定的时空中历史地显现的圣言之间的差异性只不过是一种在语言意义上的区别罢了。例如,圣子之被称为圣言不同于他被称为智慧,因为“智慧”是一个实体性谓词,而“圣言”则是一个关系性谓词。圣子之被称为圣言乃是就他与说出圣言者的关系而言的;然而,他之被称为智慧却是就其实体(亦即存在)而言的。因此,“我们所说的短暂易逝的话语也能宣示它自身和我们所说之物,那么使万物受造的上帝之道岂非更是如此?这道将宣示出来,显示圣父的真相,因为就这圣言是智慧和存在而言,是与圣父正好相同的。但是,就他是圣言而言,却与圣父不同,因为圣言不是圣父,且是从关系上说的,正如圣子一样,圣父当然也不是圣子。”③

再次,人类的言行关系也可以被用来类比地解释上帝之道与其创造活动之间的关系。在奥古斯丁看来,人因为有理性而被视为上帝的形象,人的行为是受理性的指导和支配的。从这个意义上讲,作为思想理性的心语先于人的行为。如果人的心语生于行善之知,那么它便是真言;否则,它便是谎言。真言乃是善行之始,谎言乃是恶行之源。正如人的行为没有不先在心里想的一样,万物的受造也没有不先藉着圣言而成的。此外,奥古斯丁认为,人言与圣言还有一个相似之处:“我们可有言而无行,但不可无言而有行,这正如圣言即便没有任何受造物存在也存在,而受造物若不藉着圣言便不可能存在一样。”④之所以仅仅是那作为圣子的圣言而非圣父或者圣灵化身成人,其原因就在于我们可以追随并且效仿那作为圣子的圣言,凭着我们无差错地沉思或者行出我们的言而正直地过上义人的生活。

---

① Augustinus, *De trinitate*, 15:20.

② Ibid., 15:23.

③ Ibid., 7:4.

④ Ibid., 15:20.

另一方面，奥古斯丁也深知在人言与圣言之间进行类比是有其限度的，因为圣言涉及上帝之充分的自我认识，他的知识具有绝对的自明性，然而人言所涉及的知识却没有绝对的自明性。由于上帝的知识与他的智慧、存在乃是同一的，因此那生于上帝的知识的圣言是永恒真实的。然而，由于人的存在并没有融入纯粹的自我认识中，这就使得人的知识成为暂时的、可变的，因此凡是生于这种知识的人言也都有真假之分。正是因为这个缘故，所以奥古斯丁不断地提醒我们在看到人言与圣言的相似性的时候也要尽可能地、心甘情愿地考察两者之间的差异性。“正如我们的知识是如此地不像上帝的知识一样，我们的言语也不像生自圣父的存在的上帝的圣言。”①不仅就人言与圣言来说我们在看到它们之间的相似性的同时还要注意它们之间的差异性，而且甚至就我们心智中的三位一体形象与神圣三位一体奥秘而言也应当是如此。“不管两者有多少相似性，实际上在它们之间都存在着巨大的不相似性。”②

总而言之，在基督宗教哲学史上，奥古斯丁可谓一位颇具原创性的神哲学家。他在符号论架构下通过整合古希腊语言哲学资源与基督宗教的核心信仰而建构起来的基督宗教语言哲学就是他的诸多原创性贡献之一。他的符号论不仅在神学语境中有着广泛的应用，而且它的实际影响远远超出了那作为特殊语义学的圣经解释学的范围，也蕴含着那作为一般语义学的普遍解释学意义。他的话语理论涉及人类语言的多样性、复杂性、特殊性、普遍性等诸多问题，有着十分丰富的思想内容。尤其是他把对人类语言的多样性和复杂性问题的理解还原为思想的内在性，这更使他的话语理论具有了一定的理论深度。在他看来，真正本源性的言说不是某种外在的言说（无论它是以为听觉所感知的声音符号的形式出现，抑或是以为视觉所感知的文字符号、身体符号等形式出现，也不管它是以各种不同的民族语言的形式出现），而是一种思想的内在言说，即心语。正如柏拉图曾经把思想称为灵魂与其自身的内在对话一样，奥古斯丁也这样反复地提醒我们：“这种对自己说和在心里说就是用思想说。”③当一个人正在思想的时候，他便是以自问和自答的方式与他自己在进行对话。只有在这种以问答方式交替发生的心智的自我对话中，话语及其意义才能真正得到充分的解释，因为这种内在语是以心智的普遍形式直接表达所知之物的，它能够使心智之知如其所是地被表达在心智之中。但是，任何具有某种特殊的感性形式的具体语言都不可能使心智之知如其所是地被说出来。这种话语理论提醒我们，当我们用任何外在的语言符号去表达我们源于心智之知的内在思想的时候，我们绝不能简单地把它看成是一种终极性的符号，因为这样的外在符号采取了某种偶然的、特殊的、感性的物

① Augustinus, *De trinitate*, 15:22.

② Ibid., 15:39.

③ Ibid., 15:20.

质形式。一方面,外在的语言符号以它自身固有的特殊形式把我们源自于心智之知的思想表达出来了,就此而言,它具有一定的显现意义的能力;另一方面,它又以同一形式限定了它自身所能表达的边界,就此而言,它也是对所欲表达的意义的一种限定。因此,当我们的思想为我们意欲言说的东西去寻求某种具体的表达语言的时候,它所表达出来的只不过是我们实际想说的东西的某个方面罢了,而不是我们想说的东西的全部内容,总是还有某些更多的东西尚未被表达却又期待着被表达,这就决定了它始终都只是一种不完全、不充分的表达。这也意味着我们使用的外在语言并不具有理解的普遍性。当我们在对话中去理解一个对话者用某种具体的外在语言所表达的内在思想的时候,我们永远都不可能确信我们已经完全正确地理解了这个对话者想要表达的全部意思。因为,不仅这个对话者所使用的具体的表达语只能部分地显现他想要表达的意思,而且,即便这种只能部分地显现他的思想的表达语对于他本人来说有某种意义,它对于作为倾听者的我们来说也可能产生完全不同于他所要表达的意义。这便是人们通常所谓的误解问题。由此可见,人的外在语言必定会导致理解的多样性和相对性。加达默尔无疑正确地看出了奥古斯丁的话语理论所隐含的这一结论。但是,在我看来,这丝毫也不意味着奥古斯丁就像加达默尔所说的那样贬低了外在语言的价值。[1] 毋宁说,奥古斯丁的话语理论把外在语言带入到了一个相对合理的解释学视域之中。尽管我们不可能倾听到一个言说者的内在语,然而,当我们理解他那形之于外的表达语的时候,我们却总是期望能够深入到它所意指的内在语之中。理解的普遍性和真理性只能由内在语来提供保证,正如奥古斯丁所指出的那样,当我们的思想临到我们所知的某物之上而由之成形,并且采取了与它一样的形式,使之在心里被说出而无任何民族语言的感性形式的时候,我们的思想便是真言。[2] 简单地说,奥古斯丁的话语理论所蕴含的重要解释学意义就在于对语言的意义之理解必须同时兼顾思想与其外在表达之间的关系:一方面,我们必须认识到,人的思想总是要寻求某种具有感性形式的外在表达语言,这种外在表达语言必定依赖于人的思想,因此思想与其外在语言之间必定具有同一性;另一方面,我们还必须认识到,尽管外在语言总是试图竭力完整地表达人的思想,然而它却有其自身难以逾越的边界,因此我们只能尽可能地做到恰当地理解它的意义。

二、波埃修的意指理论

阿里西·曼留·塞伏林·波埃修(Anicius Manlius Severinus Boethius,480—525

---

① [德]加达默尔:《真理与方法》下卷,上海:上海译文出版社1999年版,第537页。

② Augustinus, *De trinitate*, 15:25.

年）是欧洲思想史上所谓"黑暗时代"依然能够耀眼地闪烁理性火花的思想巨匠之一，不仅他作为一个百科全书式的学者在逻辑学、哲学、神学、数学、文学、音乐等诸多领域成就斐然，对中世纪思想的发展产生广泛而深远的历史影响，而且他所推动的希腊哲学拉丁化工程也是一个连接古希腊哲学与中世纪哲学的卓有成效的通道，以致后人称他为"最后一位罗马哲学家和第一位中世纪神学家"，①以此肯认并赞美他在西方思想史上所起的承上启下作用。波埃修在推动希腊哲学拉丁化工程之初原本打算把柏拉图和亚里士多德的全部著作都翻译成拉丁文并为之作注，后来却因身陷囹圄不久就英年早逝而宏愿未了。实际上，他只是译注了亚里士多德《工具论》。他对《范畴篇》和《解释篇》的译注加上对波菲利（Porphyry，约 232—304 年）《亚里士多德〈范畴篇〉导论》的译注构成了中世纪早期广泛使用的标准逻辑教科书，史称"旧逻辑"（logica vetus）。直到 12 世纪又发现了亚里士多德《前分析篇》、《后分析篇》、《论辩篇》、《辩谬篇》的译注，史称"新逻辑"（logica novellus）。波埃修对逻辑学的学科性质有着自己独特的认识，在为波菲利《亚里士多德〈范畴篇〉导论》所写的第二篇评注中把逻辑学与哲学视为密不可分的整体。他并不赞同波菲利把逻辑学仅仅视为工具的观点，而是主张逻辑学不仅是人们借以获得哲学真理的工具，而且是哲学的一个部分。基于对逻辑学的学科性质的这一认识，波埃修在评注亚里士多德《工具篇》和波菲利《亚里士多德〈范畴篇〉导论》的时候深入探讨了一些重要的逻辑哲学问题，其中也包括对语义学问题的探讨。波埃修的语义学本质上是一种意指理论，它构成了阿奎那语言哲学的第二个历史形态的基督宗教语言哲学渊源。阿奎那一直都把波埃修视为自己尊重的理论权威，不仅经常在他自己的著作中援引波埃修的思想观点来增强论证，例如他在《亚里士多德〈解释篇〉评注》中就常引波埃修为亚里士多德《解释篇》所作评注中的观点支持自己的解释，而且即便在波埃修思想的影响已经基本式微的 13 世纪，阿奎那也是仅有的为波埃修的《论三位一体》（*De trinitate*）和《七公理论》（*De hebdomadibus*）写过评注的神学家和哲学家。② 阿奎那思想的波埃修来源乃是一个不争的事实，对于阿奎那语言哲学来说也是如此。

在评注亚里士多德《范畴篇》的时候，波埃修一开始就强调了我们阅读《范畴篇》尤其是了解语词的意义所具有的重要性。他说："想要学习逻辑学的那些人首先应

① Grayling，A.C.ed.，*Philosophy* 2，Oxford University Press，1998，p.527.

② 《论三位一体》和《七公理论》同属波埃修撰写的五篇"神学论文"（Opuscula sacra）之一，两者都分别拥有一个更加冗长的名称：前者又名《三位一体何以是一神而非三神?》（*Trinitas unus deus ac non tres dii*），阿奎那对之采取了按问题进行分类评注的方式，但是他没有完整地评注了这篇论文，只选择了其中的问题 5 和问题 6 进行评注；后者又名《实体何以能因其存在而是善，而不是实体之善?》（*Quomodo substantiae in eo quod sint bonae sint cum non sint substantialia bona*），它更像是一篇哲学论文，阿奎那对之采取了逐句逐段进行评注的方式，他完整地评注了这篇论文。

该阅读这本书(《范畴篇》)。整个逻辑学都与三段论的本性相涉,三段论是命题的结合,但是命题由语词构成,而且那就是为什么知道语词意指什么对于科学的涵义具有第一重要性的原因。"①语词是语言最基本的构成要素,无论就口语而言抑或就书面语而言都是如此。从这个意义上讲,了解语词的意义就是了解语言的意义。因此,探讨语词的意义就成为语义学研究一个十分便利的切入点。波埃修的语义学就是从探讨语词的意义开始的,然后进一步扩展到语句的意义。他之所以强调阅读亚里士多德《范畴篇》对于学习逻辑学的重要性,也是因为《范畴篇》涉及语词的意义问题。《范畴篇》探讨的究竟是语词本身呢,还是语词所指的事物呢?这是一个令后来的注释家们争论不休的问题。例如,晚期逍遥学派的注释家阿弗洛狄西亚的亚历山大(Alexander of Aphrodisias)认为,《范畴篇》探讨的是语词本身,而不是语词所指的事物。然而,新柏拉图主义者扬布利科(Iamblichus,250—325 年)却认为《范畴篇》同时探讨了语词、思想和事物,语词之被考察乃是因为它意指事物,事物之被考察乃是因为它经由语词而被显现,而思想之被考察却是因为它确立了语词与事物之间的关系。波埃修不仅非常了解这些意见分歧,而且看出了它们是基于对语词的意义问题的不同理解而导致的结果。在他看来,亚里士多德《范畴篇》无疑是一部逻辑学著作。由于波埃修所理解的逻辑学既是一种工具,又是哲学的一部分;因此,当他把《范畴篇》看作一部逻辑学著作的时候,这种看法必定隐含着他肯定了《范畴篇》所具有的逻辑哲学意蕴。波埃修指出,《范畴篇》探讨的是意指事物的第一种相(prima rerum genera)的第一语词(primis vocibus),仅限于它们是有意义的而言;②在《范畴篇》中事物也被探讨,然而这种探讨不是针对事物的固有本性,而是针对为语词所意指的东西。③ 由此可见,波埃修为在语词与事物之间的关系保留了"意指"(significatio)这个词。他对语词的意指问题的理解主要体现在他为亚里士多德《解释篇》所写的两篇评注之中。波埃修在他为《解释篇》撰写的第二篇评注中曾经比较过亚里士多德《范畴篇》和《解释篇》的写作意图。在他看来,亚里士多德撰写这两部著作的意图都在于探讨语词,但是两者探讨语词的方式又有所不同:前者对语词的探讨仅限于它们经由思想的中介而指称受理智支配的事物而言,因此亚里士多德把有意义的语词区分为十个范畴;而后者对语词的探讨则仅限于它们意指人的心智中的思想而言,因此亚里士多德又把语词区分成名词和动词两个部分。④ 亚里士多德在《解释篇》16a3—9

---

① Boethius, *In Categorias Aristotelis* 1, see *PL* 64, 161B.

② Boetii, *In Categorias Aristotelis* 1, Cf. *PL* 64, 161A.

③ Ibid., 1, Cf. *PL* 64, 154.

④ Boetii, *In Peri Hermeneias* II, 7.12-18. Cf. *Anicii Manlii Severini Boetii Commentarii in Librum Aristotelis ΠΕΡΙ ΕΡΜΗΝΕΙΑΣ*, ed. C. Meiser. 2 vols. Leipzig, 1877/80; rpt. NY-London, 1987. 波埃修为《解释篇》所写的第一篇评注亦在其中。

行中的一段话典型地代表了他的语义学大纲。为了便于我们更好地讨论波埃修的语义学,现将波埃修对亚里士多德的希腊原文的拉丁译文以及我对波埃修的拉丁译文的中文翻译放在一起,以便进行对照:

Sunt ergo ea quae sunt in voce earum quae sunt in anima passionum notae, et ea quae scribuntur eorum quae sunt in voce. Et quemadmodum nec litterae omnibus eaedem, sic nec eaedum voces; quorum autem hae primorum notae, eaedem omnibus passiones animae sunt, et quorum hae similitudines, res etiam eaedem. De his quidem dictum est in his quae sunt dicta de anima, —alterius est enim negotii—

那些存在于口语中的东西是灵魂的感受之符号,而那些被书写的东西则是那些存在于口语中的东西之符号。正如文字对于所有的人来说不是相同的,口语对于所有的人来说也不是相同的。但是,这些以口语为其第一符号的灵魂的感受对于所有的人来说都是相同的,正如灵魂的感受是其相似性的那些事物对于所有的人来说也是相同的一样。但是,我们已经在关于灵魂的论文里讨论过这些问题,这些问题与我们当前所进行的研究有所不同。①

从这段著名的引文中我们不难看出亚里士多德表达了以下几个基本的语义学观点:第一,那些存在于口语中的东西是灵魂的感受之符号;第二,那些被书写的东西是那些存在于口语中的东西之符号;第三,那些存在于口语中的东西是灵魂的感受之第一符号(primorum notae);第四,灵魂的感受是实际事物的相似性(similitudines);第五,文字(litterae)对所有的人来说是不相同的;第六,口语(voces)②对所有的人来说是不相同的;第七,以口语为其第一符号的灵魂的感受(passiones animae)对于所有的人来说是相同的;第八,实际事物(res)对所有的人来说是相同的。历代注释家们都高度重视亚里士多德在这段话中所表达的语义学大纲,他们对这段话的评注见仁见智、莫衷一是,或者对亚里士多德的某些观点提出异议,或者为他的某些观点进行辩护,或者为他补充一些新的观点。波埃修也为亚里士多德《解释篇》写了两篇评注,他就是通过对这段话的评注而展开自己的语义学理论的。下面,我们就结合波埃修的评注围绕三个方面的问题从大体上归纳他的语义学的基本思想。

第一个方面是关于口语的意义问题。

这个问题是波埃修讨论的重点,他的讨论主要包括两个部分:一个部分是单个语词的意义,另一个部分则是由语词所构成的语句的意义。需要注意的是,他所讨论的

① [古希腊]亚里士多德:《解释篇》,16a3—9。波埃修的拉丁译文引自 *Aristoteles Latinus*, II.1, ed. L. M. Minio-Paluello, 1965.

② 在拉丁文中,voces 的字面意思是“说话的声音”,英文有时将其直译为 vocal sounds 或者 spoken sounds,而有时则根据语境稍作转义将其译为 spoken words,在此将其意译为“口语”。

语词主要是与命题相关的名词和动词，因为它们是构成一个命题的主要因素。关于其他在语法上所区分的各种不同语词的意义问题，因它们与名词或者动词的不同关系而被归于名词或者动词的意义问题之中了。就语词的意义而言，我们可以从波埃修对亚里士多德《解释篇》的评注中发现他提出了两个相互冲突的基本观点：一个基本观点是语词仅仅意指思想；另一个基本观点则是语词经由思想的中介而意指实际事物。

一方面，波埃修明确地论证了语词仅仅意指思想。在《解释篇》的第二篇评注中，他提到波菲利曾经记录过古代哲学家围绕语词本义地（proprie）意指什么这一问题所产生的争论，他们对这一问题的回答总共有五种不同的意见：第一种意见认为语词本义地意指事物（res）；第二种意见认为语词本义地意指非形体的本性（naturae incorporeae）；第三种意见认为语词本义地意指感觉（sensationes）；第四种意见认为语词本义地意指想象（imaginationes）；第五种意见认为语词本义地意指思想（intellectus）。尽管波菲利记载了这五种不同的意见，然而波埃修却仅仅描述了支持第二种意见的人。在波埃修看来，持有第二种意见的人是柏拉图主义者，这些人为与质料相分离的共相的实存而论证。他指出，所谓“非形体的本性”，就是柏拉图所说的“非形体的形式”（species incorporeae），即“理念”。柏拉图主义者主张语词首要地意指非形体的本性，并且能够与其他事物在意义上结合，以致可以通过这样的语词而构成一个命题或者语句。① 但是，波埃修并未对柏拉图主义者的观点作出更多的评论，而是转向去解释亚里士多德的观点。他指出，亚里士多德打算通过“口语是灵魂的感受之符号”这个陈述来确立他关于口语的意义的主张。② 然而，这个陈述本身却暗含着语词本义地意指灵魂的感受的意思，从而排除了语词意指事物和非形体的本性这两个选项。因此，我们只能在剩下的三个选项（即感觉、想象、思想）中去确定哪一个或者哪一些属于灵魂的感受了。其中，感觉这一选项又因为它属于“身体的感受”（passiones corporis）范围而被排除在“灵魂的感受”范围之外了。再剩下来的就只有想象和思想两个选项了。但是，波埃修又根据亚里士多德在《灵魂论》中表达的观点把想象也排除在“灵魂的感受”范围之外了，因为简单思想的结合有真或者假，而想象的结合则没有真或者假。③ 在排除了想象之后，语词（名词或者动词）所意指的灵魂的感受就只剩下思想这一个选项了。于是，波埃修得出的结论是：被反映在名词和动词中的东西既不意指感觉，也不意指想象，而仅仅意指思想。他说：“除了思想之外，语词绝对地

① Boetii, *In Peri Hermeneias* II, 27.2-4.
② Ibid., II, 27.6-10.
③ Ibid., II, 28.1-13.

指称无(praeter intellectum namque vox penitus nihil designat.)。"[①]如果语词仅仅意指思想的话,那么它就绝不会意指实际事物了。在波埃修看来,这也是亚里士多德的意见。他说:"亚里士多德并不认为主体性事物被名词和动词意指(Aristoteles enim nominibus et verbs res subiectas signifcart non putat.)。"[②]

另一方面,波埃修又多次强调了语词能够经由思想的中介而意指事物这一基本观点。他说:"语词能够经由感觉和思想的中介而指称那些思想的主体性事物(quantum per sensuum atque intellectuum res subiectas intellectibus voces ipsae valeant designare.)。"[③]不仅如此,波埃修还针对语词指称思想和事物作出了"首要"(principaliter)与"次要"(secundus locus)的秩序区分。在《解释篇》的第一篇评注中,他就已经把语词视为灵魂的感受的第一符号。他指出:"并非语词所意指的一切事物,而只有那些首先被意指的事物,才是灵魂的感受(Ergo non omnia quae vox significat passiones animae sunt,sed illa sola quae prima.)。"[④]这句话已经暗示着语词除了首先意指灵魂的感受之外,其次还意指某些不是灵魂的感受的其他事物。在《解释篇》的第二篇评注中,语词意指思想和事物的这种"首要"与"次要"的秩序之分得到了更加明确的强调。例如,他指出:"这些(即,语词)的确首要地指称思想,然而它们也次要地指称事物(Haec(sc.,voces)vero principaliter quidem intellectus,secundo vero loco res quoque designant.)。"[⑤]他还说:"那些存在于口语中的东西(名词和动词——引者注)意指事物和思想,首要地意指思想,并且,在次要的意义上,通过思想的中介而意指理智本身所领悟的事物。"[⑥]波埃修关于语词首要地意指思想而次要地指称事物(通过思想的中介)的观点与新柏拉图主义者普洛克鲁士(Proclus,410—485年)的名称理论颇有几分相似之处,却又有所不同。在普洛克鲁士看来,名称首要地是形式(即理念)的相似性,次要地是可感事物的相似性。[⑦] 例如,"人"这个语词首要地意指非形体的形式(共相),即人的理念,而次要地意指个别的形体事物(殊相),即个别的人,就个别的人分有人的理念而言。因此,有些命题能够完全由非形体的形式所构成,例如,由"人"和"动物"能够构成"人是动物"这一命题,因为它们仅仅意指理念;还有一些命

① Boetii,*In Peri Hermeneias* II,21.4-5.

② Ibid.,II,27.10-11.

③ Ibid.,II,8.6-7.

④ Ibid.,I,40.19-21.

⑤ Ibid.,II,24.12-13.

⑥ Ibid.,II,33.27-31:"Nam cum ea quae sunt in voce res intellectusque significent,principaliter quiddem intellectus,res vero quae ipsa intellegentia comprehendit secundaria significatione per intellectuum medietatem."

⑦ Proclus,*In Platonis Parmenidem Commentaria*, 851.6-8,vol.2.,ed.C.Steel,Oxford:Oxford University Press,2008.

题则可以由非形体的形式与可感事物构成，例如，由“人”和“苏格拉底”可以构成“苏格拉底是人”这一命题，因为，它们除了首要地意指理念之外，还次要地意指可感事物。由此可见，在波埃修关于语词首要地意指思想而次要地意指事物的观点与普洛克鲁士的名称理论之间明显地有着相似之处，即两者都承认了语词的意义有首要和次要之分，也都承认语词在次要意义上意指实存的事物。但是，两者也有不同之处，即普洛克鲁士认为语词首要地意指非形体的本性，而波埃修则认为语词首要地意指思想，根本就否认它意指非形体的本性。

无论如何，关于语词仅仅意指思想这一观点与关于语词首要地意指思想而次要地意指事物这一观点明显是相互冲突的：如果我们承认前者，那么我们就无法接受后者，因为前者排除了语词以任何方式意指事物的可能性；反之，如果我们承认后者，那么我们就无法接受前者，因为后者排除了前者。如果波埃修坚持的是语词仅仅意指思想这一观点，那么语词就只有当代语言哲学所谓的“意义”（meaning），却没有它所谓的“指称”（reference）。从这个意义上讲，我们可以说波埃修的 signification 理论等同于纯粹的 meaning 理论。这种纯粹的 meaning 理论最适合于被用来解释诸如“半人半马怪物”（centauros）、“吐火兽”（chimaeras）之类的语词，因为这样的语词乃是虚构事物的而非实际事物的名称。现代语言哲学把这类虚构的名称通常叫作“空名”，因为它们没有指称。尽管空名没有指称，然而它们却有意义。当然，波埃修不仅承认有空名，而且认为它们仅仅意指思想。在他看来，虽然我们能够有关于诸如“半人半马怪物”或者“吐火兽”之类的虚构动物的思想，但是这样的事物并不在世界上客观地存在。“对于思想来说，并非总是有主体性事物。因为有毫无任何主体性事物的思想，例如，诗人们发明的‘半人半马怪物’或者‘吐火兽’。这些东西的思想就是没有关于它们的主体性实体的思想。”①显而易见，就空名而言，波埃修承认它虽无指称却有意义。然而，如果波埃修坚持的是语词首要地意指思想而次要地意指事物这一观点，那么语词就既有当代语言哲学所谓的“意义”（思想），又有它所谓的“指称”（思想之外的事物）。从这个意义上讲，我们可以说波埃修的 signification 理论既包括了意义理论（theory of meaning），又包括指称理论（theory of reference）。更进一步说，不仅波埃修对语词意指思想和事物作出的“首要”与“次要”的秩序之分包含着当代语言哲学关于“意义”与“指称”的区分，而且他关于语词通过思想的中介而意指事物这一观点也或多或少地类似于弗雷格所谓意义决定指称的观点。至于为什么他会提出这两个明显相互冲突的语义学观点则是一个很难加以解释的问题，我们在他那里也无法找到足够的文本依据来对这两个明显相互冲突的语义学观点进行取舍，从而

① Boetii, *In Peri Hermeneias* II, 22.2-6.

判定其中到底哪一个基本观点才能真正代表波埃修的真实思想。

当代西方学者 Taki Suto 试图通过对波埃修所谓的“中介”一词的特殊解释来消解在这两个基本语义学观点之间存在着的明显冲突。他首先通过两个例子比较了两种不同“中介”的情形。第一种情形的例子如下：当一个人通过望远镜的透镜观看远离地球的一颗星时，我们可以说他通过透镜的中介看见那颗星，也可以说他既看见透镜又看见那颗星。第二种情形的例子如下：当一个妇女在一面镜子里看见一个正在接近她的人时，我们可以说她通过那面镜子的中介看见那个人，也可以说她既看见那面镜子又看到那个人。在这两种情形下，中介者（透镜/镜子）与不同于中介者的事物（星/人）都被看见了，但是只有在后一种情形下才能合法地说仅仅中介者（即那面镜子）被观看者看见了。在比较了这种不同“中介”的情形之后，Taki Suto 援引波埃修跟随亚里士多德把灵魂的感受（即思想）视为事物的相似性（similitudines）的说法来证明他对“思想的中介”以一种类似于“镜子的中介”的方式进行解释的合理性，而且还使用注解来提醒我们注意波埃修在知识论语境中也曾经把心智与镜子（speculum）进行过比较。① 然后，他指出：“被反映在一面镜子里的事物，就其在那面镜子里的存在而言，不是事物本身，而是事物的相似性。我们在那面镜子里发现诸如我们的脸之类的事物，而没有直接地看它们。同样地，在我们的思想中被孕育的事物不是事物本身，而是事物的相似性。再者，我们意指在思想中被概念化的事物，而没有直接地意指那些事物。当波埃修说语词经由思想的中介而意指事物的时候，我们通过‘中介’（medietas）这个表达式不应该理解成除思想之外的其他某物也被意指（隐喻地说，那面镜子），而应该理解成当语词意指思想的时候内在于思想中的内容本身被意指。”② Taki Suto 认为，通过利用“镜子的中介”来对“思想的中介”进行类比解释，就消解了语词意指除思想之外的其他事物这一含义。根据他的这一解释，波埃修在语词的意义问题上真正坚持的基本观点就是语词仅仅意指思想。但是，即使我们肯认利用“镜子的中介”来类比“思想的中介”具有某种程度的合理性，我们也不能像 Taki Suto 那样得出语词仅仅意指思想的结论，因为在理智中的思想内容毕竟是实际事物的相似性，正如在镜子里的影像毕竟是实际事物的相似性一样。当一个观看者看见一面镜子的时候，我们可以说这个观看者通过在这面镜子里的影像而看见了影像所反映的实际事物，因为在镜子里的影像是实际事物的相似性；同样地，当一个语词意指某种思想的时候，我们也可以说这个语词通过在理智中的那种思想内容而意指它所反

---

① Boetii, *Philosophiae Consolatio*, V, m iv. Cf. Boethius, *The Consolation of Philosophy*, translated by R.H. Green, New York: Macmillan, 1962, repr. Dover: Mineola, 2002.

② Taki Suto, *Boethius on Mind, Grammar and Logic: A Study of Boethius' Commentaries on Peri hermeneias*, Koninklijke Brill NV, Leiden, Boston, 2012, p.34.

映的实际事物，因为在理智中的思想内容是实际事物的相似性。因此，当波埃修说语词通过思想的中介而意指事物的时候，我们通过“中介”这个表达式可以理解成除思想之外的其他某物也被意指，而不是像 Taki Suto 所说的那样不应该如此理解。再者，当波埃修说语词通过思想的中介而意指事物的时候，他的这一说法是与他对语词意指思想和事物的“首要”与“次要”的秩序之分紧密联系在一起的。如果我们像 Taki Suto 那样把波埃修的观点归结为语词仅仅意指思想的话，那么波埃修就完全没有必要说语词首要地意指思想而次要地意指事物了。他之所以要对语词意指思想和事物作出“首要”与“次要”的秩序之分，其原因就在于他考虑到了思想是事物的相似性，因此他才说语词首要地意指思想，并通过思想的中介而次要地意指事物。更进一步，由于思想是事物的相似性，因此语词通过思想的中介而意指事物这一观点为语词的意义提供了本体论保证。如果我们再考虑到波埃修关于逻辑学是哲学的一部分的思想，那么，在我们看来，他主张语词通过思想的中介而意指实际事物就是一件很自然的事情。因此，Taki Suto 提供的这种解释并不像他想象的那样能够消解在语词仅仅意指思想这一观点与语词首要地意指思想而次要地意指事物这一观点之间明显地存在着的矛盾，我们也没有必要去消解它们之间的这个矛盾，最好还是把这看成是在波埃修的心里真实存在着的思想矛盾的表现。

第二个方面是关于由语词所构成的语句的意义问题。

对于这个问题，波埃修主要是从逻辑真值的角度来加以讨论的。他把由语词所构成的语句区分为不完全的语句（oratio imperfecta）和完全的语句（oratio perfecta）两大类：前者主要是短语，后者是句子。在此基础上，他又从语法学的角度把完整的语句进一步区分为祈求语句（oratio deprecativa/optativa）、命令语句（oratio imperativa）、疑问语句（oratio interrogativa）、呼唤语句（oratio vocativa）和陈述语句（oratio enunciativa）五种。但是，这五种语句并非都有真假，其中只有陈述语句才有真假。波埃修所谓的“陈述句”（enunciatio）就是现代逻辑所说的“命题”（proposition）。仅仅就命题而言，他认为口语不仅意指思想和事物，而且意指真或者假。在比较同样是意指思想的口语语词与口语命题的区别时，他说：“正如有些缺乏真或者假的单纯事物有时存在于思想之中，但是其他的时候真或者假必然存在于思想之中；同样地，在口语中也是如此。如果口语语词表达缺乏真或者假的单纯思想，那么思想本身也是与真和假相分离的。如果我表达在其自身中包含真或者假的这一思想，那么口语表达本身就拥有了真或者假的意义。”[①]在波埃修看来，真和假首先存在于思想的“结合”（compositio）与“分离”（divisio）之中，其次才存在于口语和书面语的结合与分离之中，因

① Boetii, *In Peri Hermeneias* I, 42.17-24.

为真和假首先在思想中被造成,然后才被表达在口语和书面语之中。他说:“当在思想中根据‘是’(secundum esse)被造成结合和分离的时候,真和假首先在思想中被产生,假定口语从思想中接受意义的话,那么口语根据思想的性质而为真的或者假的就是必然的了。”①由此可见,对于波埃修来说,思想是语义真假的首要承载者,而口语则是语义真假的次要承载者。当口语命题意指被结合和分离的思想的时候,它自身也根据思想的性质而是真的或者假的。被结合和分离的思想之真或者假就是波埃修所谓“思想的性质”(intellectuum qualitatem)。一般地说,思想的性质(真或者假)是由思想所反映的客观实际决定的。当在人的思想中的结合和分离与客观实际相符的时候,被结合和分离的思想就是真的;然而,当在人的思想中的结合和分离与客观实际不相符的时候,被结合和分离的思想就是假的。这种由思想与其所反映的客观实际之间的符合关系所决定的真或者假是在认识论意义上的真或者假。当口语命题意指思想的时候,它又根据思想的性质而是真的或者假的。这种由口语命题与其所意指的思想的性质之间的符合关系所决定的真或者假是在语义学意义上的真或者假。显然,在语义学意义上的真或者假必须与在认识论意义上的真或者假相符。但是,对于含有空名的语句来说,在语义学意义上的真或者假必须与认识论意义上的真或者假相符的前提下,就会出现弗雷格所谓的“真值沟”(a truth-value gap),也就是说,在这种情况下语句既不是真的,也不是假的,因为空名只有意义却缺乏与意义相关的指称(实际事物)。因此,如果按照弗雷格关于语句的意义由其各部分的意义构成这一命题原理,那么由空名构成的语句就会出现既不真又不假的情况。但是,波埃修并不承认由空名构成的语句会出现真值沟的情况,因为他认为含有空名的语句也有语义学意义上的真或者假。例如,在波埃修看来,“吐火兽不跑”(chimaera non-currit)这个语句就是真的。他指出:“另一方面,我们说吐火兽不跑。吐火兽既不存在,也根本就不独立自存,并且关于它能够被真实地说成它不跑。因为它根本就不存在,而且不跑。”②虽然波埃修并没有明确地告诉我们“吐火兽跑”这个语句是假的,但是根据他认同亚里士多德说单独地讲出“山羊—牡鹿”一词并无真或者假,除非它与“是”和“不是”结合在一起,③我们可以推断出这样的空名一旦与动词结合或者与“是”和“不是”结合而形成一个语句,它就具有真假,那么诸如“吐火兽跑”或者“吐火兽存在”之类的语句就是假的。

对于波埃修来说,不仅口语的语词首要地意指思想并经由思想的中介而次要地

---

① Boetii, *In Peri Hermeneias* II, 49.27–32.

② Ibid., I, 60.11–14:“Rursus dicimus chimaera non-currit. Chimaera vero non est nec omnino subsistit et potest de ea vere dici, quoniam non-currit. Quod enim omnino non est, et non currit.”

③ Ibid., II, 50.9–11.

意指事物，而且口语的语句也是如此。他说："在文字中的语句意指那存在于口语中的东西，而口语的语句则指称心灵和理智的语句，心灵和理智的语句在静默的思想中被产生，而这个理智的语句本身首要地孕育并且指称主体性事物。"①他还讨论了在事物（res）、思想（intellectus）、口语（voces）、文字（litterae）四者之间的秩序和意指关系。在他看来，每一个讲话借以被完成的因素有三项：一是作为主体的事物；二是使事物概念化并且为口语所意指的思想；三是意指思想的口语。除了使讲话得以被完成的这三项因素之外，还有口语借以能被意指的第四项因素，那就是文字，因为"书写文字"（scriptae litterae）本身意指口语。从意指关系的角度来看，在这四者之间存在着由它们的本性所决定的固定秩序。他说："这四者像这样存在：文字意指口语，口语意指思想，而思想使事物概念化，它们没有任何混乱的和任意的跟随，而是按照它们自身本性的确定秩序被确立的。因为事物总是伴随从其被孕育的思想，口语跟随着思想，并且因素，即文字，跟随着口语。"②波埃修所谓"它们自身本性的确定秩序"（terminata naturae suae ordinatione）是指在它们之间存在着的因果关系所决定的先后秩序。由于事物是思想的原因，思想又是口语的原因，口语又是文字的原因，因此从事物到文字便有着确定的先后秩序。他说："事物先于思想，思想先于口语，口语先于文字，而这不可能是相反的（Praecedit autem res intellectum, intellectus vero vocem, vox litteras, sed hoc converti non potest）。"③由此可见，根据波埃修的说法，在它们之间存在着这样的意指关系：文字意指口语；口语意指思想；思想意指事物；口语通过思想的中介间接地意指事物。

第三个方面是语言究竟因自然而有意义抑或因约定而有意义的问题。

如前所述，在《解释篇》中，当讨论到文字、口语、灵魂的感受、事物之间的关系的时候，亚里士多德曾经提出灵魂的感受和事物对于所有人来说都是相同的观点。波埃修据此把文字、口语、思想（即灵魂的感受）、事物这四项划分为两组：一组是思想和事物，它们自然地（naturaliter）被确立，并且对于所有的人来说都是相同的；另一组则是文字和口语，它们约定地（positione）被确立，并且对于所有的人来说并不相同。

---

① Boetii, *In Peri Hermeneias* II, 24.21-27: "quod ea quae sunt in litteris eam significent orationem quae in voce consistit et ea quae est vocis oratio quod animi atque intellectus orationem designet, quae tacita cogitatione conficitur, et quod haec intellectus oratio subiectas principaliter res sibi concipiat ac designet."

② Ibid., II, 20.26-21.1: "Quare quattuor ista sunt, ut litterae quidem significent voces, voces vero intellectus, intellectus autem concipiant res, quae scilicet habent quandam non confusam nequ fortuitam consequentiam, sed terminata naturae suae ordinatione constant. Res enim semper comitantur eum qui ab ipsis concipitur intellectum, ipsum vero intellectum vero vox sequitur, sed voces elementa, id est litterae."

③ Ibid., II, 21.28-30.

他指出:"亚里士多德说,在这四项中,两者自然地存在,(它们是)事物和灵魂的概念,它(指灵魂的概念——引者注)是在思想中发生的语句,因为它们对于所有的人来说都是相同的和不变的;另一组则并非自然地而是约定地被确立,它们是动词、名词和文字。他并未说这两组都自然地被确定,因为(如上所证明的)并非所有人都使用相同的口语或相同的文字。"①波埃修对口语和文字的约定性有着自己独特的理解。在他看来,尽管口语和文字因约定而被确立,然而它们却不是纯粹约定的产物。换言之,因约定而被确立的语言仍然需要一定的自然条件。他通过比较讲话与跳舞来说明这一点。他指出,我们命名事物的能力和制造口语的能力都是自然给予我们的。正如我们能够自然地运动却又必须学习如何跳舞,也就是说,学习如何根据某种约定的规则和技巧来运动;同样地,我们能够自然地讲出声音却又必须学习如何讲话,也就是说,学习如何根据某种约定的规则讲出声音。② 这表明波埃修意识到语言的约定性是针对语言的意义而言的,而不是针对语言的质料而言的。意义是口语的形式,它是约定俗成的产物。然而,声音是口语的质料,它是自然的产物。因此,他赞同亚里士多德关于语言(口语和文字)因约定而有意义的观点。然而,他所谓"灵魂的概念"、"在思想中发生的语句"、"思想"等却属于心灵语言。这种心灵语言不是因约定而有意义,而是自然地有意义。波埃修经常说到作为心灵语言的思想意指事物。例如,他说:"思想本身无非意指事物(intellectus vero ipsi nihil aliud nisi rerum significativi sunt.)。"③在他看来,虽然心灵语言自然地意指事物,但是这并非意味着它属于任何一种特定的自然语言。毋宁说,它不受任何特定的自然语言限制,而是普遍的心灵话语,对于所有的人来说都是相同的和不变的,每一个人都理解它,无论他讲何种语言。例如,当罗马人、希腊人和野蛮人同时看到一匹马的时候,他们都有关于这匹马的同一思想。尽管他们都从相同的事物产生了同一思想,然而他们表达同一思想的自然语言却是不同的。希腊人表达"这是一匹马"的思想的方式不同于罗马人的表达方式,因为在罗马人意指那匹马的时候有不同于希腊人的口语。同样地,野蛮人的表达方式也不同于希腊人和罗马人的表达方式。波埃修还提到古代注释家阿斯帕修斯(Aspasius)质疑亚里士多德关于同一事物的思想对于所有的人来说都是相同的

---

① Boetii, *In Peri Hermeneias* II, 24.27–25.5:"Ex quibus quattuor duas quidem Aristoteles esse naturaliter dicit, res et animi conceptiones, id est eam quae fit in intellectibus orationem, idcirco quod apud omnes eaedem atque inmutabiles sint; duas uero non naturaliter sed positione constitui, quae sunt scilicet verba nomina et litterae, quas idciro naturaliter fixas esse non dicit, quod(ut supra demonstratum est) non eisdem vocibus omnes aut isdem utantur elementis."在这段引文中,我把 elementis 一词译为"文字",因为波埃修在《解释篇》的第二篇评注中把 elementa 一词等同于 litterae 一词。

② Ibid., II, 94.14–28.

③ Ibid., II, 24.14–15.

这一基本观点。例如,阿斯帕修斯怀疑人们如何能够有关于正义、善、上帝等非物质性存在者的同一思想却又有关于它们的不同意见。针对这一质疑,波埃修指出,对诸如正义、善之类的价值概念持有不同意见的人并非没有同一思想,他们之所以产生意见分歧,乃是因为那些持有错误意见的人没有真正理解什么是正义、善之类的价值概念,也就是说,是因为他们错误地理解了正义、善之类的价值概念。从这个意义上讲,他们拥有的不是关于正义、善之类的价值概念,而是关于其他事物的思想。在此基础上,波埃修又通过区分自然的正义、善与市民的正义、善而肯定了这些价值概念的普遍性和多样性。他认为,关于自然的正义和善的思想对于所有的人来说都是相同的;然而,关于市民的正义和善的思想在不同的社会却是不同的,因为市民的正义和善是通过每一个社会的约定或者习俗确立起来的。同样地,关于作为最卓越存在者的上帝的思想对于所有的人来说也是相同的,但是人们在不同的文化中以不同的方式崇拜上帝。① 总而言之,在波埃修看来,虽然心灵语言凭借自然而具有意义,但是它并不属于任何特定的自然语言,而是普遍的自然语言;口语和文字则因约定而具有意义。

三、伪狄奥尼修斯的神秘神学

在基督宗教语言哲学传统中,除了奥古斯丁的符号论和波埃修的意指理论之外,伪狄奥尼修斯(Pseudo-Dionysius)的神秘神学也是阿奎那语言哲学的重要理论来源之一。狄奥尼修斯(Dionysius,生卒日期不详)原本是雅典最高法院——亚略巴古提(Areopagite)的一名法官,后来他成了使徒保罗在雅典传教的时候所收的皈依基督宗教的著名门徒。② 公元6世纪初,在东部希腊正统教会的各个隐修院广泛地流行起一整套具有浓厚神秘主义色彩的神学著作,这套神秘主义神学著作是由《论神圣名称》、《神秘神学》、《天阶等级》、《教阶等级》以及《书信集》等作品组成的全集,由于其作者在这部全集的首部作品《论神圣名称》中一开始就以“狄奥尼修斯长老致提摩太长老”为题词,因此人们当时便认为它们是狄奥尼修斯撰写的著作,并且十分敬重它们的权威性,尤其是东方神秘主义者甚至把这些著作视为指导他们的隐修生活的行动指南。随着公元519年罗马大公教会与希腊正统教会的正式分裂以及东罗马帝国皇帝废除圣像崇拜禁令的颁布与实施,许多遭受迫害的东方隐修士们在纷纷逃亡西方的同时也把狄奥尼修斯的神秘主义神学著作传至西方。这些著作在西方被零星地翻译成拉丁文之后逐渐在罗马大公教会产生了较大的影响。公元7世纪,在有生

---

① Boetii, *In Peri Hermeneias* II,41.28-42.6.

② 《使徒行传》17:34。

之年就已经被封圣的认信者克里斯普利士的马克西姆(Maximus de Chrysopolis,约580—662年)不仅注释了狄奥尼修斯的著作,而且最先在他自己的著作中公开确认并高度褒扬了狄奥尼修斯著作的历史性和权威性。公元649年,罗马教皇马丁一世把狄奥尼修斯著作钦定为正统神学著作,由此决定性地确立了这些著作在东西方基督宗教传统中的崇高地位。公元9世纪,爱尔兰神秘主义神学家约翰·斯各脱·爱留根纳(John Scotus Erigena,810—877年)不仅把狄奥尼修斯的著作从希腊文本完整地翻译成中世纪最通行的拉丁文本,取代了以往广泛流行的零星旧译本,而且亲自为其中的部分作品撰写了注释,进一步扩大和加深了狄奥尼修斯著作对中世纪拉丁神学所发挥的经典性影响。在12世纪,明谷的伯纳德(Bernard de Clairvaux,1091—1153年)大力提倡并推行隐修生活制度,开启了作为大公教会正统意识形态的神秘主义神学的新篇章。在这个时期,圣维克多修道院的雨果(Hugues de St. Victor,约1096—1142年)和理查德(Richard de St. Victor,1123—1173年)等正统神秘主义者大体上都受到过狄奥尼修斯思想的影响,他们充分利用象征符号重构传统的狄奥尼修斯神秘主义神学,并且将其与当时盛行的修道主义整合在一起,衍生出许多独特而精致的神秘主义神学体系,从而使大公教会的正统神秘主义发展到一个新的历史阶段。在13世纪,就连经院哲学家大阿尔伯特(Albertus Magnus,1200—1280年)及其学生阿奎那也自觉地传承和改造了狄奥尼修斯神秘主义神学,他们都注释过狄奥尼修斯的部分作品。大阿尔伯特在德国科隆讲授神学的时候,他的另一个学生约翰·艾克哈特(Johanes Eckhart,1260—1327年)也系统地接受过大阿尔伯特所讲授的狄奥尼修斯全集的训练,后来也成了著名的神秘主义神学大师。直到中世纪晚期,尼古拉斯·库萨(Nikolaus Cusanus,1401—1464年)仍然以理性主义改造狄奥尼修斯神秘主义神学。

当狄奥尼修斯神秘主义神学著作在整个中世纪广泛而深远地影响基督宗教哲学和神学的时候,几乎没有什么人怀疑过它们的真实性和权威性。直到欧洲文艺复兴时期,在大公教会内部倡导宗教改革的著名人文主义者德西代·爱拉斯谟(Desiderius Erasmus,1466—1536年)才开始根据这些著作从未在罗马教皇大格列高利(Gregorius Magnus,590—604年在位)等早期教父们的著作中被引述和记载而质疑它们的权威性及其作者的真实性。1895年,德国学者考诃(H.Koch)和斯蒂格尔马雅(J.Stiglmayr)分别独立地发表考证文章证明了这些著作的许多重要成分与公元5世纪的新柏拉图主义者普洛克鲁士的思想具有明显的亲缘性,充分显示出它们的作者试图调和新柏拉图主义与基督宗教的理论努力,因此断定这些著作不可能早于5世纪末被写成,最终确定了其作者的托名性或者伪名性,并且推测其真实作者极有可能是生活在叙利亚的隐修士。当然,即便我们承认其作者的托名性或者伪名性,否认其使徒身份的真实性，这也并不意味着我们就能因此而否定这些著作的权威性和正统性，更不意味着我们就能因此而否定它们对中世纪基督宗教神学体系建构所具有的重要价值。因为承认其作者的托名性或者伪名性，未必就要承认这些著作不符合基督宗教教义，从而否定它们的重要价值，正如不能以它们是使徒保罗的门徒所写的著作为先天理由来肯定它们的权威性和正统性一样。英国当代著名的神学家约翰·麦奎利（John MacQuarrie，1919—2007 年）在谈到狄奥尼修斯的托名性或者伪名性的时候倒是给予了一个比较客观而公允的评介："哲学和神学的学说之价值是由其锐见之丰富与辩论之合理性而非由其教师之身份和地位来决定的。"①

至于伪狄奥尼修斯著作对中世纪基督宗教哲学和神学产生的广泛而深远的影响则是一个无法否定的历史事实。当然，不同的神学家由于他们各自的知识结构、理论旨趣、思维方式等个体性因素的差异而受其影响的具体情况也会有很大的区别。目前，我们所关切的仅仅是伪狄奥尼修斯著作对阿奎那语言哲学所产生的影响。阿奎那曾经聆听乃师大阿尔伯特在巴黎和科隆两地讲授的伪狄奥尼修斯全集，并且详细地做了大量的听课笔记。后来，阿奎那又亲自完整地撰写了《〈论神圣名称〉评注》（*Super De divinis nominibus*）。不仅如此，阿奎那还在自己一生的著述活动中大量地引用过狄奥尼修斯著作。据细心的研究者统计，他仅仅明显地援引狄奥尼修斯著作的引文就多达 1702 次。② 这些不可辩驳的客观事实足以说明在阿奎那的系统神学中存在着不容忽视的伪狄奥尼修斯来源。当然，我们在此既无必要全面地梳理伪狄奥尼修斯著作对阿奎那系统神学所产生的具体影响，也无必要完整地考察伪狄奥尼修斯神秘神学的丰富内容。就我们的目的而言，只需要关切他针对人类能否以及如何认识和谈论上帝的问题所表达的基本立场、观点和方法就已经足够了，因为这些是影响阿奎那关于谈论上帝的学说的核心因素。

在伪狄奥尼修斯著作中，对上帝的沉思无疑是他的神学关切的核心问题之所在。就人类能否以及如何认识和谈论上帝的问题而言，伪狄奥尼修斯在沉思上帝的时候所持有的基本立场和观点使他陷入了一个两难困境。一方面，他强调上帝的超越性，否定人类认识和命名上帝的可能性，坚持一种极端的神圣不可知论。对于伪狄奥尼修斯来说，上帝不是一切存在者中的一个，而是超越的存在者。"事实上，不可思议的太一是一切理性过程都无法把握的。任何词语都不能冀及无法言说的善、太一、一切统一之源和超存在之在。它是超出心灵的心灵，超出言说的言道，它不能任何言

① John MacQuarrie，*In Search of Deity*：*An Essay in Dialectical Theism*，New York：Crossroad Publishing，1987，p.73.

② Paul Rorem，*Pseudo-Dionysius*：*A Commentary on the Texts and an Introduction to Their Influence*，Oxford New York：Oxford University Press，1993，p.96.

谈、直觉、名字所理解。”①对这样的上帝，我们根本就无法认识他的本质，因为他超出了人的心灵所能理解的范围而是不可知的；②我们也无法命名和言说他，因为他超出一切名称之上而是无名的。③ 另一方面，伪狄奥尼修斯又必须客观地面对传统既有的神圣名称，不得不承认上帝由《圣经》使用各种名称所赞颂的客观事实。毕竟，《圣经》乃是上帝使用人类语言所说出的话语，上帝通过《圣经》的话语向人启示他自身。“我们的赞美歌回响着，我们赞美那一切神圣启示的丰沛源头，他在《圣经》的神圣道说中向我们传达了他自己。”④这样，伪狄奥尼修斯不得不严肃认真地面对的问题就出现了：“我们怎么还能谈及圣名？如果超越者超出所有言说和所有知识，如果他居于心灵和存在的领域之上，如果他包容并限定、容纳并预知万物，自己却不为它们所把握并超出任何知觉、想象、意见、名称、言说、理会或理解，我们如何能谈及圣名？如果神主高于存在并且不可言说、不可命名，我们如何能进行此事？”⑤他试图通过平衡肯定神学和否定神学来克服这一两难困境，以便寻找到一个既能适合于《圣经》的赞颂又能适合于无法命名和言说的上帝之不可把握性的解决方案。伪狄奥尼修斯把自己的神学努力深深扎根于源自《圣经》的神学传统之中。一方面，《圣经》强调了上帝是不可见的、不可理解的、不可命名和不可言说的，“因为任何人都找不到踪迹以进入这无限者的隐秘深处”；⑥另一方面，《圣经》又以人类语言向我们启示出上帝并非完全不能为我们所知，因为上帝作为圣善“充沛地放射出一道坚定而超越的光芒，按照比例地启示各种存在，从而吸引神圣的心灵向上，进入所容许的对上帝的观照，分享神性，以及与上帝相像。”⑦既然《圣经》是以人类语言所表达的“上帝的话语”(theo-logia)，那么这种源自于《圣经》的神学就必定包含着上帝的自我启示和自我隐藏两个向度，他把这两个向度分别称之为“肯定神学”(theologia cataphatike)和“否定神学”(theologia apophatike)。当然，对于伪狄奥尼修斯来说，肯定神学和否定神学所涉及的不仅是上帝的自我启示和自我隐藏两个向度，而且也是人类接近上帝的两种不同的方法或者途径。

尽管肯定神学涉及圣经神学传统中有关上帝的自我启示这一向度，把上帝作为发出一切受造物的形式的动力因和模型因加以认识，然而它却采用了一种自上而下

① Pseudo-Dionysius, *De Divinis Nominibus*, I, n.1. 中译本参考（托名）狄奥尼修斯：《神秘神学》，包利民译，北京：三联书店1998年版，第2页。

② Ibid. VII, n.3. 中译本同上，第63页。

③ Ibid. I, n.6. 中译本同上，第8页。

④ Ibid. I, n.3. 中译本同上，第4页。

⑤ Ibid. I, n.5. 中译本同上，第6页。

⑥ Ibid. I, n.2. 中译本同上，第3页。

⑦ Ibid.

地考察那些被用以肯定地谓述上帝的神圣名称的途径或者方法。因为这个缘故,所以受其影响的拉丁神学家们更喜欢从方法论的角度称之为"肯定之路"或者"肯定方法"(via affirmativa),这相当于中国传统所谓的"表诠法";有时,他们也根据它涉及从作为超越者的上帝的理念原型下降到最低级受造物的形式这一进程而称之为"下降之路"(via descensus)。① 伪狄奥尼修斯把肯定神学描述为"从最高的范畴向最低下的范畴进发,在下降的跑道上包容进越来越多的、随着下降的每一个阶段而增加的观念。"②在《论神圣名称》中,他就是根据这一方法来诠释诸如善、光、美、智慧、生命、存在之类的各种神圣名称的。根据他的诠释,诸如此类的神圣名称都以超越的模式被用来谓述上帝;然而,它们之被用来谓述受造物却是因为受造物来自于作为其原因的上帝,并且不同程度地分有由这些名称所意指的各种完美性,而这些完美性则以统一的模式存在于上帝之中。例如,他把"善"这个名称视为在所有神圣名称中的最高范畴,并且用它来作为其肯定神学的起点,因为只有上帝才实体地是善,然而其他一切事物却仅仅程度不同地分有善。在他看来,既然上帝实体地是善,那么上帝就既是创造的源头,也是创造的目的。他说:"光来自于至善,光是这原型之善的形象。所以至善也被用'光'这一名字称颂,正如原型总是展示在其形象中一样。超越之上帝的善既传到了最高与最完善的存在形式,也传到最低级的形式中。同时他又保持在所有形式的存在之上,比最高的存在还要高,虽然他甚至伸展到最低的存在中。"③最后,伪狄奥尼修斯又把光所显示的上帝的形象说成是"超级的美",因此善又可以由"美"这个名称所意指。④ 这样一来,"善"、"光"、"美"三个神圣名称就被按照一个具有开端、中间、终点的原初神圣三元模式作了诠释。其他的神圣名称(例如"智慧"、"生命"、"存在"三个名称)也基本上被按照类似的神圣三元模式作了诠释。在他看来,诸如此类的神圣名称所意指的完美性完整地存在于上帝之中,当它们被用来谓述上帝的时候,彼此之间并没有真正的差别;然而,当它们被用来谓述受造物的时候,彼此之间却有着很大的区别,因为受造物分有上帝的完美性程度是不同的。尽管如此,我们在受造物中所发现的完美性必须被归属于上帝,因为上帝是一切受造物的最高原因。此外,伪狄奥尼修斯还指出,肯定神学采用的方法之所以要从最高的范畴开始,其原因就在于:"当我们肯定那超出一切肯定的事物时,我们必须从与他最接

① 伪狄奥尼修斯描述了这一自上而下的进程:"当我们肯定时,我们从最先的事物开始,通过居中事物向下移动,直到我们到达最后的事物。"(Pseudo-Dionysius,*De Mystica Theologia*,II.中译本同上,第101页)

② Ibid.III.中译本同上,第102页。

③ Pseudo-Dionysius,*De Divinis Nominibus*,IV,n.4.中译本同上,第26页。

④ Ibid.IV,n.7.中译本同上,第28—29页。

近的事物开始,这么做,我们便肯定了所有其他事物所倚靠的事物。"①例如,当我们说上帝是生命或者是善的时候,这种说法总比我们说他是空气或者是石头要更加真实得多。在前一种情形下,诸如"生命"、"善"之类的名称意指实际存在于上帝中的东西;然而,在后一种情形下,诸如"空气"、"石头"之类的名称因为它们下降到了最低级的受造物而被增加了更多的观念,它们也因此而只有隐喻的意义。不过,即使有一些名称比其他名称能够被用来更真实地谓述上帝,我们也不可能通过这些名称的日常经验意义而达到关于上帝的充分知识和概念,因为上帝超越了一切受造物,当这些名称被用来谓述上帝的时候,它们的指称和涵义无限地超越了我们对它们所能经验到的一切东西。

同样地,尽管否定神学涉及圣经神学传统中有关上帝的自我隐藏这一向度,把上帝作为一切受造物欲求回归的目的因加以认识,然而它却采用了一种自下而上地排除那些在被用以否定地谓述上帝的神圣名称中所包含的适合于受造物的指称和涵义,逐步上升到那不可言说的神圣实体的途径或者方法。因为这个缘故,所以受其影响的拉丁神学家们更喜欢从方法论的角度称之为"否定之路"或者"否定方法"(via negativa),这相当于中国传统所谓的"遮诠法";有时,他们也根据它涉及从最低级的受造物到超越的上帝这一进程而称之为"上升之路"(via ascensus)。② 伪狄奥尼修斯把否定神学描述为:"从在下者向超越者上升,它攀登得越高,语言便越力不从心;当它登顶之后,将会完全沉默,因为它将最终与那不可描状者合为一体。"③根据他的诠释,否定神学从那些被用来描述离上帝最远的事物的名称(例如,"愤怒"、"悲哀"、"酗酒"、"睡"、"醒"等等)开始,然后逐步否定或者排除这些名称所意指的属性存在于上帝之中,最后达到一种神秘未知的黑暗状态,因为上帝绝对地超越了一切受造物。伪狄奥尼修斯借助于雕塑家雕刻大理石塑像的比喻说明了这种否定方法。他说:"我们应当像打算雕刻一具塑像的雕塑家。他们移去一切障碍以获得对隐藏的形象的纯粹观照,他们仅仅通过这种清除行动便展现了隐秘之美。"④此外,他还指出,否定神学采用的方法之所以要从最低的范畴开始,其原因就在于:"当我们否定那超出一切的否定的事物时,我们必须开始于否定那些与我们期望达到的目标最不相像的事物。"⑤例如,否定上帝会醉酒或者愤怒,总比否定他有语言或者思想更加真

① Pseudo-Dionysius, *De Mystica Theologia*, III. 中译本同上,第 102 页。

② 伪狄奥尼修斯描述了这一自下而上的进程:"当我们从最末了的事物攀向最先的事物时,我们否定万物以便认识那不知者……"(Pseudo-Dionysius, *De Mystica Theologia*, II. 中译本同上,第 101 页)

③ Ibid. III. 中译本同上,第 102 页。

④ Ibid. II. 中译本同上,第 100—101 页。

⑤ Ibid. III. 中译本同上,第 102 页。

实得多。因为在诸如“醉酒”、“愤怒”之类的名称的涵义中包含着人类对上帝形成的一些拟人论观念，所以我们只有藉着否定方法把这些具有人类认识局限性的观念逐一排除掉，才能接近上帝。不过，伪狄奥尼修斯小心翼翼地提醒我们，即使我们藉着否定方法把一切不适合于上帝的拟人论观念完全排除掉，我们仍然不可能对上帝有清晰的直观和把握，却只能进入一种未知的黑暗之中。“事实是：我们飞升得越高，我们的词语越局限于我们所能形成的观念；所以当我们进入到超出理智的黑暗之中的时候，我们将发现自己不仅词语不够用，而且实际上是无言与不知。”①

对于伪狄奥尼修斯来说，肯定神学与否定神学并非截然对立的两极，而是构成他的统一的神秘神学的两个不同方面。肯定神学与否定神学作为接近上帝的两种不同途径或者方法最终都指向了那不可把握和言说的上帝，并且在上帝的奥秘中被超越。他在《神秘神学》中指出：“我们不要认为否定只是肯定的相反，而应认为万物之因远远优先于此，他超出缺乏、超出所有的否定，超出所有的断定。”②他还在该书的结尾处描述了我们藉着肯定方法和否定方法所能接近的上帝：“关于他，既没有言说，也没有名字或知识。黑暗与光明、错误与真理——他一样也不是。他超出肯定与否定。我们只能对次于他的事物作肯定与否定，但不可对他这么做，因为他作为万物完全的和独特的原因，超出所有的肯定；同时由于他高超地单纯和绝对的本性，他不受任何限制并超出所有局限；他也超出一切否定之上。”③显而易见，这种超越了肯定与否定的神学不仅是辩证的，而且是神秘的。伪狄奥尼修斯神秘神学所具有的这种既辩证又神秘的特征在以下这段表达其上帝观的著名话语中得到了充分的体现：

> 上帝可以在万物中被认识，然而又与万物不同。他通过知识与不知而被认识。关于他有着概念、理智、理解、接触、感觉、意见、想象、名字以及许多其他东西。另一方面，他不能被理解，词语无法包含他，名字无法把握他。他不是存在物中的一员，也不能在它们的任何一个之中被认识。他是万物中的万物，又不是事物中的一个事物。他对所有人从万物中都是可知的，他又不是任何人可以从任何一事物中认识的。④

虽然伪狄奥尼修斯神秘神学是肯定神学与否定神学的辩证统一，但是我们仍然能够发现他把否定神学抬到了高于肯定神学的地位。对于他来说，否定方法比肯定方法更加适合于神圣领域，因为正面的肯定对于不可表述的奥秘来说总是不合适的。⑤

---

① Pseudo-Dionysius, *De Mystica Theologia*, 中译本同上，第102页。

② Ibid. I, n.2. 中译本同上，第99页。

③ Pseudo-Dionysius, *De Mystica Theologia*, V. 中译本同上，第104页。

④ Pseudo-Dionysius, *De Divinis Nominibus*, VII, n.3. 中译本同上，第63页。

⑤ Pseudo-Dionysius, *De Caelesti Hierarchia*, II, n.3. 中译本同上，第110—111页。

他还在《论神圣名称》中提到了他要与《圣经》著述者一致,“宁愿取通过而上升的道路,因为这使灵魂站出到一切与它自己的有限本质相关的东西之外。这条道路引导灵魂经历所有的神圣概念,这些概念本身被那远远地超出一切名字、一切理智和一切知识的上帝所超越”①。

值得注意的是,当代西方研究伪狄奥尼修斯神秘神学的学者对他的否定神学的具体性质的认识尚存较大的争议。有人认为他有两种否定神学:一种是理性的,另一种则是神秘的;还有人认为他只有一种基于对上帝的超越性的非概念性把握的神秘的否定神学。这种争议因为涉及对大量文本的不同理解和诠释而难以达成共识。无论如何,伪狄奥尼修斯本人在他所写的第九封书信中对神学传统的双重区分是有助于我们理解其神秘神学的。他说:“神学传统有双重方面,一方面是不可言说的和神秘的,另一方面是公开的和明显的。前者诉诸象征法,并以入教为前提;后者是哲学式的,并援用证明方法。(不过,不可表述者与能被说出者是结合在一起的。)一方使用说服并使人接受所断言者的真实性;另一方行动,并且借助无法教授的神秘而灵魂稳定地面对上帝的临在。”②总而言之,在伪狄奥尼修斯看来,神学的最高形式就是在与上帝合一的神秘境界中流露出来的超越了肯定与否定对立的那种享福的无知,也就是上帝被说成是居于其中的那种渊深的黑暗。

---

① Pseudo-Dionysius, *De Divinis Nominibus*, XIII, n.3.中译本同上,第 85—86 页。

② (托名)狄奥尼修斯:《神秘神学》,包利民译,北京:三联书店 1998 年版,第 247 页。

第二部分

基 本 论 域

第 二 章
命名与意指理论

阿奎那的命名与意指理论是其语言哲学中最基础的部分，他对其他语言问题尤其是对宗教语言问题的论述都是建立在他的命名与意指理论基础上的。因此，如果想要了解阿奎那的语言哲学，那么我们首先必须厘清他的命名与意指理论。在阿奎那的著作中，虽然对名称与意指问题的讨论是与对其他语言问题的讨论紧密联系在一起的，但是这并不妨碍我们可以从中把他的相关论述剥离出来单独加以研究，因为这样做仅仅是出于集中探讨他的相关思想之考虑，而不是要把它与其他语言哲学思想隔离开来视为某种孤立的东西。本章将从名称的施加和口语的意指两个方面探讨阿奎那的命名与意指理论的基本内容，并且在此基础上进一步剖析其神学意蕴。

第一节　名称的施加

名称是最基本的、具有意义的语言要素之一，也是自古希腊语言哲学以降直至整个中世纪语言哲学都乐于讨论的重要题材之一。阿奎那在探讨人类语言现象的时候也对名称问题给予了极大的关注，提出了他自己的命名理论。本节的基本任务是考察他的命名理论，主要包括两个方面：一是考察他提出的命名原则；二是考察他在名称的由来与名称所指的事物之间作出的区分。

一、命名的原则

命名活动是人类最基本的语言活动之一。从人们开始对语言现象进行哲学反思起，他们就已经把命名问题列为语言哲学探讨的重要主题之一了。古希腊人自神话时代起就对名称与事物之间的关系形成一种基本信念，他们相信在名称与事物之间存在着一种原初的内在统一性，正是这种统一性为人们用语词表达事物提供了保证。巴门尼德基于这一传统信念提出了语言表述存在这一基本观点。然而，他关于语言表述存在的基本观点在高尔吉亚反思人类语言现象的时候却受到了质疑。高尔吉亚在提出质疑的时候所采用的主要手段就是切断在名称与事物之间的知识论关联。但是,如果在名称与事物之间一旦失去了知识论上的联系,那么人们对在名称与事物之间的内在统一性的信念就只能要么作出神秘主义的解释,要么作出相对主义的解释。高尔吉亚显然选择了后者,他颠倒了名称与事物的关系,反过来强调事物表现或者摹仿语言。柏拉图的《克拉底鲁篇》以对那种存在于名称与事物之间的内在统一性的相信与怀疑为思想背景,把名称的适切性问题作为其探讨的主题。通过对在名称的适切性问题上表现出来的以克拉底鲁为代表的自然论和以赫谟根尼为代表的约定论的批判,柏拉图明确地意识到,如果想要讨论名称的适切性问题,那么我们就必须进一步考察如何正确地确立起命名者据以命名的第一原则。① 遗憾的是,柏拉图并未对这个问题给予明确的解答。他似乎想到了人类给事物制造的名称唯有通过关于事物的知识才能与事物建立相应的联系。因此,他认为我们只有凭借关于事物的知识才能正确地确立起命名者据以命名的第一原则。事实上,在考察如何正确地确立命名者据以命名的第一原则的时候,柏拉图所讨论的就是关于事物的知识与其名称的关系,并且他认为关于事物的知识是先于它们的名称的。但是,他并未明确地提出命名者根据他们对事物的知识给事物命名的基本原则,尽管我们根据他的思想逻辑可以推测出他会赞同这一基本原则。在评注亚里士多德《范畴篇》的时候,具有明显柏拉图主义思想倾向的波埃修一开始就谈到了命名问题。他指出,只有人类才能给其自身周围的事物施加名称,所施加的名称主要根据事物本性的固有构成而是它们之所是。人对于其自身的心智所把握的每一个事物都能够制造出一个名称。例如,我们可以把这个物体称为"人",把那个物体称为"石头",把这个东西叫"木头",把那个东西叫"颜色";凡是从其自身产生另一个事物的东西,我们都可以称之为"父亲";我们还可以把名称的固有形式指派给数量的尺度,称之为"两足长"或者"三足长";就其他事物而言,我们也可以采用同样的方式来为之命名。② 波埃修的这一解释隐含着他的命名原则:人类根据其自身的心智对事物的把握而制造名称,并且所施加的名称主要是根据事物本质的构成而制造的。

在阿奎那之前,虽然古代哲学家们在讨论命名问题的时候或隐或显地涉及命名的原则问题,并且他们也在一定程度上意识到了在名称、知识、事物之间存在着的关系,但是他们都没有明确地解答命名者据以命名事物的基本原则是什么这一

---

① [古希腊]柏拉图:《克拉底鲁篇》,435D—436D。

② Boetii, *In Categorias Aristotelis* 1, Cf. *PL* 64, 159A—C.

问题。阿奎那在总结前人的思想基础上对这一问题给予了非常明确的回答。他指出："事物被我们命名，根据它们为我们所认识"；①或者说："每一个事物都根据我们关于它的知识被我们命名。"②从阿奎那的回答中我们不难看出，人类给事物命名的根据就在于他们所获得的关于被命名事物的知识。这是阿奎那反复强调的一个基本的命名原则，它包含着十分丰富的思想内容，我们不能对它作简单化的理解。

首先，这一基本原则充分肯定了在名称、事物、知识之间存在着的内在联系。在阿奎那看来，名称是人的语言构造物；事物则是客观实在；知识既是客观实在及其本质在人的心智中产生的思想结果，又是名称所表达和意指的对象。因此，名称与事物经由知识的中介而以适当的秩序联系在一起，即事物—知识—名称。显然，这一秩序是存在—思想—语言之间的内在统一性的体现。一方面，只有在知识论意义上的客观存在才能成为人们言谈的对象，否则的话，没有知识作为中介的客观存在便是不可言说的；另一方面，也只有在知识论意义上的语言才能言及存在和真理，否则的话，没有知识作为中介的语言便是空洞无物的。就此而言，阿奎那提出的人类根据事物的知识给事物命名的基本原则凸显了知识是连接名称与事物的桥梁。从这个意义上讲，阿奎那的命名原则是对在古希腊语言哲学传统中以高尔吉亚为代表的智者企图切断在名称与事物之间的知识论关联的彻底否定。

其次，这一基本原则充分凸显了知识是人类借以命名的根据。人类给事物命名既非仅凭自己的主观意愿随便地施加名称，亦非仅凭自己的空想象胡乱地虚构名称，而必须以其自身具有的关于事物的知识为客观根据，才能成功地实现命名。否则的话，所施加的名称就不能被用来指称客观实在。阿奎那强调要根据对事物的认识来给事物命名，旨在凸显知识对人类命名活动的基础性和决定性作用。一方面，知识乃命名之根基。人类给事物命名是以关于事物的知识为基础性前提条件的，因为名称是思想的表达，而思想又是客观实在及其本质的概念化，即知识。因此，客观实在是知识的根基，而知识又是名称的根基。如果一个人对事物一无所知，那么他就根本无法给事物命名。同样地，如果人所制造的名称不是以关于客观实在的知识为基础的，那么它就根本无法被用来言说客观实在。另一方面，知

① Sancti Thomae de Aquino, *In V Metaphysicorum*, lect.1, n 751: "Secundum autem quod res sunt nobis notae, secundum hoc a nobis nominatur." Cf. St. Thomas Aquinas, *Commentary on Aristotle's Metaphysics*, translation and introduction by John P. Rowan, Dumb Ox Books, Notre Dame, Indiana, 1995.

② Sancti Thomae de Aquino, *ST* Ia, q.13, proemium. Cf. St. Thomas Aquinas, *Summa Theologica*, complete English edition in five volumes, translated by Fathers of the English Dominican Province, Benziger Brothers, Inc., 1948.

识乃命名活动的决定性因素。人类给事物命名归根到底取决于他们对事物的认识。根据阿奎那的说法,凡是人们所能认识的任何一个事物,不管他们对该事物拥有何种程度的知识,他们都能够给予该事物一个名称,①也就是说,人类对事物所能认知的范围和程度决定了他们给事物命名的范围和程度。此外,我们对事物的认知方式也决定了我们对事物的命名方式。我们怎样认识事物,就怎样给事物命名,正如阿奎那所说:"我们按照我们从事物那里接受知识的方式给予事物名称"。②

最后,我们对于阿奎那提出的这一命名原则还必须从他的知识论立场和路线出发来加以理解。如前所述,阿奎那的命名原则充分凸显了知识对于命名活动的基础性和决定性作用,如果我们从不同的知识论立场和路线出发,那么这势必会导致我们对这一命名原则的不同理解,从而形成不同的命名理论。因此,为了准确地把握阿奎那的命名原则,我们还必须进一步厘清他的知识论立场和路线。众所周知,就知识论立场和路线而言,古希腊哲学传统的知识论为基督宗教哲学传统的知识论提供了两种可供选择的理论方案:一个是以柏拉图主义为代表的先验论立场,其所遵循的是从先验共相到经验殊相的认识路线;另一个则是以亚里士多德主义为代表的经验论立场,其所遵循的则是从经验殊相到先验共相的认识路线。在整个西方哲学的知识论传统中,长期占据着统治地位的乃是以柏拉图主义为代表的先验论立场和路线。因为柏拉图在本体论上将世界二重化为本体世界和现象世界,并且重本体而轻现象;所以,相应地,他在知识论上也将人对世界的认识二重化为知识和意见,并且重知识而轻意见。在他看来,只有作为本体的相或者型的世界才是理智的对象,也只有对独立的相或者型的认识才是真实的知识。然而,现象世界却是感觉的对象,人们对现象世界的感官知觉不是知识,而是意见。尽管柏拉图把人的灵魂区分为理智和感觉,然而他却认为人的灵魂所拥有的关于相或者型的一切知识都不是来自于感官经验的,而是人的灵魂先天固有的。人的灵魂在它与身体结合之前早已在相或者型的世界中认识了一切,只不过在其与身体结合之后因其受到身体的污染而忘记先前已经在相或者型的世界中所认识的一切罢了。不仅理智的知识是人与生俱来的,它并非来自于人的感官对现象世界的感知,而且感官知觉也并非来自于可感的事物,因为感觉的功能仅仅在于唤醒理智的理解活动。因此,人的知识就是以其感官对现象世界的感知

① *ST*, Ia, q.13, a.1:"…aliquid a nobis intellectu cognosci potest, sic a nobis potest nominari(……凡是能被我们的理智所认识的任何事物,我们都能给它命名)."

② Sancti Thomae de Aquino, *De Veritate*, q.4, a.1:"Quod nomina imponuntur a nobis secundum quod cognitionem de rebus accipimus." Cf. St. Thomas Aquinas, *Truth*, volume I, translated by Robert W. Mulligan, S.J., Indianapolis/Cambridge: Hackett Publishing Company, Inc., 1994.

为助缘而回忆起他的灵魂先前在本体世界中所见过的相或者型。奥古斯丁、波埃修等基督宗教哲学家传承了柏拉图主义的先验知识论立场和路线。柏拉图的“知识即回忆”说被奥古斯丁进一步改造成为“光照论”。在奥古斯丁那里,知识被视为心智用理性规则整理感性所搜集的材料的结果;然而,那潜存于人的心智中的理性规则本身却有其独立于感性经验的来源,它是神圣真理之光压在人的心智上的印迹。正如人的肉眼只有借助于日光的照耀才能有所见一样,人的心智也只有借助于它所分有的神圣真理之光的照耀才能有所识。同样地,波埃修也秉承了柏拉图主义的先验知识论立场,他把知识视为人的心智以其先天固有的形式调和外来印象的结果。① 在知识论上,尽管阿奎那作为基督宗教哲学家曾经比较和甄别过柏拉图主义与亚里士多德主义,②然而他所传承的却不是柏拉图主义的先验论立场和路线,而是亚里士多德主义的经验论立场和路线。一方面,阿奎那追随亚里士多德倡导知识始于经验的基本原则,明确地主张人的灵魂起初是未书写任何文字的“白板”(tabula rasa),由于它与身体结合在一起,它的一切知识无不来自于那属于身体器官活动的感觉经验。他说:“感觉若不先提供材料,理智便一无所知。”③后人把阿奎那所坚持的这一经验论原则概括为一句至理名言:“凡在理智之中者,无不先在感觉之中(Nihil in intellectu quod prius non fuerit in sensus)。”另一方面,阿奎那又主张理智的知识是在感官所获得的“感觉意象”(phantasma)的基础上通过理智的“抽象作用”(abstractio)而形成的。他不仅强调性地表达了他自己的正面观点:“我们必须说我们的理智通过从感觉意象中抽象(abstrahendo a phantasmatibus)来理解物质事物,并且我们经由如此被考虑的物质事物而获得关于非物质事物的某些知识,正如天使相反地经由非物质事物而认识物质事物一样”,而且对照性地表达了柏拉图的反面观点:“但是,柏拉图仅仅考虑人类理智的非物质性,而不考虑它以某种方式同身体结合在一起,主张理智的对象是分离的相,并且我们不是通过抽象来理解,而是通过分有抽象事物来理解。”④既然阿奎那在知识论上坚持的是亚里士多德主义的经验论立场以及从感性知识到理性知识的认识路线,那么,就他所提出的人类根据关于事物的知识给事物命名的基本原则而言,我们也只有基于他的这一知识论立场和路线来对之加以深入理解,才能真正符合他的思想实情。

按照阿奎那的知识论立场和路线,事物的外在可感特性是最先也最容易为我们

---

① Boetii, *Philosophiae Consolatio*, V, m iv.

② *ST*, Ia, q.84, a.6.

③ Sancti Thomae de Aquino, *De Veritate*, q. 10, a. 6, ad 2. Cf. St. Thomas Aquinas, *Truth*, volume II, translated by James V. McGlynn, Indianapolis/Cambridge: Hackett Publishing Company, Inc., 1994.

④ *ST*, Ia, q.85, a.1.

所认识的,并且我们是经由关于事物的可感特性的知识而获得关于事物本质的知识的。因此,如果我们根据关于事物的知识来给事物命名,那么我们在大多数情况下都是根据我们的感官所把握的可感特性给事物命名的,并且我们既可以经由这样的名称来意指事物的本质,也可以意指事物的可感特性。事实上,这也的确是阿奎那自己所要表达的思想。他说:"我们的理智以对事物的本质的认识为其固有对象,从感觉获得知识,而感觉的固有对象则是外在的偶性。因此,我们从外在现象获得关于事物本质的知识。并且,如前所述,因为我们根据我们对一个事物的知识而给它命名,所以名称通常由外在特性而被施加,以便意指本质。因此,这样的名称有时被用来本义地意指本质本身,它们的意指就是它们的首要对象;但是,有时又被用来较少本义地意指名称由以被施加的特性。"①例如,"corpus"(相当于英文的"body"一词)这个名称既可以被用来表示事物的本质,也可以被用来表示事物的外在特性。换言之,"corpus"这个名称可以有两种不同的意指:一方面,我们通常把这个名称给予那具有能够在其中包含(长、宽、高)三个维度(tres dimeniones)这样一种本性的东西,从这个意义上讲,这个名称可以被用来表示"实体的种"(genere substantie),尽管它是通过实体拥有的(长、宽、高)三个维度这一外在特性而被施加的;另一方面,我们有时也可以把这个名称给予它由以被施加的(长、宽、高)三个维度本身,从这个意义上讲,这个名称也可以被用来表示"数量的种"(genere quantitatis)。② 由于适合人类理智本性的认识对象都是一些复合实体,而它们的本质又是由形式(forma)和质料(materia)两个原理或者因素(principium)构成的;因此,阿奎那认为,在给那些由多种因素复合而成的事物命名的时候,它们往往并不根据其单独的形式或者质料而被命名,而是根据其形式与质料的复合体来获得其名称。他说:"一个事物根据它的本质被命名为存在者,而本质既不可能是单独的形式,也不可能是单独的质料,而是它们两者,尽管单独的形式以其自身的方式是如此这般存在的原因。因此,就由多个因素所构成的其他事物而言,我们观察到事物被命名不是由这些因素中单独的这个或那个,而是由两者整合在一起。例如,就味道而言,这是显而易见的。甜味由溶解湿物的发热活动所造成,而且,虽然热以这一方式是甜味的原因,但是一个物体并非由它的热而是由它的味道而被命名为甜的,而味道则整合了

① *ST*, Ia, q.18, a.2.

② Sancti Thomae de Aquino, *De Ente et Essentia*, cap. II. Cf. St. Thomas Aquinas, *On Bing and Essence*, translated with an introduction and notes by Armand Maurer, second revised edition, Toronto: Pontifical Institute of Mediaeval Studies, 1968.关于阿奎那对"corpus"一词的两种意义的区分也可参考 *ST*, Ia, q.7, a.3; Ia, q.18, a.2; *In III Metaphysicorum*, lect.13, n.514; *In VII Metaphysicorum*, lect.12, n.1547; *In X Metaphysicorum*, lect.4, n.1993.

热和湿物。”①我们从阿奎那对复合事物的命名情况所作的这一解释中不难看出，他提出的命名原则与其知识论上的经验论立场和路线是完全一致的。

二、名称的由来与所指的区分

在谈到名称的施加的时候，阿奎那曾经反复地强调我们必须注意把一个名称为了意指而由以被取得的东西与它所要意指的东西区分开来。例如，在《论上帝的权能》(*De Potentia*)中，他针对名称问题指出：“在一个名称中有两件事情必须被考察：它被打算去意指的东西与它为了意指而由以被取得的东西。因为一个名称通常为了意指某物而被给予，但是它由该物的偶性或者活动或者结果而被取得，然而这个名称并非首要地意指这些东西，毋宁说，它意指该物的实体或者本性本身。”②在《神学大全》(*Summa Theologica*)中，他以另一种方式对这一区分作出了更加明确而严谨地表述，将其表述为“名称为了意指而由以被施加的东西”(a quo imponitur nomen ad significandum)与“名称被施加以便意指的东西”(ad quod nomen imponitur ad significandum)的区分。

一方面，阿奎那以“石头”(lapis)这一名称为例说明了名称为了意指而由以被施加的东西不同于它被施加以便意指的东西。他说：“就名称的意指而言，有时名称为了意指而由以被施加的东西是一回事，而名称被施加以便意指的东西则是另一回事。例如，‘石头’(lapis)这个名称由它伤脚的事实而被施加，但是它被施加并非为了意指这个事实，仿佛表示‘伤脚者’(laedens pedem)的意思，而是为了意指物体的某个属(quamdam speciem corporum)；否则的话，凡是伤脚的东西都将是石头了。”③需要注意的是，阿奎那所谓“名称为了意指而由以被施加的东西”，既表示一个名称被施加的缘由，也表示它被施加的来源；然而，他所谓“名称被施加以便意指的东西”，则表示名称意指的对象。因此，按照阿奎那在此所表达的意思，我们可以把这一区分简要地说成是名称的“由来”(id a quo)与其“所指”(id ad quod)的区分。

---

① Sancti Thomae de Aquino, *De Ente et Essentia*, cap.II：“Unde oportet quod essentia qua res denominatur ens non tantum sit forma, neque tantum materia, sed utrumque, quamuis huiusmodi esse suo modo sola forma sit causa.Sic enim in aliis uidemus que ex pluribus principiis constituuntur, quod res non denominatur ex altero illorum principiorum tantum, sed ab eo quod utrumque complectitur：ut patet in saporibus, quia ex actione calidi digerentis humidum causatur dulcedo, et quamuis hoc modo calor sit causa dulcedinis, non tamen denominatur corpus dulce a calore sed a sapore qui calidum et humidum complectitur.”

② Sancti Thomae de Aquino, *De Potentia*, q.9, a.3, ad 1.Cf.St.Thomas Aquinas, *On the Power of God*, translated by the English Dominican Fathers, Westminster, Maryland：The Newman Press, 1952.

③ *ST*, Ia, q.13, a.2, ad 2：“Dicendum quod in significatione nominum aliud est quandoque a quo imponitur nomen ad significandum, et aliud ad quod significandum nomen imponitur：sicut hoc nomen *lapis* imponitur ad eo quod laedit pedem；non tamen imponitur ad hoc significandum, quod significet *laedens pedem*, sed ad significandum quamdam speciem corporum；alioquin omne laedens pedem esset lapis.”

另一方面，阿奎那又特别说明了名称的由来与所指的区分是相对的，而不是绝对的。我们可以看到他在作出这一区分的时候十分谨慎地使用了“有时”(quandoque)一词，这意味着他非常清楚在名称的由来与其所指之间还存在着无差别的特殊情况。这种特殊情况通常出现在我们给那些最容易为我们所认识的事物施加的名称中。一般来说，当我们想要对之施加名称的事物已经非常明显，以致完全没有必要从更加明显的事物施加名称的时候，我们针对这样的事物所施加的名称就会出现“由来”与“所指”相同的情况。阿奎那本人也为我们列举了一些有关“由来”与“所指”相同的名称作为例子。他说：“如果存在着一些我们根据它们本身而认识的事物，例如，热、冷、白以及诸如此类的事物，那么它们并不通过其他事物而被命名。因此，就这样的事物而言，名称所意指的东西与名称为了意指而由以被施加的东西是相同的。”①显而易见，阿奎那所举的诸如热(calor)、冷(frigus)、白(albedo)之类的例子都是一些具有基础性的事物，它们是如此明显可知的，以致没有任何比它们更加明显可知的事物作为它们被命名的由来。与其说这样的事物由其他事物而被施加名称，倒不如说其他事物由它们而被施加名称。它们由其自身而被施加名称，并且所施加的名称意指它们本身。因此，就这样的基础性事物而言，名称的由来与所指的区分是一种例外。

就阿奎那所作出的关于名称的由来与所指的相对区分而言，我们可以从不同的角度对之加以深入理解。

首先，从知识论的角度来看，阿奎那作出名称的由来与所指的区分有其经验主义的认识论根源。一方面，按照阿奎那的经验主义认识论立场，我们的一切知识都是从感官经验开始的，感官经验的固有对象是事物的可感现象，它们最先也最容易为我们所认识，既然我们根据我们对事物的认识而给它们命名，那么名称就由最容易为我们的感官经验所把握的可感现象而被施加。因为这个缘故，所以我们的感官经验所把握的东西往往是名称的由来。另一方面，按照阿奎那的经验主义认识论路线，我们的知识又并不局限于感官经验所把握的知识，我们还能凭借理智获得关于事物本质的知识。尽管理智的固有对象是事物的本质或者可理解的形式，然而这种本质或者可理解的形式却是我们的理智从感官经验所获得的感觉意象中抽象出来的。既然我们的理性知识总是有其感性知识的来源，那么，那些意指为我们的理智所理解的事物的本质之名称也有为我们的感官经验所把握的东西作为其由来。“正如我们由实体的特性和运作而认识实体，同样地，我们有时也由实体的运作或者它的特性来命名实体。例如，我们由石头伤脚(laedit pedem)的活动来命名石头的实体，但是我们用‘石

---

① *ST*, Ia, q.13, a.8: “Si qua vero sunt quae secundum se sunt nota nobis, ut calor, frigus, albedo et huiusmodi, non ab aliis denominantur. Unde in talibus idem est quod nomen significat et id a quo imponitur nomen ad significandum.”

头'这个名称来意指的并非那一特殊的活动,而是它的实体。"①事实上,我们常常像这样使用由可感现象而被施加的名称来意指为我们的理智所把握的事物的本质或者可理解的形式。由此可见,正如我们的知识并不局限于我们的感官经验所把握的东西一样,由可感现象而被施加的名称也并不局限于意指事物的可感现象。当我们使用由可感现象而被施加的名称来意指事物的本质或者可理解的形式的时候,名称的由来与其所指的区分是显而易见的。

其次,从语义学的角度来看,名称的由来与其所指的区分也可以被理解为语词的词源与它的意指的区分。在拉丁文中,表示"名称"之意的"nomen"一词正如在希腊文中的"onoma"一词一样兼有"语词"的意思。从这个意义上讲,阿奎那所谓"nomen(名称)为了意指而由以被施加的东西",不仅可以被理解为名称的由来,而且可以被理解为语词的词源;而他所谓"nomen(名称)被施加以便意指的东西",则既可以被理解为名称的所指,也可以被理解为语词的意指。阿奎那说:"一个语词的词源不同于它的意指。因为它的词源依赖于它为了意指而由以被施加的东西,而它的意指却依赖于它为了意指而被施加于其上的事物。现在,这两件事有时不同。例如,'石头'(lapis)由伤脚(laedere pedem)而取得它的名称,然而这不是它的意指,否则铁也会因其伤脚而是一块石头了。"②如果我们仔细地比较一下阿奎那对语词的词源与其意指的区分之说明与他对名称的由来与其所指的区分之说明,那么,我们就不难发现,他对它们所给予的说明不仅就思想内容而言是相同的,而且就他作出区分的方式而言也是相同的。他在两种情形下都非常谨慎地使用了"有时"一词来表示他所作出的这种区分是相对的。更有甚者,为了解释他所作出的这种区分,他在两种不同的情形下都使用了"石头"这一名称作为例子。由此可见,阿奎那把名称的由来与其所指的相对区分也视为语词的词源与其意指的相对区分。因此,就他所列举的其他一些有关名称的由来与其所指的区分的例子而言,我们也可以按照语词的词源与其意指的区分来对之加以解释。例如,就"本源"(principium)这一语词的词源而言,虽然它似乎来自于"在先"(prioritate),但是它并不表示"在先"(prioritatem)的意思,而是表示"起源"(originem)的意思。③ 就其他语词而言,也有同样的

① *ST*, Ia, q.13, a.8.

② *ST*, IIa-IIae, q.92, a.2, ad 2.

③ *ST*, Ia, q.33, a.1, ad 3:"虽然'本源'(principium)这个名称就其为了意指而由以被施加的东西来说似乎取自'在先'(prioritate),但是它并不意指'在先'(prioritatem),而是意指'起源'(originem)。因为名称所意指的东西与名称由以被施加的东西不是同一回事(Dicendum quod licet hoc nomen principium, quantum ad id quo imponitur ad significandum, videatur a prioritate sumptum; non tamen significat prioritatem, sed originem. Non enim idem est quod significat nomen, et a quo nomen imponitur.)。"

情形。

当一个名称或者语词意指它被施加于其上的事物而非它由以被施加的东西的时候,它被阿奎那说成“本义地”(proprie)意指。尽管如此,这并不妨碍我们仍然可以用它来意指它由以被施加的东西。当我们用它来意指它的由来而非它被施加于其上的事物的时候,它被阿奎那说成“较少本义地”(minus proprie)意指。例如,“生命”(vita)这个名称取自于某种外在现象,即自我运动。然而,这个名称之被施加原本却不是为了意指这一外在现象,而是为了意指那按本性具有自我运动和从事其他各种运作的能力之实体。因此,它本义地意指实体,而不是本义地意指偶性。相应地,它的形容词“有生命的”(vivum)也不是一个偶性谓词,而是一个本质性谓词。但是,我们有时也可以用“生命”这个名称来较少本义地意指生命的运作本身。① 同样地,如前所述,阿奎那所列举的“石头”(lapis)这一典型例子也清楚地显示出一个语词并不本义地意指它的词源。尽管如此,在阿奎那的文本中,我们仍然可以清楚地看到他在名称意指其由来的问题上还持有与此相反的另一种主张。例如,在《〈箴言书〉评注》(*Scriptum Super Libros Sententiarum*)中,阿奎那指出:“应当说在任何名称中都有两件事情要考察,即名称由以被施加的东西,那被称为名称的性质(qualitas nominis),以及它被施加于其上的东西,那被称为名称的实体(substantia nominis)。从本义上讲,名称被说成意指它由以被施加的形式或者性质;它被说成指代它被施加于其上的东西。”②在这段话中,我们非常清楚地看到阿奎那又主张名称本义地意指它的由来,因为他在这里所说的名称本义地意指的“形式或者性质”(formam sive qualitatem)正是“名称由以被施加的东西”(id a quo imponitur nomen)。由此可见,在关于名称意指其由来的问题上,阿奎那的文本给我们提供了两种似乎自相矛盾的观点:一方面,他主张名称“较少本义地”(minus proprie)意指它的由来;另一方面,他却又声称名称“本义地”(proprie)意指它由以被施加的形式或者性质。那么,我们现在需要弄清楚的问题是,这两种主张究竟是表面上看起来自相矛盾呢,还是在阿奎那思想中的真实矛盾呢?我认为,这只不过是一种表面的矛盾而已,因为这种看似矛盾的主张在阿奎那思想中并非不能使它们互相协调一致。如果我们进一步考察阿奎那对名称的由来所作出的区分,那么这种表面的矛盾就可以被消解掉。

---

① *ST*, Ia, q.18, a.2.

② Sancti Thomae de Aquino, *Super III Sententiarum*, d.6, q.1, a.3:“Dicendum quod in quolibet nomine est duo considerari: scilicet id a quo imponitur nomen, quod dicitur qualitas nominis, et id cui imponitur, quod dicitur substantia nominis. Et nomen proprie loquendo dicitur significare formam sive qualitatem a qua imponitur nomen; dicitur vero supponere pro eo cui imponitur.”

根据阿奎那在这个问题上的总体看法，这两种关于名称意指其由来的不同说法不是彼此冲突的，因为他认为人类在给事物命名的时候有两个不同的来源。一方面，一个事物应该主要地根据它的完美性而被命名，在此意义上，阿奎那说："命名源自于构成事物的属相的形式。"①当然，我们不能在"基于事物的本性的形式"（forma secundum rei naturam）这一严格意义上来理解阿奎那所说的作为命名的来源的形式。否则的话，我们就很少能够给事物命名了，因为事物的本性或者本质及其构成性形式对于我们来说往往是隐藏着的，它们在大多数情况下并不直接为我们所认识。因为这个缘故，所以我们只能在某种更加宽泛的意义来理解他所谓作为命名的来源的形式，正如他本人所指出的："应当说某个事物由以被命名的东西不必总是基于这个事物本性的形式，然而，从语法上讲，它以形式的方式被意指就足够了。因为一个人由其行动、服饰以及诸如此类的其他东西而被命名，这些东西实际上并不是形式。"②另一方面，人类又是基于其自身的感官经验所把握到的事物的外在现象来给事物的实体命名的，在此意义上，阿奎那又说："命名严格地基于偶性与实体的关系。"③在绝大多数情况下，我们都是以感官经验所把握到的偶性或者结果来给事物命名的，因为我们关于事物的最初知识是不完善的，然而我们最初正是以这种不完善的知识为基础来命名并且谈论事物的。在《论真理》（*De Veritate*）中，阿奎那更加明确地提出了或者"从施加者一方"（ex parte imponentis）或者"从事物一方"（ex parte rei）两个不同的角度来理解名称的来源问题。他指出："一个名称被说成从两个来源而被施加：或者从名称的施加者一方，或者从它被施加于其上的事物一方。一个名称被说成源自于某一事物是就其意指那个事物的概念借以被完善的东西而言的，而这就是那个事物的属差。并且这就是被名称首要地意指的东西。但是，因为本质差异并不为我们所认识，所以我们有时在它们的位置上使用偶性或者结果，正如《形而上学》第七卷所说的；并且我们据此而命名事物；因此，就不同于一个事物的本质差异的东西被用作一个名称的来源而言，该名称就被说成源自于施加者一方。例如，'石头'（lapis）由其结果即'伤脚'（laedere pedem）而被施加。而且，这个结果不应该被当作这个名称

① Sancti Thomae de Aquino, *Super II Sententiarum*, d. 9, q. 1, a. 4: "Denominatio fit a forma, quae det speciem rei." *ST*, Ia, q. 33, a. 2, ad 2; *ST*, Ia, q. 115, a. 2.

② Sancti Thomae de Aquino, *De Potentia*, q. 7, a. 10, ad 8: "Dicendum est quod illud a quo aliquid denominatur non oportet quod sit semper forma secundum rei naturam, sed sufficit quod significetur per modum formae, grammatice loquendo. Denominatur enim homo ab actione et ab indumento, ab aliis huiusmodi, quae realiter non sunt formae."

③ Sancti Thomae de Aquino, *Super I Sententiarum*, d. 17, q. 1, a. 5, ad 2: "Denominatio proprie est secundum habitudinem accidentis ad subiectum."

首要地意指的东西,而仅仅作为代替被意指者的东西。"①根据阿奎那对名称的由来所作出的这一区分,他在关于名称意指其由来的问题上所提出的两种不同主张就能够彼此协调一致了。当阿奎那断言名称较少本义地意指它的由来的时候,他显然是从名称的施加者一方来理解名称的由来的,因为事物的本质差异并不直接为名称的施加者所认识,他们通常使用事物的外在现象(例如,偶性或者结果等)来代替事物的本质差异,并且据此而给事物命名。在意义上,当名称的施加者使用以这种方式被施加的名称来意指它由以被施加的事物的外在现象的时候,我们可以说它并不"首要地"(principaliter)意指其由来,而是"较少本义地"(minus proprie)意指其由来。但是,当阿奎那断言名称本义地意指它由以被施加的形式或者性质的时候,他显然是从名称被施加于其上的事物一方来理解名称的由来的,因为名称由以被施加的形式或者性质是一个事物的概念借以被完善的东西,也就是"该事物的属差"(differentia specifica illius rei)。在这个意义上,我可以说以这种方式被施加的名称"首要地"(principaliter)或者说"本义地"(proprie)意指它由以被施加的形式或者性质。由此可见,既然阿奎那在关于名称意指其由来的问题上所提出的两种不同主张并非针对在同一意义上的名称的由来而言的,而是分别针对"从施加者一方"或者"从事物一方"两种不同意义上的名称的由来而言的,那么这两种不同的主张仅仅从表面上来看才是相互矛盾的,实际上它们却是可以协调一致的。

第二节　口语的意指

阿奎那的意指理论就其基本观点而言无疑源自于亚里士多德在其《解释篇》中所表达的相关思想。《解释篇》的主题是探讨命题以及构成命题的名词和动词,它们都属于有意义的口语。因此,在探讨这一主题之前,亚里士多德首先对作为其理论基础的口语的意指问题进行了一番说明,他的语义学纲要就集中体现在《解释篇》16a3—18中。阿奎那曾经评注过亚里士多德的两部逻辑学著作,《解释篇》就是其中之一。尽管阿奎那对《解释篇》的评注是一部未完成的作品,后来又由帕多瓦大学的

---

① Sancti Thomae de Aquino, *De Veritate*, q.4, a.1, ad 8: "nomen dicitur ab aliquo imponi dupliciter: aut ex parte imponentis nomen, aut ex parte rei cui imponitur. Ex parte autem rei nomen dicitur ab illo imponi per quod completur ratio rei quam nomen signifcat; et haec est differentia specifica illius rei. Et hoc est quod principaliter significatur per nomen. Sed quia differentiae essentiales sunt nobis ignotae, quandoque utimur accidentibus vel effectibus loco earum, ut VII Metaphys. dicitur; et secundum hoc nominamus rem; et sic illud quod loco differentae essentialis sumitur, est a quo imponitur nomen ex parte imponentis, sicut lapis imponitur ab effectu, qui est laedere pedem. Et hoc non oporter esse principaliter significatum per nomen, sed illud loco cuius hoc ponitur."

著名神哲学家卡吉坦(Thomas vio Cajetanus,1469—1534年)教授补充完整,然而阿奎那在这部评注中完整地阐释了他的意指理论。针对亚里士多德在《解释篇》16a3—18中表达的语义学纲要,他用了整整两讲的篇幅(lect.2和lect.3)来阐释意指的秩序、口语的意指及其多样性。

一、意指的秩序

在《〈解释篇〉评注》第二讲(*Expositio libri Peryermeneias*,lect.2)中,阿奎那专门讨论了口语的意指问题。当然,他并非一开始就直接地讨论这一主题,而是以考察"意指的秩序"(ordinem significationis)问题作为讨论这一主题的切入点。

虽然亚里士多德在《解释篇》中仅仅提到了与意指直接相关的文字(scripturam)、口语(voces)、灵魂的感受(animae passiones)三个因素,但是阿奎那在解读亚里士多德的文本的时候却把"事物"(res)作为第四个因素也纳入其中。在他看来,事物可以经由灵魂的感受而被理解,"因为感受是从活动着的某物的印象而来,因此灵魂的感受从事物中有它的起源。"①这样一来,阿奎那就把亚里士多德提出的关于意指的三联项扩展为关于意指的四联项了,它们是文字—口语—灵魂的感受—事物。

在阿奎那看来,人们用来与其他人交流的语言之产生必定是离不开一定的自然历史条件的。口语的产生并不是一个纯粹孤立的事件,而是有其赖以产生的政治基础和社会基础。如果一个人按照其本性是一个孤立的动物的话,那么他借以获得关于事物的知识之灵魂的感受对于他来说就已经足够了。但是,阿奎那强调,任何一个人按照其本性都是一个政治的和社会的动物,他必然要使自己的概念为其他人所知道。然而,他需要借助于口语来做到这一点。因此,为了使人们能够共同生活在一起,人们就必然需要有意义的口语作为他们的共同语言。否则的话,人们就只能困难地生活在一个社区里。同样地,文字的产生也不是一个纯粹孤立的事件,也有其赖以产生的客观基础。如果一个人只有此时此地的感性认识,那么他为了与其他人生活在一起而像其他动物那样使用有意义的声音就已经足够了。但是,一个人除了有自己的感性认识之外,还有自己的理性认识;他还要关心一些在空间上遥远而在时间上属于未来的事物。因此,为了向那些在时间和空间上遥远的人们显示自己的概念,一个人就必然需要使用文字。虽然口语和文字都是人类生活不可或缺的,但是关于它

① Sancti Thomae de Aquino, *In I Perihermeneias*, lect. 2, n. 2:"Nam passio est ex impressione alicuius agentis, et sic passiones anime originem habent ab ipsis rebus." Cf. *Aristotel*: *ON INTERPRETATION Commentary by St.Thomas and Cajetan*, translated from the Latin with an introduction by Jean T.Oesterle, Marquette University Press, Milwaukee, Wisconsin, 1962.

们的意指则分别属于不同的学科所关切的对象。在阿奎那看来,逻辑学主要关切的是口语的意指;然而,语法学主要关切的却是文字的意指。"因为逻辑学被导向获得关于事物的知识,口语的意指(对理智的概念是直接的)是其首要的考虑。文字的意指(对理智的概念是更远的)则并不属于逻辑学家的考虑,而更加属于语法学家的考虑。"①因此,《解释篇》作为一部逻辑学著作是从口语而不是从文字开始阐释了意指的秩序。

众所周知,在讨论口语的意指的时候,亚里士多德曾经说过:"那些存在于口语中的东西是灵魂的感受之符号(Sunt ergo ea quae sunt in voce earum quae sunt in anima passionum notae)。"②然而,阿奎那却根据亚里士多德这一文本的语境而把"那些存在于口语中的东西"解释为名词(nomina)、动词(verba)、句子(orationes)等,并且把"灵魂的感受"解释为理智的概念(intellectus conceptiones)。在他看来,诸如名词、动词、句子之类的东西以三种模式具有它们的存在:以一种模式存在于理智的概念中(uno quidem modo,in conceptione intellectus);以另一种模式存在于声音的言说中(alio modo,in prolatione vocis);以第三种模式存在于文字的书写中(tertio modo,in conscriptione litterarum)。显然,亚里士多德的这句话涉及第二种模式。就它们存在于声音的言说(即口语)中而言,它们乃是灵魂的感受之符号。换言之,口语意指灵魂的感受。当然,我们需要注意的是,在亚里士多德的这句话中,"灵魂的感受"(anima passionum)这个短语很容易使人想到愤怒、高兴等情感以及其他类似的感受,这种感受通常被诸如怒吼、欢呼之类的声音自然地意指。但是,在阿奎那看来,亚里士多德使用这个短语并非表示这类声音所造成的感受,而是表示理智的概念。他指出:"人的有些口语自然地意指这样的感受,这是真实的。例如,病人的呻吟声和其他动物的声音,正如在《政治学》第一卷中所说的一样。然而,在这里,亚里士多德正在谈论由于人类的习俗而有意指的口语。因此,'灵魂的感受'在这里必须被理解为理智的概念,而且根据亚里士多德的学说,名词、动词和句子直接地意指理智的这些概念。它们不可能直接地意指事物本身,这一点从意指模式中是显而易见的,因为'人'这个名称以从个体中抽象的模式意指人的本性,因此它直接地意指单个的人乃是不可能的。因为这个缘故,所以柏拉图主义者认为它意指人的分离的理念本身。但是,根据亚里士多德的学说,因为人按其抽象的意指并不实际地独立自存,却仅仅

① Sancti Thomae de Aquino, *In I Perihermeneias*, lect.2, n.3: "Quia logica ordinatur ad cognitionem de rebus sumendam, significatio vocum, que est est inmediata ipsis conceptionibus intellectus, pertinet ad principalem considerationem ipsius, significatio autem litterarum, tanquam magis remota, non pertinet ad eius considerationem gramatici."

② [古希腊]亚里士多德:《解释篇》,16a3—4。

存在于理智之中，所以亚里士多德说口语直接地意指理智的概念，并且经由它们的中介而意指事物，这是必然的。”①我们从这段话中不难看出，阿奎那不仅明确地把“灵魂的感受”解释为“理智的概念”，而且充分地肯定了“口语直接地意指理智的概念，并且经由它们的中介而意指事物”（voces significant intellectus conceptiones inmediate et eis mediantibus res）。因此，从意指的秩序来看，口语的意指之三联项就是口语（voces）——理智的概念（intellectus conceptiones）——事物（res）。口语首先直接地意指理智的概念，却并不直接地意指事物。例如，当我们言说“圆”、“桌子”、“马”等等的时候，我们当然不是在直接地言说那些实际存在着的事物。否则的话，我们都将会成为柏拉图主义者了，因为诸如“圆”、“桌子”、“马”之类的语词所表达的乃是存在于我们的理智中的普遍概念；然而，理智的概念却是我们的理智从那些实际存在着的个别事物中抽象出来的。尽管理智的概念有那实际存在着的个别事物作为它的客观指称，然而我们所说出的诸如“圆”、“桌子”、“马”之类的语词却不可能直接地意指那实际存在着的个别事物。因为这个缘故，所以我们所说出的这些语词都是在直接地言说思想的对象，却并不是在言说那实际存在着的个别事物。阿奎那在进行评注的时候还特别提到了柏拉图的理念论。在阿奎那看来，柏拉图当然认识到了诸如“圆”、“桌子”、“马”之类的通名直接地意指理智的概念，而不可能直接地意指那实存的个别事物。但是，由于柏拉图混淆了事物的实存模式与我们借以认识它们的认知模式，因此他把诸如此类的通名所表达的普遍概念设定为分离的实体，以致这样的通名反倒成为分离实体的专名了。例如，“桌子”这一名称直接地意指桌子的理念本身，然而它却并不直接地意指这张或者那张具体的、个别的桌子。由于阿奎那认识到亚里士多德基于事物的实存模式与我们借以认识它们的认知模式之区分而拒绝了柏拉图的理念论，因此他肯认亚里士多德的学说，主张口语直接地意指理智的概念。当然，由于阿奎那还深知理智的概念是那实存的个别事物的相似性，因此他又补充了亚里士多德的学说。在他看来，口语首先直接地意指理智的概念，其次经由理智的概念之中介而间接地意指事物。例如，当我们言说“圆”、“桌子”、“马”等等的时候，尽管我们是在直接地言说理智的概念，然而，仅就这些概念有在心灵之外实存的个别事物作为它们的客观指称而言，我们却又是在间接地言说那些实际存在着的个别事物。

如前所述，在亚里士多德表达其语义学纲要的文本中，当他提出了口语是灵魂的感受之符号这一观点后，他紧接着又补充了文字是口语的符号这一观点。阿弗洛狄西亚的亚历山大曾经解释过亚里士多德为何要补充这一观点。在他看来，亚里士多德补充这一观点的目的在于通过相似性而使前一个分句所表达的观点更加

① Sancti Thomae de Aquino, *In I Perihermeneias*, lect.2, n.5.

明显，其意思是说那些存在于口语中的东西是灵魂的感受之符号，正如文字是口语的符号一样。然而，阿奎那并不完全认同亚历山大作出的这一解释。相反，他更加赞同波菲利的解释。在阿奎那看来，亚里士多德增加文字是口语的符号这一观点是为了完善意指的秩序，因为，当亚里士多德说出了那些存在于口语中的名词和动词是那些存在于灵魂中的名词和动词的符号后，与此相连，他进而说出了那些被书写的名词和动词乃是那些存在于口语中的名词和动词之符号。这样一来，在文字、口语、理智的概念、事物这四者之间就呈现出了一种完整的意指秩序：文字意指口语；口语直接地意指理智的概念；并且口语经由理智的概念之中介而间接地意指事物。

二、口语有何种意指

在阐释了意指的秩序之后，阿奎那紧接着就讨论了“口语有何种意指”（qualis sit vocum significatio）的问题。他把这个问题具体表述为口语的意指究竟是“由于自然”（ex natura）呢，还是“由于施加”（ex impostione）呢？① 不过，我们应当看到阿奎那对这个问题的表述是相当灵活的，他有时使用副词“自然地”（naturaliter）来代替“由于自然”这一短语，却使用“根据（由于）约定”（secundum placitum，ad placitum）或者“由于习俗”（ex institutione）来代替“由于施加”这一短语，因为“施加”、“约定”、“习俗”这些语词都隐含着以人的意志和理性为根据的意思。因此，关于口语有何种意指的问题，我们也可以将其具体地表述为口语是自然地有意指呢，还是根据（由于）约定或者由于习俗而有意指呢？由于这个问题把单个语词以及由其所构成的句子有何种意指都囊括在其中，因此对这个问题的讨论并不仅仅局限于第二讲（lect.2），而是延伸到了第四讲（lect.4）和第六讲（lect.6）。阿奎那之所以要专门讨论这个问题，是因为人们对它有许多不同的意见而需要加以厘清。例如，在讨论名词或者名称（nomina）是有意指的口语的时候，阿奎那经曾提到了在名词或者名称是否自然地意指这个问题上人们有三种不同的意见。第一种意见是，名词或者名称并不以任何模式自然地意指，究竟哪些事物由哪些名词或者名称所意指并不造成任何差别。第二种意见是，名词或者名称以每一种模式都自然地意指，仿佛名词或者名称是事物的自然的相似性。第三种意见是，就名词或者名称的意指并非来源于自然而言，它们并不自然地意指，就像亚里士多德所主张的那样；但是，就名词或者名称的意指符合事物的本性而言，它们却自然地意指，就像柏拉图所说的那样。② 由此可见，口语究竟是

① Sancti Thomae de Aquino，*In I Perihermeneias*，lect.2，n.1.

② Ibid.，lect.4，n.12.

由于自然而有意指呢，抑或是由于约定或者习俗而有意指呢，这是一个需要进一步加以澄清的问题。

诚然，阿奎那对口语有何种意指的问题并没有直接给出一个概括性的抽象回答，而是通过区分了两类不同的有意指的口语而分别作出了不同的具体回答，因为在中世纪人们所理解的“口语”(voce)一词乃是一个外延极其广泛的概念，它通常泛指一切动物的嘴所发出来的声音。阿奎那就是根据亚里士多德在其《灵魂论》第二卷中所给出这样一个十分宽泛的定义来理解“口语”一词的。① 就这种广义的口语而言，人们通常把它们是否有文字并且分音节连接在一起作为标准将其区分为两类：一类是有文字并且分音节连接的口语(vox litterata et articulata)；另一类则是无文字并且不分音节连接的口语(vox non litterata et non articulata)。我们从这一分类中不难看出，前者属于狭义的口语范围，而后者则被包含在广义的口语范围内。由于阿奎那有时在广义上使用“口语”一词，有时又在狭义上使用“口语”一词，因此我们必须根据他使用该词的具体语境对之进行具体分析。阿奎那非常清楚地认识到，并非无论什么样的口语都是有意指的。② 不管是就有文字并且分音节连接的口语而言，抑或是就无文字并且不分音节连接的口语而言，并非它们都有其意指。但是，倘若就其中有意指的口语而言，那么对于这两类不同的口语究竟具有何种意指的问题则有两种不同的回答。在阿奎那看来，就有文字并且分音节连接的口语而言，它们由于施加而有意指。换言之，这类口语根据(由于)约定或者由于习俗而有意指。然而，就无文字并且不分音节连接的口语而言，它们由于自然而有意指。换言之，这类口语自然地意指。在解释亚里士多德所谓“正如文字对于所有人来说不是相同的，口语对于所有人来说也不是相同的”这一观点的时候，阿奎那指出，亚里士多德把口语和文字两者设定为符号是为了说明两者都不自然地意指。凡是自然地意指的事物在所有的人中都是相同的，然而口语和文字的意指在所有的人中却不是相同的。就文字而言，它们并不自然地意指，这差不多是没有任何问题的，因为它们的意指的义理(ratio significandi)来自于施加，并且它们是经由技艺而形成的。但是，就口语而言，却存在着一个关于它们是否自然地意指的问题，因为一切口语都是自然地形成的。阿奎那认为，亚里士多德通过在口语与文字之间存在着的相似性而确定了口语也不自然地意指。“因此，正如文字一样，口语也不自然地意指，而是由于人类的习俗。那些自然地意

① Sancti Thomae de Aquino, *In I Perihermeneias*, lect. 4, n. 3: “Nam vox est sonus ab ore animalis prolatus, cum imaginatione quadam, ut dicitur in II de anima(因为口语是由动物的嘴发出的带有某种想象的声音，正如在《灵魂论》第二卷中所说的).”

② Ibid., lect.2, n.4: “non omnes voces sunt significativae(并非一切口语都是有意义的).”

指的口语,例如,病人的呻吟以及诸如此类的其他声音,在所有的人中都是相同的。"①我们从这段文本中可以明显地看出,阿奎那所谓"那些自然地意指的口语"(voces autem illae, quae naturaliter significant),系指那些既不为文字所意指也不分音节的声音。他所列举的相关例子也可以充分地说明他强调的乃是它们作为"声音"(sonos)的那一面,而不是强调它们作为"口语"(voces)的那一面。② 然而,那些既能为文字所意指又能分音节连接的口语,例如,名词、动词和句子等,不是自然地有其意指,却是由于人类的习俗而有其意指。

阿奎那对于作为符号的文字和口语的意指之约定性有着相当清醒的认识。正如与奥古斯丁所做的一样,阿奎那也经常使用广义的"signa"一词来表示"符号"的意思。然而,当谈到文字和口语是符号的时候,阿奎那却使用了狭义的"nota"一词。在拉丁语中,"nota"一词源自于动词"noscere"(其意思是"知道"),它是能够使某物被知道的东西,或者说只有通过理智的活动才能起作用的东西。就此而言,"nota"是一个狭义的符号概念,通常被用来表示人为的和约定的符号。但是,"signa"一词不仅可以被用来表示人为的和约定的符号,而且可以被用来表示自然的符号。例如,脚印是动物的符号,烟是火的符号,等等。就此而言,"signa"则是一个广义的符号概念。因为这个缘故,所以在"signa"和"nota"之间有着包含与被包含的关系。阿奎那把文字和口语说成是"符号"(notae),这种说法来源于波埃修在翻译亚里士多德《解释篇》16a3—9的时候把其中表示"符号"之意的两个希腊语词"σὺμβολου"(symbolon)和"σημείου"(semeion)都翻译成了拉丁语中的"nota"一词。据我们所知,在希腊语中,虽然"σὺμβολου"和"σημείου"这两个语词在意义上具有一定的差别,但是它们也有相通之处。一般来说,前者被用来表示约定的符号,而后者则被用来表示更加普

---

① Sancti Thomae de Aquino, *In I Perihermeneias*, lect.2, n.8: "Unde manifeste relinquitur quod sicut nec litterae, ita nec voces naturaliter significant, sed ex institutione humana. Voces autem illae, quae naturaliter significant, sicut gemitus infirmorum et alia huiusmodi, sunt eadem apud omnes."

② 阿奎那在评注亚里士多德《解释篇》16a26—28 时也有类似的强调。在《解释篇》16a26—28 中,亚里士多德把他在定义名词(名称)时加上"由于约定"这一属差的理由解释为"没有什么东西按本性是一个名词(名称),只有当它被制造成一个符号的时候它才是一个名词(名称);无文字的声音,如野兽发出的那些声音,是有意义的,然而其中没有一个是名词(名称)。"阿奎那在评注这段文本时指出:亚里士多德说名词(名称)由于约定而意指的理由在于没有一个名词(名称)自然地存在;它因其意指而是一个名词(名称),但是"它并不自然地意指,而是由于习俗而意指"(non autem significat naturaliter, sed ex institutione);"那自然地意指的东西并不被制造成符号,而自然地是符号"(Id enim quod naturaliter significat non fit, sed naturaliter est signum),亚里士多德在解释这一点时提到了"声音"(sonos)而不是"口语"(voces),乃是"因为有些动物——那些没有肺的动物——没有口语"(quia quaedam animalia non habent vocem, eo quod carent pulmone),这样的动物凭借某种自然地意指的声音来意指其专门的感受;但是野兽的这些声音中没有一个是名词(名称)。Sancti Thomae de Aquino, *In I Perihermeneias*, lect.4, n.11.

遍意义上的符号,从而把前者所表示的符号也包含在它自身之中。这两个希腊语词在拉丁语中原本也是有它们的对应词"symbolum"和"signum"的。例如,意大利多米尼克修会僧侣莫尔伯克的威廉(Guilelmus Moerbeke)在翻译亚里士多德《解释篇》的时候就使用了这两个拉丁文对应词来分别翻译希腊语的"σὺμβολου"和"σημείου"这两个语词。但是,阿奎那在评注亚里士多德《解释篇》的时候所遵循的是波埃修的翻译及其所传达的意义,而不是莫尔伯克的威廉的翻译及其所传达的意义。不管波埃修究竟是出于何种理由之考量,他最终都尽量避免选择拉丁语的"symbolum"和"signum"来翻译希腊语的"σὺμβολου"和"σημείου",而是把它们统一翻译成了拉丁语的"nota"一词。毫无疑问,波埃修的这一翻译凸显了文字和口语的约定性。① 或许正是阿奎那因为意识到了这一点,所以他仅仅在谈到文字和口语是符号的时候才使用"nota"一词。他一般使用广义的"signa"一词来表示符号,甚至在他谈到约定的符号的时候也偶尔会使用"signa"一词。不过,在后一种情况下,阿奎那通常会加上一个定语从句来表明它的约定性。例如,在解释亚里士多德关于"名词是有意义的口语"这一定义的时候,他就想到了在名词的定义中是否应该以"口语"作为"种相"这一问题,因为口语是自然事物,然而名词却不是自然事物,而是由人们约定俗成的。因为这个缘故,所以阿奎那认为亚里士多德似乎不应该采用"源自于自然的口语"(vocem,quae est ex natura)来作为名词的种相,而应该采用"源自于习俗的符号"(signum,quod est ex institutione)来作为名词的种相。② 阿奎那不仅跟随波埃修使用"nota"一词来表明文字和口语的意指的约定性,而且还通过把口语与灵魂的感受进行比较来凸显它们的意指的约定性。他认为,灵魂的感受自然地存在,正如事物自然地存在一样,因为它们对于所有的人来说都是相同的。灵魂的感受与口语相比,前者是第一位的,而后者则是第二位的,因为口语就是为了表达灵魂的感受而被产生的。阿奎那还特别提醒我们注意,当亚里士多德说文字是口语的符号以及口语是灵魂的感受之符号的时候,他还说了灵魂的感受是事物的相似性。"这是因为除非有事物的某种相似性或者存在于感觉之中,或者存在于理智之中,否则,该事物就不会为灵魂所认识。现在,文字是口语的符号,而口语以这样的方式是感受的符号,以致我们

---

① 有一些当代西方学者对波埃修的翻译给予了消极的评论,例如 Norman Kretzmann 认为波埃修的翻译是在很大程度上决定语义学史的一个严重错误(N.Kretzmann,"History of Semantics",*The Encyclopedia of Philosophy*,vol.7,ed.P.Edwards,New York:Macmillan,1967,pp.358-406.);Umberto Eco 也认为波埃修在《解释篇》的翻译中用"nota"来翻译"symbolon"和"semeion"创造了第一个"混乱的悲哀故事"(U.Eco,"Signification and Denotation from Boethius to Ockham",*Franciscan Studies*,1984,44:1-29)。这种消极的评论现在受到了更多的批判,而不是得到了更多的支持。

② Sancti Thomae de Aquino,*In I Perihermeneias*,lect.4,n.4:"videtur quod non debuit genus nominis ponere vocem,quae est ex natura,sed magis signum,quod est ex institutione."

并不获得任何有关它们的相似性之观念(ratio similitudinis),却仅仅获得习俗的观念(ratio institutionis),正如就许多其他符号而言一样,例如,号角声是战争的符号。但是,在灵魂的感受中,我们必须注意它与被表象事物的相似性之观念,因为灵魂的感受自然地指称事物,而不是由于习俗。"①

在讨论句子(oratione)是有意指的口语的时候,阿奎那充分肯定并且论证了作为口语的句子之意指的约定性。亚里士多德曾经说过:"所有句子都有意指,不过,并不是作为工具,而是如前所说由于习俗。"②阿奎那充分肯定了亚里士多德的这一说法。他认为,亚里士多德在此排除了那些主张句子及其部分自然地意指而不是由于习俗而意指的人的错误。这些人为了证明句子及其部分自然地意指而提出了如下论证:

> 自然能力的工具本身是自然的,因为自然不在必然的事情上失败,而人的解释能力也是自然的,因而其工具也是自然的;
>
> 解释能力的工具是句子,因为表达式正是通过句子才给予心智的概念;
>
> 因此,句子是某种自然的东西,它并非由于人类的习俗而意指,而是自然地意指。

阿奎那把这一论证看作是柏拉图在《克拉底鲁篇》中所提出的论证。他认为,亚里士多德的上述说法恰好是对这一论证的反驳,因为解释能力的工具乃是口语借以被形成的喉和肺,以及那种有文字并且分音节连接的声音借以被构造的舌头、牙齿和嘴唇。然而,口语及其部分却是解释能力的结果,因为正如运动能力使用诸如臂和手去制造人工作品一样,解释能力也使用喉和其他自然工具去制造句子。因此,句子及其部分不是自然事物,而是某种人造的结果。阿奎那还特别指出,如果我们不把解释能力归结为运动能力,而是将其归结为理性,那么它就不是自然能力,而是超越了形体的本性,因为思想不是身体的活动;再者,正因为理性本身推动了形体的运动能力去制造人工作品,并且因为理性使用形体的运动能力作为工具,所以我们说人工作品不是形体能力的工具。不仅如此,理性也能以同样的方式使用句子及其部分作为工具,尽管它们并不自然地意指。③ 这样,通过说明句子及其部分不是人的解释能力的自然工具,而是某种人造的结果,阿奎那就反驳了柏拉图的论证前提的正确性,从而肯

---

① Sancti Thomae de Aquino, *In I Perihermeneias*, lect.2, n.9: "hoc ideo, quia res non cognoscitur ab anima nisi per aliquam sui similitudinem existentem vel in sensu vel in intellectu. Litterae autem ita sunt signa vocum, et voces passionum, quod non attenditur ibi aliqua ratio similitudinis, sed sola ratio institutionis, sicut et in multis aliis signis; ut tuba est signum belli. In passionibus autem animae oportet attendi rationem similitudinis ad exprimendas res, quia naturaliter eas designant, non ex institutione."

② [古希腊] 亚里士多德:《解释篇》,16b34。

③ Sancti Thomae de Aquino, *In I Perihermeneias*, lect.6, nn.7–8.

定了句子的意指的约定性。

总而言之，通过讨论语词和句子的意指的约定性，阿奎那充分肯定了有文字并且分音节连接的口语不是由于自然而有其意指，而是由于约定而有其意指。

三、口语意指的多样性

在《〈解释篇〉评注》第三讲（lect.3）中，阿奎那讨论的主题是"口语意指的多样性"（diversa vocum significatione），也就是说有些口语意指真（verum）或者假（falsum），而其他口语则并不意指真或者假。从论证思路上来看，阿奎那是根据在口语与思想之间存在着的因果关系及其相似性来讨论这个主题的。在他看来，在口语与其所意指的思想之间存在着一种因果关系：思想是口语产生的原因；口语则是思想的结果，因为思想在自然秩序上是先于口语的，而且口语又是为了表达思想而被产生的。再者，由于结果模仿原因，因而在口语与思想之间存在着某种相似性。因为这些缘故，所以阿奎那根据在心智中的思想有时具有真或者假的性质而有时又不具有真或者假的性质来说明口语意指的多样性。

既然思想与口语的关系是一种因果关系，那么，为了说明口语意指的多样性，我们就必须首先厘清思想的多样性。阿奎那把思想的多样性归因于理智运作的结果。在他看来，人的理智的运作是双重的。人的理智的第一个运作是对单纯对象的理解。人的理智通过这个运作来绝对地领悟一个事物的本质或者实质。例如，人的理智可以领悟人是什么或者白是什么，等等。人的理智的第二个运作则是理智在其自身之中结合和分离它所领悟的单纯概念。例如，人的理智可以把它所领悟的"人"的概念与"动物"的概念结合起来，从而在其自身之中形成关于"人是动物"的思想。但是，人的理智也可以把它所领悟的"人"的概念与"马"的概念分离开来，从而在其自身之中形成关于"人不是马"的思想；等等。① 人的思想的真或者假仅仅在理智的第二个运作即结合（compositionem）和分离（divisionem）中被发现，而不在第一个运作中被发现。② 因此，在人的灵魂中，有时具有不带真或者假的思想，有时又必然具有或真或假的思想。

然而，关于"真或者假仅仅存在于结合和分离之中"的观点却引起了许多异议，阿奎那把这些异议归结为两种，并且分别针对它们及其论证给予了反驳。

第一种异议涉及这一观点的构成性。这种异议主张人的思想的真或者假仅仅存在于理智的结合之中，而不存在于理智的分离之中。因为理智的分离是通过分解单

---

① Sancti Thomae de Aquino，*In I Perihermeneias*，prooemium.

② Ibid.，lect.3，n.3.

纯对象而被作出来的，所以，似乎正如真和假并不存在于单纯的事物之中一样，它们也不存在于理智的分离之中。在反驳这种异议的时候，阿奎那指出，由于理智的概念是事物的相似性，因此那些存在于理智中的东西能够以两种模式被考察和命名：以一种模式，根据它们本身来考察和命名；以另一种模式，根据它们是其相似性的事物的义理（rationes rerum）来考察和命名。如果我们考察那些存在于人的理智中的事物，根据它们本身而总是有结合，其中必有真与假，因为它们在人的理智中绝不会被发现，除非通过人的理智比较一个单纯概念与另一个单纯概念。但是，如果结合被指向事物，那么它就有时被称为"结合"，而有时则被称为"分离"。当人的理智比较一个概念与另一个概念仿佛把它们是其概念的那些事物领悟为彼此连接或者具有同一性的时候，它就被称为"结合"。当人的理智如此比较一个概念与另一个概念，以致理智把它们是其概念的那些事物领悟为彼此不同的时候，它就被称为"分离"。[①] 因此，这种强调真或者假并不存在于人的理智的分离中的异议乃是错误的。

第二种异议涉及这一观点的排他性。这种异议强调真理性并不排他性地存在于人的理智的结合和分离之中。持有这种异议的人提出了四个不同的论证。

第一个论证如下：

因为一个事物也被说成是真的或者假的，例如，金被说成是真的或者假的；

因此，似乎真理性并不仅仅存在于人的理智的结合和分离之中。

第二个论证如下：

"存在者"（ens）与"真"（verum）被说成是可以互换的；

因此，似乎人的理智的单纯概念也有真或者假。

第三个论证如下：

人对专门的可感者的感觉总是真的；

但是，人的感官并不结合和分离；

因此，真理性并不排他性地存在于人的理智的结合和分离之中。

第四个论证如下：

在神圣理智中没有结合；

但是，第一的和最高的真理性存在于神圣理智中；

因此，真理性并不排他性地存在于人的理智的结合和分离之中。

在反驳第二种异议及其论证的时候，阿奎那要求我们必须考虑"真理性在事物中以两种模式被发现：以一种模式，如同它存在于其为真的东西中一样；以另一种模式，如同它存在于言说或者认识真理的人中一样。如同在其为真的东西中一样的真

① Sancti Thomae de Aquino, *In I Perihermeneias*, lect.3, n.4.

理性不仅在单纯物中被发现,而且在复合物中被发现,但是,如同在言说或者认识真理的人中一样的真理性,除非根据结合和分离,否则,并不被发现。”①从对这两个方面的分析入手,阿奎那逐一反驳了持有第二种异议的人所提出的上述论证。

一方面,就在言说或者认识真理的人中的真理性而言,任何被说成是真的事物都因其关乎理智或者思想而是如此。然而,一个事物以两种模式与理智或者思想相关:以一种模式,如同尺度与被度量者相关一样;以另一种模式,如同被度量者与尺度相关一样。就自然事物而言,它们与人的思辨理智相关,如同尺度与被度量者相关一样。因此,人的思想就其符合自然事物而言被说成是真的,然而,就其不符合自然事物而言却被说成是假的。就人造事物而言,它们与人的实践理智相关,如同被度量者与尺度相关一样,因为实践理智是人造事物的原因。因此,工匠的作品就其实现了那存在于工匠心智中的概念而言被说成是真的,然而,就其缺乏那存在于工匠的心智中的概念而言却被说成是假的。

另一方面,就在其为真的东西中的真理性而言,自然事物却并不因为与我们的理智或者思想相关而被说成是真的,某些事物因为它们与我们的理智或者思想相关而被说成是真的或者假的,并不是从本质或者形式上说的,而是从结果上说的。换言之,它们之被说成是真的或者假的乃是就它们如此自然地被构成,以致人对它们的真或者假产生了评估而言的。例如,金就是以这种方式被说成是真的或者假的。因为这个缘故,所以第一个论证不能成立。

其次,一切自然事物都与神圣理智相关,如同技艺产品与技艺相关一样。因此,一个事物就它有其自身的形式而言被说成是真的。“存在者”(ens)与“真”(verum)可以互换就是以此为根据的,因为任何自然事物都由于其形式而符合神圣技艺。因为这个缘故,所以第二个论证也不能成立。

再次,正如一个事物因它与其尺度相比较而被说成是真的一样,感觉和思想也是如此,因为它们的尺度就是心外的事物。因此,当感官因其形式而符合心外实存的事物的时候,感觉就被说成是真的。正是以这种模式,对专门的可感者的感觉才是真的,并且,除了结合和分离之外,那领悟一个事物是什么的理智也总是真的。尽管如此,然而感官却并不能感知感觉是真的,因为感官仅仅把握事物而不可能知道感觉与事物的相符关系。但是,理智却知道它与事物的相符关系。因此,只有理智才能知道真理性。我们说理智知道这一相符关系,就是说理智判断一个事物是否如此,也就是

① Sancti Thomae de Aquino, *In I Perihermeneias*, lect. 3, n. 6: “veritas in aliquo invenitur dupliciter: uno modo, sicut in eo quod est verum: alio modo, sicut in dicente vel cognoscente verum. Invenitur autem veritas sicut in eo quod est verum tam in simplicibus, quam in compositis; sed sicut in dicente vel cognoscente verum, non invenitur nisi secundum compositionem et divisionem.”

说理智进行结合和分离。从这个意义上讲，理智只有凭借着结合和分离，才能知道真理性。当理智判断一个事物是其所是而不是其所不是的时候，这种判断与事物相符，因而它就是真的。然而，当理智判断一个事物是其所不是而不是其所是的时候，这种判断与事物并不相符，因而它就是假的。由此可见，在言说者或者认识者中，人的思想的真或者假仅仅存在于理智的结合和分离之中。因为这个缘故，所以第三个论证也不能成立。

最后，阿奎那认为，关于"真或者假仅仅存在于结合和分离之中"的观点原本就是针对人的理智而言的，却不是针对神圣理智而言的。人的理智只有凭借着结合和分离，才能判断人的思想与事物的相符关系。然而，神圣理智的判断却是没有结合和分离的，因为正如人的理智以非物质的方式理解物质事物一样，神圣理智也以单纯的方式知道结合和分离。因为这个缘故，所以第四个论证也不能成立。①

对于阿奎那来说，一旦厘清了人的思想的多样性，口语意指的多样性也就能够根据口语与思想的相似性而得到相应的说明了。既然口语是思想的符号，它是为了表达思想而被形成的，那么，正如在人的心智中有时具有不带真或者假的思想，有时又必然具有或真或假的思想一样，为了符号能够与其所意指的东西相符，有些口语也并不带有真的或者假的意指，有些口语又必然带有真或者假的意指。再者，既然在人的理智中只有在存在着结合和分离的时候才会有真或者假，那么，只有那种意指带有结合和分离的思想的口语才会有真或者假。换言之，只有命题才会有真或者假。然而，那种意指不带有结合和分离的思想的口语却既不是真的，也不是假的。换言之，那种意指理智的单纯概念的名词、动词等单个语词没有真或者假，除非给这样的语词添加上借以表达理智的判断的"是"或者"不是"。如果我们根据现在时给它们加上"是"或者"不是"，那么它们就现实地是或者不是（esse vel non esse in actu），从而也就绝对地是（esse simpliciter）。如果我们根据过去时或者将来时给它们加上"是"或者"不是"，那么它们就相对地是（esse secundum quid）。例如，我们可以说："某物曾经或者将来是"（aliquid fuisse vel futurum esse）。尽管单个语词就像没有结合和分离的思想那样既不是真的也不是假的，然而，阿奎那却不忘提醒我们注意，倘若某人在回答一个问题的时候以单个名词作答，那么他这样回答并不是一个反对这一主张的例证。用阿奎那所列举的例子来说，如果有人问："什么在海里游？"并且回答是："鱼"，那么这种情形并不违反关于单个语词没有真或者假的主张，因为被放在这个问题中的动词（即"游"）已经被倾听者理解了，也就是说，在这个回答中存在着隐然的结合，即"鱼（在海里）游"。

① Sancti Thomae de Aquino, *In I Perihermeneias*, lect.3, nn.7-10.

我们必须注意的是，当阿奎那讨论口语意指的多样性的时候，他所谓的“真”（verum）是一个多义词。他所谓在其为真的东西中所发现的真理性，系指本体论的真，在此意义上的真涉及某物是否真实地存在的问题。但是，他所谓在言说或者认识真理的人中所发现的真理性，系指语义学的真，或者系指认识论的真。就语义学的真而言，它在口语、文字与它们所意指的带有结合和分离的思想之间的关系中被发现。然而，就认识论的真而言，它在思想与心外的事物之间的关系中被发现。口语作为符号而与人的思想相关。但是，心外的事物作为思想是其相似性的东西而与人的思想相关。对于阿奎那来说，语义学的真既不同于认识论的真，更不同于本体论的真。他指出：“既然口语是思想的符号，那么意指真实思想的口语就是真的，然而意指虚假思想的口语则是假的，尽管口语就其是一个实际事物而言被说成是真的，正如其他事物是真的一样。例如，‘人是驴’这一口语真实地是口语，并且真实地是一个符号，然而，因为它是某种虚假事物的符号，所以它被说成是假的。”①从这段引文中，我们可以非常清楚地看到，不仅语义学的真不同于本体论的真，而且在那被说成是“真”的东西与实际事物之间存在着的相符尽管对于认识论的真来说是一个充分条件，然而这种相符对于语义学的真来说却不是一个充分条件。

第三节　与意指相关的两个重要区分

阿奎那的意指理论有着相当丰富的思想内容，它不仅包括他对口语和文字的意指问题的相关论述，而且包括他对意指模式和指代问题的相关论述。本节的主要任务是基于对意指模式和指代问题的历史考察来进一步探讨阿奎那在被意指事物与意指模式、指代与意指之间作出的重要区分，以便我们能够更加完整地理解其意指理论的深刻内涵。

一、被意指事物与意指模式的区分

在阿奎那讨论神圣名称的时候，我们可以注意到一个非常重要的现象，那就是他经常采用“被意指事物”（res significata）与“意指模式”（modus significandi）的区分来作为他解释神圣名称的重要方法。例如，他说：“在我们使用的每一个名称中，就意指模式（modus significandi）而言，都有不适合于上帝的非完美性被发现，尽管被意指

① Sancti Thomae de Aquino, *In I Perihermeneias*, lect.3, n.9: “quia voces sunt signa intellectuum, erit vox vera quae significat verum intellectum, falsa autem quae significat falsum intellectum: quamvis vox, in quantum est res quaedam, dicatur vera sicut et aliae res. Unde haec vox, homo est asinus, est vere vox et vere signum; sed quia est signum falsi, ideo dicitur falsa.”

事物(res significata)以某种卓越的模式适合于上帝。"[①]他还在解释伪狄奥尼修斯所提出的"关于上帝的否定是真的,然而肯定却是模糊的"这一说法的时候指出,关于上帝的肯定就其被意指事物而言是真的;然而,就其意指模式而言却是假的。[②] 虽然我们在讨论名称的意指的时候总是会想到被意指事物,"但是,在某些特有的说法中,我们应该注意的不仅是被意指事物,而且是意指模式";[③]"因为对于说法的真理性,不仅应该考察被意指事物,而且应该考察意指模式。"[④]由此可见,在被意指事物与意指模式之间作出恰当的区分乃是阿奎那讨论神圣名称的一个基本的方法论诉求。

应当承认,被意指事物与意指模式的区分不是阿奎那的原创性思想,它在中世纪语法学研究中早就已经有其历史传统了。关于这两者之间的区分,我们甚至可以追溯到波埃修在评注亚里士多德《解释篇》的时候所提出的相关思想。在谈到名称和动词的本性的时候,亚里士多德曾经声称名词和动词都意指某物。但是,动词与名词又有所不同,它在其本身的意指之外还连带意指时间。例如,"ὑγίεια"("健康")是一个名词,然而"ὑγιαίνει"("健康着")却是一个动词,后者在其本身的意指之外还连带意指健康状况现在是存在着的。[⑤] 波埃修把亚里士多德所表达的意思理解为当名词可以在一种意义上(例如,在诸如"今天"或者"明天"之类的名词中)意指时间的时候,只有动词才能根据它的专有模式(proprius modus)必然地连带意指(consignificare)时间。此外,波埃修还在其《论划分》(*De divisione*)中不仅讨论了根据意指模式对句子的划分,而且区分了不同的被意指事物。[⑥] 除了波埃修之外,我们还可以看到与他同时代的语法学家普里西安(Priscian)在其《语法规则》(*Institutiones gram-*

---

① Sancti Thomae de Aquino, *SCG*, I, cap.30, n.3:"Et sic in omni nome a nobis dicto, quantum ad modum significandi, imperfectio invenitur, quae Deo non competit, quamvis res significata aliquo eminenti modo Deo conveniat." Cf. St. Thomas Aquinas, *Summa contra Gentiles*, translated, with an Introduction and Notes, by Anton C. Pegis, E.R.S.C., university of Notre Dame Press, Notre Dame/London, 1975.

② Sancti Thomae de Aquino, *De Potentia*, q.7, a.5, ad 2; *ST*, Ia, q.13, a.12, ad 1.

③ *ST*, Ia, q.39, a.4:"Sed in proprietatibus locutionum, non tantum attendenda est res significata; sed etiam modus significandi."

④ Ibid., q.39, a.4:"quia ad veritatem locutionum, non solum oportet considerare res significatas, sed etiam modum significandi ut dictum est."

⑤ 作名词的希腊文"ὑγίεια"一词若被翻译成英文则为"health"("健康")一词,但是作动词的希腊文"ὑγιαίνει"一词则没有对应的英文动词被用来翻译它,因此英译者往往采用形容词性的谓词形式将其翻译为"is healthy"("是健康的")这个短语,试图用系词"is"来表达出健康状况现在是存在着的,但是它并不能完全实现亚里士多德的目的,因为他是为了定义动词,而不是为了定义形容词性的谓词。汉译也会遇到同样的困难,我在此用"健康着"来翻译希腊文动词"ὑγιαίνει"一词,既想把"健康"变成一个动词,又想表达出健康的现存状况。

⑥ *PL*, 64:888D-889A.

maticae)第二卷第二章中曾经探讨了句子的不同部分的“意指特性”(proprietates significationum)。普里西安的探讨通常被视为在语法学中对意指模式的最早论述。在中世纪早期,历代圣经学者对上帝使用人类语言来启示他自身所引起的语言问题之处理又进一步促进了语法学家们对意指模式的探讨。从12世纪中叶开始,在亚里士多德逻辑著作的翻译以及波埃修逻辑论文和相关评注的影响下,作为中世纪大学教育普遍采用的“三科”之一的语法学逐渐经历了一个逻辑化过程。在这个时期最著名的语法学家彼得·赫利亚斯(Peter Helias)就是语法逻辑化的代表人物之一,他通常被人们视为中世纪语言逻辑的奠基者。彼得·赫利亚斯通过亚里士多德《范畴篇》和《解释篇》来解释普里西安的《语法规则》一书的基本思想。他主张根据意指模式来区分句子的不同部分。例如,在他看来,名词意指“带有性质的实体”(substantiam cum qualitate);而动词则意指“带有时间的实体”(substantiam cum tempore)等。在13世纪,语法的逻辑化进程得到了进一步深化,到14世纪上半叶就已经普遍出现了所谓“思辨语法”(grammatica speculativa)。探讨思辨语法的作品一般都被冠名为《意指模式大全》(*Summae modorum significandi*),其作者则普遍地被称为“模式主义者”(Modistae)。模式主义者从实在论的知识论立场出发,往往把“存在模式”(modus essendi)、“理解模式”(modus intelligendi)、“意指模式”(modus significandi)视为三联项。他们认为,这三联项分别奠定了“事物”(res)、“概念”(conceptus)、“语词”(dictio)三者之间的逻辑语义关系的基础,其中语词意指概念,而概念则表象事物。自然的声音(vox)因其有确定的意指模式而变成了语词和句子的一部分;意指模式又取决于理智意向性地把握实际事物的理解模式;理解模式又表象实际事物的存在模式。模式主义者通常认为,语词是由语音因素和两个层次的语义成分构成的。其中,一个语义成分涉及语词的内涵和外延方面的逻辑意指;然而,另一个语义成分却涉及语词的句法意指,也就是说,在一个陈述中,为了在句法上有意指,一个语词必须怎样与其他语词相关联,因而这也被称为意指模式。句法成分依赖于意指模式,它决定语词的语法范畴,并且确立句子的不同部分。一个给定的语词能够与各种不同的意指模式相关,以致它可以作为句子的不同部分和不同的语法形式被实现。从这个意义上讲,意指模式乃是一种语义限定者,它可以进一步确定语词在内涵和外延两个方面的意指。即使当被意指事物相同的时候,意指模式也可以是不同的,因为作为其基础的理解模式也是不同的。

阿奎那不仅非常了解关于存在模式、理解模式和意指模式的传统三联项,而且乐于承认在三者之间存在着一定的因果关系:存在模式是理解模式的原因,而理解模式又是意指模式的原因。这一点在阿奎那的基督宗教形而上学和神学知识论中得到了充分的体现。

就事物的存在模式而言,阿奎那根据不同等级的实体所具有的单纯性和复合性而解释了它们的不同存在模式。在他看来,上帝是独立自存的存在,他的存在与其本质是同一的;然而,分离实体的存在却不同于上帝的存在,因为它们的存在不同于其本质,它们的本质是脱离了质料的单纯形式;而物质实体的存在又不同于分离实体的存在,因为,尽管物质实体的存在也不同于它们的本质,然而它们的本质却不像分离实体那样是单纯的形式,而是由形式与质料复合而成的。不同等级的存在者乃是根据不同的存在模式(modo essendi)而被建立起来的。

就人的理解模式而言,阿奎那认为它是由事物的存在模式所造成的结果,因为人的理智是从可感事物获得其固有的理解模式的。① 由于可感事物是形式与质料的复合体,并且人的理智的一切知识都是通过感官而从可感事物获得其来源,所以可感事物的存在模式决定了人的理解模式总是具有"结合"(compositio)的特征。他说:"如果我们考察存在于理智中的事物本身,那么总是有结合,那里有真和假,因为它们绝不会在理智中被发现,除非根据理智把一个单纯概念与另一个相比较。"②人的理智按照它由以自然地获得其知识的复合事物的模式形成命题,甚至在它理解单纯事物的时候也是按照复合事物的模式来理解的,因为人的理智总是把单纯形式理解为一个主体,而把某些事物归于它。③ 虽然人的理智的理解模式是由事物的存在模式所造成的,但是其理解模式又不同于事物的存在模式。当我们的理智理解那些低于它自身等级的物质事物的时候,它是按照"非物质的模式"(modum immaterialem)来理解它们的,但是这并不意味着我们的理智把它们理解为非物质的,而是说我们的理智在理解活动中拥有非物质的理解模式。当我们的理智理解那些高于它自身等级的单纯事物的时候,它是按照"结合的模式"(modum compositionum)来理解它们的,但是这并不意味着我们的理智把它们理解为复合的,而是说我们的理智根据它自身的模式来理解它们。④

就名称的意指模式而言,阿奎那认为它是由人的理解模式导致的结果,因为我们使用名称来表达事物乃是按照理智借以孕育它们的模式。他对此有相当明确的表述:"我们给予事物的名称的意指模式(modus significandi)是由我们的理解模式(modum intelligendi)所造成的结果,因为名称意指我们的理智的概念,正如在《解释篇》

① Sancti Thomae de Aquino, *Super I Sententiarum*, d.22, q.1, a.2, ad 2.

② Sancti Thomae de Aquino, *In I Perihermeneias*, lect.3, n.4: "si consideremus ea quae sunt circa intellectum secundum se, semper est compositio, ubi est veritas et falsitas; quae nunquam invenitur in intellectu, nisi per hoc quod intellectus comparat unum simplicem conceptum alteri."

③ *ST*, Ia, q.13, a.12, ad 2.

④ Ibid., 13, a.12, ad 3.

第一章中所说的。”①

在充分肯定存在模式、理解模式、意指模式之间的因果联系的基础上，阿奎那接受了中世纪逻辑学家和语法学家对被意指事物与意指模式所作出的传统区分，并且把这一区分纳入到了他自己的宗教语言哲学之中。虽然他在宗教语言方面对这一区分的应用还具有比较浓厚的语法色彩，但是它已经远离了在语法中的原初应用。在谈到名称意指其由来的问题的时候，阿奎那曾经提到过名称由以被施加的东西被说成是“名称的性质”（qualitas nominis），然而名称被施加于其上的东西却被说成是“名称的实体”（substantia nominis）。除此之外，他还明确地主张名称本义地或者首要地意指其由以被施加的“形式或者性质”（formam sive qualitatem）。② 他所谓名称的“性质”和“实体”显然是一种语法学意义上的术语。对于这两个术语，我们绝不能按照亚里士多德在其《范畴篇》中所作的解释来加以理解。由于形而上学家关切的是在语词与其所意指的实在之间存在着的关系，所以，在《范畴篇》中，“实体”被理解为既不存在于一个主体中又不被用来谓述一个主体的东西，而“性质”则被理解为不同于实体范畴的九个偶性范畴之一。但是，语法学家并不关切在语词与其所意指的实在之间存在着的关系。在语法学家看来，那些意指偶性的语词也能在一个句子中起到与主词相同的作用，其他事物也能被用来谓述它。因此，语法学家有其充分的理由把偶性也称为“实体”。对于他们来说，凡是能够成为一个句子的主词的东西都是实体；而性质则是被用来修饰或者限定主词的东西，也就是说，它是能够被用来谓述主词的东西。但是，阿奎那作为一个形而上学家必然要关切语词所意指的实在。因为这个缘故，所以他从语词由以被施加的事物一方来理解名称的性质。对于他来说，性质不仅是名称“从事物一方”被施加的来源，而且是人借以认知被命名事物的原理；然而，实体却是一个以这种性质独立自存的基体（suppositum）。例如，“人”这个名称的性质就是人的本性；然而，其实体则是以人的本性独立自存的个体。如上所述，以彼得·赫利亚斯为代表的传统语法学家往往按照意指模式把名词理解为意指“带有性质的实体”（substantiam cum qualitate）。然而，在解释这种传统观点的时候，阿奎那却指出：“意指带有性质的实体就是意指具有本性或者确定形式的基体，基体以那种本性或者确定形式独立自存。”③例如，“白物”（album）这个名称意指拥有白性的东西，而白性是事物由以被命名的性质和形式，实体则是性质或者形式的载体。既然性质或者形式乃是名称“从事物一方”被施加的来源，那么按照阿奎那在其《论真理》中

① Sancti Thomae de Aquino, *De Potentia*, q.7, a.2, ad 7.

② Sancti Thomae de Aquino, *Super III Sententiarum*, d.6, q.1, a.3.

③ *ST*, Ia, q.13, a.1, ad 3:“Dicendum quod singificare substantiam cum qualitate, est significare suppositum cum natura vel forma determinata in qua subsistit.”

对名称来源于事物一方所作的解释,①名称首要地意指的形式或者性质乃是事物的概念借以被完善的东西,也就是事物借以被理解的属差。这种首要地被意指的形式要么是一个抽象名称所指的单纯形式,要么是一个具体名称所指的复合体借以被认知的形式。从阿奎那所作的上述解释不难看出,他无疑深化了关于被意指事物与意指模式的传统区分。

根据阿奎那的意指理论,语词直接地意指理智的概念,并且经由理智的概念之中介而间接地意指心外实存的事物。当语词意指心外实存的事物的时候,它是按照我们对事物的认知模式(亦即“理解模式”)来意指的,而不是直接地按照它们的实存模式(亦即“存在模式”)来意指的。虽然我们的理智的固有对象是物质事物的本质或者本性,但是我们关于物质事物的一切知识都始于我们的感官经验,这个事实对于我们认识无论什么样的事物都有着极其重要的影响,即使我们所认识的对象不是物质事物的本质或者本性。在我们的心智之外的物质事物中,由于存在着形式与形式的主体之间的差异,所以,当我们使用语词来意指心外的事物的时候,我们既可以采取一种模式用它来意指形式与质料的复合体,又可以采取另一种模式用它来意指单纯的形式。阿奎那把这两种模式分别称为“具体的”(concretionis)和“抽象的”(abstractionis)意指模式,或者分别称为“以具体的模式”(in concreto)意指和“以抽象的模式”(in abstracto)意指,并且把与之相应的名称分别称为“具体名称”(nomina concreta)和“抽象名称”(nomina abstracta)。在上帝所创造的一切受造物中,有些事物是完美的,然而有些事物却不是。完美的事物是那些由其自身而独立自存的事物,我们使用诸如“人”(homo)、“存在者”(ens)之类的具体名称来意指它们。然而,不完美的事物却是那些并非由其自身而独立自存的事物,正如形式一样,我们用诸如“人性”(humanitas)、“存在”(esse)之类的抽象名称来意指它们。“因为在诸如此类的受造物中,那些作为完美而独立自存的事物都是复合体,然而在它们中的形式却不是某种完美而独立自存的事物,毋宁说它是某物因以而是(存在)的东西;因此,我们为了意指完美而独立自存的某物而施加的一切名称皆以具体模式意指,这是适合于复合体的;然而,那些为了意指单纯的形式而被施加的名称却意指并非作为独立自存的东西,而是作为某物因以而是(存在)的东西。例如,‘白性’(albedo)意指某物因以而是白的东西。”②在解释波埃修关于“是”(esse)与“是这个”(id quod est)的区分的时候,阿奎那就是根据抽象意指模式与具体意指模式的不同来说明两者之间的区别的。在他看来,“是”与“是这个”是不同的,正如“跑”(currere)与“跑者”(currens)

① Sancti Thomae de Aquino, *De Veritate*, q.4, a.1, ad 8.

② *ST*, Ia, q.13, a.1, ad 2.

是不同的一样,“因为‘跑’和‘是’以抽象的模式被意指,正如‘白性’(albedo)一样;然而‘是这个’,即‘在者’(ens),和‘跑者’,则以具体的模式被意指,正如‘白物’(album)一样。”①有时,阿奎那也会把“以抽象的模式”说成是“按照部分的模式”(per modum partis),把“以具体的模式”说成是“按照整体的模式”(per modum totius)。抽象名称意指“某物因以而是的东西”(quo est),也就是说,意指单纯的形式。然而,具体名称却意指“存在着的某个东西”(quod est),也就是说,意指形式与质料复合而成的主体。主体是一个具体的整体,而形式则是主体的一部分。因此,抽象名称按照部分的模式意指单纯的形式;然而,具体名称却按照整体的模式意指形式的主体。例如,虽然“人性”(humanitas)和“人”(homo)这两个名称都意指人的本质,但是两者的意指模式是不相同的:前者按照部分的模式意指人的本质,而后者则按照整体的模式意指人的本质,②因为人是由形式(灵魂)和质料(身体)复合而成的具体的整体,然而人性却是在人这个复合体中的形式部分,它被称为“整体的形式”(forma totius),而不是“部分的形式”(forma partis)。“人”作为一个具体名称意指作为具体整体的人,然而“人性”作为一个抽象名称却意指人因以而是人的整体的形式。“因此,显而易见,人的本质由‘人’这个语词和‘人性’这个语词所意指,但是以不同的模式,正如我们所说过的一样。因为‘人’这个语词意指作为整体(ut totum)的它,也就是说,就其不排除质料的指定性却隐然而未加区分地包含它而言,正如我们说过的种相包含属差一样。因此,‘人’这个语词能够被用来谓述个体。但是,‘人性’这个语词意指作为部分(ut partem)的它,因为在它的意指中仅仅包含那属于人之为人的东西,而且排除了一切指定性;因此,它不能被用来谓述个别的人。”③根据阿奎那的说法,“人性”这个抽象名称按照部分的模式意指,其所指不是一个独立自存的主体,因此它不能被用来谓述个别的人。例如,我们不能说“苏格拉底是人性”。但是,“人”这个具体名称按照整体的模式意指,其所指是一个独立自存的主体,因此它能够被用来谓述个别

① Sancti Thomae de Aquino, *Expositio libri Boetii De ebdomadibus*, lect. 2: “Nam currere et esse significatur in abstracto sicut sicut et albedo; set quod est, id est ens et currens, significatur in concreto uelud album.” Cf. St. Thomas Aquinas, *An Exposition of the On the Hebdomads of Boethius*, introduction and translation by Janice L. Schultz and Edward A. Synan, Washington: The Catholic University of American Press, 2001.

② Sancti Thomae de Aquino, *Super I Sententiarum*, d.23, q.1, a.1.

③ Sancti Thomae de Aquino, *De Ente et Essentia*, cap. II: “Sic igitur patet quod essentiam hominis significat hoc nomen homo et hoc nomen humanitas, sed diuersimode, ut dictum est: quia hoc nomen homo significat eam ut totum, in quantum scilicet non precidit designationem materie sed implicite continet eam et indistincte, sicut dicum est quod genus continet differentiam; et ideo predicatur hoc nomen homo de indiuiduis. Sed hoc nomen humanitas significat eam ut partem, quia non continet in significatione sua nisi id quod est hominis in quantum est homo, et precidit omnem designationem; unde de indiuiduis hominis non predicatur.”

的人。例如,我们可以说"苏格拉底是人",尽管在"人"这个具体名称的意指中并不包含诸如苏格拉底之类的个体的偶性。"因此,虽然在'人'的意指中并不包含他的偶性,但是,'人'并不意指与偶性分离的某种事物。因此,'人'意指作为整体者,'人性'意指作为部分者。"①

虽然阿奎那在其宗教语言哲学中深化了被意指事物与意指模式的传统区分,但是,由于他在应用这一区分的时候并未对它作出具体而明确的解释,因此这在一定程度上给我们理解这一区分造成了许多困难。事实上,在阿奎那的文本中,我们并未发现他对"被意指事物"和"意指模式"这两个概念给出明确的定义。因为这个缘故,所以我们只能根据它们被使用的语境来对之进行解释。一方面,就"意指模式"这一概念而言,应当说阿奎那对它的使用还是比较清楚的,因为他已经明确地把"模式"(modum)视为对一个事物的限定。② 一般地说,模式是一个限定者(modifier),它必须以其所限定的事物为先决条件。但是,模式并不建立它所限定的事物。因此,尽管意指模式限定被意指事物,然而它却不改变语词的意指。另一方面,就"被意指事物"这一概念而言,因为阿奎那没有对它给予任何解释,所以人们对它的理解比较容易产生意见分歧。例如,当代西方著名学者 G.P.罗卡(Gregory P.Rocca)认为"被意指事物"这一概念意指心外实际存在的事物,因此他将其等于名称的指称。③ 然而,有的学者如 Jonathan Kvanvig、John Morreall 等人却认为"被意指事物"这一概念意指理智的概念,因此他们将其等同于名称的意指或者"名称的义理"(ratio nominis)。④在我看来,这两种观点都只是各自说对了一半,因为两者都对"被意指事物"这一概念的内涵作了狭义化理解,从而各持一个极端。在阿奎那使用该词的语境中,我们可以看到凡是语词所意指的东西都被他称为"被意指事物"。根据阿奎那的意指理论,既然语词首要地意指理智的概念,并且经由理智的概念之中介而次要地意指事物,那么语词所意指的东西就不仅应当包含名称首要地意指的概念,也就是人们通常所说的名称的意义,阿奎那也称之为"名称的义理"(ratio nominis),而且还应当包含名称次要地意指的东西,也就是人们通常所说的名称的指称。事实上,阿奎那在使用"被

① Sancti Thomae de Aquino, *In V Metaphysicorum*, lect.5, n 1379: "Unde licet in significatione hominis non includantur accidentia eius, non tamen homo significat aliquid separatum ab accidentibus; et ideo homo significat ut totum, humanitas significat ut pars."

② Sancti Thomae de Aquino, *De propositionibus modalibus*, 3-7.

③ Gregory Rocca, O.P., "The Distinction between 'Res Significata' and 'Modus Significandi' in Aquinas's Theological Epistemology", *The Thomist: A Speculative Quarterly Review* 55 (1991), pp. 173-179.

④ Jonathan Kvanvig, "Divine Transcendence", *Religious Studies* 20 (1984), p. 378; John Morreall, *Analogy and Talking about God: A Critique of the Thomistic Approach*, Washington, D.C.: University Press of America, 1978, p.114.

意指事物”这一概念的时候，有时将其等同于名称的义理，有时又将其等同于名称的指称。这就需要我们根据他使用该词的具体语境来研判它所表达的具体意思。但是，无论如何，阿奎那都没有把它的两个方面的涵义完全对立起来，也没有把它仅仅狭义地理解为其中的任何一个方面。例如，在《论上帝的权能》中，当解释伪狄奥尼修斯“关于上帝的否定是真的，而肯定则是模糊的”这一说法的时候，阿奎那指出，关于上帝的肯定就其被意指事物而言乃是真的，就其意指模式而言却是假的。① 然而，在《反异教大全》中，当解释伪狄奥尼修斯同一说法的时候，阿奎那却指出，我们之所以能够肯定上帝，乃是因为名称的义理；我们之所以能够否定上帝，却是因为名称的意指模式。② 从这两种说法中我们可以清楚地看到，阿奎那有时把“被意指事物”等同于“名称的义理”，而不是将其仅仅等同于名称所指的心外事物。如果“被意指事物”这一概念既包含了名称的义理，又包含了名称的指称，那么，根据阿奎那在其宗教语言哲学中对被意指事物与意指模式这一传统区分的具体应用，我们可以从三个不同的方面来看待一个名称或者语词的“意指”（significatio）情况：一是从名称的指称方面来看，它是名称所意指的客观实在；二是从名称的义理方面来看，它是名称的定义所表达的思想内容，即名称的本义；三是从意指模式方面来看，它是人的理解模式的结果。其中，名称的义理是名称的属相之意义，而意指模式则是名称的种相之意义，它限定名称的义理。

二、指代与意指的区分

“指代”（suppositio）是在中世纪词项逻辑理论中出现的被用来刻画词项特性的重要逻辑术语之一，它既与一个词项的意指密切相关，又与之明显有别。自波埃修以降，中世纪逻辑学家在语义分析中最常用的“significatio”（“意指”）一词是一个其意涵非常明确的逻辑术语，它源自于动词 significare（“意指”），其意思就是“确立对某物的理解”（constituit intellectum）。当一个人说出某个语词的时候，它会使听到该词的人在自己的心智中产生对某个事物的理解或者思想。“因为前面已经说过有意指的口语意指思想；因此，有意指的口语在听者的心智中产生被理解的某个事物乃是恰当的。”③由于中世纪逻辑学家普遍承认口语是思想或者概念的符号，而思想或者概念又是实际事物的符号，因此一个语词的意指首要地是它直接意指的思想或者概念，次要地是它通过思想或者概念的中介而间接意指的终极事物。从这个意义上讲，在

① Sancti Thomae de Aquino, *De Potentia*, q.7, a.5, ad 2; *ST*, Ia, q.13, a.12, ad 1.

② *SCG*, I, cap.30, n.3.

③ Sancti Thomae de Aquino, *In I Perihermeneias*, lect.5, n.16: “quia supra dictum est quod voces significativae significant intellectus. Unde proprium vocis significativae est quod generet aliquem intellectum in animo audientis.”

中世纪词项逻辑中广泛使用的"significatio"一词并不能被用来完全对等地翻译在现代逻辑中使用的"sense"("意义"),"meaning"("意思")等语词。在中世纪词项逻辑中,一个语词除了有其意指(significatio)之外,它还能够通过以不同的方式在命题中被使用而获得诸如指代(suppositio)、称呼(appellatio)、连接(copulatio)、扩充(ampliatio)、限制(restrictio)之类的其他特性。在诸如此类的词项特性中,最重要的就是指代。在拉丁文中,"suppositio"("指代")一词源自于其动词"supponere",这个动词是由表示"在……下面"之意的"sup-"这一词根与表示"安放"、"安置"之意的"ponere"这一词根复合而成的,其字面意思就是"放在……下面",转义为"替代……"、"代表……"、"取代……的位置"等。当中世纪逻辑学家们在把"指代"作为语义分析的概念工具使用的时候,他们实际上并没有专门给它下一个明确的定义。一般地说,它通常被看作一个词项在命题中以某种方式被使用的时候所具有的逻辑特性。当一个语词以某种方式在命题中被使用的时候,根据它被使用的方式,它能够或者为了它自身、或者为了它所意指的事物、或者为了被包含在其意指的事物下的基体而被解释。换言之,它在命题中的使用使它具有或者代表它自身、或者代表它所意指的事物、或者代表被包含在其意指中的个体的逻辑功能。"'指代'理论的发展,是一个谜。虽然它是12世纪以降形成的各种'词项属性'理论的核心内容,但是,该理论打算解释什么问题,或者在整体上该理论究竟真正是关于什么的,还不清楚。"①尽管如此,在中世纪逻辑学采取的语义分析中,指代理论在确定各种命题中的词项的指称意义以及这种意义如何受到各种命题的句法和语义特征的影响等方面所要解决的问题还是比较清楚的,那就是它试图去回答"如何根据一个词项在命题中的使用来确定其代表或者指称什么"这一问题。

人们在14世纪的瓦尔特·伯利(Walter Burley,1275—1344年)、约翰·布里丹(Joannes Buridanus,1300—1358年)和威廉·奥康姆(Guillelmus de Ockham,约1285—1249年)等人的著作中不难发现比较系统化的指代理论,这种比较系统化的指代理论至少在13世纪中叶就已经出现了,他们不过是从各自不同的实在论或者唯名论立场出发,重提早就已经式微的词项论的这一核心内容罢了。我们在13世纪中叶奥歇里的拉姆伯特(Lambert of Auxerre)所撰写的《逻辑学》最后一章中就能够阅读到一种比较系统化的指代理论。当拉姆伯特在这一章讨论词项的特性的时候,他详细地阐述了其指代理论。② 我们可以看到他不仅区分了指代与意指,而且对指代进

---

① [英]约翰·马仁邦主编:《中世纪哲学》(帕金森、杉克尔主编:《劳特利奇哲学史(十卷本)》第三卷),孙毅等译,冯俊校,北京:中国人民大学出版社2009年版,第468页。

② Cf.*The Cambridge Translations of Medieval Philosophical Texts*, volume 1, *Logic and the Philosophy of Language*, ed. by Norman Kretzmann and Eleonore Stump, Cambridge University Press, 1988, pp. 106-113.

行了多层次的分类。

第一，拉姆伯特把指代区分为“自然指代”和“偶性指代”两种。前者是一个词项由其自身的本性而具有的特性。当一个词项按照它自身被使用的时候，它就被说成有自然指代。这种指代之所以被称为“自然的”，其原因并不在于它是一个外在特性，而在于它是一个内在特性。后者是一个词项由于与之相连接的东西而具有的特性。它因为外在地属于一个词项而被称为“偶然的”。例如，在由名词和动词所构成的简单命题中，由于被用来谓述主词的动词不仅有特殊的意指，而且因其被赋予了时态形式而能够连带意指时间，因此，只有同时依据动词的特殊意指和时态才能确定名称的指代。如果有人说：“某人实存着（‘A man exists’）”，那么在这个命题中作主词的“人”（“man”）就指代现存的某个人，因为它与一个表示现在时的动词（exists）连接在一起。但是，如果它与一个表示过去时的动词（existed）或者将来时的动词（will exist）连接在一起，那么它就指代过去或者将来的某个人。

第二，就偶性指代而言，拉姆伯特又将其进一步区分为“简单指代”和“位格指代”两种。当一个词项为了它自身或者为了它所意指的事物而被解释，却又与被包含在它之下的基体没有任何关系的时候，它就有简单指代。这种指代由于它的形式而被称为“简单的”。当一个词项为了被包含在它所意指的事物下的基体或者个体而被解释的时候，它就有位格指代。这种指代之所以被为“位格的”，其原因在于：就理性实体而言，基体或者个体与位格是同一的。众所周知，“位格”（persona）一词源自于波埃修在《驳尤提克斯和聂斯脱利派》一书（*Contra Eutychen et Nestorium*）中讨论三位一体教义的时候所下的定义。

第三，就位格指代而言，拉姆伯特又将其进一步区分为“孤立指代”和“共同指代”两种。前者是一个孤立的词项（专名）或者受某个确定代词限定的共同词在其自身中具有的特性。例如，就“苏格拉底在跑”和“这个人在跑”这两个命题而言，其中“苏格拉底”和“这个人”就有孤立指代。后者是适合于共同词项（亦即共相语词）的那种指代。

第四，就共同指代而言，拉姆伯特又将其细分为“确定指代”和“混合指代”两种。当一个共同词项为了一个或者多于一个基体而在命题中被平等地使用的时候，这个共同词项所具有的特性就被称为确定指代。这种指代之所以被说成是“确定的”，其原因就在于共同词项必然为了某个基体而被解释。例如，就“某人在跑”这个命题而言，其中“人”这个词项就有确定指代，因为只要有一个人在跑或者有多于一个人在跑，那么这个命题就是真的。然而，当一个共同词项必然为了其全部基体或者为了多于一个基体而被解释的时候，这个共同词项所具有的特性就被称为混合指代。这种指代之所以被说成是“混合的”，其原因就在于基体的多样性。

第五,就混合指代而言,拉姆伯特又将其进一步细分为“强而易变的指代”和“弱而不变的指代”两种。当一个共同词项必然为了它的所有基体而被解释并且能够在它之下作出逻辑下降的时候,这个共同词项所具有的特性就被称为强而易变的指代。反之,当一个共同词项必然为了被包含在它之下的多于一个基体而被解释并且不能在它之下做出逻辑下降的时候,这个共同词项所具有的特性就被称为弱而不变的指代。

从拉姆伯特对指代的分类中不难看出,自然指代与偶性指代的区分以及简单指代与位格指代的区分明显地涉及在命题中一个给定词项代表什么事物这一问题。中世纪逻辑学家们试图利用这一部分指代理论作为语义分析工具来解释这一问题,这一点不仅是比较明确的,而且能够产生一定的解释效果。然而,孤立指代与共同指代的区分、确定指代与混合指代的区分以及强而易变的指代与弱而不变的指代之区分却至少涉及在命题中一个给定词项代表多少这样的事物并且在给定的语词事件条件下能否下降到单个事物这类问题。由于这些区分往往与逻辑量词的使用密切相关,因此这一部分指代理论不仅在解释这类问题上还存在着各种各样的困难,而且它自身也很不完善。中世纪逻辑学家到底想要用它来解决什么问题仍然是不得而知的。如果说他们的理论目的在于通过各种析取式命题或者合取式命题来为量化命题提供真值条件的话,那么这一部分指代理论显然是失败的,因为从他们为各种不同的指代所下的相关定义来看,这一部分指代理论并不能在这个方面发挥有效的作用。

与拉姆伯特生活在同一时代并且同为多米尼克修会修士的阿奎那对 13 世纪逐渐趋于系统化的指代理论应当说还是比较了解的,因为我们在阿奎那的意指理论中也可以清楚看到他不仅在意指与指代之间作出了明确的区分,而且还把两者的区分具体地应用于神圣名称的语义分析之中。例如,在讨论名称“从事物一方”的由来的时候,阿奎那就曾经明确地提出了必须把一个名称的意指与其指代区分开来的观点。他说:“应当说在任何名称中都有两件事情要考察,即名称由以被施加的东西,那被称为名称的性质,以及它被施加于其上的东西,那被称为名称的实体。从本义上讲,名称被说成意指(significare)它由以被施加的形式或者性质;它被说成指代(supponere)它被施加于其上的东西。”①他还清楚地认识到,就那些源自于事物一方的名称而言,尽管语法学家把它们由以被施加的东西说成是名称的性质,然而逻辑学家却将其说成是名称的意指(significatio)。同样地,尽管语法学家把它们被施加于其上的东

① Sancti Thomae de Aquino, *Super III Sententiarum*, d.6, q.1, a.3:“Dicendum quod in quolibet nomine est duo considerari: scilicet id a quo imponitur nomen, quod dicitur qualitas nominis, et id cui imponitur, quod dicitur substantia nominis. Et nomen proprie loquendo dicitur significare formam sive qualitatem a qua imponitur nomen; dicitur vero supponere pro eo cui imponitur.”

西说成是名称的实体，然而逻辑学家却将其说成是名称的指代（suppositio）。因此，就一个源自于事物一方的名称而言，它的意指就是它由以被施加的形式或者性质；它的指代就是它被施加于其上的实体。在《论上帝的权能》中，当讨论"在神圣者中'位格'这个名称意指相对的东西，还是绝对的东西"（Quarto quaeritur utrum hoc nomen persona in divinis significet relativum，vel aliquid absolutum）这一问题的时候，阿奎那还明确地把"意指"与作为词项特性的"指代"、"连接"等进行了一番比较。他这样写道：

> 根据大哲学家（指亚里士多德——引者注）的教导，名称的专有义理（propria ratio）是名称所意指的东西。一个名称被归属的东西（id autem cui attribuitur nomen），如果它直接地被包含在由那个名称所意指的事物内，如同确定者被包含在不确定者内一样，它就被说成由那个名称所指代（supponi）；如果它并不直接地被包含在那个名称所意指的事物内，它就被说成由那个名称所连接（copular）。例如，"动物"（animal）这个名称意指有生命的可感的实体，并且"白"（album）意指扩张视力的颜色。然而，人（homo）直接地被包含在"动物"的义理内，如同确定者被包含在不确定者内一样，因为人是由这样的即理性的灵魂赋予生命的可感实体，但是他并不直接地被包含在"白"内，白在他的本质之外。因此，人由"动物"这个名称所指代，但是他由"白"这个名称所连接。因为被包含在一个共同名称内的东西与共同名称相关，如同确定者与不确定者相关一样，因此作为被指代者的东西通过给共同名称附加一个确定的语词就变成了被意指事物。例如，理性的动物意指人。①

在这一段引文中，我们首先需要弄清"一个名称被归属于之的东西"（id autem cui attribuitur nomen）这个短语所表达的意思。实际上，这个短语与"一个名称被用来谓述的东西"这个短语是同义的，两者都表示名称所表达的对象。例如，就"S 是 P"这个命题形式而言，我们既可以把它说成是"P 被归属于 S"，又可以把它说成是"P 被用来谓述 S"，其中 S 既可以被说成是"P 被归属于之的东西"，又可以被说成是"P 被用来谓述的东西"。事实上，根据中世纪的逻辑用语，"P 被归属于 S"与"P 被用来谓述

① Sancti Thomae de Aquino, *De Potentia*, q. 9, a. 4: "quod propria ratio nominis est quam significat nomen, secundum philosophum. Id autem cui attribuitur nomen, si sit recte sumptum sub re significata per nomen, sicut determinatum sub indeterminato, dicitur supponi per nomen; si autem non sit recte sumptum sub re nominis, dicitur copulari per nomen; sicut hoc nomen animal significat substantiam animatam sensibilem, et album significat colorem disgregativum visus: homo vero recte sumitur sub ratione animalis, sicut determinatum sub indeterminato. Est enim homo substantia animata sensibilis tali anima, scilicet rationali; sub albo vero, quod est extra essentiam eius, non directe sumitur. Unde homo supponitur nomine animalis, copulatur vero nomine albi. Et quia inferius quod supponitur per nomen commune, se habet ad commune sicut determinatum ad indeterminatum: id quod erat suppositum, fit significatum, determinatione apposita ad commune: animal enim rationale significat hominem."

S”的意思基本上是相同的。这两种不同的表达方式有它们的历史根源,它们源自于亚里士多德在其《解释篇》中把肯定命题(“S 是 P”)和否定命题(“S 不是 P”)分别说成谓项属于主项(“P 属于 S”)以及谓项不属于主项(“P 不属于 S”)。他说:“肯定命题是肯定某事物(谓项——引者注)属于另一事物(主项——引者注),否定命题否定某事物(谓项——引者注)属于另一事物(主项——引者注)。”①如果我们知道了一个名称被归属于之的东西就是这个名称被用来谓述的东西,那么我们就比较容易理解阿奎那所要表达的意思了。当一个名称被用来谓述某个事物的时候,如果这个事物直接地被包含在这个名称的意指内,那么它就由这个名称所指代。但是,如果这个事物并未直接地被包含在这个名称的意指内,那么它就被这个名称所连接。例如,当我们用“动物”这个名称来谓述人的时候,因为人直接地被包含在“动物”的意指内,所以“动物”这个名称就指代人。当我们用“白”这个名称来谓述人的时候,因为人并未直接地被包含在“白”的意指内,所以“白”这个名称连接人。由此可见,阿奎那在名称的意指与那些作为各种词项特性的指代、连接等之间作出了比较明确的区分。一般地说,指代作为一种词项特性是以词项的意指为前提条件的。词项的意指先于它的指代,因为词项的意指是借助于口语所表达的事物的概念来实现对事物的意指的。但是,在事物的概念与口语统一之前却并没有词项。相反,词项是在事物的概念与口语的统一中被建构的,词项的指代却是以那种方式被建构的词项的某种特性,它指向由词项为了代表被包含在其意指内的事物而构成的某种使用。一个词项通常只有在命题中被使用的时候才有其指代。一个词项的意指在命题中一旦被给定,那么这个词项的指代就是它所代表的事物。当然,一个词项在命题中的这种使用并不构成它的意指,如果我们想要理解这种使用,那么我们就必须预先设定这个词项的意指。除此之外,一个词项的意指只能延伸到这个词项被施加以便意指的事物,然而它的指代却不仅能够延伸到它所意指的事物,而且能够延伸到被包含在那种事物内的个体。例如,就意指而言,“人”这一词项只能意指人(“理性动物”),却不能意指被包含在人(“理性动物”)内的苏格拉底或者柏拉图等个体。但是,就指代而言,“人”这一词项不仅能够指代人,而且能够指代被包含在人(“理性动物”)内的苏格拉底或者柏拉图等个体,也就是说,它还能指代基体(supposita)。

虽然阿奎那在词项的意指与其指代之间作出了明确的区分,但是我们应当承认他并没有建构一种比较系统化的指代理论。事实上,他的理论旨趣也不在于试图建构某种系统化的指代理论,而在于把当时已有的指代理论作为一种工具运用于宗教语言的语义分析之中。除了我们在前面已经谈到的位格指代之外,阿奎那在应用指

① [古希腊] 亚里士多德:《解释篇》,17a25。

代理论进行语义分析的时候还以自己独特的方式表达了他对其他类型的指代的理解。例如,在讨论“具体的本质名称能否指代位格”这个问题的时候,他就利用词项的意指与其指代的区分对“人”这个名称指代位格的模式进行了具体分析。他指出:“因为‘人’这个名称所意指的形式,即人性,实际地被分散在不同的基体中,它由其自身而指代位格,即使没有修饰成分把它限定到作为不同基体的位格。然而,人性的统一性和共同性并不按照事物的方式存在,而仅仅按照思考的方式存在。因此,‘人’这个名称并不指代共同的本性,除非为了某个附加的东西而被需要,例如当我们说‘人是一个属’(homo est species)的时候。”①我们从这段引文不难看出,尽管“人”这个名称由其自身而指代位格,但是它有时也被用来指代它所意指的共同本性,即共相,正如在“人是一个属”这个命题中一样。当一个语词指代它所意指的共同本性的时候,这样的指代在系统化的指代理论中通常就会被称为“简单指代”。尽管阿奎那在这里并没有使用“简单指代”这个概念,然而他在此所作的语义分析却充分地显示出他对简单指代的熟练运用。在一个命题中,有时会出现一个语词指代它自身的情况,这在系统化的指代理论中通常就会被称为“质料指代”。同样地,我们也可以看到阿奎那把质料指代作为语义分析工具运用得相当熟练,尽管他在自己的语义分析中并未直接使用过“质料指代”这一概念。例如,在讨论动词也能像名词一样被用作句子的主词的时候,他就利用质料指代具体地分析了“‘跑’是一个动词”(curro est verbum)这个句子。他指出:“然而应该说,在这样一个陈述中,‘跑’这个语词并不形式地被用作根据它的意指指称事物,而是被用作质料地意指这个口语本身,这个口语被当作是某种事物。因此,动词和句子的一切部分,当它们质料地被采用时,就被当作具有名词的力量。”②显然,根据阿奎那的分析,在“‘跑’是一个动词”这句话中,“跑”这个主词应该被理解为这个语词本身,这是一个语词在命题中的自我指代的情形,也就是说,它指代自身。虽然他在这一分析中没有直接使用质料指代这种说法,但是他通过使用“形式地”(formaliter)与“质料地”(materialiter)这两个副词把“跑”这个语词的意指与其质料指代区分开来了。这两个副词具有模式的限定

---

① *ST*, Ia, q.39, a.4, ad 3:“Quia enim forma significata per hoc nomen homo, idest humanitas, realiter dividitur in diversis suppositis, per se supponit pro persona; etiamsi nihil addatur quod determinet ipsum ad personam, quae est suppositum distinctum. Unitas autem sive communitas humanae naturae non est secundum rem, sed solum secundum considerationem, unde iste terminus homo non supponit pro natura communi, nisi propter exigentiam alicuius additi, ut cum dicitur, homo est species.”

② Sancti Thomae de Aquino, *In I Perihermeneias*, lect.5, n.6:“Sed dicendum est quod in tali locutione, hoc verbum curro non sumitur formaliter, secundum quod eius significatio refertur ad rem, sed secundum quod materialiter significat ipsam vocem quae accipitur ut res quaedam. Et ideo tam verba quam omnes orationis partes, quando ponuntur materialiter, sumuntur in vi nominum.”

作用，阿奎那选取了从意指模式这一独特的视角来理解词项的意指与其指代的区分。在他看来，两者之间的差异也表现为意指模式的不同。他说："然而我们必须知道一个事物以两种模式被意指：以一种模式，形式地（formaliter）；而以另一种模式，质料地（materialiter）。一个名称形式地意指它首要地被施加以便意指的东西，这是名称的义理，例如，'人'这个名称意指由身体与理性的灵魂复合而成的某物。但是，一个名称质料地意指为了这样的义理而被需要的东西，例如，'人'意指心脏、大脑以及诸如类的为了身体被理性的灵魂赋予生命而被需要的部分。"①由此可见，虽然阿奎那的理论旨趣并不在于建构一种比较系统化的指代理论，但是他在把中世纪指代理论创造性地应用于宗教语言的意义分析的时候却有他自己的某种独特理解。

第四节　命名与意指理论的神学意蕴

阿奎那的命名与意指理论不仅同基督宗教神学语境密切相关，而且是出于解释神圣名称的需要而被提出来的，这使他的相关理论不可避免地具有了浓郁的神学色彩和丰富的神学意蕴。事实上，阿奎那为基督徒在他们的信仰生活和神学思考活动中使用的神圣名称所提供的解释也是构成他的命名和意指理论的无法剥离的一个特殊部分。本节拟从如何认识、命名上帝与神圣名称的意指两个方面来揭示阿奎那的命名与意指理论的神学意蕴。

一、命名上帝的知识论基础

在阿奎那神学的上帝论中，我们可以看到他对如何命名上帝的问题给予了极大的关注和讨论。应当说他的相关论述并不完全是神学的，从某种意义上讲也是哲学的，因为它不仅以我们从认识实际存在的受造物出发达到认识上帝的知识论为基础，而且与他的一般命名理论也是完全契合的。如前所述，在阿奎那的一般命名理论中，他曾经提出过我们对任何事物的命名都以关于它的知识为根据的基本命名原则，这一命名原则也同样适用于我们命名上帝，也就是说，我们如何认识上帝便决定了我们如何命名上帝。事实上，阿奎那在其《神学大全》中对此也有明确的表述："在考察了那些属于神圣知识的事物之后，我们进展到对神圣名称的考察，因为每一个事物都根

① Sancti Thomae de Aquino, *De Potentia*, q.9, a.4: "Sed sciendum, quod aliquid significat dupliciter: uno modo formaliter, et alio modo materialiter. Formaliter quidem significatur per nomen ad id quod significandum nomen est principaliter impositum, quod est ratio nominis; sicut hoc nomen homo significat aliquid compositum ex corpore et anima rationali. Materialiter vero significatur per nomen, illud in quo talis ratio salvatur; sicut hoc nomen homo significat aliquid habens cor et cerebrum et huiusmodi partes, sine quibus non potest esse corpus animatum anima rationali."

据我们关于它的知识由我们来命名它”；①“然而，如果任何一个人对上帝全然无知的话，那么他甚至不可能命名他，或许，除非如同我们使用我们不知其意指的名称一样。”②既然如此，那么为了更好地理解阿奎那关于上帝的特殊命名理论，我们首先必须从作为其理论基础的神学知识论出发。

与如何认识受造物的问题相比较，如何认识上帝的问题无疑具有它的特殊性，因为上帝具有超越性，这样的超越性使我们不可能按照那种获得关于受造物的知识的认识模式获得关于上帝的知识。当然，这并不意味着我们对于上帝只能坚持一种绝对的不可知论立场，也不意味着我们对于上帝充其量只能具有神圣启示的知识。事实上，阿奎那坚决反对关于上帝的绝对不可知论立场。相反，在他看来，除了圣经启示的知识之外，我们还能够从作为结果的受造物出发去获得关于作为其原因的上帝的自然知识或者哲学知识。

从存在于上帝与受造物之间的本体论因果关系出发，阿奎那讨论了关于上帝的自然知识何以可能的问题。在他看来，这种关于上帝的自然知识之所以可能的先验条件在于作为认识主体的人自然地具有求知欲（sciendi desiderium），它作为潜伏在人的理智中的一种自然欲望推动人不仅求取关于自然事物的知识，而且求取关于它们的原因的知识，直至它最终求取了作为自然万物的第一因的上帝的知识，才能得到满足和安宁。阿奎那说：“由于认识了结果，认识它们的原因的欲望就被激发；因此，当人们探究事物的原因的时候，他们就开始哲学思考。因此，自然地被植入一切理智实体中的求知欲并不安宁，除非在他们认识了结果的实体之后，他们也认识了原因的实体。”③如果人的理智绝不能获得关于万物的第一因的知识，那么这种自然的求知欲就绝不可能被实现。然而，在阿奎那看来，这显然是不可能的，因为自然不做无为之事，一切自然欲望就其是自然的而言都不可能落空。

即使我们承认关于上帝的自然知识是可能的，我们仍然需要进一步追问如何从受造物出发去获得关于那超越了一切受造物的上帝的自然知识？阿奎那从作为东方

---

① *ST*, Ia, q.13, prooemium: “Consideratis his quae ad divinam cognitionem pertinent, procedendum est ad considerationem divinorum nominum, unumquodque enim nominatur a nobis, secundum quod ipsum cognoscimus.”

② Ibid., q.13, a.10, ad 5: “Si vero aliquis esset qui secundum nullam rationem Deum cognosceret, nec ipsum nominaret, nisi forte sicut proferimus nomina quorum significationem ignoramus.”

③ *SCG*, III, cap.50, n.3: “Ex cognitione effectuum incitatur desiderium ad cognoscedum causam: unde homines philosophari incoeperunt causas rerum inquirentes. Non quiescit igitur sciendi desiderium, naturaliter omnibus substantiis intellectualibus inditum, nisi, cognitis substantiis effectuum, etiam substantiam causae cognoscant.” Cf. St. Thomas Aquinas, *Summa contra gentiles*, book three: providence, translated, with an Intoduction and Notes, by Vernon J. Bourke, Notre Dame, London: University of Notre Dame Press, 1975.

神秘主义传统遗产的伪狄奥尼修斯神秘神学中寻找到了这个问题的答案。在伪狄奥尼修斯看来,虽然我们绝不可能认识上帝的本来面目,但是我们仍然可以“依靠对万物的否定与超越,通过追溯万物的原因”来接近上帝。[①] 阿奎那充分肯定了伪狄奥尼修斯这一主张。他承认我们从受造物出发认识上帝的路径或者模式有因果性之路(via causalitatis)、否定之路(via negativa)、卓越之路(via eminentia)。[②] 例如,阿奎那说:“人能够从这样的受造物以三种模式认识上帝,正如狄奥尼修斯在《论神圣名称》一书中所说的那样。第一种模式按照因果性(per causalitatem)。因为,既然这样的受造物是有缺陷的和可变的,那么它们就必然被还原为某种不变的和完美的原理。并且据此我们知道上帝存在。第二种模式,按照卓越之路(per viam excellentiae)。因为万物被还原为一个第一原理,并非如同被还为一个专门的和同(单)义的原因一样,例如人生人,而是如同被还原为一个普遍的和超越的原因一样。并且由此我们知道他超乎万物之上。第三种模式,按照否定之路(per viam negationis)。因为,如果他是一个超越的原因,那么凡是存在于受造物中的东西都不能适合他。”[③]在评注波埃修《论三位一体》的时候,阿奎那按照伪狄奥尼修斯提出的三种接近上帝的路径解释了我们关于上帝的知识之进展情况。他指出,一个原因藉着关于其结果的知识越是完美地被认知,它们之间的因果关系也越完美地被把握。就那些在完美性上与它们的原因不相等的结果而言,我们应当考虑三件事:一是结果出自于原因;二是结果所能达到的对于原因的相似性;三是结果达不到原因的程度。因此,他区分了人的理智能够用以提供关于上帝的知识的三种模式。根据第一种模式,就我们越是充分地理

① (托名)狄奥尼修斯:《神秘神学》,包利民译,北京:三联书店1998年版,第63页。

② 阿奎那在他的不同作品中经常十分灵活地使用不同的术语并且按照不同的秩序来表达伪狄奥尼修斯提出的三种接近上帝的路径。例如,有时他使用“按照否定”(per negationem)、“按照因果性”(per causalitatem)、“按照超越”(per excessum)来表达(Cf.*Super Boetium De Trinitate*, q.6, a.3);有时则使用“按照否定模式”(per modum negationis)、“按照因果模式”(per modum causae)、“按照卓越模式”(per modum eminentiae)来表达(Cf.*De Potentia*, q.9, a.7);有时则使用“根据因果性的义理”(secundum rationem causalitatis)、“根据卓越的义理”(secundum rationem excellentiae)、“根据排除的义理”(secundum rationem remotionis)来表达(*ST*, Ia, q.13, a.10, ad 5);有时则使用“按照因果性”(per causalitatem)、“按照卓越之路”(per viam excellentiae)、“按照否定之路”(per viam negationis)来表达(Cf.*In Epistolam ad Romanos*, 1, lect.6);等等。

③ Sancti Thomae de Aquino, *In Epistolam ad Romanos*, 1, lect.6:“Potest tamen homo, ex huiusmodi creatures, Deum tripliciter cognoscere, ut Dionysius dicit in libro de divinis nominibus. Uno quidem modo per causalitatem. Quia enim huiusmodi creaturae sunt defectibilis et mutabiles, necesse est eas reducere ad aliquod principium immobile et perfectum. Et secundum hoc cognoscitur de Deo an est. Secundo per viam excellentiae. Non enim reducuntur omnia in primum principium, sicut in propriam causam et univocam, prout homo hominem generat, sed sicut in causam communem et excedentem. Et ex hoc cognoscitur quod est super omnia. Tertio per viam negationis. Quiam si est causa excedens, nihil eorum quae sunt in creatures potest ei competer.”

解上帝产生事物的能力而言，我们关于上帝的知识就越是完美的。根据第二种模式，就我们认识到上帝是更加卓越的结果的原因而言，我们关于他的知识就有进展，因为这样的结果对上帝具有更大的相似性，它们更加完美地显示出上帝的卓越。根据第三种模式，就我们理解到上帝越是更大程度地被排除于我们在其结果中所发现的一切东西之外，我们关于他的知识就有进展。这三种模式与伪狄奥尼修斯提出的接近上帝的三条路径是相符的。[①] 当然，对于阿奎那来说，我们从受造物出发借以认识上帝的因果性之路、卓越之路、否定之路并不是彼此孤立的，而是相互关联的。

因果性之路是以在上帝与受造物之间的本体论关系为基础的。为了保证从受造物到上帝的认识运动，就必须在上帝与受造物之间确立起形而上学的关联。因此，证明作为受造物的第一因的上帝之存在，对于通向上帝的神学路径来说，便具有基础性的意义。为此，阿奎那竭力避开安瑟尔谟（St. Anselmus，1033—1109 年）关于上帝存在的先天证明，而转向了关于上帝存在的后天证明。通过对我们生活于其中的这个受造世界的某种特征的形而上学分析，阿奎那最终得出了受造物原因地依赖于某个最高领域的存在者的结论。他从受造物的运动、效果因、偶然性、完美性的等级和目的等五个方面证明了它们需要一个更高领域的原因，然而这个原因本身却并不显现出任何有待解释的形而上学局限性。例如，必定有一个自身不被推动却能推动其他事物的运动因，一个自身并不作为效果被产生却能产生其他效果的效果因，一个因其自身而有必然性的必然存在者，一个具有最高完美性等级的一切完美性的原因，一个预先设计了一切目的和秩序的有理智的原因，等等。就这些不同形式的形而上学第一因而言，它们中的每一个都与基于创造论信仰的上帝是完全等同的。在形而上学地确立起了上帝与其受造物之间的因果关系之后，阿奎那区分了两种不同的因果关系：一种是结果与其原因的能力相等，这样的结果与其原因是同（单）义的；另一种是结果与其原因的能力并不相等，这样的结果与其原因则是异（多）义的，有时也被他说成是类比的。无论因果关系是同（单）义的，还是异（多）义的或者类比的，它都意味着结果有对原因的相似性，因为每一个原因都以某种方式产生相似于它自身的结果。由于结果出自于其原因并且具有对其原因的相似性，因此关于一个结果的知识至少可以被用来充当我们借以进一步认知其原因的存在的原理。当然，对于不同种类的因果关系来说，它们的具体情形会有所不同。就同（单）义的因果关系而言，一个结果的知识能够充分揭示其施动者的能力或者其原因的本质。但是，就异（多）义的或者类比的因果关系而言，通过一个结果的知识，尽管我们能够认识其原因的存在，然而我们却不能认识其原因的本质。由于在上帝与其受造物之间的

① Sancti Thomae de Aquino, *Super Boetium De Trinitate*, q.1, a.2.

因果关系也是异(多)义的或者类比的,因此作为结果的受造物对作为其原因的上帝所具有的相似性使我们从受造物出发只能知道上帝存在,却不能知道上帝是什么。

然而,对因果性之路的肯定却并不能保证我们沿着肯定神学的路径达到关于上帝的直接知识,因为在上帝与其受造物之间的形而上学关联不仅包含着它们之间的相似性,而且包含着它们之间的巨大差异性或者不相似性。一旦上帝被赋予作为终极的纯粹现实的形而上学优先性,那么我们对因果性之路的肯定就会直接导向卓越之路,因为这样的因果性之路意味着我们必须承认上帝超越了具有形而上学局限性或者不完美性的一切受造物的特征。当我们把受造结果的完美性还原为它们的第一原理的时候,我们并非将其还原为一个与它们是同(单)义的原因,而是将其还原为一个普遍的和超越的原因。我们对作为原因的上帝的超越性之肯定,同时也就意味着我们对作为结果的受造物的局限性或者不完美性之否定。从这个意义上讲,我们对因果性之路的肯定也会直接导向否定之路,其形而上学的根据同样在于作为第一因的上帝全然不相似于他的一切受造结果。因此,当我们把受造物的完美性还原为它们的第一原理的时候,我们必须藉着诉诸上帝的超越而否定在它们中存在的任何与作为第一因和纯粹现实的上帝不相容的东西。当然,我们关于上帝的否定命题只有以在先的关于上帝的形而上学优先性的肯定判断为基础才能被作出。从逻辑上讲,否定之路是以我们通过因果性之路所获得的肯定性知识为预设前提的。否则的话,我们的否定过程就会是不连贯的,因为倘若没有这样的肯定性知识,那么我们要想确定否定关于上帝的什么就没有任何基础了。就我们从受造物出发去获取关于上帝的知识而言,阿奎那不仅承认否定之路与基于因果性的肯定之路的必要性,而且承认两者之间的差异性。他指出:“我们达到关于某物的专门知识不仅按照肯定(per affirmationes),而且按照否定(per negationes);例如,是一个理性的动物乃是人专有的,不是无生命的或者无理性的也是他专有的。但是,在这两种模式的专门知识中有这一差别:当我们有关于某个事物的专门知识的时候,按照肯定,我们知道这个事物是什么,以及它如何与其他事物相分离;然而,当我们有关于某个事物的专门知识的时候,按照否定,我们知道它不同于其他事物,而它是什么仍然不知。现在,我们通过证明而具有的关于上帝的专门知识就是这样的。”①

① *SCG*, III, cap.39, n.1:“Ad propriam autem alicuius rei cognitionem pervenitur non solum per affirmations, ita etiam per negations: sicut enim proprium hominis est esse animal rationale, ita proprium eius est non esse inanimatum neque irrationale. Sed hoc interest inter utrumque cognitionis propriae modum, quod, per affirmations propria cognitione de re habita, scitur quid est res, et quomodo ab aliis separator: per negations autem habita propria cognitione de re, scitur quod est ab aliis discreta, tame quid sit remanet ignotum. Talis autem est propria cognition quae de Deo habetur per demonstrations.”

阿奎那不仅承认我们能够通过因果性之路、否定之路和卓越之路而从受造物出发去获得关于上帝的知识，而且说明了我们通过这三种路径或者方法而从受造物出发去获得什么样的关于上帝的知识。在他看来，一切受造物都是上帝创造的结果，而且它们依赖于其原因。如果我们对受造物的原因进行形而上学分析的话，那么这样的分析不仅能够导致关于上帝存在的知识，而且能够导致关于那些必定属于上帝的东西的知识，就他是万物的第一因而且超越了他的一切结果而言。[①]

在解释我们从受造物出发所获得的关于上帝的知识是怎样的时候，阿奎那提出的核心主张在于：我们不可能知道上帝是什么（de Deo scire non possumus quid sit），只能知道他不是什么（quid non sit）。基于这一基本主张，他断定："我们不可能考察上帝以怎样的模式存在，而只能考察他不以怎样的模式存在。"[②]知道一个事物以怎样的模式存在或者不存在，也就意味着知道这个事物是什么或者不是什么。[③] 在阿奎那看来，当我们认识某个事物的时候，最重要的就在于我们必须知道它是什么（quid est），而不是仅仅知道它是否存在（an est）。"事实上，我们并不认为我们知道一个事物，如果我们不知道它的实体的话。因此，在认识某个事物的时候，知道它是什么是最重要的。"[④]显而易见，根据阿奎那的说法，知道一个事物是什么就等于知道它的实体，也就是说，具有了关于它的实质性知识。[⑤] 然而，当我们从受造物出发去认识上帝的时候，我们不可能具有关于上帝的实质性知识。为什么这样说呢？阿奎那提出了两个方面的理由。第一个理由是本体论方面的，那就是说，因为我们关于上帝的知识依赖于我们对在上帝与其受造物之间的因果关系的形而上学考察。根据阿奎那的说法，上帝作为造物主不是他所造万物的同（单）义的施动者或者原因，而是它们的异（多）义的施动者或者原因。受造物与上帝在本体论上有着巨大的差异性或者不相似性，这使得任何一个受造物都不可能如同上帝之所是那样充分地显示上帝的实质。既然作为原因的上帝以其卓越的存在模式超越了他的一切受造结果，那么作为结果的受造物就不可能为关于上帝的实质性知识提供充分的基础。因

---

① *ST*，Ia，q.12，a.12.

② Ibid.，q.3，prooemium："Non possumus considerare de Deo quomodo sit，sed potius quomodo non sit."

③ 例如，当我们说"亚里士多德是人"或"亚里士多德是动物"的时候，就这两个命题所意指的客观事实而言，它们表示同一个体以不同的模式存在：前者意指亚里士多德以属相的本质存在；后者则意指他以种相的本质存在。当我们说"亚里士多德不是高的"或"亚里士多德不是黑的"时，就这两个命题所意指的客观事实而言，它们表示同一个体并不以高或黑两种不同偶性模式存在。

④ *SCG*，III，cap.50，n.2："Non enim arbitramur nos aliquid cognoscere si substantiam eius non cognoscamus；unde et praecipuum in cognitione alicuius rei est scire de ea quid est."

⑤ "实质性"是拉丁文 quiditas 一词的汉译，相当于英文的 whatness，它的字面意思是我们在回答一物是什么（quid est）的问题时所表达的该物之所是。

此，我们从受造物出发根本就不可能获得关于上帝的实质性知识。第二个理由则是知识论方面的，那就是说，因为我们关于上帝的知识还依赖于我们对人的认识能力的自然局限性的考察。根据阿奎那的说法，就我们认识一个事物是什么而言，我们的理智能够要么直接地把握它的实质，要么借助于足以显示其实质的其他事物来把握它的实质。然而，由于我们的理智在今生与肉身结合在一起，因此我们的理智按其本性只能适合于从感觉开始获得其自然知识。因为这个缘故，所以感觉把我们的理智引导到何种程度，它的自然知识就能前进到何种程度。因此，我们的理智只能把握它以某种方式从感觉意象抽象而来的可理解的意象或者形式，从而把握可感事物的实质。① 退一步说，即使我们的理智能够直接地把握可感事物的实质，它也不可能直接地把握上帝的实质，因为没有任何结果的形式足以显示上帝的实质。② 神圣实体因其无限性而超越了人的理智所能达到的任何形式，因此没有任何受造的理智能够在今生藉着它的纯粹的自然能力而直观神圣本质。哪怕我们的理智藉着基于神圣恩典的启示，它在今生也不可能知道上帝是什么，③因为那些藉着神圣启示被给予我们的知识仍然是按照我们的自然认知模式被给予我们的，并且使用那些源自于可感事物的经验的概念。④ 关于上帝的实质性知识只有在来生藉着荣耀之光（lumen gloriae）才能为享福者所拥有。⑤ 然而，即使到那时享福者能够直观上帝，在他们中也没有任何一个能够把握上帝，上帝的奥秘仍然永恒地超越了人对它的把握。⑥

阿奎那的上述核心主张旨在强调我们能够通过否定之路而获得关于上帝的知识，尽管这样的知识不是关于上帝的实质性知识。他指出："在考察神圣实体的时候，我们尤其应当使用排除法。因为神圣实体由于它的无限性而超越了我们的理智所达到的每一个形式。因此，我们不可能藉着知道它是什么而把握它。然而，我们能

① *ST*，Ia，q.12，a.4&12.

② 阿奎那在《神学大全》第一集第12题第2条中表达了这样的观点：当神圣本质被当作一个认识对象的时候，它不可能藉着任何受造的相似性或意象被直观，因为任何受造的可理解的意象或相似性只能直接表象某个受造结果的形式，而不能如同神圣本质存在于自身中那样表象它。

③ *ST*，Ia，q.12，a.13.

④ Sancti Thomae de Aquino，*Super Boetium De Trinitate*，q.6，a.3.

⑤ *ST*，Ia，q.12，a.4.

⑥ 阿奎那在《神学大全》第一集第12题第7条中区分了直观（videant）上帝的本质与把握（comprehendat）上帝的本质。在他看来，所谓把握某物就是完美地认识它。只有当一个事物如其是可知的那样被充分地认识的时候它才能完美地被认识。但是，没有任何受造的理智能够如同神圣本质是可知的那样充分地认识神圣本质，因为神圣本质是无限可知的，虽然享福者的理智所接受的荣耀之光越强大，它便越完美地认识上帝，但是没有任何受造的理智能够接受无限的荣耀之光。因此，即便一个享福者能够直观上帝，他也不可能如同上帝本身存在一样地把握上帝。

藉着知道它不是什么而有关于它的某种知识。"①对于阿奎那来说,否定之路就等同于排除法(via remotionis)。就那些我们能够把握其定义的事物而言,我们首先把它们置于某个种相之中,从而以普遍的方式知道它们是什么;然后我们再对它们附加属差,通过属差而把它们与其他事物区分开来,从而达到关于它们的实体的知识。但是,就上帝而言,我们既不可能把任何"什么"(quid)当作一个种相,也不可能通过肯定性差异(differentia affirmativa)而把他与其他事物区分开来;因此,我们必须诉诸否定性差异(differentia negativa)而把上帝与其他事物区分开来。正如一个肯定性差异受到另一个肯定性差异的限制一样,一个否定性差异也受到另一个进一步把上帝与其他事物区分开来的否定性差异的限制。例如,当我们说上帝不是偶性的时候,我们就把他与一切偶性区分开来了。当我们进一步说上帝不是形体的时候,我们又把他与某些实体区分开来了。这样,通过连续地诉诸否定,我们就能够按照秩序把上帝与他所不是的一切事物区分开来。当我们知道上帝不同于其他一切事物的时候,最终我们就能够达到关于他的实体的专门知识。② 虽然这样的知识因其并未告诉我们上帝是什么而显得并不完美,但是它仍然有其重要价值。阿奎那不仅强调我们能够通过否定之路或者排除法而从受造物出发去获得关于上帝的知识,而且把否定之路或者排除法熟练地应用于神圣属性的讨论之中。从他的讨论来看,许多在表面上关于上帝的肯定谓述,实际上都是否定的。例如,他对诸如上帝的单纯性、永恒性、不变性、无限性之类的属性的肯定,实际上都是关于上帝的否定属性的谓述,而不是关于他的肯定属性的谓述。

虽然阿奎那否认我们能够从受造物出发去获得关于上帝的实质性知识,但是这并不意味着他就赞同伪狄奥尼修斯传统关于神圣实体的极端不可知论立场。相反,他承认我们能够以在上帝与受造物之间的因果关系为基础来获得某种关于神圣实体的有限的肯定性知识,并且据此修正了伪狄奥尼修斯传统关于神圣实体的极端不可知论。在阿奎那看来,尽管作为结果的受造物不能为关于上帝的实体性知识提供充分的基础,然而它却能够为关于上帝的存在以及那些关涉上帝的原因性和超越性等方面的知识提供充分的根据。他之所以承认我们能够具有某种关于神圣实体的肯定性知识,其本体论根据在于:每一个原因都以某种方式把它自身的相似性传递给它的

① *SCG*, I, cap.14, n.2: "Est autem via remotionis utendum praecipue in consideratione divinae substantiae. Nam divina substantia omnem formam quam intellectus noster attingit, sua immensitate excedit: et sic ipsam apprehendere non possumus cognoscendo quid est. Sed aliqualem eius habemus notitiam cognoscendo quid non est."

② Ibid., cap.14, n.3.

结果。[①] 原因的相似性是由原因的活动所造成的，因为原因性无非就是把原因的现实性或者完美性传递给一切处于潜能状态中的事物，这样的相似性不仅包含动力的维度，而且包含形式的维度。就上帝是一切存在物的动力因和形式因或者模型因而言，他把自身的存在的相似性通传给了他的一切创造物，每一个受造物都因分有上帝的相似性而具有属于它自身的现实性或者完美性。在上帝与受造物之间存在着的这种本体论的相似性为人的心智从受造物到上帝的认识论运动奠定了形而上学基础。尽管如此，阿奎那仍然小心翼翼地提醒我们，这种由在上帝与受造物之间存在着的因果关系所确立的相似性并不意味着它们根据同一模式共享完全相同的现实性或者完美性，因为它们之间的因果关系不是同(单)义的，而是异(多)义的。这样的因果关系实际上建立了相似性与不相似性的辩证法：一个受造物根据被分有的或者被传递的完美性而以某种方式相似于它的原因，然而它却并不根据同一模式来示例这种完美性。无论上帝把什么样的完美性传递给他的创造物，这样的完美性必定都以超越受造物的卓越模式预先存在于上帝之中。从这个意义上讲，由在上帝与受造物之间存在着的因果关系所确立的相似性是一种不成比例的相似性，也就是说，并非上帝与受造物彼此相似，而是受造物单向地相似于上帝。因此，当我们从在受造物中所发出的某种完美性出发去认识上帝的时候，因为这种完美性以更加卓越的模式存在于上帝之中，所以我们只能根据它在受造物中的存在模式来理解它在上帝中的存在，从而获得某种并不完美的关于上帝的知识。根据阿奎那的看法，虽然这样的知识是不完美的，但是它仍然以某种方式告诉了我们上帝是什么，因为每一个原因都在其结果中产生它自身的相似性。正如一个原因做什么就会在某种程度上反映它是什么一样，上帝的一切结果也都以某种方式向我们显示了上帝是什么。在此意义上，我们也可以说这样的知识是某种关于上帝的实体的知识。当我们由果溯因地推论出上帝存在的时候，我们也在某种程度上知道了上帝是什么，尽管这样的知识是不完美的。事实上，在《波埃修〈论三位一体〉评注》中，阿奎那曾经援引亚里士多德的观点来对此进行了解释。他指出："然而应当注意的是，我们不可能知道一物存在，除非我们以某种方式知道它是什么，不管是完美的认识，还是至少含混的认识，正如哲学家在《物理学》第一卷中所说的那样，在我们知道被定义事物的部分之前，我们知道了被定义的事物。因为，如果一个人知道人存在并且想通过定义发现人是什么，那么他必定知道'人'这一语词意指什么。只有当他以某种方式设想了他知道要存在的事物，这种情况才会存在，即使他并不知道它的定义。也就是说，他根据知道某个或近或远的种相以及从外部显示他的偶性设想人。因为我们关于定义的知识，正如关于证明的知

① *SCG*, I, cap.29, n.2.

识一样,必定由某种预先存在的知识开始。因此,同样地,我们不可能知道上帝和其他非物质实体存在,除非我们以某种方式在某种含混状态下知道它们是什么。"①

值得注意的是,我们从上述考察中不难看出:一方面,阿奎那否认我们能够从受造物出发知道上帝是什么或者具有关于上帝的实质性知识,另一方面他又承认我们能够具有某种关于神圣实体的有限的肯定性知识。虽然这两个方面从表面上看显得彼此冲突,但是它们实际上并非不可协调一致。当他否认我们能够具有关于上帝的实质性知识的时候,他所谓的实质性知识是指我们能够在各方面完美地把握神圣本质的可理解性并且给上帝下定义的那种知识,正如我们能够把握人的本质并且给人下定义一样。对于上帝,我们之所以不可能具有这样的知识,是因为我们的理智无论把上帝理解成什么都不足以如同上帝之所是那样完美地表象他。因此,对于我们来说,上帝是什么仍然是未知的。当我们认识到上帝超越了我们所知道的关于他的一切事情的时候,这便是我们所具有的关于上帝的最高知识了。② 尽管我们不可能具有这种完美的关于神圣本质的知识,然而这却并不意味着我们不可能具有某种不完美的关于神圣本质的知识。因为受造物的完美性是从上帝那里流溢而来的,所以我们的理智从受造物中抽象出来的形式能够以某种方式表象上帝,尽管这样的表象并不能达到如同上帝之所是的程度。由此可见,阿奎那一方面继承了伪狄奥尼修斯传统否认我们能够在今生定义和把握上帝的否定神学,另一方面又以其承认我们能够从受造物出发去获得某种不完美的关于神圣本质的知识的肯定神学修正了伪狄奥尼修斯传统关于神圣本质的极端不可知论。

二、神圣名称及其意指

基于我们能够通过因果性之路、否定之路和卓越之路而从受造物出发去获得关于上帝的某种知识,阿奎那为我们从受造物出发去命名和言说上帝的可能性提供了辩护。他根据亚里士多德语义学理论指出,既然口语是被理解者的符号,而被理解者

---

① Sancti Thomae de Aquino, *Super Boetium De Trinitate*, q.6, a.3: "Et tamen sciendum quod de nulla re potest sciri an est, nisi quoquo modo sciatur de ea quid est vel cognitione perfecta vel saltem cognitione confusa, prout philosophus dicit in principio physicorum quod diffinita sunt praecognita partibus diffinitionis. Oportet enim scientem hominem esse et quaerentem quid est homo per diffinitionem scire quid hoc nomen homo significat. Nec hoc esset, nisi aliquam rem quoquo modo conciperet quam scit esse, quamvis nesciat eius diffinitionem. Concipit enim hominem secundum cognitionem alicuius generis proximi vel remoti et aliquorum accidentium quae extra apparent de ipso. Oportet enim diffinitionum cognitionem, sicut et demonstrationum, ex aliqua praeexsistenti cognitione initium sumere. Sic ergo et de Deo et aliis substantiis immaterialibus non possemus scire an est, nisi sciremus quoquo modo de eis quid est sub quadam confusione."

② Sancti Thomae de Aquino, *De Veritate*, q.2, a.1, ad 9.

又是事物的相似性,那么口语显然经由理智的概念之中介而指称被意指事物。因此,根据某个事物能够由我们的理智所认识,我们便能够以这种方式给它命名。尽管我们不可能在今生按照上帝的本质直观他,然而我们却能够从受造物出发去认识他,根据他拥有受造物的原理,而且我们还能够按照卓越模式、排除模式认识他。因此,我们能够从受造物出发去命名上帝,尽管那些意指上帝的名称并不足以根据上帝是什么来表达神圣本质。①

阿奎那不仅充分地肯定了我们能够从受造物出发去命名和言说上帝,而且根据名称的意指模式之不同而把我们用以言说上帝的名称区分为三类。②

第一类是那些意指具有专属于受造物的模式的完美性的名称。例如,"人"(homo)、"石头"(lapis)等。这样的名称被用于指称某一属相的受造物以及由它的专有原理所产生的具体特性。因为每一个属相的受造物都有那适合于它自身的存在和完美性的模式,所以这样的名称只能根据相似性和隐喻被用来言说上帝。隐喻包含着名称从其日常的或者熟悉的语境向不熟悉的语境之转换,也就是说,它把属于一个事物的东西转换到另一个事物。例如,由于某人的理智之坚固,我们就说他是石头。因此,当我们使用诸如此类的名称来言说上帝的时候,它们的意义只能是隐喻的。

第二类是那些意指具有卓越模式的纯粹完美性的名称。例如,"至善"(summum bonum)、"第一存在者"(primum ens)等。纯粹完美性在上帝之中被发现所用的卓越模式只有或者藉着否定才能为我们使用的名称所意指,或者藉着上帝对其他事物的关系才能为我们使用的名称所意指,因为我们不可能把握上帝是什么,只能把握他不是什么或者其他事物如何相关于他。例如,当我们说上帝是永恒的或者无限的时候,就是藉着否认为我们使用的名称所意指的。然而,当上帝被称作"第一因"或者"至善"的时候,就是藉着上帝对其他事物的关系为我们使用的名称所意指的。由于这样的名称所表达的纯粹完美性以卓越的模式存在于上帝之中,因此它们只能被用来言说上帝。

第三类是那些绝对地指称没有任何缺陷的完美性的名称。例如,"善"(bonitas)、"智慧"(sapietia)、"存在"(esse)等。这样的名称既能被用来言说受造物,又能被用来言说上帝。当然,在阿奎那看来,这类名称之绝对地指称没有任何缺乏的完美性乃是就名称被施加以便意指的东西而言的。换言之,它们是就被意指事物(res significata)而言的。但是,如果就意指模式(modus significandi)而言的话,那么每一个这样的名称都必定有其内在的缺陷。这是因为我们之用名称表达事物乃是按

① *ST*, Ia, q.13, a.1.

② *SCG*, I, cap.30.

照我们的理智在理解它们的时候所用的模式来表达的。我们的理智的知识始于感觉经验。由于可感事物是形式与质料的复合体,其中总是存在着形式与拥有形式的主体之区分:一方面,尽管形式是单纯的,然而它却不是完美的,因为它不能独立自存;另一方面,尽管拥有形式的主体能够独立自存,然而它却不是单纯的,而是具体的。因此,凡是被我们的理智理解为单纯的东西,我们都使用一个抽象名称来表达它。例如,就"善"(bonitas)这个名称而言,它的抽象意指模式暗含着它所意指的不是那存在的东西(quod est),而是某物借以存在的东西(quo est)。同样地,凡是被我们的理智理解为独立自存的东西,我们都使用一个具体名称来表达它。例如,就"善的"(bonum)这个名称而言,它的具体意指模式暗含着善性与那是善的事物的某种复合。显而易见,就意指模式而言,我们应用于上帝的任何名称都必定含有某种不适合于上帝的不完美性,尽管就被意指事物而言它以卓越的模式适用于上帝。"因此,正如狄奥尼修斯所教导的那样,关于上帝,此类名称既能被肯定,又能被用来否定:它们因为名称的义理而被肯定;然而,它们因为意指模式而被否定。"①

在上述三类名称中,阿奎那重点关注和讨论的是第三类名称,因为他认为这类名称能够被用来实体地(substantialiter)或者本质地(essentialiter)言说上帝,其他两类名称却不能做到这样。就第一类名称而言,它们不能被用来实体地或者本质地言说上帝,却只能被用来隐喻地言说上帝。因为隐喻包含着把属于一个事物的东西转换到另一事物,并且在隐喻名称的意指中包含受造物专有的意指模式,所以这类名称不能被用来言说神圣本质。就第二类名称而言,它们也不能被用来实体地或者本质地言说上帝。虽然它们能够意指纯粹的完美性,但是纯粹完美性在上帝之中被发现所用的卓越模式只有或者藉着否定或者藉着受造物同上帝的关系才能为我们使用的名称所意指。由于否定名称所表达的是受造物同上帝的距离,而关系名称则单纯地意指受造物同上帝的关系,因此两者都不能意指神圣实体。但是,就第三类名称而言,它们不仅绝对地意指没有任何缺陷的完美性,而且具有肯定性的可理解内容,当它们被用来言说上帝的时候,人们在如何理解它们的意指问题上存在着很大的争议,甚至出现了完全对立的意见。尽管阿奎那明确地主张这类名称意指神圣实体,然而迈蒙尼德等人却认为它们并不意指神圣实体。

在《论上帝的权能》和《神学大全》这两部晚期作品中,我们可以发现阿奎那通过批判迈蒙尼德等人所持有的极端否定观点而为诸如"善"、"智慧"、"正义"、"存在"之类的名称被用来实体地或者本质地言说上帝的可能性提供了辩护。就阿奎那对这

① *SCG*, I, cap. 30, n. 3: "Possunt igitur, ut Dionysius docet, huiusmodi nomina et affirmari de Deo et negari: affirmari quidem, propter nominis rationem; negari vero, propter significandi modum."

个问题的讨论而言,《神学大全》第1集第13题第2条基本上是《论上帝的权能》第7题第5条的缩写版,尽管两者在表达方式和思想内容方面也存在着一定的微差。为了更好地理解阿奎那的思想,我们最好是把两者整合起来,以在《论上帝的权能》一书中的相关文本为基础,以在《神学大全》一书中的相关文本为补充。根据阿奎那在这两部作品中所作的概述,迈蒙尼德等人否认这类名称意指神圣实体。他们认为,当诸如"善"、"智慧"、"存在"之类的名称被用来言说上帝的时候,我们只能以两种模式理解它们的意指。一种模式是"按照结果的相似性"(per similitudinem effectus)来理解它们的意指。如果按照这种模式来理解的话,那么它们就被用来专门意指在由上帝所产生的结果与由我们所产生的结果之间获得的某种相似性,[1]或者意指上帝同受造物之间的某种关系。[2] 例如,当我们说"上帝是智慧的"时候,这个陈述的意思实际上无非就表示上帝在其结果中以智者的方式活动,或者通过其结果而以智者的方式活动,也就是说,上帝把他的每一个结果都导向其预定目的;但是,这个陈述并不意味着智慧实际上是存在于上帝中的某种东西。又如,当我们说"上帝是善的"时候,这句话的意思无非就表示上帝是引起在受造物中的善的原因。另一种则是"按照否定的模式"(per modum negationis)来理解它们的意指。如果按照这种模式来理解的话,那么,当这类名称即便以肯定的方式被用来言说上帝的时候,它们的意思实际上也不是要肯定某种东西存在于上帝之中,而是要从上帝那里排除某种东西。换言之,这类名称的意义实际上纯粹是否定的。例如,当我们说"上帝是有生命的"时候,我们所表达的意思并不是要把生命描述成实际地存在于上帝之中的任何东西,而是要从上帝那里排除那些无生命的事物借以实存的存在模式。同样地,当我们说"上帝是有理智的"时候,这句话的意思也不是要肯定理智是实际地存在于上帝中的任何东西,而是要从上帝那里否定或者排除野兽借以实存的存在模式。

阿奎那不仅把迈蒙尼德等人所持有的这种极端否定观点视为不充分的、不正确的意见加以拒绝,而且针对他们理解这类名称的意指的两种模式进行了深刻地批判。在批判他们提出的理解这类神圣名称的第一种模式的时候,阿奎那提出了两个理由。第一理由就在于:如果按照他们提出的这种模式来解释这类神圣名称,那么,当我们说"上帝是智慧的"或者说"上帝是愤怒的"或者说"上帝是火"的时候,这些说法就没有任何差别了。上帝可以被说成是愤怒的,因为他通过惩罚罪人而像愤怒的人一样行动,而愤怒的人也以他自身的方式这样做。上帝也可以被说成是火,因为当他洁净的时候他像火一样行动,而火也以它自身的方式这样做。但是,这一解释显然与圣

---

① Sancti Thomae de Aquino, *De Potentia*, q.7, a.5.

② *ST*, Ia, q.13, a.2.

人和先知们在谈论上帝的时候提出的观点是相冲突的。当他们谈论上帝的时候,他们既肯定他的某些东西,又否定他的其他东西。例如,他们肯定上帝是有生命的、智慧的等,然而他们却否定上帝是一个形体或者受激情的支配等。但是,如果根据迈蒙尼德等人的意见,那么任何事物都能够以同样的理由被用来肯定和否定上帝。阿奎那作出这一批判所依据的理由就在于他们不能解释为什么一些名称比另一些名称更加适合于上帝。例如,当我们说"上帝是善的"时候,如果这句话仅仅意味着"上帝是受造物中的善的原因",那么我们也就可以说"上帝是一个形体"了,因为上帝也是形体的原因。第二个理由就在于:受造物并非一直就存在,这是天主教信仰所教导的,也是迈蒙尼德本人所赞同的。如果我们接受迈蒙尼德的意见,那么,在受造物实际存在以前,我们就不能说上帝是智慧的或者善的,因为,在受造物实际存在以前,上帝并没有创造他的任何结果,从而他也就不可能通过其结果像善者和智者一样行动。因此,如果按照迈蒙尼德的意见,那么就会完全违反正确的信仰,或许,除非有人打算承认上帝在创世以前就能够被称为智慧的,不是说他像智者一样工作,而是因为他能够这样做。如果是这样的话,那么就会得出如下结论:智慧意指某种存在于上帝中的东西,因而它是上帝的本质,因为凡是存在于上帝中的东西都是他的本质。

同样地,阿奎那也批判了迈蒙尼德等人提出的理解这类神圣名称的第二种模式。如果按照这种模式来解释这类神圣名称,那么我们用来谓述上帝的其他名称都必须被理解为纯粹否定的。在阿奎那看来,这样的解释也是令人不满意的。在反驳他们提出的解释的时候,他指出,没有一个属相名称不从上帝那里排除某种不适合于上帝的存在模式。因为每一个属相名称都包含着某个属差,而其他一些属相则通过这样的属差而被否定或者被排除掉。例如,"狮子"这个名称就含有"四脚的"这一属差,我们通过这一属差而能够把狮子与鸟区分开来。因此,如果关于上帝的谓词仅仅为了排除的目的而被使用的话,那么,根据迈蒙尼德的说法,正如我们可以说"上帝是有生命的"一样,因为他没有无生命事物的存在模式,我们甚至也可以说"上帝是狮子"了,因为他也没有鸟类的存在模式。此外,阿奎那还进一步指出,因为每一个否定观念必然总是以某个肯定为基础的,所以,除非人的心智知道了关于上帝的肯定性的某种东西,否则它便不能否定关于他的任何东西。

在《神学大全》中,我们可以看到阿奎那补充了另外两个理由来批判迈蒙尼德等人的意见不是真的。第一,根据他们的意见,我们可以得出如下结论:所有被应用于上帝的名称都必定是被用来次要地言说上帝的。正如我们用"健康的"这个名称来次要地言说医药一样,因为这仅仅意味着医药是动物健康的原因,然而动物却首要地被说成是健康的。第二,他们的意见有违那些谈论上帝的人们的意图。因为,当那些谈论上帝的人们说"上帝是有生命的"时候,他们要想表达的意思确实比说"上帝是我们的生命的原因”或者说“上帝不同于无生命的形体”所表达的意思要多得多。

在批判了迈蒙尼德等人的意见之后，阿奎那明确地提出了他自己的观点：“因此，必须采取另一种说法，即这样的名称意指神圣实体，并且被用来实体地谓述上帝，尽管它们不足以表象他。”①他通过诉诸结果与其原因之间的相似性而证明了这一主张。他指出，每一个施动者都在它是现实的范围内活动，它必定以某种方式产生相似于它自身的某种东西。因为这个缘故，所以结果的形式必定以某种方式存在于动力因之中。然而，在阿奎那看来，这一主张的普遍性却为迈蒙尼德等人所拒绝，因为他们认为并非每一个原因都在其结果中产生相似于它自身的某种东西，尤其是在神圣原因中并不存在着原因与结果的相似性。② 与迈蒙尼德等人不同，阿奎那则承认这一主张的普遍性。他认为存在着两种因果关系。有时，一个结果与其原因的能力相等。在这种情形下，存在于施动者和结果中的形式就会以同样的模式被定义，而且它们属于同一属相。例如，火产生火就属于这种情形。这样的原因和结果是同(单)义的。有时，一个结果与其原因的能力并不相等。在这种情形下，相关的形式就不会以同样的模式存在于原因和结果之中，它们以更加卓越的模式存在于施动者之中，因为相关的形式存在于施动者之中，施动者有产生结果的能力。由于施动者的全部能力并未被反映在它的结果之中，因此相关的形式以比它存在于结果之中更加卓越的模式存在于施动者之中。例如，太阳产生热就属于这种情形。这样的原因和结果不是同(单)义的，而是异(多)义的或者类比的。在阿奎那看来，在上帝与其创造物之间的关系就属于这种异(多)义的或者类比的因果关系，因为任何结果都不足以达到与神圣能力或者上帝相等的程度。否则的话，就只能有一个结果从上帝的同一能力发出。事实上，既然我们看到有许多不同的结果从上帝的同一能力发出，那么他的每一个结果显然都不足以达到其原因的能力。由此可见，神圣结果的形式并不以同一模式存在于结果和作为其原因的上帝之中，它们必定以比它们存在于受造物之中更加卓越的模式存在于上帝之中。因此，在不同结果之中，彼此不同的一切形式都被统一在上帝之中，正如它们被统一在一个共同能力之中一样。受造物的完美性以同样的方式按照上帝的单纯本质模仿上帝。

基于这一本体论情形，阿奎那进一步从知识论的角度继续证明了他自己的观点。他指出，因为我们的理智从受造物那里获得它的知识，所以它由在受造物中所发现的诸如智慧、能力、善之类的完美性的相似性所告知。正如在现实世界中受造物以某种方式——尽管有缺陷地——相似于上帝一样，在知识领域我们的理智也由受造物的

---

① *ST*, Ia, q.13, a.2: “Et ideo aliter dicendum est, quod huiusmodi quidem nomina significant substantiam divinam, et praedicantur de Deo substantialiter, sed deficiunt a repraesentatione ipsius.”

② Sancti Thomae de Aquino, *Super I Sententiarum*, d.2, q.1, a.3.

完美性的意象所告知。当理智藉着它自身的可理解形式而相似于某个事物的时候，它根据那可理解的意象去设想和言说的东西，乃是适合于它藉自身的意象而相似于之的那个事物的，因为知识是理智与被认识的事物的相似或者同化。因此，当理智由这样的完美性的意象所告知的时候，无论它思想和言说关于上帝的什么，所思和所说的东西都真实地存在于上帝之中，因为这些意象的每一个谓述都符合上帝，正如所有的意象都相似于上帝一样。在我们的理智中，如果这样的可理解意象在相似于上帝的时候能够与神圣本质完全相等的话，那么我们的理智就必定能够完全把握神圣本质，并且理智的概念就会是上帝的完美义理。然而，这种意象的谓述却根本就不可能完美地相似于神圣本质。因此，虽然我们的理智由这样的概念出发，使用那些被归属于上帝的名称来意指神圣本质，但是它们并不根据上帝是什么来完美地意指神圣本质，只是根据由我们所理解的东西来意指神圣本质。①

在《神学大全》中，阿奎那更加简明扼要地证明了关于神圣名称不完美地意指神圣实体的观点。因为这样的名称只能根据我们的理智认识上帝的模式来意指上帝；然而，我们的理智是藉着从受造物出发的推理来认识上帝的，它只能根据受造物表象上帝的模式去认识上帝。因此，这样的名称意指神圣实体，并且能够被用来实体地谓述上帝，尽管它们是以不完美的模式意指和谓述上帝的。“因此，当我们说‘上帝是善的’时候，其意思并不是说‘上帝是善的原因’，或者说‘上帝不是恶的’，其意思却是说‘在受造物中我们称作善的东西预先存在于上帝中，并且按照某种更加高级的模式。’由此并不得出上帝因其引起善而是善的，而是相反，他因其是善的而把善扩散到事物中。”②

阿奎那不仅为某些名称被用来实体地或者本质地意指上帝的可能性提供了辩护，而且为某些名称被用来专有地（proprie）意指上帝的可能性提供了辩护。无论在其早期作品《彼得·伦巴德〈箴言书〉评注》中，还是在其晚期作品《神学大全》中，阿奎那都一以贯之地主张有些名称能够在其专有意义上被用来谓述上帝。以受造物分有上帝的完美性的某种等级为基础，通过名称的意指模式与被意指事物的区分，阿奎那为有些名称在其专有意义上被用来谓述上帝的可能性提供了辩护。他指出，存在于受造物中的每一种完美性都依赖于上帝，如同依赖于它的模型因一样。就受造物而言，它们从上帝那里接受的完美性存在着各种不同的等级，有些受造物比其他的受

① Sancti Thomae de Aquino, *De Potentia*, q.7, a.5.

② *ST*, Ia, q.13, a.2: “Cum igitur dicitur Deus est bonus, non est sensus, Deus est causa bonitatis, vel Deus non est malus, sed est sensus, id quod bonitatem dicimus in creaturis, praeexistit in Deo, et hoc quidem secundum modum altiorem. Unde ex hoc non sequitur quod Deo competat esse bonum inquantum causat bonitatem, sed potius e converso, quia est bonus, bonitatem rebus diffundit.”

造物更加充分地分有它们从上帝那里接受而来的完美性,从而它们也更加完美地表象上帝。由于所有的受造物都不可能根据某种完美性存在于上帝之中所用的模式而接受这种完美性,因此每一个受造物都不足以完美地表象神圣的模型因。[①] 我们关于上帝的知识源自于从上帝流入到受造物的完美性,而这些完美性又以某种比它们存在于受造物之中更加卓越的模式存在于上帝之中。然而,我们的理智却是按照这些完美性存在于受造物之中的模式来把握它们的,并且也是按照我们的理解模式来使用名称意指它们的。"因此,就我们归属于上帝的那些名称而言,有两件事要被考察,即,它们所意指的完美性,如善、生命等,以及它们的意指模式。因此,就这样的名称所意指的东西而言,它们专有地适合于上帝,而且比它们适合于受造物更加专有地适合于上帝,并且首先被用来言说他。但是,就它们的意指模式而言,它们并不被用来专有地言说上帝,因为它们有适合于受造物的意指模式。"[②]

在为某些名称被用来专有地意指上帝的可能性提供辩护的时候,阿奎那还专门讨论了最适合于上帝的专有名称。他认为,在所有那些意指上帝的名称中,最适合于上帝的专有名称是在《出埃及记》(3:14)中记载的上帝在燃烧的灌木丛中对摩西所启示的"qui est"这个名称。[③] 在《神学大全》第1集第13题第11条中,阿奎那基于三个理由而主张"qui est"是最适合于上帝的专有名称。

第一个理由在于"qui est"这个名称的意指(significationem):因为"qui est"这个名称并不意指形式,而是单纯地意指存在本身,所以它指向上帝的存在不同于其他任何事物的存在的独一无二的特征,也就是说,它指向上帝的存在与其本质的同一性。因此,在所有意指上帝的名称中,只有"qui est"这个名称特别适合于命名上帝,因为

---

① Sancti Thomae de Aquino, *Super I Sententiarum*, d.22, q.1, a.2.

② *ST*, Ia, q.13, a.3: "In nominibus igitur quae Deo attribuimus, est duo considerare, scilicet, perfectiones ipsas significatas, ut bonitatem, vitam, et huiusmodi; et modum significandi. Quantum igitur ad id quod significant huiusmodi nomina, proprie competunt Deo, et magis proprie quam ipsis creaturis, et per prius dicuntur de eo. Quantum vero ad modum significandi, non proprie dicuntur de Deo, habent enim modum significandi qui creaturis competit."

③ 由于阿奎那在讨论最适合于上帝的专有名称的时候是站在我们人类的立场上来称呼上帝的,因此他使用的拉丁文名称是"qui est",其字面意思为"他所是",英文可以将其恰当地翻译为 He Who Is;在《出埃及记》(3:14)中,由于上帝站在他自己的立场上对摩西启示他自己的名称,因此他把自己称为"qui sum",其字面意思是"我所是"。《圣经》汉译思高本将"qui est"这个名称翻译成"自有者",而汉译和合本则将其翻译成"自有永有的"。在理解阿奎那对最适合于上帝的专有名称之讨论的时候,我们特别需要留意从字面意义上去理解"qui est"这个名称,因为在这个名称中所采用的拉丁文动词"est"(相当于英文的系动词"is")除了涉及单数第三人称形式外,最重要的是它涉及现在时态。但是,西方语言的这种字面意义无法通过汉译名称而被完全表达出来,因为可供我们选择的汉语动词——不管是"是",还是"有",甚或"存在"——都不能同时向我们提供人称、数、时态等方面的信息。因此,为了便于理解阿奎那的思想,在这里我们最好还是直接采用"qui est"这个短语,不必将其译为中文。

每一个事物都是藉着它的形式而被命名的。①

第二个理由在于“qui est”这个名称的普遍性(universalitatem):其他一切名称或者比“存在”有较少的共同性,或者,如果它们与“存在”是可互换的,那么它们至少根据义理把某种东西附加在它上面,以至于它们以某种模式形构并限定它。然而,因为上帝超越了我们的理智的限定,我们的理智在今生根本就不可能根据上帝在其自身中所是而认识其本质,却只能认识它在限定它理解的关于上帝的东西的时候所应用的任何模式,所以我们的理智缺乏上帝在其自身中所是的模式。因此,一个名称越是较少限定的,它就越是普遍的和绝对的。阿奎那援引大马士革的约翰在其《论正统信仰》第一卷第九章中的话说:“在所有被用来言说上帝的名称中的首要者是 qui est,因为它在其自身中把握一切,拥有作为某种无限的和不限定的实体的海洋。”②其他任何名称都限定事物的某种实体模式,然而“qui est”这个名称却不限定任何存在模式。因此,“qui est”命名“无限的实体的海洋”。

第三个理由在于“qui est”这个名称的连带意指(consignificatione):因为“qui est”这个名称的动词“est”具有现在时态形式,而这正是上帝的永恒性的恰当指示,它连带意指上帝的存在没有过去和未来。③

值得注意的是,在说明“qui est”是最适合于上帝的专有名称的时候,为了捍卫上帝的超越性,阿奎那对这一主张附加了两个限制性条件。第一个限制性条件在于提醒我们注意,虽然“qui est”这个名称意指不受任何附加因素限定的存在,但是它并不完美地意指神圣存在,因为它仅仅按照某种具体的和复合的事物的模式来进行意指。即使我们把上帝最专有地等同于存在,我们仍然不知道神圣存在是什么,因为我们只熟知在受造物之中所发现的存在。甚至最终我们从上帝那里排除了如同实现在受造物之中一样的存在,我们对神圣存在的理解也仍然停留在某种无知的黑暗之中。我们在今生只能根据这种无知的黑暗而达到与上帝最充分的合一。这就是上帝被说成居住在其中的那种黑暗。④ 第二个限制性条件在于通过与另外两个关于上帝的名称进行比较而说明它们能够在不同的标准下被看成是最专有的。阿奎那指出,不论就

① 阿奎那在《彼得·伦巴德〈箴言书〉评注》中从阿拉伯哲学家阿维森纳那里获得了一个基于这个理由的关于“qui est”是上帝的专有名称的论证:如果事物(res)这个名称由于某物的实质而被施加于该物,那么 qui est 则是由于存在活动而被施加的。由于一个受造物的本质不同于它的存在,这样一个事物由它的实质而被专有地命名。但是,上帝的存在与他的实质是同一的。因此,这个源自于神圣存在的名称“qui est”被用来专有地命名上帝,并且它是最适合于上帝的专有名称。See Sancti Thomae de Aquino, *Super I Sententiarum*, d.8, q.1, a.1.

② *ST*, Ia, q.13, a.11.

③ *ST*, Ia, q.13, a.11

④ Sancti Thomae de Aquino, *Super I Sententiarum*, d.8, q.1, a.1, ad 4.

"qui est"这个名称由以被施加的东西(即作为其来源的 esse)而言,还是就它的意指模式(即不限定的)而言,甚或就它的连带意指(即现在时态的 est)而言,它都比"Deus"这个名称是上帝的更加专有的名称。然而,就名称被施加以便意指的东西而言,"Deus"这个名称比"qui est"这个名称却是更加专有的,因为"Deus"这个名称被施加以便意指神圣本性。除此之外,还有一个更加专有的名称,那便是"Tetragrammaton"这个名称。在阿奎那看来,这个名称被施加以便意指单一的、不可传达的上帝之实体本身。① 这里尤其值得注意的是,阿奎那之所以会认为"Tetragrammaton"这个名称比"Deus"这个名称是更加专有的名称,其原因就在于:虽然"Deus"这个名称被专门留给那不可传达的神圣本性,但是它仍然能够被用来言说和思考那不是上帝的东西,因为它是一个意指本性的名称,而不是一个意指个体的位格名称;然而,"Tetragrammaton"这个名称却是一个意指单个的、不可传达的上帝之实体的位格名称。从阿奎那作出的这一区分来看,他之所以把"Tetragrammaton"视为一个位格名称,其原因就在于他过于相信了迈蒙尼德的意见的权威性。然而,这很可能是一种基于迈蒙尼德权威意见的误解。众所周知,"Tetragrammaton"这个名称对于犹太人来说是十分神圣的,他们几乎从来就不敢把它说出声来。虽然这个名称的拉丁文拼写式隐含了四个犹太语辅音字母(Yod,He,Vau,He),但是它丝毫也没有阐明神圣奥秘。相反,这个名称完整无缺地保留了神圣奥秘。事实上,神学家们也几乎从来就不用它说明任何信仰的内容。在阿奎那的作品中,尽管"Tetragrammaton"这个名称是很少出现的,然而它却恰好出现在阿奎那寻找关于上帝的位格名称的地方,并且强调它意指单个的(singularem)和不可传达的(incommunicabilem)上帝的实体。由此可见,他很可能是错误地把"Tetragrammaton"视为上帝的一个位格名称了。

阿奎那不仅主张有些名称能够被用来不完美地言说上帝的实体或者本质,而且主张这样的名称彼此并不是同义的。在他看来,一个名称所意指的义理乃是关于由这个名称所意指的事物的理智概念。然而,我们的理智却是从受造物出发去认识上帝的。为了理解上帝,我们的理智对从上帝流入到受造物中的不同完美性形成了不同的概念。因为这些完美性以统一的和单纯的模式预先存在于上帝之中,然而它们却以不同的和多样化的模式被接受在受造物之中,所以受造物的不同完美性对应于同一个单纯的神圣本质,并且以不同的和多样化的模式表象同一个单纯的神圣本质。

---

① *ST*,Ia,q.13,a.11,ad 1:"Hoc nomen qui est est magis proprium nomen Dei quam hoc nomen Deus, quantum ad id a quo imponitur, scilicet ab esse, et quantum ad modum significandi et consignificandi, ut dictum est. Sed quantum ad id ad quod imponitur nomen ad significandum, est magis proprium hoc nomen Deus, quod imponitur ad significandum naturam divinam. Et adhuc magis proprium nomen est tetragrammaton, quod est impositum ad significandam ipsam Dei substantiam incommunicabilem, et, ut sic liceat loqui, singularem."

同样地,当我们的理智从受造物出发去认识上帝的时候,它所设想的不同的和多样化的概念也以这些不完美地被理解的概念对应于同一个全然单纯的神圣本质。"因此,虽然被归属于上帝的名称意指同一事物,但是因为它们在许多不同的义理下意指它,所以它们不是同义的。"①

综上所述,阿奎那关于神圣名称及其意指的学说一方面吸纳了伪狄奥尼修斯、迈蒙尼德等人的否定神学思想,另一方面又明显地以他自己的肯定神学来矫正他们的否定神学的极端化倾向。他的这一理论试图在作为东方传统遗产的否定神学与作为西方传统遗产的肯定神学之间寻求某种平衡,充分地表现出在他的思想中一以贯之的那种折中主义特征。这正如当代研究托马斯主义的著名学者G.P.罗卡所说:"阿奎那非常乐意走钢绳,因为尽管他的否定神学否定了我们有任何关于上帝的本质或者存在的直觉性概念,然而他的肯定神学却肯定了我们能够作出关于那同一神圣实在的真实的肯定判断;并且,尽管他支持一种强有力的否定方法,然而他却绝不会允许关于上帝的肯定命题被还原为一种纯粹的否定性解释。"②我们应当承认,罗卡的这一评介实事求是地反映了阿奎那关于神圣名称及其意指学说的基本特征。

---

① *ST*, Ia, q.13, a.4:"Et ideo nomina Deo attributa, licet significent unam rem, tamen, quia significant eam sub rationibus multis et diversis, non sunt synonyma."

② Gregory P.Rocca, O.P., "Aquinas on God-Talk: Hovering over the Abyss", *Theological Studies* 54 (1993), p.650.

第 三 章

内在语理论

在讨论了阿奎那的命名与意指理论之后，我们还必须进一步讨论他的内在语理论，因为内在语作为心理语言不仅是口语直接意指的对象，而且是口语借以意指外在事物的中介。内在语理论既是构成阿奎那语言哲学基本论域的重要组成部分之一，也是阿奎那用来解释基督宗教的三位一体教义、创世教义以及道成肉身教义的一种重要理论工具。本章的主要任务在于解决阿奎那内在语理论的三个方面的基本问题：一是从话语（verbum）类型论的角度阐释他对内在语与外在语的区分及其相互关系的理解；二是从知识论的角度剖析他对内在语的形成及其本性的理解；三是从基督宗教神学的角度考察阿奎那内在语理论的类比应用。

第一节　内在语与外在语

阿奎那的内在语理论是以他的话语类型论为前提的。他首先假定了内在语是一种独立的话语类型，然后才在此基础上对内在语进行理论分析，并且把相应的理论成果应用于基督宗教神学之中。通过整合古希腊哲学家和基督宗教神学家提出的话语类型论，阿奎那把话语区分为内在语与外在语两种基本类型，并且对它们之间的相互关系进行了深刻阐释。

一、内在语与外在语的区分

众所周知，早在阿奎那之前，古希腊哲学传统和基督宗教哲学传统就已经分别提出过两种颇具代表性的话语类型论。

就古希腊哲学传统而言，因为语言哲学本身还沉淀在整个古希腊哲学的最底层，它总是在知识论主题中附带地被加以讨论的，所以它的语言类型论也是在知识论架构中附带地被提出来的。如前所述，[①]柏拉图曾经在其《斐德罗篇》中区分了在灵魂

① 参见本书第一章第一节对柏拉图、亚里士多德、斯多亚学派的语言哲学之讨论。

中的逻各斯、在讨论中说出的逻各斯以及写成文字的逻各斯三种基本类型的逻各斯。亚里士多德也曾经在其《解释篇》中区分了灵魂的感受(内心经验)、口语、文字三层语言等级结构。此外,斯多亚学派又把亚里士多德所区分的语言三层等级结构进一步简化为内在逻各斯与外在逻各斯的区分,有些斯多亚学派的哲学家甚至还提出了“表达语”(verbum prolatum)与“植根语”(verbum insitum)的区分:前者指人以可感的物质方式表达于外的语言,而后者则指内在于人之中的天赋理性。由于波埃修对《解释篇》的翻译和评注在中世纪语言哲学领域产生了巨大的历史影响,因此亚里士多德作出的三层语言等级结构之区分也得到中世纪基督宗教哲学家和逻辑学家们的共同认可。

就基督宗教哲学传统而言,因为语言问题是出于神哲学家们探讨三位一体教义、创世教义、道成肉身教义等基督宗教神学主题之需要而被彰显为重要哲学主题的,所以它的语言类型论与基督宗教语境及其神学意蕴是密不可分的。自从基督宗教《圣经》希腊文七十子译本使用古希腊哲学的“logos”一词来翻译在圣经《旧约》中所描绘的耶和华神用以创世的“话语”一词之后,“logos”一词原本具有的“话语”、“理性”、“推理”、“尺度”、“比例”、“规律”等诸多意涵就开始逐渐游离出古希腊文化语境而获得了相应的基督宗教神学意蕴。以罗马教会为代表的整个西方世界所通用的拉丁文《圣经》又是从希腊文《圣经》七十子译本转译而成的,其中希腊文的“logos”一词被转译为拉丁文的“verbum”一词。因为这个缘故,所以“verbum”一词不仅获得了“话语”的含义,而且变成了基督教会传统认可的一个重要神学术语。拉丁教父奥古斯丁曾经在其《八十三问》一书中对希腊语的“logos”一词的拉丁文翻译提出他自己的疑问:我们在拉丁语里有“verbum”一词的地方,他们就在希腊语里有“logos”一词;既然“logos”一词既可以意指拉丁语里的“ratio”一词,又可以意指拉丁语里的“verbum”一词,那么为什么翻译者们将“logos”一词翻译成“verbum”一词,而不是将其翻译成“ratio”一词呢?不过,尽管奥古斯丁提出了这样的疑问,然而他在自己的神学思考中却并没有尝试对希腊语的“logos”一词重新进行翻译,而是保留了基督教会传统所认可的“verbum”一词。为了反驳阿里乌异端教派所提出的等级从属论,在斯多亚学派所区分的表达语与植根语的基础上,奥古斯丁又进一步提出了介于表达语与植根语之间的“内在表达语”(verbum intus prolatum)这一话语类型。在他看来,虽然内在表达语先于任何形式的表达语的使用,但是它又不同于产生它的天赋理性。实际上,这种内在表达语是对真理的非语言性的言说。奥古斯丁之所以要区分植根语、内在表达语、表达语三种基本话语类型,其目的就在于以此作为理论工具来对基督宗教正统教会所坚持的圣父、圣子、圣灵三位一体神学奥秘进行类比解释。

应当说,阿奎那对“verbum”一词的词源学意义以及基督宗教传统教会为什么会认可使用该词来翻译希腊语的"logos"一词的理由也是非常了解的。根据他所作出的解释,"verbum"一词原本是表示"动词"的意思,它有两个词源:一是源自于"verberatio"一词,其意思是表示"振动",尤其是表示"空气的振动(verberatio aeris)";二是源自于"boatus"一词,其意思是表示"呼喊",尤其是表示"喊出真相"(verum boans)。它之所以有这两个词源,是因为它源自于其使用者,而不是因为它源自于其所意指的东西。① 然而,"verbum"一词后来之所以被用来表示"话语"或者"言语"的意思,②乃是因为它在《圣经》中被用来翻译希腊语的"logos"一词的缘故。阿奎那在其《〈约翰福音〉评注》中清楚地回答了奥古斯丁关于为什么要使用拉丁语的"verbum"一词而不使用拉丁语的"ratio"一词来翻译希腊语的"logos"一词这一问题。他指出:"'ratio'从本义上讲命名心智的概念,根据它存在于心智中,即使没有外在事物藉着它而存在;但是,藉着'verbum'而意指与外在事物相关。因此,当福音书的作者说到'logos'的时候,因为他藉此不仅打算意指与圣子在圣父中的存在相关,而且意指圣子的运作能力,万物都藉着这一运作能力而被造就,所以先辈们更喜欢把它翻译成'verbum',它隐含着与外在事物相关,而不是翻译成'ratio',它仅仅隐含着心智的概念。"③从阿奎那的这一回答来看,他不仅非常赞同使用"verbum"一词来表示与"logos"一词相当的"话语"或者"言语"的意思,而且非常了解"verbum"一词包含着内在与外在两个不同方面的内涵。

出于利用亚里士多德主义哲学重构基督宗教神学体系的需要,阿奎那把奥古斯丁在神学语境中所提出的话语类型论与亚里士多德在知识论架构中所提出的三层语言等级结构进行了整合,从而提出了他自己的话语类型论。在讨论"圣言"(Verbum divinum)或者"上帝之道"(Verbum Dei)是否是一个位格名称的时候,阿奎那也相应地思考了"人的话语"(verbum hominis,亦可译为"人言")所具有的意义。在他看来,人的话语能够在四种不同的意义上被使用。首先,主要地是心智的内在概念被称为

① Sancti Thomae de Aquino, *De Veritate*, q.4, a.1, ad 8.

② 欧洲语言基本上使用"话语"或者"言语"来翻译拉丁语的"verbum"一词。例如,英文将其翻译为"word"一词,正如德文将其翻译为"wort"一词一样。然而,汉译和合本却煞费苦心地将其翻译为"道",它既有作动词用的"言说"的意思,又有作名词用的"道理"或者"法则"的意思,甚至还有"道路"的意思。在汉语语境中,尽管作名词用的"道"原本并无"话语"的意思,然而,当和合本圣经将"verbum"一词翻译为"道"的时候,这无疑赋予它作名词用的"话语"或者"言语"的意思了。

③ Sancti Thomae de Aquino, *Super Ioannem*, cap.1, lect.1: "Ratio proprie nominat conceptum mentis, secundum quod in mente est, etsi nihil per illam exterius fiat; per verbum vero significatur respectus ad exteriora: et ideo quia Evangelista per hoc, quod dixit logos, non solum intendebat significare respectum ad existentiam filii in patre, sed etiam operativam potentiam filii, qua *per ipsum facta sunt omnia*, magis antiqui transtulerunt verbum, quod importat respectum ad exteriora, quam ratio, quae tantum conceptum mentis insinuat."

"话语";其次,意指内在概念的声音本身也被称为"话语";第三,声音的想象也被称为"话语";此外,"话语"还以第四种方式象征性地被使用于藉着话语所意指或者产生的事情。例如,当提及某件藉话语所意指的事情的时候,我们就会说:"这就是我说过的话,或者国王所命令过的话。"①前三种情况明显是就"话语"一词的本义而言的。然而,第四种情况却是就"话语"一词的非本义或者象征意义而言的。根据阿奎那对"话语"一词所具有的四种意义的理解以及他在其《亚里士多德〈解释篇〉评注》中所作的解释,我们不难看出他所理解的话语从总体上讲包括了心智的概念、口语、文字、想象语、象征语五种基本类型。不仅如此,他又进一步把这五种基本类型的话语分别归属于两大类:一类是"外在语"(verbum exterius),包括口语、文字、声音的想象以及象征语;另一类则是"心语"(verbum cordis)或者"精神语"(verbum mentis),包括心智的概念,由于心智的概念是外在语的模型,因此它也被他称为"内在语"(verbum interius)。根据阿奎那的话语类型论,与外在语相比,内在语显然更加适合于被说成是话语,这一点与奥古斯丁在其《论三位一体》中所表达的观点基本上是一致的。如前所述,②奥古斯丁认为,内在语相较于口语而言是更本真意义上的话语。他说:"鸣声在外的话语乃是明亮于内的话语的符号,正是后者方值'话语'的名称。因为肉嘴所说的乃是'话语'的声音,它之所以被称为'话语',乃是因为内在语摄取了它以便向外显现。"③

就外在语而言,阿奎那把口语、文字、声音的想象、象征语都归属于其中。根据他的看法,口语是有意义的声音。尽管口语的声音是在呼吸道中被产生的,然而它的意义却是由于人的灵魂导致的结果。把口语与同样产生于呼吸道的诸如呻吟、咳嗽之类的其他声音区别开来的正是它所具有的意义。④ 文字是口语的符号,这也是亚里士多德早就表达的基本观点。⑤ 想象语是存在于感觉意象中的口语的相似性。因为想象语是由作为内感官的想象力所产生的口语的形象,所以它也被称为"声音的想象"(imaginatio vocis)。这种想象语包括一切与语言相关的可感的具体形象。然而,象征语却是藉着话语所意指的外在事物或者活动。严格地说,象征语不是一种在本义上所说的话语,而是一种在比喻的意义上所说的话语。

就内在语而言,阿奎那根据发出它的理智的本性之不同而把它区分为人言

① *ST*, Ia, q.34, a.1.

② 参见本书第一章第三节对奥古斯丁符号论的讨论。

③ Augustinus, *De trinitate*, 15:20.

④ Sancti Thomae de Aquino, *Sentencia libri II De anima*, lect.18, n.477. Cf. *Aristotle's De Anima in the Version of William of Moerbeke and the Commentary of St. Thomas Aquinas*, translated by Kenelm Foster, O.P., M.A. and Silvester Humphries, O.P., M.A. New Haven and London: Yale University Press, 1951.

⑤ Sancti Thomae de Aquino, *In I Perihermeneias*, lect.2, n.17.

(verbum hominis)、天使之言(verbum Angeli)和圣言(Verbum divinum)三种。在《圣经》中,我们可以看到对这三种内在语都有所提及。例如,在《诗篇》(14:1)中,我们就可以读到"愚玩人心里说:'没有神'"这句经文,这里提到的愚玩人之所说就是指人言;在《撒迦利亚书》(1:9)中以及《圣经》的其他许多地方,我们可以读到"天使对我说"之类的经文,这些地方所提到的就是天使之言;在《创世记》(1:3)中,我们可以读到"神说:'要有光'"这句经文,这里所提到的就是圣言。内在语是从理智实体的理智发出的,而理智实体又有人、天使和上帝三种。因为他们的理智的本性具有不同的等级,所以他们的理智发出的内在语也有不同的等级。在理智实体中,人的理智处于最低等级,因为它与人的肉身结合在一起。虽然人的理智能够认识它自身,但是它必须从外在事物获得其知识的最初来源,如果没有源自于外在事物的感觉意象,那么它根本就不可能理解。因此,人的理智发出的内在语是最低等级的。天使的理智在等级上高于人的理智,因为天使的理智是纯形式,它不需要从外在事物获得自我认识,而只需要藉着它自身就能够认识它自身。尽管如此,天使的理智发出的内在语却并不是他们的实体,因为他们的理解活动与其存在不是同一的。因此,虽然天使之言高于人言,但是它低于圣言。神圣理智处于最高等级,因为在上帝之中理解与存在是同一的。由于神圣理智发出的圣言就是神圣理智本身,因此圣言是最高等级的。人言和天使之言都是受造的,因为人和天使不仅有其存在和运作的原因或者本源,而且在他们存在之前其内在之言不可能存在。然而,圣言却不是受造的。相反,万物都是藉着圣言而被造就的。①

此外,对于阿奎那来说,内在语还可以进一步被区分为"定义"与"判断"两类。当然,他并没有明确地作出这种区分。不过,根据阿奎那对内在语的讨论,我们可以推断他至少承认有定义与判断两类不同的内在语。这一点可以从以下四个方面得到证实。

首先,在其《论真理》、《论上帝的权能》等独立作品以及《亚里士多德〈解释篇〉评注》、《〈约翰福音〉评注》等评注作品中,阿奎那都反复地提及并且解释了亚里士多德在《灵魂论》中所讨论的双重理智运作(operationes intellectus)。第一重理智的运作被他称为"对不可分者的理解"(indivisibilium intelligentia),并且他将其描述为理智借以把握事物的本质的运作。理智的这一运作形成关于事物的单纯概念,即定义。第二重理智的运作则是它借以通过肯定和否定来结合和分离概念的运作。理智的这一运作形成关于事物的复合概念,即"命题"(enunciatio)或者"判断"(sententia)。②

---

① Sancti Thomae de Aquino, *Super Ioannem*, cap.1, lect.1.

② Sancti Thomae de Aquino, *De Veritate*, q.4, a.2; q.3, a.2; *De Potentia*, q.8, a.1; q.9, a.5; *In I Perihermeneias*, prooemium; *Super Ioannem*, cap.1, lect.1.

定义与命题或者判断都属于内在语，这一点在其《〈约翰福音〉评注》中被阿奎那表达得相当清楚。他说："理解者在理解的时候所形成的东西本义地被称为内在语。但是，理智根据它的双重运作而形成两件事物。根据其被说成是'对不可分者的理解'的运作，它形成定义(definitionem)；然而，根据其借以结合和分离的运作，它形成命题(enunciationem)或者诸如此类的东西。因此，藉着理智的运作，不管定义的抑或命题的，如此被形成和被表达的东西都是外在的口语所意指的东西。因此，大写哲学家(指亚里士多德——引者注)说名称所意指的义理(ratio)乃是定义。因此，如此被表达的东西，即在灵魂中形成的东西，被称为内在语；因而它相较于理智，不是如同理智借以理解的东西，而是如同理智在其中理解的东西，因为理智在被表达和被形成的东西本身中直观被理解事物的本性。因此，我们有了'话语'(verbum)这个名称的意指。"①

其次，阿奎那还常常引用亚里士多德在其《形而上学》(1027b 26)中所谓"善与恶存在于事物中，而真与假却存在于理智中"这一说法作为其论证的根据。② 这显然意味着他把在理智中通过结合和分离而形成的判断视为内在语，因为只有在判断中才能有真或者假。

再次，阿奎那还经常把内在语说成是理智的"概念"(conceptio)。他所谓的概念不仅包括通过定义而表达的简单概念，而且包括通过判断而表达的复合概念。例如，在其《亚里士多德〈形而上学〉评注》中，阿奎那指出，简单话语并不意指真与假。然而，复合话语却通过肯定或者否定而具有真或者假。"既然话语是思想的符号，那么对于理智的概念也有同样的说法。因为那些是简单的概念并没有真与假，而只有那些是复合的概念通过肯定或者否定才能有真或者假。"③又例如，在解释知识之获得的时候，阿奎那指出："因为在我们身上预先存在某些知识的种子，即理智的第一概

---

① Sancti Thomae de Aquino, *Super Ioannem*, cap.1, lect.1: "Illud ergo proprie dicitur verbum interius, quod intelligens intelligendo format. Intellectus autem duo format, secundum duas eius operationes. Nam secundum operationem suam, quae dicitur indivisibilium intelligentia, format definitionem; secundum vero operationem suam, qua componit et dividit, format enunciationem, vel aliquid huiusmodi. Et ideo, illud sic formatum et expressum per operationem intellectus, vel definientis vel enunciantis, exteriori voce significatur. Unde dicit philosophus quod ratio, quam significat nomen, est definitio. Istud ergo sic expressum, scilicet formatum in anima, dicitur verbum interius; et ideo comparatur ad intellectum, non sicut quo intellectus intelligit, sed sicut in quo intelligit; quia in ipso expresso et formato videt naturam rei intellectae. Sic ergo habemus significationem huius nominis *verbum*."

② Sancti Thomae de Aquino, *De Veritate*, q.1, a.2; q.4, a.2, ad 7; *Super I Sententiarum*, d.19, q.5, a.1; *ST*, Ia, q.16, a.1.

③ Sancti Thomae de Aquino, *In VI Metaphysicorum*, lect.4, n.1224: "Et cum voces sint signa intellctuum, similiter dicendum est de conceptionibus intellectus. Quae enim sunt simplices, non habent veritatem neque falsitatem, sed solum illae quae sunt complexae per affirmationem vel negationem."

念,它们藉着主动理智之光并且经由抽象自可感事物的形式而直接地被认知。这些概念或者是复合的(complexa),如同第一原理一样,或者是简单的(incomplexa),如同理智直接把握到的存在者的概念、一的概念以及诸如此类的概念一样。"①从这两个例子不难看出,阿奎那使用的"概念"一词不仅包括简单概念,而且包括复合概念。简单概念包含定义,复合概念包含判断。

最后,对于阿奎那来说,内在语主要地不是与外在语相符,而是与实际事物相符。就任何一个实际事物而言,它都有本质和存在的区分。但是,就理智的双重运作而言,"第一重运作与事物的实质相关;第二重运作则与事物的存在相关。"②显然易见,与事物的实质相关的第一重理智的运作形成定义;然而,与事物的存在相关的第二重理智的运作却形成命题或者判断。

从上述四个方面来看,我们完全可以得出这样的结论:阿奎那对内在语的解释隐含着定义类内在语与判断类内在语的区分。

二、内在语与外在语的关系

在阿奎那的话语类型论中,内在语之所以占据着核心地位,并且具有极端重要性,这不仅是因为"话语"这个名称首先而主要地被用来称谓内在语,而次要地被用来称谓各种外在语,③而且是因为内在语在自然的秩序上也先于各种外在语。④ 内在语的核心地位和极端重要性也充分地体现在它与外在语的相互关系之中。

如果我们认真检视一下阿奎那在不同历史时期所撰写的作品,那么我们就可以发现他都详细地阐述过内在语与外在语的相互关系问题。从总体上来看,他是从因果关系和意指关系两个不同的角度来阐释内在语与外在语的相互关系的。

在其前期作品中,从大体上看,阿奎那侧重于强调在内在语与外在语之间存在着一定的因果关系。在他看来,内在语不仅先于外在语而存在,而且是外在语的原因;然而,外在语却是内在语的结果。具体地说,在内在语与外在语之间存在着的因果关系既包括动力因方面的内涵,又包括目的因方面的内涵。

一方面,内在语是外在语的动力因。在阿奎那看来,人的心智最先产生的内在语

① Sancti Thomae de Aquino, *De Veritate*, q.11, a.1: "quod praeexistunt in nobis quaedam scientiarum semina, scilicet primae conceptiones intellectus, quae statim lumine intellectus agentis cognoscuntur per species a sensibilibus abstractas, sive sint complexa, sicut dignitates, sive incomplexa, sicut ratio entis, et unius, et huiusmodi, quae statim intellectus apprehendit."

② Sancti Thomae de Aquino, *Super I Sententiarum*, d.19, q.5, a.1, ad 7: "Prima operatio respicit quidditatem rei; secunda respicit ess ipsius."

③ *ST*, Ia, q.34, a.1.

④ Sancti Thomae de Aquino, *De Veritate*, q.4, a.1.

有其主动的一面,它能够作为外在语的模型而主动地引申出外在语。在此意义上,我们可以说内在语构成了外在语的动力因。在《彼得·伦巴德〈箴言书〉评注》中,阿奎那似乎仅仅强调了内在语作为外在语的动力因这一方面,却没有从其他方面来解释它们之间所具有的因果关系。我们在这部著作中可以清楚地看到他使用"三段论之喻"对内在语作为外在语的动力因的内涵进行了类比性诠释。阿奎那在这部著作中把内在语比喻成三段论推理的大前提,把想象语比喻成三段论推理的小前提,把口语比喻成三段论推理的结论。他指出,正如结论以大前提为模型并且为大前提所蕴含一样,口语也以内在语为模型并且为内在语所蕴含。① 这意味着内在语是一般动力,它不仅蕴含着以它自身为模型的外在语,而且推动着人对它自身作出某种外在的表达。即使在阿奎那的后期著作中,我们仍然可发现内在语作为外在语的动力因的内涵也偶尔被提及。例如,在《论真理》中,他指出:"内在语是外在地被说出的话语的动力因,因为,既然话语的意义是任意的,那么它的本源就是意志,正如意志是其他产品的本源一样。再者,正如在一个工匠的心智中预先存在着他的外在作品的某种形象一样,在一个发出外在语的人的心智中也预先存在着外在语的模型。"②相对于通过声音所表达的话语被称为"口语"而言,理智的概念作为无声地所表达的话语则被称为"心语"。但是,在理智的概念作为外在语的模型的意义上,它才会被称为"内在语"。

另一方面,内在语是外在语的目的因。阿奎那根据外在语是内在语的显现和表达这一理由而把内在语说成是外在语的目的因。他指出:"诚然,它是目的因,因为我们使用外在语来显现内在语。因此,内在语是被外在语表达的东西。"③在他看来,人从本质上讲乃是政治的和社会的动物,他必然要努力使自己的概念为其他人所知道。然而,他借助于口语、文字等外在语而做到这一点。因此,为了人们能够没有困难地生活在一起,人就必须使用有意义的外在语,因为外在语的目的就在于它显现和表达理智的概念。④ 此外,阿奎那还从话语作为符号的角度说明了在内在语与外在语之间存在着的因果关系。根据他的说法,当原因产生了结果的存在而没有产生结果的意指的时候,由于原因仅仅在存在上而非在意指上先于结果,因此符号的义理

① Sancti Thomae de Aquino, *Super I Sententiarum*, d.27, q.2, a.1.

② Sancti Thomae de Aquino, *De Veritate*, q.4, a.1: "Efficiens autem, quia verbum prolatum exterius, cum sit significativum ad placitum, eius principium est voluntas, sicut et ceterorum artificiatorum; et ideo, sicut aliorum artificiatorum praeexistit in mente artificis imago quaedam exterioris artificii, ita in mente proferentis verbum exterius, praeexistit quoddam exemplar exterioris verbi."

③ Ibid., q.4, a.1: "Finalis quidem, quia verbum vocale ad hoc a nobis exprimitur, ut interius verbum manifestetur: unde oportet quod verbum interius sit illud quod significatur per exterius verbum."

④ Sancti Thomae de Aquino, *In I Perihermeneias*, lect.2, n.2.

(ratio signi)就更加恰当地属于结果,而不属于原因。例如,由于酒罐是贴在其上作为标记的标签之目的因,而不是产生标签的意指的原因,因此标签相较于酒罐而言更是一个真实的符号。但是,当原因不仅产生了结果的存在而且产生了结果的意指的时候,由于原因不仅在存在上而且在意指上都先于结果,因此符号的义理就更恰当地属于原因,而不属于结果。在内在语与外在语之间的关系也是如此。内在语不仅在存在上而且在意指上都先于外在语。“因此,内在语比外在语更具有意指的和显现的义理(rationem significationis et manifestationis),因为不管外在语被用来传达什么意指都是由于内在语的缘故。”①

在其后期作品中,虽然阿奎那并未否认内在语是外在语的动力因和目的因,但是他似乎把整个重点都转向强调在内在语与外在语之间存在着的意指关系。在他看来,相对于外在语而言,内在语是“能被意指者”(significabile)或者“被意指者”(significatum)。反之,相对于内在语而言,外在语却是“能意指者”(significativum)或者“意指者”(signifcans)。例如,在其《论上帝的权能》中,阿奎那说:“在理解活动中最先而直接的对象是理智在它自身中孕育的关于被理解事物的某种东西,根据在《灵魂论》第三卷中所提到的理智的双重运作,不管它是一个定义抑或是一个命题。现在,理智的这一概念被称为‘内在语’,这就是为口语所意指的东西,因为外在语并不意指被理解者本身,或者它的可理解形式,或者理解活动本身,而是意指理智的概念,它经由概念的中介而意指事物。例如,当我说‘人’或者说‘人是动物’的时候。在这个方面,不管理智理解它自身抑或其他某物都没有什么区别,因为,正如当它理解不同于它自身的另一事物的时候,它就形成口语所表达的那个事物的概念一样,当它理解它自身的时候,它也形成能够为口语所表达的它自身的概念。”②除此之外,在阿奎那的其他后期作品中,我们还可以看到他反复地强调在外在语与内在语之间存在着意指与被意指的关系。③ 这似乎说明阿奎那在其后期作品中充分地意识到了内在语也有其被动的一面,也就是说,它为外在语所意指,或者说它就是外在语的意指。

---

① Sancti Thomae de Aquino, *De Veritate*, q.4, a.1, ad 7:“Et ideo verbum interius per prius habet rationem quam verbum exterius; quia verbum exterius non instituitur ad significandum nisi per interius verbum.”

② Sancti Thomae de Aquino, *De Potentia*, q.9, a.5:“Hoc ergo est primo et per se intellectum, quod intellectus in seipso concipit de re intellecta, sive illud sit definitio, sive enuntiatio, secundum quod ponuntur duae operationes intellectus, in III de anima. Hoc autem sic ab intellectu conceptum dicitur verbum interius, hoc enim est quod significatur per vocem; non enim vox exterior significat ipsum intellectum, aut formam ipsius intelligibilem, aut ipsum intelligere, sed conceptum intellectus quo mediante significat rem; ut cum dico, homo vel homo est animal. Et quantum ad hoc non differt utrum intellectus intelligat se, vel intelligat aliud a se. Sicut enim cum intelligit aliud a se, format conceptum illius rei quae voce significatur, ita cum intelligit se ipsum, format conceptum sui, quod voce etiam potest exprimere.”

③ *ST*, Ia, q.27, a.1; q.34, a.1; q.85, a.2, ad 3; *Quaestiones quodlibetales*, 5, a.9; *Super Ioannem*, c.1, lect.1.

总而言之，根据阿奎那对内在语与外在语的相互关系所作的解释，我们可以得出以下三个方面的基本结论。

第一，既然内在语是外在语的动力因和目的因，那么它就是最基本和首要的话语。内在语自然地存在于人的理智之中，正如心外的事物自然地存在于现实世界之中一样。因为内在语作为理智的概念乃是心外事物的相似性，它自然地指称心外的事物，所以它的语义特性是一种自然特性，我们不能随意地对之加以改变。在此意义上，我们可以说内在语对于所有的人来说都是相同的。人类具有相同的内在语这一事实为那些表达同一内在语的不同外在语彼此之间的相互翻译提供了可能。换言之，在相同或者不相同的语言中，任何两种及其以上的外在语是可以相互翻译的，当仅且当它们从属于相同的内在语的时候。

第二，在内在语与外在语之间存在着相符，它们不是一一对应的相符，而是一多对应的相符。在内在语与外在语之间存在着的相符是借助于意指关系而实现的。外在语是意指者，内在语则是被意指者。然而，它们的意指关系不是一种自然关系，而是一种约定关系。约定的任意性不仅决定了外在语相较于内在语而言是一种派生意义上的话语，而且决定了相同的内在语可以由不同的外在语来显现和表达。事实上，正如亚里士多德一样，阿奎那也把外在语看成是社会习俗的产物。他认为，外在语的意义是约定俗成的，往往会随着不同的人而发生变化。因此，虽然外在语能够意指并且显现内在语，但是它决不能达到与内在语完全相符的程度。在其《亚里士多德〈解释篇〉评注》中，我们可以清楚地看到阿奎那否认在内在语与外在语之间存在着一对一的相符。在解释亚里士多德所谓"灵魂的感受对于所有的人来说都是相同的"这一观点的时候，他指出，亚里士多德的目的在于说明灵魂的感受自然地相似于事物，因为它们在所有的人中都是相同的。"但是，更好地说，亚里士多德的意图不是要断定灵魂的概念相较于口语而言的同一性，以致会有与一个口语相符的一个概念，因为口语在不同的人中乃是不同的。毋宁说，他想要断定灵魂的概念相较于事物而言的同一性。"①由此可见，对于阿奎那来说，在内在语与外在语之间存在着意指关系的约定性，这就决定了两者之间没有一对一的相符关系，只有一对多的相符关系。因此，内在语既不会与某种特定的外在语发生必然的关联，也不会必然受到某种特定外在语的束缚。

第三，内在语是外在语的意义与客观事物之间的中介。对于阿奎那来说，尽管内

① Sancti Thomae de Aquino, *In I Perihermeneias*, lect.2, n.11:"Sed melius dicendum est quod intentio Aristotelis non est asserere identitatem conceptionis animae per comparationem ad vocem, ut scilicet unius vocis una sit conceptio; quia voces sunt diversae apud diversos; sed intendit asserere identitatem conceptionum animae per comparationem ad res."

在语是外在语的意义，然而外在语却不仅仅纯然地表达内在语。归根结底，外在语也是客观实在的表达。尽管如此，外在语却不会与客观实在发生直接联系。若想让它言之有物，则只有透过内在语的中介，它才能获得其实际意义，而不仅有其思想意义。因此，在强调外在语直接地意指内在语的时候，阿奎那总是不忘强调它能够通过内在语的中介而意指客观实在。如其所言："根据大写哲学家（指亚里士多德——引者注）的说法，口语是思想的符号，而思想则是事物的相似性。因此，显而易见，口语经由理智的概念之中介而指涉被意指事物。"①

第二节　内在语与认知活动

既然内在语是理智的概念，而理智的概念又是认知活动的产物，那么内在语理论必定与知识论密切相关。人的内在语究竟是如何形成的？它的本性又如何？对于诸如此类的问题，只有将它们置于一定的知识论架构之中加以考察，才能获得清晰的理论阐释。当然，不同的知识论立场和观点必定会影响人们对内在语的形成及其本性的理解。就阿奎那的内在语理论而言，他显然是根据亚里士多德经验主义知识论架构来解释内在语的形成及其本性的。

一、内在语在认知活动中形成

就知识论而言，阿奎那明确地反对柏拉图先验主义的天赋理念论和回忆说，赞同亚里士多德经验主义的抽象学说。他经常借用亚里士多德的"白板"（tabula rasa）之喻来描述人的心灵，一方面以此反对柏拉图的天赋理念论，另一方面也借此强调亚里士多德关于知识始于经验的基本原则。阿奎那把通过感觉器官而获得的感性知识作为起点，把通过理智而获得的理性知识作为终点。他指出："我们知识从事物获得其开端，按照这个秩序进行：首先，它在感觉中开始，其次，它在理智中被完善。因此，感觉被发现以某种方式是在事物与理智之间的中介，因为它相对于事物而言仿佛是理智，相对于理智而言却仿佛是某种事物。"②因为人是灵魂与肉体复合而成的个体，所以人的灵魂在自然状态下只有借助于感觉器官才能获得关于客观存在的外在事物的知识。当外在事物作用于人的眼、耳、鼻、舌、身五种外感官的时候，一方面，这些外感

① *ST*, Ia, q.13, a.1："Secundum philosophum, voces sunt signa intellectuum, et intellectus sunt rerum similitudines. Et sic patet quod voces referuntur ad res significandas, mediante conceptione intellectus."

② Sancti Thomae de Aquino, *De Veritate*, q.1, a.11："Dicendum, quod cognitio nostra quae a rebus initium sumit, hoc ordine progreditur, ut primo incipiatur in sensu, et secundo perficiatur in intellectu; ut sic sensus inveniatur quodam modo medius inter intellectum et res: est enim, rebus comparatus, quasi intellectus; et intellectui comparatus, quasi res quaedam."

官会因其被动地接受外在事物的作用而或者按照自然存在的方式发生自然变化(immutatio naturalis),或者按照精神存在的方式发生精神变化(immutatio spiritualis),从而在它们自身中形成关于外在事物的可感印象(species sensibilis),并且将其传递给综合感(sensus communis)、估价力(vis aestimativa)、想象力(imaginatio)和记忆力(vis memorativa)四种内感官;另一方面,这些内感官则主动地摄取和综合外在事物在外感官中产生的可感印象,进而形成相似于外在事物的感觉意象,阿奎那将这种感觉意象解释为"个别事物的相似性"(similitudines individuorum)。① 由于外在事物并非以其质料而是以其形式在感觉器官中被内在化的,因此感觉意象乃是外在事物脱离具体质料而内在于感觉器官中的具体的和个别的形象,它表象了为感觉器官所感知的个别事物。在阿奎那看来,感觉意象本身并非感觉器官直接感知的客观对象,而是感觉器官借以感知客观对象的中介:它的一端与外在事物相通,而另一端则与感觉活动相通。在此意义上,我们可以说感觉意象是一座承载知识的客观性的本体论之桥,它的出现标志着感性认识之完成,因为它作为感觉活动的结果构成了现实的感性知识。对此,我们也可以用阿奎那经常援引的亚里士多德的话来说:"现实的感觉对象与现实的感觉是同一的。"②

尽管感觉意象是感性认识的终点,然而它却同时也是理性认识的起点。正如可感对象是感性认识的来源一样,感觉意象也是理性认识的来源。阿奎那指出:"感觉意象是我们的知识之来源,因为它是理智的运作由以开始的东西;这不是说它转瞬即逝,而是说它作为理智活动的基础持续存在,正如证明的原理必定始终持续存在于科学的整个过程中一样。"③他不仅把感觉意象视为理智运作的起点,而且强调它对于理性认识的必要性。他说:"只要我们在今生存在,无论知识多么具有精神性,我们在使用知识方面永远都需要感觉意象。"④在他看来,感觉意象对于理性认识的基础性和必要性集中表现在它能为理性认识的客观有效性提供本体论承诺。众所周知,人的理智运作不同于其感官运作:后者是具有物质性的感性运作,而前者则是不具有任何物质性的纯粹的精神运作。只有通过感觉意象的中介,理智才能确保其运作结果是对外在于灵魂的客观事物的认识。否则的话,如果没有感觉意象,那么人的理智便会失去它与外在事物之间的联系,从而使其理性知识的客观性无法在本体论上获

① *ST*, Ia, q.84, a.7, ad 2; q.85, a.1, ad 3.

② [古希腊]亚里士多德:《灵魂论》,第3卷第2章,425b27。阿奎那经常把亚里士多德这一关于可感对象的现实性与感觉能力的现实性的同一定理用其拉丁译文表述为"Sensibile in actu est sensus in actu(现实的可感者是现实的感觉)"。

③ Sancti Thomae de Aquino, *Super Libros Boethi de Trinitate Expositio*, q.6, a.2, ad 5.

④ Sancti Thomae de Aquino, *De Malo*, q.16, a.8, ad 3; Cf. St. Thomas Aquinas, *On Evil*, translated by Jean Osterler, Notre Dame, London: University of Notre Dame Press, 1993.

得有效的落实和保证。

在确定了感觉意象是理智运作的起点之后，阿奎那对人的理智及其运作过程、运作结果给出了详细的解释。

就理智本身而言，阿奎那认为，无论人的理智抑或神圣理智，它们都是一种纯粹的精神能力，但是两者之间又明显有别。神圣理智总是处在现实的认知状态，它不仅现实地认识一切事物，而且现实地拥有一切知识。然而，人的理智却并非总是处在现实的认知状态，它时而处在潜在的认知状态，时而又处在现实的认知状态。因为这个缘故，所以它总是有一个从潜能到现实的过程。因此，凡是从可感事物接受其理性知识的理智性灵魂都有它们的主动能力与被动能力两个方面。就其主动能力而言，它以动力因的资格造就一切现实的可理解者，阿奎那称之为“主动理智”（intellectus agens）。就其被动能力而言，它以质料因的资格处在对一切可理解者的潜能状态中，阿奎那称之为“被动理智”（intellectus passivus）或者“可能理智”（intellectus possibilis），甚或也称之为“感受理智”（intellectus passtivus）。他是根据亚里士多德关于潜能与现实学说而把人的理智性灵魂区分为主动理智与可能理智的。他说：“理智灵魂是我们可以在其中发现潜能与现实的本性，因为它有时是现实的理解者，而有时则是在潜能状态的理解者。因此，在理智灵魂的本性之中，有某种类似于质料的东西，它处在对一切可理解者的潜能状态，这种东西被称为‘可能理智’；还有某种类似于动力因的东西，它造就在现实中的一切，而这种东西被称为‘主动理智’。因此，根据亚里士多德的证明，这两方面的理智都存在于灵魂的本性之中，没有与肉体分离的存在，灵魂是肉体的现实。”①主动理智与可能理智既不是与肉体分离的实体，也不是在人身上的两个不同的理智，而是属于同一个理智性灵魂的两种不同的能力。这一点也明确地体现在阿奎那在其《神学大全》中对理智性灵魂的两种不同能力的必要性所作的解释中。他指出：“承认在我们身上的可能理智的必要性是因为这一点：我们有时只是在潜能状态的理解者，而不是在现实状态的理解者。因此，必定有某种能力，它在理解之前处在对可理解者的潜能状态，但是，当它知晓它们并且更进一步地思考它们的时候，它就被引入到对它们的现实状态。这种能力被称为‘可能理智’。

---

① *SCG*, II, cap.78, n.4: “Sed anima intellectiva est quaedam natura in qua invenitur potentia et actus: cum quandoque sit actu intelligens et quandoque in potentia. Est igitur in natura anima intellectivae aliquid quasi materia, quod est in potentia ad omnia intelligibilia, quod dicitur intellectus possibilis: et aliquid quasi causa efficiens, quod facit omnia in actu, et dicitur intellectus agens. Uterque igitur intellectus, secundum demonstrationem Aristotelis, est in natura anima, et non aliquid separatum secundum esse a corpore cuius anima est actus.” Cf. St. Thomas Aquinas, *Summa contra Gentiles*, book two: creation, translated, with an Introduction and Notes, by James F. Anderson, Notre Dame, London: University of Notre Dame Press, 1975.

然而，承认主动理智的必要性则是因为我们所理解的物质事物的本性并非作为现实状态的非物质者和可理解者而独立自存于灵魂之外，而仅仅是存在于灵魂之外的潜能状态的可理解者，因此必定应该有某种能力，它使这样的本性变成现实的可理解者。这种能力被称为在我们身上的‘主动理智’。”①

阿奎那作出主动理智与可能理智的区分，是为了便于更好地解释人的理智的运作过程及其运作结果。就人的理智的运作过程而言，它集中体现在主动理智与可能理智相互配合的理解活动中。

就主动理智在理解活动中所发挥的重要作用而言，阿奎那是通过整合奥古斯丁的光照论与亚里士多德的理智抽象学说来对之进行解释的。人的理智最初处在对可理解者的潜能状态，只有经由感觉意象的呈现，它才能从潜能状态转变为现实状态，因为感觉意象是个别事物的现实的相似性（actu similitudines）。然而，由于感觉意象是具体的和个别的东西，理智所要理解的却是普遍的形式，即事物的本质或者本性；因此，如果人的理智想要对事物的本质或者本性获得现实的理解，那么它就必须主动地作用于感觉意象，以便使那隐藏在其中的形式得以显现出来并且与其个体性条件相分离，进而使它变成普遍的可理解者。于是，阿奎那便充分肯定了主动理智在理解过程中具有双重作用：一是光照作用（illuminatio）；二是抽象作用（abstractio）。

一方面，主动理智具有光照作用。根据阿奎那的说法它能够光照感觉意象，使那隐藏在其中的形式得以显现出来，以便为可能理智所理解。如果没有主动理智的光照作用，那么感觉意象根本就无法使那隐藏在它自身中的形式显现出来，从而它也就无法变成现实的可理解者，正如若无光照作用，则颜色根本就无法使其自身呈现为现实的可见对象一样。“因此，我们必须说在灵魂中有某种源自于高级理智的能力，它借以能够光照感觉意象。而这一点我们凭经验就可知道，因为我们可感知我们从特殊事物的条件中抽象出普遍的形式，这就是造就现实的可理解者。”②在阿奎那看来，灵魂能够借以光照感觉意象的能力就是主动理智。感觉意象乃是从感性认识转化为

---

① *ST*, Ia, q.54, a.4: “Dicendum quod necessitas ponendi intellectum possibilem in nobis, fuit propter hoc, quod nos invenimur quandoque intelligentes in potentia et non in actu, unde oportet esse quandam virtutem, quae sit in potentia ad intelligibilia ante ipsum intelligere, sed reducitur in actum eorum cum fit sciens, et ulterius cum fit considerans. Et haec virtus vocatur intellectus possibilis. Necessitas autem ponendi intellectum agentem fuit, quia naturae rerum materialium, quas nos intelligimus, non subsistunt extra animam immateriales et intelligibiles in actu, sed sunt solum intelligibiles in potentia, extra animam existentes, et ideo oportuit esse aliquam virtutem, quae faceret illas naturas intelligibiles actu. Et haec virtus dicitur intellectus agens in nobis.”

② Ibid., q.79, a.4: “Unde oportet dicere quod in ipsa sit aliqua virtus derivata a superiori intellectu, per quam possit phantasmata illustrare. Et hoc experimento cognoscimus, dum percipimus nos abstrahere formas universales a conditionibus particularibus, quod est facere actu intelligibilia.”

理性认识的中介,它之所以受到主动理智的光照,是因为它藉着主动理智的力量而能够被变得更加适合于从它自身中进行抽象。换言之,只有受到了主动理智的光照,感觉意象才能变成现实的可理解者。

阿奎那如此这般地肯定主动理智对感觉意象的光照作用,从其理论来源上看,既有亚里士多德思想的启发,更有奥古斯丁思想的影响。众所周知,亚里士多德曾经在其《灵魂论》第三卷第5章中把主动理智比喻为光。① 这无疑对阿奎那的认识论产生过重要的启发作用。在比较了人们对于光的效果所持有的不同意见之后,阿奎那充分地肯定了亚里士多德的这一光喻。他指出:"关于光的效果有两种意见。因为有人说光为了视觉而被需要,是为了使颜色变成现实的可见者。而根据这一意见,正如光为了观看而被需要,以同样的方式并且因为同样的理由,主动理智为了理解而被需要。然而,其他人却说,光为了观看而被需要,并非为了使颜色变成现实的可见者,而是为了使中介者变成现实的透明物,正如大写注释家在《灵魂论》第二卷中所说的一样。而根据这一意见,亚里士多德把主动理智比喻成光在这一点上被证实了,即,正如光对于观看是必要的一样,主动理智对于理解也是如此,但是并非因为同样的理由。"②阿奎那曾经为了坚持主动理智的内在性而与阿维森纳主义者进行过激烈的争论。在论证主动理智与理智之光的根基的同一性的时候,阿奎那就坦率地把亚里士多德的这一光喻作为他得出结论的重要根据。他说:"因此,没有什么妨碍我们把主动理智的活动归因于我们的灵魂之光,并且尤其是因为亚里士多德把主动理智比作光。"③除了亚里士多德的光喻之外,奥古斯丁的光照论也是在经院哲学中有着极大影响力的认识论,它对阿奎那的认识论同样产生过极其重要的影响。奥古斯丁把上帝比作真理之光,并且把人的心智比作眼睛。他指出,正如人的眼睛只有在阳光的照耀下才能有所观看一样,人的心智也只有在上帝之光的照耀下才能有所理解。阿奎那从奥古斯丁的光照论中深刻地领悟到光照是构成人的认识活动的先决条件之一。因为这个缘故,所以他不仅以哲学家的身份承认主动理智对感觉意象

---

① [古希腊]亚里士多德:《灵魂论》,430a15—17。

② *ST*, Ia, q.79, a.3, ad 2: "Circa effectum luminis est duplex opinio. Quidam enim dicunt quod lumen requiritur ad visum, ut faciat colores actu visibiles. Et secundum hoc, similiter requiritur, et propter idem, intellectus agens ad intelligendum, propter quod lumen ad videndum. Secundum alios vero, lumen requiritur ad videndum, non propter colores, ut fiant actu visibiles; sed ut medium fiat lucidum, ut Commentator dicit in II de anima. Et secundum hoc, similitudo qua Aristoteles assimilat intellectum agentem lumini, attenditur quantum ad hoc, quod sicut hoc est necessarium ad videndum, ita illud ad intelligendum; sed non propter idem."

③ *SCG*, II, cap.77, n.5: "Unde nihil prohibet ipsi lumini nostrae animae attribuere actionem intellectus agentis; et praecipue cum Aristoteles intellectum agentem comparet lumini."

的光照作用，而且以神学家的身份依据《圣经》宣称人的灵魂从上帝那里分有理智之光。①

另一方面，主动理智还具有抽象作用。以亚里士多德的理智抽象学说为依据，阿奎那宣称主动理智能够凭借其自身的能力从感觉意象中抽象出可理解的心象（species intelligibilis），并且能够将这种可理解的心象印入到可能理智之中。根据他的说法，主动理智之所以能够从感觉意象中抽象出可理解的心象，既有感觉意象方面的原因，又有理智方面的原因。就感觉意象方面的原因而言，“感觉意象，因为它是个别事物的相似性，并且存在于形体器官之中，没有与人的理智所具有的相同的存在模式，所以不可能有其自身的能力在可能理智中造成印象。”②就理智方面的原因而言，则是因为我们的理智以抽象的方式思考事物的本性。我们也可以借用阿奎那的话来说：“主动理智从感觉意象抽象出可理解的心象，是因为凭借主动理智的力量，我们能够在我们的思考中接受不带个体性条件的属相的本性，并根据属相的本性之相似性告知可能理智。”③

就可能理智在理解活动中所发挥的重要作用而言，阿奎那也分别从被动和主动两个面相对之进行了解释。

一方面，可能理智有它的被动面相，它的基本功能在于被动地接受或者感受主动理智从感觉意象中抽象出来的可理解心象。尽管主动理智能够从感觉意象中抽象出可理解的心象，然而它本身却并不负责接受那为其所抽象出来的可理解的心象。根据阿奎那的说法，接受为主动理智所抽象出来的可理解心象的任务是由可能理智来负责完成的。主动理智将其从感觉意象中抽象出来的可理解心象主动地印入到可能理智中；相应地，可能理智则被动地接受或者感受可理解的心象。正因为可能理智被动地接受或者感受为主动理智所印入的可理解心象，所以它也被称为“被动理智”。同样地，因为可理解的心象被主动理智印入到可能理智中，所以它也被称为“被印入的可理解心象”（species impressa intelligibilis）。阿奎那将这种被印入的可理解心象解释为主动理智以其自身的力量通过转向感觉意象而在可能理智中产生的一种“相似性”（similitudo）。在他看来，这种相似性仅仅就其属相的本性而言才能被说成是

① *ST*, Ia, q.79, a.5.

② Ibid., q.85, a.1, ad 3: “Phantasmata, cum sint similitudines individuorum, et existant in organis corporeis, non habent eundem modum existendi quem habet intellectus humanus, ut ex dictis patet; et ideo non possunt sua virtute imprimere in intellectum possibilem.”

③ Ibid., q.85, a.1, ad 4: “Abstrahit autem intellectus agens species intelligibiles a phantasmatibus, inquantum per virtutem intellectus agentis accipere possumus in nostra consideratione naturas specierum sine individualibus conditionibus, secundum quarum similitudines intellectus possibilis informatur.”

表象了反映在感觉意象中的事物。① 换言之,被印入的可理解心象是主动理智在可能理智中产生的一种普遍形式,这样的普遍形式是由原本就隐藏在感觉意象中的个体化形式经由主动理智的抽象作用所转化而成的。那隐藏在感觉意象中的形式原本因其与感觉意象的个体性条件结合在一起而是一种个体化形式,由于主动理智将它从感觉意象中抽象出来,使它脱离了个体性条件,因此它就被转化成了一种普遍形式。在此意义上,我们可以说被印入的可理解心像是那原本就隐藏在感觉意象中的个体化形式在可能理智中的抽象化和普遍化。因此,阿奎那说:"可理解的心象以这种方式被说成从感觉意象中抽象出来的,并不是说先前存在于感觉意象中的同一个形式后来被转移到了可能理智中,正如物体从一地方被转移到另一个地方一样。"②

另一方面,可能理智也有它的主动面相,它的另一个功能就在于它能够主动地从事理解活动。尽管可能理智被动地接受主动理智把可理解的心象印入在它之中,然而它却不是全然被动的。相反,可能理智对于被主动理智印入到它自身中的可理解心象能够主动地作出反应,通过它的理解活动而在它自身之中形成关于被理解事物的某种意向。阿奎那把这种意向称为"被理解的意向"(intentio intellecta)。在他看来,这种被理解的意向也是被理解事物的某种相似性。他指出:"所谓'被理解的意向',我指的是理智在它自身中所孕育的关于被理解事物的东西。诚然,在我们身上它既不是那被理解的事物,也不是理智实体本身。然而,它是在理智中所孕育的关于被理解事物的某种相似性,而且外在语意指它。因此,意向本身被命名为'内在语',它是被外在语意指的东西。"③在其《神学大全》中,通过类比于感官既被动地接受外在事物所引起的变化,又主动地形成关于外在事物的形象,阿奎那明确地肯定了可能理智一方面被动地接受或者感受可理解的心象,另一方面又主动地形成内在语。他指出:"这两种运作在理智中是结合在一起的。因为首先要考虑的是可能理智的感

---

① *ST*, Ia, q.85, a.1, ad 3:"Sed virtute intellectus agentis resultat quaedam similitudo in intellectu possibili ex conversione intellectus agentis supra phantasmata, quae quidem est repraesentativa eorum quorum sunt phantasmata, solum quantum ad naturam speciei."

② Ibid., q.85, a.1, ad 3:"Et per hunc modum dicitur abstrahi species intelligibilis a phantasmatibus, non quod aliqua eadem numero forma, quae prius fuit in phantasmatibus, postmodum fiat in intellectu possibili, ad modum quo corpus accipitur ab uno loco et transfertur ad alterum."

③ *SCG*, IV, cap.11, n.6:"Dico autem intentionem intellectam id quod intellectus in seipso concipit de re intellecta. Quae quidem in nobis neque est ipsa res quae intelligitur; neque est ipsa substantia intellectus; sed est quaedam similitudo concepta in intellectu de re intellecta, quam voces exteriores significant; unde et ipsa intentio verbum interius nominatur, quod voces exteriori verbo significatum." Cf. St. Thomas Aquinas, *Summa contra gentiles*, book four: salvation, translated, with an Introduction and Notes, by Charles J. Oneil, Notre Dame, London: University of Notre Dame Press, 1975.

受，因为它由可理解的心象所告知。其次，如此被告知的可能理智要么形成定义，要么形成结合或者分离，它们由口语所意指。因此，名称所意指的观念就是定义；并且陈述句意指理智的结合与分离。因此，口语并不意指可理解的心象本身，而是意指理智为了判断外在事物而为它自身所形成的东西。”①在阿奎那看来，被理解的意向之产生标志着内在语的形成。

人的理智灵魂不仅在认知不同于它自身的外在事物的时候会形成内在语，而且在认知它自身的时候也是如此。阿奎那认为，人的理智不是藉着它自己的本质来认知自身的，而是藉着它自己的活动来认知自身的。这种情况以两种方式发生。一是以具体的方式发生，一个人可以藉着自己的理解活动而意识到自己有理智的灵魂，从而形成自我意识。例如，当苏格拉底或者柏拉图因为意识到自己在理解而意识到自己有理智灵魂的时候就是如此。二是以普遍的方式发生，我们可以把理智的活动转化为反思的对象，藉着反思理智的活动而理解自身心智的本性。例如，当我们从理智活动的知识来思考人的灵魂之本性的时候。② 无论是以具体的方式还是以普遍的方式，正如人的理智只有藉着被理解事物的心象才能理解外在事物一样，它也只有藉着同一心象才能理解自身，因为它只有藉着理解外在事物的活动才能理解到它在理解，进而理解它自身的本性和能力。“因此，人的理智，它藉着被理解事物的心象而被变成现实的，藉着同一心象而被理解，如同藉着它自身的形式一样。”③为了说明人的理智藉着它的理解活动而理解它自身，阿奎那还具体地分析了理智在认识不同于它自身的外在事物与它的自我认识之间存在着的先后秩序。他指出，人的理智首先认识不同于它自身的某个外在对象，然后才认识到它认识那个对象的活动，最后才藉着它认识那个对象的活动而认识到它自身。④ 显然，这是就逻辑上的先后秩序而言的，而不是就时间上的先后秩序而言的，因为人的理智在认识到外在对象的同时也能够意识到它自身，只不过其理智在认识到外在对象的时候把对外在对象的意识本身作为主题凸显出来，而把其对外在对象的意识活动边缘化罢了。但是，当人的理智反思它自身的时候，它能够把它自身对外在对象的

---

① *ST*, Ia, q.85, a.2, ad 3:“Et utraque haec operatio coniungitur in intellectu. Nam primo quidem consideratur passio intellectus possibilis secundum quod informatur specie intelligibili. Qua quidem formatur, format secundo vel definitionem vel divisionem vel compositionem, quae per vocem significatur. Unde ratio quam significat nomen, est definitio; et enuntiatio significat compositionem et divisionem intellectus. Non ergo voces significant ipsas species intelligibiles; sed ea quae intellectus sibi format ad iudicandum de rebus exterioribus.”

② Ibid., q.87, a.1.

③ Ibid., q.87, a.1, ad 3:“Et ideo intellectus humanus, qui fit in actu per speciem rei intellectae, per eandem speciem intelligitur, sicut per formam suam.”

④ Ibid., q.87, a.3.

意识活动主题化，而把对外在对象的意识本身边缘化。当然，当人的理智藉着它自身的理解活动而理解它自身的时候，它也会形成相应的概念，然而它所形成的概念却不是理智本身，因为它的概念虽然存在于理智的理解活动之中，然而这样的概念却是理智的存在本身之外的某物，也就是藉着理智的理解活动而被表达的东西。"因为，正如当它理解不同于它自身的另一事物的时候，它形成口语所意指的那个事物的概念一样，当它理解它自身的时候，它也形成那能为口语所表达的它自身的概念。"①

在阿奎那看来，无论就理智理解不同于它自身的外在事物而言，还是就理智理解它自身而言，内在语都必定是主动理智与可能理智相互配合的理解活动的结果。尽管内在语是理智的运作终止于其上的东西，然而它与理智的理解活动却是同时出现的。只要理智在从事理解活动，内在语就会在理解活动中被孕育，因为被理解的意向之存在就在于它被理解，而理解活动本身离开了被理解的意向就不能被完成，"因为现实的理智决不会没有话语而存在。"②我们需要注意的是，在谈到理智的理解活动的时候，阿奎那作出了"本义地理解"(intelligere proprie)与"一般地理解"(intelligere communiter)的区分。前者系指对事物的内在本质的直接认知或者领悟，这可以被说成是真正意义上所谓的"理解"(intelligere)。"本义地理解"也明显地体现在"intelligere"一词的词源学意义中，因为这个语词是由 intus(表示"内部"的意思)与 legere(表示"阅读"的意思)两个词根构成，其意思是"阅读内在于事物的东西"。换言之，其字面意思是深入到事物的内部去探索那隐藏的本质。根据阿奎那的看法，就人的理智单纯地理解"一物是什么"(quod quid est)而言，它永远不会出现任何错误。就人的理智对事物的本质的认识而言，只有当它进行了错误的结合和分离的时候，它才会偶然地出现错误。具体地说，当人的理智把一个事物的定义归属于另一个事物的时候，或者当它把那些不能被结合的定义部分随意地结合在一起的时候，它就会出现错误。后者系指人们通常所谓的"思想"(cogitare)，它包含着"推理和探究"(ratiocinando et inquirendo)。当人的理智在从事一般地理解的时候，它往往会犯错误。③ 在阿奎那看来，内在语出现在思想过程的终点。在我们的内在语出现之前，我们尚未理解，而是为了理解而思想，"因为理解本身尚未被完成，除非那被称为'话语'的某物在心智中被孕育；因为在某个概念被确立于我们的心智中之前，我们并不被说成理

① Sancti Thomae de Aquino, *De Potentia*, q.9, a.5: "Sicut enim cum intelligit aliud a se, format conceptum illius rei quae voce significatur, ita cum intelligit se ipsum, format conceptum sui, quod voce etiam potest exprimere."

② *SCG*, IV, cap.14, n.3: "Quia intellectus in actu nunquan est sine verbo."

③ Sancti Thomae de Aquino, *De Veritate*, q.1, a.12.

解，而被说成为了理解而思想。”①根据阿奎那对“本义地理解”与“一般地理解”的区分，我们可以得出这样的结论：只有经过一定的思想过程，人的内在语才能最终作为理解活动的产物而被孕育和形成。

二、内在语的认识论本性

内在语在认知过程中的形成充分说明它是人的理智的理解活动之产物。阿奎那认为，就人的理智的理解活动而言，它需要具备四样事物，它们分别是被理解的事物(res intellecta)、可理解的心象(species intelligibilis)、理智的活动(actione intellectus)以及理智的概念(conceptio intellectus)。为了解释作为理解活动之结果的内在语的认识论本性，他把内在语(即理智的概念)分别与其余的三件事物进行了一番比较。在其《论上帝的权能》中，阿奎那这样写道：

> 这一概念不同于上述三者。它不同于被理解的事物，因为被理解的事物有时存在于理智之外，然而理智的概念却仅仅存在于理智之中；再者，理智的概念被导向被理解的事物，如同被导向目的一样，因为理智为了认识被理解的事物而在它自身中形成那个事物的概念。它不同于可理解的心象，因为那使理智变成现实的可理解的心象被认为如同理智活动的本源一样，因为每一个行动者都根据它存在于现实中而活动，并且它因某个形式而被变成现实的，这一形式作为活动的本源是必要的。它不同于理智的活动，因为上述概念被认为如同活动的终点一样，并且仿佛是由它所生出的某物一般。因为理智通过它的活动而形成事物的定义，甚至形成一个肯定或者否定的命题。这一理智的概念在我们身上被恰当地称为‘话语’，因为这是外在语所意指的东西。外在语既不意指理智本身，也不意指可理解的心象，也不意指理智的活动，而是意指理智的概念，通过概念的中介而指称事物。因此，我们的理智借以理解不同于它自身的某一个事物的如此这般的概念或者话语源自于另一个事物，并且表象另一个事物。它由于理智的活动而源自于理智，然而它却是被理解事物的相似性。当理智理解它自身的时候，上述话语或者概念就是它的后裔和相似性，即理解它自身的理智的后裔和相似性。这种情况发生，因为结果根据它自身的形式而相似原因，然而理智的形式却是被理解的事物。因此，那源自于理智的话语是被理解的事物的相似性，不管它是理智本身，抑或其他某物。我们的理智的如此这般的话语是在理智

① Sancti Thomae de Aquino, *De Potentia*, q.9, a.9: “Ipsum enim intelligere non perficitur nisi aliquid in mente concipiatur, quod dicitur verbum; non enim dicimur intelligere, sed cogitare ad intelligendum, antequam conceptio aliqua in mente nostra stabiliatur.”

的存在本身之外的某物(因为它不是本质,却仿佛是它的一种感受一般),然而它却并不存在于理智的理解本身之外,因为理解活动本身若没有上述话语则不可能被完善。①

根据阿奎那把内在语分别同被理解的事物、可理解的心象、理智的活动三者所作的比较,我们不难发现他是如何看待内在语的认识论本性的。对于他来说,内在语是人的理智为了认识被理解的事物而在它自身中形成的关于被理解事物的概念。无论当理智理解不同于它自身的其他事物的时候,还是当它理解它自身的时候,内在语始终都是理智的理解活动的思想内容之表达。一方面,内在语是人的理解活动的产物,在此意义上,我们可以说它源自于人的理智,也就是说,它是由人的理智发出的某种东西。另一方面,内在语又是被理解事物的相似性,在此意义上,我们可以说它不仅发自关于被理解事物的知识,而且表象并显现了被理解的事物。在理解内在语的义理的时候,阿奎那特别强调了"显现"(manifestationem)和"发出"(processum)是内在语的两个本质特性。他指出:"内在语就其义理而言不仅有显现,而且有一个事物从另一个事物的实际的发出。"②根据阿奎那的说法,一方面,话语本身就含有使某物显现的意思。然而,从本质上讲,显现却只能在理智中被发现。如果某一个存在于理智之外的事物被说成显现,那么这种说法仅仅就关于该事物的某种东西存留在理智中

① Sancti Thomae de Aquino, *De Potentia*, q.8, a.1:"Quae quidem conceptio a tribus praedictis differt. A re quidem intellecta, quia res intellecta est interdum extra intellectum, conceptio autem intellectus non est nisi in intellectu; et iterum conceptio intellectus ordinatur ad rem intellectam sicut ad finem; propter hoc enim intellectus conceptionem rei in se format ut rem intellectam cognoscat. Differt autem a specie intelligibili: nam species intelligibilis, qua fit intellectus in actu, consideratur ut principium actionis intellectus, cum omne agens agat secundum quod est in actu; actu autem fit per aliquam formam, quam oportet esse actionis principium. Differt autem ab actione intellectus: quia praedicta conceptio consideratur ut terminus actionis, et quasi quoddam per ipsam constitutum. Intellectus enim sua actione format rei definitionem, vel etiam propositionem affirmativam seu negativam. Haec autem conceptio intellectus in nobis proprie verbum dicitur: hoc enim est quod verbo exteriori significatur: vox enim exterior neque significat ipsum intellectum, neque speciem intelligibilem, neque actum intellectus, sed intellectus conceptionem qua mediante refertur ad rem. Huiusmodi ergo conceptio, sive verbum, qua intellectus noster intelligit rem aliam a se, ab alio exoritur, et aliud repraesentat. Oritur quidem ab intellectu per suum actum; est vero similitudo rei intellectae. Cum vero intellectus seipsum intelligit, verbum praedictum, sive conceptio, eiusdem est propago et similitudo, scilicet intellectus seipsum intelligentis. Et hoc ideo contingit, quia effectus similatur causae secundum suam formam: forma autem intellectus est res intellecta. Et ideo verbum quod oritur ab intellectu, est similitudo rei intellectae, sive sit idem quod intellectus, sive aliud. Huiusmodi autem verbum nostri intellectus, est quidem extrinsecum ab esse ipsius intellectus (non enim est de essentia, sed est quasi passio ipsius), non tamen est extrinsecum ab ipso intelligere intellectus, cum ipsum intelligere compleri non possit sine verbo praedicto."

② Sancti Thomae de Aquino, *De Veritate*, q.4, a.2, ad 1:"Verbum de ratione sui non solum habet manifestationem, sed realem processum unius ab alio."

而言才能是真的。例如,虽然我们能借助于口语而把某物显现给别人,但是我们也能借助于内在语而把某物显现给我们自己。因为这一显现先于其他的显现而发生,所以内在语就被说成是首要的话语。另一方面,内在语又是在理解活动中从不同于它自身的其他事物发出的。它不仅是从我们的理智能力发出的,而且是从我们关于被理解的事物的知识发出的,"因为每当我们理解的时候,由于理解活动这件事本身,就会向我们自身内部发出某种东西,而这种东西就是被理解的事物的概念,它从我们的理智能力发出,并且从我们关于该事物的知识发出。这种概念由口语所意指,并且被称为口语所意指的'心语'(verbum cordis)。"①既然内在语也是从我们关于被理解的事物的知识发出的,那么,在此意义上,我们也可以说它是为我们的理智所认知的事物的形式符号。所谓"形式符号",系指这样一种符号:被表象的事物能够在这种符号中直接为我们所认知,然而我们却并不需要具有关于这种符号的先在知识。显然,形式符号不同于我们通常所使用的工具符号,因为工具符号必定能够从关于某种符号的先在知识导致关于不同于这种符号的其他事物的知识。

在具体解释内在语的认识论本性的时候,阿奎那还充分强调了内在语"不仅是被理解的东西,而且是事物借以被理解的东西"(non solum est id quod intellectum est, sed etiam id quo res intelligitur)。②

一方面,内在语是被理解者。作为被理解者的内在语被阿奎那称为"被理解的意向"(intentio intellecta)。他认为,被理解的意向不仅具有内在性,而且具有现实性。首先,它不是外在的被认知的事物,而是"内在的被理解者本身"(ipsum interius intellectum)。其次,它又不是潜在的被理解者,而是"现实地由理智所考虑的东西"(id quod actu consideratur per intellectum),③"因为内在语是被理解的东西,除非根据我们现实地理解,否则它并不存在于我们身上,因此内在语总是需要理智在它的现实中,那就是理解。"④根据阿奎那的看法,作为被理解者的内在语是在它自身中包含着思想内容的东西。当它内在地被言说的时候,它不仅是话语,而且是话语所表达的思想内容。换言之,内在语是一种形式符号。人的理智借助于内在语向它自身显现某种东西,并且在它的内在语中直接地认识内在语所显现的东西,也就是理解内在语所表达的思想内容。在讨论作为被理解者的内在语的时候,阿奎那还作出了"第一被

① *ST*, Ia, q.27, a.1:"Quicumque enim intelligit, ex hoc ipso quod intelligit, procedit aliquid intra ipsum, quod est conceptio rei intellectae, ex vi intellectiva proveniens, et ex eius notitia procedens. Quam quidem conceptionem vox significat, et dicitur verbum cordis, significatum verbo vocis."

② Sancti Thomae de Aquino, *De Veritate*, q.4, a.2, ad 3.

③ Ibid., q.4, a.1.

④ Ibid., q.4, a.1, ad 1:"Cum verbum interius sit id quod intellectum est, nec hoc sit in nobis nisi secundum quod actu intelligimus, verbum interius semper requirit intellectum in actu suo, qui est intelligere."

理解者”(prima intellecta)与“第二被理解者”(secumda intellecta)的区分。前者是理智在理解不同于它自身的外在事物的时候在它自身中所形成的关于实在的概念。因为人的理智在其理解活动中最先理解这样的内在语,所以阿奎那把它们说成是“首要的和直接的被理解者”(primo et per se intellectum),①有时也把它们说成是“第一意向”(prima intentio)。然而,后者却是理智在通过反思它的理解活动而理解它自身及其理解模式的时候所形成的概念。从逻辑上讲,第二被理解者是理智在直接理解第一意向的基础上进一步形成的关于概念的概念,而不是关于实在的概念。因为这个缘故,所以阿奎那也把第二被理解者说成是“第二意向”(secunda intentio)。他指出:“因为第一被理解者有灵魂之外的事物,它们是最先被理智理解的东西。然而,第二被理解者被说成随理解模式而产生的意向:因为理智通过第二理解活动而反思它自身,理解它正在理解和它借以理解的模式。”②对于阿奎那来说,作为第一被理解者的第一意向在现实中有其直接的本体论基础。所有的第一意向都直接意指客观实在,并且它们本身由事物的名称所意指。例如,“苏格拉底”、“人”、“动物”等名称就是关于现实中的事物的符号,它们是事物的名称(nomen rei)。由事物的名称所意指的内在语是第一被理解者,亦即第一意向。然而,作为第二被理解者的第二意向在现实中却没有直接的本体论基础,而是以理智在认识客观实在的过程中的某种活动为其基础,也就是说,以在理智中被认识的本性为其最接近的基础。阿奎那把意指第二被理解者的名称说成是“意向的名称”(nomen intentionis)或者“第二施加的名称”(nomina secundae impositionis)。例如,诸如种相(genus)、属相(species)之类的逻辑意向(intentiones logicas)并不是存在于现实世界中的任何事物的符号,它们因其能够被用来谓述属相或者个体而被设计成为意向的名称。当我们发现“动物”这个概念能够被用来谓述诸如“人”、“猫”、“狗”之类的属相名称的时候,我们就把“种相”这个名称给予它。同样地,当我们发现“人”这个名称能够被用来谓述诸如“苏格拉底”、“柏拉图”、“亚里士多德”之类的个体的时候,我们就把“属相”这个名称给予它。由此可见,诸如此类的逻辑意向就是以理智把其概念彼此连接在命题中的活动为基础的。

另一方面,内在语又是理智借以认识外在事物的工具。虽然阿奎那把人的理智在它自身中所孕育的概念(即内在语)视为首要的和直接的被理解者,但是这并不意

---

① Sancti Thomae de Aquino, *De Potentia*, q.9, a.5.

② Ibid., q.7, a.9:“Prima enim intellecta sunt res extra animam, in quae primo intellectus intelligenda fertur. Secunda autem intellecta dicuntur intentiones consequentes modum intelligendi: hoc enim secundo intellectus intelligit inquantum reflectitur supra se ipsum, intelligens se intelligere et modum quo intelligit.”

味着他就是一位概念论者。事实上,他坚决反对以柏拉图为代表的古代哲学家们坚持理智只能理解它自身的感受(即可理解的心象或者理念)的意见。阿奎那提出了他反对这一错误意见的两个理由:“首要,因为我们所理解的对象与科学的对象是同一的。因此,如果我们所理解的仅仅是在灵魂中的心象,那么就会得出一切科学都不是关于存在于灵魂之外的事物的,而仅仅是关于存在于灵魂之中的可理解心象的结论;正如根据柏拉图主义者,一切科学都是关于理念的,他们主张理念是现实的被理解者一样。其次,因为它会导致所谓‘凡被看到的东西都是真实的’这一古老错误;并且这样的话,则相互矛盾的东西就会同时是真的。”①在阿奎那看来,与其说可理解的心象或者理念是我们直接认识的对象,毋宁说它们是我们借以认识外在对象的工具,正如与其说感觉意象是我们直接感知的对象,倒不如说它是我们借以感知外在对象的工具一样。就我们的理性知识源自于感性知识而言,我们首要地所理解的不是可理解的心象或者理念,而是这样的心象或者理念作为其相似性的外在事物。因为这个缘故,所以阿奎那把内在语视为理智借以理解外在事物的中介。他说:“理智的概念是在理智与被理解的事物之间的中介,因为理智的运作经由它的中介而达到事物。”②虽然阿奎那把内在语和外在事物都看成是被理解者,但是他仍然在“被理解的意向”(intentio intellecta)与“被理解的事物”(res intellecta)之间作出了区分。前者意指那仅仅存在于理智中的内在语。然而,后者却意指客观存在着的外在事物。在理解前者与理解后者之间所具有的区别就是在关于概念的科学(例如逻辑学)与关于事物的科学(例如形而上学)之间所具有的区别。③ 例如,白色(album)是在理智之外的事物;然而,“白的义理”(ratio albi)却仅仅是在理智之中的内在语。这一区分充分说明了内在语就其所表达的思想内容而言源自于外在事物。由于内在语是被理解事物的相似性,因此它能成为理智借以认识外在事物的工具。然而,它不是一种已知的外在中介,而是理智借以理解外在事物的内在中介。换言之,它是人的理智借以认识外在事物的形式符号。“因此,理智的概念不仅是被理解的东西,而且是事物借以被理解的东西;如此,则被理解的东西能够被说成既是事物本身,又是理智的概念。

---

① *ST*, Ia, q. 85, a. 2: “Primo quidem, quia eadem sunt quae intelligimus, et de quibus sunt scientiae. Si igitur ea quae intelligimus essent solum species quae sunt in anima, sequeretur quod scientiae omnes non essent de rebus quae sunt extra animam, sed solum de speciebus intelligibilibus quae sunt in anima; sicut secundum Platonicos omnes scientiae sunt de ideis, quas ponebant esse intellecta in actu. Secundo, quia sequeretur error antiquorum dicentium quod *omne quod videtur est verum*; et sic quod contradictoriae essent simul verae.”

② Sancti Thomae de Aquino, *De Veritate*, q.4, a.2, ad 3: “Conceptio intellectus est media inter intellectum et rem intellectam, quia ea mediante operatio intellectus pertingit ad rem.”

③ *SCG*, IV, cap.11, n.6.

同样地,被言说的东西能被说成既是藉着话语所言说的事物,又是话语本身;正如在外在语中也是如此一样,因为当名称本身被言说的时候,藉着名称所意指的事物和名称本身都被言说了。"①显然,内在语与其所表达的事物的统一就是思想与思想内容的统一。在阿奎那看来,我们的理智不能直接而首要地认识物质事物中的个体,只能经由内在语的中介而间接地理解个别事物。因为在外在的物质事物中个体化原理是个别的质料,然而,我们的理智却只能藉着从这样的质料中抽象出可理解的心象而形成其内在语,从而实现其理解。所以,除了共相之外,我们的理智不能直接地认识任何事物,只有藉着内在语的中介,它才能间接地理解个别事物。

相较于内在语与外在语之间的符合问题而言,阿奎那显然更加重视内在语与客观实在之间的符合问题,因为后者直接牵涉到决定内在语的逻辑真值的本体论基础。当内在语符合客观实在的时候,它便是真的;否则,它便是假的。阿奎那不仅充分肯定了内在语能够与客观实在相符合,而且坦率地承认两者之间的相符能够随着理解活动的深浅不同而呈现出程度上的差异。他专门讨论了人的理智能否同时理解许多事物的问题,他的结论在于人的理智能够藉着同一个可理解的心象而同时理解许多事物,尽管它不能藉着许多可理解的心象而同时理解许多事物。② 根据这一结论,如果人的理智在其理解活动中对客观实在理解得越是巨细靡遗,那么它便越是能够在同一个可理解的心象下拥有更多数量的内在语。例如,人的理智能够藉着整体的形式而以笼统的方式同时理解被包含在整体中的各部分,并且每一个部分都具有与其自身相应的内在语。③ 这就意味着人理解客观实在的缜密程度决定了他的内在语的内涵的精确性和丰富性。凡是与客观实在相符的内在语,始终都能在理智的理解活动中对客观实在保持某种程度的开放性,它的内涵能够随着理智的理解活动的加深而不断地被扩展、充实和深化。阿奎那对于内在语与客观实在之间的符合问题的深刻洞察为解释人的思想自由及其无限进展敞开了广阔的空间。

我们需要关心的不仅仅是内在语与客观实在能否相符的问题,更重要的是内在语与客观实在何以能够相符合的问题。既然我们的理智所理解的内在语只能是共相,而客观实在却是殊相,那么抽象而普遍的内在语何以能够符合具体而个别的客观实在呢?阿奎那对这个问题为我们提供了怎样的解答呢?他的答案就在于:尽管人

---

① Sancti Thomae de Aquino, *De Veritate*, q.4, a.2, ad 3: "Et ideo conceptio intellectus non solum est id quod intellectum est, sed etiam id quo res intelligitur; ut sic id quod intelligitur, possit dici et res ipsa, et conceptio intellectus; et similiter id quod dicitur, potest dici et res quae dicitur per verbum, et verbum ipsum; ut etiam in verbo exteriori patet; quia et ipsum nomen dicitur, et res significata per nomen dicitur ipso nomine."

② *ST*, Ia, q.85, a.4.

③ Ibid., q.85, a.4, ad 3.

的理智不能直接理解物质事物中的个体，只能经由可理解的心象而直接地理解共相，然而它却能够通过返回到它由以从其中抽象出可理解心象的感觉意象而间接地理解该感觉意象所表象的个别事物。① 阿奎那反复地强调"返回到感觉意象"(conversio ad phantasmata)对于我们的理智在今生理解任何事物来说都是必要的。在他看来，返回到感觉意象是人的理智经由其内在语的中介而间接地认识个别事物的关键环节。只有通过这一关键环节，人的理智才能把其内在语所表达的思想内容与个别事物关联起来。从阿奎那结合人的认识经验来解释返回到感觉意象的意涵来看，这一点是非常明显的。例如，他指出："任何一个人都能亲自经验到这一事实：当他试图理解某物的时候，他就通过列举一些实例的方式形成某些感觉意象为己所用，仿佛他用它们来检验自己渴望理解的事物一样。因为这个理由，当我们想要帮助某人理解某物的时候，我们就在他面前摆放一些实例，他就由这些实例而形成感觉意象以便理解。"②由于感觉意象是个别事物的相似性，因此，通过返回到感觉意象，人的理智就能够把普遍概念与具体的感觉经验连接起来，从而认识个别事物并且形成诸如"苏格拉底是人"之类的单称命题。根据阿奎那的这一解释，我们不难看出人的理智为其内在语提供了思想内容，而感觉意象则是其内在语的示例，它把内在语的指称给予个别事物。例如，当我理解苏格拉底的时候，在我的理智中只有从我对苏格拉底形成的感觉意象中抽象出来的普遍形式或者可理解的心象，也就是普遍的人性。只有通过返回到感觉意象而把普遍的人性放入关于苏格拉底的感觉意象的情境中，我才能藉着这一普遍的人性来理解苏格拉底。由此可见，在我们的理智中，内在语或者思想因为我们借以理解的普遍形式(即可理解的心象)而有它的内容或者意义；它们因为我们返回到感觉意象的情境中而有其对个别事物的指称。因为这个缘故，所以阿奎那把人的内在语比喻为一面能在其中看到事物的镜子。这面镜子的特殊性就在于它不会越出关于事物的意象，整面镜子都只不过是反映出事物的意象而已。

应当承认，人的内在语何以能够符合客观实在的问题实际上涉及十分复杂的知识论前提。毋庸讳言，阿奎那给出的上述答案难免会有过于简单化之虞，它给我们留下了需要进一步解释的知识论难题。根据阿奎那给出的答案，既然只有通过感觉意象的中介，抽象而普遍的内在语才能与具体而特殊的客观实在发生关联，那么问题的关键就在于感觉意象又何以能够成为在内在语与客观实在之间的中介呢？就感觉意

---

① *ST*, Ia, q.86, a.1.

② Ibid., q.84, a.7: "Quia hoc quilibet in seipso experiri potest, quod quando aliquis conatur aliquid intelligere, format aliqua phantasmata sibi per modum exemplorum, in quibus quasi inspiciat quod intelligere studet. Et inde est etiam quod quando alium volumus facere aliquid intelligere, proponimus ei exempla, ex quibus sibi phantasmata formare possit ad intelligendum."

象而言,尽管阿奎那并未给它下一个明确的定义,然而他却对它给出了两种不同的解释。如前所述,一方面,阿奎那从形式上明确地把感觉意象解释为个别事物的相似性。另一方面,他又认为感觉意象作为感官感知到的个体化形式与个别事物的形式是同一的,因为他坚持"现实的可感者就是现实的感觉(sensibile in actu est sensus in actu)"这一亚里士多德认识论的经验主义观点。既然如此,那么我们究竟是应该使用相似性原则还是应该使用同一性原则来解释感觉意象与个别事物在形式上的相互关系呢？不仅在感觉意象与个别事物之间我们必定要面临着解决两者究竟是形式上的相似性还是形式上的同一性这一难题,而且在内在语与个别事物之间更是要面临着同样的难题,因为内在语只有通过感觉意象的中介才能与个别事物发生形式上的关联。在阿奎那看来,作为内在语的理智的概念在形式上既是客观事物的相似性,又与客观事物是同一的,因为他同样坚持"现实的可理解者就是现实的理智(intelligibile in actu est intellectus in actu)"这一亚里士多德认识论的基本观点。正如阿奎那所说:"被理解者藉着它自身的相似性而存在于理解者之中。并且,以这样的方式,我们说现实的被理解者就是现实的理智,因为被理解的事物的相似性是理智的形式,正如可感事物的相似性是现实的感觉的形式一样。"[①]既然如此,那么我们同样面临着究竟是应该使用相似性原则还是应该使用同一性原则来解释内在语与客观事物在形式上的相互关系的难题。

面对这样的难题,在当代西方学者中间,既有主张使用相似性原则来对之加以解释的,也有主张使用同一性原则来对之加以解释的。

一方面,当代西方著名的先验托马斯主义者伯纳德·罗勒根(Bernard Lonergan,1904—1984年)在其《心语》(*Verbum*)一书中把内在语与客观实在的相符关系解释为形式上的相似关系。[②] 在他看来,当我们理解一个外在对象的时候,我们的理智所把握的形式与这个对象的形式既有相似之处,又在存在模式上有所不同。形式以被质料个体化的方式存在于这个对象中,在这种情形下,它有自然的存在(esse naturale)。然而,它却以非物质性的和普遍的方式存在于我们的理智中,在这种情形下,它有意向性的存在(esse intentionale)。形式在存在模式上的差异是由接受者的差异所造成的。例如,颜色的形式自然地存在于墙上,然而它却意向性地存在于眼睛中,因为墙和眼睛是不同种类的接受者。同样地,人性自然地存在于苏格拉底身上,

① *ST*, Ia, q.85, a.2, ad 1:"Intellectum est in intelligente per suam similitudinem. Et per hunc modum dicitur quod intellectum in actu est intellectus in actu, inquantum similitudo rei intellectae est forma intellectus; sicut similitudo rei sensibilis est forma sensus in actu."

② Bernard Lonergan, *Verbum: Word and Idea in Aquinas*, ed. by Frederick E. Crowe and Robert M. Doran, University of Toronto Press, 1997.

然而它却意向性地存在于理解苏格拉底的理智中。从实质上讲，罗勒根的这一解释在于强调人的理智所把握的形式与存在于实际对象中的形式是一种相似关系，而不是一种同一关系。虽然他的这一基于相似性的解释部分地符合阿奎那的思想，但是它并不能完全令人信服。实际上，如果人的理智所把握的形式与客观实在的形式只有相似性，而没有同一性，那么它就很难为我们把一个内在语所表达的思想内容解释成为关于一个具体对象的东西提供充分的本体论保证，除非人的思想形式与思想对象的形式有某种程度的同一性，否则的话，我们就没有充分的理由去肯定一个思想是关于某个具体对象的思想。根据阿奎那的思想，当我理解一匹马的时候，使我关于一匹马的思想成为关于一匹马的思想的东西与使一匹现实的马成为一匹马的东西乃是同一事物，即马的形式。这同一个形式在实际的马中有个体化的自然存在，然而在我的理智中却有普遍化的意向性的存在。如果我们只注意到在人的理智所把握到的马的普遍形式与一匹实际的马的个别形式之间存在着的相似性，却忽视在它们之间存在着的同一性，那么这就并不完全符合阿奎那的思想了。此外，如果我们想要使用相似性原则来解释内在语与客观事物在形式上的相符关系，那么我们就还必须对阿奎那为什么又要坚持亚里士多德关于感觉和思想的同一性定理作出合理的解释。罗勒根对这个问题给出的解释在于：阿奎那所坚持的亚里士多德关于感觉和思想的同一性定理的意思与亚里士多德所表达的原初意思是不同的。显而易见，这种利用关于感觉和思想的同一性定理的意思转变所进行的解释更是显得苍白无力，根本就无法让人信服。

另一方面，当代西方另一名著名的新托马斯主义者 P.T.吉奇（P.T.Geach）在其《形式与实存》一文中却根据阿奎那所援引的亚里士多德关于感觉和思想的同一性定理而把内在语与客观实在的相符关系解释为形式上的同一关系。[①] 在他看来，我们并没有关于形式的恰当的相似性，却只有关于形式的同一性。因此，当一个客观对象为我们所理解的时候，我们的理智所把握的形式与这个对象的形式是“同一个形式的两个呈现事件”（two occurrences of the same form）。对于吉奇来说，同一个形式，不管它呈现在一个实际对象中抑或呈现在理解它的理智中，始终都是一个个体化的呈现事件。例如，当我理解一匹马的时候，我关于这匹马的思想与正在田野里吃着草的那匹马的形式是同一个形式（即马的形式）的两个个体化的呈现事件，正如在一起吃着草的两匹马中存在着同一个马的形式的两个个体化的呈现事件一样。不过，这同一个马的形式以自然存在的模式呈现在那匹具体的马中，却以意向性存在的模式呈现在我的理智中。因此，正是那呈现在一个具体对象中的形式本身的个体化呈现

① P.T.Geach，“Form and Existence”，*Proceedings of the Aristotelian Society*，1954-5，PP.250-76.

事件才使关于这个对象的感觉或者思想成为关于这个对象的东西；同样地，也正是以意向性存在的模式呈现在认知者中的形式本身的个体化呈现事件才使它成为关于一个具体对象的感觉或者思想，而不是使它成为一个现实的具体对象。我们不妨借用吉奇自己所列举的例子来说明这一点。当柏拉图理解一朵玫瑰的红性的时候，那存在于柏拉图身上的东西并不是它与红性或者红玫瑰的某种关系，而就是红性。它是红性这一形式本身以意向性存在的模式在柏拉图的理智中的一个个体化的呈现事件。然而，这朵玫瑰的红性却是同一个形式以自然存在的模式在这朵玫瑰中的另一个个体化的呈现事件。从实质上讲，吉奇的这一解释在于强调人的思想形式与思想对象的形式是具有两种不同存在模式的同一个个体化形式。就吉奇使用同一性原则来解释思想与思想对象的符合关系而言，尽管他的基本方向是正确的，然而他所作出的解释本身却与阿奎那的思想并不完全相符。事实上，同一个个体化的形式既以自然存在的模式呈现在一个具体对象中，又以意向性存在的模式呈现在一个认识者的理智中，这显然不是阿奎那思想的一部分。诚然，一朵特殊玫瑰的红性是一个个体化的呈现事件，因为它呈现在这朵特殊玫瑰中，并且被这朵特殊玫瑰的质料个体化了。但是，当它呈现在理解它的柏拉图的理智中的时候，一方面，就其为柏拉图这位特殊的理解者所理解而言，它在柏拉图身上可以被说成是一个个体化的呈现事件；另一方面，就其为柏拉图的理智所把握到的关于红性的思想而言，它又是普遍的形式，而不是一个个体化的呈现事件。例如，根据阿奎那的思想，当我理解柏拉图的时候，在我的理智中只有关于人性的普遍形式，却根本就没有关于柏拉图性的个体化形式，因为人的思想本身并不直接是关于个别事物的，在人的思想中根本就没有个体化形式，只有共相。当吉奇说同一个个体化形式以意向性存在的模式呈现在一个认知者的理智中的时候，他实际上错误地把一个对象借以被理解的相似性与现实地理解这个对象的理智本身视为同一的了。但是，阿奎那却明确反对如此这般地误解关于感觉和思想的同一性定理。他指出："现实的感觉是现实的可感者，正如《灵魂论》第三卷所说的那样，这并不是说感觉能力本身是存在于感官中的可感者的相似性本身，而是因为同一事物由两者所造成，正如由现实和潜能所造成一样；同样地，现实的理智被说成是现实的被理解者，并不是说理智实体就是它借以理解的相似性本身，而是因为那个相似性是它的形式。"①根据阿奎那关于思想的同一性定理，虽然柏拉图的个别人性在柏拉图身上有其自然存在，但是它在任何一个理解者的理智中都没有其意向性存

---

① *ST*, Ia, q.55, a.1, ad 2: "Sicut sensus in actu est sensibile in actu, ut dicitur in III de anima, non ita quod ipsa vis sensitiva sit ipsa similitudo sensibilis quae est in sensu, sed quia ex utroque fit unum sicut ex actu et potentia; ita et intellectus in actu dicitur esse intellectum in actu, non quod substantia intellectus sit ipsa similitudo per quam intelligit, sed quia illa similitudo est forma eius."

在;反之,虽然普遍的人性在我或者其他任何个别人的理智中有其意向性存在,但是它在柏拉图或者其他任何个别人身上都没有其自然存在。因此,我们所具有的是同一个形式的两种不同的个体化的呈现事件,而不是同一个个体化形式的两种不同的存在模式。由此可见,在解释内在语与客观实在的相符关系的时候,尽管吉奇正确地坚持使用同一性原则,然而他的解释本身却与阿奎那的思想相去甚远了。

就解释内在语与客观实在的形式上的相符关系而言,无论我们使用相似性原则抑或使用同一性原则,我们似乎都很难把阿奎那想要表达的思想完整而准确地解释清楚,这在很大程度上是由阿奎那对这个问题阐述的模糊性所造成的。他想要表达的意思究竟如何?对于这个只有他本人才能知道正确答案的问题,无论我们给出什么样的解释都不可能避免主观性。当然,我们的目的不在于蠡测他想要表达的意思是什么,而在于如何才能对内在语与客观实在的形式上的相符关系提供一个合理的解释。这种解释既不能简单地使用相似性原则去否定同一性原则,也不能简单地使用同一性原则去否定相似性原则。毕竟,相似性原则与同一性原则有其相通之处,两者并不是截然对立的关系。或许,只有把相似性原则与同一性原则统一起来,我们才能提出一个合理的解释。这肯定不是一件容易的事情。我们也不应该苛责阿奎那没有为我们提供关于这个问题的清晰而明确的解答,因为这个问题本身并不是他那个时代的思想家们所关切的主题。一般来说,任何一个内在语或者思想至少必须具备两个本质特征:第一,它必定是关于某物的内在语或者思想。例如,我关于一匹马的内在语或者思想必须是关于一匹马的,而不是关于一只猫的。这个本质特征涉及内在语或者思想与其客观对象的相符问题。第二,它必定是属于某个人的内在语或者思想。例如,我关于一匹马的内在语或者思想必定是属于我的,而不是属于任何其他人的。这个本质特征涉及什么使内在语或者思想为某人所有而不为别人所有的问题。任何关于内在语或者思想的本性的学说都必须对这两个本质特征给予相应的解释。不同时代所提出的关于内在语或者思想的学说往往会侧重于强调这两个本质特征的不同方面。在阿奎那时代,神学家和哲学家们侧重于关心究竟是什么使一个内在语或者思想成为某人的而不成为别人的内在语或者思想这一问题,因为这是阿奎那那个时代曾经在亚里士多德主义的拉丁注释者与阿拉伯注释者之间引起激烈争论的重要主题之一。阿威洛伊主义者主张全人类共有一个理智,然而这一主张却无法解释理智的概念或者思想何以能成为某人的而不成为别人的概念或者思想这一问题。相反,阿奎那否认全人类共有一个理智,主张理智的概念或者思想是某个人的概念或者思想,而不是任何超个人的世界灵魂的概念或者思想。虽然他试图藉着把内在语或者思想的内容与感觉意象关联起来并且以感觉意象是个人身体的产物为理由来回答一个内在语或者思想何以能为某人而不为别人所拥有这一问题,但是他的这一理论努力似乎并未能够为内在语或者思想的个体化问题提供令人满意的回答。直到笛卡尔时代,哲学家们才开始把关切的重心从究竟是什么使理智的概念或者思想成为某人而不成为别人的这一问题转向于它们与其客观对象的相符关系,也就是说,他们更加侧重于关心理智的概念或者思想何以是关于某物的概念或者思想这一问题,近现代出现的包括现象学在内的各种主体性哲学或者意识哲学对这一问题提供了不少富有启发性的理论解释。尽管如此,我们仍然必须承认,虽然阿奎那在这一问题上提供的解释具有一定的模糊性,但是这丝毫也不意味着我们就可以贬低它所具有的重要价值。

第三节　内在语理论的神学应用

作为神学家的阿奎那并不是出于建构纯粹的语言哲学之需要,而是出于建构基督宗教神学理论体系之需要,才提出了他的内在语理论。一方面,他对人的内在语的哲学反思是围绕解释基督宗教的三位一体、以言创世、道成肉身等神学教义展开的;另一方面,对这些神学教义的解释也反过来进一步深化了他对以内在语为中心的语言现象的哲学理解。本节旨在探讨阿奎那的内在语理论在基督宗教的三位一体教义、创世教义和道成肉身教义三个方面的具体应用,以此彰显它所具有的神学价值。

一、内在语理论与三位一体教义

众所周知,基督宗教信仰圣父、圣子、圣灵是同一个实体,三个不同的位格,这便是它最具特色又最难理解的三位一体教义,也历来就被基督宗教神学家们称为"三位一体的奥秘"(mysterium trinitatis)。虽然在基督宗教信仰的《圣经》中我们找不到对这一教义的明确教导和直接表述,但是它也并不缺乏相应的《圣经》文本根据,因为在《圣经》中我们不仅可以看到频繁出现的将圣父、圣子、圣灵描述为一个整体的经文,①更重要的是我们还可以发现《新约》所见证的上帝遍在的行为模式——圣父藉着圣灵而在圣子基督中将他自己向世人启示出来。尽管三位一体教义有相应的《圣经》文本根据,然而历代神学家们对它的解释却往往是大相径庭的。事实上,它并非从一开始就被基督教会视为必须坚信的正统教义,而是经历了从公元 325 年的

① 例如,《马太福音》(28:18—20)说:"耶稣进前来,对他们说:'天上地下所有的权柄都赐给我了。所以,你们要去使万民作我的门徒,奉父、子、圣灵的名给他们施洗。凡我所吩咐你们的,都教训他们遵守,我就常与你们同在,直到世界的末了。'"再如,《哥林多后书》(13:14)说:"愿主耶稣基督的恩惠、神的慈爱、圣灵的感动,常与你们众人同在!"这两段经文都明确地指向了对上帝的三位一体的解释,它们深刻地影响着基督徒,因为前者与基督徒的洗礼相关,而后者则成为在基督徒祷告和献身时的通用形式。

尼西亚公会议直到公元451年的查尔西顿公会议先后共四次基督宗教全体大会长达一个多世纪之久的神学争论，最终才得以被确立为基督宗教必须坚信的正统教义。虽然基督教会所确立的这个教义对于世人来说始终都是一个奥秘，因为人的理性根本就不可能完全测量到它的深度，人们只有完全凭靠信仰才能对之加以接受，但是这并不妨碍基督宗教神学家们努力为它寻求理性的解释和辩护，以便维护基督宗教的正统信仰，驳斥基督教会的内部异端和外部异教徒。

就三位一体教义而言，至关重要的是对圣子的身份及其意义的理解，因为这不仅与基督宗教的创世教义密切相关，而且与其道成肉身教义紧密相涉。当然，人类理解圣子的身份及其意义的重要途径之一就是通过与人言进行类比来对之加以理解，因为圣子不是别的，而是圣父所发出的圣言（Verbum divinum），他亦被称为“上帝之道”（Verbum Dei）。福音书的作者说：“太初有道，道与神同在，道就是神。这道太初与神同在。万物是藉着他造的；凡被造的，没有一样不是藉着他造的”；[①]“道成了肉身，住在我们中间，充充满满地有恩典，有真理”。[②] 在理解诸如此类的经文的时候，最恰当的解释策略莫过于采取借助于人的内在语来类比圣言或者上帝之道的方法。事实上，我们可以清楚地看到，阿奎那就是选择了这样的策略来为圣子的身份及其意义提供类比解释的，因为他把在人的内在语与圣言之间存在着的相似性作为解释圣言的根据。[③]

在三位一体教义中，上帝与耶稣基督的关系通常都被说成是一种父子关系，也就是说，耶稣基督是圣父生育的圣子。在基督宗教神学语境中，圣父生育圣子或者圣子受生于圣父的活动被称为“神圣生育”（divina generatio）。这当然不是我们平常在普通意义上所说的生育，而是在一种特殊意义上所说的生育，因为它所意指的不是别的什么，而是“在上帝之中道的发出”（processio verbi in divinis）。根据阿奎那的解释，“‘生育’（generatio）这个语词以两种方式被使用。以一种方式，为一切可生和可灭的事物所共有，并且这样的生育不是别的，而是从非存在到存在的转化。以另一种方式，本义地用在有生命的事物上，而这样的生育意指有生命的事物从联合的生命原理的起源；并且这本义地被称为‘诞生’（nativitas）。”[④]从本义上讲，生育的义理

① 《约翰福音》1：1—3。

② 同上，1：14。

③ Sancti Thomae de Aquino, *De Veritate*, q. 4, a. 2: “verbum intellectus nostri, secundum cuius similitudinem loqui possumus de verbo divino…”（“我们理智的话语，根据某种相似性使我们能够谈论圣言……”）

④ *ST*, Ia, q.27, a.2: “Nomine generationis dupliciter utimur. Uno modo, communiter ad omnia generabilia et corruptibilia, et sic generatio nihil aliud est quam mutatio de non esse ad esse. Alio modo, proprie in viventibus, et sic generatio significat originem alicuius viventis a principio vivente coniuncto. Et haec proprie dicitur nativitas.”

(rationem generationis)不仅蕴含着有生命的事物从联合的生命原理的发出,而且蕴含着有生命的事物在同一属相的本性上根据相似性的义理的发出。例如,从人发出人、从马发出马等。换言之,人生育人或者马生育马乃是就生育的本义而言的。阿奎那认为,上帝是神圣理智,在他之中道的发出也具有生育的义理,因为不仅这道是藉着可理解者的活动模式而发出的,而可理解者的活动却属于生命的运作;再者,这道也是从联合的生命原理根据相似性的义理而发出的,因为理智的概念是被理解事物的相似性;除此之外,这道存在于与那位发出道的上完全相同的本性之中,因为在上帝之中理解活动与上帝的存在是同一的。"因此,在神圣者中,道的发出就被称为'生育',而且那发出着的道本身就被称为'圣子'(filius)。"①

在上帝之中,尽管道的发出具有生育的义理,然而神圣生育却不是一种物质意义上的生育,而是一种精神意义上的生育。因此,当我们理解神圣生育的模式的时候,我们必须排除那些并不适合于我们据以理解它的生育模式(modum generationis)。首先,阿奎那从神圣生育中排除了无生命事物的生育方式。因为在无生命的事物中施生者通过把它自身的属相或者形式印入到外在质料中而产生另一个事物;然而,圣父生育的圣子却有真实的神性而且是真神,他的神性并不是内在于质料中的形式,神也并不由于任何质料而实存。其次,他也从神圣生育中排除了植物和动物的生育模式。因为植物和动物为了生育在本性上与它们具有相同属相的后裔而必须与那存在于它们中的某物分离开来,并且在生育的终点受生者完全外在于施生者;然而,圣父生育的圣子却并不存在于圣父之外,而是存在于圣父之中。再次,他还从神圣生育中排除了在感觉灵魂中所发现的流溢模式(modum emanationis),即从感觉灵魂中流溢出感觉意象的模式。因为感觉灵魂的运作只有借助于形体工具才能被完成,而且它还需要接受外在事物的刺激;尽管感觉意象的流溢也具有一定程度的精神性,然而它的流溢模式却不是那种适合于我们据以理解神圣生育的模式,因为上帝是单纯的精神实体,他既无形体,又无所接受于任何外在事物。在从神圣生育中排除了以上三种生育模式之后,阿奎那得出结论说:"因此,我们只剩下根据理智的流溢来理解神圣生育了。"②

阿奎那所谓根据"理智的流溢"(emanatio intellectus)来理解神圣生育,系指根据理智在其理解活动中发出内在语来理解作为圣父的上帝发出作为圣子的道或者圣言。根据他的说法,发出(processio)可以被区分为向外的和向内的两种:向外的发出

---

① *ST*, Ia, q.27, a.2: "Unde processio verbi in divinis dicitur generatio, et ipsum verbum procedens dicitur filius."

② *SCG*, IV, cap.11, n.8: "Relinquitur igitur quod generation divina secundum intellectualem emanationem sit intelligenda."

(processio ad extra)是以倾向于外在物质的活动为根据的；然而，向内的发出(processio ad intra)却是以存留于活动者本身内的活动为根据的。按照这一区分，内在语的发出显然不是一种向外的发出，而是一种向内的发出，因为内在语的发出是以存留于理解者内的理智的活动(即理解活动)为根据的。“因为每当我们理解的时候，由于理解活动这件事本身，就会向我们自身内部发出某种东西，而这种东西就是被理解事物的概念，它从我们的理智能力发出，并且从我们关于该事物的知识发出。这种概念由口语所意指，并且被称为口语所意指的‘心语’(verbum cordis)。”①在阿奎那看来，我们可以利用受造的理智实体在其理解活动中发出内在语来类比地理解作为圣父的上帝发出作为圣子的道或者圣言，因为上帝作为神圣理智超乎万物之上，他发出自己的道或者圣言不可能根据作为低级受造物的形体的模式而得到我们的理解，只能根据作为最高级受造物的理智实体发出内在语的模式而得到我们的理解，因为在受造的理智实体发出其内在语与上帝发出其道或者圣言之间存在着某种相似性，尽管这种源于受造的理智实体的相似性绝不能达到充足地表象神圣者的程度。像这样根据理智的流溢来类比地理解上帝发出道或者圣言乃是从发出的主体的角度所作出的类比解释，因为理智实体在其理解活动中发出内在语之被称为理智的流溢乃是就发出的主体而言的。除此之外，阿奎那有时也从发出的对象的角度根据“可理解者的流溢”(emanatio intelligibilis)来类比地理解在上帝之中道或者圣言的发出。因为内在语既是可理解的话语，又是理智实体在其理解活动中发出的对象，所以内在语的发出之被称为可理解者的流溢乃是就发出的对象而言的。例如，根据阿奎那的解释，正如可理解的话语从讲话者发出却仍然存留在讲话者之中一样，道或者圣言也从上帝发出却仍然存在于上帝之中。②

尤其值得注意的是，当我们根据理智的流溢来类比地理解上帝发出道或者圣言，或者根据可理解者的流溢来类比地理解道或者圣言的发出的时候，我们并不是在理智理解任何事物的情况下都能够作出这样的类比解释。换言之，如果我们想要作出这种类比解释，那么我们就必须对它附加一定的限制条件。事实上，根据阿奎那的说法，只有当理智理解它自身的时候，我们才能作出这样的类比解释。因为内在语是被理解的事物的相似性和义理，所以，当理智理解它自身的时候，被理解的事物与理解它的理智是同一的。“如果理解者与被理解的事物是同一的，那么话语就是由以发出它的理智的相似性和义理。然而，如果理解者与被理解的事物是不同的东西，那么

---

① *ST*, Ia, q.27, a.1:“Quicumque enim intelligit, ex hoc ipso quod intelligit, procedit aliquid intra ipsum, quod est conceptio rei intellectae, ex vi intellectiva proveniens, et ex eius notitia procedens. Quam quidem conceptionem vox significat, et dicitur verbum cordis, significatum verbo vocis.”

② Ibid., q.27, a.1.

话语就不是理解者的相似性和义理，而是被理解的事物的相似性和义理，正如某人所具有的关于石头的概念仅仅是石头的相似性一样。但是，当理智理解它自身的时候，那么这样的话语乃是理智的相似性和义理。因此，奥古斯丁根据心智理解它自身而不是根据它理解其他事物来设想在灵魂中的三位一体的相似性。"①由此可见，在阿奎那看来，当理智理解不同于它自身的其他事物的时候，它所发出的内在语并不适合于被用来类比地理解上帝发出的道或者圣言。因为在这种情形下被理解的事物与理解它的理智在本性上并不是同一的，所以这样的内在语不是由以发出它的理智的相似性和义理，而是被理解的外在事物的相似性和义理，然而上帝发出的道或者圣言却是由以发出道或者圣言的上帝的相似性和义理。但是，当理智理解它自身的时候，它所发出的内在语却因为被理解的事物与理解内在语的理智在本性上的同一而是由以发出内在语的理智的相似性和义理。因为这个缘故，所以它可以被用来类比地理解上帝发出的道或者圣言。正如我们的理智在理解它自身的时候所发出的内在语不仅是由以发出内在语的理智的相似性和义理，并且作为被理解者内在于它自身之中一样，上帝在理解他自身的时候所发出的道或者圣言不仅也是由以发出道或者圣言的上帝的相似性和义理，而且也作为被理解的上帝内在于他自身之中。阿奎那指出："一切被理解者在被理解的时候都应该存在于理解者之中，因为理解活动本身意指藉着理智而把握那被理解的东西；因此，就连我们的理智在理解它自身的时候也存在于它自身之中，不仅按照它的本质与它自身同一，而且在理解活动中由它自身所把握。因此，上帝必定存在于它自身之中，正如被理解者存在于理解者之中一样。然而，被理解者在理解者中乃是被理解的意向和话语。因此，在理解自身的上帝中有道，仿佛被理解的上帝一般，正如在理智中石头的话语乃是被理解的石头一样。这便是《约翰福音》(1:1)所说：'道与神同在。'"②由此可见，只有当理智理解它自身的时候，我们才能根据理智的流溢或者根据可理解者的流溢而使用受造的理智实体的内

---

① Sancti Thomae de Aquino, *Super Ioannem*, cap.1, lect.1:"Et si quidem eadem res sit intelligens et intellecta, tunc verbum est ratio et similitudo intellectus, a quo procedit; si autem sit aliud intelligens et intellectum, tunc verbum non est similitudo et ratio intelligentis, sed rei intellectae: sicut conceptio quam aliquis habet de lapide, est similitudo lapidis tantum, sed quando intellectus intelligit se, tunc huiusmodi verbum est similitudo et ratio intellectus. Et ideo Augustinus ponit similitudinem Trinitatis in anima, secundum quod mens intelligit seipsam, non autem secundum quod intelligit alia."

② *SCG*, IV, cap.11, n.9:"Omne autem intellectum, inquantum intellectum, oportet esse in intelligente: significat enim ipsum intelligere apprehensionem eius quod intelligitur per intellectum; unde etiam intellectus noster, seipsum intelligens, est in seipso, non solum ut idem sibi per essentiam, sed etiam ut a se apprehensum intelligendo. Oporte igitur quod Deus in seipso sit ut intellectum in intelligente. Intellectum autem in intelligente est intentio intellecta et verbum. Est igitur in Deo intelligente seipsum verbum Dei quasi Deus intellectus: sicut verbum lapidis in intellectu est lapidis intellectus. Hinc est quod Ioan.1-1 dicitur: *verbum erat apud Deum*."

在语来类比地理解上帝之道或者圣言。

当理智理解它自身的时候，虽然它发出的内在语是由以发出内在语的理智的相似性和义理，但是两者不仅在本性上并不同一，而且还有关系上的差异，因为内在语作为被理解的意向乃是藉着理解活动而从理智发出的，我们可以说内在语是理智的运作的终点，而理智则在理解活动中孕育和形成了内在语。因此，我们可以说内在语与发出它的理智相关，正如它与其来源相关一样。类比地，当上帝理解他自身的时候，他所发出的道或者圣言是由以发出道或者圣言的上帝的相似性和义理，并且两者在本性上完全同一，因为在上帝之中理解者、理解活动和被理解的意向或者圣言乃是同一的，其中每一样都必然是真实的上帝本身，它们彼此只有关系上的差异。因此，我们可以说道或者圣言与由以发出道或者圣言的上帝相关，正如它与其来源相关一样。不过，当上帝理解他自身的时候，尽管他发出的道或者圣言与由以发出道或者圣言的上帝是具有相同本性的同一个上帝，然而两者却是不同的位格。“在神圣者中，道从本义上说位格地被使用，并且是圣子位格的专有名称。因为它意指理智的流溢，然而那在神圣者中根据理智的流溢而发出的位格却被称为‘圣子’，并且这样的发出被称为‘生育’。”①

当理智理解它自身的时候，虽然我们能够根据理智的流溢或者根据可理解者的流溢而使用人的内在语来类比地理解上帝之道或者圣言，但是这种藉着那源自于受造的理智实体的相似性而作出的类比并不能充足地表象神圣者，因为上帝毕竟超越万物之上。因此，当我们作出这样的类比的时候，我们不仅应当看到在内在语与上帝之道或者圣言之间存在着某种程度的相似性，而且更应当看到在两者之间还存在着巨大的差异。阿奎那曾经在其《〈约翰福音〉评注》中从三个方面概括了圣言与人的内在语的差异，②并且还在其他作品中补充了其他方面的一些差异。如果我们将他所提到那些差异综合在一起来考虑，那么我们可以把它们大体上概括为以下几个主要方面。

第一，上帝之道或者圣言永恒地处于现实状态；然而，人的内在语在它存在于现实状态之前却首先存在于潜能状态。因为上帝永恒地理解他自身，神圣理智不仅永恒地处在现实状态，而且它本身就是纯粹的现实，它的实体就是它的理解活动本身，所以上帝之道或者圣言的存在与神圣理智的存在以及上帝的存在乃是同一的。此外，因为上帝的存在就是他的本质，所以上帝之道或者圣言就是神圣存在本身，并且

① *ST*，Ia，q.34，a.2：“Verbum proprie dictum in divinis personaliter accipitur，et est proprium nomen personae filii.Significat enim quandam emanationem intellectus，persona autem quae procedit in divinis secundum emanationem intellectus，dicitur filius，et huiusmodi processio dicitur generatio.”

② Sancti Thomae de Aquino，*Super Ioannem*，cap.1.

完整地拥有上帝的本性,因而也是真实的上帝本身。然而,人的内在语或者被理解的意向作为人的理解活动的产物却并非如此。因为人的理智实体在它现实地从事理解活动之前尚处在理解的潜能状态,所以人的理智之存在与它的理解活动之存在并不是同一的。再者,人的内在语或者被理解的意向之存在与人的理智本身之存在也不是同一的,因为内在语或者被理解的意向之存在乃是它的被理解本身,然而人的理智之存在却并非如此。根据这一差异,我们便不难明白:在理解自身的上帝之中,他所孕育和形成的道或者圣言不仅如同我们的内在语一样是被理解的意向,而且还能被理解为一个独立自存的真实的上帝(verus Deus);然而,在一个理解自身的人之中,他所孕育和形成的内在语却决不能被理解为一个独立自存的真实的人(homo verus),它只能被理解为一个"被理解的人"(homo intellectus),也就是他的理智所把握的真实的人的某种相似性。因为这个缘故,所以我们可以看到在《约翰福音》(1:1)中以绝对的方式说:"神就是道"(*Deus erat verbum*);然而,我们却不能绝对地说:"人就是话语"(homo est verbum),只能相对地说:"被理解的人就是话语"(homo intellectus est verbum)。①

第二,上帝之道或者圣言是最完美的;然而,人的内在语却是不完美的。阿奎那按照"一"对"多"的方式说明了在上帝之道或者圣言的完美性与人的内在语的不完美性之间存在着的巨大差异。上帝之道或者圣言是独一无二的,上帝以其唯一的道或者圣言表达存在于他自身中的一切——不仅表达他的每一个位格,而且表达万事万物,因为上帝通过他自身的本质并且藉着同一个活动,不仅能够理解他自身,而且能够理解其他万物。因此,上帝之道或者圣言是最完美的。然而,人的内在语却并不像上帝之道或者圣言那样是一,而是多。换言之,人有许多内在语。"因为既然我们不可能用一个话语来表达我们的全部概念,那么我们必须形成许多不完美的话语,通过它们我们分别表达存在于我们的知识中的一切。"②因此,人的内在语是不完美的。但是,我们必须特别注意,阿奎那在此所谓人的内在语的不完美性仅仅是相对于上帝之道或者圣言的完美性而言的,它并不意味着人的内在语因其在本质上具有某种缺陷而使得它不可能完整地表达它所意指的思想内容。毋宁说,人的内在语的不完美性仅仅意味着由于人的理智能力的不完美性而需要内在语的多样性。因为人的理智对它的固有对象不可能如其所是地获得关于它们的完美知识,所以它既需要得到许多不同的相关内在语的辅助,才能进一步深化对一个内在语所意指的思想内容的认

---

① *SCG*, IV, cap.11, n.11.

② Sancti Thomae de Aquino, *Super Ioannem*, cap.1, lect.1:"Quia enim nos non possumus omnes nostras conceptiones uno verbo exprimere, ideo oportet quod plura verba imperfecta formemus, per quae divisim exprimamus omnia, quae in scientia nostra sunt."

知，又需要藉着进一步的理解，才能丰富、扩展和深化一个内在语的思想内涵。

第三，上帝之道或者圣言具有与由以发出道或者圣言的上帝相同的本性；然而，人的内在语却并不具有与由以发出内在语的人相同的本性。在上帝之中，因为存在（esse）与理解（intelligere）是同一的，他的理智就是它的运作，所以从神圣理智发出的道或者圣言不是在上帝之中的一个偶性或者他的一个结果，而是属于上帝的本性。因此，上帝之道或者圣言必定是某种独立自存于神圣本性中的东西。又因为凡是存在于神圣本性中的东西都是独立自存的，所以上帝之道或者圣言与由以发出道或者圣言的上帝是具有完全相同本性的同一个上帝。但是，在人的身上，因为存在与理解并不是同一的，人的理智不是它的运作，所以凡是存在于人的理智之中的东西仅仅具有可理解的存在（esse intelligibile），却不具有自然的存在。因此，人的理智形成和发出的关于某物的内在语并不属于人的本性，而仅仅是人的理智一个偶性。① 根据这一差异，我们可以说，上帝之道或者圣言以纯粹的现实性把它由以有其来源的神圣本质完整地含蕴在他自身之中；然而，人的内在语却不可能把它由以有其来源的事物作为一个整体而含蕴在它自身之中。事实上，人的理智在一个内在语中不可能表达作为其来源的事物的整体，却只能表达它的一部分，正如在一个结论中不可能表达在作为其原理的前提中所能包含的一切，却只能表达它的一部分一样。这就意味着人的理智根本就不可能如同神圣理智那样达到对事物的完整理解。从本质上讲，人的理智的理解活动是一个不可能彻底完成的过程，这种不可完成性反过来又构成了人的理智的理解活动的无限性，它能够不断地开辟通向新理解的道路，并且能够在不断更新的理解过程中超越它自身，不仅能够扩展、深化和丰富既有内在语的思想内涵，而且能够不断地形成新的内在语。

第四，上帝之道或者圣言以直观性的方式自然地被孕育和形成；然而，人的内在语却主要以推论性的方式被孕育和形成。因为上帝的理智既是直观性的，又永恒地存在于现实状态，他既能藉着他自身的本质而直接地理解他自身，又能藉着理解他自身而直接地理解其他万物，所以上帝之道或者圣言在神圣理智的直观中自然地被孕育、形成，并且从他发出，其孕育、成形和发出不具有任何过程性质。然而，人在现世状态下却没有理智的直观，在他从事现实的理解活动之前，他的理智尚处在潜能状态。并且，人除了能够自然地认知可理解者的第一原理（prima intelligibilium principia）之外，他对于绝大多数事物都不能够自然地认知，只有藉着抽象和推理，才能认知它们。因此，人的内在语的孕育和形成不可避免地具有一种从潜能到现实的过程性质。只有经过一定的思想过程之后，人的内在语最终才能作为理解活动的产

① *ST*, Ia, q.34, a.2 ad 1; *Super Ioannem*, cap.1.

物而从理智中发出。从这个意义上讲,人的内在语主要是藉着推论性的方式而被孕育和形成的。阿奎那指出:“当我想要孕育石头的义理的时候,我必然藉着推理而达到它;并且这样的情形也存在于我们所理解的其他一切事物中,或许就第一原理而言除外,第一原理因其单纯地被认知而在没有推论性的推理的情况下立即被认知。因此,只要理智在推理中寻求这个或者那个,那么它的形成就仍然不是完美的,直到它完美地孕育了事物的义理为止;只有到那时,它才第一次有完美事物的义理,并且只有到那时,它才第一次有话语的义理。因此,在我们的灵魂中不仅有思想(cogitatio),藉着思想而意指推论性的探究本身,而且有话语(verbum),它根据对真理的完美凝视而被形成。”①根据这一差异,上帝之道或者圣言永恒地并且现实地从上帝那里发出,其中全然没有丝毫思想过程的性质和因素;然而,人的内在语(关于可理解者的第一原理的内在语除外)却出现在思想过程的终点,也就是说,它必须藉着推论性的方式并且作为人的理解活动的产物而被孕育和形成。“因为理解本身尚未被完成,除非那被称为‘话语’的某物在心智中被孕育;因为,在某个概念被确立于我们的心智中之前,我们并不被说成是理解,而被说成是为了理解而思想。”②

第五,根据阿奎那,虽然一切内在地被孕育的话语作为被理解事物的相似性都不仅有“模型的义理”(rationem exemplaris),而且有“形象的义理”(rationem imaginis),③但是上帝之道或圣言与人的内在语在分别作为模型(exemplar)和形象(imago)的时候,它们的情形是有所不同的。就上帝之道或者圣言作为模型和形象而论,一方面,由于上帝藉着他自身的本质而理解他自身,他发出的道或者圣言从理解他自身的上帝那里获得其本源或者原理,并且是理解他自身的上帝的相似性,因此上帝之道或者圣言与发出道或者圣言的上帝相关,正如它与其本源或者原理相关一样,从这个意义上讲,上帝之道或者圣言作为形象指向理解自身的上帝;另一方面,又由于上帝藉着理解他自身而理解其他万物,并且上帝在他发出的道或者圣言中理解其

---

① Sancti Thomae de Aquino, *Super Ioannem*, cap. 1, lect. 1: “Nam cum volo concipere rationem lapidis, oportet quod ad ipsam ratiocinando perveniam; et sic est in omnibus aliis, quae a nobis intelliguntur, nisi forte in primis principiis, quae cum sint simpliciter nota, absque discursu rationis statim sciuntur. Quamdiu ergo sic ratiocinando, intellectus iactatur hac atque illac, nec dum formatio perfecta est, nisi quando ipsam rationem rei perfecte conceperit: et tunc primo habet rationem rei perfecte, et tunc primo habet rationem verbi. Et inde est quod in anima nostra est cogitatio, per quam significatur ipse discursus inquisitionis, et verbum, quod est iam formatum secundum perfectam contemplationem veritatis.”

② Sancti Thomae de Aquino, *De Potentia*, q. 9, a. 9: “Ipsum enim intelligere non perficitur nisi aliquid in mente concipiatur, quod dicitur verbum; non enim dicimur intelligere, sed cogitare ad intelligendum, antequam conceptio aliqua in mente nostra stabiliatur.”

③ 如果存在于某一事物中的另一事物的相似性如同本源或原理与其他事物相关,则它有模型的义理;如果这一相似性与它是其相似性的那个事物相关如同与其本源或原理相关,则它有形象的义理。

他万物，因此上帝之道或者圣言如同本源或者原理一样与他所理解的其他万物相关，从这个意义上讲，上帝之道或者圣言作为模型指向上帝所理解的其他万物。然而，就人的内在语作为模型和形象而论，其情形却显然不同于上帝之道或者圣言作为模型和形象的情形。由于人的理智并不能藉着理解它自身而理解其他事物，毋宁说它必须借助于感觉器官才能获得关于外在事物的知识，因此人的内在语是人所理解的外在事物的相似性和义理。一方面，人的内在语作为被理解事物的相似性与外在的自然事物相关，正如它与其本源或者原理相关一样，从这个意义上讲，人的内在语作为形象指向被理解的自然事物；另一方面，人的内在语作为被理解事物的相似性如同本源或者原理一样与外在的人工技艺品相关，从这个意义上讲，人的内在语作为模型指向人工技艺品。"因为，既然存在于技艺家心智中的技艺品的相似性是借以构造技艺品的运作原理，那么它与技艺品相比较，就如同模型（exemplar）与被模化者（exemplatum）相比较一样；然而，在我们的理智中所孕育的自然事物的相似性与它是其相似性的事物相比较，却如同它与它的原理相比较一样，因为我们的理解活动从受到自然事物感染的感官中接受其原理。"①根据这一差异，我们还可以进一步得出结论：有些形象与它们作为其形象的事物具有相同的本性，例如，王子是国王的形象，王子与他作为其形象的父亲具有相同的本性，即人性，然而另一些形象却与它们作为其形象的事物并不具有相同的本性，例如，一座雕像虽然可以说是某人的形象，但是它并不与它作为其形象的那个人具有相同的人性。同样地，上帝之道或者圣言作为发出道或者圣言的上帝的形象与上帝具有相同的本性，这圣道或者圣言不仅是上帝的圣子，而且是真实的上帝；然而，人的内在语作为被理解事物的形象与被理解的实体却并不具有相同的本性，例如，在理智中的人的本质并不是真实的人。

在人的内在语与上帝之道或者圣言之间存在着的上述差异充分说明，即使我们借助于这种源自受造的理智实体的相似性，根据理智的流溢或者根据可理解者的流溢来阐释上帝之道或者圣言的发出，我们也不可能真正达到对神圣生育的彻底理解。因此，在使用人的内在语来类比上帝之道或者圣言的时候，阿奎那总是小心谨慎地提醒我们必须注意神圣生育并不同于我们在受造的生物尤其是动物中所看到的那种生育现象。他从基督宗教神学的角度特别强调了我们必须注意以下两个方面的区别。一方面，从逻辑上讲，任何一个自然的生育事件都包括受生的后代之孕育（conceptio）、分娩（partus）和独立自存（adest）三件明显不同的事情。在动物的形体

---

① *SCG*, IV, cap.11, n.14："Quia enim similitude artificiati existens in mente artifices est principium operationis per quam artificiatum constituitur, comparatur ad artificiatum ut exempar ad exemplatum; sed similitudo rei naturalis in nostro intellectu concepta comparatur ad rem cuius similitudo existit ut ad suum principium, quia nostrum intelligitere a sensibus principium accipit, qui per res naturals immutantur."

的生育中，这三件事情不仅有实际的区分，而且还有一个前后相继的运动过程：首先，有受生者留存在施生者内的阶段，这被称为“孕育”，受生者在此阶段尚不具有其终极完美性，还不能离开施生者而独立自存；其次，才有受生者从子宫中发出的阶段，这被称为“分娩”，受生者在此阶段甚至在空间上也与施生者相分离；最后，受生者才获得与其父母相关而又有所不同的独立自存。然而，在神圣生育中，这三件事情却只有逻辑的区分，而没有实际的区分，因为存在于发言的上帝中的圣言是完美的和独立自存的，其与发言的上帝只有关系上的不同，而且在这三件事情上神圣生育并不包含任何前后相继的运动过程，“因为上帝之道同时被孕育、分娩并且独立自存。”①另一方面，就动物的形体的生育而言，不仅具有“父亲的义理”（ratio matris），而且具有“母亲的义理”（ratio patris），因为动物的形体的生育是藉着主动力量和被动力量而完成的。在生育后代的时候，那具有主动力量的动物被称为“父亲”，然而那具有被动力量的动物却被称为“母亲”：父亲负责把本性和属相传递给后代，然而母亲却负责孕育和分娩。但是，就神圣生育而言，只有父亲的义理，却没有母亲的义理，因为圣父生育圣子乃是指上帝在理解他自身的时候发出道或者圣言。神圣理智只有主动力量，却没有被动力量，因为神圣理智是纯粹的现实，没有任何潜能。因此，在圣言或者圣子的生育中只见其父，却不见其母亲。因为这个缘故，所以《圣经》把那些在动物的形体的生育中分别属于父亲和母亲的事物都在圣言或者圣子的生育中归于圣父了。因此，在基督宗教信仰中，我们可以看到以下这种情形：当耶稣基督作为圣子永恒地受生于圣父的时候，他有父亲而无母亲，却以圣父为“母亲”；然而，当耶稣基督作为人子道成肉身的时候，他有母亲而无父亲，以童贞女马利亚为母亲，却以上帝为“父亲”。

二、内在语理论与创世教义

阿奎那不仅在三位一体教义中应用人的内在语来类比上帝之道或者圣言，而且在上帝从无到有的创世教义中也应用内在语与外在语的关系来类比上帝之道与受造物的关系。

众所周知，在犹太教圣经的《创世记》第一章中常常以上帝说什么于是就有什么的方式来描述上帝的创世活动。例如，在描述宇宙的起源的时候，摩西就使用了这样的言说方式来表达上帝对宇宙万物的创造：“神说：‘要有光’，就有了光。”②上帝对其他万物的创造也是如此。只要上帝说什么，于是，“事就这样成了。”③基督宗教完

---

① *SCG*，IV，cap.11，n.18：“Nam verbum Dei simul concipitur，parturitur et adest.”

② 《创世记》1:3。

③ 同上，1:7;9;15。

全继承了犹太教关于上帝以言创世的信仰，这在基督宗教的《新约》圣经中有着十分明确的表达："万物是藉着他造的；凡被造的，没有一样不是藉着他造的。"①依据《圣经》的权威，基督宗教的神学家们也对上帝以言创世的教义给予了最充分的肯定。例如，奥古斯丁就曾经指出："你一言而万物资始，你用你的'道'——言语——创造万有。"②阿奎那也曾经说过："事物的最初创造是由上帝圣父的能力藉着道而造成的。"③在基督宗教的创世教义中，所谓"创造"(creatio)乃是存在的给予。因为上帝是藉着他的道而从虚无中把存在(esse)给予万物的，所以基督宗教的神学家们也把上帝藉着其道而创造万物称为"从无中创造"(creatio ex nihilo)。尽管阿奎那对上帝何以是从无中创造万物的问题提出了许多理性的论证和解释，④然而这些论证和解释却不是我们在此需要关心的事情，我们也没有兴趣来关心这样的事情。在此，我们最感兴趣也最需要关心的事情就在于：阿奎那究竟是如何利用他的内在语理论来阐释基督宗教的创世教义的。

由于基督宗教神学不仅把万物的存在都归因于上帝的创造，而且把上帝的创世活动说成是上帝的言说行为，因此，如果基督宗教的神学家们要想使普通世人能够理解这一特殊的创世教义的话，那么他们就必须选择某种具有相似性的经验现象来对之加以解释。这不仅需要他们所选择的经验现象能够说明上帝是世界万物的原因，而且还需要它能够说明世界万物是上帝言说的结果。对于阿奎那来说，在一切与上帝的创世行为具有相似性的经验现象中，最恰当的经验现象莫过于人的内在语的外在表达行为了。如前所述，阿奎那认为，在人的内在语与外在语之间，首先存在着一种因果关系：不仅内在语是外在语产生的动力因，而且外在语产生的目的乃是为了表达和显现内在语。其次，当人的内在语外在地被表达的时候，这种外在表达行为从本质上讲乃是藉着声音、身体动作、文字等可感形式而把精神性的概念显现成为某种物质性的符号，这就是内在语的外在显现。由此可见，在人的内在语的外在表达行为与上帝的以言创世行为之间存在着某种程度的相似性。这种相似性为它们两者之间的类比提供了可能性。因此，在阿奎那看来，上帝藉着他的道而创造万物，乃是通过他的言说行为而把他的内在之道或者圣言展现在外在的作品中，正如人通过他的外在表达行为而把他的内在语显现在外在语中一样。换言之，上帝通过他的言说行为而创造万物，正如人通过他的外在表达行为而产生外在语一样。对于人来说，"话语"

---

① 《约翰福音》1:3。

② ［古罗马］奥古斯丁：《忏悔录》卷十一，第五章，周士良译，北京：商务印书馆2009年版，第236页。

③ *ST*，IIIa，q.3，a.8，ad 2："Prima rerum creatio facta est a potentia Dei patris per verbum."

④ *SCG*，II，cap.16.

这个名称乃是首要地被用来表示内在语的,而次要地被用来表示作为其结果的外在语的,因为结果也可以从原因那里获得它的名称。同样地,对于上帝来说,“道”这个名称乃是首要地被用来表示上帝的,而次要地被用来表示作为其结果的受造物的。“因此,由道所造成的结果也获得了道的名称;就连在我们身上内在语藉着声音的表达(expressio)也被称为‘话语’,仿佛它是‘话语的话语’(verbum verbi)一样,因为它是被显现出来的内在语。因此,不仅神圣理智的概念被称为‘道’,他是圣子,而且就连神圣概念藉着外在作品的展现(explicatio)也被命名为‘道的道’(verbum verbi)。”[①]因为这个缘故,所以我们在《诗篇》(148:8)中可以读到诸如“火与冰雹,雪与雾气,成就他命的狂风”之类的经文,其中的“命”这个语词是《圣经》汉译和合本对表示“道”或者“话语”之意的“verbum”一词的中文翻译,阿奎那把这句经文理解为神圣概念的结果藉着受造物的力量而被展现在事物中。[②] 由此可见,他把宇宙万物都视为上帝之道的展现(explicatio),正如人的外在语是他的内在语的显现(manifestatio)一样。

根据阿奎那的说法,虽然在人的内在语的外在表达行为与上帝的以言创世行为之间具有某种程度的相似性,但是两者之间仍然存在着巨大的差异。一方面,由于人的理智只能藉着感觉器官而从外在事物那里获得其知识的来源,其理智的知识相对于被认知的事物而言仅仅是认知性的(cognoscitiva);因此,从人的理智中发出的内在语仅仅是被理解事物的相似性或者表象。当人的内在语以可感的物质形式被显现在外在语中的时候,它并不能在这一显现中变成以它自身为模型的独立自存的事物。例如,当一个人言说出他的心语的时候,他不可能藉着这种言说行为而造成与其心语相符合的任何实际事物,这就意味着人的内在语在外在语中的显现仅仅是表达性的(expressivum),而不是运作性的(operativum)。另一方面,上帝之道却与此不同,因为上帝藉着理解他自身而理解其他万物;因此,从理解自身的神圣理智中发出的道不仅被称为“上帝之道”(Verbum Dei),而且也被称为“万物之道”(Verbum omnium rerum)。但是,在上帝之中被孕育或者被发出的道并不以同样的方式既是上帝之道,又是万物之道。这道因其从上帝那里发出而被称为“上帝之道”;但是,它并不因其从万物那里发出而被称为“万物之道”,因为上帝并不从万物那里获得关于它们的任何知识,毋宁说,上帝藉着他自身的知识而在存在上产生了万物。“正如上帝的知识

① *SCG*, II, IV, cap.13, n.5:“Sic igitur et quod ex verbo efficitur, verbi accipit nomen; nam et in nobis expressio interioris verbi per vocem, dicitur verbum, quasi sit verbum verbi, quia est interioris verbi ostensivum. Sic igitur non solum divini intellectus conceptio dicitur verbum, quod est filius, sed etiam explicatio divini conceptus per opera exteriora, verbum verbi nominator.”

② Ibid., n.5:“Quia scilicet per virtutes creaturarum explicantur divinae conceptionis effectus in rebus.”

虽然相对于上帝而言仅仅是认知性的，但是相对于受造物而言则是认知性的和制造性的(cognoscitiva et factiva)；同样地，上帝之道相对于那存在于上帝圣父中的东西而言仅仅是表达性的，但是相对于受造物而言则是表达性的和运作性的(expressivum et operativum)。”①当上帝言说万物之道的时候，他能藉着这一言说行为而创造万物，因为，就上帝而言，他的言说不仅意味着产生了道，而且意味着造成了万物，正如《诗篇》的作者所言：“他一言说便都造成。”②在阿奎那看来，正如世界万物都是藉着上帝之道而被造成的一样，它们也都是藉着上帝之道而在存在上得以被保存的，因为它们产生的原因与它们在存在上得以被保存的原因是同一的。因此，当谈到圣子的时候，使徒便说：“他是神荣耀所发的光辉，是神本体的真像，常用他权能的道托住万有。”③由此可见，在人的内在语的外在表达行为与上帝的以言创世行为之间存在着如下这般巨大的差异：人不可能藉着他的内在语的外在表达而造成与其内在语相符合的任何实存之物并且保存它的存在；然而，上帝却能够藉着言说他的道而创造出与其道完全相符的宇宙万物并且保存它们的存在。

虽然人的内在语在外在语中的显现仅仅是表达性的，而不是运作性的，但是这并不意味着人不能以其内在语为模型来制造人工技艺品；毋宁说，人当然能够以其内在语为模型来制造出与其内在语相符的技艺品。不仅如此，阿奎那还认为，在人藉着他的内在语而制造技艺品与上帝藉着他的道而创造万物之间也存在着某种程度的相似性。就这两者之间的相似性而言，我们可以从所造事物的义理和所造的事物两个方面来对之加以理解。首先，从所造事物的义理(rationem rerum factarum)方面来看，在人的内在语作为人所制造的技艺品的模型与上帝之道作为上帝所造万物的模型之间具有某种程度的相似性，因为不管是谁通过他的理智而制造任何事物，他都是藉着他自身具有的关于所造事物的义理而完成的。例如，当建筑师建造房屋的时候，他是藉着他心中具有的所造房屋的义理而完成房屋之建造的。同样地，上帝也是藉着在他之中的道而完成世界万物之创造的。因此，作为万物的模型的上帝之道乃是上帝所创造万物的义理，正如作为人工技艺品的模型的内在语乃是人所造技艺品的义理一样。其次，从所造的事物(rerum factarum)方面来看，人藉着他的内在语所造的事物与上帝藉着他的道所造的事物都在它们被造成之前就已经预先存在于他们的理智所理解的义理之中。例如，由建筑师所造的房屋在它现实地被造成之前就已经预先存

---

① *ST*, Ia, q. 34, a. 3: “Sicut Dei scientia Dei quidem est cognoscitiva tantum, creaturarum autem cognoscitiva et factiva; ita verbum Dei eius quod in Deo patre est, est expressivum tantum, creaturarum vero est expressivum et operativum.”

② 《诗篇》148:5。这句经文在此根据阿奎那使用的拉丁文圣经原文“*dixit, et facta sunt*”译出，汉译和合本圣经将其译为：“他一吩咐便都造成。”

③ 《希伯来书》1:3。汉译和合本圣经把这句经文中的“道”(verbo)译为“命令”。

在于建筑师的心智所孕育的义理之中;同样地,由上帝所造的万物在它们以自身的固有本性存在之前就已经预先存在于上帝之道中。由于凡是存在于某个事物之中的东西都以这个事物固有的模式存在于这个事物之中,而不是以这个东西本身固有的模式存在于这个事物之中;因此,由建筑师所造的房屋在它现实地被造成之前便以义理的模式(即可理解地和非物质性地)存在于建筑师的心智之中;同样地,由上帝所造的万物在它们以其自身的固有本性存在之前便以道的模式(即永恒地、非物质性地、单纯地)预先存在于神圣理智之中。

虽然在人藉着他的内在语而制造技艺品与上帝藉着他的道而创造万物之间存在着某种程度的相似性,但是阿奎那仍然非常谨慎地提醒我们要特别注意在上帝藉以创世的道与人藉以制造技艺品的义理之间还存在着巨大的差异。他告诉我们:"因为上帝之道是独立自存的上帝,然而在技艺家心智中的技艺品的义理却不是独立自存的事物,而仅仅是可理解的形式。但是,形式若不独立自存的话,则并不严格地适合于活动,因为活动属于完美的和独立自存的事物;然而,后者藉着形式而活动,因为形式是活动者藉以活动的原理。因此,在建筑师心智中的房屋的义理并不建造房屋,而是建筑师藉着它而建造房屋。但是,上帝之道,即由上帝所造的事物的义理,因其是独立自存的而活动,不仅仅藉着他而造成某个事物。"①简言之,上帝之道与技艺家心智中的义理的区别就在于:后者仅仅是技艺家据以制造技艺品的凭借,它自身却不可能制造技艺品;然而,前者不仅是上帝据以创造万物的凭借,而且上帝之道本身作为独立自存的上帝也能够创造万物。因为这个缘故,所以我们在《圣经》中可以看到耶稣这样说:"我父工作,我也工作。"②

三、内在语理论与道成肉身教义

阿奎那不仅应用他的内在语理论来解释基督宗教的三位一体教义和创世教义,而且还应用同一理论来解释基督宗教的道成肉身教义。

众所周知,道成肉身教义是基督宗教特有的基本信条之一,它与《约翰福音》(1:14)的作者所说的"道成了肉身,住在我们中间"这句经文直接相关。在阿奎那使用

---

① *SCG*, IV, cap. 13, n. 9: "Quia verbum Dei Deus subsistens est: ratio autem artificiati in mente artifices non est res subsistens, sed solum intelligibilis forma. Formae autem non subsistenti non competit proprie ut agat, agree enim rei perfectae et subsistentis est: sed est eius ut ea agatur, est enim forma principium actionis quo agens agit. Ratio igitur domus in mente artifices non agit domum: sed artifex per eam domum facit. Verbum autem Dei, quod est ratio rerum factarum a Deo, cum sit subsistens, agit, non solum per ipsum aliquid agitur."

② 《约翰福音》5:17。这句经文系根据阿奎那使用的拉丁文圣经原文"*pater meus operator, et ego operor*"译出,汉译和合本圣经的译文是:"我父作事直到如今,我也作事。"

的拉丁文版《圣经》中,这句经文被翻译成“Verbum caro factum est, et habitavit in nobis”这样一句话。在这句经文的前半句中,“Verbum”一词意指上帝之道或者圣言,亦即圣子;然而,“caro”一词却表示“肉身”或者“血肉之躯”的意思。因此,“Verbum caro factum est”这半句经文所表达的字面意思就是上帝之道或者圣言成了肉身或者血肉之躯。基督宗教神学们总是习惯于把“成了血肉之躯”(caro factum est)的意思简化成一个神学术语来加以表达,称之为“incarnatio”,其字面意思是“融入血肉之躯中”。但是,在基督宗教的神学语境中,构成“incarnatio”一词的基本词根“caro”常常被用来专指具有血肉之躯的人,而不是被用来泛指具有血肉之躯的其他动物。[①] 因为这个缘故,所以我们完全可以根据基督宗教的这一特定语境来把“incarnatio”一词准确地翻译为“降生成人”,其形容词“incarnatus”也可以相应地被翻译为“降生成人的”。根据这一点,我们便能够弄清基督宗教特有的道成肉身教义所要表达的基本意思是什么了。通俗地讲,上帝之道原本是上帝圣父自永恒起因理解他自身而在他的理智中孕育的作为他自身之形象的圣子,在世界被创造之前,圣子便作为三位一体的上帝中的第二位与圣父同在,他是与圣父共永恒的真实的上帝;在世界被创造之后,由于世人犯罪而无法自救,上帝圣父便差遣他的独生子屈尊降纡地来到世间,以便实现把人类从他们的各种罪恶中拯救出的计划;为此,上帝之道便通过童贞女马利亚接受圣灵感孕而取肉身成人,名为“耶稣”,上帝便在耶稣基督这个人里进入了具有时空性的现实世界和具有历史性的人类社会之中,成为一个不仅具有完全的神性而且具有完全的人性的独立自存的位格。虽然道成肉身教义有着十分丰富的神学意蕴,但是整个教义的关键在于如何理解上帝之道降生成人的方式以及降生成人的耶稣基督的身份。这当然也是人的理性难以完全理解的一些神学问题。因为这个缘故,所以这个基本教义也往往被基督宗教的神学家们称之为“降生成人的奥秘”(incarnationis mysterium)。

由于降生成人的耶稣基督对于基督宗教信仰来说具有根本性的重要意义,因此对耶稣基督身份的认识在基督宗教神学中往往处于核心地位。从基督宗教神学发展史的角度来看,直到公元451年的查尔西顿公会议才最终以信经的形式确立起基督教会正统的基督论。众所周知,查尔西顿信经充分肯定了耶稣基督既有完全的神性,又有完全的人性。就耶稣基督的神性而论,他在万世之先为圣父所生,是圣子又是主,与圣父同体。但是,就耶稣基督的人性而论,他在晚近时日为求拯救世人而由童贞女马利亚所生,是一个真正的人,与我们凡人同体,除了他的圣洁无罪之外,他在世俗事务上与我们皆无任何差异。查尔西顿信经对耶稣基督身份的这一规定后来成了

---

① *ST*, IIIa, q.5, a.3, ad 1.

天主教、东正教和新教等主流形态的基督宗教共同坚守的基本准则。尽管查尔西顿信经充分肯定了耶稣基督既是真正的上帝,又是真正的人,然而它对耶稣基督所具有的神性与人性之间的关系却并未作出严格的规定。这似乎意味着基督徒尤其是基督宗教的神学家们只要能够坚持这一本体论的基督论就行;至于对这一基督论究竟采用何种阐释方式,倒是一件无关紧要的事情。但是,在此之前的教父时代,基督宗教的神学家们围绕耶稣基督的身份问题曾经进行过十分激烈的争论,并且产生过各种各样的异端基督论。在《反异教大全》中,我们就可以看到阿奎那驳斥过四种颇具代表性的异端基督论。第一种异端基督论以傅提诺(Photinus)、萨莫萨特鲁的保罗(Paulus Samosatenus)等人为代表。他们仅仅承认耶稣基督的人性,却认为他并不因其本性而有神性,只不过因为他的行为有功而特别突出地分有神性罢了。由于这种基督论最早可以追溯到艾比翁(Ebion)、克林妥(Cerinthus)等人,因此它通常也被称为“艾比翁主义”(Ebionitism)。[①] 第二种异端基督论以摩尼教徒(Manichaeorum)为代表。摩尼教徒仅仅承认耶稣基督的神性,却否认他的人性,宣称他降生成人所摄取的不是真正的肉身,只不过是人身的幻影而已;耶稣基督作为人所做的一切事情,诸如诞生、饮食、行走、受苦、被埋葬之类的事件,都并非真有其事,而仅仅是一种虚假的表面现象。因此,这种基督论通常被称为“幻影论”(Docetism)。[②] 第三种异端基督论以瓦伦提诺(Valentinus)为代表。他认为,耶稣基督没有尘世的身体,只有从天堂带来的身体,并且他没有从童贞圣母那里接受任何东西,仅仅是从她身体中穿过而已,正如穿过导水管一样。这种基督论与幻影论在理论根基上具有相通之处,通常也被称为“诺斯替主义”(Gnosticism)。[③] 第四种异端基督论以阿波里纳(Apollinaris)为代表。他不仅认为耶稣基督并没有从童贞女马利亚那里摄取肉身,而且还宣称圣言的某物被转化成了耶稣基督的肉身。他把《约翰福音》(1:14)所谓“道成了肉身”(verbum caro factum est)理解为“道本身转化成了肉身”(ipsum verbum sit conversum in carnem),正如“水转化成了酒”(conversa est aqua in vinum)一样。[④] 在上述四种异端基督论中,如果说前两种(艾比翁主义和幻影论)仅仅牵涉到如何理解耶稣基督的身份问题,那么后两种(瓦伦提诺和阿波里纳的观点)则不仅牵涉到如何理解耶稣基督的身份问题,而且还牵涉到上帝之道降生成人的方式问题。在阿奎那对道成肉身教义所作的解释中,对上帝之道降生成人的方式问题的解释是他最富创新性的神学贡献之一。无论在《神学大全》和《反异教大全》中,还是在《〈约翰福音〉评注》中,这

① *SCG*, IV, cap.28.
② Ibid., cap.29.
③ Ibid., cap.30.
④ *SCG*, IV, cap.31.

一点都能得到清楚的证明。因此,在驳斥上述四种异端基督论的时候,阿奎那特别强调了阿波里纳的观点不仅更加不合理,而且更加不虔敬,因为他完全错误地理解了上帝之道降生成人的方式。

在阿奎那看来,道成肉身的方式决不能被理解为"转化"(conversio),只能被理解为"摄取"(assumptio)。所谓"转化",往往意味着实体的变化。当一个事物转化成了另一个事物的时候,这个事物就失去了它自身原有的本质和存在,而变成不同于它自身的另一个事物了。例如,当水转化成了酒的时候,它就再也不是水,而是酒了。但是,所谓"摄取",则意味着"取自他物而据为己有"(ab alio ad se sumptio)。[①] 当一个事物摄取另一个事物的时候,这个事物作为摄取活动的主动者在起点上就把被摄取的另一个事物纳入它自身之中了,而另一个事物则作为摄取活动的被动者在终点上就与摄取者合而为一了。虽然摄取者与被摄取者的合而为一作为摄取活动的结果也涉及某种东西的已然生成(in facto esse),但是这样的生成显然既不是从一个事物产生出另一个事物的生成,更不是摄取者被同化成被摄取者的生成。相反,摄取者既不会在这种生成中受损,更不会在这种生成中发生实体的变化。因此,如果我们像阿波里纳那样把道成肉身理解为"道转化成了肉身"的话,那么这将意味着上帝之道发生了实体的变化,从而降生成人的耶稣基督将不再是上帝之道了。显然,这违反了上帝之道的不变性和永恒性,因为上帝之道自太初就与上帝同在,而耶稣基督在其降生成人之后仍然被说成是上帝之道。"因此,显而易见,约翰所说的'道成了肉身',不应该被理解为仿佛道转化成了肉身一般,而应该被理解为他摄取了肉身,以便与众人居住在一起,并且在他们面前显现为可见者。"[②]

当基督宗教神学家们解释《约翰福音》用话语来描述圣子降生成人的奥秘的时候,正因为他们把道成肉身的方式理解为摄取,所以他们选择了用人的内在语的发声表达现象来类比道成肉身的奥秘。在奥古斯丁的《论三位一体》一书中,我们就可以发现他所作出的这种类比。例如,他说:"我们的话语以一定的方式成了肉体的声音,以此向人的感官显现,正如上帝之道降生成人,以此向人的感官显现一样。也正如我们的话语成了声音却并不被同化于声音一样,上帝之道降生成人却不可想象它被同化于肉身。通过摄取(assumendo),而不是通过同化(consumendo),我们的话语成了声音,道也成了肉身。"[③]阿奎那充分肯定了奥古斯丁的这一类比。在其《神学大

① *ST*, IIIa, q.2, a.8.

② *SCG*, IV, cap.31, n.6:"Patet igitur hoc quod Ioannes dicit, *verbum caro factum est*, non sic intelligendum esse quasi verbum sit conversum in carnem; sed quia carnem assumpsit, ut cum hominibus conversaretur et eis visibilis appareret."

③ Augustinus, *De trinitate*, 15:20.

全》、《反异教大全》、《论真理》等作品中,我们不仅可以看到阿奎那援引奥古斯丁的这一类比,而且还可以看到他如何利用人的内在语的发声表达来类比地解释上帝之道降生成人的奥秘。

首先,在奥古斯丁的类比基础上,阿奎那利用人的内在语的发声表达进一步类比地解释了上帝之道因圣灵的推动而从童贞女马利亚摄取质料并且形成了耶稣基督的肉身。在阿奎那看来,耶稣基督的肉身之形成乃是由神圣能力所成全的,虽然它是由整个三位一体共同完成的,但是它特别适合归功于圣灵。"因为,正如在我们的心智中所孕育的话语是不可见的,然而在外部的发声表达中却成了可感的一样,上帝之道按照永恒的生育不可见地存在于圣父的心中,但是藉着降生成人而成了我们可感的。因此,上帝之道的降生成人就如同是我们的话语的发声表达一样。但是,我们的话语的发声表达藉着我们的精气而发生,我们的话语的声音藉着精气而被形成。因此,相应地,藉着上帝之子的圣灵,他的肉身之形成就被说成发生了。"①阿奎那还特别提醒我们要注意的是,当我们说人的内在语的发声藉着精气(spiritus)而被形成的时候,精气似乎在人的内在语的外在发声中起着某种中介作用,然而它却不是形式的中介(formale medium),而是在动力因(causam efficientem)意义上的中介。当我们说耶稣基督的肉身藉着圣灵而被形成的时候,圣灵在耶稣基督的肉身之形成中也同样起着动力因的作用。他指出:"我们的话语经由精气的中介而与声音合一,不是如同某种形式的中介一样,而是如同藉着推动者的中介一样,因为从内部所孕育的话语发出精气,由精气而形成声音。同样地,从永恒的道发出圣灵,由圣灵而形成基督的肉身……"②上帝之道藉着圣灵所发挥的动力因作用而从童贞女马利亚那里为其自身摄取质料并且形成肉身,正如男性的精子藉着精气所发挥的动力因作用而从母体那里为其自身摄取质料并且形成身体一样。③

其次,阿奎那利用他的内在语理论类比地解释了为什么上帝之道降生成人无损于马利亚的童贞问题。众所周知,在普通人的生育中,怀孕和分娩必然会使母亲失去她的童贞。但是,根据《马太福音》和《路加福音》的记载,尽管马利亚因受圣灵感孕

---

① *SCG*,IV,cap.46,n.2:"Nam sicut verbum nostrum in mente conceptum invisibile est,exterius autem voce prolatum sensibile fit;ita verbum Dei secundum generationem aeternam in corde patris invisibiliter existit,per incarnationem autem nobis sensibile factum est.Unde verbi Dei incarnatio est sicut vocalis verbi nostril expressio.Expressio autem vocalis verbi nostril fit per spiritum nostrum,per quem vox verbi nostril formatur.Convenienter igitur et per spiritum filii Dei eius carnis formation dicitur facta."

② *ST*,IIIa,q.6,a.6,ad 3:"Verbum nostrum unitur voci mediante spiritu,non quidem sicut medio formali,sed sicut per medium movens,nam ex verbo concepto interius procedit spiritus,ex quo formatur vox.Et similiter ex verbo aeterno procedit spiritus sanctus,qui formavit corpus Christi⋯"

③ *SCG*,IV,cap.46,n.3.

而生育了耶稣基督，然而马利亚怀孕和分娩却完全无损于她的童贞。何以如此呢？对于这个问题，阿奎那利用人的内在语的产生为我们提供了一个类比的解释。如前所述，阿奎那告诉我们，神圣生育只能根据理智的流溢或者可理解者的流溢来加以理解。我们知道，所谓"流溢"(emanatio)乃是从新柏拉图主义哲学中借用过来的一个术语，它意指某种东西从作为其本原的太一中发出，然而太一却并不因为发出某种东西而有任何损耗。既然人的内在语从理智中发出被称为可理解者的流溢，那么这便意味着理智决不会因为它产生内在语而受到任何损耗。不仅如此，当人的内在语被表达成外在语的时候，这种表达也具有同样的特征，因为一个人无论用何种外在语把其内在语表达多少遍，他也决不会因为其外在语的表达方式和表达数量的多样性而受到丝毫损失。既然圣父生育圣子只能根据理智的流溢或者可理解者的流溢来加以理解，那么圣父也决不因为他发出圣子而受到任何损耗。"同样地，显而易见的是，甚至在上帝之道的人性生育本身中也呈现出话语的产生的某种灵性特征，这是合适的。现在，话语，无论内在地所孕育的，还是外在地所表达的，根据它从讲话者发出，并不对讲话者造成损伤；反而完美性的丰盈更加因为话语而出现在讲话者之中。因此，上帝之道根据他的人性生育如此这般地被孕育和诞生，以致他的母亲的完整性不受损伤，这也应该是合适的。同时，万物因为上帝之道而被确立，并且万物因为他而在其完整性上被保存，他应该如此这般地被诞生，以致通过一切方式保存他的母亲的完整性，这也是显而易见的。因此，这一生育来自于童贞女应该是合适的。"①

最后，阿奎那还从方法论的角度总结了内在语的发声表达与道成肉身的类比关系。在他看来，类比是一种比较，而且比较的双方必须相称；此外，比较的双方相称还必须是针对相似性而言的，而不是针对事物的真实性而言的。如果在比较的双方之间存在着某种程度的相似性，那么这种相似性就能为类比提供基础。然而，在比较的双方之间的相似性并不以否定它们之间的差异性为前提。毋宁说，类比意味着在比较的双方之间既存在着一定的相似性，又存在着一定的差异性。如果比较的双方在一切方面都完全相似的话，那么两者就是同一的了，这将意味着这种比较不是针对相

① *SCG*, IV, cap.45, n.4: "Similiter autem manifestum est quod conveniens erat ut in ipsa generatione humana verbi Dei, aliqua proprietas spiritalis generationis verbi reluceret. Verbum autem, secundum quod a dicente progreditur, sive interius conceptum sive exterius prolatum, corruptionem dicenti non affert, sed magis perfectionis plenitude per verbum attenditur in dicente. Conveniens igitur fuit ut sic verbum Dei secundum humanam generationem conciperetur et nasceretur, ut matris integritas non corrumperetur. Cum hoc etiam manifestum est quod verbum Dei, quo omnia constituta sunt, et quo omnia in sua integritate conservantur, sic nasci decuit ut per omnia matris integritatem servaret. Conveniens igitur fuit hanc generationem fuisse ex virgine."

似性而言的，而是针对事物的真实性而言的。在这种情形下，这种比较就不是类比了。通过把耶稣基督里的人性比作穿衣者所穿的衣服这个例子，阿奎那具体说明了类比只能基于以下这种相似性：上帝之道通过人性而被看见，正如穿衣者通过衣服而被看见一样，并且上帝之道不因为其所摄取的人性变得更好而发生变化，正如穿衣者不因为衣服的变化而改变自己的形式一样。但是，这一类比并不意味着耶稣基督里的神性与人性的合一就像穿衣者与衣服合一那样是实体与偶性的合一。由此可见，不管我们使用什么样的例子来进行类比，我们都只能着眼于比较双方的相似性，然而我们却又不能否定两者之间的差异性。阿奎那援引大马士革的约翰在其《论正统信仰》第三卷第26章的话指出，例子不必在一切方面都是完全相似的，因为在一切方面都相似的东西完全是同一的，尤其是在神圣事物上，我们根本就不可能找到完全相似的例子。① 就道成肉身的奥秘而言，也是如此。因此，在总结我们用内在语的发声表达来类比道成肉身的时候，阿奎那特别强调了我们必须注意两者之间的相似性和差异性。他说："降生成人的道与发声的话语既有某种相似性，又有某种不相似性。在两者之中有这一相似性作为一个与另一个比较的理由：正如声音显现内在语一样，永恒之道也藉着肉身而被显现。但是，它们就以下这一点而言是不相似的：由永恒之道所摄取的肉身本身并不被说成是话语，然而被用于显现内在语的声音本身却被说成是话语；因此，发声的话语是不同于心语的某种东西，然而降生成人的道与永恒之道却是同一的，正如由声音所意指的话语与心语是同一的一样。"②应当承认，虽然阿奎那正确地指出了在内在语的发声表达与道成肉身之间存在着的相似性和差异性，但是在它们之间所具有的相似性并不仅限于表现为肉身显现上帝之道如同外在语显现内在语一样。事实上，我们还应该看到，道成肉身的奥秘不仅在于不可感的永恒之道藉着圣灵而取肉身表现为可感的外部存在，而且更大的奥秘还在于如此这般地降生成人的耶稣基督乃是神性与人性的统一体，正如人类语言的神秘性不仅在于不可感的内在语藉着精气而表现为可感的外部存在，而且更大的奇迹还在于凡是如此这般地获得外部表现的话语竟然都是意义与声音的统一体一样。然而，非常遗憾的是，在利用内在语来类比地解释道成肉身教义的时候，阿奎那和奥古斯丁两人居然都忽

---

① *ST*, IIIa, q.2, a.6, ad 1.

② Sancti Thomae de Aquino, *De Veritate*, q.4, a.1, ad 6:"Verbum incarnatum habet aliquid simile cum verbo vocis, et aliquid dissimile. Hoc quidem simile est in utroque, ratione cuius unum alteri comparatur: quod sicut vox manifestat verbum interius, ita per carnem manifestatum est verbum aeternum.Sed quantum ad hoc est dissimile: quod ipsa caro assumpta a verbo aeterno, non dicitur verbum, sed ipsa vox quae assumitur ad manifestationem verbi interioris, dicitur verbum; et ideo verbum vocis est aliud a verbo cordis; sed verbum incarnatum est idem quod verbum aeternum, sicut et verbum significatum per vocem, est idem quod verbum cordis."

略了它们之间在这个方面所具有的相似性。当然,不管这两位圣人究竟是出于何种原因而为后人留下了这一遗憾,但是这决不会影响他们提出的内在语理论对于基督宗教语言哲学所作出的巨大贡献。

第四章
类比理论

在阿奎那语言哲学的基本论域中,除了包含他的命名与意指理论、内在语理论之外,还有一个十分重要的组成部分,那便是他的类比理论。早在古希腊哲学中就已经逐步孕育并形成了相当丰富的类比思想,但是类比问题始终都没有成为古希腊哲学关切的主题之一,它总是随着哲学家们探讨其他哲学问题而附带地被讨论。即使在基督宗教的教父哲学时代,也不曾发展出一套完整而明确的类比理论。直到经院哲学时代,类比问题才真正成为神哲学家们热烈讨论的重要话题之一。虽然阿奎那没有撰写过专门探讨类比问题的作品,但是这并不意味着他没有提出过自己的类比理论。事实上,他在逻辑学、形而上学、神学等诸多学科领域都深刻地探讨并阐述过类比问题,其类比思想是相当丰富的。当然,他对类比问题的阐述并不是以系统化的方式作出的,而是散见于他的各种不同作品之中。只要我们对之认真下一番搜集、整理和阐释的功夫,我们就能够把他的类比理论相对完整地呈现出来。本章的主要任务在于试图探讨以下三个方面的重要问题:一是追溯类比理论的希腊渊源,以便为人们能够正确地理解阿奎那的类比理论提供一种具有历史性的背景知识;二是从逻辑学和形而上学两个维度来梳理、阐释阿奎那类比理论的基本内容;三是从逻辑方法论的角度来剖析阿奎那类比理论在神学领域的具体应用。

第一节　类比理论的希腊渊源

毫无疑问,阿奎那的类比理论有其深远的希腊渊源,它在一定程度上是对柏拉图基于分有学说的类比思想与亚里士多德类比思想的整合。事实上,阿奎那用来表示"类比"之意的"analogia"一词原本就是希腊文"άναλογία"一词的拉丁转写形式,它是由前缀介词"άνα"与名词"λογια"复合而成的。在古希腊文中,"άνα"一词具有"向上"、"根据"等意思,而"λογία"一词则有"概念"、"话语"、"理性"、"比例"等诸多意思。当两者合在一起的时候,其字面意思是"根据逻各斯"、"依照适当的关系"、

“比例”、“比较”、“相符”、“相似”等。拉丁世界的著作家们通常也是按照字面意义来理解和运用这一希腊语词的。例如，在古罗马时代，著名的演说家西塞罗（Marcus Tullius Cicero，前106—前43年）就曾经说过：“希腊文的‘analogia’能够相应地被说成拉丁文的comparatio（比较）。”①此外，古罗马著名的语法学家昆体良还曾经谈到过希腊文的“analogia”一词能够被翻译成拉丁文的“proportio”（比例）一词。② 在评注亚里士多德的《物理学》、《形而上学》等著作的时候，阿奎那也经常使用拉丁文的“secundum proportionem”（“根据比例”）、“secundum analogiam”（“根据类比”）等短语来翻译和解释亚里士多德所使用的“ἀναλογία”一词。根据西方学者的考证，早在前苏格拉底时期，古希腊的著作家们就已经开始使用“ἀναλογία”一词了，但是它最初仅仅被应用在数学领域，表示一个量对另一个量的确定关系或者比例的意思。③柏拉图很可能是最先把这个在数学领域所使用的概念应用到哲学领域来的思想家。到了亚里士多德那里，“ἀναλογία”这个词已经从它最初在数学领域的用法被扩展到用以表示在数量范畴之外的不同事物之间存在着的对应、比例、相似、比较等诸如此类的关系。本节旨在考察古希腊哲学家们围绕一多关系问题提出的类比思想以及亚里士多德的类比思想，以便为人们更好地理解阿奎那的类比理论提供历史性的背景知识。

一、一多关系问题与类比思想的产生

当“ἀναλογία”一词最初在数学领域被使用的时候，尽管它所表示的是数量上的比例关系，然而类比观念却是在古希腊哲学家们对一多关系问题的思考中得以被孕育的。古希腊哲学家们有一个共同的基本信念，那便是他们都深信在这个经验世界的多样性现象背后隐藏着某种统一性原理。自泰勒斯开始，古希腊自然哲学家们就一直致力于寻找世界万物由以产生又最终复归于它的本原或者始基。米利都学派所寻找到的本原或者始基是某种物质性的因素。例如，水或者气等。诸如此类的本原或者始基与需要用它们来加以解释的自然万物都属于同一类具有感性、形体性、运动性等特征的事物。由于表达这些物质性因素的“水”、“气”等概念在意谓方面所具有的感性内容的局限性使得它们根本就无法胜任必须具有最高普遍性的哲学本原概念的角色，因此米利都学派的自然哲学家们根本就无法解决经验世界的多与本原的一

① Cicero, *De Univers.*, 12: “Quod graece ‘analogia’ latine comparatio proportione dicit potes.”

② Quintilianus: “Analogia…quam proxime ex graeco in latinum transferentes proportionem vocaverunt.” (Instit.Orit., lib 1, cap.8, edit.Basileae, 1529, p.49)

③ *A Greek-English Lexicon of the New Testament and other Early Christian Literature*, 3rd edition, by Walter Bauer, University of Chicago Press, 2001.

之间的矛盾关系问题。即使阿那克西曼德因为他很可能已经模糊地意识到了这种用感性自然来解释感性自然所面临的难以克服的困境而提出以一个否定词“阿派朗”来作为本原概念,他也未能真正摆脱这一困境,因为这个否定词表达的是某种无定形者。尽管阿那克西曼德还不能肯定地说出阿派朗究竟是什么,然而根据当时的抽象思维水平来看,这样的无定形者根本就不可能是完全不同于水、气等自然事物的东西。毋宁说,它仍然属于运动变化的、可感的、物质性的东西。

直到毕达哥拉斯学派提出了数本原学说,类比观念才真正得以萌芽。或许是受到了阿那克西曼德的启发,毕达哥拉斯学派找到了与水、气等自然事物完全不同的数来作为万物的本原。数的规定性相比于自然事物的物理属性而言显然是某种更加抽象的、普遍的、不变的、确定的东西。在此意义上,我们可以说毕达哥拉斯学派相较于米利都学派而言进入了一个更高的抽象思维层次。数包含着“一”的原则,因为“一”不仅是一切数的开始,而且是构成事物的基本单元。因此,在毕达哥拉斯学派的数本原学说中,一既是数的第一原则,又是万物的第一原则。但是,在解释数本原的统一性与具体事物的多样性之间的关系问题的时候,毕达哥拉斯学派的哲学家们提出了内在与外在两种不同的说法。一方面,他们认为一切事物都是由数所构成的,事物就是数。从这个意义上讲,数是存在于事物之中的。另一方面,他们又认为数是事物的模型,而事物则是模仿数而存在的。从这个意义上讲,数不仅是存在于事物之外的,而且是先于事物而存在的。尽管这两种不同的说法反映出毕达哥拉斯学派对于数与具体事物的关系问题之处理或多或少存在着同一性与分离性的张力,然而它们却都与类比观念密切相关。就数内在于事物而言,毕达哥拉斯学派不仅发现任何具体事物都有一定的数量规定性,而且还发现事物的数是在一定的关系中得到确定的,他们把这种关系称为“比例”,后来人们所使用的“ἀναλογία”一词最初便是表示“根据比例”的意思。毕达哥拉斯学派就是利用数的比例来解释事物的结构及其相互关系的。在他们看来,一定数的比例能够构成“和谐”(ἁρμονία)或者“秩序”(κόσμος)。例如,在音乐中,数的比例不同决定了音程的不同,由不同比例所决定的不同音调结合在一起就构成了完美的谐音。就数外在于事物而言,毕达哥拉斯学派认为事物与数是相似的。他们利用模仿学说来解释数与具体事物之间的相似关系:数乃是事物的模型,然而事物却是模仿数而存在的。尽管在具体事物与数之间因着这种模仿而具有某种程度的相似性,然而这种相似性却又是以它们之间的差异性为预设前提的,因为模仿者与被模仿者不可能是完全同一的东西。否则的话,就没有模仿的必要了。显然,在模仿学说中隐含着对相似性与差异性的同时肯定,这正是类比观念得以确立的理论基础。总而言之,在毕达哥拉斯学派的数本原学说中,我们可以看到它已经蕴含着类比观念的萌芽。但是,由于毕达哥拉斯学派的哲学家并未突破数的比例的局限性，因此他们未能对类比观念作出任何恰当的哲学解释。

继毕达哥拉斯学派之后，一多关系问题在赫拉克利特那里被转换成了“变”与“常”的关系问题。一方面，赫拉克利特基于经验观察得出了万物皆流的结论，他用“火”的流变形象把丰富多彩的现象世界描述成了一幅川流不息的生动图景，从而把火变成多样性的存在现象的本原或者始基。另一方面，他又致力于寻找变化的规则，把“逻各斯”作为支配世界万物变化的统一法则或者尺度，强调逻各斯的共同性和统一性，要求人们只有听从人人皆有的共同的逻各斯，“承认一切是一才是智慧的。”① 他的逻各斯学说实际上是想用理性或者语言来把握和表达现象事物的变中之不变。虽然赫拉克利特的火本原学说与逻各斯学说为古希腊哲学寻找世界万物的统一性原理开辟了新的方向，但是他那局限于用感性自然事物来描述存在者与非存在者统一的相对主义立场也构成了一种自我否定因素。事实上，当赫拉克利特的门徒克拉底鲁以“人一次也不能踏进同一条河流”的命题把万物的流变性推向极端的时候，他不得不要求人们悬搁判断，从而彻底否定用理性或者语言来把握和表达任何自然事物的可能性。因为这个缘故，所以巴门尼德批判赫拉克利特关于存在者与非存在者既同一又不同一的逻各斯是既聋又瞎、不辨是非、令人无所适从的。在他看来，赫拉克利特在运动变化中寻找既对立又统一的逻各斯，实际上是想利用理性来确认被感觉到的事物，这从本质上讲是理性误入歧途的表现。因此，一方面，巴门尼德转而以另一种极端化的立场否定一切变化的存在现象的真实性，把流变的自然万物视为非存在者。另一方面，他又遵循赫拉克利特利用理性或者语言来把握和表达存在者的路线，坚持只有能被思想和表述的东西才是真实的存在者的基本立场。他从思想与存在者的同一性原则出发，只承认存在者存在，并且把它视为永恒不变的一；否认非存在者存在，并且将其视为变动不居的多。然而，由于巴门尼德的存在学说在存在者与非存在者的绝对对立中彻底阻断了一与多的内在关联，因此他便只能用存在的一来彻底否定现象的多。

对于赫拉克利特的逻各斯学说所隐含的相对主义自我否定因素以及巴门尼德的存在学说所隐含的绝对主义倾向，柏拉图倒是有着十分清醒的认识。在他看来，不管是赫拉克利特的逻各斯学说，抑或是巴门尼德的存在学说，它们都无法为世界万物的统一性提供合理的理论解释。他吸取了赫拉克利特和巴门尼德的教训，把整个存在世界区分为可理解的相或者型的世界与可感的现象世界。一方面，为了清除赫拉克利特的逻各斯学说中的相对主义因素，他把只有藉着理性才能把握的永恒不变的相或者型视为绝对真实的存在者。另一方面，为了避免巴门尼德存在学说的绝对主义

① DK 22 B 50.

倾向，他又肯定藉着感官所能经验到的现象世界的实在性。对于柏拉图来说，可理解的相或者型与具体的可感事物一方面属于两个不同的分离存在的世界，它们具有不同的存在等级，前者的实在性远远高于后者；另一方面它们又属于两个具有因果联系的世界，独立自存的相或者型乃是具体的可感事物存在的原因。在他看来，这两个具有不同存在等级的世界都涉及一与多的关系问题。就现象世界而言，虽然具有相同名称的具体的可感事物是以多的方式呈现的，但是它们只有一个与其名称相应的单一的相或者型作为其统一性原理。例如，具体的美的事物是多；然而，美的相或者型却是一。又如，个别的人、马等是多；然而，人、马等的相或者型却是一。由此可见，任何一个同质的相或者型与其所限定的具体的可感事物的关系都是一与多的关系。相或者型的一乃是同一属相的诸多具体事物的原理。就相或者型的世界而言，虽然各种各样的具有质的差异性的相或者型也是多，诸如有“人的相”、“马的相”、“床的相”、“正义的相”、“美的相”、“大的相”、“小的相”等，但是这些多种多样的相或者型也必定有其终极的统一性原理。不过，就终极的统一性原理而言，在柏拉图那里出现过两种虽有不同却又相关的表述。例如，在其《国家篇》中，他把所有的相或者型都归结为一个最高的相，即“善的相”。这显然是他从自己的相论的角度所作出的表述。又如，在其不成文学说中，他又把相或者型的统一性原理说成是“一”和“不定的二”（δυάδ），即“大和小”。这显然是他受到毕达哥拉斯学派的数本原学说的影响所作出的表述。尽管这两种表述存在着方式上的差异，然而它们实际上却都试图肯定多样性的相或者型有一个终极的统一本原作为其客观实在性的基础。这样，在寻找世界万物的统一性原理的时候，柏拉图通过把具体的可感事物的多归结为相同等级的相或者型的一，又把不同等级的相或者型的多进一步归结为一个终极原理，从而达到了对整个存在世界的多样性和统一性之肯定，避免了巴门尼德用绝对存在的一来否定现象世界的多。

在具体解释相或者型的世界与现象世界所涉及的一多关系问题的时候，柏拉图不仅提出了分有学说，而且还用模仿学说对分有学说进行了补充。

为了解释独立自存的相或者型是多样性的可感事物的统一性原理，他在其前期对话中主要藉着分有学说而肯定相或者型与具体的可感事物之间的内在联系。例如，在其《斐多篇》中，柏拉图就曾用分有学说来解释美的相或者型是美的事物之所以为美的原因。他说：“在我看来，绝对的美之外的任何事物之所以是美的，那是因为它们分有绝对的美，而不是因为别的原因。”①在这段引文中所出现的“分有”（μετέχω）一词是柏拉图时代通用的口语，其意思是“沾上一点”或者“取了一点”，拉丁文则按

---

① ［古希腊］柏拉图：《斐多篇》，100C。

照该词的字面意思而直接将其翻译成“participare”一词。在解释其词源意义的时候，阿奎那曾经指出：“‘分有’(participare)仿佛是‘取一部分’(partem capere)一样。”①柏拉图在此是想借用这一日常口语来表示相或者型在具体的可感事物中的出现或者在场，或者用它来泛泛地表示在相或者型与具体事物之间存在着内在联系。从他随后对美的事物之所以美的原因所作的简要解释来看，这一点是相当清楚的，因为他紧接着又指出：“如果有人对我说，某个特定事物之所以是美的，因为它有绚丽的色彩、形状或者其他属性，我都将置之不理。我发现它们全部都令我混乱不堪。我要简洁明了地，或者简直是愚蠢地坚持这样一种解释：某个事物之所以是美的，乃是因为绝对的美出现在它之上或者该事物与绝对的美有某种联系，而无论这种联系的方式是什么。我现在不想追究那些细节，而只想坚持这样一个事实，依靠美本身，美的事物才成为美的。”②就相或者型自身而言，它是永恒不变的、自存自在的一，并且具有绝对的超越性。但是，就相或者型因其为诸多具体事物所分有而与之结合并且构成同一类事物的共同本质或者形式而言，它在具体事物中又具有相对的内在性，并且成为它们的多中的一。柏拉图不仅把相或者型与具体的可感事物的关系解释为分有关系，而且把相或者型彼此之间的关系也解释为分有关系。在他看来，较低层次的相或者型分有更高层次的相或者型，而不同层次的相或者型最终都分有最高的相或者型，也就是说，它们都分有绝对的善本身。柏拉图这一关于形式的分有学说是以分有者与被分有者之间的非对称关系为前提的，因为分有者只能以不完美的或者不充足的方式拥有被分有者以完美的或者充足的方式所拥有的东西，这是“分有”一词在其词源上的应有之义。当柏拉图用这个词来笼统地表示分有者与被分有者之间的共同性或者联系的时候，虽然他强调了被分有者相对于它的分有者而言具有本体和原因的优先性，但是他并没有对“分有”一词所表示的联系方式是什么等细节问题作出明确的解释，以致亚里士多德批判他的分有学说是空话和诗性的比喻。③ 事实上，柏拉图的分有学说后来引发了一系列纠缠不清的争论和难题。例如，当同一可感事物同时分有许多不同的相或者型的时候，它何以能够成为具有单一性的事物呢？尤其是它何以能够同时分有许多彼此完全相反的相或者型呢？柏拉图本人也在其《巴门尼德篇》中对诸如此类的难题进行过深刻的理论反思。他不仅提出过具体的可感事物不论是以整体的方式还是以部分的方式分有相或者型都将导致自相矛盾的论证，而且指出过利用分有学说来解释殊相与共相之间的逻辑关系将会导致“相的重叠”问题，

① Sancti Thomae de Aquino, *Expositio libri De ebdomadibus*, 2:“Est autem participare quasi partem capere.”

② ［古希腊］柏拉图：《斐多篇》，100D。

③ ［古希腊］亚里士多德：《形而上学》，991a20—26。

这也就是后来被亚里士多德称为“第三者”的论证。①

由于柏拉图意识到了利用分有学说来解释一多关系存在着许多难以克服的缺陷，因此他从其《国家篇》开始就转而利用那受到毕达哥拉斯学派启发的模仿学说来解释独立自存的相或者型与具体的可感事物之间的关系。于是，相或者型又被他说成是具体的可感事物的模型，而具体的可感事物则被他说成是模仿相或者型的摹本。在他看来，虽然模仿者永远也不可能成为与被模仿者完全相同的真实存在者，但是在它们之间毕竟有着某种相似性。因此，根据这种相似性，我们就可以说作为摹本的可感事物是独立自存的相或者型的形象。在其《巴门尼德篇》中，柏拉图更是明确地使用模仿学说来补充他的分有学说。他指出：“这些相就好像是确定在事物本性中的类型。其他事物按照这个类型的形象制造出来，与这个模型相似，所谓事物对相的分有无非就是按照相的形象把事物制造出来。”②这里，柏拉图利用摹本对模型的模仿来解释可感事物对相或者型的分有，从而把他早期通过分有学说而笼统地表达的相或者型与可感事物的内在联系进一步具体地表述为两者所具有的相似关系了。尽管模仿学说在一定程度上能够补充分有学说，然而它却不能避免出现“第三者”的困境。例如，由于在摹本与模型之间存在着相似性，因此我们又可以说它们都分有相似这个相或者型。这样一来，相似这个相或者型就会成为在作为摹本的具体事物与作为模型的相或者型之外的第三者。如此永无止境地进行下去，便会出现无数重叠的相或者型的世界。这表明柏拉图在后期利用模仿学说来补充分有学说并没有能使他成功地解决由分有学说所引发的难题，以致亚里士多德在后来批判柏拉图的相论的时候反复地重提这些难题。

尽管分有学说在经过模仿学说的补充之后仍然存在着许多难以解决的理论难题，然而它们所揭示的相或者型与可感事物之间的内在联系或者相似性却使古希腊哲学在解释一多关系问题的时候孕育而成的类比观念得以生根发芽。柏拉图率先把在数学领域用以表示数的比例关系的“ἀναλογία”一词引入到哲学领域来。他把整个宇宙的各种构成元素、各种知识乃至各种存在者之间所具有的相称或者相似性都称为“ἀναλογία”。在其《蒂迈欧篇》中，当谈到创造者德谟革（Demiurge）以相或者相的体系为模型来创造宇宙这一摹本的时候，柏拉图就是使用“ἀναλογία”一词来说明在宇宙的各种构成元素之间相互联结并且形成一个和谐的统一体的。他这样写道：

> 神在创世开始时就用火与土构成宇宙的形体。不过，要把两种东西结合起来，不能没有第三者，必须要有某种东西能把它们结合起来。最好的结合物乃是

---

① ［古希腊］亚里士多德：《形而上学》，990b16。

② ［古希腊］柏拉图：《巴门尼德篇》，132D。

能够将它自身与它所结合之物最完全地融为一体的东西，而要达到这个目的，比例（ἀναλογία）极为重要。因为任意三个数，无论是立方数还是平方数，都有中项，倘使其中项同首项的关系，正如末项同中项的关系一样，那么中项轮流成为首项和末项，而首项和末项轮流成为中项，结果必然是三者可以互换位置；既然可以互换位置，那么三者就是相同的。如果这个宇宙只是被建构成一个平面而不具有厚度，那么只要一个中项就足以将它们和其他两项结合起来了；但这个宇宙必须是立体的，而把立体结合在一起的中项绝不是只有一个，而必须要有两个，所以神把水与气置于火与土之间作为中项，尽可能使它们拥有相同的比例——气与土的比例有如火与气，水与土的比例有如气与水——这样，他就把各种元素结合起来，造就一个可以看见又可以触知的天。由于上述原因，宇宙的形体从这四种元素中被创造出来，这些元素在比例上是和谐的，因此宇宙拥有友爱的精神，内部融洽，除了建构它的创造主以外，没有任何力量可以使它解体。①

根据这段引文，我们不难看出，尽管柏拉图也像自然哲学家们一样把宇宙说成是由火、气、水、土四种元素构成的，然而他所强调的却是宇宙之所以能够成为一个具有"友爱精神"的和谐的统一体，其原因就在于构成它的这四种元素之间有着一定的比例关系，也就是说，火 : 气 = 气 : 水 = 水 : 土，反之亦然。这样的比例意味着关系的统一性，它是一种能够把火、气、水、土四种元素联结成和谐统一体的力量。"关于各种元素在数量上所占的比例、元素的运动，以及它们的其他属性，在必然性允许或同意的范围内，神到处都精确地按既定的比例使之成全与和谐。"②不仅由火、气、水、土四种元素构成的宇宙形体是按照既定的比例结合而成的和谐整体，而且由同、异、存在所构成的宇宙灵魂也是"按照适当的比例"进行分割与结合的。当宇宙灵魂接触任何具有存在的事物的时候，它便宣判该事物为何、何时、以何种方式、在哪方面与什么是相同或者相异的；当它涉及的是可感事物的时候，它就产生意见和信念；当它涉及的是可理解事物的时候，它就产生理性和知识。③ 这样，宇宙灵魂就利用它自身的同和异去认识对象的同和异，从而把不断变化的可感事物与永恒不变的相或者型联系起来了。在这里，柏拉图所谓"ἀναλογία"一词在某种程度上仍然明显地保留着它在毕达哥拉斯学派那里所具有的数学比例或者几何比例的痕迹。尽管如此，就"ἀναλογία"一词被柏拉图用来意指相或者型与可感事物之间以及一切可感事物彼此之间的最美好的联系而言，它已经被赋予了一种全新的哲学内涵。在柏拉图那里，"ἀναλογία"一词的全新哲学内涵是建立在模仿学说和分有学说所揭示的各种存在

① ［古希腊］柏拉图：《蒂迈欧篇》，31B—32C。

② 同上，56C。

③ 同上，37A—C。

者之间的相似性基础上的,后人也把这种建立在不同事物之间的相似性基础上的比例关系恰当地称之为“类比”。在《国家篇》中,当柏拉图提出其著名的“线喻”的时候,他也是根据“ἀναλογία”一词的全新哲学内涵来说明存在和认识的等级结构关系的。他用一条线段来代表整个存在对象,并且把它划分成分别代表相或者型、数理对象、实物、影像的四个部分。这四个部分的真理性和实在性程度依次递减,其中相或者型与数理对象这两个部分属于可理解世界;然而,实物与影像这两个部分却属于可见世界。它们之间是按照相同的比例来划分的,也就是说,可理解世界 : 可见世界 = 相或者型 : 实物 = 数理对象 : 影像。① 除此之外,柏拉图把与存在对象的四个部分相对应的灵魂状态也区分为知识、理智、信念、想象四种,这四种灵魂状态的清晰性和精确性是依次递减的,其中知识与理智两种状态合称“理性”;然而,信念与想象两种状态却合称“意见”。它们之间也可以按照相同的比例排列起来,也就是说,理性 : 意见 = 知识 : 信念 = 理智 : 想象。② 虽然柏拉图把“ἀναλογία”从一个数学或者几何学概念转变成了一个哲学概念,用以解释相或者型与可感事物之间以及可感事物彼此之间的相似性关联,但是他并没有进一步说明它的基本语义及其逻辑特性。这就充分表明,当古希腊哲学处理一多关系问题的时候,尽管它所孕育而成的类比观念在柏拉图的分有学说和模仿学说语境中已经生根萌芽,然而这样的类比观念却仍然处在有待进一步生长发育的起始阶段。

二、亚里士多德的类比思想

在柏拉图的类比思想基础上,对类比思想加以进一步阐明和发挥的哲学家是其门徒亚里士多德。尽管他把乃师柏拉图的分有学说看成只是对毕达哥拉斯学派模仿学说的词语改变而已,并且批判它们都是“空话”或者“诗性的比喻”,然而他却传承了柏拉图在分有学说和模仿学说语境中所表达的类比思想,并且对之进行了更加深入的阐幽发微。

亚里士多德在其涉及自然哲学、伦理学、逻辑学、形而上学等不同领域的著作中都广泛地使用过“ἀναλογία”一词。从他对该词的使用情况来看,大体上可以将其区分为以下三种用法:一是数学用法,即它被用来表示连续的或者非连续的量的比例,通常意指数学比例的比值或者比率本身,例如 1 : 2 = 3 : 6;二是超出数学比例范围的用法,即它通常并不起着意指数学比例的比率或者比值本身的功能,而是被用来表示不同的事物之间及其功能之间的相似性或者共同性质;三是形而上学用法,即它被

① [古希腊] 柏拉图:《国家篇》,509D—511D。

② 同上,511E;534A。

用来充当解释世界万物的统一性或者同一性的原则。显然,"类比"一词的数学用法反映了其语义学的最初来源,其数学内涵和功能是十分明确的。亚里士多德严格地按照数学意义来使用"ἀναλογία"一词的情况并不属于我们在此所要讨论的范围。第二种超出数学比例范围的用法最早出自于柏拉图。在讨论自然知识和伦理知识的时候,亚里士多德也遵循这种用法。例如,在讨论关于动物的知识的时候,亚里士多德就把动物的不同器官在功能上的相似性或者共同性质称为"ἀναλογία",正如他所说:"鸟类在某种方式上类似于鱼类。因为鸟类的翅位于躯体上部,与之相似,鱼类的前部也有两个鳍;再者鸟类的腿位于腹下,而大多数鱼类的腹下也有鳍,并靠近前面的鳍;另外鸟类有尾,鱼类也有尾鳍。"①他把这种超出数学比例范围的类比用法视为一种具有启发性的认识新事物的方法。在谈到通过类比方法而认识作为载体的自然的时候,他指出,正如青铜对于铜像,木材对于床一样,作为载体的自然对于实体也是如此。② 在其伦理学中,我们也可以看到他像这样来使用"类比"一词。例如,他说:"主人对奴仆的关系犹如技艺对工具、灵魂对肉体的关系,这样的关系不是友爱,也不是公正,而是类似,正如健康不是公正,而是类似于公正一样。"③又如,在其《尼各马可伦理学》中,当谈到"公正"的多义性的时候,亚里士多德同样明显地按照数学的比例图式详细地分析了公正至少是由四项构成的某种比例(ἀναλογία)。他这样写道:

> 公正就是某种比例,而这种比例的特质不仅由抽象的单位数目形成,而且由普遍的数目形成。比例的比值相等,这至少有四项。
>
> (非连续的比例显然有四项,而连续的比例也是这样。其中的一项被使用两次,而且分两次说。A 与 B 的比,相等于 B 与 C 的比,这样 B 项就被提到两次,若把 B 当做两项,那么这个比例就由四项构成。)
>
> 所以公平至少也有四项,而其比值是相同的。因为人和事之间的比值是相同的。第三项对第四项的比,完全如第一项对第二项的比一样。再交替搭配,第二项对第四项的比,完全如第一项对第三项的比一样。这也就是说整体对整体一样。这种搭配影响着分配的结果,如若各项成这样的结合,其结果就是公正的。如若一、三两项以及二、四两项的结合是公正的分配,那么,这种公正就是中间,违反了这种比例就是不公正。从而比例就是中间,公正就是比例。(数学家们把这种比例称为几何比例。因为在几何学中比例的全体对全体的比值,正如

① [古希腊]亚里士多德:《论动物的行进》,714b2—6。
② [古希腊]亚里士多德:《物理学》,191a10—12。
③ [古希腊]亚里士多德:《优台谟伦理学》,1242a30—31。

各项对各项。这种比例是非连续的,因承受者和事物不能构成单独的项。)①在解释不同事物之间存在着的相似性或者共同性质的时候,虽然诸如此类的比例图式扮演着一种中间角色,但是这种准数学式的用法并不能为我们解释类比词项如何以不同模式被应用于不同事物而又具有统一性提供基本线索,它充其量只能起着某种辅助性作用。

如果说"类比"一词的这种超越数学比例范围的用法主要是柏拉图类比思想的一个重要贡献,那么在形而上学中用它来充当解释世界万物的统一性或者同一性的原则并且从逻辑学的角度来剖析类比词项的语义特性则是亚里士多德对柏拉图类比思想的进一步发展和深化。在寻找世界万物的统一性原理和原因的时候,亚里士多德采取了与柏拉图相反的路线。柏拉图从肯定相或者型的真实存在出发,通过分有学说和模仿学说而由上往下地演绎出可感事物的存在,相或者型作为统一性原理和原因不仅是真正的存在(to ontos on),而且是与可感事物相分离的。然而,亚里士多德却从肯定经验事物的真实存在出发,通过类比学说而由下往上地辩证世界万物的第一原理和原因,存在(to on)作为世界万物的终极原理和原因并不是与具体事物相分离的,而是内在于具体事物的。这种寻求万物的统一性原理的路线分歧也使他们对一多关系问题产生了不同的理解。对于柏拉图来说,作为原因的一是作为结果的多之上的一,在现象世界中的可感事物的多样性被逻辑地还原为相或者型的统一性。然而,对于亚里士多德来说,作为原因的一却是作为结果的多之中的一,不仅具体的可感事物的内在结构的多样性被类比地分析为实体的统一性,而且不同种类的事物也被类比地分析为秩序的统一性。尽管世界万物的统一性呈现出各种不同的模式,然而其中却只有基于类比关系的统一性才是最普遍的统一性。他说:"有些事物在数目上是一,有些事物在形式上是一,有些事物在种相上是一,有些事物在类比上是一;在数目上是指质料是一,在形式上是指其定义是一,范畴的图表本身是一,在类比上是指其作为他物与另一种他物的关系是一。而后一种一永远跟随前一种一,例如,那些在数目上为一的东西,在形式上也是一,而那些在形式上为一的东西,在数目上却不全部是一。凡是形式上为一的东西,在种相上全部是一,种相上为一的东西并不全部在形式上是一,而在类比上为一的东西,在种相上并不全部是一。"②类比所表达的存在者的多样性之统一性超越了种相的统一性,它把一切个体(数目)的统一性、属相(形式)的统一性、种相的统一性全部都包含在其自身之中。然而,这样的统一性在种相上、属相(形式)上、个体(数目)上却又能够以多样性的模式呈现出来。由

① [古希腊]亚里士多德:《尼各马可伦理学》,1131a28—b16。
② [古希腊]亚里士多德:《形而上学》,1016b31—1017a4。

此可见，在亚里士多德形而上学所理解的一多关系模式中，由于存在的多样性和统一性同时得到了肯定，并且一多关系又被理解为类比关系，因此“存在”（on）和“一”（hen）作为用以表达经验事物的多样性中的统一性原理和原因的概念，并不是只具有相对普遍性的种相概念，①而是具有绝对普遍性的超越范畴。他指出：“在全部称谓中一和存在是最普遍的称谓。”②显然，这种基于类比的一多关系模式是对柏拉图辩证法所理解的一多关系模式的一次重大突破。在柏拉图的一多关系模式中，他的辩证法所讨论的“真正存在”（to ontos on，即相或者型）乃是某一类事物共同的东西。在这个模式中，“存在”和“一”只不过是具有相对普遍性的种相概念而已。然而，当亚里士多德把整个世界万物的统一性说成是类比的统一性的时候，这种基于类比的一多关系乃是本体论意义上的实在关系。在讨论世界万物的原因和本原的时候，他指出：“就一方面说，不同事物的原因和本原也不相同，另一方面普遍地或在类比上说，它们对一切事物都是相同的。”③例如，虽然每一个不同的具体事物都是由各种不同的元素所构成的，并且它们各有其自身的固有本性，但是我们仍然可以通过将它们进行类比而得出一切事物都有形式、质料、缺乏三种共同的本原或者元素的结论。同样地，虽然每一个不同的事物各有其具体不同的生成原因，但是我们仍然可以通过将它们进行类比而得出一切事物都具有形式因、质料因、动力因、目的因的结论。总之，对于亚里士多德来说，这种在存在者的多样性中又有着统一性的类比关系乃是具有最大普遍性的实在关系，我们在一切存在者中都可以发现这样的类比关系，如他所说：“类比在存在的每一个范畴之中，例如在长度中有直，在广度中有平，也许还可以说，在数目中有奇，在颜色中有白。”④后来，西方中世纪哲学往往把亚里士多德在本体论上所揭示的具有阶层等级结构的宇宙万物的类比统一性称为“存在者的类比”（analogia entis）。

亚里士多德不仅从本体论的角度揭示了宇宙万物的类比统一性，而且还从逻辑学的角度具体分析了用以表达宇宙万物的类比统一性原理和原因的形而上学概念的逻辑方法和逻辑语义特性。

首先，就逻辑方法而言，亚里士多德意识到那些被用来表达形而上学原理的概念都是类比概念，由于它们超越了具有相对普遍性的种相概念，因此，如果我们想要把握它们的意义的话，那么我们就不能像对待一般范畴那样对它们使用属差加种相的

① 亚里士多德在《后分析篇》（92b14）中明确地表达了“存在”不是一个种相；在《形而上学》（998b22）中也明确地表达了“一”和“存在”都不是一个种相。

② ［古希腊］亚里士多德：《形而上学》，1053b22。

③ 同上，1070a32—34。

④ 同上，1093b18—21。

定义方法，却只能通过其他的逻辑方法来对之加以把握。例如，在谈到现实与潜能的意义的时候，亚里士多德就把这对形而上学概念视为类比概念。在他看来，关于现实与潜能的意义，我们通过归纳个别实例的方法就可以看清楚它们，而不必为每一事物都寻求定义，只要我们满足于把握类比就行了。这就像正在建筑的相对于能建筑的，醒着的相对于睡着的，正在看的相对于能看却现在是闭着眼睛的，已经从质料中分化出来的东西相对于质料，已经制成的器皿相对于原材料等一样。在所有这些相对的双方中，前一方是现实，而后一方则是潜能。然而，所有这些被说成是现实的东西却并不都具有完全相同的意义，仅仅是因为类比我们才把它们说成是现实的，有些是作为与潜能相对的运动，而有些则是作为与某种质料相对的实体。①

其次，就逻辑语义特性而言，一方面，亚里士多德肯定了形而上学概念以及诸如此类的其他概念具有多义性；另一方面，他又认为这类概念在以不同的模式被应用于不同事物的时候并不是同名异义的，每一个概念的多种不同的意义都与它们的一个中心点相关，而这个关涉着多种意义的中心点就是它的多义性中的某种统一性。例如，当亚里士多德在其《形而上学》第四卷第一章中提出有一门普遍地研究作为存在的存在（το ον η ον）以及就其自身而言依存于它的科学之后，他紧接着就在该卷第二章中通过解释“存在”这一概念的逻辑语义特性而进一步说明了这门科学的研究主题。他这样写道：

> 存在有多种意义，但它们都与一个中心点相关，并不是同名异义的。而是像所有健康的东西与健康相关一样，有些是保持健康，有些是造成健康，有些是健康的标志，或者是能够健康；或者像所有医术上的东西都与医术相关一样，有些是拥有医术而被称为医术上的，有些是自然地适用于医术，另一些则是医术的功能。我们还可以找到其他一些与此类似的语词。如此，则存在有多种意义，但全部都与一个本原相关。因为事物被说成是存在，有些由于是实体，有些由于是实体的属性，有些由于是达到实体的途径，有些则由于是实体的消灭、缺失、性质、制造能力、或生成能力；或者由于是与实体相关的东西，或者由于是对这些东西中某一个或对实体的否定。故我们说非存在也是非存在的存在。所以，正如对于所有健康的东西只有一种科学，对于其他事物也应一样。因为不仅对于就某一事物而言的东西的思辨属于同一科学，而且对于与某一本性相关的东西也是如此，因为后者在某种意义上也是就某一事物而言的。所以对于作为存在的存在的思辨显然也属于同一门科学。在一切场合，科学都主要地研究首要的东西，其他事物依赖于它，并由它而得名。假如这东西就是实体的话，那么，哲学家应

① ［古希腊］亚里士多德：《形而上学》，1048a37—b9。

做的事就是掌握实体的原因和本原。[①]

因为亚里士多德在该著第三卷中明确地提出了存在不是一个种相,而是一个超越了种相的范畴,所以他必须解决的难题就在于:如果存在不是一个种相的话,那么何以可能有一门以众多在种相上互异的存在为研究对象的科学呢?再者,如果没有一个包含实体和偶性的种相,那么这门科学又何以能够研究实体和偶性呢?以上这段著名的引文就是对诸如此类的背景性问题的解答。

为了解答这门科学(即形而上学或者第一哲学)存在的可能性问题,亚里士多德首先必须解决在用以表达其研究对象的"存在"(το ον)这一概念的多义性中是否具有统一性的问题,正如他所说:"哲学家的科学普遍地从整体上研究作为存在的存在,而存在有多种意义,并不是就一种意义而言。如若只是名称相同而并无共同之点,那么就不能包含在同一科学之中(像这类的东西是不同种相的),如若有着共同之点,那就可以包括在同一科学之中。"[②]他首先以"健康的"和"医术上的"这两个为人所熟知的日常语词为例解释了它们在被应用于不同事物的时候所具有的意义;然后,他类比地解释了"存在"这一概念在被应用于不同事物的时候所具有的意义。在他看来,"健康的"和"医术上的"这两个语词都能够以不同的模式被用来表述不同的事物而具有多种意义。例如,当"健康的"一词以不同的模式被应用于不同的事物的时候,它既可以指"保持健康",又可以指"造成健康",还可以指"健康的标志",等等。同样地,当"医术上的"一词以不同的模式被应用于不同事物的时候,它既可以指"拥有医术",又可以指"适用于医术",还可以指"医术的功能",等等。但是,当"健康的"和"医术上的"这两个语词被应用于不同的事物的时候,它们都不是同名异义的,它们的多种意义都与它们各自的一个中心点相关。一切健康的东西都与"健康"这个中心点相关。一切医术上的东西都与"医术"这个中心点相关。类比地,当"存在"这一概念以不同的模式被应用于不同的事物的时候,它亦有多种意义。"存在"一词既可以指实体,也可以指实体具有的性质、数量、关系等各种偶性,甚至还可以指真的或者假的东西,等等。然而,当"存在"一词以不同的模式被应用于不同事物的时候,它也不是同名异义的,其多种意义也都与一个中心点相关。亚里士多德认为,"存在"一词的多种意义所相关的这个中心点就是实体(οὐσία)。换言之,实体是首要的存在者,其他一切事物都因它们与作为首要存在者的实体相关而被称为存在者。根据亚里士多德对"健康的"、"医术上的"、"存在"这三个语词所作的意义分析,我们不难发现诸如此类的语词在语义上具有两个非常明显的家族相似性特征:第

---

① [古希腊]亚里士多德:《形而上学》,1003a33—b19。

② 同上,1060b32—34。

一、每一个语词在以不同的模式被应用于不同的事物的时候都具有多种意义，然而它们却又不是同名异义的；第二、每一个语词的多种意义都与一个中心点相关，这个中心点体现了在这个语词的多义性中所具有的统一性。在对上述三个语词作语义分析的时候，亚里士多德反复强调的“与一个中心点相关”，其希腊文原本是“πρός ἐν”（pros hen），这个短语在字面上表示“与一相关”的意思，英国当代著名的分析哲学家欧文（G.E.L.Owen）非常机智地将其英译为“focal meaning”，①我们也可以按照欧文的处理方法将其汉译为“核心意义”。如果我们据此来理解亚里士多德对“存在”这一概念所作的语义分析，那么我们也可以说“存在”的核心意义是指作为首要存在者的实体，②它的其他多种意义最终都指向实体这一核心意义。因此，尽管“存在”不是一个种相概念，并且具有多义性，然而它却并不是一个纯粹的多义词。毋宁说，“存在”一词的各种不同意义都以实体这一核心意义为统一的基础。正因为在“存在”一词的多义性中存在着以“实体”这一核心意义为基础的统一性，所以这就为我们解释为什么有一门研究存在之为存在的形而上学提供了可能性。因此，在《形而上学》第十一卷第三章中，亚里士多德得出结论说：“尽管存在有多种意义，但整个却是单一的，有着共同点，它的对立物也是这样（可以归于存在的最初对立和差异）。像这样一些东西可以置于一门科学之下。那么，在开始时所说的困难，可算是解决了。我说的是，一门科学怎样能以众多的在种相上互异的东西为对象。”③

亚里士多德所使用的“核心意义”这个短语不仅表明在一个语词的多义性中有着某种程度的统一性，而且还表明在其各种不同的意义之间存在着一种具有因果依赖性的主从关系。在他看来，一个具有所谓“核心意义”的语词，实际上就是一个在其不同的使用中具有彼此不同却又相互关联的定义的共同词项。这种语词的核心意义是其原初的、主要的、根本性的意义，不仅为它的各种不同的意义提供共同的关联性，而且还充当它的其他各种不同意义的本原或者始基；其他各种不同的意义都是从这一核心意义派生而来的从属意义或者附带意义，它们从属于这一核心意义并且依

---

① G.E.L.Owen，“Logic and Metaphysics in Some Early Works of Aristotle”，*Logic，Science and Dialectic：Collected Papers in Greek Philosophy*，edited by Martha Nussbaum，Ithaca：Cornell Universiy Press，1986，p.192.

② 关于“存在”的核心意义是指实体这一说法在中文语境里并不像它在希腊文语境里那样容易理解，因为在中文语境里“存在”与“实体”这两个概念之间并没有任何词源上的关联，但是在希腊文语境里与它们相对应的 ον（on）与 ούσία（ousia）两个概念却有词源上的直接关联，两者同出一源，都是从系动词 eimi 演变而来的：前者是 eimi 的中性分词，它作为分词也具有名词的功能，而后者则是由它的阴性分词 ούσα（ousa）变化而成的名词。由于亚里士多德在《范畴篇》中把 ούσία 确定为首要范畴，并且将其视为其他九个偶性范畴的载体（hypokeimenon）而赋予了它特殊意义，因此把它说成是各种 ον 的核心。

③ ［古希腊］亚里士多德：《形而上学》，1061b11—16。

赖于它的引导。因此，就一个具有核心意义的语词而言，它的核心意义与其他各种意义之间的关系是一种具有因果依赖性的主从关系。事实上，他经常在其不同的作品中采用“核心意义”这种方式对一个语词的意义作出首要（原初）意义与从属（附带）意义的区分。例如，在其《形而上学》第七卷第四章中，当亚里士多德分析“定义”和“本质”两个概念的意义的时候，他就采取这种方式区分了两者的原初意义与附带意义。众所周知，定义是被用来回答一个事物是什么这一问题的，知道了一个事物是什么（ti esti），也就等于知道了这个事物的本质。亚里士多德并不赞同唯独实体才有定义和本质的主张。他认为，除了实体有其定义和本质之外，在某种意义上我们可以说性质、数量等各种偶性也有它们的定义和本质。在首要的单纯的意义上讲，只有实体才具有定义和本质；然而，在次要的或者附带的意义上讲，实体的各种偶性也具有定义和本质。他说：“定义和是什么一样，都有多种意义。因为在一种意义上，是什么表示实体，表示这个。在另一种意义上，则表示每个范畴，量、质以及诸如此类。正如存在适用于万事万物，而意义却有不同，有的是在原始的意义上，有的则在附带的意义。同样，是什么在单纯的意义上适用于实体，在某种意义上适用于其他。例如，我们可以问，质是什么，故质也是一种什么，但并非在单纯意义上说。例如，关于不存在，有些人在理论上，也可说不存在存在着，但并非单纯的不存在而‘是’不存在，质也是这样。”①众所周知，《形而上学》第五卷实际上是一部哲学词典，亚里士多德在该卷中对哲学概念的意义解释也经常作出原初意义与从属意义的区分。例如，在解释“完全”一词的意义的时候，他认为就其自身而言的完全是其原初意义；然而，转用于其他事物的完全却是其从属意义，它依赖于原初意义或者说与原初意义相关。他指出，就自身而言的完全“或者由于在优点方面，完美无缺，不可超越，穷尽无遗，此外无物，或者一般说来，在每一个别种内都不可超越，穷尽无遗，而其他被称为完全的东西，都要以此为依据，或者由于产生或具有这类东西，或者由于与此相符合，则被认为是以某种方式与原始意义上的完善物相关。”②在其他一些作品中，我们同样也可以看到亚里士多德所作出的类似语义区分，尽管他并没有直接使用“核心意义”的说法。例如，在其《论生成和消灭》中，在解释“接触”一词的意义的时候，他指出：“大致说来，正如每个其他语词是在多种意义上被述说一样（在有些场合是同名的，在有些场合则是从不同的和在先的意思中推出来的），接触一词也是如此。但严格地说，接触只属于有位置的事物。”③此外，他提出的整个范畴表也是由首要意义与从属意义所构成的。在其《范畴篇》中，尽管他没有直接用“核心意义”的说法来解释各范畴的

① ［古希腊］亚里士多德：《形而上学》，1030a18—28。

② 同上，1021b31—1022a3。

③ ［古希腊］亚里士多德：《论生成和消灭》，322b30—36。

多义性,然而他却不仅把十个范畴看做是由以实体范畴为存在者的首要意义与以其他九个偶性范畴为存在者的从属意义所构成的两个意义系列,而且把每一个范畴也都看做是由其自身的首要意义和从属意义所构成的。例如,就作为存在者的首要意义的“实体”范畴而言,它自身又以“第一实体”为其核心意义,而以“第二实体”为其从属意义。就作为存在者的从属意义的其他九个偶性范畴而言,也有同样的情形。例如,“性质”范畴以实体的质的差异为其核心意义,而以在其变化过程中具有相反者以及在何种情况下可否有程度上的差异等为其从属意义;“关系”范畴以一个事物与其他事物相关并且通过其他事物来说明和表述自身为其核心意义,而以其是否具有相反者和程度上的差异以及能否用“相同”、“相异”等语词来表达为其从属意义;等等。

当亚里士多德讨论语词的多义性的时候,他并没有把语词的“核心意义”看成是一种单独的语义类型,而是把它归属在“同名异义”这一语义类型下加以分析的。在其《范畴篇》中,在根据名称与其所意指的实在的关系来辨析语词的意义的时候,他曾经划分了两大语义类型。一个语义类型是“同名异义”(homonymy),也就是说,当一个共同名称被用来谓述不同的事物的时候,那与该名称相应的实体之定义乃是不同的。例如,一个真实的人和一幅人物肖像都可以被称为“动物”。尽管两者都具有这一共同名称,然而那与该名称相应的实体的定义却是不同的,因为在这两种情形中如果我们要说明“动物”这个名称分别意指的真人和肖像各是什么,那么我们就必须对这两种情形中的“动物”下不同的定义。另一个语义类型则是“同名同义”(synonymy),也就是说,当一个共同名称被用来谓述不同的事物的时候,那与该名称相应的实体的定义也是相同的。例如,人和牛都可以被称为“动物”。两者不仅都具有“动物”这一共同名称,而且那与这个名称相应的实体之定义也是相同的,因为在这两种情形中如果我们要说明“动物”这个名称分别意指的人和牛各是什么,那么我们就必须对这两种情形中的“动物”下相同的定义。① 从亚里士多德所划分的两大语义类型来看,凡是具有“核心意义”的语词都理所当然地属于“同名异义”这一类型,因为它们在被应用于不同事物的时候具有多义性,而不是同名同义的。他所列举一个真实的人和一幅人物肖像都可以被称为“动物”的例子也证明了这一点,因为“动物”这个名称在这两种情形中就是一个相当典型的具有“核心意义”的语词。就此而言,他所谓的“同名异义”这一语义类型是比较宽泛的,只要一个语词具有多义性,它就可以被归属于这一语义类型。实际上,这一语义类型囊括了非纯粹的同名异义(即具有统一性的多义性,也就是所谓的“核心意义”)与纯粹的同名异义(即不具有任何统一

① [古希腊]亚里士多德:《范畴篇》,1a1—10。

性的多义性，其意义是完全不同的）两个子类。这正如阿奎那所说：“被用来言说真正的动物和图画上的动物的‘动物’这个语词并不被说成是纯粹地同名异义；而大写哲学家（指亚里士多德——引者注）却以宽泛的方式采用‘同名异义’这个语词，据此把类比包含在其自身之中。”①对于亚里士多德来说，当一个语词以不同的模式被应用于不同的事物而有与之相应的不同定义的时候，它便是一个具有“核心意义”的同名异义词。一方面，这种语词不是同名同义的，因为这样的语词在被应用于不同事物的时候没有相同的单一定义，而是具有各种不同的定义。因此，这样的语词有多种不同的意义。在其《尼各马可伦理学》中，当批判柏拉图关于“善的相”的时候，亚里士多德分析了“善”的多义性。他指出，“善”这个词和“存在”这个词一样有多种意义。它既可以被应用于实体范畴，又可以被应用于性质、数量、关系等各种偶性范畴。它的多种意义之间有先后秩序，就自身而言的善的实体在本性上先于各种偶性。因此，当“善”被应用于这些不同场合的时候，它不可能是某种共同的、普遍的、单一的“相”。否则的话，“善”就绝不可能适用于所有的范畴，而只能适用于某一范畴。② 另一方面，这种语词又不是纯粹地同名异义的，因为其多种不同的意义之一必定是首要的或者原初的，它的定义作为一个必要成分会重复出现在每一个其他意义的定义之中。因此，“善”的其他多种不同意义都对其首要的或者原初的意义有着依存关系。例如，早在其《优台谟伦理学》中我们就可以清楚看到亚里士多德把“核心意义”作为一种处理诸如“友爱”、“医生”之类的语词的不同使用的方法。他说：“必然有三种友爱。但是，它们之被称为‘友爱’不是完全依据同一个东西，也不是作为同一种相下的属相，亦没有完全相同的名称。因为它们只与该词原初的某一层意义相关，正如‘医生’这个词一样；我们说医生的灵魂，医生的肉体，医生的器械，医生的活动，但准确的乃是它的原初意义。原初意义是包含在一切定义之中的那种意义的定义，例如，医用器械就是医生所使用的器械，相反，器械的定义却不包含在医生的定义中。”③总之，从语义逻辑的角度来看，在亚里士多德使用二分法作出的“同名异义”与“同名同义”的语义类型架构中，我们完全可以确定他所谓的“核心意义”是包含在“同名异义”下的一个子类。

中世纪注释家们往往把亚里士多德所谓的“核心意义”视为一个单独的语义类型，并且称之为“类比”。相应地，凡是具有核心意义的语词也都被称为“类比词”。不过，在亚里士多德的著作中，我们的确很难找到直接的证据来证明他把用以表示在语义的多样性中的统一性的“核心意义”称为“类比”。他的文本总是给人以这样的

---

① *ST*, Ia, q.13, a.10, ad 4: “Animal dictum de animali vero et de picto, non dicitur pure aequivoce; sed philosophus largo modo accipit aequivoca, secundum quod includunt in se analoga.”

② ［古希腊］亚里士多德：《尼各马可伦理学》，1096a20—28。

③ ［古希腊］亚里士多德：《优台谟伦理学》，1236a16—23。

印象：只有当他从本体论的角度来表达在客观实在的多样性中存在着相似性或者统一性的时候，他才会使用“类比”一词；然而，当他从逻辑学的角度来表达在语词的多义性中存在着统一性的时候，他通常使用的是“核心意义”这一短语。就一个具有核心意义的语词而言，在其各种不同意义之间存在着一定的先后秩序：其核心意义相对于其他各种不同意义而言具有在先性，其他意义都是从核心意义派生而来的。欧文在其《某些亚里士多德早期著作中的逻辑和形而上学》一文中区分了核心意义的逻辑在先性与藉着类比所关联的事物的自然在先性，他认为，由于逻辑在先性并不蕴含自然在先性，因此把具有核心意义的语词称为类比词是错误的。① 但是，欧文的论证并不能完全令人信服。即便在亚里士多德那里“核心意义”与“类比”是两个完全不同的概念，我们也不能据此而断定中世纪注释家们把他所谓具有“核心意义”的语词称为类比词就是错误的，因为“类比”一词也具有亚里士多德所谓的“核心意义”，它本身也是类比的。因为亚里士多德所谓的“核心意义”乃是“类比”一词在语义上所具有的本质性逻辑特征，所以中世纪注释家们完全有理由把他所使用的“类比”一词从一个本体论概念转变成一个逻辑概念，用它来表示在语词的多义性中存在着的统一性。事实上，虽然亚里士多德并未直接把具有“核心意义”的语词称为类比词，但是我们在他的文本中仍然可以找到某种间接的证据来证明至少他曾经考虑过能否把造成一个语词的多义性中的统一性的原因归结为类比的问题。例如，在其《尼各马可伦理学》中，当批判柏拉图所谓具有单一的普遍意义的“善的相”的时候，亚里士多德曾经以荣誉、明智、快乐、正义等为例来说明“善”这个语词与“存在”这个语词一样有多种意义。在根据它们都被称为“善”却又有不同的定义而证明了“善”并不是由单一的相所形成的共同名称之后，他又专门询问了荣誉、明智、快乐、正义等为什么都被称为“善”这一问题。他说：“其道理究竟何在呢？看起来它们的名称并不是偶然相同。是因出于同一本原而存在吗？或者是因为都趋于同一目的呢？还是多半由于类比（κατ' ἀναλογίαν）？例如，视觉对身体称为善，理智对灵魂称为善。其他类似情况也是这样。”②在这里，他仅仅提出了自己的疑问，却没有对之给予明确的回答，因为他认为这些疑问应该由哲学的其他分支来加以讨论。尽管如此，这段引文却清楚地表明亚里士多德在解释“善”的意义的时候至少也认真考虑过其多义性中的统一性是不是“由于类比”而被造成的这一问题。这就意味着我们完全可以合理地作出这样的猜想：假定“核心意义”所表达的语词的多义性中的统一性是“由于类比”而

① G.E.L.Owen, “Logic and Metaphysics in Some Early Works of Aristotle”, *Logic, Science and Dialectic: Collected Papers in Greek Philosophy*, edited by Martha Nussbaum, Ithaca: Cornell Universiy Press, 1986, pp.185-186.

② ［古希腊］亚里士多德：《尼各马可伦理学》，1096b27—29。

被造成的，那么他本人也不会反对可以把这样的统一性称为“类比”的统一性。

亚里士多德的类比思想后来经过中世纪阿拉伯世界伊斯兰教哲学家们的注释又曲折地传播到了拉丁世界，成为基督宗教神哲学家们广泛讨论的一个重要议题。在充分讨论的基础上，基督宗教神学家们形成了内容丰富的类比理论。他们的类比理论作为一种用以谈论上帝的逻辑工具逐渐广泛地为人们所接受。

第二节 逻辑类比

阿奎那主要是通过阅读阿拉伯世界的阿维森纳（Avicenna，980—1037年）、阿威罗伊（Averroes，1126—1198年）等伊斯兰教哲学家们对亚里士多德作品的注释而接受他的类比思想的。然而，他并不是简单地全盘照搬亚里士多德的类比思想，而是对它作出了创造性的阐释与发挥，推动了它的进一步发展和深化。阿奎那为中世纪语言哲学的类比理论作出的重要贡献之一就体现在他从逻辑学的角度清晰地阐明了类比词的逻辑语义特征，划分了类比词的种类，并且在此基础上对类比与隐喻作出形式上的区分。

一、类比词的逻辑语义特征

如前所述，亚里士多德是在采用简单二分法所划分的“同名同义”与“同名异义”双重语义类型架构中分析语词的“核心意义”并且将其“核心意义”视为“同名异义”这一语义类型下的一个子类的。尽管如此，他在自己的作品中却始终都没有把一个语词所具有的“核心意义”直接说成是类比的。但是，当我们把目光转向阿奎那的时候，我们所看到的则是另一番不同的景象。与亚里士多德明显不同，阿奎那在自己的作品中不仅明确地把一个语词所具有的“核心意义”直接说成是类比的，而且把“类比”看做是一种单独的语义类型，从而将亚里士多德采用简单二分法所划分的双重语义类型架构扩展成为“同（单）义的”（univoca）、“异（多）义的”（aequivoca）、“类比的”（analoga）三重语义类型架构。他对类比词的逻辑语义的本质特征所作的分析就是在采用这种三分法所划分的三重语义类型架构中加以展开的。

阿奎那是通过与同义词和异义词进行对照来阐释类比词的逻辑语义的本质特征的。在评注亚里士多德《形而上学》的时候，为了更好地彰显类比词的逻辑语义的本质特征，他对“同（单）义的”、“异（多）义的”、“类比的”三重语义类型的语词分别在谓述不同事物的时候的语义特征进行了一番对照或者比较。阿奎那这样写道：

> 然而，必须注意，一个语词可以多种方式被用来谓述不同的事物。有时，它依照完全相同的义理被用来谓述它们，而在这样的情况下，它就被说成是对它们“同义地谓述”（univoce praedicari），例如“动物”被用来谓述牛和马。有时，它却

> 依照完全不同的义理被用来谓述它们,而这样的话,它就被说成是对它们“异义地谓述”(aequivoce praedicari),例如“狗”被用来谓述一颗星和一种动物。有时,它却依照那一部分是不同的而一部分又并非不同的义理被用来谓述它们:根据它们包含不同的关系而不同,但是根据这些不同的关系都指涉同一某物而相同;而那样的话,它就被说成是对它们“类比地谓述”(analogice praedicari),即成比例地(proportionaliter),也就是说,每一个都根据它自身的关系被指向那个同一物。①

从这段经典性文本中,我们不仅可以读到类比词的逻辑语义特征如何不同于同(单)义词和异(多)义词的逻辑语义特征,而且还可以读到阿奎那对类比词的逻辑语义特征所作的解释与亚里士多德对“核心意义”的解释是完全一致的。

首先,阿奎那是通过与同(单)义词和异(多)义词的逻辑语义特征相对照来阐释类比词的逻辑语义特征的。每当谈到类比词的时候,他几乎总是把它与同(单)义词、异(多)义词进行对照。他在阐释类比词的逻辑语义特征的时候也是如此:在解释同(单)义词和异(多)义词的逻辑语义特征之后,再将它们作为参照背景来解释类比词,以便彰显类比词的逻辑语义特征。

就同(单)义词而言,阿奎那认为其逻辑语义的本质特征就在于:当它被用来谓述不同事物的时候,它是“依照完全相同的义理”(secundum rationem omnino eamdem)被用来谓述它们的。通俗地讲,一个语词的“义理”(ratio)就是这个语词所意指的对象在人的理智中产生的相应的思想内容,也就是这个语词所表示的事物的定义。就此而言,一个语词所表示的事物的义理也就是这个语词的意指或者意义。例如,“人”这个语词的义理就是人的定义所表达的思想内容,即“理性动物”,而“理性动物”就是“人”这个语词的意义。当我们用“人”这个语词来谓述苏格拉底、柏拉图、亚里士多德等个体的时候,尽管我们用它所谓述的对象是三个不同的个体,然而它在被用来谓述这三个不同个体的时候却是一个同(单)义词,因为我们是按照它所表达的完全相同的义理(即“理性动物”)把它应用于这三个不同个体的。换言之,在这三种情形下,“人”这个语词的意义是完全相同的,都表示“理性动物”的意思。一个同(单)义词不仅可以被说成是它所谓述的不同事物的一个共同名称,而且与这个

---

① Sancti Thomae de Aquino, *In IV Metaphysicorum*, lect. 1, n. 535: “Sed sciendum quod aliquid praedicatur de diversis multipliciter: quandoque quidem secundum rationem omnino eamdem, et tunc dicitur de eis univoce praedicari, sicut animal de equo et bove. Quandoque vero secundum rationes omnino diversas; et tunc dicitur de eis aequivoce praedicari, sicut canis de sidere et animali. Quandoque vero secundum rationes quae partim sunt diversae et partim non diversae: diversae quidem secundum quod diversas habitudines important, unae autem secundum quod ad unum aliquid et idem istae diversae habitudines referuntur; et illud dicitur *analogice praedicari*, idest proportionaliter, prout unumquodque secundum suam habitudinem ad illud unum refertur.”

共同名称相应的各种事物的义理也是完全相同的。就此而言,同(单)义词的意指或者意义所具有的共同性模式是完全的同一性。因此,对于同(单)义词来说,完全的同一性("完全相同")恰恰是其逻辑语义的本质特征。因为同(单)义词在被用来谓述不同事物的时候与之相应的那些不同事物仅仅具有完全相同的一个义理,也就是说,它们具有全然相同的单义性,所以"同义词"通常也被人们称为"单义词"。一般地说,但凡真正严格意义上的同(单)义词都是一些被用来表示种相或者属相的普遍概念。这样的普遍概念是人的理智对存在于同一种相和属相中的个别事物的形式或者本质进行抽象的产物,它们的普遍性是人的理智所造成的。当它们被用来谓述存在于同一种相中的不同属相或者被用来谓述存在于同一属相中的不同个别事物的时候,它们的意义是完全相同的。

就异(多)义词而言,正好与同(单)义词相反,阿奎那认为其逻辑语义的本质特征则在于:当它被用来谓述不同事物的时候,它是"依照完全不同的义理"(secundum rationes omnino diversas)被用来谓述它们的。换言之,当它被用来谓述不同事物的时候,其意指或者意义是完全不同的。以阿奎那所列举的"狗"这个语词为例,当它被用来谓述一颗星和一种动物的时候,其意义是完全不同的。在日常语言中,像这样被使用的异(多)义词是十分常见的现象。例如,就"杜鹃"这个语词而言,它既可以被用来谓述一种花,又可以被用来谓述一种鸟。在这两种情形下,虽然"杜鹃"这个名称或者语词是相同的,然而它却具有完全不同的意指或者意义,因为前者意指的是一种植物,然而后者意指的却是一种动物。同样地,就"黄牛"这个语词而言,它既可以被用来谓述一种做农活的牲畜,又可以被用来谓述那些高价倒卖入场券的人。在这两种情形下,虽然"黄牛"这个名称或者语词是相同的,然而它所具有的意指或者意义却是完全不同的,因为前者意指的是无理性的牲畜,然而后者意指的却是有理性的人。诸如此类的例子充分说明异(多)义词所谓述的不同事物只不过拥有一个共同的名称而已;然而,当这个共同名称被用来谓述不同事物的时候,其意义却是全然相异的。因此,就异(多)义词而言,完全的相异性("完全不同")恰恰是其逻辑语义的本质特征。因为异(多)义词在被用来谓述不同事物的时候与之相应的那些不同事物具有完全不同的义理,也就是说,它们具有全然相异的多义性,所以"异义词"通常也被人们称为"多义词"。

不过,当我们像亚里士多德那样把异(多)义词看作是它所谓述的不同事物的一个共同名称的时候,似乎就会产生如下这样一个难题:既然使一个名称成为名称的东西在于它意指某物这一事实,然而,名称所意指的某物,不管它是理智的概念抑或是经由概念之中介而意指的事物,却是名称的意义;并且,一个名称之成为其所是的那个名称可以说是由于它的意义而被个体化的;那么,我们又怎么能够把一个具有完全不同意义的异(多)义词说成是它所谓述的不同事物的同一名称呢?阿奎那的老师大阿尔伯特(Albertus Magnus,1200—1280年)曾经深刻地意识到这个难题并且对之进行了详细的探究。大阿尔伯特试图努力通过区分名称的"第一形式"与"第二形式"而化解这个难题。在他看来,纯粹的物理声音只不过是名称的质料罢了,然而,限定名称的质料的形式却可以进一步被区分为"第一形式"与"第二形式"两种。一个名称的质料所接受的音调、发音等是其第一形式,正如书面语的字母与音节是其第一形式一样。然而,一个名称所具有的意义却是其第二形式。只有当做为名称的质料的物理声音接受了第一形式的限定之后,它才能倾向于进一步接纳意义来作为其第二形式。名称的第一形式的限定作用主要表现为对纯粹的物理声音进行调制和链接,以致一个物理声音不同于另一个物理声音。正是因为第一形式所起的这种形构作用,所以它才能使一个纯粹的物理声音变成一个语言因素——语词或者名称。即使一个语词或者名称的意义发生了变化,它也能够保留其第一形式,以致我们能够说它仍然是同一名称。在这个意义上,大阿尔伯特认为,那些异(多)义地被命名的事物也能够拥有同一名称,因为当它被用来命名不同事物的时候,它仍然具有相同的语音链接,正如书面语仍然具有相同的拼写一样,尽管其意义已经完全发生了变化。①名称的这两种形式对于理解异(多)义词来说都是必要的。当一个异(多)义词被用来谓述不同事物的时候,它的物理声音不仅接受了诸如音调、字母、音节之类第一形式的限定,而且在此基础上还接受了意义作为其第二形式,只不过这种作为第二形式的意义会随着它所谓述的事物之不同而发生改变罢了,也就是说,它在不同的使用过程中意指不同的事物。因此,在一种意义上的同一名称就会变成了在其另一种意义上的不同名称。阿奎那对乃师的这一解释基本上是持赞同态度的,因为他认为有意指或者有意义的声音(口语)的统一性或者多样性并不依赖于被意指事物的统一性或者多样性;否则的话,就不会有任何异(多)义的名称了,因为,如果有不同的事物,那么就会有不同的名称,而不是有同一名称。②

从逻辑语义特征来看,如果说同(单)义词与异(多)义词是两个完全相反的极端,那么阿奎那认为类比词是介乎这两个极端之间的中庸之道,因为,就类比词而言,其逻辑语义的本质特征在于:当它被用来谓述不同事物的时候,它是"依照部分相,部分不同的义理"(secundum rationem partim eamdem,partim diversam)被用来谓述它

① St.Albert,*In Praedicamenta Aristotelis*,tract.I,cap.2.

② Sancti Thomae de Aquino,*Quodlibet* Ⅳ, q. 9, a. 2:"Manifestum est autem quod unitas vocis significativae vel diversitas non dependet ex unitate vel diversitate rei significatae;alioquin non esset aliquod nomen aequivocum:secundum hoc enim si sint diversae res,essent diversa nomina,et non idem nomen."

们的。换言之，当它被用来谓述不同事物的时候，它具有部分相同而又部分不同的意指或者意义。阿奎那经常援引亚里士多德所列举的“医学的”（medicinale）和“健康的”（sanum）这两个语词为例来解释类比词的逻辑语义特征。根据他的解释，“医学的”这个语词能够以多种方式被应用于不同的事物而有多种意义，因为它在一种意义上可以指涉药物，而在另一种意义上又可以指涉其他的事物。但是，当它以不同的模式被应用于不同事物的时候，它的多种意义都与同一事物相关。例如，一个讨论之被称为“医学的”，乃是因为它来自于医学；而一把刀之被称为“医学的”，因为它是在医学上使用的工具；等等。同样地，“健康的”这个语词也能够以多种方式被使用而有多种意义，因为它在一种意义上指涉健康，而在另一种意义上又指涉其他的事物。但是，当它以不同的模式被应用于不同事物的时候，它的多种意义又都与同一事物相关。例如，尿之被称为“健康的”，因为它是健康的标志；而药物之被称为“健康的”，因为它是造成健康的原因；等等。就其他以类似的方式被使用的语词而言，它们也是如此。当一个语词以不同的模式被使用的时候，就其指涉不同的事物而言，它有多种不同的意义；但是，就其各种意义又都与同一事物相关而言，它们又有某种共同性。因此，当一个语词以不同的模式被用来谓述不同事物的时候，它是根据部分相同而又部分不同的义理被用来谓述它们的。因为这个缘故，所以阿奎那总结说：“显而易见的是，以这种方式被用来言说的语词是位于同（单）义词和异（多）义词之间的中介。在同（单）义的情形中，同一个语词依照完全相同的义理被用来谓述不同的事物；例如，‘动物’这个语词在被用来言说马和牛的时候，意指有生命的能感觉的实体。然而，在异（多）义的情形中，同样的语词却依照完全不同的义理被用来谓述不同的事物。正如这就‘狗’这个语词而言是明显的一样，因为它被用来言说星座和某种动物。然而，在以前述方式被用来言说的那些语词的情形中，同样的语词却依照部分相同而又部分不同的义理被用来谓述不同的事物：就不同的关系模式而言不同；但是就它与之发生关系的东西而言相同。因为‘是某物的标志’与‘是某物的原因’乃是不同的。然而，健康却是同一个。因此，诸如此类的语词被说成是类比词，因为它们对于同一物是成比例的。”①

① Sancti Thomae de Aquino, *In XI Metaphysicorum*, lect.3, n.2197: “Manifestum est enim quod quae sic dicuntur, media sunt inter univoca et aequivoca. In univocis enim nomen unum praedicatur de diversis secundum rationem totaliter eamdem; sicut animal de equo et de bove dictum, significat substantiam animatam sensibilem. In aequivocis vero idem nomen praedicatur de diversis secundum rationem totaliter diversam. Sicut patet de hoc nomine, canis, prout dicitur de stella, et quadam specie animalis. In his vero quae praedicto modo dicuntur, idem nomen de diversis praedicatur secundum rationem partim eamdem, partim diversam. Diversam quidem quantum ad diversos modos relationis. Eamdem vero quantum ad id ad quod fit relatio. Esse enim significativum, et esse effectivum, diversum est. Sed sanitas una est. Et propter hoc huiusmodi dicuntur analoga, quia proportionantur ad unum.”

根据阿奎那的看法，当一个类比词以不同的模式被用来谓述不同事物的时候，它也可以被说成是它所谓述的不同事物的一个共同名称。然而，与这个共同名称相应的各种事物的义理却既不像在同(单)义词的情形中那样具有完全的同一性，又不像在异(多)义词的情形中那样具有完全的差异性，而是具有一部分同一性和一部分差异性。因此，就类比词而言，不完全的同一性("部分相同")与不完全的差异性("部分不同")同时兼备恰恰是其逻辑语义的本质特征。

值得注意的是，当阿奎那在其采用三分法所划分的"同(单)义的"、"异(多)义的"、"类比的"三重语义类型架构中讨论类比词的逻辑语义特征的时候，他无疑是依据"完全的差异性"这一狭义在使用"异(多)义"(aequivoca)这个语词，有时他也会根据具体的语境而把在狭义上所谓"异(多)义"直接称为"纯粹地异(多)义"(pura aequivoca)。只有在与这种狭义的"异(多)义"或者"纯粹的异(多)义"相对照的情况下，阿奎那才会把"类比"视为一种相对独立的语义类型。因为类比词的各种意义所具有的共同性模式并不像同(单)义词的意义所具有的那样是完全的同一性，而且它们所具有的差异性模式也不像异(多)义的意义所具有的那样是全然相异性，而是部分相同而又部分相异。因为这个缘故，所以阿奎那针对类比词的意义指出："这种共同性模式是位于纯粹的异(多)义(puram aequivocationem)与单纯的同(单)义(simplicem univocationem)之间的中介。因为在那些类比地被言说的事物中，既没有同一个义理，就像存在于同(单)义的情形中那样，又没有全然不同的义理，就像存在于异(多)义的情形中那样；但是，这样以多种方式被用来言说的语词，意指对同一个某物的不同比例。"①在亚里士多德采用二分法所划分的双重语义类型中，阿奎那非常了解他所谓的"同名异义"这个语词是在广义上理解的，也相当清楚他所谓的"核心意义"被包含在广义的"同名异义"这一语义类型之中。因此，就"动物"这个语词被用来谓述真正的动物和图画上的动物而言，当亚里士多德把它说成是同名异义的时候，阿奎那却说："被用来言说真正的动物和图画上的动物的'动物'这个语词并不被说成是纯粹地同名异义的；而大写哲学家(指亚里士多德——引者注)则以宽泛的方式采用'同名异义的'这个语词，据此把类比包含在它自身之中。"②正如亚里士多德一样，阿奎那有时也会在广义上使用"异(多)义的"这个语词，从而把类比词也看成是一种广义的异(多)义词。例如，在其《亚里士多德〈尼各马可伦理学〉评注》中，

① *ST*, Ia, q.13, a.5: "Et iste modus communitatis medius est inter puram aequivocationem et simplicem univocationem. Neque enim in his quae analogice dicuntur, est una ratio, sicut est in univocis; nec totaliter diversa, sicut in aequivocis; sed nomen quod sic multipliciter dicitur, significat diversas proportiones ad aliquid unum."

② *ST*, Ia, q.13, a.10, ad 4: "Animal dictum de animali vero et de picto, non dicitur pure aequivoce; sed philosophus largo modo accipit aequivoca, secundum quod includunt in se analoga."

我们可以清楚地看到阿奎那把异(多)义词被应用于不同事物的模式区分为两种。一种模式系指同一个语词或者名称依照完全无关的意义而被用来谓述不同的事物,其意义是“纯粹地异(多)义的”,因为同样的语词或者名称被某一个人用于谓述某一个事物,然而它却又被别人用于谓述另一个完全不同的事物,这是“出于偶然”(a casu)。例如,不同的人具有相同的名称乃是一件偶然的事情。另一种模式系指同一个语词被应用于不同事物的意义不是完全不同的,而是具有某种共同的相似性。有时,其意义在指涉同一原理上一致。例如,某物之被称为“军事的”,因为它是士兵的武器(如剑),或者他的服装(如制服),或者他的交通工具(如马)。有时,其意义在指涉同一目的上一致。例如,医药之被称为“健康的”,因为它产生健康;食物之被称为“健康的”,因为它保持健康;尿之被称为“健康的”,因为它是健康的标志;等等,这些并不是纯粹地异(多)义的,而是类比的。① 在这个文本中,阿奎那显然是根据使用方式的不同而针对这种广义的“异(多)义”进一步区分了“纯粹地异(多)义的”与“类比的”。我们由此不难看出,阿奎那作出的这一区分同波埃修在其《亚里士多德〈范畴篇〉评注》中作出的“出于偶然的异(多)义”(aequivoca a casu)与“出于故意安排的异(多)义”(aequivoca a consilio)的区分相比,两者颇有异曲同工之妙。②

其次,阿奎那不仅从本质上阐明了类比词的逻辑语义特征,而且进一步剖析了类比词的意义之所以是部分相同而又部分不同的根据何在。

当一个类比词以不同的模式被应用于不同事物的时候,既然它具有多样化的意义,那么我们究竟能够根据什么而说它所具有的这些多样化意义是部分相同而又部分不同的呢?在其《亚里士多德〈形而上学〉评注》中,我们可以非常清楚地看到阿奎那对这个问题给予的解答。在评注该著第四卷的时候,他告诉我们,这些意义“根据它们包含不同的关系而不同,但是根据这些不同的关系都指涉同一某物而相同”(Diversae quidem secundum quod diversas habitudines important,unae autem secundum quod ad unum aliquid et idem istae diversae habitudines referuntur)。③ 在评注该著第十一卷的时候,他又告诉我们,这些意义“就不同的关系模式而言不同;但是,就它与之发生关系的东西而言却相同”(Diversam quidem quantum ad diversos modos relationis;eamdem vero quantum ad id ad quod fit relatio)。④ 显而易见,这两个回答仅仅在表达方式上略有不同而已。倘若就它们所表达的意思而言,那么两者乃是完全相同的。虽然阿奎那给出的这种提纲挈领式的回答看起来比较简洁扼要,但是,由于他对其中所谓

① Sancti Thomae de Aquino,*In I Ethicorum*,lect.7,n.95.

② Boetii,*In Categorias Aristotelis*,Cf.*PL*,vol.64,col.166A-B.

③ Sancti Thomae de Aquino,*In IV Metaphysicorum*,lect.1,n.535.

④ Ibid.,lect.3,n.2197.

"不同的关系模式"（diversos modos relationis）和"指涉同一某物"（ad unum aliquid et idem…referuntur）这两个关键性短语所表达的意思未作清楚的解释，因此他的这种回答实际上并不那么容易为人所理解。只有联系阿奎那的其他相关文本从总体上对它加以进一步解释，我们才能真正理解他的这种回答所要表达的究竟是什么意思。

一方面，在解释类比词的各种意义之所以是部分相同的根据何在的时候，既然阿奎那使用了"ad unum aliquid et idem…referuntur"这一关键性的短语，那么我们首先就必须厘清他使用这个短语究竟想要表达什么样的思想内容。从语义上来看，这个拉丁文短语的字面意思在中文里可以被翻译成"指涉（向）同一某物"或者"与同一某物相关"。除此之外，阿奎那还在其他文本中相当灵活多样地使用了一些与之在思想内容上有着家族亲缘性的类似短语，诸如"ad illud unum refertur"（其字面意思是"指向那个一"），"respectum ad unum"（其字面意思是"与一相关"），"proportiones ad aliquid unum"（其字面意思是"对同一某物的比例"）之类短语，等等。所有这些在不同文本中出现的看似有所不同的短语，实际上都是被阿奎那用来解释类比词的各种意义何以是部分相同的概念工具。从类比思想的渊源来看，这些短语实际上就是亚里士多德所谓的"πρός ἑν"（其字面意思是"与一相关"）这一希腊文短语的不同拉丁化表达式。如前所述，亚里士多德曾经使用这一希腊文短语来表达诸如"存在"、"一"、"善"之类的形而上学概念所具有的"核心意义"，它表达的是在此类形而上学概念的多义性中存在着的统一性，也就是说，在此类形学上学概念的多种不同意义中，"核心意义"是其首要的、基本的、共同的意义。由于阿奎那把亚里士多德所谓具有"核心意义"的语词视为类比词，因此他之所以要使用这些源自于亚里士多德所谓"πρόςἑν"这个短语的拉丁化表达式，其目的就是为了把它们当做某种概念工具来解释存在于类比词的各种意义中的那部分共同意义。弄清楚了这一点，我们就比较容易理解阿奎那对类比词的意义之所以是部分相同而又部分不同的根据所作的解释了。在他看来，一个类比词的各种意义之所以是部分相同的，其根据就在于这些意义所包含的不同关系都"指涉（向）同一某物"（ad unum aliquid et idem…referuntur）。换言之，这些意义都指向同一个核心意义，或者说它们都有着对同一个核心意义的比例。例如，当"健康的"（sanum）这个语词被用来谓述食物、药物、尿等不同事物的时候，它有着多种不同的意义；然而，其"核心意义"所意指的却是"动物的健康"（sanitas animalis）。当我们说动物是健康的时候，我们就是在"健康的"这个语词的核心意义上使用它。动物之被说成是健康的（sanum），因为它是健康（sanitas）所在的主体；其他事物（例如，食物、药物、尿等）都因为它们指涉动物的健康或者有着对动物的健康的比例关系而被说成是健康的。由此可见，当"健康的"这个语词被用来谓述诸如食物、药物、尿等其他事物的时候，它所具有的各种不同意义最终都指向了

"动物的健康"这一核心意义,或者说这些不同的意义都与这一核心意义相关。一个类比词所具有的核心意义乃是其各种不同意义共同指向或者关涉的东西。换言之,它的各种不同意义都具有相同的被意指事物(res significata)。正因为这一相同的被指涉者或者被意指事物造成了类比词的各种不同意义的共同性,所以阿奎那认为一个类比词的多种不同意义之所以是部分相同的,其根据就在于它们所包含的不同关系都指涉(向)同一某物,也就是说,这些不同的意义都指向了它们的核心意义。

另一方面,既然阿奎那使用了"不同的关系模式"(diversos modos relationis)这一短语来解释类比词的多种不同意义之所以是部分不同的根据何在,那么我们还必须进一步弄清这一短语所表达的基本意思。众所周知,任何一种关系至少都会涉及两个或者两个以上的相关者,这些相关者是某种关系赖以发生和存在的主体。当阿奎那说类比词的多种不同意义是"根据它们包含不同的关系而不同"(diversae quidem secundum quod diversas habitudines important)的时候,他所谓的"关系"指的是在以一个类比词的核心意义为相关者的一方与以它的其他各种意义为相关者的另一方之间存在着的关联性。在一个类比词的多种不同意义中,不仅每一种其他意义都分别对这个类比词的核心意义有着某种关系,也就是说,它们都分别指向这个类比词的核心意义,或者说它们都分别与这个类比词的核心意义相关,而且每一种其他意义都有着自身特有的对其核心意义的关系,也就是说,各种其他的意义对其核心意义的关系都是彼此互不相同的,用阿奎那的短语来说就是,它们都包含着对其核心意义的不同"关系模式"。当一个类比词被用来谓述不同事物的时候,它的其他各种不同意义对其核心意义所具有的不同关系,实际上就是它在谓述不同事物的时候所具有的不同意指模式(modus significandi)。例如,当"健康的"这个语词被用来谓述食物的时候,它所意指的乃是动物健康的维持;当它被用来谓述药物的时候,它所意指的乃是动物健康的原因;当它被用来谓述尿的时候,它所意指的乃是动物健康的标志;等等。由此可见,当"健康的"这个语词分别被用来谓述食物、药物、尿等的时候,其所具有的意义包含着对"动物的健康"这一核心意义的三种不同的关系模式或者意指模式。正因为这种关系模式或者意指模式之不同而造成了类比词的多种意义之间的差异性,所以阿奎那认为类比词的多种意义之所以是部分不同的,其根据就在于它们包含着对其核心意义的不同关系或者关系模式。

最后,阿奎那详细地阐明了在一个类比词的核心意义与它的其他意义之间存在着一定的先后秩序。

当一个类比词在以不同的模式被应用于不同事物的时候,既然其多种不同意义都与其核心意义相关,那么在其核心意义与它的其他意义之间必然存在着某种确定的秩序,阿奎那习惯于把在它们之间存在着的确定秩序解释为"根据/按照先后"(secundum/per prius et posterius)的秩序。[①] 在他看来,当一个语词“被用来类比地言说不同的事物”(dicitur analogice de diversis)的时候,它实际上也就是“按照先后被用来言说不同的事物”(dicitur de diversis secundum prius et posterius)。[②] 在一个类比词的多样化意义中,其核心意义相对于它的其他意义而言具有先在性;反之,它的其他意义相对于其核心意义而言则具有后在性。根据阿奎那的观点,核心意义乃是一个类比词的专有义理(propriam rationem),它首先按照其专有义理成为其所是的名称,因为它按照专有义理而意指的事物是最先被命名的;然而,它的其他意义却是从其专有义理而来的,因为它按照其他义理而意指的各种事物都是依赖于它按照专有义理所意指的那个事物而被命名的。通过与同(单)义词进行对照,阿奎那从命名的角度阐释了在类比词的专有意义与它的其他意义之间存在着先后秩序。他指出:“必须注意的是,当某物被用来同(单)义地谓述许多事物的时候,它按照其专有义理在它们的每一个中都能被找到。例如,‘动物’在动物的每一个属相中都能被找到。但是,当某物被用来类比地言说许多事物的时候,它根据专有义理而仅仅在它们中的一个那里被发现,其他的事物都从这一个事物被命名。例如,‘健康的’被用来言说动物、尿和药物,虽然健康只存在于动物之中,但是医药从动物的健康被命名为健康的,就其引起这一健康而言,并且尿从动物的健康被命名为健康的,就其是这一健康的标志而言。而且,虽然健康既不存在于医药之中,也不存在于尿之中,但是在它们每一个那里都存在着某一事物,因为这个事物,所以一个造成健康,而另一个则标志健康。”[③]在这里,阿奎那又一次以“健康的”这个语词为例具体地说明了一个类比词的专有义理具有相对于它的其他义理而言的先在性,它的其他义理都是从这个专有义理而来的。

在一个类比词的专有义理与它的其他义理之间存在着的先后秩序意味着在其多种不同意义之间具有不平等性(inaequalitas)。这种不平等性表现为一个类比词的多种不同意义可以按照先后秩序而作出首要意义与次要意义之区分。当一个类比词以不同的模式被用来谓述不同事物的时候,它的专有义理是其首要的、基本的意义,这

---

① Sancti Thomae de Aquino, *Super III Sententiarum*, d.19, q.5, a.1, ad 1; *In VII Metaphysicorum*, lect.4, n.1336.

② Sancti Thomae de Aquino, *In V Metaphysicorum*, lect.1, n.749.

③ *ST*, Ia, q.16, a.6: “Sciendum est quod, quando aliquid praedicatur univoce de multis, illud in quolibet eorum secundum propriam rationem invenitur, sicut animal in qualibet specie animalis. Sed quando aliquid dicitur analogice de multis, illud invenitur secundum propriam rationem in uno eorum tantum, a quo alia denominantur. Sicut sanum dicitur de animali et urina et medicina, non quod sanitas sit nisi in animali tantum, sed a sanitate animalis denominatur medicina sana, inquantum est illius sanitatis effectiva, et urina, inquantum est illius sanitatis significativa. Et quamvis sanitas non sit in medicina neque in urina, tamen in utroque est aliquid per quod hoc quidem facit, illud autem significat sanitatem.”

种专有义理绝对地意指事物的本质;然而,它的其他义理却是其次要的、派生的意义,它们相对地意指事物的性质、数量、关系等各种偶性。由于一个类比词的次要意义来源于其首要意义,因此在其首要意义与次要意义之间必定存在着依赖与被依赖的关系。正如亚里士多德一样,阿奎那也专门从语词的定义的角度解释了类比词的次要意义对其首要意义之依赖。他说:“在一切被用来类比地言说许多事物的名称中,全部都由于关涉同一事物而被言说,并且那同一事物必定被放入它们全部的定义之中,这是必然的。又因为名称所意指的义理乃是定义,正如《形而上学》第四卷所说的那样,所以名称首要地(per prius)被用来言说那被放入其他事物的定义中的东西,而次要地(per posterius)被用来言说其他事物,根据它们或多或少地接近于那个第一物的程度,这是必然的。”①阿奎那仍然以“健康的”这个语词被用来言说动物、医药和尿为例具体地说明了他所表述的这个有关类比词的意义的普遍规则。根据他对这个例子的解释,“健康的”这个语词首要地被用来言说动物,它意指作为主体的动物的健康。当它被用来言说动物的时候,其所具有的意义是首要的、基本的。但是,它次要地被用来言说医药、尿等其他事物。当它被用来言说医药、尿等其他事物的时候,其所具有的意义是次要的、派生的。就“健康的”这个语词被用来言说医药而言,其首要意义必须被放进那被用来言说医药的“健康的”这个语词的定义之中,因为医药是就其在动物之中引起健康而言才被称为健康的。同样地,就“健康的”这个语词被用来言说尿而言,其首要意义也必须被放进那被用来言说尿的“健康的”这个语词的定义之中,因为尿是就其作为动物的健康的标志而言才被说成是健康的。由此可见,“健康的”这个语词是根据医药和尿等其他事物或多或少地接近于动物的健康之程度而次要地被用来言说它们的。这个例子清楚地说明了一个类比词的首要意义是其次要意义所依赖的基础和来源,因为其首要意义被放进它的所有次要意义的定义之中了;然而,它的其他次要意义却只能根据它们或多或少地接近于其首要意义的程度而意指它所谓述的其他事物。

二、类比(词)的类型

阿奎那不仅从逻辑语义的角度详细地阐明了类比词的本质特征,而且从类型学的角度对类比词或者类比进行了分类。

---

① Ibid.,q.13,a.6:“In omnibus nominibus quae de pluribus analogice dicuntur,necesse est quod omnia dicantur per respectum ad unum,et ideo illud unum oportet quod ponatur in definitione omnium.Et quia ratio quam significat nomen,est definitio,ut dicitur in IV Metaphys.,necesse est quod illud nomen per prius dicatur de eo quod ponitur in definitione aliorum,et per posterius de aliis,secundum ordinem quo appropinquant ad illud primum vel magis vel minus.”

如前所述,既然从本质上讲类比词的逻辑语义特征在于它是根据部分相同而又部分不同的义理被用来谓述不同事物的,那么区分类比词或者类比的类型的方法便有两个可供选择的选项:要么以类比词或者类比的那部分相同的义理为根据来进行区分,要么以类比词或者类比的那部分不同的义理为根据来进行区分。根据阿奎那的思想,选择前者比选择后者要更加合理一些,为什么这样说呢? 其原因就在于:虽然类比词是处在同(单)义词与异(多)义词之间的中庸之道,但是这并不意味着对它们两者是不偏不倚的或者处在它们两者的正中间。实际上,类比词更加偏离同(单)义词,却更加接近异(多)义词。如果我们把类比词分别与同(单)义词、异(多)义词进行比较,那么我们就会发现它分有异(多)义词的差异性胜过它分有同(单)义词的共同性。因为这个缘故,所以类比词也可以被视为一种广义的异(多)义词,也就是所谓"出于故意安排的异(多)义"(aequivoca a consilio)。既然如此,如果我们选择根据类比词或者类比的那部分不同的义理来作为区分其类型的方法,那么我们就只能根据其意义接近纯粹的异(多)义词的意义之程度来确定其类型。但是,既然纯粹的异(多)义词的意义乃是"出于偶然的异(多)义"(aequivoca a casu),那么其意义就会因为偶然性而经常是不可理解的。这样一来,它就会使我们根据类比词或者类比的意义接近纯粹的异(多)义词的意义之程度而区分的其类型也将经常成为不可理解的。因此,如果我们选择根据类比词或者类比的那部分不同的义理来区分其类型,那么这种方法将是不恰当的。反之,同(单)义词却是根据完全相同的义理被用来谓述不同事物的,它的意义总是可理解的,这就会使我们根据类比词或者类比的意义远离同(单)义词的意义之程度而区分的其类型也是可理解的。因为这个缘故,所以选择根据类比词或者类比的那部分相同的义理比选择根据它的那部分不同的义理来区分它的类型乃是一种更加合理的、科学的分类方法。从阿奎那讨论类比词或者类比的类型的相关文本来看,他就是根据类比词或者类比的那部分相同的义理而区分其类型的。

在阿奎那的不同作品中,我们可以发现他在探讨类比词或者类比的类型的时候经常对其作出双重区分,并且在双重区分的基础上进一步讨论其他的相关问题。关于阿奎那对类比词或者类比所作出的双重区分,我们可以找出两个最具有代表性的文本予以证实。第一个文本证据出现在其《神学大全》第一集第13题第5条(*Summa Theologica*, Ia, q.13, a.5)中。他在这个文本中作出了"多个对一个"(plurium ad unum)的类比与"一个对另一个"(unius ad alterum)的类比这样一个双重区分。第二个文本证据则出现在其《论真理》第2题第11条(*De Veritate*, q.2, a.11)中。他在这个文本中又作出了"比例的类比"(analogiam proportionis)与"比例性的类比"(analogiam proportionalitatis)这样一个双重区分。接下来,我们将以这两个极其重要的文本为基础来详细地剖析阿奎那对类比词或者类比的类型所作出的双重区分。

首先，让我们来考察一下阿奎那的第一个经典性文本。众所周知，他的《神学大全》第一集第 13 题（*Summa Theologica*，Ia，q.13）是专门讨论与上帝的名称相关的各种问题的。例如，我们是否能给上帝命名？应用于上帝的名称是否被用来实体性地言说他？应用于上帝的名称是否都是同义的？假定名称类比地被应用，它们是首先被应用于上帝还是受造物？那些含有对受造物的关系的名称是否被用来时间性地言说上帝？等等。其中，该题第五条（a.5）所讨论的具体问题是：被用来言说上帝和受造物的名称是否同（单）义地言说它们？阿奎那在其采用三分法所作出的"同（单）义的"、"异（多）义的"、"类比的"三重语义类型架构中详细地考察了这个问题。一方面，他完全排除了被用来言说上帝和受造物的共同名称是同（单）义的这种可能性；另一方面，他又完全排除了如此这般地被使用的共同名称是纯粹地异（多）义的这种可能性；最后，被用来言说上帝和受造物的共同名称仅仅剩下"类比"这种可能性了。于是，他便得出了以下这个结论：

> 因此，必须说这样的名称被用来言说上帝和受造物是根据类比（secundum analogiam），也就是比例（proportionem）。这以两种方式发生在名称之中：或者因为多个有着对一个的比例（multa habent proportionem ad unum），例如"健康的"被用来言说医药和尿，就两者中的每一个都有着对动物的健康的秩序和比例而言，后者是动物的健康的标志，然而前者是动物的健康的原因；或者因为一个有着对另一个的比例（unum habet proportionem ad alterum），例如"健康的"被用来言说医药和动物，就医药是那存在于动物中的健康的原因而言。①

在这个经典性文本中，我们可以非常清楚地看到阿奎那区分了那些根据类比或者比例而被使用的两类不同的语词或名称：有一些是因为"多个有着对一个的比例"（multa habent proportionem ad unum）而被归于一类；而另一些则是因为"一个有着对另一个的比例"（unum habet proportionem ad alterum）而被归于另一类。我们姑且可以把前者简称为"多个对一个"的类比，而把后者则简称为"一个对另一个"的类比。这一双重区分并非简单地意味着同一个类比词在任何情形下都只能绝对地被归属于这个双重类型中的某一类，而决不能再被归属于其中的另一类。相反，根据具体使用

① *ST*，Ia，q.13，a.5："Dicendum est igitur quod huiusmodi nomina dicuntur de Deo et creaturis secundum analogiam，idest proportionem. Quod quidem dupliciter contingit in nominibus，vel quia multa habent proportionem ad unum，sicut sanum dicitur de medicina et urina，inquantum utrumque habet ordinem et proportionem ad sanitatem animalis，cuius hoc quidem signum est，illud vero causa；vel ex eo quod unum habet proportionem ad alterum，sicut sanum dicitur de medicina et animali，inquantum medicina est causa sanitatis quae est in animali."

情况的不同,同一个类比词既可以在某一种情形下被归属于“多个对一个”的类比,又可以在另一种情形下被归属于“一个对另一个”的类比。阿奎那所列举“健康的”这个语词的例子就清楚地显明了这一点。根据他对这个例子的解释,当“健康的”这个语词被用来言说医药和尿的时候,在这种情形下,它就应当被归属于“多个对一个”的类比,其理由就在于:医药和尿之被说成是健康的,乃是因为两者(即“多个”)都有着对动物的康健(即“一个”)的秩序和比例。具体地说,医药因其是造成动物的健康之原因而被称为健康的,尿则因其是动物的健康之标志而被称为健康的。但是,当“健康的”这个语词被用来言说医药和动物的时候,在这种情形下,它就应当被归属于“一个对另一个”的类比,其理由就在于:医药之被说成是健康的,乃是因为它(即“一个”)有着对动物的健康(即“另一个”)的秩序和比例。换言之,医药因其是造成动物的健康之原因而被称为健康的。由此可见,“多个对一个”的类比与“一个对另一个”的类比之区分是相对的,而不是绝对的。

如上所述,阿奎那关于类比或者类比词的这一双重区分也可以说是根据类比或者类比词的那部分相同的义理远离同(单)义词的义理之程度不同而作出的。就一个类比词的那部分相同的义理而言,如果我们把“多个对一个”的类比词与“一个对另一个”的类比词进行比较,那么我们就会发现前者更加远离了同(单)义词的义理,因为前者是根据“多个”共同对“一个”分别产生的不同关系模式而彼此间接地构成类比的,这一类型的类比需要有一个“第三者”来发挥中介作用才能被确立起来;然而,后者却是根据“一个”对“另一个”所产生的关系模式而彼此直接地构成类比的,这一类型的类比却并不需要有一个“第三者”来发挥中介作用就能够被确立起来。

虽然我们可以把阿奎那的《神学大全》第一集第 13 题第 5 条(*Summa Theologica*,Ia,q.13,a.5)看做是关于类比或者类比词的双重区分的一个经典性文本,但是这并不意味着我们只有在这一文本中才能看到他区分了“多个对一个”的类比与“一个对另一个”的类比。事实上,在阿奎那的其他作品中,我们同样可以发现关于类比或者类比词的双重区分。例如,在其《论上帝的权能》第 7 题第 7 条(*De Potentia*,q.7,a.7)中,我们就可以再一次看到阿奎那重复了他对类比或者类比词作出的这一双重区分。在肯定那些被用来谓述上帝和受造物的语词只能被用来类比地谓述它们的时候,他指出:“这种谓述模式是双重的。一种模式是某物被用来谓述两者因为它们与第三者相关。例如,‘存在者’被用来谓述性质和数量因为它们与实体相关。另一种模式是某物被用来谓述两者因为一个与另一个相关。例如,‘存在者’被用来谓述实体和数量。在第一种谓述模式中某物必定是先于两者的,两者中的每一个都与之有关系:例如,实体对数量和性质(就是如此);但是,在第二种谓述模式中并非如此,然而一个却必定是先于另一个的。"[①]显而易见,在这个文本中,阿奎那只不过是以"两者对第三者"(duorum ad tertium)的类比典型地代表了"多个对一个"(plurium ad unum)的类比罢了。从本质上讲,这是他对类比或者类比词作出的相同的双重区分。

然后,再让我们来考察一下阿奎那的第二个经典性文本。众所周知,阿奎那的《论真理》第2题(*De Veritate*,q.2)是专门讨论与上帝的知识密切相关的各种问题的。例如,上帝是否有知识呢?他认识他自身吗?他具有关于事物的专门的和确定的知识吗?他认识单个的事物吗?他认识无限吗?他的知识会发生变化吗?等等。其中,该题第11条(a.11)所讨论的具体问题是:"知识"这个语词是被用来纯粹异(多)义地言说上帝和人的吗?阿奎那同样是在"同(单)义的"、"异(多)义的"、"类比的"三重语义类型架构中来详细地讨论这个问题的。首先,他彻底否定了"知识"这个语词被用来同(单)义地言说上帝和人的可能性。根据他的说法,因为同(单)义地被命名的事物具有平等性,然而人却永远也不可能达到与上帝平等的程度;上帝的知识与他的存在是同一的,然而我们的知识却不是我们的存在;我们关于上帝的知识都是以我们关于受造物的知识为基础的,就"知识"这个语词的含义而言,我们也是先根据人类知识是什么来理解它,然后再将它扩展到上帝那里去的;如果我们承认它在被用来言说上帝和人的时候具有全然的同(单)义性,那么我们也将与上帝一样具有神圣存在了。这样一来,我们就会冒着泛神论的风险。因此,在这种情况下,我们必须拒绝它的全然同(单)义性。其次,他也坚决否定"知识"这个语词被用来纯粹异(多)义地言说上帝和人的可能性。根据他的说法,如果我们承认它在被用来言说上帝和人的时候具有纯粹的异(多)义性,那么我们的知识根本就无法为谈论神圣知识提供任何基础。这样一来,我们就会冒着不可知论的风险。因此,在这种情况下,我们必须拒绝它的纯粹异(多)义性。最后,在拒绝了"知识"作为言说上帝和人的共同名称的全然同(单)义性和纯粹异(多)义性之后,阿奎那选择了肯定它是"根据类比"或者"根据比例"被用来谓述上帝和人的可能性。他告诉我们:

> 因此,必须说"知识"这个语词被用来谓述上帝的知识和我们的知识,既非全然同(单)义地,亦非纯粹异(多)义地,而是根据类比(secundum analogiam),那就是说无非根据比例(secundum proportionem)。然而,根据比例的一致能够是双重的,并且据此可注意到类比的双重共同性(Convenientia autem secundum

① Sancti Thomae de Aquino, *De Potentia*, q.7, a.7:"Huius autem praedicationis duplex est modus. Unus quo aliquid praedicatur de duobus per respectum ad aliquod tertium, sicut ens de qualitate et quantitate per respectum ad substantiam. Alius modus est quo aliquid praedicatur de duobus per respectum unius ad alterum, sicut ens de substantia et quantitate. In primo autem modo praedicationis oportet esse aliquid prius duobus, ad quod ambo respectum habent, sicut substantia ad quantitatem et qualitatem; in secundo autem non, sed necesse est unum esse prius altero."

proportionem potest esse dupliciter: et secundum haec duo attenditur analogiae communitas)。在彼此有比例的事物之间有某种一致,因为它们有对彼此的确定距离或者其他关系。例如,二同一有某种一致,因为它是一的两倍。但是,有时并非在对彼此有比例的两个事物之间注意到一致,毋宁说在对彼此的两个比例之间。例如,六同四一致,因为正如六是三的两倍,四也是二的两倍。因此,第一种一致是比例的(proportionis),然而第二种一致则是比例性的(proportionalitatis)。因此,我们发现某物根据第一种一致的模式被用来类比地言说两个事物,其中的一个事物有对另一个事物的关系。例如,"存在者"被用来言说实体和偶性,因为偶性有对实体的关系;又如,"健康的"被用来言说尿和动物,因为尿有动物的健康的某种关系。然而,有时某物则根据第二种一致的模式被用来类比地言说。例如,"看见"这个名称被用来言说形体的和理智的看见,因为正如视觉存在于眼中,理智也存在于心中。①

与在第一个经典性文本中出现的有关类比或者类比词的双重区分明显不同,在这个经典性文本中,我们看到阿奎那对类比或者类比词似乎又作出了他分别称之为"比例的"(proportionis)与"比例性的"(proportionalitatis)这样一个双重区分。现在,我们需要弄清楚的问题在于:这究竟是一个什么样的双重区分呢?这与在第一个经典性文本中出现的双重区分有关系吗?如果它们有关系的话,那么它们之间究竟是一种什么样的关系呢?这些问题的答案都隐含在他的第二个经典性文本中。不过,只有对这个文本加以认真细致地考察,我们才能找到这些问题的答案。

首先,在这个经典性文本中,我们必须注意到阿奎那使用了"一致"(convenientia)这个关键词,它与在同一文本中出现的"共同性"(communitas)这个语词一样,也是阿奎那用以表示"类比"(analogia)或者与类比相关的各种同族词之一。

---

① Sancti Thomae de Aquino, *De Veritate*, q.2, a.11: "Unde dicendum est, quod nec omnino univoce, nec pure aequivoce, nomen scientiae de scientia Dei et nostra praedicatur; sed secundum analogiam, quod nihil est dictu quam secundum proportionem. Convenientia autem secundum proportionem potest esse dupliciter: et secundum haec duo attenditur analogiae communitas. Est enim quaedam convenientia inter ipsa quorum est ad invicem proportio, eo quod habent determinatam distantiam vel aliam habitudinem ad invicem, sicut binarius cum unitate, eo quod est eius duplum; convenientia etiam quandoque attenditur non duorum ad invicem inter quae sit proportio sed magis duarum ad invicem proportionum, sicut senarius convenit cum quaternario ex hoc quod sicut senarius est duplum ternarii, ita quaternarius binarii. Prima ergo convenientia est proportionis, secunda autem proportionalitatis; unde et secundum modum primae convenientiae invenimus aliquid analogice dictum de duobus quorum unum ad alterum habitudinem habet; sicut ens dicitur de substantia et accidente ex habitudine quam accidens ad substantiam habet; et sanum dicitur de urina et animali, ex eo quod urina habet aliquam habitudinem ad sanitatem animalis. Quandoque vero dicitur aliquid analogice secundo modo convenientiae; sicut nomen visus dicitur de visu corporali et intellectu, eo quod sicut visus est in oculo, ita intellectus in mente."

实际上,在他讨论类比问题的语境中,我们还可以发现其他许多诸如此类的同族词都被他用来表示类比的意思,或者表示与类比相关的意思。例如,“相似性”(similitudo)、“平等性”(aequalitas)、“齐一性”(uniformitas)、“比例性”(proportionalitas)、“比例”(proportio)等。有时,他又相当灵活地使用这类同族词的副词形式来表示同样的意思。例如,“类比地”(analogiae)、“成比例地”(proportionaliter)、“平等地”(aequaliter)、“类似地”(similiter)、“类似性地”(similitudinarie)等。

其次,在明确了有关“类比”的各种各样的同族词之后,我们就比较容易理解阿奎那的第二个经典性文本是对“根据类比的一致”(convenientia secundum analogiam)或者“根据比例的一致”(convenientia secundum proportionem)从模式上作出的双重区分了。第一种“根据类比或者比例的一致”之模式是彼此有比例关系的两个事物之间的一致,正如在二与一之间存在着一致一样,因为二是一的两倍。阿奎那把这种模式的一致说成是“比例的”(proportionis),也就是说,它可以被称为“比例的一致”(convenientia proportionis)。显然,他在此所谓的“比例”(proportio)这个语词的意义不仅表示在数学上的一个量与另一个量之间存在着的确定关系(例如,在二比一中存在着的两倍关系),而且被扩展到表示在任何一个事物与另一个事物之间存在着的确定关系(例如,在实体与偶性之间存在着的确定关系)。当某物根据这种比例的一致被用来类比地言说两个事物的时候,由于这种类比模式建立在一个事物对另一个事物的比例基础上,因此我们也可以姑且把这种类比相应地称为“比例的类比”(analogiam proportionis)。然而,第二种“根据类比或者比例的一致”之模式不是在彼此有比例关系的两个事物之间的一致,而是在对彼此的两个比例之间的一致。例如,在六与四之间的一致,因为四是二的两倍,正如六是三的两倍一样。阿奎那把这种模式的一致说成是“比例性的”(proportionalitatis),也就是说,它可以被称为“比例性的一致”(convenientiam proportionalitatis)。显然,他在此所谓的“比例性”(proportionalitas)不仅表示在数学上的数量比例之间的相似性(例如,在4:2与6:3之间的相似性),而且被扩展到表示在不同事物对彼此所具有的一种关系与另一种关系之间的相似性。当某物根据这种比例性的一致被用来类比地言说两个事物的时候,由于这种类比模式建立在一种关系有对另一种关系的比例性基础上,因此我们也可以姑且把这种类比相应地称为“比例性的类比”(analogiam proportionalitatis)。除此之外,我们还可以从类比或者类比词的那部分相同的义理远离同(单)义词的义理之程度差异的角度来看待“比例的类比”与“比例性的类比”这一双重区分。当一个类比词根据比例性的类比模式被用来言说两个事物的时候,它所具有的那部分相同义理,相较于当它根据比例的类比模式被用来言说两个事物的时候所具有的那部分相同义理而言,更加远离同(单)义词的义理。换言之,比例性类比的共同性远离同(单)义的共同性之程度大于比例类比的共同性远离同(单)义的共同性之程度。

最后,尽管我们可以说阿奎那在第二个经典性文本中作出了“比例的类比”与“比例性的类比”这一双重区分,然而这并不意味着这两种类比就像它们看起来那样是对类比或者类比词作出的第一级区分。实际上,“比例的类比”与“比例性的类比”之区分是对类比或者类比词作出的第二级区分。从第二个经典性文本中,我们还可以看出,无论比例的类比抑或比例性的类比,两者都是就“一个对另一个”而言的。比例的类比乃是就一个事物有对另一个事物的关系而言的。然而,比例性的类比却是就一种关系有对另一种关系的相似性而言的。阿奎那所列举的例子也充分说明了比例的类比和比例性的类比都是就“一个对另一个”而言的。就比例的类比而言,他给出的例子是偶性对实体。根据他的解释,就实体和偶性都被称为“存在者”而言,其中一个(偶性)有对另一个(实体)的依赖关系。就比例性的类比而言,他给出的例子则是视觉对理智。根据他的解释,就视觉和理智都被称为“看见”而言,其中一个有对另一个的关系的相似性:视觉对形体的关系,正如理智对心灵的关系一样。由此可见,“比例的类比”与“比例性的类比”这一双重区分实际上是针对“一个对另一个”的类比进一步作出的第二级区分,而不是直接对类比或者类比词作出的第一级区分。

综上所述,通过对以上两个经典性文本的考察,我们发现,当阿奎那从类型学的角度探讨类比或者类比词的分类问题的时候,他不仅区分了“多个对一个”的类比与“一个对另一个”的类比,而且还区分了“比例的类比”与“比例性的类比”。但是,他作出这两个与类比问题密切相关的双重区分并不意味着他的类比类型论就是混乱的、不一致的。实际上,阿奎那作出的这两个双重区分不但互不冲突,反倒具有兼容性。这恰好表明他的类比类型论具有层层递进的系统性,因为它们并不是在同一层面上对类比或者类比词作出的两个具有对立关系的双重区分,而是在不同层面上对之作出的两个具有包含和递进关系的双重区分。在第一个经典性文本中出现的“多个对一个”的类比与“一个对另一个”的类比这一双重区分是对类比或者类比词的首级区分。然而,在第二个经典性文本中出现的“比例的类比”与“比例性的类比”这一双重区分却是对“一个对另一个”的类比进一步作出的次级区分。

三、隐喻与类比

在阿奎那时代,不仅类比问题是一个受到基督宗教神学家和哲学家们热烈讨论的话题,而且隐喻(metaphoris)也是如此。在其《神学大全》第一集第1题第9条(*Summa Theologica*, Ia, q.1, a.9)中,阿奎那就专门讨论了“《圣经》是否应当使用隐喻”这一问题。他对这一问题的回答不仅如同亚里士多德一样充分肯定了隐喻对于诗词来说所具有的必要性和重要作用,而且还肯定了它对于神圣学问来说也是“必要的和有用的”(necessitatem et utilitatem)。①

在古希腊文化传统中,隐喻主要是在修辞学范围内被研究的问题。尽管哲学家们并不像修辞学家们那样关心修辞现象,然而他们却有时也会讨论隐喻问题,因为隐喻不光是一种修辞手法,而且还涉及语词的意义问题。既然它涉及了语词的意义问题,那么反思语言现象的哲学家们就必然会在一定程度上关心隐喻问题。亚里士多德就是一个比较关心隐喻问题的哲学家。除了在修辞学和诗学中广泛地讨论过隐喻问题之外,他还从逻辑和哲学的角度探讨过隐喻问题。一方面,他把隐喻说成是天才的标志,强调它的正面功能,认为它能够激发语言的生动性、吸引力和神韵美感。另一方面,他却又把隐喻看做是晦涩难懂的标志,强调它的负面功能,认为它可以动摇逻辑论证,使那些需要论辩的问题变得含混不清。当然,这并不意味着亚里士多德对隐喻的看法是自相矛盾的,而是反映出他看待隐喻的两种不同视角:前者是从修辞学的角度表达的一种隐喻观,主要关切的是诗性语言的生动性;然而,后者却是从辩证法的角度表达的一种隐喻观,主要关切的是逻辑语义的精确性。因此,在谈到诗和散文的时候,他指出:“最重要的莫过于恰当使用隐喻字。这是一件匠心独运的事,同时也是天才的标志,因为善于驾驭隐喻意味着能直观洞察事物之间的相似性。”②在辩证的论证中,隐喻并没有什么地位可言,因为辩证的论证是建立在清楚明白的科学定义基础上的,它严格地要求逻辑语义的精确性;然而,所有隐喻的表达却都是晦涩不明的。③ 因此,他认为必须把隐喻从逻辑论证和科学定义中排除出去。因为这个缘故,所以他说:“如果我们一定不要用隐喻论证,那么我们必须也避免用隐喻或者隐喻式用语下定义。否则我们就不得不用隐喻进行论证。”④不同的学科有不同的关切对象,即使是对某种共同现象的关切,也会因为学科的本性之不同而具有彼此不同的关切视角,从而会导致对这种共同现象的认识也不相同,这是一件十分自然的事情,并不意味着出现了认识上的自相矛盾。

当亚里士多德以哲学家的身份来看待隐喻的时候,他所关心的不是隐喻作为某种修辞手法所引起的问题,而是在隐喻用法中所出现的语词的意义问题。在反思隐喻用法的语义问题的时候,他似乎在某种程度上意识到了在其采用简单二分法作出的“同名同义”与“同名异义”的双重语义类型区分之间存在着一定的张力。在他看来,在辩证的论证以及它所依赖的相关定义中,语词的使用必须是清楚明白的,也就是说,必须满足语词的同名同义性这一基本要求。然而,隐喻用法却根本就不可能达

---

① *ST*, Ia, q.1, a.9, ad 1.

② [古希腊] 亚里士多德:《论诗》,1459a6—8。

③ [古希腊] 亚里士多德:《论题篇》,139b34。

④ [古希腊] 亚里士多德:《后分析篇》,97b37—9。

到这个基本要求。不仅对隐喻的不恰当使用会造成语义的晦涩不明，而且即便是对它的恰当使用，也只需要满足生动性的标准即可，而不需要满足精确性的标准。因此，隐喻用法并不属于“同名同义”这一语义类型。反之，如果把隐喻用法归属于“同名异义”这一语义类型，那么这样做也是行不通的，因为“隐喻必定来自与原事物有固有关系的事物”，①这种固有关系无非就是指在它们之间具有相似性。虽然这种相似性在隐喻用法中并不太明显，但是“隐喻毕竟还通过相似性的比较说明使我们增长了一些知识；所有使用隐喻的人都是按照某种相似物进行隐喻说明的。”②如果我们采用当代语言哲学的术语把被比喻的事物称为“所喻”或者“本体”，而把用以比喻其他事物的事物称为“喻体”，那么，根据亚里士多德的说法，由于隐喻用法是以在本体和喻体之间的相似性为基础的，因此它也不属于“同名异义”这一语义类型。既然隐喻用法不属于“同名同义”与“同名异义”这一双重语义类型架构中的任何一个，那么它作为缓解它们之间的张力的中间形式出现便是一件十分自然的事情了。事实上，在其《论诗》中，我们不难发现亚里士多德就是借用“比例”或者“类比”来解决隐喻用法的语义问题的。他在这部诗学作品中不仅把类比列为在隐喻的恰当使用中转换谓词的四种形式之一，而且还告诉我们：“通过类比得到的隐喻是指在第二个字和第一个字之间，第四个字和第三个字之间有一种类比的关系，可以用第四个字代替第二个字，或用第二个字取代第四个字。有时，还通过加进一个与被替换的字有关系的字来修饰隐喻。如杯之于狄奥尼修斯，正如盾之于阿瑞斯，因此把杯叫做‘狄奥尼修斯之盾’，而把盾称为‘阿瑞斯之杯’。又如老年之于生命，正如黄昏之于白昼，因此可以称黄昏是‘白昼的老年’，或者像恩培多克勒那样，把老年比作‘生命的黄昏’或‘生命的落日’。”③显而易见，亚里士多德所说的这种“根据类比”（κατ᾽ ἀναλογίαν）的隐喻具有一种源自于数学的比例结构，正如 A∶B=C∶D 这种比例图式一样，它非常典型地显示出了不同事物（即当代语言哲学所谓的“本体”与“喻体”）之间具有的某种相似性。他曾经反复地强调了对隐喻的使用必须是恰当的。所谓恰当地使用隐喻，无非就是“要依据类比关系，如果类比不当，就会显出不相宜来，因为把事物彼此放在一起，就能最大限度地显出它们的相反之处。”④因为这个缘故，所以他认为这种以不同事物（本体和喻体）之间所具有的相似性为基础的类比式隐喻是在四种形式的隐喻中最为受人欢迎的；机智的话语就来自于类比式隐喻，因为它能够使事物活现在人们眼前。⑤

---

① ［古希腊］亚里士多德：《修辞术》，1412a12。

② ［古希腊］亚里士多德：《论题篇》，140a9—11。

③ ［古希腊］亚里士多德：《论诗》，1457b16—25。

④ ［古希腊］亚里士多德：《修辞术》，1405a10—3。

⑤ Ibid.，1411a1；1411b21。

亚里士多德的隐喻观尤其是他所诠释的类比式隐喻观对阿奎那反思隐喻现象产生了极其重要的影响。在讨论宗教语言的时候,阿奎那也常常从一个哲学家的立场出发去关切隐喻用法的语义问题。在对隐喻用法的语义问题作哲学思考的时候,他基本上遵循着亚里士多德的基本思想。然而,他对隐喻却提出了在表面上自相矛盾的看法,尤其是当他把隐喻与类比进行比较的时候。

一方面,阿奎那有时会把隐喻看成是一种类比。由于受到亚里士多德所谓类比式隐喻观的影响,他认为隐喻通常是以比例的相似性(similitudinem proportionis)为基础的。他几乎总是把隐喻与比例的相似性紧密关联在一起,尤其是在讨论那些被用来言说上帝的语词或者名称的时候,他基本上把语词或者名称的隐喻用法看成是一种类比。这一点可以从阿奎那的一些文本中得到证实。例如,在其《论真理》第2题第11条(*De Veritate*,q.2,a.11)中,我们就可以清楚地看到阿奎那把隐喻当做一种类比。在这个文本中,他首先区分了"比例的类比"和"比例性的类比"两种模式;然后,他又通过具体分析而说明了在这两种类比模式中一个名称只有根据后者而不是根据前者才能被用来类比地言说上帝和受造物,因为凡是根据比例的类比之模式被用来类比地言说两个事物的名称都含有它们所言说的两个事物彼此之间的某种确定关系,然而凡是根据比例性的类比之模式被用来言说两个事物的名称却并不含有它们所言说的两个事物彼此之间的任何确定关系。在确立了只有比例性的类比才是一个名称据以被用来类比地言说上帝和受造物的模式之后,阿奎那又进一步指出:"但是这种情形以两种方式发生。因为有时那个名称在它的首要意义中含有不能在上帝和受造物之间注意到一致的某物,即使根据上述模式;这样的情形就存在于一切被用来象征性地(symbolice)言说上帝的事物之中,正如当上帝被称为狮子,或者太阳,或者诸如此类的事物的时候一样,因为那不能被归属于上帝的质料落入了它们的定义之中。然而,有时那被用来言说上帝和受造物的名称在它的首要意义中却并不含有任何据以能够在受造物与上帝之间注意到上述模式的一致的某物;一切在其定义中不包含缺陷、根据其存在也不依赖于质料的事物都是如此,正如存在者、善以及诸如此类的其他事物一样。"①在这里,他显然把根据比例性的类比这种模式被用来言说

① Sancti Thomae de Aquino, *De Veritate*, q.2, a.11: "Sed tamen hoc dupliciter contingit: quandoque enim illud nomen importat aliquid ex principali significato, in quo non potest attendi convenientia inter Deum et creaturam, etiam modo praedicto; sicut est in omnibus quae symbolice de Deo dicuntur, ut cum dicitur Deus leo, vel sol, vel aliquid huiusmodi, quia in horum definitione cadit materia, quae Deo attribui non potest. Quandoque vero nomen quod de Deo et creatura dicitur, nihil importat ex principali significato secundum quod non possit attendi praedictus convenientiae modus inter creaturam et Deum; sicut sunt omnia in quorum definitione non clauditur defectus, nec dependent a materia secundum esse, ut ens, bonum, et alia huiusmodi."

上帝和受造物的名称区分为两种:一种是被用来象征性地(symbolice)或者隐喻地(metaphorice)言说上帝的名称,诸如"狮子"、"太阳"之类的名称;另一种则是被用来非象征性地或者非隐喻地言说上帝的名称,诸如"存在者"、"善"之类的名称。同时,在这个文本中,我们也不难看出他所表达的隐喻观就在于:当一个名称根据比例性的类比这种模式被用来言说上帝的时候,由于在它的首要意义中含有妨碍在上帝与受造物之间发现相似性的某种东西,因此,就其首要意义而言,它只能被用来象征性地或者隐喻地言说上帝。这似乎就意味着阿奎那把那些被用来象征性地或者隐喻地言说上帝的名称看成是一种以比例性或者比例的相似性为基础的类比名称。

除此之外,在其《神学大全》第一集第13题第6条(*Summa Theologica*,Ia,q.13,a.6)中,我们同样也可以发现阿奎那把隐喻看成是一种类比。他的这个文本讨论的具体问题在于:那被用来言说上帝和受造物的共同名称究竟是首先被用来言说上帝的,还是首先被用来言说受造物的?他对这个问题的回答是以他在第一集第13题第4条和第5条(Ia,q.13,a.4&5)中得出的基本结论为前提条件的。在讨论第4条和第5条的具体问题的时候,他得出的基本结论就在于:那被用来言说上帝和受造物的名称既不是同(单)义的,也不是异(多)义的,而是根据类比或者比例的。因此,在讨论第6条的具体问题的时候,他就从这个基本结论出发,首先提出了以下这样一条对所有的类比词都普遍适用的基本规则:就一切被用来类比地言说许多个事物的名称而言,这些事物全部都因为它们关涉着同一个事物而被言说,而且这同一个事物必定被放进这些事物全体的定义之中;这样的名称首先被用来言说那被放进其他事物的定义中的东西,其次被用来言说其他事物,根据它们或多或少地接近第一物的程度。他还以众所周知的"健康的"这个语词为例具体地说明了这个普遍地适用于所有类比词的基本规则。然后,他又详细地讨论了这条普遍的基本规则分别在"那些被用来隐喻地言说上帝"(quae metaphorice de Deo dicuntur)的名称与"那些被用来非隐喻地言说上帝"(quae non metaphorice dicuntur de Deo)的名称中的具体适用情况。就那些被用来隐喻地言说上帝的名称而言,这条普遍的基本规则是完全适用的,正如他所说:"因此,一切被用来隐喻地言说上帝的名称都是首先被用来言说受造物的,而不是首先被用来言说上帝的,因为,当被用来言说上帝的时候,它们无非意指同这样的受造物的相似性而已。因为,正如被用来言说一片田野的'微笑'(ridere),根据比例的相似性,无非意指那片田野以类似的方式具有在鲜花盛开时的美而已,就像人在微笑时的美一样;同样地,被用来言说上帝的'狮子'(leonis)这个名称无非意指上帝以类似的方式具有在其运作物中勇敢地运作而已,就像狮子在它的运作物中勇敢地运作一样。因此,显而易见,根据它们被用来言说上帝,它们的意义只有按照它们被用来言说受造物的那个意义才能被定义。”①就那些被用来非隐喻地言说上帝的名称而言，尽管阿奎那认为这条普遍的基本规则也是适用的，然而它们在具体地适用这条规则的时候却又表现出一定的特殊性。如果它们仅仅被用来从原因上(causaliter)言说上帝，那么它们就完全适用这条普遍的基本规则。例如，当我们说“上帝是善的”(Deus est bonus)时候，如果这句话仅仅表示“上帝是受造物的善的原因”(Deus est causa bonitatis creaturae)，那么被用来言说上帝的“善的”(bonum)这个语词在它自身的意义中就已经包含了受造物的善(bonitatem creaturae)。② 因为这个缘故，所以“善的”这个语词按在先性而被用来言说受造物，而不是被用来言说上帝。但是，这样的名称不仅能够被用来从原因上言说上帝，而且还能够被用来从本质上(essentialiter)言说上帝，因为它们除了表示上帝是它们所意指的完美性的原因之外，还表示它们所意指的完美性以某种更加卓越的模式预先存在于上帝之中。于是，上述这条普遍适用于所有类比词的基本规则在这样的名称中的具体适用情况便表现出了一定的特殊性，正如阿奎那所说：“因此，根据这个理由，就名称所意指的事物而言，它们按照在先性而被用来言说上帝，而不是被用来言说受造物，因为这样的完美性从上帝流向受造物。但是，就名称的施加而言，它们按照在先性而由我们应用于我们首先所认识的

① *ST*, Ia, q.13, a.6:“Sic ergo omnia nomina quae metaphorice de Deo dicuntur, per prius de creaturis dicuntur quam de Deo, quia dicta de Deo, nihil aliud significant quam similitudines ad tales creaturas. Sicut enim ridere, dictum de prato, nihil aliud significat quam quod pratum similiter se habet in decore cum floret, sicut homo cum ridet, secundum similitudinem proportionis; sic nomen leonis, dictum de Deo, nihil aliud significat quam quod Deus similiter se habet ut fortiter operetur in suis operibus, sicut leo in suis. Et sic patet quod, secundum quod dicuntur de Deo, eorum significatio definiri non potest, nisi per illud quod de creaturis dicitur.”

② 根据阿奎那的命名理论，“善的”(bonum)这个语词并不同于“善”(bonitatem)这个语词：前者是一个具体名称，而后者则是一个抽象名称。因为这个理由，英文常常把前者译为good，而把后者则译为goodness，以便凸显这一差别。中文目前尚无固定的译名来表示这一差别，我们可以姑且将前者译为“善的”，而将后者译为“善”，亦可仿照英文将前者译为“善的”，而将后者译为“善性”。吾师段德智教授在其汉译《神学大全》第一集(北京：商务印书馆2013年版)中则把这里的bonum译为“善”，然而他把与之相关的“et sic hoc nomen bonum, dictum de Deo, clauderet in suo intellectu bonitatem creaturae”这句拉丁文却翻译为：“这样，应用到上帝身上的善这个词就包括在受造物的善的含义之中了。”(见该著汉译本第214页)其实，这句拉丁文的中文字面翻译应该是：“这样，被用来言说上帝的‘善的’这个词在对它的理解中包含了受造物的善。”如果以“吾爱吾师，吾更爱真理”的精神来看待这句译文，那么我不得不斗胆地说段先生对这句话的翻译是一个误译，因为它所表达的意思正好相反于阿奎那在此所表达的意思。再者，根据阿奎那在该题的第6条中提出的关于类比词的普遍规则，应当是受造物的善被放进了用来言说上帝的bonum这个语词的定义之中，而不应当是像段先生的译文所表达的那种相反的意思，因为类比词首先被用来言说那被放进其他事物的定义中的东西，所以阿奎那才说bonum这个语词首先是被用来言说受造物的。如果根据段先生的译文所表达的意思，那么被用来从原因上言说上帝的bonum这个语词就成为首先是被用来言说上帝的了，而不是首先被用来言说受造物的了。

受造物。因此,它们有适合于受造物的意指模式。"①从他在第6条中讨论问题的基本程序和思路来看,他显然把一切被用来隐喻地言说上帝的名称都看成是类比名称了,因为它们在本质上都符合类比词的逻辑语义特征,类比词的普遍规则对于它们来说都是适用的。因此,我们可以说这个文本支持隐喻是一种类比这一观点。

另一方面,阿奎那有时又把隐喻与类比看成是对立的。他的有些文本也有利于证明他持有关于隐喻与类比是对立的这一观点。例如,在其《神学大全》第一集第13题第3条(*Summa Theologica*, Ia, q.13, a.3)中,在讨论是否有任何名称能够被用来本义地言说上帝这个问题的时候,阿奎那引入了"本义地"(proprie)与"非本义地"(non proprie)的对立来具体解析这个问题。② 他指出,我们关于上帝的知识是由从上帝流入受造物的完美性所产生出来的,这些完美性以一种比它们存在于受造物中更加卓越的模式预先存在于上帝之中;只不过我们的理智却是按照它们存在于受造物中的模式来理解它们的,并且藉着名称来意指它们的。"因此,在那些被归属于上帝的名称中,有两件事情需要考虑,即:被意指的完美性本身,例如善、生命等;和意指模式。因此,就这样的名称所意指的东西而言,它们本义地适合上帝,并且它们被用来本义地和首要地言说上帝,更甚于受造物本身。但是,就意指模式而言,它们非本义地被用来言说上帝,因为它们有适合受造物的意指模式。"③在这里,我们可以清楚地看到,一个名称"被用来本义地和首要地言说上帝,更甚于受造物本身"(magis proprie quam ipsis creaturis, et per prius dicuntur de eo)与它"被用来非本义地言说上帝"(non proprie dicuntur de Deo)是彼此完全对立的,并且这种在"被用来本义地言说"与"被用来非本义地言说"之间的对立是以不同的针对对象为基础的,也就是说,前者是针对"被意指事物"(res significata)而言的,然而后者却是就"意指模式"(modum significandi)而言的。紧接着,在回答那些否认有任何名称能够本义地被用来言说上帝的异议的时候,阿奎那又灵活地用"隐喻地"(metaphorice)这个副词取代了"非本义地"

---

① *ST*, Ia, q.13, a.6: "Unde, secundum hoc, dicendum est quod, quantum ad rem significatam per nomen, per prius dicuntur de Deo quam de creaturis, quia a Deo huiusmodi perfectiones in creaturas manant. Sed quantum ad impositionem nominis, per prius a nobis imponuntur creaturis, quas prius cognoscimus. Unde et modum significandi habent qui competit creatures."

② Proprie与non proprie既可译为"专有地"与"非专有地",亦可译为"严格地"与"非严格地"等,这里根据它用作修饰语词意指模式的副词而转译为"本义地"与"非本义地"。

③ *ST*, Ia, q.13, a.3: "In nominibus igitur quae Deo attribuimus, est duo considerare, scilicet, perfectiones ipsas significatas, ut bonitatem, vitam, et huiusmodi; et modum significandi. Quantum igitur ad id quod significant huiusmodi nomina, proprie competunt Deo, et magis proprie quam ipsis creaturis, et per prius dicuntur de eo. Quantum vero ad modum significandi, non proprie dicuntur de Deo, habent enim modum significandi qui creaturis competit."

(non proprie)这个副词,把非本义地言说上帝的特征描述成了语词的隐喻用法。[①] 这样一来,他就把在“本义地”与“非本义地”之间的对立转变成了在“本义地被用来言说上帝”(proprie dicuntur de Deo)与“隐喻地被用来言说上帝”(metaphorice de Deo dicuntur)之间的对立。[②] 由此可见,这个文本支持关于隐喻与类比是对立的这一观点。

此外,在阿奎那的《亚里士多德〈形而上学〉评注》中,我们还可以找到其他一些相应的文本来进一步证实他把隐喻与类比看成是对立的。例如,在讨论“潜能”与“现实”这对哲学范畴的时候,他就通过区分异(多)义的模式和类比的模式而解释了“潜能”这个语词的多种意义。他指出,就“潜能”(potentia)和“能”(posse)这两个语词而言,其意义是多样性的,“但是这一多样性就某些模式而言是异(多)义的多样性,就其他的模式而言却是类比的多样性。因为有些事物被说成是可能或者不可能(possibilia vel impossibilia),乃因为它们在其自身中有某个原理;并且这种情形基于某些模式,所有的事物都根据这些模式而被说成是潜能,并非异(多)义地,而是类比地。然而,有些事物被说成是可能或者潜能(possibilia vel potentia),则并非因为它们在其自身中有某个原理;并且在这样的情形下它们异(多)义地被说成是潜能。”[③]在根据异(多)义的模式和类比的模式而阐明了在“潜能”这个语词的意义中有着“异(多)义的多样性”(multiplicitas aequivocationis)与“类比的多样性”(multiplicitas analogiae)的对立之后,阿奎那又分别从几何学和数学中举例说明了“潜能”这个语词所具有的异(多)义的模式。他从几何学中举出的例子是线。由于线的平方被称为线的潜能,因此线就被说成能成为它的平方。他从数学中举出的例子是“三”这个数。因为“三”这个数由它自身相乘而产生“九”这个数,所以“三”这个数就被说成能成为“九”这个数。由于平方的根类似于那由以造成事物的质料,因此根就被说成能成为平方,正如质料被说成能成为事物一样。虽然这种比较也是以比例的相似性为基础的,但是它们并不属于“潜能”这个语词所具有的类比的模式,而是属于它所具有的异(多)义的模式。从这部著作第五卷中的平行讨论来看,阿奎那显然把“潜能”这个语词所具有的这些异(多)义的模式等同于它的隐喻用法了,正如他所说:“在几何

---

① *ST*, Ia, q.13, a.3, ad 1.

② Ibid., q.13, a.3, ad 3.

③ Sancti Thomae de Aquino, *In IX Metaphysicorum*, lect.1, n.1773:“Sed ista multiplicitas quantum ad quosdam modos est multiplicitas aequivocationis, sed quantum ad quosdam analogiae. Quaedam enim dicuntur possibilia vel impossibilia, eo quod habent aliquod principium in seipsis; et hoc secundum quosdam modos, secundum quos omnes dicuntur potentiae non aequivoce, sed analogice. Aliqua vero dicuntur possibilia vel potentia, non propter aliquod principium quod in seipsis habeant; et in illis dicitur potentia aequivoce.”

学中,潜能依照隐喻被用来言说。"①当"潜能"这个语词被用来隐喻地言说某些事物的时候,并非因为这些事物在它们自身中具有某个原理,而是因为某种相似性。然而,当"潜能"这个语词被用来类比地言说某些事物的时候,却是因为这些事物在它们自身中具有某个原理,所有如此这般地被用来言说的潜能都可以被还原为某个原理,其他一切潜能都由这个原理而获得它们的意义。② 在这里,我们可以清楚地看到,对于阿奎那来说,异(多)义的模式与类比的模式之对立实际上就是隐喻与类比的对立。根据他对"潜能"这个语词的多义性所作的分析,我们可以断定他有时的确把一个语词的隐喻用法与它的类比用法对立起来了,因为在一个语词的类比用法中,它的多种意义可以被还原为它的首要意义,它的其他意义都是从它的首要意义派生出来的;然而,在这个语词的隐喻用法中,其情形却并非如此。

上述文本充分证明阿奎那对隐喻作出了在表面上显得有点自相矛盾的解释。一方面,他把隐喻看成是一种类比,并且采用普遍适用于类比词的基本规则来解释隐喻用法。这样一来,一个语词的隐喻用法就必定包含着对它的专有义理(ratio propria)的指涉。换言之,一个语词的隐喻用法包含着对其首要意义的指涉。另一方面,阿奎那又把语词所具有的异(多)义的模式或者隐喻的模式同其类比的模式对立起来。在他看来,在一个语词所具有的类比的模式中,它的多种意义可以被还原为它的首要意义,它的其他意义则是从它的首要意义派生出来的。然而,在一个语词所具有的异(多)义的模式或者隐喻的模式中,其情形却不是如此。这就意味着只有一个语词的类比用法才包含着对它的专有义理或者首要意义的指涉,然而它的隐喻用法却不是这样的。毫无疑问,这两个方面的解释看起来是自相矛盾的。它们彼此冲突的焦点就在于:前者承认一个语词的隐喻用法包含着对它的专有义理或首要意义的指涉;然而,后者却又对此加以了否认。但是,这个矛盾仅仅是表面上的矛盾而已。实际上,这个矛盾完全可以在阿奎那的隐喻观中被消解掉。当然,如果我们想要消解这一表面上的自相矛盾,那么我们就必须搞清楚以下这样两个相关的问题:第一,阿奎那是在何种意义上只承认一个语词的类比用法指涉其专有义理或者首要意义的?第二,他又是在何种意义上承认一个语词的隐喻用法也指涉其专有义理或者首要意义的?我们也可以把这两个问题合并成以下这样一个问题:阿奎那是否在相同的意义上同时承认一个语词的类比用法与其隐喻用法都指涉其专有义理或者首要意义的?如果这个问题的答案是否定的,那么在他对隐喻作出上述解释的时候所出现的表面上的

① Sancti Thomae de Aquino, *In V Metaphysicorum*, lect. 14, n. 974: "In geometria dicitur potentia secundum metaphoram."

② Sancti Thomae de Aquino, *In IX Metaphysicorum*, lect.1, n.1776.

自相矛盾就自然地被消解了。

现在,让我们来简要地考察一下阿奎那到底是否在相同的意义上同时承认了一个语词的类比用法与其隐喻用法都指涉它的专有义理或者首要意义?由于这个问题直接牵涉到对类比和隐喻的本质之理解,因此我们只能试图根据阿奎那所描述的关于类比词和隐喻用法在逻辑语义特征方面具有的本质差异来找出这个问题的答案。

从本质上讲,一个类比词的逻辑语义特征主要体现在它不仅具有意义的多样性,而且在它的多样化的意义中必定有一个首要意义作为其专有义理,它的其他一些次要意义都是因为按照不同的关系模式来指涉其专有义理而被形成的,它们都是其专有义理的引申。当一个语词被用来类比地言说许多事物的时候,尽管它是这些事物所分享的一个共同名称,然而它却"根据专有义理而仅仅在它们中的一个那里被发现,其他的事物都从这一个而被命名。"[①]在一个语词的类比用法中,真正发挥作用的是这个语词所表示的事物的命名形式,不同的事物所分享的共同名称首先是从保留着专有义理的这个事物的形式而被命名的,然后其他事物才从这个事物的命名形式而被命名。尽管如此,当它们从这个命名形式而被命名的时候,它们却包含了某种新的意指模式,从而使得它们的名称形成了某种新的引申意义,然而这种引申意义却又依赖于这个共同名称的专有义理,因为它的专有义理被放进了它的各种引申意义的定义之中。因此,就一个语词的类比用法而言,在它的多样化意义中,不仅具有相同的被意指事物,而且具有不同的意指模式。一个语词的专有义理的意指模式是原初的和首要的,它的其他意指模式都因为它们与这个语词的专有义理有着不同的关系而形成了这个语词的某种新的引申意义,尽管这种新的引申意义也含有与这个语词的专有义理相同的被意指事物,然而那意指这个事物的模式却发生了变化。正因为一个语词的专有义理被放进了它的引申意义的定义之中,并且它的引申意义都可以被还原为它的专有义理,所以阿奎那才在这种意义上承认一个语词的类比用法指涉它的专有义理或者首要意义。

然而,阿奎那却否认一个语词的隐喻用法与它的类比用法能够在相同的意义上指涉其专有义理或者首要意义,其原因就在于:当这个语词被用来隐喻地言说某些事物的时候,这些事物在它们自身中并不具有某个原理,而且其他事物也不能被还原为这个原理。换言之,当它被隐喻地使用的时候,它所具有的意义既不属于从它的专有义理而引申出来的诸多意义之一,又不能被还原为它的专有义理。在阿奎那看来,虽然语词的隐喻用法就像其类比用法一样,也包含着语词从一种人们日常熟悉的语境

① *ST*, Ia, q.16, a.6:"Invenitur secundum propriam rationem in uno eorum tantum, a quo alia denominantur."

向另一种相对陌生的语境之转换，但是就语词的意义之转换而言，它的隐喻用法具有不同于其类比用法的本质或者形式。所谓语词的隐喻用法，简单地说，无非就是指把一个事物的名称转换到另一个事物上去。例如，当我们说"人是狮子"或者说"上帝是狮子"的时候，就是把"狮子"这个名称隐喻地转换到人或者上帝身上。在一个语词的隐喻用法中，真正发挥作用的并不是这个语词的命名形式，而是从它的命名形式而被命名的那个事物的某种结果或者特性。凡是由一个语词所隐喻地言说的事物，都不会从这个语词的命名形式而被命名，它们也绝不会落入到这个语词的各种类比的引申意义之中。一个语词的隐喻用法并不像它的类比用法那样包含着一些意指相同命名形式的不同新模式，而是把隐喻地被言说的事物指向那个保留着这个语词的专有义理的事物，根据在隐喻地被言说的事物与那个保留着这个语词的专有义理的事物的结果或者特性之间存在着的某种相似性。阿奎那有时也会把在它们之间存在着的这种相似性称为"比例性的相似性"(similitudo proportionabilitatis)。例如，他说："那些被用来专有地言说他(即上帝)的事物真实地存在于他之中；然而，那些被用来隐喻地言说他的事物却按照对某种结果的比例性的相似性。"①当然，这种比例性的相似性并不是指在隐喻地被言说的事物与那个保留着语词的专有义理的事物之间以无论什么样的方式所具有的相似性，而是指它们彼此在结果或者特性方面所具有的相似性。就一个事物的名称被转换到另一个事物上而言，当这个事物的名称随便根据这个事物与另一个事物的任何相似性而被转换的时候，我们绝不能把这个名称被转换的所有用法都说成是隐喻用法。只有当这个名称根据在它本义地意指的事物与它被转换于其上的另一事物之间在某种结果或者特性方面具有的相似性而被转换的时候，我们才能把它被转换的用法称为隐喻用法。例如，当"狮子"这个名称被隐喻地转换到上帝身上的时候，它并不是因为在上帝与狮子之间存在着可感本性的相似性而被转换的，而是因为上帝与狮子在某种特性方面存在着相似性而被转换的。②正如狮子勇敢地行动一样，上帝也勇敢地行动。然而，当我们说"上帝是勇敢的"时候，这一说法却不是隐喻。只有当我们说"上帝是狮子"的时候，这一说法才是隐喻。之所以如此，其原因就在于：尽管勇敢是狮子的一个重要特性，然而它却不是狮子的命名形式。由此可见，当一个语词被隐喻地使用的时候，它并不像在它的类比用法中那样获得一种指涉其专有义理或首要意义的新模式。尽管如此，由于隐喻的本质特征在于把一个事物的名称转换到另一个事物上去，因此，当一个事物的名称被用来隐

① Sancti Thomae de Aquino, *Super I Sententiarum*, d.45, q.1, a.4: "Ea quae proprie de ipso (i.e., de Deo) dicuntur, vere in eo sunt; sed ea quae metaphorice dicuntur de eo per similitudinem proportionabilitatis ad effectum aliquem."

② Sancti Thomae de Aquino, *De Veritate*, q.2, a.11.

喻地言说另一个事物的时候，如果我们想要把握名称的隐喻意义，那么我们就必须求助于那个保留着名称的专有义理或者首要意义的事物。只有在这种意义上，阿奎那才会承认一个语词的隐喻用法也包含着对其专有义理或者首要意义的指涉。显而易见，在这种意义上，一个语词的隐喻用法以一种特殊的模式包含着对其专有义理或者首要意义的指涉，然而这种特殊的隐喻模式却并不等同于那种意指相同被意指事物的不同的类比模式。在隐喻模式中，一个语词的意义因为其所言说的事物远离那保留着其专有义理的事物而纯粹地被缩减成非专有的意义，然而这种在被转换的用法中产生的非专有意义却决不能被还原为其专有义理。但是，在类比模式中，一个语词的意义因为其所言说的事物或多或少地接近那保留着其专有义理的事物而成为类似于其专有义理的各种意义，并且这些类似于其专有义理的意义可以被还原为其专有义理。

根据上述考察，我们不难得出一个基本结论：阿奎那并不是在相同的意义上同时承认一个语词的隐喻用法与其类比用法都指涉其专有义理或者首要意义的。既然如此，那么他对隐喻的解释在表面上的自相矛盾就可以被消解掉。当然，即使在承认隐喻是一种类比的前提下，我们也可以承认隐喻与类比在一定程度上有其彼此对立的一面，因为在它们之间毕竟存在着本质上的或者形式上的差异。

第三节　形而上学类比

虽然阿奎那从逻辑学的角度对类比作出了清晰而深刻的阐释，但是这并不意味着他对类比的思考只是一种纯粹的逻辑学说。相反，在他那里，对类比的逻辑学探讨恰恰建立在对它的形而上学探讨的基础上。因此，形而上学类比也是构成阿奎那类比理论的一个极其重要的基础性部分。如同亚里士多德把形而上学看成是探讨存在者之为存在者(ens qua ens)的科学一样，阿奎那也认为形而上学探讨的主题是普遍的或者共同的存在者(ens commune)。但是，对于他来说，普遍的或者共同的存在者并不像柏拉图所谓的“相”或者“型”那样是现实世界中真实存在的分离实体，而是人的理智从感官经验对象中抽象出来的普遍的形式或者本质。感官经验对象是在现实世界中存在着的物质事物，它们本身并不是普遍的或者共同的，而是具体的、个别的、物质性的事物。但是，一切实际存在着的具体的、个别的、物质性的事物都被人们普遍地或者共同地称为“存在者”。这种普遍性或者共同性不是源自于具体的物质事物的存在模式(modus essendi)，而是源自于人的理智对它们的形式或者本质的理解模式(modus intelligendi)。人通过自己的理智以普遍的、抽象的、非物质性的理解模式去理解个别的、具体的、物质性的事物，并且形成相应的普遍概念；在此基础上，又把所形成的普遍概念表达为口语、文字等各种形式的语言符号,而这些语言符号又具有与理解模式相应的意指模式(modus significandi)。在如何看待语言、思想、实在三者之间的关系问题上,一方面,阿奎那传承亚里士多德关于口语直接地意指理智的概念并且经由理智的概念之中介而间接地意指实际事物这一基本观点;另一方面,他又坚决主张必须在意指模式、理解模式、存在模式三者之间作出区分。这一基本立场也反映出阿奎那对逻辑学、知识论、形而上学三者之间的关系的辩证理解。其中,他在逻辑学与形而上学的关系问题上所持的辩证立场对于我们理解他的类比理论来说显得格外重要。一方面,我们必须看到他充分肯定了存在于逻辑学与形而上学之间的一致性,承认语言能够正确地反映和表达人对实际事物的认识,从而把逻辑类比奠基在形而上学类比的基础上。另一方面,我们也要看到他充分肯定了存在于逻辑学与形而上学之间的差异性,承认语言的意指模式无法精确地反映被意指的事物。在他看来,即使语言的意指模式能够自然地反映实际事物的存在模式,我们也不能因此而把语言简单地视为言说对象的完整复本,绝不能从意指模式直接演绎出实际事物的存在模式。因为这个缘故,所以他的类比理论强调必须把逻辑类比与形而上学类比区分开来。

既然阿奎那把普遍存在者视为形而上学的主题,那么本节的主要任务就在于考察他的类比理论的形而上学维度——他对那落入普遍存在者的范围内并且由感官经验给予我们的存在者的类比问题所持有的基本观点。这一考察主要包括两个方面的基本内容:一是考察他对巴门尼德所谓存在者的“一”所作的批判,并且通过他的批判而概括他在存在者的一多关系问题上所持的基本观点;二是进一步考察他是如何阐释存在者的范畴类比的。

一、对巴门尼德所谓存在者的“一”之批判

众所周知,古希腊哲学自泰勒斯起就已经开始在现象世界的多样性背后寻找统一性原理,这一哲学努力直到爱利亚学派的巴门尼德才达到了一个历史性的转折点。他不再像以往的自然哲学家们那样追问变动不居的世界万物的本原是什么以及它们如何生成和变化之类的问题,而是要求避开这一条凡人的意见之路,转而在女神狄凯的指引下走向一条寻求真实不变的“存在(者)”的真理之路。他所谓的“意见之路”,就是指以往自然哲学家们在寻找世界万物的本原或者始基的时候停留于对变动不居的经验现象作感性的把握和言说。他认为这是一条无法获得真正知识的道路或者途径,就像赫拉克利特所谓“既存在(是),又不存在(是)”的经验流变那样没有绝对的确定性或者规定性可言。而他所谓的“真理之路”,则是指理性地把握和言说那具有绝对确定性或者规定性的真实对象。他认为唯有如此,人们才能获得真正的

知识。显然,从意见之路转向真理之路为古希腊哲学的发展提出了新问题,开辟了新途径。在古希腊哲学发展史上,巴门尼德最先把日常语言中的“ἐστιν”(estin)一词转变成为哲学的一个核心范畴,①用以表达那具有绝对确定性或者规定性的真实对象。他把以往作为经验对象的本原或者始基转变成了作为理智对象的 estin,从而推动了古希腊哲学从自然哲学朝着形而上学转向,以致黑格尔对他给予了很高的评价:“真正的哲学思想从巴门尼德起始了,在这里面可以看见哲学被提高到思想的领域。”②

巴门尼德的 estin 是一个既合语言逻辑性又合对象性的存在者。在他那里,“estin”作为一个哲学范畴兼具逻辑学的和本体论的双重意涵。一方面,它被用以表示那能够被言说的真理对象,涉及命题的真理性,在此意义上,中文常以系词“是”译之。另一方面,它又被用以表示真实的存在对象,涉及所指对象的实在性,中文常以实义词“存在”或者“存在者”译之。尽管巴门尼德把实在性给予了 estin,然而 estin 作为真实的存在者却不是流变的现象世界中的任何感官经验给予物,而是内化于人的思想意识中、具有确定的逻辑结构、能为语言逻辑所触及的本质或者形式对象。感官经验对象恰恰被他称为“非存在者”(ouk estin),如他所说:“能够被表述、被思想的必定是存在者”③;“非存在者既不能被表述,也不能被思想”④。巴门尼德从思想与存在者的同一性原则出发,把存在者的基本特征或者属性概括为不生不灭的、完整的、单一的、不动的、没有终结的。在他所概括的这些基本特征或者属性中,与我们现在所要讨论的问题最密切相关的是存在者的单一性,因为阿伞那正是针对巴门尼德所谓存在者的“一”进行批判的。巴门尼德在其残篇中这样描述存在者的单一性:“存在者还是不可分的,因为它是完全一样的,它不会这里多一些,那里少一些,因而妨碍存在者联系在一起,毋宁说存在者是充满的、连续的,存在者和存在者是紧紧相连的。”⑤这是他对“存在者”这个概念的内涵所作的最绝对化的解释,后人常用“存在者是一”这句话来表示他对存在者的单一性的绝对化理解。在他那里,存在者不仅没有性质上的根本差异,而且没有数量上的任何区别,完全变成了毫无任何具体内

① 巴门尼德用以表述“存在”或“存在者”范畴的有 estin、eon、einai 三个语词,在希腊文中这三个词都源于系词 eimi,从语法上讲,这三个词之间的差别仅仅在于:estin 是 eimi 的主动语态现在陈述式单数第三人称形式;eon 是 eimi 的中性分词或动名词形式;而 einai 则是 eimi 的不定式。由于系词 eimi 有人称、时态、语态的变化以及分词、动名词和不定式等多种形式,因此在巴门尼德把 estin、eon、einai 以及它们的其他变化形式作为哲学范畴使用的时候,它们所表示的思想内容其实是相同的。

② [德]黑格尔:《哲学史讲演录》第一卷,贺麟译,北京:商务印书馆 1996 年版,第 267 页。

③ DK 28B 6.

④ DK 28B 8.

⑤ 同上。

容的铁板一块的单一整体,仅仅剩下一个绝对空洞的、抽象的"一"这个规定性。在此之前,为了强调本原的同一性,毕达哥拉斯学派的哲学家们也曾经把被抽象掉性质差异的"一"作为万物的本原,但是他们的"一"仍然保留着在数量关系上的差异性,也是能够与"多"兼容的"一",因为他们认为从"一"中能够产生数和其他事物来。但是,当巴门尼德把存在者解释成连续的不可分的"一"的时候,他甚至把存在者在数量关系上的差异性也完全抽象掉了。这样一来,他所谓的存在者就只有绝对的自身同一性,却不能与"多"兼容了。巴门尼德的目的在于批判以往的自然哲学家们尤其是赫拉克利特把流变的自然事物当做存在者,他们不能赋予自然万物以绝对的确定性或者规定性,也无法用语言对它们加以固定。然而,当他赋予存在者以绝对确定性或者规定性的时候,他却彻底地否定了经验世界中的个别事物的相对确定性或者规定性,从而把世界万物当成是不能被思想和言说的非存在者了。这就完全违背了他试图赋予自然万物以绝对确定性或者规定性的初衷。因此,他的这种绝对单一性的存在者观念根本就不可能与经验世界中的个别事物的多样性观念相协调,最终只能把整个现象世界当作非存在者予以抛弃。后来,爱利亚学派的麦里梭进一步论证了巴门尼德关于存在者是一和不动的观点,同时也修正了他关于存在者的有限性的观点,而主张存在者是无限的。

阿奎那在其《亚里士多德〈物理学〉评注》中不仅详细地批判了巴门尼德和麦里梭所谓"存在者是一"的主张,而且对他们(尤其是巴门尼德)的论证进行了反驳。

首先,阿奎那通过分别剖析"存在者是一"这个命题的主词和谓词的意义而批判了巴门尼德和麦里梭的主张。

一方面,就"存在者是一"这个命题的主词而言,阿奎那指出,我们应当询问那些主张存在者是一的人:他们究竟是如何使用"存在者"(ens)这个语词的?他们是否用这个语词意指实体,或者性质,或者其他范畴中的任何一个呢?在他看来,当那些人主张"存在者是一"的时候,他们必定把这个命题要么应用于实体与偶性一起,要么应用于单独的偶性,要么应用于单独的实体。① 但是,就这三种情况中的任何一种而言,他们的命题都会导致严重的问题。如果他们用"存在者"这个语词指的是实体与偶性一起,那么存在者就不是单独的一,而是二,即实体与偶性,因为不管它们是在一个事物中作为一,还是在不同事物中作为一,它们都不会单纯地是一,而是多。②

---

① Sancti Thomae de Aquino, *In I Physicam*, lect.3, n.21: "Si ens est unum, quod vel sit substantia et accidens simul, vel sit accidens tantum, vel substantia tantum."

② Ibid., lect.3, n.21: "Si autem sit substantia et accidens simul, non erit unum ens tantum, sed duo. Nec differt quantum ad hoc utrum substantia et accidens sint simul in uno ut unum vel diversa: quia licet sint simul in uno, non tamen sunt unum simpliciter, sed unum subiecto. Et sic ponendo substantiam cum accidente, sequitur quod non sint unum simpliciter sed multa."

如果他们用“存在者”这个语词指的是单独的偶性，那么他们的命题则完全是不可能的，因为偶性绝不可能没有实体而独立存在，然而每一个偶性却都是被用来言说实体的，就像被用来言说它的主体一样，这一点被包含在偶性的定义之中。① 如果他们用“存在者”这个语词指的是没有任何偶性的实体，那么就能得出存在者不是数量的结论，因为数量是一种偶性。但是，这个结论与麦里梭关于存在者是无限的观点相冲突，因为无限者意味着它必须能够被量化。因此，如果“存在者”这个语词指的是单独的实体，那么它就不可能是无限的。这样一来，那么麦里梭所谓“存在者是一”这个命题也就不可能是真的了。② 既然在上述三种情况下他们的主张都不能成立，那么阿奎那得出的结论是：“存在着的东西，即存在者，以多种方式被言说。”③

另一方面，就“存在者是一”这个命题的谓词而言，阿奎那指出：“正如存在者以多种方式被言说一样，一也是如此。因此，必须考虑的是他们以何种方式说万物是一。因为一以三种方式被言说：或者像连续体是一那样，例如一条线或者一个形体；或者像不可分割者是一那样，例如一个点；或者像那些其义理或者定义是一的事物被说成是一那样，例如饮料和酒水被说成是一。”④但是，我们不可能按照连续体的一、不可分割者的一、义理或者定义的一这三种情形中的任何一种方式说万物是一；否则的话，就会与巴门尼德和麦里梭所谓“存在者是一”的主张产生冲突或者不一致。第一，我们不可能按照连续体是一的方式说万物是一，因为连续体在某些方面是多，因为每一个连续体都是无限可分的，从而在其自身中包含众多部分；因此，凡是主张存在者是一个连续体的人都必须主张它在某些方面是多，这一点不仅因为部分的众多而且因为整体与部分之间存在的差异而是真的。⑤ 第二，我们也不可能按照不可分

---

① Sancti Thomae de Aquino, *In I Physicam*, lect.3, n.21: “Si vero dicatur quod sit accidens tantum et non substantia, hoc est omnino impossibile: nam accidens sine substantia omnino esse non potest; omnia enim accidentia de substantia dicuntur sicut de subiecto, et in hoc ratio eorum consistit.”

② Ibid., lect.3, n.21: “Si vero dicatur quod sit substantia tantum sine accidente, sequitur quod non sit quantitas, nam quantitas accidens est: et hoc est contra positionem Melissi … si vero sit solum substantia, non est infinitum, quia non habebit magnitudinem neque quantitatem: nullo igitur modo potest esse verum quod Melissus dicit, ens esse unum.”

③ Ibid., lect.3, n.21: “Id *quod est*, idest ens, dicitur multipliciter.”

④ Ibid., lect.3, n.22: “sicut ens dicitur multipliciter, ita et unum: et ideo considerandum est quomodo dicant omnia esse unum. Dicitur enim unum tripliciter: vel sicut continuum est unum, ut linea et corpus; vel sicut indivisibile est unum, ut punctum; vel sicut unum dicuntur illa quorum ratio est una, seu definitio, sicut vappa et vinum dicuntur unum.”

⑤ Ibid., lect.3, n.22: “Primo ergo ostendit quod non possunt dicere quod omnia sunt unum continuatione, quia continuum est quodammodo multa: omne enim continuum est in infinitum divisibile, et sic continet in se multas partes. Unde qui ponit ens continuum, necesse est quod ponat quodammodo multa. Et non solum propter multitudinem partium, sed etiam propter diversitatem quae videtur esse inter totum et partes.”

割者是一的方式说万物是一,因为不可分割者不可能是数量,因为每一个数量都是可分的;因此,如果我们所说的是基于数量的性质,那么它也不可能是性质;再者,如果它不是一个数量,那么它既不可能像巴门尼德所说的那样是有限的,也不可能像麦里梭所说的那样是无限的,因为不可分的终点是末端,而不是有限的,因为有限和无限都在数量中被发现。[①] 第三,我们也不可能根据义理或者定义说万物是一,因为如果万物根据定义而是一为真的话,那么我们就会推论出许多荒谬的结论。例如,如果万物根据定义而是一,那么我们就可以推出相反者根据定义而是一,以致善与恶将是同一的;我们也可以推出存在者与非存在者也将是同一的,一切存在者不仅将会是一个存在者,而且它们将会是非存在者或者虚无,更进一步,如果存在者和虚无根据定义而是一,那么就会推出万物都是一个存在者,万物都是虚无;我们还可以推出不同的范畴也将是同一的;等等。[②] 既然万物既不可能是连续体的一,又不可能是不可分割者的一,也不可能是义理或者定义的一,那么存在者就不可能是绝对的一了。

其次,在批判了巴门尼德和麦里梭所谓"存在者是一"的主张之后,阿奎那又进一步反驳了他们(尤其是巴门尼德)提出的论证。他将巴门尼德的论证概括如下:

> 凡是除了存在者之外的,就是非存在者(*Quidquid est praeter ens est non ens*);
>
> 而凡是非存在者的,就是虚无(*sed quod est non ens est nihil*);
>
> 因此,凡是除了存在者之外的,就是虚无(*ergo quidquid est praeter ens est nihil*)。
>
> 但是,存在者是一(*Sed ens est unum*);
>
> 因此,凡是除了一之外的,就是虚无(*ergo quidquid est praeter unum est nihil*);
>
> 因此,只有一个存在者(*ergo est tantum unum ens*)。[③]

阿奎那分别从巴门尼德所设定的命题和他所使用的推理形式两个方面反驳了上述论证。

一方面,阿奎那认为巴门尼德所设定的命题是假的。在解释亚里士多德为什么指责巴门尼德设定了假命题的时候,阿奎那指出,这是因为巴门尼德认为"存在着的东西"(quod est)即"存在者"(ens)仅仅以一种模式单纯地被使用。然而,实际上,它

① Sancti Thomae de Aquino, *In I Physicam*, lect.3, n.23:"Omnia non possunt esse unum sicut indivisibile est unum; quia quod est indivisibile non potest esse quantum, cum omnis quantitas sit divisibilis; et per consequens non potest esse quale, ut intelligatur de qualitate quae fundatur super quantitatem. Et si non est quantum, non potest esse finitum, sicut dixit Parmenides, neque infinitum, sicut dixit Melissus; quia terminus indivisibilis, utpote punctus, est finis et non finitus; quia finitum et infinitum conveniunt quantitati."

② Ibid., lect.3, n.24.

③ Ibid., lect.6, n.37; *In I Metaphysicorum*, lect.9, n.138.

以多种模式被使用。因为“存在者”以一种模式被用于意指实体，而以另一种模式被用于意指偶性。在它被用于意指偶性的时候，它又根据不同的范畴而以多种模式被使用。此外，它也可以被共同地用于实体和偶性。“因此，显而易见，巴门尼德所设定的命题在一种意义上是真的，而在另一种意义上是假的。因为当说‘凡是除了存在者之外的，就是非存在者’的时候，如果‘存在者’似乎是被共同用于实体和偶性，那么它就是真的。但是，如果‘存在者’仅仅被用于偶性，或者仅仅被用于实体，那么它就是假的。”①同样地，当巴门尼德说“存在者是一”的时候，如果“存在者”这个语词被用于意指某个给定的实体或者某种给定的偶性，那么这种说法就是真的；但是，如果在除了那个给定的存在者之外的就是非存在者这一意义上理解，那么这种说法就是假的。②

另一方面，阿奎那认为巴门尼德的论证所使用的推理形式也是无效的。在他看来，由于巴门尼德的论证形式并未严格地遵循三段论的基本规则，因此它并不能根据恰当的逻辑形式推出它的结论。阿奎那分别从两个方面详细地解释巴门尼德的论证并不能推出存在者单纯地是一这个结论。

第一，因为巴门尼德所谓“凡是除了存在者之外的，就是非存在者”这个命题既不可能被应用于单独的偶性，也不可能被应用于单独的实体，所以他的论证不能推出存在者单纯地是一这个结论。当我们说“凡是除了存在者之外的，就是非存在者”的时候，如果“存在者”这个语词排他性地意指偶性，那么实体或者主体作为除了存在者（即偶性）之外的东西就必定是存在者；又因为偶性被用来谓述主体，然而主体现在却被归入非存在者了；因此，当作为存在者的偶性被用来谓述作为非存在者的那个主体的时候，就会得出存在者被用来谓述非存在者的结论，也就是说，非存在者是存在者。然而，这显然是不可能的，因为相反者不能被用来谓述彼此。因此，当我们说“凡是除了存在者之外的，就是非存在者”的时候，“存在者”这个语词不可能意指单独的偶性；否则的话，它的主体就绝不会是一个存在者，除非它意指多，以致在多中的每一个都是存在者。但是，这就意味着我们不能得出存在者仅仅是一的结论。③ 如果“存在者”排他性地意指实体，那么内在于实体中的任何偶性都将被归入非存在者，因为巴门尼德说凡是除了存在者之外的就是非存在者，并且凡是非存在者的就是虚无；然而，由于偶性被用来谓述主体；因此，当作为非存在者或者虚无的偶性被用

① Sancti Thomae de Aquino, *In I Physicam*, lect.6, n.39: “Patet autem quod propositiones ab eo sumptae in uno sensu sunt verae, et in alio sensu sunt falsae. Nam cum dicitur: quidquid est praeter ens est non ens, verum est si ens sumatur prout est commune substantiae et accidenti: si autem sumatur pro accidente tantum vel pro substantia tantum, falsum est.”

② Ibid., lect.6, n.39.

③ Ibid., lect.6, n.42.

来谓述作为存在者的主体的时候,我们就会得出非存在者或者虚无被用来谓述存在者的结论,也就是说,存在者是非存在者或者虚无。然而,这显然也是不可能的,因为相反者不能被用来谓述彼此。因此,当我们说“凡是除了存在者之外的,就是非存在者”的时候,“存在者”这个语词也不可能意指单独的实体。① 既然巴门尼德的上述命题既不可能被应用于单独的偶性,又不可能被应用于单独的实体;那么,为了避免出现上述矛盾,我们就应该说“存在者”这个语词不仅意指实体,而且意指偶性。这就意味着存在者不是单纯的一,而是多,因为实体和偶性根据定义是不同的。

第二,无论就数量的部分而言,还是就定义的部分而言,由于部分的众多,我们也不可能从巴门尼德的论证而得出只有一个存在者的结论。一切实体显然都是可以被分割成部分的,不管是被分割成数量抑或积量的部分,还是被分割成定义的部分。但是,在巴门尼德的论证中,如果“存在者”这个语词仅仅意指一个事物,那么它既不可能是内在于实体的偶性,也不可能是一个积量,因为每一个积量都可以被分割成部分,然而每一部分的定义却不是同一的,而是不同的。这就意味着它不是单纯的一,而是多了,从而我们就可以得出这个存在者不是一个有形实体的结论。② 再者,如果“存在者”这个语词仅仅意指一个事物,那么它也不可能是一个可定义的实体,因为在一个定义中被定义者显然可以被分割成许多部分,其中的每一个都有不同的义理。这也同样意味着它不是单纯的一,而是多。“因此,显而易见,如果设定存在者仅仅是一,那么既不可能有数量的部分,又不可能有积量的部分,也不可能有定义的部分。因此,可以得出每一个存在者在数目上都是不可分的结论。否则,在设定存在者是一的时候,就会因为部分而被迫设定多。”③因此,我们从巴门尼德的论证而不可能得出存在者仅仅是一的结论。

除了在评注亚里士多德《物理学》的时候批判巴门尼德的主张和论证之外,阿奎那还在评注亚里士多德《形而上学》的时候批判巴门尼德的主张和论证。他在这两部评注性作品中都断定巴门尼德的论证是根据存在者的义理而考虑存在者的(considerabat ens secundum rationem entis),从而得出了存在者是一的结论。④ 毫无疑问,阿奎那的这一断定意味着他敏锐地看出了巴门尼德的论证专注于存在者的逻辑学层面,然而它却忽略了存在者的本体论层面,也就是说,他的论证的错误根源在于他未

① Sancti Thomae de Aquino, *In I Physicam*, lect.6, n.43.

② Ibid., lect.6, n.44.

③ Ibid., lect.6, n.45:“Sic igitur patet quod si ponatur unum tantum ens, non possunt poni partes quantitativae, neque partes magnitudinis, neque partes rationis. Sic igitur sequitur quod omne ens sit de numero indivisibilium, ne ponentes unum ens cogamur ponere multa propter partes.”

④ Ibid., lect.6, n.37; *In I Metaphysicorum*, lect.9, n.138.

能区分清楚逻辑学与形而上学，却把逻辑学意义上的存在者错误地当成了本体论意义上的存在者，从而得出了错误的结论。在其《亚里士多德〈形而上学〉评注》中，阿奎那对巴门尼德的主张和论证之批判不同于他在其《亚里士多德〈物理学〉评注》中所作的批判之处就在于他直接针对的是巴门尼德的这一错误根源，他的批判也更加简明扼要。他指出，巴门尼德在其论证中显然是“根据义理，即从形式方面”(*secundum rationem*，idest ex parte formae)而谈及存在者的统一性的，因为我们不能理解任何东西能够被附加于存在者的本性之上，以致存在者藉着它而能被分殊：因为凡是被附加于存在者之上的任何东西都必定是外在于存在者的；然而，凡是除存在者之外的东西都是虚无；因此，这样的东西似乎并不能分殊存在者。① 在这里，阿奎那明确地意识到了巴门尼德的论证错在他把存在者当成了一个种相(genus)来对待。因此，为了充分地揭露巴门尼德的论证错误，他便在存在者与种相之间进行了一番比较。他指出，凡是被附加于一个种相之上的属差都能够分殊那个种相，尽管这些属差外在于那个种相的实体，因为属差并不分有种相。否则的话，种相就有属差的实体了，并且，当一个种相被给定的时候，如果属差被附加于其上的话，那么定义就毫无意义了，正如当一个种相被给定的时候，如果属相被附加于其上的话，那么定义就毫无意义一样；此外，那样的话，属差就绝不会不同于属相了。如果存在者是一个种相的话，那么，尽管那些作为非存在者的东西存在于存在者的实体之外，正如那些作为属差的东西存在于种相的实体之外一样，然而非存在者却不能像属差分殊种相那样分殊存在者。② 这就意味着存在者并不是一个种相。因此，阿奎那针对爱利亚学派的巴门尼德和麦里梭等人的论证和主张一针见血地指出：“但是，他们在这个问题上犯了错误，因为他们在使用存在者的时候仿佛它是在定义上的一和在本性上的一，正如任何种相的本性一样。然而，这是不可能的。因为存在者不是一个种相，而是以多种模式被用来言说不同的事物。因此，‘存在者是一’这句话在《物理学》第一卷中被说成是错误的。因为存在者并不像一个种相或者一个属相那样具有一个本性。”③

① Sancti Thomae de Aquino，*In I Metaphysicorum*，lect.9，n.138：“In quo patet quod considerabat ipsam rationem essendi quae videtur esse una，quia non potest intelligi quod ad rationem entis aliquid superveniat per quod diversificetur：quia illud quod supervenit enti，oportet esse extraneum ab ente.Quod autem est huiusmodi，est nihil.Unde non videtur quod possit diversificare ens.”

② Ibid.，lect.9，n.138：“Ea vero quae sunt praeter substantiam entis，oportet esse non ens，et ita non possunt diversificare ens.”

③ Ibid.，lect.9，n.139：“Sed in hoc decipiebantur，quia utebantur ente quasi una ratione et una natura sicut est natura alicuius generis；hoc enim est impossibile.Ens enim non est genus，sed multipliciter dicitur de diversis.Et ideo in primo physicorum dicitur quod haec est falsa，ens est unum：non enim habet unam naturam sicut unum genus vel una species.”

尽管阿奎那在这两部评注性作品中批判巴门尼德的主张和论证的侧重点有所不同，然而他通过批判而得出的结论却基本上是相同的，即“存在者”这个语词并不意指一个事物，而是意指许多不同的事物。换句话说，“存在者”不是一个同（单）义词。在其《亚里士多德〈物理学〉评注》中，阿奎那侧重于批判巴门尼德把“存在者”这个语词理解为纯粹同（单）义的，他所得出的结论就在于：如果承认“存在者”不仅意指实体或者主体，而且意指偶性，那么“存在者”就意指许多不同的事物；这样的话，就不会只有一个存在者，因为一个主体与它的偶性在义理或者定义上是多。这就意味着“存在者”这个语词不是纯粹地同（单）义的。在其《亚里士多德〈形而上学〉评注》中，阿奎那侧重于批判巴门尼德把“存在者”看做是一个种相，他所得出的结论就在于：“存在者”不是一个种相，而是以多种模式被用来言说不同的事物。这同样意味着“存在者”这个语词不是纯粹地同（单）义的。这种批判既反映了他对亚里士多德主义的理解，也反映了他本人的思想。对于阿奎那来说，“以多种模式被用来言说不同的事物”（multipliciter dicitur de diversis）与“类比地被用来言说不同的事物”（analogice dicitur de diversis）基本上可以作为同义的短语交互使用。事实上，在他的作品中经常出现这两个短语同义地交互使用的情况。因为这个缘故，所以我们也可以说阿奎那通过对巴门尼德所谓存在者的“一”的批判而想要得出的结论就在于：“存在者”这个语词是类比的。

二、存在者的范畴类比

如上所述，在批判巴门尼德所谓存在者的“一”的时候，阿奎那已经意识到了巴门尼德的错误在于他只是“根据义理，即从形式方面”（*secundum rationem*, idest ex parte formae）而谈及存在者的统一性。① 换言之，巴门尼德仅仅考虑了存在者的逻辑学层面，却忽视了存在者的本体论层面。由于他错误地把在理智中所理解的存在者等同于实在世界中的存在者，因此这种逻辑学与形而上学混而不分的理论立场最终导致他把“存在者”这个语词看成只能以一种模式被使用。为了避免巴门尼德的错误，阿奎那从根本上区分了逻辑学与本体论两个不同的层面，并且据此来考虑存在者，把实在世界中的存在者视为能够对之加以概念化和语言表达的根据。这种区分逻辑学与形而上学并且把前者建立在后者基础上的理论立场使得他能够把“存在者”这个语词看成以多种模式被使用，也就是说，类比地被使用。

当阿奎那从本体论层面来考虑存在者的时候，他所关心的问题在于如何说明

① Sancti Thomae de Aquino, *In I Metaphysicorum*, lect.9, n.138:“Videtur tangere unitatem *secundum rationem*, idest ex parte formae.”

"存在者"这个语词以类比的模式被应用于实体和其他九个偶性范畴,因为他认为亚里士多德在其《范畴篇》中所列举的十个范畴是对人的心灵之外的存在者作出的分类。① 阿奎那在这里所说的心灵之外的存在者是指通过感官经验而给予我们的物质事物,它们都是由质料和形式这两个内在原理构成的。早在其《论自然原理》(*De principiis naturae*)中,年青的阿奎那就已经解释过"存在者"这个语词如何类比地被应用于经验世界中的不同物质事物。

在其《论自然原理》第六章中,阿奎那着手讨论质料和形式这两个内在原理如何随着由它们所构成的物质事物彼此相同和相异而自身也相应地呈现出彼此相同和相异的情形这一问题。他指出,有些事物在数目上是相同的,例如,苏格拉底和苏格拉底所指的这个人就是如此;有些事物在数目上不同,却在属相上相同,例如,尽管苏格拉底和柏拉图在数目上不同,然而他们却在人的属相上是相同的;有些事物在属相上不同,却在种相上相同,例如,尽管人和驴在属相上不是相同的,然而两者却在"动物"这个种相上是相同的;有些事物甚至在种相上也不相同,却只有根据类比才是相同的,例如,实体和数量没有相同的种相,只有根据类比,它们才是相同的,因为只有就它们是存在者而言,它们才是相同的。"然而,存在者并不是一个种相,因为它并不同(单)义地而是类比地被用来谓述。"②

为了说明"存在者"这个语词类比地被用来谓述不同的事物,阿奎那作出了两点预备性的理论解释。

首先,他通过对照"同(单)义地被用来谓述"(univoce praedicatur)、"异(多)义地被用来谓述"(aequivoce praedicatur)而解释了何谓"类比地被用来谓述"(analogice praedicari)这个问题。他指出,当某物根据相同的名称和义理(即定义)而被用来谓述不同事物的时候,它就被说成是同(单)义地被用来谓述;当某物根据相同的名称和不同的义理而被用来谓述某些事物的时候,它就被说成是异(多)义地被用来谓述;当某物被用来谓述许多具有不同的义理而又被归属于一个相同东西的事物的时候,它就被说成是类比地被用来谓述。以亚里士多德经常用来例释"核心意义"的"健康的"这个语词为例,阿奎那对类比谓述进行了具体的解释。根据他的解释,"健康的"这个语词可以被用来谓述动物的身体、尿和药物。但是,在这三种情形下,它并不意指完全相同的东西。当它被用来谓述尿的时候,如同谓述健康的标志一样;当它被用来谓述动物的身体的时候,如同谓述健康所在的主体一样;当它被用来谓述药

---

① Sancti Thomae de Aquino, *In V Metaphysicorum*, lect.9, n.889: "Primo distinguit ens, quod est extra animam, per decem praedicamenta, quod est ens perfectum."

② Sancti Thomae de Aquino, *De principiis naturae*, cap.6: "Ens autem non est genus, quia non praedicatur univoce, sed analogice."

物的时候,如同谓述健康的原因一样。尽管如此,所有这些义理却都可以被归属于同一个目的,即健康。

其次,在把类比与同(单)义性、异(多)义性进行对照的时候,阿奎那不仅强调了在类比谓述的首要实例与次要实例之间具有因果关系,并把这种因果关系视为类比谓述的基础,而且区分了造成类比谓述的不同原因。他指出,那些根据类比而相同的事物有时是因为它们都被归属于同一个目的(uni fini),这一点在上述“健康的”这个例子中是显而易见的;然而,有时却是因为它们都被归属于同一个主动者(uni agenti),例如,“医学的”这个语词既可以被用来言说凭借医术而运作的医生,又可以被用来言说没有医术的中年妇女,甚至还可以被用来言说医疗器械,然而它却是因为它们都被归属于同一个主动者即医术而用来言说它们的;但是,有时则是因为它们都被归属于同一个主体(unum subiectum),例如,当“存在者”这个语词被用来言说实体、性质、数量和其他范畴的时候,实体、数量和其他范畴之为存在者并不是因为它具有完全相同的义理,而是因为它们都被归属于实体而被称为存在者,实体乃是其他事物的主体。“因此,存在者首要地被用来言说实体,而次要地被用来言说其他范畴。因此,存在者不是实体和数量的种相,因为没有种相按照先后而被用来谓述它的属相,而是类比地被用来谓述。这就是当我们说实体和数量在种相上不同而是类比地相同的时候所表示的意思。”①

根据上述预备性的理论解释,阿奎那最后总结了物质事物的内在原理随着存在于它们所构成的事物之间的统一性和多样性而呈现出相应的统一性和多样性。根据他的总结,就那些在数目上相同的事物而言,它们的形式和质料也具有在数目上的统一性;就那些在数目上不同却又在属相上相同的事物而言,它们的形式和质料也相应地在数目上具有多样性,却在属相上具有统一性;同样地,就那些在属相上不同而在种相上相同的事物而言,它们的内在原理也相应地在属相上具有多样性,却在种相上具有统一性;就那些仅仅根据类比或者比例而相同的事物而言,它们的内在原理也相应地仅仅根据类比或者比例而具有统一性。

阿奎那在其《论自然原理》第六章中提出的关于存在者的类比思想后来在其《亚里士多德〈形而上学〉评注》中得到了更加成熟也更加充分的表达。在《形而上学》第四卷第二章中,亚里士多德曾经提出存在(者)有多种意义,但是它们都指向一个核

① Sancti Thomae de Aquino, *De principiis naturae*, cap.6:“Et ideo ens dicitur per prius de substantia, et per posterius de aliis. Et ideo ens non est genus substantiae et quantitatis, quia nullum genus praedicatur per prius et posterius de suis speciebus, sed praedicatur analogice. Et hoc est quod diximus quod substantia et quantitas differunt genere, sed sunt idem analogia.”

心意义，并不是同名异义的。[①] 在评注亚里士多德这一观点的时候，阿奎那把“存在者”解释为类比地被用来谓述不同的事物，也就是说，它既不是根据完全相同的义理，也不是根据完全不同的义理，而是根据部分相同而又部分不同的义理而被用来言说不同的事物的。存在者之所以具有部分不同的义理，是因为这些义理包含着不同的关系；然而，它之所以又具有部分相同的义理，是因为这些不同的关系都指向同一物。他指出：“我们还必须注意，在类比的情形中，不同的关系所指向的那个同一物在数目上是同一物，而不仅仅在义理上是同一物，正如由同（单）义名称所意指的那个东西是同一物一样。”[②]因此，尽管存在者有多种意义，然而它却不是纯粹地异（多）义的，而是与某个同一物相关：它不仅在义理上与某个同一物相关，而且与具有某种本性的那个同一物相关。他还指出，当存在者类比地被用来谓述不同事物的时候，它的每一个用法都是根据它相关于一个第一物（per respectum ad unum primum）而被称为存在者的，并且它与之相关的这个第一物既不像在上述“健康的”这个例子中所表明的那样是一个目的（finis），也不像在上述“医学的”这个例子中所表明的那样是一个动力因（efficiens），而是一个主体（subiectum）。于是，阿奎那便把亚里士多德解释关于具有核心意义的存在者的多义性的文本按照他所谓的类比模式改述如下：

> 有些事物被称为存在者（ens）或者存在（esse），因为它们由其自身而具有存在，例如实体，它们主要地并且首先被称为存在者。而其他事物被称为存在者，则因为它们是实体的感受和特性，例如任何一个实体的固有偶性。然而，有些事物被称为存在者，却因为它们是抵达实体的途径，例如生成和运动。而另一些事物被称为存在者，则因为它们是实体的毁灭。因为毁灭是抵达非存在的途径，正如生成是抵达实体的途径一样。又因为毁灭终止于缺乏，正如生成终止于形式一样，所以实体形式的缺乏也适当地被称为存在。再者，某些性质或者某些偶性被称为存在者，因为它们是实体的制造能力或者生成能力，或者是根据上述关系之一而与实体相关的那些事物的制造能力或者生成能力，或者是根据任何其他关系而与实体相关的那些事物的制造能力或者生成能力。同样地，与实体有关系的那些事物的否定，或者甚至实体本身的否定，也被称为存在。因此，我们说‘非存在者是非存在者’。但是，除非否定以某种方式含有存在，否

① ［古希腊］亚里士多德：《形而上学》1003a33—34。

② Sancti Thomae de Aquino, *In IV Metaphysicorum*, lect. 1, n. 536: “Item sciendum quod illud unum ad quod diversae habitudines referuntur in analogicis, est unum numero, et non solum unum ratione, sicut est unum illud quod per nomen univocum designatur.”

则便不能这么说。①

不仅如此,阿奎那还根据这些不同存在者的存在模式而把它们归纳为四种。其中,第一种模式的存在者是最脆弱的,即否定和缺乏。这种模式的存在者仅仅存在于思想中,因为心灵把它们当做存在者来加以思考,实际上心灵是在肯定或者否定关于存在者的一些东西。紧随其后的第二种模式的存在者便是生成、毁灭和运动,因为生成和毁灭含有否定和缺乏的某种混合,而运动则是不完美的现实。就第三种模式的存在者而言,虽然它们并不具有非存在者的混合,但是它们只有脆弱的存在,因为它们并不是独立自存的,而是存在于其他东西之中。例如,实体的性质、数量和特性等只能存在于实体之中。第四种模式的存在者是最完美的,它们存在于自然界中,不但没有缺乏的混合,反倒有坚实而牢固的存在,仿佛是独立自存的一样。例如,实体就是这样的存在者,其他一切存在者都指向这种存在者,如同指向它们的第一位的和主要的存在者一样,因为性质和数量之被称为存在,乃是由于它们存在于实体之中;运动和生成之被称为存在,乃是由于它们趋向于实体或者趋向于上述某一个;否定和缺乏之被称为存在,乃是由于它们去除了上述三者的某个部分。②

如果我们以《论自然原理》第六章和《亚里士多德〈形而上学〉评注》第四卷第一讲这两个文本为基础,再结合阿奎那的其他相关文本来加以考察,那么我们就可以归纳出他从本体论层面所提出的关于存在者的范畴类比的基本思想了。

第一,存在者以多种模式被用来谓述不同的事物。根据阿奎那的阐释,当存在者被用来谓述不同事物的时候,它既不像同(单)义词那样根据完全相同的义理而被用来谓述不同的事物,又不像纯粹的异(多)义词那样根据完全不同的义理而被用来谓述不同的事物,而是根据部分相同却又部分不同的义理而被用来谓述不同事物的。它之所以能够根据部分相同的义理而被用来谓述不同的事物,是因为它所谓述的不同事物都指向某个同一物或者说都与某个同一物相关。因为这个缘故,所以这些不

① Sancti Thomae de Aquino, *In IV Metaphysicorum*, lect.1, n.536:"Alia enim dicuntur entia vel esse, quia per se habent esse sicut substantiae, quae principaliter et prius entia dicuntur. Alia vero quia sunt passiones sive proprietates substantiae, sicut per se accidentia uniuscuiusque substantiae. Quaedam autem dicuntur entia, quia sunt via ad substantiam, sicut generationes et motus. Alia autem entia dicuntur, quia sunt corruptiones substantiae. Corruptio enim est via ad non esse, sicut generatio via ad substantiam. Et quia corruptio terminatur ad privationem, sicut generatio ad formam, convenienter ipsae etiam privationes formarum substantialium esse dicuntur. Et iterum qualitates vel accidentia quaedam dicuntur entia, quia sunt activa vel generativa substantiae, vel eorum quae secundum aliquam habitudinem praedictarum ad substantiam dicuntur, vel secundum quamcumque aliam. Item negationes eorum quae ad substantiam habitudinem habent, vel etiam ipsius substantiae esse dicuntur. Unde dicimus quod non ens est non ens. Quod non diceretur nisi negationi aliquo modo esse competeret."

② Sancti Thomae de Aquino, *In I Physicam*, lect.1, nn.540-543.

同的事物便具有了部分相同的义理。它之所以又能够根据部分不同的义理而被用来谓述不同的事物,是因为它所谓述的不同事物都以不同的模式指向某个同一物或者说与某个同一物相关,也就是说,在这些不同事物中的每一个都与某个同一物有着某种特殊的关系。因为这个缘故,所以它们的义理又是部分不同的。由于阿奎那把这种根据部分相同却又部分不同的义理模式而对不同事物的谓述称为类比谓述,因此,当他说存在者以不同的模式被用来谓述不同事物的时候,他实际上就是说存在者以类比的模式被用来谓述不同的事物。在其《亚里士多德〈形而上学〉评注》第四卷第一讲中,我们可以清楚地看到阿奎那把亚里士多德所描述的关于存在者指向核心意义的多义性与比例结合起来了,并且视之为指向第一物的类比,尽管亚里士多德本人从来就没有把存在者指向核心意义的多义性说成是在比例意义上的类比。不过,亚里士多德倒是经常在比例的意义上使用“类比”这个语词。在他那里,类比仅仅意味着比例的统一性。然而,对于阿奎那来说,类比却不仅包含着比例的统一性,而且包含着指向第一物的统一性。在其《论自然原理》中,我们就可以清楚地看到他把这一类比观应用于解释存在者的内在原理。他指出,正如实体的质料与实体相关一样,数量的质料也与数量相关。这种说法显然就是在根据比例而协调实体和偶性范畴的内在原理。

第二,当存在者以类比的模式而被用来谓述不同事物的时候,它是按照先后秩序而进行谓述的。阿奎那把存在者以多种模式而被用来谓述不同的事物也说成是按照先后秩序而被用来谓述不同的事物。根据他的说法,存在者首先并且主要地被用来谓述实体,然后次要地被用来谓述诸如性质、数量、关系之类的其他各种偶性范畴。在他看来,这种在谓述上的先后秩序是由在存在者谓述的不同事物之间具有的自然的先在性和后在性所决定的。实体具有相对于其他各种偶性范畴而言的自然先在性。反之,其他各种偶性范畴则具有相对于实体而言的后在性。实体在自然中是最完美的存在者,它具有坚实而牢固的存在,仿佛是独立自存的一样。然而,其他各种偶性却依赖于实体,如同它们依赖于其主体一样,因为诸如数量、性质、关系之类的其他各种偶性都不能离开它们的主体而独立自存,它们反倒只能存在于作为其主体的实体之中。阿奎那把其他各种偶性对实体的依赖关系视为因果关系。他说:“正如实体是其他偶性的原因,实体的原理也是其他一切偶性的原理。”①在把类比谓述与同(单)义谓述、异(多)义谓述进行对照的时候,阿奎那特别强调了在类比谓述的首要实例与其次要实例之间具有因果关系。不管那些次要实例是与那作为目的因的首

① Sancti Thomae de Aquino, *De principiis naturae*, cap.6:“Sicut tamen substantia est causa ceterorum, ita principia substantiae sunt principia omnium aliorum.”

要实例相关，还是与那作为动力因的首要实例相关，抑或是与那作为其接受主体的首要实例相关，它们都是作为结果而与作为其原因的东西相关。在存在者的类比谓述中，实体在首要意义上被称为存在者，其他各种偶性都因为它们与作为其主体的实体相关而在次要意义上被称为存在者。对于阿奎那来说，作为次要实例的各种偶性与作为首要实例的实体相关是一种实际的本体论关系，因为它们所相关的那个第一物不仅在义理上是同一物，而且在数目上也是同一物。换言之，作为次要实例的各种偶性所指向或者相关的那个第一物乃是一个被给予了实在性的实体。因此，在阿奎那看来，不仅类比谓述依赖于实际事物彼此之间的统一性和多样性，而且正因为存在着从实体运行到偶性的因果关系，所以它才为我们用存在者来类比地谓述不同的事物提供了本体论基础和可能性。

第三，存在者的范畴类比适合多种类比模式。在从本体论的层面讨论存在者的类比的时候，阿奎那在其不同文本中对存在者的范畴类比所作的解释并非仅仅根据一种类比模式，而是根据多种类比模式。在其《反异教大全》第 34 章中，我们就可以清楚地看到阿奎那把“一个对另一个”的类比应用于存在者的类比谓述。在阐明了根据许多事物与某一个事物相关而获得的类比模式之后，他紧接着又以存在者被用来谓述实体和偶性为例来具体说明我们还可以根据一个事物与另一个事物直接相关而获得另一种类比模式。他指出：“例如，‘存在者’被用来言说实体和偶性，根据偶性有对实体的关系，而不是根据实体和偶性与某个第三者相关。”①在其《论上帝的权能》第 7 题第 7 条（*De Potentia*，q.7，a.7）中，阿奎那谈到了我们姑且可以称之为“多个对一个”的类比和“一个对另一个”的类比，并且他把这两种类比模式都具体地应用于存在者的类比谓述。他说：“一种模式是，某物被用来谓述两者因为它们与第三者相关。例如，‘存在者’被用来谓述性质和数量因为它们与实体相关。另一种模式是，某物被用来谓述两者因为一个与另一个相关。例如，‘存在者’被用来谓述实体和数量。在第一种谓述模式中，某物必定是先于两者的，两者中的每一个都与之有关系：例如，实体对于数量和性质（就是如此）；然而，在第二种谓述模式中，却并非如此，但一个必定是先于另一个的。”②不过，当阿奎那把“多个对一个”的类比和“一个

① *SCG*, I, cap.34, n.1: “Sicut ens de substantia et accidente dicitur secundum quod accidens ad substantiam respectum habet, non quod substantia et accidens ad aliquid tertium referantur.”

② Sancti Thomae de Aquino, *De Potentia*, q. 7, a. 7: “Unus quo aliquid praedicatur de duobus per respectum ad aliquod tertium, sicut ens de qualitate et quantitate per respectum ad substantiam. Alius modus est quo aliquid praedicatur de duobus per respectum unius ad alterum, sicut ens de substantia et quantitate. In primo autem modo praedicationis oportet esse aliquid prius duobus, ad quod ambo respectum habent, sicut substantia ad quantitatem et qualitatem; in secundo autem non, sed necesse est unum esse prius altero.”

对另一个”的类比具体地应用于存在者的类比谓述的时候，他没有明确地指出在这两种类比模式中究竟哪一种具有自然的先在性。尽管如此，从他把“多个对一个”的类比模式仅仅应用于不同偶性的类比谓述，却把“一个对另一个”的类比模式同时应用于偶性和实体的类比谓述来看，我们基本上可以推测出在他的思想中“多个对一个”的类比是依赖于“一个对另一个”的类比的，因为“多个对一个”的类比是以在偶性和实体之间具有的多种直接的本体论关系为前提条件的，我们对其中的每一种本体论关系都可以用“一个对另一个”的类比来加以表达。此外，当阿奎那从本体论的层面讨论存在者的类比的时候，他不仅把在存在者的类比谓述中的比例的统一性与指向第一物的统一性结合在一起，而且总是把前者置于后者的基础之上。这意味着他在存在者的类比谓述中把本体论的先在性给予了指向第一物的统一性，而不是给予了比例的统一性。由此，我们也可以推出这样的结论：当阿奎那把“多个对一个”的类比和“一个对另一个”的类比具体地应用于存在者的类比谓述的时候，他把本体论的先在性给予了“一个对另一个”的类比，而不是给予了“多个对一个”的类比，因为“多个对一个”的类比是直接以比例的统一性为本体论基础的，然而“一个对另一个”的类比却是直接以指向第一物的统一性为本体论基础的。

特别值得引起我们高度注意的是，当我们考察阿奎那关于存在者的范畴类比的基本思想的时候，我们会发现他有两个看似相互冲突的基本观点。一方面，如同亚里士多德一样，阿奎那主张存在者能够被区分为十个最高的种相或者范畴。① 另一方面，在批判巴门尼德关于存在者的“ ·”的观点的时候，阿奎那又主张存在者不是一个能够通过从外部附加属差而把它区分为不同属相的种相。既然如此，那么我们还必须进一步考察阿奎那是如何把他的这两个看似相互冲突的基本观点协调一致的？在其《亚里士多德〈物理学〉评注》第三卷第五讲和《亚里士多德〈形而上学〉评注》第五卷第九讲中，我们可以发现他为我们提供了关于这个问题的答案。

当阿奎那提出存在者被用来类比地谓述实体和性质、数量、关系等其他各种偶性范畴的时候，他无疑是以亚里士多德关于存在者被区分为十个最高的种相或者范畴为预设前提的。众所周知，在其《范畴篇》中，亚里士多德曾经提出了关于存在者的十个范畴来作为他的逻辑学的哲学根据。他所谓的“范畴”(kategoria)这一语词在希腊文中兼具指谓、表述、分类等意思，拉丁文将其翻译成了“praedicamenta”一词，这似

---

① 阿奎那在《论存在者与本质》第一章中援引亚里士多德《形而上学》第五卷的观点说明了存在者本身以两种方式被言说：一种方式，它按照十个种相或范畴被区分，另一种方式，它意指命题的真。Sancti Thomae de Aquino, *De Ente et Essentia*, cap.I：“Sicut in V Methaphisice Philosophus dicit, ens per se dupliciter dicitur：uno modo quod diuiditur per decem genera, alio modo quod significant propositionum ueritatem.”

乎凸显了它所蕴含的指谓和表述的意义。阿奎那对这一语词的理解和使用仍然是忠实于亚里士多德原意的。对于他来说，根本就不存在所谓十个范畴究竟是对谓词的分类还是对事物本身的分类这个问题。他认为这两个方面是彼此相应的，十个范畴既是对谓词的分类，最终也是以对事物本身的分类为基础的，“因为范畴是事物的种相。”①他明确地指出，亚里士多德把心灵之外的存在者区分为十个范畴。② 尽管如此，在其《亚里士多德〈物理学〉评注》第三卷第五讲中，阿奎那却敏锐地洞察到了把存在者区分为十个范畴不同于把种相区分为不同的属相的特殊性之所在。他指出：“必须注意的是，存在者被区分为十个范畴并非同（单）义地，就像种相被区分成属相一样，而是根据不同的存在模式。然而，存在模式与谓述模式是成比例的。因为，当我们用某个事物来谓述另一个事物的时候，我们说这个是那个。因此，存在者的十个种相被称为十个范畴。”③在其《亚里士多德〈形而上学〉评注》第五卷第九讲中，阿奎那对这一点作出了大体上相同却又更加清楚的表述。他指出，存在者不可能按照如同种相通过属差而被收缩成属相那样的模式被收缩成某种确定之物，其原因就在于属差因为它并不分有种相而存在于种相的本质之外；然而，在存在者的本质之外却没有任何东西，我们也不可能通过把它附加于存在者之上而构成存在者的某个属相，因为在存在者之外的东西乃是虚无，然而虚无却不可能成为属差。④ 相反，存在者倒是根据不同的谓述模式而被收缩成不同的种相的。但是，不同的谓述模式又是伴随不同的存在模式而产生的，因为某物被谓述的模式与该物的存在被意指的模式一样多。因为这个缘故，所以存在者最初被区分而成的种类就被称为范畴，因为它是根据不同的谓述模式而被区分的。因此，就任何一个谓述模式而言，必定有它所意指的存在模式与之相对应。换言之，不同的谓述模式反映了不同的存在模式。⑤ 在此意义上，存在者被收缩成十个种相或者范畴，既可以被说成是根据不同的谓述模式，也可以被说成是根据不同的存在模式。

尽管如此，我们仍然必须进一步追问：当存在者被收缩成不同的种相或者范畴的时候，不同的存在模式在没有从外部被附加于存在者之上的情况下何以能被引入存

---

① Sancti Thomae de Aquino, *In III Physicam*, lect.5, n.321: “Cum praedicamenta sint genera rerum.”

② Sancti Thomae de Aquino, *In V Metaphysicorum*, lect.9, n.889: “Primo distinguit ens, quod est extra animam, per decem praedicamenta, quod est ens perfectum.”

③ Sancti Thomae de Aquino, *In III Physicam*, lect.5, n.322: “Sciendum est quod ens dividitur in decem praedicamenta non univoce, sicut genus in species, sed secundum diversum modum essendi. Modi autem essendi proportionales sunt modis praedicandi. Praedicando enim aliquid de aliquo altero, dicimus hoc esse illud: unde et decem genera entis dicuntur decem praedicamenta.”

④ Sancti Thomae de Aquino, *In V Metaphysicorum*, lect.9, n.889.

⑤ Ibid., lect.9, n.890.

在者的统一性中却又不至于破坏它的统一性呢？对于这个问题，阿奎那在《论真理》第1题第1条中通过诉诸理解模式与存在模式的区分而为我们提供了可资参考的答案。在他看来，我们的理智接受被理解的事物是按照它自身的理解模式而加以接受的，却不是按照被理解事物的存在模式而加以接受的。无论我们认知什么样的事物，我们的理智最先孕育的概念都是存在者，并且能够把其他一切概念都归于它。“因此，理智的其他一切概念都由对存在者的附加而被获得。但是，不可能有某物仿佛外在之物一样按照属差借以被附加于种相或者偶性借以被附加于主体的模式被附加于存在者之上，因为每一个自然物都本质地是存在者。哲学家已经在《形而上学》第三卷中通过证明存在者不可能是种相而说明了这一点。然而，根据这一情况，某些事物可以被说成附加于存在者之上，因为它们表达了不由‘存在者’这个名称所表达的存在模式本身。”①此外，阿奎那还告诉我们，某些事物被说成附加于存在者之上是以两种方式发生的。一种方式是，以某种特殊的存在模式作为被表达的模式。例如，“实体”这个名称表达某种特殊的存在模式，即自立的存在者。它并不把意指那被附加于存在者之上的某种本性的某个属差附加于存在者之上。就其他范畴而言，其情形也是如此。存在者之所以被用来类比地谓述实体和任何一个给定的偶性范畴，而不被用来同(单)义地谓述它们，其原因就在于实体所意指的存在模式不同于偶性所意指的存在模式。另一方式是，以那伴随一切存在者而产生的普遍模式作为被表达的模式。例如，以“一”、“真”、“善”等具有存在者的超越特性的概念作为被表达的模式。简言之，当存在者被收缩成不同的种相或者范畴的时候，如果就与理智的理解相应的谓述模式而言，那么有些谓词可以被附加于存在者之上却又不至于破坏它的统一性；但是，如果就不同的谓述模式所反映的事物的存在模式而言，那么就没有任何东西像属差那样能够从外部被附加于存在者之上而使之收缩成某种特定之物。

总而言之，存在者本身不是一个能够通过从外部附加属差而被区分成不同属相的种相，然而它却能够根据不同的谓述模式而被收缩成不同的种相或者范畴。因为不同的谓述模式反映了不同的存在模式，所以这些不同的范畴不能彼此相互归属。此外，它们也不能被归属于同一物，因为所有的范畴并不共有同一个种相。② 由于实体范畴和其他各种偶性范畴表达了不同的存在模式，因此存在者不可能被用来同(单)义地谓述它们。又由于偶性依赖于实体，并且以其自身的方式分有实体的存

---

① Sancti Thomae de Aquino, *De Veritate*, q. 1, a. 1: “Unde oportet quod omnes aliae conceptiones intellectus accipiantur ex additione ad ens.Sed enti non possunt addi aliqua quasi extranea per modum quo differentia additur generi, vel accidens subiecto, quia quaelibet natura est essentialiter ens; unde probat etiam philosophus in III Metaphys., quod ens non potest esse genus, sed secundum hoc aliqua dicuntur addere super ens, in quantum exprimunt modum ipsius entis qui nomine entis non exprimitur.”

② Sancti Thomae de Aquino, *In V Metaphysicorum*, lect.22, n.1126.

在,因此这种因果依赖为存在者被用来类比地谓述实体和其他各种偶性范畴提供了本体论基础。

第四节 神学类比

阿奎那的类比理论不仅有其逻辑学的和形而上学的维度,而且有其神学的维度。他作为一位神学家想要解决的是信徒们在他们的生活实践中必然会面临的一个极其重要的宗教语言难题:既然上帝超越了万事万物,而人在今生又根本无法获得关于上帝的本质的知识,那么人如何藉着源自于受造物的日常语言正确而有意义地谈论上帝呢?解决这一难题不仅对于指导信徒的生活实践而且对于发挥神学为信徒的信仰真理提供解释的功能都具有重要的理论意义。面对这一宗教语言难题,一方面,阿奎那坚决反对把人类用于谈论上帝和受造物的宗教语言理解为纯粹地异(多)义的;另一方面,他也坚决反对把这样的宗教语言理解为绝对地同(单)义的。阿奎那试图在作为西方传统遗产的肯定神学与作为东方传统遗产的否定神学之间寻求某种平衡,努力把这样的宗教语言理解为类比的。他从基督宗教神学的维度对那些诸如“存在”、“智慧”、“善”之类的被用来谓述上帝及其受造物的神圣名称所作的类比解释,实际上是把他关于存在者的类比理论从形而上学的范畴层面扩展到了神学的超越层面。在此意义上,我们也可以把阿奎那的神学类比称为超越的类比。本节旨在完成两个方面的基本任务:一方面,从阿奎那的神学知识论角度来考察他对神圣名称的类比谓述所作的论证和阐释;另一方面,从他的神学本体论角度来考察他是如何为存在者的超越类比之可能性提供形而上学辩护的。

一、对神圣名称的类比谓述之论证与阐释

阿奎那对神圣名称的类比谓述所作的论证和阐释直接建立在他的神学知识论的基础上,因为它是以承认人在今生能够从受造物出发去获得关于上帝的某种知识为前提条件的,尽管这样的知识并不是对上帝的本质的把握。对于阿奎那来说,既然人是根据对事物的知识来给事物命名的,那么从神学知识论的角度来看,我们至少能够根据从受造物那里获得的知识而给作为造物主的上帝命名,并且能够利用这种神圣名称来真实地谈论上帝,尽管我们不能通过这种神圣名称的意义而把握神圣本质。既然阿奎那站在其神学知识论的立场上充分肯定了人对上帝能够作出某种真实的谈论,那么他首先要反思的就是我们如何真实而有意义地谈论上帝这一问题,而不是我们能否真实而有意义地谈论上帝的问题。

从其早期到成熟时期,阿奎那为我们留下的许多不同作品都能够清楚地反映出

他思考神学类比的思想轨迹。他的早期思考主要体现在其《彼得·伦巴德〈箴言书〉评注》第一卷第35部第1题第4条、《论真理》第2题第11条等文本之中。他的成熟时期思考则主要体现在其《反异教大全》第一卷第30—35章、《神学纲要》第一部第27章、《论上帝的权能》第7题第7条、《神学大全》第一卷第13题等文本之中。尽管这些文本因为阿奎那讨论问题的语境不同而各有不同的关注重点,并且他从早期到成熟时期对神学类比的思考也略有变化,然而从总体上看它们就如何真实而有意义地谈论上帝这一问题所表达出来的基本思想却是一致的。因为这个缘故,所以我们完全没有必要去重述每一个文本所表达的具体内容。只要我们以其中的任何一个文本为基础而对其他相关文本进行整合,我们就可以比较完整地概括出阿奎那关于神圣名称的类比谓述理论。至于人们究竟选择哪一个文本来作为基础文本会更加合适一些,这不是一个重要的问题,其选择倒是可以因人而异,因为它不会给我们概括阿奎那关于神圣名称的类比谓述理论造成多大的差异。在这里,我们将选择阿奎那成熟时期的《反异教大全》第一卷第32—34章作为基础文本,并且结合其他相关文本来考察他是如何具体地论证和阐释神圣名称的类比谓述的。

从总体上看,阿奎那所采取的基本程序是,首先把我们用于谈论上帝的神圣名称的基本语义归纳为同(单)义的、纯粹异(多)义的、类比的三种可能的语义情况;然后,再论证神圣名称的同(单)义谓述和纯粹异(多)义谓述的不可能性;最后,通过排除法而肯定神圣名称的类比谓述,并且对它进行深刻的阐释。

首先,对神圣名称的同(单)义谓述的不可能性之论证。

在其《反异教大全》第一卷第32章中,我们可以看到阿奎那提出了六个论证来否定神圣名称能够被用来同(单)义地谓述上帝和受造物。

第一个论证依据的是事物彼此之间的因果关系。其推理过程如下:

(1)如果一个结果并不接受那与其原因藉以活动的东西在属相上相同的形式,那么它就不可能根据同(单)义谓述而接受那源自于该形式的名称。例如,太阳所产生的热与太阳本身不能同(单)义地被称为“热的”。

(2)但是,上帝所造的事物的形式不可能达到与作为其原因的神圣力量在属相上相同或者相似,因为上帝所造的事物以分裂的和部分的模式接受那以单纯的和普遍的模式存在于上帝中的东西。

(3)因此,没有什么能够被用来同(单)义地谓述上帝和受造物。①

值得注意的是,在这个论证中,阿奎那把结果的形式与原因的形式在属相上的相同或者相似视为根据源自于这种形式的名称而被用来同(单)义地谓述两者的必要

① *SCG*, I, cap.32, n.2.

条件。在他看来,因为上帝并不属于任何种相,所以没有任何一个受造结果的形式能够与神圣原因在属相上相同或者相似。这样,他就排除了任何名称对作为原因的上帝与其结果的同(单)义谓述。

第二个论证主要依据的是事物的存在模式彼此之间具有的差异性,尽管它也依赖事物彼此之间具有的因果关系。其推理过程如下:

(1)即使一个结果与其原因属于同一个属相,也只有当它根据相同的存在模式而从其原因那里接受在属相上相同的形式的时候,它才能接受源自于那个形式的名称的同(单)义谓述。例如,“房屋”这个名称并不能被用来同(单)义地谓述建造者心中的房屋和存在于质料中的房屋,因为两者的存在模式并不相同。

(2)然而,即使受造物能够接受与在作为其原因的上帝中的某个形式完全相同的形式,它们也不根据同一存在模式而接受这个形式,因为在上帝中的一切都与神圣存在本身是同一的,然而对于受造物来说却并非如此。

(3)因此,没有什么能够被用来同(单)义地谓述上帝和受造物。①

显而易见,这个论证的关键在于:当一个名称被用来同(单)义地谓述一个结果和它的原因的时候,它还必须满足一个必要条件,即这个结果根据相同的存在模式而从它的原因那里接受在属相上相同的形式。但是,任何一个受造的结果都不可能根据相同的存在模式而从作为其原因的上帝那里接受在属相上相同的某个形式。这样,阿奎那就排除了任何名称对上帝与其结果的同(单)义谓述。

第三个论证依据的是中世纪传统逻辑学中的五谓词学说。其推理过程如下:

(1)凡是被用来同(单)义地谓述许多事物的东西都必定是种相、属相、属差、偶性和特性五个谓词之一。

(2)但是,既没有什么作为种相能够被用来谓述上帝,②也没有什么作为属差能够被用来谓述上帝。③ 由此也可推论出定义或者属相也不能被用来谓述上帝,因为定义或者属相是由属差加上种相所构成的。此外,因为在上帝中并不存在任何偶性,④所以也没有什么作为偶性能够被用来谓述上帝。又因为特性落入了偶性的种相之中,所以也没有什么作为特性能够被用来谓述上帝。

(3)因此,没有什么能够被用来同(单)义地谓述上帝和受造物。⑤

---

① *SCG*,I,cap.32,n.3.

② 阿奎那在《反异教大全》第一卷第 25 章中详细地证明了这一点。

③ 阿奎那在《反异教大全》第一卷第 24 章中详细地证明了这一点。

④ 阿奎那在《反异教大全》第一卷第 23 章中详细地证明了这一点。

⑤ *SCG*,I,cap.32,n.4.

我们不难看出，这个论证显然是一个逻辑论证，而不是一个形而上学论证，因为它依赖于人类缺乏把中世纪传统逻辑学普遍认可的五个逻辑谓词应用于上帝的能力。在这个论证中，阿奎那显然是以承认上述五个逻辑谓词穷尽了一个名称的同（单）义谓述的全部可能性为前提的。这样，在排除了人类使用逻辑谓词来谓述上帝的全部选项之后，他就必然要逻辑地排除任何名称对上帝与其受造物的同（单）义谓述。

第四个论证依据的是事物的单纯性程度。其推理过程如下：

（1）凡是被用来同（单）义地谓述许多事物的东西都比在它所谓述的事物中的任何一个更加单纯，至少在观念上是如此。

（2）然而，没有什么能够比上帝更加单纯，不管在观念上抑或在现实性上，它都是如此。

（3）因此，没有什么能够被用来同（单）义地谓述上帝和受造物。①

这个论证最有趣也最值得我们注意的地方不在于阿奎那主张没有什么能够在现实性上比上帝更加单纯，而在于他主张甚至没有什么也能够在思想观念上比上帝更加单纯。当一个人理解任何存在者的时候，他所形成的思想观念都不可能比上帝更加单纯，这一点很可能更是阿奎那拒绝承认上帝和受造物以某种方式共享存在的理由。如果我们承认人在思想观念中所形成的存在者比上帝更加单纯，那么这将意味着它至少在观念上先于上帝。

第五个论证依据的是那源自于柏拉图主义传统的分有学说。其推理过程如下：

（1）凡是被用来同（单）义地谓述许多事物的东西都根据分有而属于它所谓述的每一个事物，因为属相被说成分有种相，个体被说成分有属相。

（2）但是，没有什么按照分有而被用来谓述上帝，因为被分有者受限于分有者的模式，从而以部分的方式而被拥有，而不是根据每一个完美性的模式而被拥有。

（3）因此，没有什么能够被用来同（单）义地谓述上帝和受造物。②

值得注意的是，在这个论证中，虽然阿奎那使用了属相分有种相以及个体分有属相来解释他所谓的分有，但是这并不意味着他的这个论证所依赖的就是逻辑的分有，而不是实际的分有。由于逻辑的分有并不像实际的分有那样需要分有者与被分有者的实际结合，因此，如果我们仅仅根据逻辑的分有而理解这个论证，那么它的合理性就受到怀疑。但是，对于阿奎那来说，逻辑的分有显然是不适合于上帝的，因为这将

① *SCG*, I, cap.32, n.5.

② Ibid., cap.32, n.6.

意味着至少在概念上以某种方式使上帝从属于他与受造物所分享的某种完美性。这很可能就是阿奎那拒绝任何事物对上帝和受造物的同(单)义谓述的基本理由之一。

第六个论证依据的是事物的先后秩序。其推理过程如下：

(1)凡是根据先后秩序而被用来谓述某些事物的东西都不可能被用来同(单)义地谓述它们,因为在先者被包含于在后者的定义中。例如,根据偶性是存在者,实体就被包含在偶性的定义中。如果存在者被用来同(单)义地谓述实体和偶性,那么,根据存在者被用来谓述实体,实体也必定被包含在存在者的定义中。这是不可能的,因为,当存在者被用来谓述偶性的时候,实体就会两次被包含在存在者的定义中。

(2)但是,没有什么是根据同一秩序而被用来谓述上帝和受造物的,而是根据先后秩序而被用来谓述它们的,因为一切事物都被用来本质地谓述上帝,却藉着分有而被用来谓述其他事物。

(3)因此,任何事物都不可能被用来同(单)义地谓述上帝和受造物。①

显然,这个论证的关键在于阿奎那把基于同一秩序的谓述与基于先后秩序的谓述视为相互排斥的。如果一个名称根据同一秩序而被用来谓述不同的事物,那么它就是对它们的同(单)义谓述。但是,如果一个名称根据先后秩序而被用来谓述不同的事物,那么它就不可能是对它们的同(单)义谓述。当一个名称被用来谓述上帝和受造物的时候,由它所意指的完美性以本质的模式存在于上帝之中,却以被分有的模式存在于受造物之中。因为这个缘故,所以它不可能根据同一秩序而被用来谓述上帝和受造物。换言之,它不可能被用来同(单)义地谓述它们。

其次,对神圣名称的纯粹异(多)义谓述的不可能性之论证。

阿奎那不仅排除了神圣名称的同(单)义谓述,而且进一步排除了神圣名称的异(多)义谓述。在其《反异教大全》第一卷第三十三章中,我们可以看到他提出了五个论证来否定神圣名称能够被用来纯粹异(多)义地(即以偶然异多义的方式)谓述上帝和受造物。

第一个论证依赖于事物彼此之间的秩序对名称被用来谓述不同事物的偶然性之排斥。其推理过程如下：

(1)在出于偶然的异(多)义的情形下,没有一个事物对另一个事物的秩序或者关系,一个名称被用来谓述不同的事物完全是由于偶然,因为一个名称被施加于一个事物并不意味着这个事物具有对那碰巧接受同一名称的另一事物的关系。

---

① *SCG*, I, cap.32, n.7.

(2)然而,这并不是被用来言说上帝和受造物的名称所具有的情形,因为我们能够在这样的名称的共同性中注意到原因和结果的秩序。

(3)因此,某物并不根据纯粹的异(多)义性而被用来谓述上帝和其他事物。①

显然易见,在这个论证中,阿奎那充分利用了在被用来言说上帝和受造物的名称的共同性中具有的因果秩序作为前提之一。对于他来说,这种因果秩序与一个名称被用来纯粹异(多)义地谓述不同事物的偶然性是完全对立的。因为这个缘故,所以它能够使神圣名称对上帝和受造物的纯粹异(多)义谓述成为不可能。

第二个论证是基于事物彼此之间的相似性。其推理过程如下:

(1)在有纯粹异(多)义性的地方,只有名称的统一性,而没有被命名事物彼此之间的相似性。

(2)但是,有事物对上帝的某种相似性。

(3)因此,名称并不根据纯粹的异(多)义性而被用来言说上帝。②

我们从这个论证中不难看出,正因为在上帝与其受造物之间所具有的本体论的因果关系决定了它们彼此之间存在着某种程度的相似性,所以这种相似性必定会以某种方式反映到我们应用于上帝和受造物的名称中来,从而使神圣名称对上帝和受造物的谓述具有了最低程度的义理上的统一性,而不仅仅具有名称的统一性。这种在名称的义理上的统一性足以使神圣名称对上帝和受造物的纯粹异(多)义谓述成为不可能。

第三个论证是从知识论途径的角度提出来的。其推理过程如下:

(1)当一个名称根据纯粹的异(多)义性而被用来谓述许多事物的时候,我们不可能从关于其中一个的知识被导致关于另一个的知识,因为关于事物的知识并不依赖于语词,却依赖于名称的义理。

(2)但是,我们能够从在其他事物中所发现的完美性而达到关于上帝的某一知识。

(3)因此,这种名称并不根据纯粹的异(多)义性而被用来言说上帝和其他的事物。③

值得注意的是,在这个论证中,阿奎那是以纯粹异(多)义谓述只具有名称的统一性而不具有义理上的统一性为预设的。因为关于事物的知识虽然依赖于名称的义理,但是并不依赖于名称本身,所以,在纯粹异(多)义谓述的情形下,关于被谓述事

① *SCG*, I, cap.33, n.2.

② Ibid., I, cap.33, n.3.

③ Ibid., cap.33, n.4.

物的知识彼此之间没有任何必然的联系。因此,我们也不可能从关于其中一个的知识导致关于另一个的知识。既然阿奎那认为我们能够从关于受造物的知识而达到关于上帝的某种知识,那么被用来谓上帝和受造物的名称就不可能是纯粹异(多)义的。

第四个论证是从逻辑学的论证过程的角度提出来的。其推理过程如下:

(1)名称的异(多)义性妨碍论证过程。因此,如果名称只有根据纯粹的异(多)义性才能被用来言说上帝和受造物,那么就没有从受造物到上帝的任何论证发生。

(2)但是,从所有谈论上帝的人来看,相反的情况是显而易见的。①

显然,在这个论证中,阿奎那并没有直接给出他的结论,而是想让读者自己去得出结论。需要注意的是,尽管这个论证的大前提源自于逻辑学的论证规则,然而它的小前提却源自于所有谈论上帝的人们的实践活动。既然所有谈论上帝的人们都能够建立起从受造物到上帝的某种论证(这当然只是阿奎那一厢情愿的说法。事实上,只有针对那些坚持自然神学立场的人而言,这种说法才是恰当的),那么,根据大前提,我们就必须在结论中否定名称的纯粹异(多)义谓述的可能性。

第五个论证是从名称的知识论功能的角度提出来的。其推理过程如下:

(1)除非我们通过一个名称而在某种程度上理解了某个存在者,否则的话,我们就是在用那个名称无用地谓述那个存在者。

(2)但是,如果所有的名称都被用来全然异(多)义地言说上帝和受造物,那么我们通过那些名称而并不理解关于上帝的任何东西,因为那些名称的意义仅仅根据它们被用来言说受造物而为我们所知。

(3)因此,言说或者证明上帝是存在者、善或者诸如此类的其他事物,都将是徒劳无益的。②

在这个论证中,阿奎那试图从名称的知识论功能的角度采用反证法推出一个与事实明显相反的结论,以此来驳斥神圣名称的纯粹异(多)义谓述。虽然这个证论的事实部分和结论部分都被省略了,但是读者不难设想它们。值得注意的是,对于这个论证,阿奎那还设想有人可能会反对说,通过这样的名称,我们只知道上帝不是什么。例如,我们称上帝为“有生命的”,这就意味着上帝并不属于无生命事物的种类,等等。对此,阿奎那反驳说,当“有生命的”这个语词被用来谓述上帝和受造物的时候,它对上帝和受造物的谓述至少就否定无生命的事物而言具有共同性。即便只有这一

① *SCG*, I, cap.33, n.5.

② Ibid., cap.33, n.6.

点共同性，这也足以表明它并不被用来纯粹异（多）义地谓述它们。①

最后，对神圣名称的类比谓述之肯定与阐释。

在其《反异教大全》第一卷第34章中，阿奎那通过排除法而从逻辑上得出了令他满意的结论：神圣名称被用来谓述上帝和受造物，既非同（单）义地，亦非异（多）义地，而是类比地，也就是根据对某个同一物的秩序或者关系。不仅如此，他还从以下两个方面详细地阐释了神圣名称的类比谓述。

一方面，阿奎那阐释了适合于神圣名称的类比谓述的模式问题。他认为，这种以对某个同一物的秩序或者关系为根据的类比谓述能够以两种模式发生。第一种模式是根据许多事物具有对某个同一物的秩序或者关系。例如，当"健康的"这个语词被用来谓述动物、医药、食物和尿的时候，它就是根据它们对同一个健康的秩序或者关系而类比地谓述它们的。动物作为健康的主体而被说成是健康的，医药作为健康的动力因而被说成是健康的，食物作为健康的保存者而被说成是健康的，尿作为健康的标志而被说成是健康的。这种模式的类比就是我们在前面提到的"多个对一个"的类比。第二种模式是根据在两个事物中的一个事物具有对另一个事物的秩序或者关系，而不是根据两个事物具有对第三个事物的秩序或者关系。例如，当"存在者"这个语词被用来言说实体和偶性的时候，它就是根据偶性具有对实体的秩序或者关系而被用来谓述两者的，而不是根据实体和偶性具有对第三个事物的秩序或者关系而被用来谓述两者的。这种模式的类比就是我们在前面提到的"一个对另一个"的类比。虽然这两种类比谓述模式都是以对某个同一物的秩序或者关系为依据的，但是这并不意味着它们都能够适合于神圣名称的类比谓述。就被用来谓述上帝和受造物的神圣名称而言，阿奎那排除了第一种模式的类比（即"多个对一个"的类比），而选择了第二种模式的类比（即"一个对另一个"的类比）。因为第一种模式的类比不仅基于两个事物对第三个事物的秩序或者关系，而且隐含着第三个事物是先于与其自身相关的那两个事物的。如果这种模式的类比适合于神圣名称的类比谓述，那么这将意味着我们必须设定第三个事物是先于上帝的。但是，在上帝和受造物之外并没有任何先于两者的第三者。因此，这种模式的类比并不适合于神圣名称的类比谓述。

需要指出的是，在其《反异教大全》第一卷第34章中，阿奎那对神圣名称的类比谓述的模式问题之阐释与他早期对同一问题的阐释相比明显地发生了变化，他在前后不同时期作出的阐释甚至在某种程度上出现了相互冲突的一面。在其早期作品《论真理》第2题第11条中，在解释"知识"这个语词被用来类比地谓述上帝的知识和我们的知识的时候，阿奎那曾经对类比的共同性作出了双重区分。第一种共同性

① *SCG*, cap.33, n.7.

是指在彼此有比例的事物之间获得的某种一致,因为它们有对彼此的确定距离或者其他关系。例如,在2与1之间有某种一致,因为2是1的两倍。他把这种共同性称为"比例的一致"。第二种共同性并非是在彼此有比例的两个事物之间获得某种一致,而是在对彼此的两个比例之间获得的某种一致。例如,在6与4之间具有某种一致,因为6是3的两倍,4也是2的两倍。他把这种共同性称为"比例性的一致"。然后,他就把这一双重区分具体地应用于类比。他指出,当两个事物中的一个有对另一个的关系的时候,某物根据比例的一致而被用来类比地谓述它们。例如,当"存在者"被用来谓述实体和偶性的时候就是如此,因为偶性有对实体的关系。这种模式的类比就是我们在前面提到的"比例的类比"。但是,某物也可以根据比例性的一致而被用来类比地谓述不同的事物。例如,"看见"这个名称就可以被用来谓述形体的看见和理智的看见,因为正如视觉存在于眼中,理智也存在于心中。这种模式的类比就是我们在前面提到的"比例性的类比"。当阿奎那在这个文本中继续讨论神圣名称的类比谓述的模式问题的时候,他为我们提供的答案却是相当令人惊讶的,因为他的答案是拒绝第一种模式的类比(即"比例的类比"),而选择第二种模式的类比(即"比例性的类比")。在他看来,当一个名称根据第一种模式的类比而被用来谓述不同事物的时候,在那些具有某种类比共同性的事物之间必定存在着某种确定的关系。因为这个缘故,所以任何名称都不可能根据这种模式的类比而被用来类比地谓述上帝和受造物。他为自己拒绝这种模式的类比所给出的理由就在于:没有任何受造物对上帝具有这样的关系,以致它能够限定神圣完美性。相反,在另一种模式的类比(即"比例性的类比")中,没有确定的关系被包含在具有类比共同性的事物之间。因此,没有任何理由妨碍某个名称根据这种模式而被用来类比地谓述上帝和受造物。① 我们之所以对他在这里拒绝比例的类比而把比例性的类比作为解释神圣名称的类比谓述的模式问题的唯一选项感到相当惊讶,其原因就在于:从他在这个文本中把比例的类比描述为基于彼此有比例的两个事物之间的确定关系的类比来看,它实际上也是"一个对另一个"的类比。既然如此,那么他在这里否认比例的类比适合于神圣名称的类比谓述,就不仅与他早先在其《彼得·伦巴德〈箴言书〉评注》第一卷第35部第1题第4条中明确地把基于一个事物对另一个事物的模仿关系的类比(这显然也是"一个对另一个"的类比)作为解释神圣名称的类比谓述模式发生冲突,②而且与他随后在其《反异教大全》第一卷第34章中又重新明确地把"一个对另一个"的类比作为解释神圣名称的类比谓述模式发生冲突。由此可以确定,阿奎那在写作其《论

① Sancti Thomae de Aquino, *De Veritate*, q.2, a.11.

② Sancti Thomae de Aquino, *Super I Sententiarum*, d.35, q.1, a.4.

真理》的时期对神圣名称的类比谓述的模式问题之思考发生了变化,他开始放弃自己先前所赞成的基于受造物对上帝的直接模仿关系的类比,转而把比例性的类比作为解释神圣名称的类比谓述模式的唯一选项。尽管他这样做可以有效地捍卫上帝的超越性,然而它却不能使他完全成功地反对那种源自于神圣名称的纯粹异(多)义谓述的不可知论。或许是因为阿奎那逐渐意识到了这一点,所以我们可以看到他在其《论真理》第23题第7条中又表现出了一定的变化:当他解释在受造物与上帝之间具有的相似性关系的时候,他既不排他性地接受比例性的类比,也不果断地拒绝比例的类比。① 此后,他逐渐放弃了这一学说,直到《反异教大全》时期,他又重新回到了肯定"一个对另一个"的类比是适合于神圣名称的类比谓述模式的立场上,并且在整个成熟时期的《论上帝的权能》和《神学大全》等作品中都一以贯之地坚持这一立场。

另一方面,在选择了"一个对另一个"的类比作为解释神圣名称的类比谓述模式之后,阿奎那在其《反异教大全》第一卷第34章中又对这种模式的类比谓述的秩序作出了进一步的区分。他指出:"在这种模式的类比谓述中,秩序根据名称与根据事物而有时被发现相同,然而有时却并不相同。"②根据阿奎那的说法,名称的秩序遵循知识的秩序而产生,因为名称是可理解的概念之符号;因此,如果那根据事物而是在先的东西被发现在知识上也是在先的,那么同样的东西不管是根据名称的义理还是根据事物的本性而都被发现是在先的。换言之,在这种情形下,名称的秩序与事物的秩序必定是相同的。例如,实体对于偶性不仅在本性上是在先的,因为实体是偶性的原因,而且在知识上也是在先的,因为实体被包含在偶性的定义中。在这种情形下,不管存在者是根据事物的本性而被用来言说实体,还是根据名称的义理而被用来言说实体,它被用来言说实体都先于它被用来言说偶性。因此,就类比谓述而言,在这种情形下,秩序不管是根据事物还是根据名称而被发现都是相同的。但是,如果那根据本性而是在先的东西却根据我们的知识而是在后的,那么在类比谓述中秩序就根据事物与根据名称的义理而不是相同的了。换言之,在这种情形下,名称的秩序必定不同于事物的秩序。例如,在药物和食物等一切可以给予健康的事物中所发现的治疗能力按照自然本性而是先于动物所具有的健康的,正如原因先于结果一样。但是,因为我们是通过结果而认知这种治疗能力的,所以我们同样也是从它的结果而命名这种治疗能力的。因此,当我们把这种治疗能力命名为"健康给予者"(sanativum)并且把动物称为"健康的"(sanum)的时候,健康给予者在事物的秩序上是在先的,但是动物按在先而被称为健康的则是根据名称的义理。换言之,我们把这种治疗能力命

① Sancti Thomae de Aquino, *De Veritate*, q.23, a.7, ad 9.

② *SCG*, I, cap. 34, n. 2: "In huiusmodi autem analogical praedicatione ordo attenditur idem secundum nomen et secundum rem quandoque, quandoque vero non idem."

名为“健康给予者”仅仅因为我们已经把动物说成是健康的了。因此,在这种情形下,秩序就根据事物与根据名称而必定是不同的,也就是说,名称的秩序与事物的秩序并不相符。在作出了这一区分之后,阿奎那就把它用于进一步阐释神圣名称的类比谓述。他指出,因为我们从受造物出发去获得关于上帝的知识,所以我们用来谓述上帝和受造物的名称所意指的事物根据上帝自身的模式按照在先性而存在于上帝之中,然而名称的义理却按照在后性而属于上帝。因此,上帝被说成是从他的结果而被命名。

值得注意的是,在这里,阿奎那在解释神圣名称的类比谓述的时候所依据的这一区分后来在其《神学大全》第一集第 13 题中被明确地表达为“意指模式”与“被意指事物”的区分。例如,在该题第 3 条中,他指出,我们关于上帝的知识是从上帝流向受造物的完美性所产生的。这些完美性以比它们存在于受造物中更加卓越的模式存在于上帝之中。但是,我们的理智是根据它们存在于受造物中的模式而理解它们的,并且也是根据我们的理智对它们的理解而用名称来表示它们的。因此,就被应用于上帝的那些名称而言,我们必须考察它们所意指的完美性和它们的意指模式。① 又如,在该题第 6 条中,他说明了诸如“上帝是善的”或者“上帝是智慧的”这些话不仅表示上帝是善和智慧的原因,而且表示诸如善、智慧之类的完美性以更加卓越的方式预先存在于上帝之中,并且得出结论说:“因此,根据这个理由,就名称所意指的事物而言,这些名称按照在先性而被用来言说上帝,而不是被用来言说受造物,因为这样的完美性从上帝流向受造物。但是,就名称的施加而言,它们按照在先性而由我们应用于我们首先所认识的受造物。因此,它们有适合于受造物的意指模式。”②毫无疑问,这种根据被意指事物与意指模式的区分而对神圣名称的类比谓述所作的阐释是阿奎那关于神圣名称的类比谓述理论走向成熟的一个重要标志。

二、对超越类比的可能性之形而上学辩护

阿奎那不仅从神学知识论的角度论证和阐释了神圣名称是以类比的方式被用来谓述上帝及其受造物的,而且从神学本体论的角度为存在者的超越类比何以可能的问题提供了形而上学辩护。对于阿奎那来说,尽管形而上学探讨的主题是作为存在者的存在者(ens qua ens)或者普遍的存在者(ens commune),然而上帝却并不属于形

---

① *ST*, Ia, q.13, a.3.

② Ibid., q.13, a.6: “Unde, secundum hoc, dicendum est quod, quantum ad rem significatam per nomen, per prius dicuntur de Deo quam de creaturis, quia a Deo huiusmodi perfectiones in creaturas manant. Sed quantum ad impositionem nominis, per prius a nobis imponuntur creaturis, quas prius cognoscimus. Unde et modum significandi habent qui competit creatures.”

而上学探讨的主题,因为上帝是存在本身(ipsum esse)或者纯粹的存在(esse tantum),换言之,因为上帝是独一无二的自立的存在(esse subsistens),而不是形而上学探讨的普遍的存在(esse commune),并未落入普遍的存在者的范围内。不过,在基督宗教的创造论语境中,由于基督徒信仰世界万物都是由上帝所创造的,上帝乃是一切落入普遍的存在者范围内的万事万物得以存在的终极原理和原因,因此在上帝与其受造物之间存在着的这种因果关系便决定了形而上学不仅能够而且应该把上帝纳入它自身的考察范围。就人类用于谈论上帝的宗教语言而论,只有以自然神学藉以认识上帝的因果关系作为其本体论基础,才能为神圣名称在超越层面上的类比谓述之可能性提供有效的形而上学辩护。从这个意义上讲,我们完全可以把阿奎那对存在者的超越类比的形而上学反思看成是他为基督徒谈论上帝的生活实践提供哲学解释的一部分,而不能把它看成是一种纯粹的神学理论。

就超越层面的存在者的类比之可能性而言,阿奎那为之提供的形而上学辩护主要表现在以下两个方面。

一方面,阿奎那把在上帝与其受造物之间实际存在着的因果关系视为神圣名称的类比谓述的本体论基础。

一般而言,使一个名称的类比谓述成为可能的本体论基础就在于它的各类比项相互之间存在着某种实际的关系。如果各类比项相互之间没有任何实际的关系,那么一个名称被用来类比地谓述不同事物的合法性就会受到动摇。这一点对神圣名称的类比谓述来说也是适合的。当诸如存在、智慧、善之类的意指神圣完美性的名称被用来类比地谓述上帝和其受造物的时候,正是在上帝与其受造物之间实际存在着的因果关系为它们的类比谓述之可能性提供了本体论基础。根据阿奎那的看法,在事物之间存在着的因果关系有两种。一种因果关系是指一个结果与其原因在完美性或者能力上相等。在这种情形下,原因的形式只能产生唯一的结果。因为这个缘故,所以结果的形式与其原因的形式不仅能够以同一模式被定义,而且属于同一属相。例如,人生人、火生火等就是如此。因此,这样的原因与其结果乃是同(单)义的。另一种因果关系是指一个结果与其原因在完美性或者能力上并不相等。在这种情形下,原因的形式可以产生许多不同的结果。因为这个缘故,所以相关的形式并不以同一模式存在于结果和原因之中,而是以不同的模式存在于两者中,因为原因有产生结果的能力。如果一个原因的全部能力并未反映在它的结果之中,那么相关的形式就以比它存在于结果之中更加卓越的方式存在于原因之中。例如,当太阳产生热的时候就是如此。因此,这样的原因与其结果是异(多)义的,有时阿奎那也将其说成是类比的。在上帝与其受造物之间存在着的因果关系显然属于第二种,因为在作为结果的受造物中没有一个能够与作为其原因的上帝的力量相等。否则的话,就只能有一个结果产生于作为其原因的神圣力量了。既然从神圣力量产生了许多不同的结果，那么神圣能力产生的每一个结果显然都达不到与其原因的能力相等的程度。因此，我们在神圣能力产生的结果中所发现的形式并不以同一模式存在于作为其原因的上帝之中，而是以比它存在于受造结果中更加卓越的方式存在于上帝之中。在不同的结果中彼此不同的一切形式都以卓越的模式统一在上帝之中，就像统一在一个共同的能力中一样。受造物的完美性也以同样的模式根据上帝独一无二的单纯本质而模仿上帝。①

由于在上帝与其受造物之间存在着的因果关系是异(多)义的，因此，在作为原因的上帝与作为其结果的受造物之间，既存在着某种相似性，又存在着某种不相似性。阿奎那告诉我们，就那些与其原因在名称和义理上并不一致的结果而言，我们在这些结果与其原因之间必定能够发现某种相似性，“因为一个施动者产生相似其自身的某物属于活动的本性，因为每一个事物都根据它在现实之中而活动。因此，结果的形式以某种模式在超越的原因中被发现，但是根据另外的模式和另外的义理，因为这个缘故，所以这个原因就被称为异(多)义因。”②上帝是其一切受造结果的异(多)义因，其受造结果的形式必定以某种模式存在于上帝之中，就此而言，在上帝与其受造物之间存在着某种相似性。但是，上帝并不落入与其任何结果相同的属相或者种相之中，其受造结果的形式又根据不同的模式和义理而存在于上帝之中，就此而言，在上帝与其受造物之间也存在着不相似性。阿奎那以太阳在地上的低级形体中产生热为例具体说明了这一点。尽管他举出的这个例子从现代物理学的角度来看早已过时，然而这个例子本身却有助于我们理解他的观点。按照他的说法，太阳根据它存在于现实之中而藉着活动在地上的低级形体中产生热。太阳在低级形体中所产生的热与太阳的活动能力具有某种相似性。因为太阳通过它的活动能力而在低级形体中产生了热，所以太阳也可以被说成是热的，尽管热并不根据同一模式和义理而存在于低级形体和太阳之中。因此，太阳可以被说成在某种程度上相似于它作为动力因在其中产生它的结果的那些事物。但是，就这样的结果所拥有的热并不以同一模式存在于太阳之中而言，太阳也可以被说成不相似于这些事物。同样地，由于上帝把完美性给予了万物，因此，在他与其他万物之间，既存在着某种相似性，又存在着某种不相似性。③

---

① Sancti Thomae de Aquino, *De Potentia*, q.7, a.5.

② *SCG*, I, cap.29, n.2:“…de natura enim actionis est ut agens sibi simle cum unumquodque agat secundum quod actu est.Unde forma effectus in causa excedente invenitur quidem aliqualiter, sed secundum aliu modum et aliam rationem, ratione cuius causa aequivoca dicitur.”

③ Ibid., cap.29, n.2.

在阿奎那看来，既然在上帝与其受造物之间存在着的因果关系决定了它们彼此之间的相似性和不相似性，那么这一本体论情境就为神圣名称的类比谓述之可能性提供了基础。

首先，在上帝与其受造物之间存在着的不相似性排除了神圣名称的同（单）义谓述之可能性。在其《神学大全》第一卷第13题第5条中，阿奎那根据在上帝与受造物之间存在着的因果关系所决定的不相似性而否定了神圣名称的同（单）义谓述。他指出，但凡与其动力因的能力不相等的结果都不是根据相同的义理而接受施动者的相似性的，而是以有缺陷的模式接受的。因此，凡是以被分割的和多重化的模式存在于这样的结果中的东西，都以单纯的和相同的模式存在于它们的原因中。例如，太阳根据它的同一个能力而在低级形体中产生了许多不同的形式。以同样的方式，在受造物中以被分割的和多重化的模式存在的一切完美性都统一地预先存在于上帝之中。因此，当关于一个完美性的任何名称被用来言说一个受造物的时候，它意指那个完美性不同于这个受造物的其他完美性。例如，当我们用“智慧的”（sapiens）这个名称来言说人的时候，它意指不同于人的本质（essentia）、能力（potentia）、存在（esse）以及诸如此类的一切东西的某种完美性。但是，当我们用“智慧的”这个名称来言说上帝的时候，我们并不是想用它来意指那不同于上帝的本质、能力、存在的某种东西。因此，当“智慧的”这个名称被用来言说人的时候，它以某种方式限制和把握了被意指的事物；然而，当它被用来言说上帝的时候却并非如此，因为它允许被意指的事物是某种未被把握的和超出了名称的意指范围的东西。因此，它并不是根据相同的义理而被用来言说上帝和人的。对于其他名称来说也是如此。所以，没有任何名称被用来同（单）义地谓述上帝和受造物。① 在其《论上帝的权能》第7题第7条中，阿奎那同样根据在上帝与其受造物之间存在着的因果关系所决定的不相似性而论证了神圣名称的同（单）义谓述之不可能性。他指出：“因为一个异（多）义的施动者的每一个结果与这个施动者的能力都不相等，而且没有任何受造物（因为它是有限的）能够与第一施动者（因为它是无限的）的能力相等。因此，上帝的相似性被同（单）义地接受在一个受造物中则是不可能的。再者，显而易见，尽管存在于施动者中的形式与存在于结果中的形式具有同一义理，然而它们的不同存在模式却排除了它们的同（单）义谓述。例如，尽管存在于质料中的房屋与存在于技艺家心中的房屋具有相同的义理，因为一个是另一个的义理，但是‘房屋’并不被用来同（单）义地谓述两者，因为在质料中的房屋的形式有物质的存在，然而它在技艺家心中却有非

① *ST*, Ia, q.13, a.5.

物质的存在。"①

其次，在上帝与受造物之间存在着的相似性排除了神圣名称的纯粹异(多)义谓述之可能性。在阿奎那看来，由于每一个施动者就其是施动者而言都产生相似其自身的某物，并且每一个施动者都根据它的形式而活动，因此施动者的某种相似性必定存在于其结果之中。② 既然上帝是一切受造物的第一施动者或者异(多)义因，那么在上帝创造的结果中必定存在着他的某种相似性，也就是说，作为结果的受造物必定相似于作为第一动力因的上帝。然而，就所有的纯粹异(多)义谓述而言，当同一个名称被用来谓述两个不同事物的时候，它并不是根据一个事物对另一个事物的关系而谓述的。但是，被用来谓述上帝和受造物的一切事物都是根据上帝对受造物具有的某种关系或者受造物对上帝具有的某种关系而被用来谓述它们的。因此，它们不可能是纯粹异(多)义的。阿奎那指出："结果必定以某种方式相似于它的原因，因此没有什么被用来纯粹异(多)义地谓述原因和结果。"③尽管在无限的上帝与其有限的受造物之间存在着巨大的差异，然而在上帝与受造物之间存在着的因果关系却决定了作为结果的受造物必定以某种方式相似于作为其原因的上帝。因为这个缘故，所以在它们之间存在着的相似性排除了神圣名称的纯粹异(多)义谓述之可能性。在其《反异教大全》第一卷第 33 章中，阿奎那提出的排除神圣名称的纯粹异(多)义谓述之可能性的前两个论证同样是以在上帝与其受造物之间的本体论因果关系所决定的相似性为基础的，这一点我们在考察他对神圣名称的类比谓述之论证的时候已经解释过了，在此毋庸赘言。④

最后，在排除了神圣名称的同(单)义谓述和纯粹异(多)义谓述之后，阿奎那根据在上帝与其受造物之间的本体论因果关系所决定的相似性和不相似性为神圣名称的类比谓述之可能性提供了辩护。在他看来，虽然在无限的上帝与有限的受造物之间存在着巨大的差异或者不相似性，但是由于在它们之间存在着本体论因果关系，作

① Sancti Thomae de Aquino, *De Potentia*, q.7, a.7: "Nam omnis effectus agentis univoci adaequat virtutem agentis. Nulla autem creatura, cum sit finita, potest adaequare virtutem primi agentis, cum sit infinita. Unde impossibile est quod similitudo Dei univoce in creatura recipiatur. Item patet quod, etsi una sit ratio formae existentis in agente et in effectu, diversus tamen modus existendi impedit univocam praedicationem; licet enim eadem sit ratio domus quae sit in materia et domus quae est in mente artificis,-quia unum est ratio alterius,-non tamen domus univoce de utraque praedicatur, propter hoc quod species domus in materia habet esse materiale, in mente vero artificis immateriale."

② *ST*, Ia, q.4, a.3: "Cum omne agens agat sibi simle inquantum est agens, agit autem unumquodque secundum suam formam, necesse est quod in effectu sit similitude formae agentis."

③ Sancti Thomae de Aquino, *De Potentia*, q.7, a.7: "Causatum esse aliqualiter simile causae; unde oportet de causato et causa nihil pure aequivoce praedicari."

④ *SCG*, I, cap.33, n.2-3.

为第一异(多)义因的上帝必然把其完美性以许多不同的模式赋予作为其结果的受造物,因此作为结果的受造物必定以某种方式相似于作为其原因的上帝,这种相似性也使我们利用那源自于受造物的名称来谓述上帝成为可能。然而,当我们利用那源自于受造物的名称来谓述上帝和受造物的时候,这样的谓述既因为在它们之间存在着的巨大差异性或者不相似性而不可能是同(单)义的,又因为在它们之间存在着的最低程度的相似性而不可能是纯粹异(多)义的,因此这样的谓述是以类比或者比例为根据的。所谓以类比或者比例为根据,借用阿奎那的话来说,那就是"根据对同一某物的秩序或者关系"①。就神圣名称的类比谓述而言,它是以受造物对上帝的实际秩序或者关系为根据的,而不是相反。对阿奎那来说,在受造物与上帝之间存在着的关系不是一种可逆的双向关系,而是一种不可逆的单向关系。换言之,受造物具有对上帝的实际的依赖关系,正如结果具有对原因的依赖关系一样;然而,上帝却并不具有对受造物同样的关系。② 因此,上帝绝不能被说成是以任何方式相似于受造物,然而受造物却反倒可以被说成是以某种方式相似于上帝,正如一个人决不能被说成是相似于他的肖像,然而那个肖像却反倒可以被说成是以某种方式相似于那个人一样。③ 因为一切受造物的完美性都以更加卓越的模式存在于那作为其原因的上帝之中,并且它们被导向那作为其原理和原因的上帝,所以我们不仅能够从受造物出发去认识上帝,而且能够利用某些表达受造物的完美性的名称去类比地谓述上帝,尽管它们是以不完美的意指模式去谓述上帝的。当然,根据阿奎那的思想,这样的类比谓述不属于"多个对一个"的类比,而属于"一个对另一个"的类比。

另一方面,当阿奎那利用存在于上帝与受造物之间的本体论因果关系来为神圣名称的类比谓述之可能性提供形而上学辩护的时候,他通过把源自于柏拉图主义的分有学说整合到关于存在者的类比理论中而进一步补充和完善了他为存在者的超越类比之可能性提供的形而上学辩护。

在借用源自于柏拉图主义的分有学说的时候,阿奎那对它进行了创新和发展。在其《波埃修〈七公理论〉评注》中,尽管他把"仿佛是抓取一部分"作为对"分有"一词的词源学意义之解释,然而他实际上对这个词的理解和使用却超出了它的词源学意义。"因此,当某一事物以特殊的模式接受那以普遍的模式属于另一个事物的东

① *SCG*, I, cap.33, n.1:"Secundum ordinem vel respectum ad aliquid unum."

② Sancti Thomae de Aquino, *De Potentia*, q.7, a.10:"Unde relinquitur quod in eo non est aliqua relatio realis ad creaturam, licet sit relatio creaturae ad ipsum, sicut effectus ad causam."

③ Ibid., a.7, ad 7.

西的时候,这一事物就被说成是分有那另一个事物。"①根据对分有的这种理解,阿奎那把分有的模式区分为三种。第一种分有模式是殊相分有共相(particulare participat uniuersale):属相分有种相,个体分有属相。例如,人分有动物,苏格拉底分有人,等等。第二种分有模式是主体分有偶性,或者质料分有形式(materia uel subiectum participat formam uel accidens)。第三种分有模式则是结果分有原因(effectus participat causam)。显而易见,在这这三种模式的分有中,第一种属于概念的或者逻辑的分有,而后两种则属于实际的或者本体论的分有。当阿奎那利用源自于柏拉图主义的分有学说来为神圣名称的类比谓述之可能性提供形而上学的补充辩护的时候,他排除了前两种分有模式,而选择了第三种分有模式。

阿奎那把存在于上帝与其受造物之间的本体论因果关系解释为实际的分有关系,即作为结果的受造物分有作为其原因的上帝。在他看来,既然世界万物都是由上帝所创造的,而所谓创造无非就是存在的给予而已,那么,就上帝作为给予世界万物以存在的第一因而言,他既可以被称为"第一存在者"(primum ens),也可以被称为"存在本身"(ipsum esse)、"纯粹的存在"(esse tantum)或者"自立的存在"(esse subsistens)。相应地,就世界万物作为受造结果而言,它们则可以在一般意义上被称为"存在者"(ens),也就是落入普遍存在者(ens commune)范围内的一切受造物。于是,受造物对上帝的本体论因果依赖关系就被阿奎那解释为存在者(ens)对存在(esse)的分有关系。

在具体解释作为存在者的受造物分有作为存在本身的上帝之前,阿奎那首先分析了存在者分有存在所采用的模式问题。为此,他作出了两点预备性解释。第一,存在者分有存在属于实际的或者本体论的分有,因为就某个事物要想绝对地成为一个分有者或者主体而言,它必须分有存在。只有当这个事物实际地存在的时候,它才能作为主体或者实体去分有偶性,或者作为质料去分有形式,"因为显而易见的是,那不存在的东西不可能分有任何事物,因此可得出结论:只有当某个事物已经存在的时候,分有才能属于它;但是,正如所说的那样,某个事物存在,由于它接受了存在本身这个事实。"②第二,存在者对存在的分有不仅是实际的分有,而且包含着分有者与被分有者的实际区分。阿奎那首先肯定了在作为分有者的存在者与作为被分有者的存

① Sancti Thomae de Aquino, *Expositi Libris Boetii De ebdomadibus*, lect. 2: "Est autem participare quasi partem capere. Et ideo quando aliquid particulariter recipit id quod ad alterum pertinet universaliter, dicitur participare illud."

② Ibid., lect. 2: "Manifectum est enim quod non est non potest aliquot participare, unde consquens est quod *participation* conueniat alicui *cum iam est*; set ex hoc *aliquid est* quod *suscipit* ipsum ess sicut dictum est."

在之间存在着逻辑的区分，然后又肯定了在它们之间存在着实际的区分。他在存在者与存在之间作出了三个逻辑的区分。第一个逻辑的区分在于：存在者作为存在的主体（subiectum essendi）以具体模式被意指，然而存在却并不作为存在的主体被意指，而是作为存在的活动（actum essendi）以抽象模式被意指，正如跑者作为跑的主体以具体模式被意指，然而跑却作为跑步活动以抽象模式被意指一样。第二个逻辑的区分在于：存在者能够分有某物，然而存在本身却不能分有任何事物；①第三个逻辑的区分在于：存在者允许不同于它自身本质的外在事物附加于它的义理之上，然而存在本身却不允许任何外在事物附加于它的义理之上。在肯定了存在者与存在的逻辑区分之后，阿奎那也指出了它们彼此之间存在着实际的区分。他说："因此，首先必须考虑的是，正如存在和存在者根据意向而不同一样，在复合体中它们也实际地不同。"②根据他的说法，由于存在本身绝不分有其他任何事物，以致它的义理可以由许多因素所构成，而且它决不允许任何外在事物附加于它的义理之上，以致在它之中不会有偶性的复合；因此，存在本身不是复合的。如果是这样的话，那么一个复合的事物就不是它自身的存在，也就是说，在复合的事物中有着存在和本质的实际区分。不仅就由质料和形式复合而成的事物而言，它们具有存在和本质的实际区分，而且即使就受造的单纯实体而言，它们也是如此。尽管受造的单纯实体就它们缺乏质料与形式的复合而言也可以相对地被说成是单纯的，然而它们却不是完全单纯的。因为每一个受造的单纯实体的形式都限定了它的存在，所以它的形式不是它的存在，它仅仅具有存在而已。

根据上述两点预备性解释，阿奎那排除了存在者对存在的分有采用殊相分有共相的模式以及主体或者质料分有偶性或者形式的模式。在他看来，存在者分有存在并不采用殊相分有共相的模式，因为这样的分有是普遍性较小的概念对普遍性较大的概念的分有，属于意向的或者逻辑的分有，它并不包含着分有者与被分有者彼此之

① 阿奎那在《波埃修〈七公理论〉评注》第二讲中解释了为什么存在本身不能分有任何事物，而存在者却能分有某物。一方面，他撇开了结果分有原因的模式，仅仅根据殊相分有共相的模式以及主体或质料分有偶性或形式的模式来解释了存在本身不能分有任何事物。他指出，存在本身不能按照主体或者质料分有偶性或者形式的模式分有任何事物，因为存在本身作为抽象的某物被意指，而主体和质料则作为具体的某物被意指（这一点虽然他未明确地说出来，但是我们可以合理地假定它）；同样地，存在本身也不能按照殊相分有共相的模式分有任何事物，因为那些抽象地被言说的事物也能按照这样的模式分有某物，例如，我们可以说白（albedo）分有颜色（colorem），而存在本身却是最普遍的（communisssimum），因此存在被其他事物分有，它本身却不分有其他任何事物。另一方面，尽管存在者也是最普遍的，然而它却具体地被言说；因此，虽然存在者并不按照较小普遍者分有较大普遍者的模式分有存在本身，但是它按照具体者分有抽象者的模式分有存在本身。

② Sancti Thomae de Aquino, *Expositi Libris Boetii De ebdomadibus*, lect.2："Est ergo primo considerandum quod sicut esse et quod est different secundum intentiones, ita in composites different realiter."

间的实际区分，然而存在者对存在的分有却属于实际的分有，并且它包含着分有者与被分有者彼此之间的实际区分。虽然存在者对存在的分有是实际的或者本体论的分有，但是这样的分有也不采用主体或者质料分有偶性或者形式的模式，因为就主体分有偶性而言，主体必须实际存在，并且只有就它分有存在而言，它才能实际存在，从这个意义上讲，存在者对存在的分有比主体对偶性的分有是更加基础性的分有；就质料对形式的分有而言，不仅存在者对存在的分有比质料对形式的分有是更加基础性的分有，而且在质料分有形式之后从两者的复合中必定能产生第三个事物，即物质事物的本质，然而在存在者分有存在之后从两者的复合中却绝不能产生第三个事物，除此之外，在质料与形式的复合中对存在的限定源自于有限实体的本质中的主动原理，即实体的形式，然而在本质与存在的复合中对存在的限定却不是源自于有限实体的主动原理，即存在的活动，而是源自于它的被动原理，即本质。

在排除了存在者对存在的分有采用殊相分有共相的模式以及主体或者质料分有偶性或者形式的模式之后，阿奎那便肯定了存在者"按照具体者藉以分有抽象者的模式分有存在本身"。[①] 在其《波埃修〈七公理论〉评注》中，虽然他并未把具体者分有抽象者的模式与结果分有原因的模式等同起来，但是从他所区分的三种分有模式来看，似乎只剩下结果分有原因的模式能够适合于存在者对存在本身的分有了。事实上，在阿奎那的其他作品中，我们可以发现他经常把根据分有的存在者与由原因所产生的存在者密切关联在一起。例如，他说："在根据分有的某个事物中所发出的某物，必然是由它本质上所属于的东西在那个事物中引起的(causetur)……因此，除上帝之外的一切存在者都不是它们自身的存在，而是分有存在。因此，一切根据对存在的不同分有而被多样化，以致或多或少是完美的事物，都必然是以最完美的模式存在的第一存在者所引起的。"[②]其中，所谓"由……引起(causetur)"，就是指由原因所产生。类似的说法在其《论分离实体》中表达得更加清楚："那分有某物的每一个事物都从它由以分有的东西那里接受它所分有的某物，并且就此而言，它以由分有的东西乃是它的原因。"[③]由此可见，对于阿奎那来说，存在者对存在的分有实际上也是按照结果分有原因的模式，尤其当结果与其原因的能力并不相等的时候更是如此。

---

① Sancti Thomae de Aquino, *Expositi Libris Boetii De ebdomadibus*, lect.2:"…set participat ipsum esse per quo concretum participat abstractum."

② *ST*, Ia, q.44, a.1:"Si enim aliquid invenitur in aliquo per participationem, necesse est quod causetur in ipso ab eo cui essentialiter convenit…Relinquitur ergo quod omnia alia a Deo non sint suum esse, sed participant esse. Necesse est igitur omnia quae diversificantur secundum diversam participationem essendi, ut sint perfectius vel minus perfecte, causari ab uno primo ente, quod perfectissime est."

③ Sancti Thomae de Aquino, *De Substantiis Separatis*, cap.3:"…omne autem participans aliquid accipit id quod participat ab eo a quo participat, et quantum ad hoc id a quo participat est causa ipsius."

阿奎那不仅把结果藉以分有原因的模式应用于存在者对存在的分有，而且运用亚里士多德的潜能与现实学说来解释存在者对存在的分有。在他看来，任何分有都包含着分有者或者接受者与被分有者或者被接受者的区分和复合。就实际的分有或者本体论的分有而言，分有者或者接受者与被分有者或者被接受者的关系是潜能与现实的关系：分有原理或者接受主体是潜能，然而被分有的或者被接受的完美性却是现实。他说："凡是分有某物的每一个事物与它所分有的东西相关，如同潜能与现实相关一样，因为分有者藉着它所分有的东西而现实地变成这样的。但是，前面已经证明了只有上帝本质地是存在者，然而其他一切事物却分有存在本身。因此，每一个受造的实体与它的存在相关，如同潜能与现实相关一样。"①由于作为第一存在者的上帝是存在本身或者纯粹的存在，因此他也是第一现实（primum actum）。每一个受造物都藉着它的本质或者本性而从上帝那里分有或者接受存在，并且把存在接受在它的本质或者本性之中。作为分有原理和接受者的本质或者本性是潜能，然而作为被接受者的存在却是现实。"因此，每一个在第一存在者之后存在的事物都因为它不是它的存在而具有那被接受在某物中的存在，存在本身受到该物的限制；因此，在每一个受造物中，那分有存在的事物之本性是一回事，然而被分有的存在本身却是另一回事。又因为每一个事物就其具有存在而言都藉着同化作用而分有第一现实，因此在每一个事物中被分有的存在必定与分有它的本性相关，正如现实与潜能相关一样。"②潜能与现实学说不仅适用于存在者对存在的分有，而且适用于其他实际的分有或者本体论的分有。例如，根据阿奎那的说法，主体或者实体分有偶性，并且它与所分有的偶性相关，如同接受偶性的潜能与它所接受的现实相关一样，尽管它所接受的偶性是第二现实；同样地，质料分有形式，并且它与它所分有的形式相关，正如潜能与现实相关一样。

既然存在于受造物与上帝之间的本体论关系是存在者对存在本身的分有关系，那么根据存在者乃是按照结果分有原因的模式而分有存在本身的，尤其是当结果与其原因的能力并不相等的时候，存在者（ens）或者存在（esse）就不可能被用来同（单）义地谓述作为结果的受造物和作为其原因的上帝。在阿奎那看来，存在者或者

① *SCG*, II, cap.53, n.4: "Omne participas aliquid comparator ad ipsum quod participatur ut potential ad actum: per id enim quod participatur fit participans actu tale. Osensum autem est supra quod solus Deus est essentialiter ens, ommia autem alia participant ipsum esse. Comparatur igitur substantia omnis create ad suum esse sicut potential ad actum."

② Sancti Thomae de Aquino, *De Spiritualibus Creaturis*, a.1: "Omne igitur quod est post primum ens, cum non suum esse, habet esse in aliquot receptum, per quod ipsum esse contrahitur; et sic in quoliber creato aliud est natura rei quae participat esse, et aliud ipsum esse participatum. Et cum quaeliber res participet per assimilationem primum actum in quantum habet esse, necesse est quod esse participatum in unoquoque comparetur ad naturam participantem ipsum, sicut actus ad potentiam."

存在仅仅本质地被用来谓述上帝,因为神圣存在是自立的和绝对的存在,上帝作为存在本身和纯粹的存在与他的本质乃是同一的,并且他作为纯粹的现实不以任何方式分有任何事物;然而,存在者或者存在却仅仅按照分有而被用来谓述每一个受造物,因为除了上帝之外的每一个存在者都不是它自身的存在,而是分有存在或者具有存在,在它之中本质与存在不是同一的,而是彼此有着实际的区分,存在仅仅作为那不被包含在被分有者的本质中的某物而被分有。在上帝与受造物之间,尤其是在他的本质和存在的同一性与受造物的本质和存在的复合性之间所具有的巨大本体论差异为排除任何名称被用来同(单)义地谓述上帝和受造物的可能性奠定了形而上学基础。阿奎那告诉我们:"某物以两种模式被用来言说任何事物:以一种模式实体地(substancialiter),以另一种模式按照分有(per participationem)……'按照本质(per essenciam)而是某物'与'按照分有(per participationem)而是某物'乃是对立的。"①正如他所补充的那样,至少就主体分有偶性或者质料分有形式所用的模式而言,这一点是真的,因为偶性并不被包含在主体的实体中,形式也不被包含在质料的实体中。既然存在者或者存在仅仅本质地或者实体地被用来谓述上帝,然而它们却按照分有而被用来谓述受造物,那么两者也是对立的。因此,存在者或者存在被用来同(单)义地谓述上帝和受造物的可能性就被排除了。此外,根据受造的存在者对自立的存在或者上帝的分有,被分有的完美性也不可能被用来同(单)义地谓述上帝和受造物。尽管殊相对共相的分有允许被分有的完美性的同(单)义谓述,然而存在者对存在的分有却不是按照殊相藉以分有共相的模式,而是按照结果藉以分有原因的模式,尤其是当结果与原因的能力并不相等的时候。这样的分有绝不允许被分有的完美性的同(单)义谓述。事实上,基于存在者对存在的分有,阿奎那为我们提出了以下这样一个关于排除被分有的完美性的同(单)义谓述之论证:"凡是被用来同(单)义地谓述许多事物的东西都按照分有而属于它所谓述的每一个事物,因为属相被说成分有种相,并且个体被说成分有属相。但是,没有什么按照分有而被用来言说上帝,因为凡是被分有的东西都受到分有者的模式限定,并且这样,以部分的模式被拥有,而不是根据每一个完美性的模式。因此,没有什么能够被用来同(单)义地谓述上帝和其他事物。"②当

---

① Sancti Thomae de Aquino, *Expositi Libris Boetii De ebdomadibus*, lect.3: "Dupliciter autem aliquid de aliquio dicitur, uno modo substancialiter, alio per participationem… quod aliquid esse per essenciam et per participationem sunt opposite."

② *SCG*, I, cap.32, n.6: "Omne quod de pluribus praedicatur univoce, secundum participationem cuilibet eorum convenit de quo praedicatur: nam species participare dicitur genus, et individuum speciem. De Deo autem nihil dicitur per participationem: nam omne quod participatur determinatur ad modum participate, et sic partialiter habetur et non secundum omne perfectionis modum. Oportet igitur nihil de Deo et rebus aliis univoce praedicari."

受造物从作为第一存在者的上帝那里分有存在的时候，阿奎那还提醒我们说："必须考虑的是，从第一存在者那里分有存在的那些事物不是按照普遍的存在模式，根据它存在于第一原理中而分有存在，而是以特殊的模式，根据某种适合于这个种相或者这个属相的确定的存在模式而分有存在。"①每一受造物都有与其本质一致的或者受到其本质限定的某种特殊的存在模式，被分有或者被接受在每一个受造物中的存在都是其内在的特殊的存在，而不是神圣存在的一部分。当受造物从作为第一存在者的上帝那里分有存在的时候，上帝并不把他自身的本质或者实体通传给受造物，神圣本质仍然是未被分有的。根据这个理由，那么存在作为被分有的完美性既不可能被用来同(单)义地谓述两个有限的受造物，更不可能被用来同(单)义地谓述无限的上帝和有限的受造物了。如果"存在者"或者"存在"这样的名称尚且不能被用来同(单)义地谓述上帝和受造物，那么其他神圣名称就更不可能被用来同(单)地谓述上帝和受造物了，因为"存在者"或者"存在"是最普遍的。

同样地，根据存在者对存在本身的分有，阿奎那也排除了存在者或者存在被用来纯粹异(多)义地谓述上帝和受造物的可能性。尽管在上帝与受造物之间存在着巨大的本体论差异，然而阿奎那却始终不会忘记在它们之间也存在着某种相似性。既然存在于上帝与受造物之间的本体论关系是一种因果关系，并且一个施动者产生相似于它自身的某物乃是活动的本性，那么作为受造物的异(多)义因和施动者的上帝必定会以某种方式在他的受造结果中产生相似于他自身的某种东西。因此，在利用存在者对存在的分有来解释受造物对上帝的因果依赖关系的时候，阿奎那理所当然会把这样的分有与它们彼此之间的相似性密切关联起来。在他看来，一个受造物之所以被说成分有神圣存在，是因为上帝的相似性以某种方式被产生在这个受造物之中。他说："其他一切实存者分有那是存在的东西，然而上帝却并不分有。宁毋说，受造的存在是对上帝及其相似性的某种分有。"②有时，阿奎那也声称受造物是按照相似性而分有那作为自立存在或者纯粹现实的上帝。例如，在谈到每一个受造物都因为它分有存在而接受完善性的时候，根据分有者与被分有者的关系是潜能与现实关系，他指出："必须注意，每一个存在于潜能和现实中的事物都由于它分有高级的现实而被变成现实的；但是，某物由于它按照相似性(per similitudinem)分有第一的

① Sancti Thomae de Aquino, *De Substantiis Separatis*, cap. 8: "Sed considerandum est quod ea quae a primo ente esse participat non participant esse secundum universalem modum essendi, secundum quod est in primo principio, sed particulariter secundum quendam determinatum essendi modum qui convenit vel huic generi vel huic speciei."

② Sancti Thomae de Aquino, *In Librum Beati Dionysii De Divinis Nominibus Expositio*, cap. V, lect. 2: "… omnia alia existential participant eo quod est ess, non autem Deus, sed magis ipsum esse creatum est quaedam participatio Dei et similitudo Ipsius."

和纯粹的现实而最大程度地被变成现实的；然而，第一现实却由其自身而是自立的存在。”①在描述受造物对上帝的分有的时候，阿奎那甚至还通过比较圣子和圣灵两个位格从圣父发出的方式与受造物从上帝发出的方式而说明了上帝的相似性被传递给了受造物。他指出，在神圣位格的发出中，由于神圣本质被通传给所发出的位格，因此神圣位格具有同一本质。但是，在受造物的发出中，由于神圣本质并未被通传给从上帝发出的受造物，也就是说，它仍然是未被分有的，而是它的相似性藉着它而通传给受造物的那些事物被传递给了受造物，并且在它们中被多样化了；因此，我们可以说神性按照相似性却不是按照神圣本质而进入了受造物，并且在它们中被多样化了。② 既然受造物按照相似性而分有神圣存在和神圣完美性，那么存在于受造物与上帝之间的最低程度的相似性也足以使神圣名称的纯粹异（多）义谓述成为不可能，正如阿奎那在驳斥神圣名称的纯粹异（多）义谓述的时候所论证的这样：“在有纯粹异（多）义性的地方，没有相似性在事物中被发现，只有名称的统一性。但是，从上面所说的显而易见，有事物对上帝的某种相似性。因此，可得出结论：名称并不根据纯粹的异（多）义性而被用来言说上帝。”③

在根据存在者对存在的分有而排除了神圣名称对上帝和受造物的同（单）义谓述和纯粹异（多）义谓述之后，基于同样的理由，阿奎那充分肯定了神圣名称对上帝和受造物的类比谓述。他指出：“没有什么根据同一秩序而被用来谓述上帝和其他事物，而是根据先后（secundum prius et posterius）：因为一切事物都被用来本质地谓述上帝，因为他被说成是存在者，仿佛是本质本身一样，并且他被说成是善的，仿佛是善本身一样；然而，对其他事物的谓述却按照分有而被造成，例如，苏格拉底被说成是人，并非因为他是人性本身，而是因为他具有人性。”④当阿奎那把某物被用来谓述上帝和受造物的方式说成是“根据先后”（secundum prius et posterius）的时候，他所表达的意思实际上就是根据类比或者比例。从分有学说的角度来讲，这种超越层面的类

---

① Sancti Thomae de Aquino, *Quodibet* XII, q.4, a.1: “Sciendum ergo quod unumquodque quod est in potential et in actu, fit actu per hoc quod participat actum superiorem; per hoc autem aliquid maxime fit actu, quod participat per similitudinem primum et purum actum; primus autem actus est esse subsistens per se.”

② Sancti Thomae de Aquino, *In Librum Beati Dionysii De Divinis Nominibus Expositio*, cap.II, lect.3.

③ *SCG*, I, cap.33, n.3: “Ubi est pura aequivocatio, nulla similitudo in rebus attenditur, sed solum unitas nominis. Rerum autem ad Deum est aliquis modus similitudinis, ut ex supra dicitis patet. Relinquitur igitur quod non dicuntur de Deo secundum puram aequivocationem.”

④ Ibid., cap.32, n.7: “Nihil autem de Deo et rebus aliis praedicatur eodem ordine, sed secundum prius et posterius: cum de Deo omnia praedicentur essentialiter, dicitur enim ens quasi ipsa essential, et bonus quasi bonitas; de aliis autem praedicationes fiunt per participationem, sicut Socrates dicitur homo non quia sit ipsa huminitas, sed humanitatem habens.”

比谓述的本体论基础在于:上帝作为自立的存在而必定在他自身中以卓越的模式预先包含了一切受造的存在者的全部完美性,他的完美性就是他的本质本身;然而,任何一个受造的存在者仅仅按照与其自身的本质一致的某种特殊的存在模式分有上帝的完美性,它的完美性并不是它的本质本身。在受造物对上帝的分有中,不仅这种分有包含着分有者与被分有者的实际区分,而且受造的存在者又是按照相似性而从作为其原因的上帝那里分有存在的。正是存在于受造物与上帝之间的这种本体论的差异性和相似性使得神圣名称的类比谓述成为可能:一方面,它们彼此之间的本体论差异性使神圣名称的谓述部分地具有了不同的意义;另一方面,它们彼此之间的本体论相似性又使神圣名称的谓述部分地具有了相同的意义。换言之,当神圣名称被用来类比地谓述上帝和受造物的时候,其意义之所以部分相同,是因为它们所意指的事物根据存在(secundum esse)而内在地呈现于上帝和受造物中;然而,其意义之所以却又部分不同,是因为它们所意指的事物根据存在而以完美性的不同程度内在地呈现于上帝和受造物中:它们以整体存在(totius esse)的完美性程度内在于上帝之中,然而它们却仅仅以部分存在(partis esse)或者被分有的存在的完美性程度内在于受造物中。此外,由于作为结果的受造物的一切完美性都以卓越的统一模式预先存在于作为其原因的上帝中,即本质地属于上帝,然而它们却以多样化的模式存在于受造物中,即按照分有而属于受造物;因此,在谈到每一个事物都是根据先后而被用来谓述上帝和受造物的时候,阿奎那说这是因为一切事物都被用来本质地谓述上帝,然而它们却按照分有而被用来谓述其他事物。总之,由于受造物按照相似性而分有或者模仿上帝,因此使受造物具有了对作为其原因的上帝的最低程度的相似性,这种相似性被阿奎那描述成并非根据同一属相或者种相的义理,"而是根据某种类比,正如存在本身对一切事物都是共同的一样。并且,一切来自于上帝的事物,就它们是存在者而言,都按照这个模式而与作为整体存在的第一原理和普遍原理的上帝相似。"①

从以上所述我们不难看出,阿奎那充分利用源自于柏拉图主义的分有学说根据存在于上帝与受造物之间的因果关系为神圣名称的类比谓述提供了形而上学辩护。

---

① *ST*, Ia, q.4, a.3:"...sed secundum aliqualem analigiam, sicut ipsum ess est mommune omnibus. Et hoc modo illa quae sunt a Deo, assimilantur ei inquantum sunt entia, ut prmo et universali principio totius esse."

第三部分

当 代 效 应

第五章

新托马斯主义与当代宗教语言之争

尽管阿奎那语言哲学属于中世纪经院哲学传统，并且在以他的思想体系为主导的中世纪经院哲学传统中发挥过极其重要的历史作用，然而其深远影响却并不局限于中世纪经院哲学传统。随着响应罗马教皇列奥十三世于1789年在《永恒之父》(*Aeterni Patris*)通谕中发出“重建托马斯主义”的号召而兴起声势浩大的托马斯主义复兴运动，阿奎那语言哲学也迅速成为天主教哲学借以走向现代化道路的重要精神遗产。在这场托马斯主义复兴运动中，新托马斯主义者传承了阿奎那语言哲学的基本精神，他们在同现代思潮的交锋和对话中充分利用它来为形而上学语言和宗教语言的合理性提供辩护，对推动基督宗教语言哲学的发展作出了重要贡献。本章的基本任务在于通过考察20世纪上半叶逻辑经验主义哲学和新正统主义神学对宗教语言的挑战与新托马斯主义者的回应来透视阿奎那语言哲学的当代发展效应。

第一节　宗教语言面临的当代挑战

众所周知，语言哲学是随着西方传统哲学在20世纪出现“语言学转向”(linguistic turn)才真正发展成为一门显学的。造成20世纪西方哲学出现这种语言学转向的最重要的历史因素之一是整个西方世界在思想领域遭遇了自18世纪下半叶以来日趋严重的反形而上学和反自然神学思潮的侵蚀。这一影响深远的思潮在英国最早发轫于大卫·休谟(David Hume，1711—1776年)的经验主义而最终滥觞于逻辑实证主义哲学；在欧洲大陆，则肇始于康德先验哲学而昌盛于新正统主义神学。逻辑实证主义者以其强烈的反形而上学倾向从基督宗教外部挑战传统神学语言的意义，在英国导致了一场旷日持久的宗教语言意义之争。与此同时，以卡尔·巴特(Karl Barth，1886—1968年)为代表的新正统主义者则以其强烈的反自然神学倾向从基督宗教内部否定人类思考和谈论上帝的可能性，在欧洲大陆引发了一场关于人类能否谈论上帝的广泛争论。

一、逻辑经验主义否定宗教语言的意义

虽然英国经验主义哲学自休谟以降就开始致力于反对形而上学和自然神学,但是这种思潮直到逻辑实证主义哲学的广泛兴起才真正达到其巅峰状态。众所周知,逻辑实证主义不是一套完整统一的哲学体系,而是对待哲学问题的某种态度和逻辑分析技术。逻辑实证主义者有一个比较相近的共同点,那就是他们都拒绝承认哲学有成为某种思辨科学的可能性,反倒主张哲学如果要成为某种不同于科学的知识,那么它就必须存在于某种分析的或者逻辑的形式中。就其思想来源而言,逻辑实证主义继承的是由乔治·爱德华·摩尔(George Edward Moore,1873—1958 年)、罗素及其弟子路德维希·维特根斯坦等人以源自于英国休谟时代的经验主义为基础所开创的语言分析或者逻辑分析传统。从这个意义上讲,我们最好如同当代著名神学家约翰·麦奎利那样把"逻辑实证主义"纳入到"逻辑经验主义"的范畴内来加以讨论。正如"逻辑经验主义"这个复合词所表明的那样,其中"逻辑的"这个限定词意味着它对命题的语义问题所给予的重点关切,而"经验主义"这个主词则意味着它所使用的语言分析的或者逻辑分析的技术是以人的感觉经验为基础的。逻辑实证主义最初以在欧洲大陆深受 19 世纪以来德国实证主义影响的维也纳学派的一些哲学家和科学家们为其主要代表,当它又从欧洲大陆逐渐被重新传回到英国之后,则以著名的分析哲学家 A.J.艾耶尔(Alfred Jules Ayer,1918—1989 年)等人为其主要代表。

艾耶尔可谓英国逻辑实证主义的领军人物,曾任牛津大学和伦敦大学的哲学教授,他的成名源于他早年发表的《语言,真理与逻辑》(*Language,Truth and Logic*)一书。在这部著作中,他不仅从总体上阐述了逻辑实证主义的基本原则,而且详细地论述了逻辑实证主义对待形而上学和宗教神学的基本态度。因为这个缘故,所以我们完全可以把艾耶尔在这部著作中所表达的基本思想作为透视逻辑实证主义的一面镜子。1978 年,当英国广播公司(BBC)著名节目主持人布莱恩·麦基(Bryan Magee)在对艾耶尔的专访中向他询问逻辑实证主义者大张旗鼓地反对的目标是什么的时候,他回答说:"他们主要是反对形而上学,或他们称之为形而上学的东西,即任何认为在我们的感官所能感觉到的合乎科学和常理的世界之外还有另一个世界的看法。早在 18 世纪末康德就曾说过,要了解任何不在可能的感觉范围内的东西都是不可能的。但维也纳学派走得更远。他们认为,任何论述,只要不合规范(不以逻辑或数学的规范陈述),或不能以经验相检验,就毫无意义。所以他们砍掉了康德意义上的形而上学。不仅如此,它显然谴责各种形式的神学,谴责任何认为有上帝

存在的观念。”[①]毫无疑问，逻辑实证主义反对形而上学和宗教神学的基本态度是由其经验主义的科学立场所决定的。早在逻辑实证主义的思想源头那里，具有明显科学主义倾向的罗素和维特根斯坦就已经形成并坚持一种否定宗教神学语言和形而上学语言的意义的基本态度。

罗素对于宗教及其信仰对象基本上站在不可知论立场上持有一种否定性的批判态度。他曾经撰写过两部专门阐述自己的宗教观的著作：一部是发表于1935年的《宗教与科学》，另一部则是发表于1957年的《为什么我不是基督徒》。在这两部著作中，他把宗教与科学看成是两种根本对立的世界观和方法论，并且利用其科学主义方法论和理性主义真理观来对宗教进行理智上的和道德上的批判。在他看来，从理智上讲，我们没有理由相信任何宗教是真实的。对于基督教徒、伊斯教徒和犹太教徒来说，有关宗教真实性的最基本问题就是上帝的存在问题。因为这个缘故，所以他特别关心宗教神学对上帝的存在作出的各种证明。罗素对第一原因论证、自然法论证、宇宙设计论论证、道德论论证以及消除不公正论证等多种形式的关于上帝存在的证明分别进行了批判。[②] 对于宗教道德尤其是基督宗教道德，他更是极尽其讽刺挖苦之能事给予猛烈的批判。一方面，他赞同基督宗教的有些道德箴言确实很好，另一方面他又认为这些道德箴言是很难践行的，事实上基督教徒不但付诸实施的并不多，而且大多数都极其邪恶，甚至连基督的道德品性也有非常严重的缺陷，那就是他相信地狱的永罚，而真正善良的人则不可能相信残酷地永罚的。此外，基督宗教作为有组织的教会不仅过去，而且在科学知识日益普及的现在仍然是人类道德进行的一大障碍。因为这些缘故，所以他认为人类要想利用科学知识来达到幸福的黄金时代，就必须消灭宗教。他说：“能够促成全世界普遍幸福的知识已经存在；为了那个目的而利用这种知识的主要障碍是宗教教义。宗教阻止我们的孩子接受合理的教育；宗教阻止我们排除战争的根本原因；宗教阻止我们讲授科学合作的道德规范以代替有关罪孽与惩罚的陈腐而凶残的教义。人类可能就站在黄金时代的门口；但是，如果是这样的话，就首先必须杀死那条守门的龙，而这条龙就是宗教。”[③]他不仅批判宗教伦理，而且批判宗教知识。例如，就上帝存在的证明而言，他指出：“天主教会把上帝的存在可以用不言而喻的理由来证明这一点作为教义而规定下来。这条教义虽然多少有点荒唐，但它却是他们的教义之一。”[④]对待形而上学的态度，罗素并不像他对待宗教那

① ［英］布莱恩·麦基：《思想家——当代哲学的创造者们》，周穗明等译，北京：三联书店1987年版，第154—155页。

② ［英］罗素：《为什么我不是基督徒》，徐亦春等译，北京：商务印书馆2012年版，第22—29页。

③ 同上，第59—60页。

④ ［英］罗素：《为什么我不是基督徒》，徐亦春等译，北京：商务印书馆2012年版，第21页。

样进行彻底否定。虽然他声称自己并不反对一般的形而上学，但是他的确认为形而上学的术语由于没有进行严格的定义，因此它们是没有意义的。

维特根斯坦不像乃师罗素那样对宗教完全采取否定性的批判立场。不过，他仍然从罗素那里接收并且继续坚持那种否定形而上学语言和宗教语言的意义的基本态度。在其早期成名作《逻辑哲学论》中，维特根斯坦提出了一种可以追溯到奥古斯丁语言图画论的“意义图像理论”。这一理论的基本构想简单地说就是语言与世界的同构。在他看来，语言是命题的总和，然而世界却是事实的总和；命题由一些名称所构成，然而事实却由存在事态所构造；名称代表以一定方式配置的对象，它指称对象却并不描述对象，它的意义就是它的指称。一个由名称所构成的简单命题是处在对世界的投影关系中的有结构和次序的语言符号，它描述一个可能事态。简单命题是可能事态的图像，因为它的各部分的结合方式描述了客观实在中各要素可能的结合。他把可能事态区分为存在事态和非存在事态：前者是包含了一些特定对象的事态，其中的配置是有效的，它能够在世界上被发现，可以被视为原子事态；后者则不能在世界上被发现。只要一个简单命题描述了一个可能事态，那么它就是有意义，其意义就在于它是一个可能事态的图像。一个简单命题的真假取决于它所描述的可能事态是不是一个存在事态，也就是说，取决于它的意义是否符合经验事实。如果它的意义符合经验事实，那么它就是一个真命题。否则的话，它就是一个假命题，尽管它是有意义的。简单命题通过逻辑常项连结起来而构成复合命题。一个复合命题是构成它的简单命题的真值函项。复合命题的真假依那些被用来连结简单命题的逻辑常项而定。每一个命题都有它自身的逻辑形式，但是它不能表达自身的逻辑形式，只能显现自身的逻辑形式。当一个命题表述客观实在的时候，它与客观实在有着共同的逻辑形式。根据这一语言图像理论，一个命题的意义取决于它的真值条件，其真值条件具体说明了这个命题在什么样的情形下才能是真的或者假的。就一个简单命题而言，使其为真所需要的条件就是它的图像形式与它所表示的事态的形式相同。在简单命题中，各个名称之间的连结方式必须反映、描述、模仿在它所描述的那个事态中的对象的配置情况。如果这个命题的图像结构反映了事态的实际结构，也就是说，两者重合了，那么这个命题就是真的。否则的话，它就是假的。因此，如果简单命题要成为有意义的，那么它就必须是某种可能事态的描述。换言之，只有那些能够描述事实情况的命题（无论它们是真的，还是假的）才是实在的图像，从而它们才是有意义的命题。

如果按照这一意义图像理论，那么重言式和矛盾式逻辑命题显然也都是无意义的，因为它们并不提供任何实在的图像，也不表现特定事态的任何模式。对此，维特根斯坦作出了清楚的表述：

一个命题显示它所说的东西，同语反复式和矛盾式则显示它们没有说出任何东西。

同语反复式没有任何真值条件，因为它们无条件地真；矛盾式则在任何条件下都不是真的。

同语反复式和矛盾式都是空洞的。(6.432)①

根据维特根斯坦的意义图像理论，不仅重言式和矛盾式逻辑命题是无意义的，而且美学、伦理学、形而上学和宗教的命题也统统都是无意义的，因为它们所描述的对象不是经验事实范围内的东西，而是超越经验事实范围之外的东西。在其《逻辑哲学论》的序言中，他清楚地写明了这本著作的思想宗旨在于"划出思想的表达的界限"，而且"这个界限只能在语言之中划出来，而位于该界限的另一边的东西直接就是胡话"。因此，他用一句话把该书的全部意义概括如下："可以言说的东西都可清楚地加以言说；而对于不可谈论的东西，人们必须以沉默待之。"②当维特根斯坦在"可以言说的东西"与"不可言说的东西"之间划出界限的时候，他对"界限"这个语词的使用显然只不过是一种隐喻罢了，因为"可以言说的东西"与"不可言说的东西"的界限不是"界限"这个语词的词源学意义所表明的那种具有物理空间的分隔线，而是我们用来描述世界的语言的极限程度。"界限"这个语词的词源学意义很容易诱惑我们去思考和描述处于分隔线两边的物理区域。对于维特根斯坦来说，只有一个可以有意义地使用受到逻辑支配的语言来描述的世界，我们可以用来描述这个世界的语言必须限制在这个世界内。同样地，对这一界限的"超越"也并不意味着我们想要跨过具有物理空间的分隔线，而且能够转身观察和描述分隔线两边的区域。对于他来说，我们的语言既不能有意义地言说语言界限另一边的东西，也不能从另一边来言说这个世界，甚至语言的界限本身也不能在语言中加以表述，因为它并不是语言中的一个命题。所谓"可以言说的东西"，是指构成这个世界的各种事实以及构成事实的各种存在事态。我们的语言就是这个世界的逻辑图像。从逻辑的可能性上讲，凡是处于这个世界的界限内的事实都应该属于"可以言说的东西"，我们都能够使用我们的语言对之加以清楚地或者有意义地言说。然而，凡是超越这个世界的界限之外的东西却都应该属于"不可言说的东西"。他宣称："对于不可言说的东西，人们必须以沉默待之。"(7)③在维特根斯坦看来，美学、伦理学、形而上学和宗教都不是实证科学，因为它们探讨的对象不是在这个世界的界限内的经验事实，而是某种超验的东西。因为这个缘故，所以它们对其对象的描述都是毫无意义的。例如，宗教所谈论的上帝就

① ［奥］维特根斯坦：《逻辑哲学论》，韩林合译，北京：商务印书馆 2014 年版，第 55 页。

② 同上，第 3 页。

③ 同上，第 121 页。

是超验的。“对于高超者来说，世界是什么样的，这点是完全不重要的。上帝不在世界之内显示自身。”(6.432)①

维特根斯坦有时把“不可言说的东西”与“神秘的东西”联系在一起。例如，他说：“的确存在着不可言说的东西。它们显示自身，它们就是神秘的事项。”(6.522)②他还说：“可显示的东西，不可说。”(4.1212)③既然上帝不在世界内显示他自身，那么他就是神秘的不可言说者。对于维特根斯坦来说，虽然神秘的东西是不可言说的，但是这并不意味着神秘的东西并不存在，更不意味着人们必须对之保持沉默的东西是不重要的。事实上，他不仅承认神秘东西的存在，而且强调了必须对之保持沉默的东西的重要性。在写给《熔炉》杂志的编辑 L.V.费克先生的信中，维特根斯坦说明了其《逻辑哲学论》是由两部分所组成的：一部分是已经写出的，另一部分则没有写出，而恰恰这没有写出的部分才是重要的部分。他还特别强调知道了这一点乃是“了解这本著作的一把钥匙”。他所写出的部分就是其逻辑哲学藉着可以思考和言说的东西而从内部划出不可思考和言说的东西的界限。然而，他保持沉默的尚未写出的那个部分却藉着表现可以思考和言说的东西的方式得到了暗示。在谈到哲学应当划出可以思考的东西与不可以思考的东西之界限的时候，他指出：“它将通过清楚地表现出可以言说的东西的方式暗示不可以言说的东西。”(4.115)④这一说法也在一定程度上反映出维特根斯坦对语言的本质似乎持有这样的理解：我们的语言一方面是表达性的，另一方面却是隐含性的，我们用语言所作的言说都是具有隐含的言说，其中明确地说出的东西远远不及尚未说出的东西多；每一个恰当的言说都只能说出它所说的东西，然而对它所隐含的东西却保持沉默，并且对于隐含的东西之沉默必须通过明确地说出所能言说的东西的方式而实现。他的这种“对不可言说的东西必须保持沉默”的立场很容易让人想起后来海德格尔在追问语言的本质的时候所说的这句名言：“真正的沉默只能存在于真实的言谈中。为了能沉默，此在必须有东西可说，也就是说，此在必须具有它本身的真正而丰富的展开状态可供使用。”⑤由于在维特根斯坦的思想中具有这些非常明显的神秘主义因素，因此后人给他贴上了“神秘主义者”这一标签。

需要注意的是，尽管维特根斯坦否定宗教语言具有表达经验事实的意义，然而他

---

① ［奥］维特根斯坦：《逻辑哲学论》，韩林合译，北京：商务印书馆 2014 年版，第 118 页，译文略有改动。

② 同上，第 119 页

③ 同上，第 42 页。

④ 同上，第 41 页。

⑤ ［德］海德格尔：《存在与时间》，陈嘉映、王庆节译，熊伟校，北京：三联书店 1987 年版，第 200—201 页。

却并不否认宗教语言的特殊功能和宗教信仰所具有的安身立命的重要价值。在他看来，表达宗教观念的语言并不同于表达经验事实的语言：前者所表达的知识建立在绝对信仰的基础上，既不能以理性标准来评判其价值，也无法诉诸经验事实来加以证实或者证伪；后者至少是有条件地相信我们能够按照理性标准、诉诸经验事实来加以检验。但是，这并不意味着宗教语言所表达的观念就毫无任何价值。相反，他甚至在某种程度上还把宗教语言所表达的观念称为“调整我们生命的图像”。例如，在其《关于美学、心理学和宗教信仰的演讲和对话》中，当他谈论到基督宗教的“复活”这一观念的时候，他说：“在这里信仰明显发挥着更大的作用，假设我们说某种图像能够不断地对我们产生劝诫作用，或者说我经常想到这个图像，那么，心里经常揣着这个图像的人与根本就不在乎这个图像的人相比，他们之间的精神面貌肯定是大不一样的。”①人们用以表达“复活”这一观念的图像并不像他们用以表达实在的图像那样要求图像与具体的事实相对应，而是把它视为一个模糊的生命形式，通过信仰者对这一观念的绝对执著而传递信息。

众所周知，维特根斯坦的思想在其中后期发生了较大的转变。除了在其前期的《逻辑哲学论》中提出过一个命题的意义在于它是可能事态的图像这一理论之外，他还在中期所写的《哲学评论》中提出了“一个命题的意义就是它被证实的方法”的基本主张。他的这一主张后来成了逻辑实证主义者用来概括他们的意义理论的经典口号。在其晚期所写的《哲学研究》中，维特根斯坦放弃了他在前期所采用的实在论的意义观，转而采用一种约定论的意义观，强调人们运用语言的活动具有自主性、规则性和多样性，认为语言的意义就是它在语言游戏活动中的使用。人们习惯于把他后期的这一意义理论被称为“语言游戏论”。尽管他的思想在后期发生了巨大的转变，然而逻辑实证主义者传承的却是他前期的意义图像理论以及他中期的实证主义思想。

由于受到罗素和维特根斯坦的影响，因此逻辑实证主义者把形而上学和宗教神学作为他们的主要反对目标。当然，就不同的逻辑实证主义者而言，在他们的理论关切和思想观点之间也存在着较大的差异。欧洲大陆维也纳学派的逻辑实证主义者基本上都致力于反形而上学。他们用来反对形而上学最有力的武器就是所谓的可实证性原则。在他们看来，形而上学所探究的是超验的对象，它探究的结果在原则上是不可能被证实或者证伪的。因为这个缘故，所以形而上学提供的解释就会因其既不可能真又不可能假而失去它的认识论意义。根据维特根斯坦关于“一个命题的意义就

① Ludwig Wittgenstein, *Lectures and Conversations on Aesthetics, Pschology and Religious Belief*, Oxford: Blackwell, 1980, p.56.

是它被证实的方法”这一主张,维也纳学派的逻辑实证主义者把能否为经验事实所证实既看作是决定一切旨在提供关于某个问题的真理的陈述有无意义的标准,又看作是划分真假命题的手段,这就是他们所谓的可证实性原则。一般地说,语言的使用首先必须具有某种适当的意义,然后才有可能说它是真的或假的。但是,在逻辑实证主义者看来,由于一个命题的意义与它的真值条件密切相关,因此说明一个命题为真的条件与说明这个命题的意义实际上是一回事。一个真命题必然要以某种事实的存在为前提条件,如果这个事实不存在,那么这个命题就是假的。一个命题的意义仅仅在于它表达了某种确定的事态。即使我们仅仅根据出现在一个命题中的语词的定义来理解这个命题的意义,语词的意义也必须借助于指示活动才能实现,而且所指示的东西必须已经被给予。这样,最终决定一个命题意义的乃是给予物,而不是别的东西。因此,只有当一个陈述在经验观察中满足它的真值条件的时候,它才是可证实的,从而也是有意义的;否则,它便是不可证实的,从而也是无意义的。在解释可证实性原则的时候,逻辑实证主义者特别强调这个原则的“可证实性”是指原则上的可证实性,也就是指这种证实在逻辑上的可能性。它要求在实际上从事证实活动之前能够说明决定一个命题之真假必须经验到的东西,而不管在某个特定时期的实践水平所决定的这种证实的可行性如何。换言之,他们强调的仅仅是实现这一证实活动的逻辑可能性。根据原则上的可证实性,逻辑实证主义者区分了“直接证实”与“间接证实”:前者指用当下的感觉经验直接地证实一个陈述;然而后者却指通过预测未来的经验而间接地证实一个陈述。除此之外,逻辑实证主义者还接受了维特根斯坦关于“命题”与“假设”的区分:前者是指那些可被直接而确定地证实的陈述;然而后者却是指那些只能带有某种程度的或然性地被证实的陈述。这种关于命题与假设的区分是就它们与客观实在相关联的不同自由程度而言的。这些对可证实性原则的进一步解释还导致在逻辑实证主义者内部出现了关于强证实观与弱证实观的争论:前者主张证实本身是直接的、终极的和确定的,然而一切假设却都只能带有某种程度的或然性地被确证,因而永远也不可能确定地建立起来;然而,后者却认为报告观察材料的经验陈述与被称为“假设”的陈述在逻辑地位上没有什么本质的区别,一切经验陈述在本质上都是假设性的。

与欧洲大陆的逻辑实证主义者稍有不同,英国的逻辑实证主义者不仅致力于反对形而上学,而且更加致力于反对宗教神学。艾耶尔作为英国逻辑实证主义者的典型代表按照可证实性原则而把有意义的命题严格区分为形式命题和经验命题两类。前者是指在逻辑学和数学中使用的命题,其有效性依赖于某种符号系统的约定。这样的命题也被称为“分析命题”,它们必然地和约定地为真。然而,后者却是指在自然科学中使用的一些实际的或者可能的观察陈述,或者是指可以从其中逻辑地导出一些假设的观察陈述,其有效性有待于经验事实的证实。这样的观察陈述也被称为“综合命题”,它只能或然性地为真。就自然科学缺乏像逻辑和数学那样的绝对精确性而言,我们可以说它是由经验命题所构成的。他认为,这一区分摧毁了形而上学的根基,因为形而上学被视为通过非科学的方法而获得关于世界的知识的一种企图。然而,由于形而上学命题却既不是分析命题,又不能为经验事实所证实,因此这样的命题既不可能真,又不可能假,从而也是没有任何意义的。

除此之外,在艾耶尔看来,正如形而上学命题是毫无意义的一样,宗教神学的命题也是毫无意义的。他的反宗教神学立场也是最坚定的。在反对宗教神学的时候,他提出的最著名的观点是围绕“上帝存在”这一核心神学命题展开的。艾耶尔严格地按照他所限定的两种有意义的命题类型和可证实性原则而论述了“上帝存在”这一命题是不可证明的。一方面,“上帝存在”这个命题是不可能从一个先天分析命题中被演绎出来的。就任何一个演绎论证而言,其结论的确定性都取决于其前提的确定性。“只有先天命题才是逻辑上确定的。但是我们不能从先天命题中推演出上帝的存在。因为我们知道,先天命题之所以是确定的,是由于它们是重言式命题。并且从一套重言式命题中,除了更进一步的重言式命题以外,不能有效地推演出什么东西。这就必然可以推出:要论证上帝存在是不可能的。”①另一方面,“上帝存在”这个命题也不可能从经验假设中被推演出来,因为经验假设总是或然的。虽然艾耶尔承认我们从一个或然的经验假设以及其他经验假设可以演绎出某些经验命题,但是这样的经验假设必须能够对可由经验所检验的预言之建立有帮助。否则的话,我们就不能从这样的经验假设演绎出经验命题来。然而,以真假未定的神学命题作为经验假设并不能提供可由经验所检验的任何预言。因此,我们根本就不可能从经验假设中推演出上帝存在的结论。根据这一说明,艾耶尔否定了传统神学从经验世界出发去论证上帝存在的宇宙论证明,因为在一切宇宙论证明中上帝总是被视为一个超验的存在者。“但在这种情况下,‘上帝’一词是一个形而上学的词。并且,假如‘上帝’是一个形而上学的词,那么,有一个上帝存在甚至不能是或然的。因为说‘上帝存在’是一个既不能真也不能假的形而上学的说法。用同样的标准,没有一个想要描写超验上帝的性质的句子能够具有任何字面意义。”②

同样地,艾耶尔也坚决否认“上帝存在”这一命题能够从宗教经验中得到证明。就宗教经验而言,一方面,艾耶尔声明自己并不愿意先验地否认神秘主义者能够在自己的宗教经验中采用直觉的方法发现综合性真理的可能性,因为谁也不能先验地断

---

① [英]艾耶尔:《语言、真理与逻辑》,尹大贻译,上海:上海译文出版社1981年版,第131页。
② 同上,第132页。

定只有理性的归纳法才是发现真实命题的唯一方法;另一方面,他又认为神秘主义者没有而且也无法提出任何可由经验所证实的命题,他们声称在自己的宗教经验中所体验和领悟到的东西并不是事实,只不过是表明自己心灵内部状况的某种情感而已。艾耶尔认为,在声称自己经验到了"某种特殊的感觉内容"与声称自己经验到了"上帝"之间是有天壤之别的。他并不诘难一个人能够声称自己经验到了某种特殊的感觉内容,但是他坚决反对一个人声称自己能够经验到上帝,因为"上帝"这个词具有各种超验的涵义。一个声称自己经验到了上帝的人不仅仅是在表明他经验到了某种宗教情感,而是在表明有一位超验的存在者,正如一个人声称自己看见了一片黄色,他不仅仅是在表明在他的视域中有黄色的感觉内容,而是在表明有一个黄色的物体一样。由于"黄色物体存在"这一命题表达的是一个可以由经验所证实的关于客观实在的综合命题,因此这样的命题是有意义的。然而,由于"超越者上帝存在"这一命题表达的却是一个不可能由经验所证实或者证伪的关于超越者的形而上学命题,因此这样的声称是毫无意义的废话。因为这个缘故,所以艾耶尔总结说:"我们可以得出结论,从宗教经验而来的论证完全是谬误的。人们具有宗教经验,从心理学的观点来说,是有趣味的事实,但是这个事实,并不以任何方式暗示着有宗教知识这样的东西,正如我们具有道德经验并不暗示着有道德知识那样的东西。有神论者如同道德家一样,可能相信他的经验是认识的经验,但是,除非有神论者能提出可以用经验证实的命题来表述他的'知识',我们就可以肯定,他是在那里作自欺之谈。这就必然得出结论,那些哲学家,他们的著作中满篇都是断言他们通过直觉'知道'这个或那个道德或宗教的'真理',这只是为精神分析学家提供资料而已。因为,除非直觉活动提出了一些可证实的命题,这种活动就不能被认为是显示出有关任何事实的真理。但是,所有可证实的命题都应当被包括在构成科学的经验命题的体系中。"①这样,当以艾耶尔为代表的早期逻辑实证主义者在把形而上学从科学领域排除出去的时候,他们也把各种形式的宗教神学从科学领域完全排除出去了。

二、巴特新正统主义否定谈论上帝的可能性

当我们把关注20世纪上半叶宗教语言受到挑战的目光从基督宗教外部移向其内部的时候,我们不难发现在欧洲大陆以巴特为代表的新正统主义在反对新教自由主义神学的同时也以其强烈的反自然神学倾向严重地威胁着传统宗教语言哲学理论。可以毫不夸张地说,新正统主义与逻辑经验主义里应外合,在整个西方世界的思想舞台上共同掀起了反对形而上学和自然神学的高潮,它们的影响都在20世纪

① [英]艾耶尔:《语言、真理与逻辑》,尹大贻译,上海:上海译文出版社1981年版,第137页。

20—30 年代达到全盛时期，这显然不单纯是一个思想发展的历史事件的偶然巧合，而是自 18 世纪下半叶以来欧洲大陆的理性主义哲学与英国传统的经验主义哲学逐渐整合的必然结果。

众所周知，所谓“自然神学”，在传统上指的是人类无需超自然启示的帮助，仅仅凭自身的理性认识能力，便能透过经验现象而深入到作为整体的经验世界背后的终极实在，从而获得关于能解释整个经验世界的神圣秩序的知识体系。因为自然神学强调这种知识体系是一种理性的建构，所以它也被称为“理性神学”。早在奥古斯丁主义传统中就已经存在着关于普遍启示与特殊启示的区分：前者指的是上帝藉着其神圣之光对人类理智的光照作用而向所有的人启示他自身；然而后者指的却是上帝通过圣经而启示出来的一些不能为人的理性所认知、只能无条件地信仰的特殊真理。这种区分后来在托马斯主义传统中又分别被视为理性神学与启示神学两种不同的神学形态。阿奎那在以亚里士多德理性主义哲学为基础建构基督宗教神学体系的时候，他按照因果关系而从经验世界出发提出了关于上帝存在的五路证明，这实际上就是在表述一种理性神学或者自然神学。由于自然神学或者理性神学在本质上是一种在经验现象的背后寻找超验实体的形而上学，因此各种形式的自然神学或者理性神学向来就为不同的形而上学家们所青睐。直到康德哲学时代，由于形而上学被康德在其《纯粹理性批判》中证明为超越了人类理性的界限而进入到不可知的物自体领域，因此它的合法性受到了前所未有的动摇。这也就意味着关于上帝的形而上学知识同样是不可能的，因为上帝也被视为超越了经验世界的范围。事实上，康德对构成传统自然神学重要组成部分的关于上帝存在的经典形而上学证明所进行的否定性批判已经充分表明了他把传统自然神学关于上帝的知识统统视为某种毫无意义的东西。康德哲学对 19 世纪和 20 世纪基督宗教神学尤其是对德国神学的影响是十分巨大的，尽管这种影响是逐渐积累起来的。正如英国著名学者詹姆士·利奇蒙德(James Richmond)所说：“将康德的批判形而上学移置到近代德国神学中大致相当于：形而上学的知识已被证明为不可能；因此必须放弃构建一种(与传统形而上学哪怕是有点类似的)形而上学神学的努力；既然物自体存在于实际的或可能的认识之外，所以，任何论述独立于可能的或实际的经验世界之外的上帝的努力也必须放弃；既然事物只能从现象上、只能在它们与认识主体的关系中被认识，因此，我们也只能在上帝的现象中和通过这些现象、在他的影响、表象、他与他自身以外的事物的关系中和通过这些影响、表象、关系来认识上帝，神学今后必须严格将自己限制在这种知识的范围之内。”①康德哲学经过新康德主义的中介而逐渐渗透到了德国学院派神学的内在

① ［英］詹姆士·利奇蒙德：《神学与形而上学》，成都：四川人民出版社 1997 年版，第 6—7 页。

结构中,以致在19世纪结束之前康德事实上就已经被公认为一位新教哲学家了。

巴特及其所代表的新正统主义是20世纪上半叶欧洲大陆反自然神学最重要的主角。他是公认的20世纪最伟大的新教神学家,于1886年5月10日出生在瑞士巴塞尔城的一个信奉新教的家庭,其父亲是伯尔尼大学的教会史和新约神学教授,其母亲则是当时一位颇有名气的新教改革正统派牧师的女儿。巴特对自然神学的反感和敌视与他早年所接受的教育背景密切相关。从18岁起,他开始进行神学研究,后来在德国曾经师从柏林大学的阿道夫·冯·哈纳克(Adolf Von Harnack)、尤利乌斯·卡夫坦(Julius Kaftan)、马堡大学的威廉·赫尔曼(Wilhelm Hermann)等拥护新康德主义的利奇尔主义者。他本人也很早就谙熟弗里德里希·施莱尔马赫(Friedrich Schleiermacher,1768—1843年)和索伦·基尔克果(Soren Kierkegaard,1813—1855年)的思想。经过所有这些人的思想熏陶作用,最终他们共同铸就了巴特一生毫不妥协的反自然神学立场和品格。这种立场和品格又反过来迫使他只能坚持新教正统的启示神学。

早在其具有震撼性影响的《〈罗马书〉释义》一书中,巴特对人与上帝的关系之理解就已经表现出了他的强烈反自然神学倾向。从19世纪德国哲学家路德维希·安德列斯·费尔巴哈(Ludwig Andreas Feuerbach,1804—1872年)等人批判上帝的观念是人的愿望的投射和人的本质的异化中,他看到了神学的确有可能把自身的言说等同于上帝之道本身。因为这个缘故,所以他声称神学必须小心翼翼地淌过人本主义批判的"火溪",以便重新发现上帝的相异性,绝不能把上帝与理性主义和神秘主义神学依靠人的经验所臆造的范畴、概念、形式之类的东西等同起来。在他看来,作为神圣者的上帝根本就不关涉人的理性、经验和幻想,上帝与人类宗教所构造的任何关于上帝的形象都毫不相干,甚至与人所体验和祈祷的上帝也毫不相干。因此,神学的首要任务就是强调在人与上帝之间存在着的无限距离。巴特提出了"世界就是世界"(Welt ist Welt)、"上帝就是上帝"(Gott ist Gott)、"上帝是全然相异者"(Gott ist der ganz Andere)等诸多极具震撼力的响亮口号来表达在一切处于时间中的存在者与永恒的上帝之间存在着质的无限差异和距离。在他修订过的《〈罗马书〉释义》第二版中,巴特按照基尔克果的观点而采用辩证法的语言更加凸显了上帝的绝对神性以及人与上帝的无限距离。在该书第二版的前言中,他这样写道:"如果我有一个'体系',那么这体系就是承认基尔克果提到的时间与永恒之间'无限的本质区别',坚持考察这种区别的负面意义和正面意义。'上帝是在天上,而你是在地上'。如此的上帝与如此的人的关系,如此的人和如此的上帝的关系,对我来说,这就是《圣经》之题与哲学之和两者合二为一。"①巴特之所以如此竭尽全力地强调在人与上帝之间

① [瑞士]巴特:《罗马书释义》,魏育青译,上海:华东师范大学出版社2005年版,第12—13页。

存在着的无限距离，其目的就在于以此来阻断人依靠自己的自然理性通过认识经验世界而思考和谈论上帝的可能性。既然在作为时间性的有限存在者的人与作为永恒性的存在者的上帝之间存在着质的无限差异，那么从人对经验世界的自然知识出发根本就没有任何导向关于上帝的知识的通路。因此，自然神学根本就是不可能的。于是，巴特便以"只有上帝自己才能谈论上帝"(dass von nur Gott selber reden kann)这一响亮口号的排他性彻底地阻断了人凭借自然神学语言而谈论上帝的可能性。

既然人不能通过经验世界而认识上帝，那么人又怎样才能认识上帝呢？巴特对这个问题的基本回答在于："只有通过上帝才能认识上帝"。[①] 在他看来，尽管从人到上帝没有任何通路，然而从上帝到人却有通路。虽然人不能通过经验世界而认识上帝，但是上帝能够在这个经验世界上向人启示他自身。人能够藉着上帝在耶稣基督里的自我启示而认识上帝，并且见证上帝的作用。上帝的自我启示就是上帝之道。他说："上帝的启示，就其客观实在性而言，就是上帝之道的有形化。……换言之，它变成了我们认识的对象；它找到了一种方式来变成我们的经验和思想的内容；它给出自身，让我们用沉思冥想和概念范畴来理解它。但是，他在这样做时是超出了我们认为对我们思索和知觉是可能的事情的范围之外的，是超出了我们经验和思想的限度的。"[②]在巴特看来，上帝自己说话，他在耶稣基督里启示他自己。然而，他的启示本身却是一个悖论，因为他的自我启示同时也是自我隐匿。有限的受造物不仅不是上帝的直接启示，它们反倒把上帝隐匿起来了。上帝的自我启示是在耶稣基督里实现的。但是，在耶稣基督里，已经被启示的上帝(Deus revelatus)仍然是一个隐匿的上帝(Deus absconditus)。因此，人对在耶稣基督里所启示出来的上帝的认识与上帝的隐秘性是悖论性地同一的。因为这个缘故，所以人与上帝的关系只能永远是信仰，而不可能是直观。人并不拥有作为一个对象的启示，他仅仅被赐予了信仰的天赋。巴特指出："在自我启示中，在耶稣基督中，隐匿的上帝确实使自己成为可以理解的了。但并非直接地，而是间接地。并非对眼睛而言，而是对信仰而言。……我们谈论他，不可能没有遮掩着他的面纱，因此，不可能不保留他的隐秘性或者离开他的恩典的奇迹。"[③]

对于巴特来说，上帝的自我启示与自我隐匿的悖论性同一也决定了神学用以谈论上帝的方法只能是辩证法。因为这个缘故，所以他的神学也常常被称为"辩证神

① Karl Barth, *Church Dogmatics*, Vol.2 Part I: *The Doctrine of God*; *The Knowledge of God*; *The Reality of God*, Edingburgh: T & T Clark, 1956, p.200.

② Karl Barth, *Church Dogmatics*, Vol.1 Part I: *The Doctrine of the Word of God*; *Prolegomena to Church Dogmatics*, Edingburgh: T & T Clark, 1936, p.181.

③ Ibid., Vol.2 Part I: *The Doctrine of God*; *The Knowledge of God*; *The Reality of God*, Edingburgh: T & T Clark, 1956, p.199.

学”。当然,巴特所谓的“辩证法”(Dialektik)完全不同于黑格尔式的从正题到反题再到合题的矛盾之解决这种意义上的辩证法,而是基尔克果式的生存悖论意义上的辩证法。这种辩证法“只能理解为生命的悖论、人之存在的破碎和人的言说的结结巴巴。”①上帝在时间中的自我启示的全然相异性把人与神圣真理的关系置于一种辩证的处境中。一方面,处身于时间中的人在面对永恒上帝的超越性的时候永远也不能认识和谈论上帝;另一方面,超越的上帝又向存在于有限世界中的人启示了他自身,人必须面对上帝在有限世界中的自我启示而倾听、认识和谈论上帝。因为这个缘故,所以人只能在这种悖论处境中辩证地认识和谈论上帝。辩证法所要维护的就是上帝既在有限的世界里启示他自身,然而他却又超越了有限的世界。当然,人对上帝的辩证认识和谈论绝不意味着人可以把握神圣真理,而仅仅意味着人永远处在走向神圣真理的途中。“我们的任务,就是要用‘否’来解释‘是’,用‘是’来解释‘否’,而不在任何一个确定的‘是’或一个确定的‘否’上边有一时半刻的迁延。”②显而易见,在巴特看来,人对神圣真理的认识和谈论永远处在肯定和否定的辩证张力中,绝不可能达到在黑格尔式的辩证综合意义上的最终解决,因为辩证的综合只存在于上帝之中。

从宗教语言的角度来看,巴特的新正统主义是对人类语言谈论上帝的悖论处境、意义和可能性的重新审视。他的神学常常被称为“圣言神学”(Worttheologie),这本身就意味着语言在巴特处理神学问题中的极端重要性。他把上帝之道视为神学的主题,提倡神学只对上帝之道负责。然而,由于横亘在人与上帝之间的无限距离阻断了人类语言谈论上帝的可能性,因此神学对上帝的谈论就必须从上帝本身那一边出发,也就是说,必须从上帝的自我启示出发。上帝的自我启示就是上帝以圣言(“道”)向人类表达他自己。巴特指出,上帝之道含有“上帝说”(Deus dixit)的意思。然而,所谓“说”,这里所指的不是象征,而是上帝亲自说话,也就是上帝亲自传达。巴特要求我们从基本的和字面的意义上来理解“上帝说”这个命题。然而,由于人类语言的不恰当,因此“上帝说”这个命题仅仅以一种不完整的方式符合“上帝之道”的性质。

根据巴特的圣言神学,上帝之道以三种形式与人相遇。

第一种形式是藉着耶稣基督启示出来的上帝之道而与人相遇,我们可以把这种形式的上帝之道称为“耶稣启示之道”。在巴特看来,耶稣基督就是上帝之道。在基督宗教信仰中,耶稣基督是上帝之子,“基督”之名标明他是在永恒中的上帝,然而“耶稣”之名却标明他是在时间中存在的活生生的人。如果人们认识了耶稣基督,那

---

① 刘小枫:《走向十字架上的真》,上海:上海三联书店 1995 年版,第 66 页。

② Karl Barth, *The Word of God and The Word of Man*, New York: Harper & Bros, 1957, p.207.

么他们就认识了上帝。反之,如果他们不认识耶稣基督,那么他们就无从认识上帝。上帝之道藉着耶稣基督降生成人、在十字架上受难、复活等历史事件而完美无间地启示他自己,其他诸如应许、期盼、回忆之类的重要启示都必须以耶稣基督为中心。因此,人谈论上帝就必须以耶稣基督的降生、受难、复活等历史事件为本源。

第二种形式是藉着《圣经》的经文启示出来的上帝之道而与人相遇,我们可以把这种形式的上帝之道称为"《圣经》记载之道"。对于巴特来说,《圣经》记载之道仅次于耶稣启示之道,因为耶稣基督作为上帝之道是亲自在言说或者传达,然而《圣经》作为上帝之道的一种形式却仅仅是人类所记载的见证耶稣基督的话语。在他看来,《圣经》的经文是一种特殊的语言,它是用人类语言写出来的上帝之道。因此,圣经语言具有特殊的地位。一方面,从圣经语言的内容来看,《圣经》记载的乃是上帝之道,因为圣经的内容不是人类所能控制的,而是源自于上帝。"构成《圣经》的内容的,不是人类关于上帝的思想,而是上帝关于人类的思想。《圣经》并不告诉我们应该如何同上帝谈话,而只告诉我们他对我们说了些什么;并不告诉我们如何找到通向他的道路,而只告诉我们他如何寻找并找到了通向我们的道路。"①因此,《圣经》是上帝在耶稣基督里自我启示的历史叙事,它是人由以认识和见证耶稣基督的唯一来源。上帝把《圣经》作为自己藉以与人相遇的话语工具,呼召人们接受耶稣基督为主。只要上帝用《圣经》来使人与耶稣基督的福音相遇,它就成为上帝之道。"只有在上帝使《圣经》成为他的话语的程度上,《圣经》才是上帝之道。"②另一方面,从圣经语言的形式来看,《圣经》也是人的话语,因为它是众先知和使徒们运用人类语言书写而成的。尽管《圣经》是上帝启示自身的一种形式,然而《圣经》却不是启示本身,而只是人类见证耶稣基督的一部作品。巴特坚决反对《圣经》无误论的立场。在他看来,《圣经》的论述是完全有可能出错的,但是这并不重要,因为上帝一直都使用有错误的甚或是有罪的见证,然而《圣经》却只不过是这些见证之一罢了。"诸位先知和使徒本身……即便在他们作为见证人所发挥的作用当中,即便在他们写下自己见证的这种活动当中,也是实实在在的、历史中的凡人,正如我们自己一样,因此,在他们的活动中,他们也有罪性;在他们所说的和所写的话语里,他们也会犯错误,而且事实上确实有错误而难辞其咎。"③对于巴特来说,承认《圣经》具有属人性和相对性,这既不意味着要否定《圣经》的必要性和重要性,更不意味着要削弱《圣经》对上

① Karl Barth, *The Word of God and The Word of Man*, p.43.

② Karl Barth, *Church Dogmatics*, Vol.1 Part I: *The Doctrine of the Word of God*; *Prolegomena to Church Dogmatics*, Edingburgh: T & T Clark, 1936, p.123.

③ Ibid., Vol.1 Part II: *The Doctrine of the Word of God*; *Prolegomena to Church Dogmatics*, Edingburgh: T & T Clark, 1936, p.592.

帝启示的见证。恰恰相反,如果不承认《圣经》具有属人性和相对性,那么这就必定会导致消除《圣经》本来要为之作见证的上帝的启示,因为启示在其中与人相遇的那种形式本身就是相对的。

第三种形式是藉着教会的布道与教导活动而与人相遇,我们可以把这种由教会所宣讲出来的上帝之道称为"教会宣讲之道"。在巴特看来,相对于《圣经》记载之道而言,教会宣讲之道无疑是上帝之道的一种更加次要的形式。教会是人与上帝交流的场所,不仅《圣经》的经文在教会里得到阐释,而且耶稣基督的福音在教会得到宣扬,上帝完全有可能藉着教会的布道和教导而发言,以便吸引人与之相遇。因为这个缘故,所以教会的布道与教导也可以成为上帝启示自身的中介,上帝之道也有可能发生在教会的宣讲与教导中。

在以上所述上帝之道与人相遇的三种形式中,就它们发生的历史秩序及其所具有的重要性而言,耶稣启示之道是最先发生和最基本的,其次是《圣经》记载之道,最后才是教会宣讲之道。显然,耶稣启示之道不仅先于其他两种形式的上帝之道,而且派生它们。麦奎利对此评论道:"在这里,巴特正确地把注意力集中于耶稣基督这个活生生的人物所启示出来的道,而不是把注意力集中在关于他的论述上。然而,我们还是只有通过经文和宣讲这两个中介才能理解基本的上帝之道。因此,这三种形式构成一个整体,我们不可能分割它们,这个整体是完整的上帝之道,即上帝的语言。"①当巴特把耶稣启示之道、《圣经》记载之道和教会宣讲之道看成是完全而不可分割的上帝之道的时候,他实际上已经把上帝的启示理解成了一种广义的语言,尤其是当他要求我们把上帝之道理解为上帝的行动的时候,我们很容易想到当代语言分析哲学中所谓的行为语言,因为在巴特看来活生生的上帝只有在他的行动中才能为人所认识,上帝的行动就是他的存在本身之启示。从这个意义上讲,这种广义的语言观念对于我们理解巴特的圣言神学来说是一个不能忽视的重要因素和前提。

然而,根据巴特的圣言神学,当上帝之道以上述三种形式与人相遇的时候,如果神学只对上帝之道负责,那么人类语言如何能够谈论上帝之道呢?巴特清醒地意识到这是神学必须予以正视和解决的一个重要问题。在其《教会教义学》中,他一开篇就指出了神学在其严格的意义上是属于教会的一项任务,这项任务就是修正和批判人的神学语言,以便使它尽可能地成为上帝之道的中介或者载体。然而,巴特针对人类语言如何能够谈论上帝的问题所提出的解决方案却把我们引向了"恩典的类比"(analogia gratiae),因为巴特的回答在于上帝仁慈地赋予了我们人类语言谈论他的能

---

① [英]约翰·麦奎利:《谈论上帝:神学的语言与逻辑之考察》,安庆国译、高师宁校,成都:四川人民出版社 1997 年版,第 34—35 页。

力。正如上帝之道屈尊降纡为耶稣基督的血肉之躯一样，上帝也恩准他的圣言为人的语言所表达。显而易见，在他提出的这种恩典的类比中，我们谈论上帝的可能性并不取决于人类语言本身的性质，而完全取决于上帝与人类语言的关系。用巴特的话来说，我们之所以能够真实而有意义地谈论上帝，是因为上帝恩准我们谈论他的语言具有真实性，并且赋予了我们的语言有意义地谈论他的能力。由此可见，巴特企图借助于恩典的类比来完成对那隔离人类语言与上帝之道的无限鸿沟的一次巨大跳跃，这当然是一种彻底的信仰主义解决方案，因为上帝恩准用人类语言来谈论上帝之道究竟是如何发生的，这对于人来说始终都只不过是一个奥秘而已。

从 20 世纪上半叶宗教语言所面临的挑战来看，巴特的新正统主义重新审视人类语言谈论上帝的悖论处境、意义和可能性的结果造成了十分巨大的历史影响。尽管他后来从"上帝之道"的神学转向了"上帝之人性"的神学，然而他的强烈反自然神学立场却始终都没有丝毫改变。巴特坚定不移地站在新教传统的启示神学的立场上强调在上帝的启示与人的自然经验和自然认识之间没有任何接触点（Anknüpfungspunkt），彻底否定自然神学的可能性，批判自然神学背离了神学的本质，甚至还批判罗马天主教的托马斯主义传统以"存在者的类比"（analogia entis）学说作为自然神学的假定前提的做法是"反基督者的发明"，并且认为任何人都不可能因为它而变成天主教徒。①巴特的圣言神学对存在于人与上帝之间的无限距离之强调以及对人不能谈论上帝而只有上帝才能谈论上帝之强调，从基督宗教内部把神学语言问题尖锐地凸显出来，由此而引发了 20 世纪基督宗教神学家们围绕人如何能够谈论上帝的问题产生了旷日持久的广泛争论。

第二节　新托马斯主义回应当代挑战

当逻辑实证主义者和新正统主义者分别从基督宗教外部和内部挑战宗教语言的意义和谈论上帝的可能性的时候，来自罗马天主教会内外的新托马斯主义者秉承传统托马斯主义的基本立场和核心精神而积极主动地回应他们的挑战，努力为宗教语言的意义和人类谈论上帝的可能性提供了合理性辩护。新托马斯主义者的理论努力为促进当代宗教语言哲学的进一步发展作出了极其重要的贡献。当然，这并不意味着我们就可以贬低在基督宗教内部其他学派的宗教哲学家们为推动宗教语言哲学的发展所发挥的重要作用和所作出的重要贡献，因为我们目前所关切的问题不是要评

① Karl Barth, *Church Dogmatics*, Vol.1 Part I: *The Doctrine of the Word of God*; *Prolegomena to Church Dogmatics*, Edingburgh: T & T Clark, 1936, p.x.

估不同思想流派的宗教哲学家们在20世纪的宗教语言之争中各自发挥什么样的作用,而是要考察从传统托马斯主义立场出发的那些宗教哲学家们如何回应逻辑实证主义和新正统主义对宗教语言的挑战。即便如此,我们也不可能考察所有的新托马斯主义者。就我们的关切和目的而言,我们只需要选择其中三位具有代表性的人物来加以考察就已经足够了。

一、科普斯敦对逻辑经验主义的批判

当逻辑经验主义者以可证实性原则作为意义标准来大张旗鼓地否定形而上学语言和宗教语言的意义的时候,他们的挑战在英国引发了一场旷日持久的宗教语言分析运动。这场运动的第一个高潮是以20世纪50—60年代关于宗教语言的意义之争为标志的。来自于罗马天主教会的新托马斯主义者科普斯敦(F.C.Copleston,1907—1980年)积极主动地回应了逻辑经验主义者发起的挑战,他为形而上学语言和宗教语言的意义提供了合理性辩护。科普斯敦曾任英国牛津大学黑斯洛普学院和罗马格列高利大学的哲学教授。有趣的是,作为一位来自于罗马天主教会新托马斯主义学派的哲学家,科普斯敦并没有在传统托马斯主义现代化方面做出多大的理论创新,然而他在英国名声大振却是因为他曾经独立撰写过十卷本的《哲学史》以及两次代表新托马斯主义者分别与英国著名的逻辑经验主义哲学家罗素和艾耶尔进行辩论。

1948年,英国广播公司(BBC)专门邀请了科普斯敦与罗素在其播出的第三套节目中围绕关于上帝存在的形而上学证明、道德论证明、宗教经验等诸多问题进行了一场相当著名的广播辩论。[①] 这场辩论的重点是关于上帝存在的形而上学证明问题。科普斯敦根据17世纪末至18世纪初德国著名哲学家莱布尼茨(G.W.Leibniz,1646—1716年)从偶然性出发的论证而提出了一个关于必然存在者存在的形而上学证明。这个证明可以简要地表述如下:世界上至少存在着某些本身并不包含自己存在的理由的存在者。例如,某个人的生命不仅依赖于其父母,而且依赖于空气、食物等其他东西。世界就是由一些个别事物或者事件所构成的总体。然而,这些个别事物或者事件却并不单独地包含着它们自身存在的理由。因此,由它们所构成的总体就必须存在着一个外在于它们自身的原因。这个原因要么是它自身存在的理由,要么不是它自身存在的理由。如果它是它自身存在的理由,那么它就是一个必然存在者。如果它不是它自身存在的理由,那么我们就必须继续探索下去。但是,这种探索过程不可能无限进行下去,否则的话,我们就不可能获得关于偶然存在者存在的任何

① 这场广播辩论播出之后又被整理成文字在《人道主义》1948年秋季号上发表,罗素在其《为什么我不是基督徒》中转载了该文。Cf. Bertrand Russell, *Why I Am Not a Christian*, London: George Allen & Unwin, 1957.

解释。因此，为了解释偶然存在者的存在，我们就必须承认有一个在其自身之内包含着自己存在的理由的存在者，也就是说，我们必须承认这个存在者不能不存在。因此，它就是一个必然存在者。针对科普斯敦所提出的这一关于上帝存在的形而上学证明，罗素根据他的逻辑原子主义分析哲学而提出了两点批判性意见，然而科普斯敦却从传统托马斯主义立场出发而针对罗素的批判进行了自我辩护。

第一，罗素坚决否认在这个形而上学论证中出现的所谓必然存在者或者偶然存在者的观念。在他看来，就“必然的”这个语词而言，只有当它被应用于分析命题的时候，它才能是有意义的。然而，分析命题却是那种否定了它便会陷入自相矛盾的命题。因此，只有否认它的存在就会陷入自相矛盾的存在者，才是必然存在者。但是，一个必然命题所表达的是理性真理，而不是事实真理。任何一个必然命题都必定是一个分析命题，它总是复杂的，并且在逻辑上或多或少是在后的。因此，就“必然的”这个语词而言，只有当它被运用于分析命题而不是被运用于事实的时候，它才是有意义的。否则的话，它就是一个无意义的语词。同样地，把其他事物称为“偶然的”也没有什么特殊的意义。因此，诸如此类的形而上学术语因为它们缺乏解释而是毫无意义的。

对于罗素用他自己所擅长的逻辑分析方法作出的这一批判，科普斯敦也用同样的方法进行了回应。他以“如果有偶然存在者，那么就有必然存在者”这个命题为例来加以反驳。科普斯敦指出，这个以假设所表达的命题就是一个必然命题。但是，只有在假设存在着偶然存在者的前提下，它才是一个必然命题。偶然存在者存在这一点必须由经验所揭示。然而，“偶然存在者存在”这个命题却肯定不是一个分析命题。因此，根据这个用假设所表达的命题，如果我们一旦知道了存在着偶然存在者，那么我们就必然因此而承认存在着必然存在者。不仅如此，科普斯敦还进一步反驳了罗素关于形而上学术语毫无意义的观点。他指出，“形而上学术语毫无意义”这种观点是以一种假定的哲学为前提的，隐藏在它背后的是这样一种独断论：不进入我所设计的机关，就不可能存在或者毫无意义，这只不过是一种情感的宣泄罢了。在科普斯敦看来，罗素的错误就在于他只承认某种特定的现代逻辑体系是唯一的意义标准，独断地把哲学的一部分视为哲学的全部。否定偶然存在者和必然存在者的观念就是这种典型的独断论。他指出，“偶然的”存在者当然是有意义的，它意指一种自身不包含存在的充足理由的存在者；同样地，“必然的”存在者也是有意义的，它意指一种必定存在和不可能不存在的存在者。当然，一个人完全可以否认有这样的存在者。但是，如果这个人并不理解这些术语的意义，那么他又怎么能够说这样的存在者不存在呢？

第二，罗素坚决否认在这个形而上学论证中把上帝解释成作为整体的宇宙或者世界之存在的原因,并且由此而肯定上帝的存在。在他看来,如果像科普斯敦所说的那样必然存在者指的是一种必定存在和不可能不存在的存在者,那么承认必然存在者存在似乎就等于承认存在着一种其本质包含存在的存在者,它的存在是分析的。这样的话,似乎就让人们回到了关于上帝存在的本体论证明。然而,上帝存在的本体论证明却显然是不可能的,因为事实上"存在"不是一个谓词,我们绝不能说被命名的主词存在,只能说被描述的主词存在。他指出,如果把上帝解释成作为整体的宇宙或者世界之存在的原因,并且由此而肯定上帝存在,那么这就等于把"上帝"作为一个专名来使用。这样,"上帝存在"就不可能是一个有意义的命题。在他看来,尽管询问"世界的原因存在吗?"是一个有意义的问题,然而解释作为整体的宇宙或者世界之存在的原因却是一个毫无意义的问题。事实上,宇宙或者世界的存在是不可解释的。一方面,真实存在的仅仅是一些个别事物,这些个别事物是完全独立于其他事物的简单对象。然而,"宇宙"或者"世界"这样的语词却只不过是在上下文中方便使用的常用词而已,它并不表示任何有意义的事物。另一方面,"原因"这个概念也是从我们对特殊事物的观察中而获得的,我们没有理由假设整体的存在有任何原因,正如每一个人都有自己的母亲,然而我们却不能断定人类也必定有母亲一样。因此,我们不能把上帝解释成宇宙或者世界存在的原因,并且由此而肯定上帝存在。

对于罗素提出的这一诘难,科普斯敦也作了自己的回应。在他看来,必然存在者就是其本质包含存在的存在者。但是,这并不意味着我们就要简单地从上帝本质的观念出发去论证上帝的存在。相反,我们必须从经验世界出发去论证上帝的存在。事实上,我们对于必然存在者的本质不可能具有任何先验的知识。我们只能从经验世界出发,才能知道必然存在者存在。只有这样,我们才能证明其本质与存在必定是同一的。因为,如果上帝的本质与他的存在不是同一的,那么我们就只能在上帝之外去寻找这种存在的充足理由了。当然,上帝就是他自己的充足理由。在反驳罗素通过我们不能从每一个人都有母亲推出人类也必定有母亲而类比我们不能从每一个特殊事物都有原因推出作为整体的世界也必定有原因的时候,科普斯敦指出,在这两者之间并不存在着相似性。只有在从每一个人都有母亲推出人类也必定有母亲与从每一个事物都有某种现象性的原因推出整个系列也必定有现象性的原因之间才存在着相似性。如果我们坚持系列的无限性,那么我们必须承认每一事物都有一个现象性的原因。但是,现象性原因的系列并不是对整个系列的一种充分解释。因此,整个系列并没有任何现象性的原因,它只有超验的原因。应罗素的要求,科普斯敦还对此进一步作出了逻辑论证。他指出,事件的系列要么是由原因所引起的,要么不是由原因所引起的。如果它是由原因所引起的,那么就一定明显地存在着一个外在于这个系列的原因。然而,如果它不是由原因所引起的,那么它就是自足的。在这些情况下,这种自足的系列就是必然的。但是，由于构成它的每一个因素都是偶然的，而且总体离开了它的部分就没有实在性，因此事件的系列不可能是必然的。所以，我们可以得出它必定有其原因的结论。

尽管科普斯敦与罗素围绕关于上帝存在的形而上学证明而展开的辩论因为双方的哲学观不同而陷入僵局，他们也未能继续深入讨论下去，然而当代表新托马斯主义的科普斯敦与代表逻辑实证主义的艾耶尔针对以理性形而上学为基础的宗教语言问题展开辩论的时候，他却抓住了这个机会再次对逻辑实证主义的哲学立场、可证实性原则提出了深刻的批判，并且为形而上学命题和宗教神学命题的意义进行了辩护。

第一，以艾耶尔为代表的逻辑实证主义者拒绝承认哲学有可能成为某种思辨学科，其理由就在于他们始终都主张有意义的命题只能被区分为形式命题和经验命题两类，并且认为这一区分摧毁了思辨知识的根基。艾耶尔指出："如果形而上学被理解为通过非科学的方式来获致关于世界之知识的某种企图的话（而且，我认为它已经被公认为是如此了），我们拒斥形而上学。由于形而上学的陈述不能为观察所证实，我们认为这样的陈述不是对任何事物的描述；由此我们便得出结论说，如果哲学要成为某种认识活动，那么它就必须是纯粹批判性的。哲学将会取得这样一种形式，即力图去考究阐明被运用于科学、数学或日常语言中的那些概念。"①在回应艾耶尔所表明的逻辑实证主义哲学立场的时候，科普斯敦表示，尽管他自己认同逻辑分析方法在澄清科学和日常生活中所使用的概念或者语词方面所具有的重要性，然而他却决不赞同逻辑实证主义者把逻辑分析视为哲学的唯一功能这种哲学观。在他看来，当逻辑实证主义者谈论什么是哲学的时候，他们是以某种假定的哲学立场为预设的。例如，他们把有意义的命题仅仅区分为纯粹形式命题和观察陈述（经验命题）两种，这就预先采取了非纯粹形式的必然命题是不存在的这一哲学立场。因为这个缘故，所以科普斯敦一针见血地反驳道："如果宣布形而上学命题为了获得意义，就应当像科学假设之证实那样得到证实，那就等于宣布形而上学为了获得意义就不应当是形而上学。"②

第二，就可证实性原则而言，逻辑实证主义者明确地主张一个陈述要有意义，它必须要么作为一个形式陈述（艾耶尔称之为"分析陈述"）先天地和约定地为真，要么作为一个经验陈述可由经验所证实地为真。因为这个缘故，所以在他们看来，一方面，任何与经验无关的陈述都必须作为非事实的陈述而予以排除；另一方面，一个陈述的内容乃是由一系列将会证实或者否证这个陈述的感觉经验所构成的。针对艾耶

① 胡景钟、张庆熊主编：《西方宗教哲学文选》，尹大贻等译，上海：上海人民出版社 2002 年版，第 542—543 页。科普斯敦与艾耶尔关于宗教语言的对话录也被收在这部文选中。

② 同上，第 543 页。

尔所解释的可证实性原则，科普斯敦指出，如果任何一个事实陈述为了具有意义而都必须由感觉经验所证实，那么这种可证实性原则就预先假定了所有的实在性都是在感觉经验中被给予的。如果是这样，那么这也就意味着可证实性原则预先假定了不可能存在形而上学的实在性这种哲学立场。然而，这种哲学立场本身也是不可能通过可证实性原则而得到证实的。在他看来，当逻辑实证主义者把可证实性原则作为衡量命题的意义标准的时候，由于他们的意义标准仅仅局限于感觉经验，因此这种经验主义显然过于狭隘了。他指出，与命题的真假相关的经验不仅包括感觉经验，而且还必须包括理智的经验或者反省的经验。如果是这样的话，那么他也愿意声称自己是一个经验主义者。然而，逻辑实证主义者却是从狭隘的经验主义出发的，他们在可证实性原则中悄悄地默认了某种哲学立场的唯一有效性，这是完全无法令人接受的。他还指出，当艾耶尔把分析陈述和经验陈述视为认知性陈述，然而把形而上学陈述却视为非认知性陈述的时候，他所谓认知性陈述指的是符合可证实性原则这一意义标准的陈述，然而他所谓非认知性陈述指的却是不符合可证实性原则这一意义标准的陈述。倘若如此，那么，当他说形而上学陈述是非认知性陈述的时候，他只不过是在说那些不符合可证实性原则的陈述是不符合可证实性原则的陈述罢了。因此，我们根本就不可能从其中推导出任何关于形而上学命题有无意义的结论来。此外，科普斯敦还从逻辑上反驳了艾耶尔的解释。他说，在处理形而上学命题的时候，艾耶尔要么运用可证实性标准，要么不用这一标准。如果他运用这一标准，那么形而上学命题的意义就先验地被驳回了，因为按照他所理解的可证实性原则的真理性而已经预先包含了形而上学命题是无意义的。在这种情形下，把可证实标准运用于任何具体的形而上学命题都不会构成它有无意义的论据。相反，它仅仅表明形而上学命题不符合某种假设的特殊意义标准。所以，他们不能由此而推断我们必须采纳这一意义标准。不仅如此，科普斯敦还认为，逻辑实证主义的可证实性原则体现的是19世纪实证主义把“理性的”与“科学的”两个术语的外延完全等同的思想偏见。他还逻辑地论证了可证实性原则的逻辑地位从逻辑实证主义的前提本身来看就是令人难以理解的。他指出，可证实性原则必须要么是一个命题，要么不是一个命题。如果它是一个命题，那么根据逻辑实证主义的前提，它就必须或者是一个重言式命题，或者是一个经验假设。如果它是一个重言式命题，那么就不能由此而得出任何关于形而上学的结论。如果它是一个经验假设，那么它本身就需要被证实。然而，可证实性原则本身却不能被证实。但是，如果可证实性原则不是一个命题，那么根据逻辑实证主义的意义标准，它就是无意义的。因此，“总而言之，如果根据证实原则，一个关于存在的命题之意义在于它的可证实性，那么在我看来，就不可能避免一种无穷的倒退，因为这个证实本身还将需要证实，是不确定的；如果事情真是如此的话，那么所有的命题，包括科学命题,也都是无意义的了。”①

第三,在批判逻辑实证主义的哲学立场和可证实性原则的时候,科普斯敦也为形而上学命题和宗教神学命题的意义提供了辩护。在他看来,只要人们不囿于逻辑实证主义者的那种过于狭隘的经验主义,那么就不难发现确实有一些命题即使在原则上不能为感觉经验所证实,它们也可以是有意义的,可以是真的或者假的。形而上学命题就是如此。虽然形而上学必须建立在感觉经验的基础上,但是它还必定包含对感觉经验的理性反思。形而上学命题就是以某种方式建立在对感觉经验的理性反思基础上的。只要一个形而上学观念的形成同某种感觉经验相关,那么这个观念就是有意义的。就存在命题而言,科普斯敦认为,人们对存在能够有一种理智的经验。确定一个存在命题真假的标准仅仅是尚待证实的事实之在场或者不在场,然而它的真假却同我们能否知道相应事实的存在与否无关。只要我们能够想象或者设想其存在会证实这个命题的事实,那么这个命题就是有意义的。因此,一个形而上学命题是可以通过理性的讨论而得到证实的,尽管它绝不可能通过单纯的感觉经验而得到证实,因为对于一个形而上学的实在来说其存在不仅在实际上而且在原则上超越了可以感性地经验到的事物范围,任何直接的感觉经验的总和都不可能揭示形而上学实在的存在。在他看来,虽然形而上学的实在超越了日常经验范围,但是我们也只能在人类语言的架构中来谈论它。由于人类语言被发展起来毕竟首先是被用来表达我们对周围事物的直接经验的,因此我们对于日常经验对象可以用一种很明确的方式加以描述。然而,对于超越了日常经验对象的形而上学实在,我们的语言对它的描述却总是不充分的。尽管如此,这并不意味着我们的描述是不明确的,因为我们毕竟是从日常经验对象出发并且通过理性反思而认识形而上学实在的。这种形而上学实在与日常经验对象如此相似,以至于我们可以用日常语言来对之加以明确的描述。除此之外,他还认为,上帝也是一种形而上学的实在,并且“上帝存在”也是一个有意义的形而上学命题。由于我们是从经验世界出发去论证超越经验世界的上帝的,因此我们不可能用适合于普遍经验对象的概念来充分地描述上帝。事实上,人类关于上帝的所有观念都是不充分的。尽管如此,这并不意味着我们不能有意义地描述上帝。在他看来,在仅仅承认直接的经验材料与直接断言与经验无关的形而上学之间存在着某种中庸之道。我们关于上帝的知识就是作为这种中庸之道的类比知识。因此,如果我们要把某种属性归于上帝,例如,当我们说上帝是有理智的时候,那么我们就必须把人类语言用以表达这种属性的概念类比地运用于上帝,尽管这个概念并不能充分

① 胡景钟、张庆熊主编:《西方宗教哲学文选》,尹大贻等译,上海:上海人民出版社 2002 年版,第 599—560 页。

地描述上帝。就那些谈论多维空间的数学家而言,虽然他们从来就没有观察到这样的空间,但是他们仍然使"多维空间"这个语词具有了某种意义。同样地,当我们使用"超感官的知觉"的时候,我们也是在类比地使用"知觉"这个语词。科普斯敦还提出,我们必须把物理的类比与形而上学的类比区分开来。虽然他对这一区分没有作出具体的阐释,但是我们不难根据他的托马斯主义立场而理解他所要表达的意思。其意思是说,在物理学的类比中,正如艾耶尔所理解的那样,需要我们同时理解相互类比的两种东西是什么,并且在两者之间的相似性是双向的;然而,在形而上学的类比中,却并不需要这样。换言之,只要我们能够理解由以出发的经验对象是什么,并且只需要这种经验对象单向地相似于形而上学的实在,那么这对于形而上学类比来说就已经足够了。

从总体上来看,通过与罗素和艾耶尔两位逻辑经验主义分析哲学家进行辩论,科普斯敦瞄准他们的哲学立场的偏颇性、可证实性原则的方法论缺陷及其经验主义的狭隘性所进行的揭露和批判是相当有力的、深刻的。相对而言,他为形而上学语言和宗教语言的合理性所提供的辩护无论在力度上还是在深度上都或多或少显得有些不够,尤其是他未能充分利用现代科学理论成果来推动传统托马斯主义语言哲学的创造性发展,这当然是一种遗憾。

二、马斯科尔辩护如何能够谈论上帝

尽管大多数新托马斯主义者都是罗马天主教徒,然而托马斯主义复兴运动却并不局限于罗马天主教会。来自于英国安立甘公教会的奥斯汀·法雷尔(Austin Farrer,1904—1968年)和E.L.马斯科尔(E.L.Mascall,1905—1993年)是在罗马天主教会之外的著名新托马斯主义者。他们在逻辑实证主义哲学和新正统主义神学大肆挑战形而上学和自然神学的有效性的时候同样为捍卫形而上学语言和宗教语言的合理性作出了重要贡献。在批判逻辑实证主义哲学和新正统主义神学的时候,这两位非罗马天主教会的新托马斯主义者都充分肯定了类比理论对化解"人如何能谈论上帝"的问题具有重要作用。

法雷尔从1935年起担任牛津大学三一学院的院士兼牧师,并且从1960年到去世前一直担任牛津大学克布尔学院院长,其主要代表作是《有限与无限》。他在该书中批判了那些坚持新正统主义的人并没有意识到他们据以反对自然神学的启示神学所具有严重缺陷,即启示神学本身要以人认识到上帝是万物的绝对本源或者创造者为前提,但是启示神学本身并没有解决我们如何能够认识到一条具体的启示是上帝的启示性行动这一问题。在法雷尔看来,除非人类具有某种心理机能可以思考关于上帝的纯粹概念,否则,人类根本就不可能认识到一条具体的启示是上帝的启示性行动，正如一个人的行动和语言虽然可以是他对别人所作的自我启示，但是，如果他既不动又不说话，那么别人根本就不会意识到他在那里，或者会误以为他是一尊蜡像一样。从这个意义上讲，“人如何能够谈论上帝”的问题绝不只是自然神学所面临的一个难题，它同样也是启示神学所面临的一个难题。他说：“在启示主义者当中有一种迷信，他们认为，宣称自己不倚赖任何与有限世界的类比就能得出关于上帝存在的证明，他们也就完全避开了对有限者与无限者之间的类比或者关系进行思考的必然性。他们完全错了：因为他们关于上帝的一切说法，都必然要用而且事实上也是在用那源自于有限世界的语言来表达。没有一个启示主义者认为这些说法是完全准确的。上帝不是一个人，在运用于他以前，人类的语言就要求以某种默契的规定性来理解。……在原则上，这一类比问题是先于每一条具体的启示而存在的。”①

在英国安立甘公教会的新托马斯主义者当中，就批判逻辑经验主义并且努力解决人如何能够谈论上帝的问题等方面而言，影响最大的宗教哲学家无疑是马斯科尔博士。他曾任伦敦大学的历史神学教授，著有《语词与形象：神学话语研究》、《基督教神学与自然科学》、《基督教的世俗化》、《存在着的他》、《实存与类比》等诸多作品。在他的这些作品中，绝大多数都具有非常明显的护教论色彩，它们的目的都是要为传统的正统教义和托马斯主义自然神学提供辩护。对于马斯科尔来说，托马斯主义自然神学彰显了基督宗教启示的影响，尤其是彰显了关于上帝创世的圣经教义的印记。虽然人们借助于自然理性而获得的关于上帝的知识仅仅是启示的上帝的一个微弱的映像，这样的知识还远远不能满足人们的宗教需要，但是通过自然神学而认识到的作为自立存在本身的上帝却孕育了所有完满的基督宗教真理。马斯科尔通过这些作品而确立了他自己作为安立甘公教会的理性主义护教家的重要地位。就我们目前所关切的主题而言，他的《语词与形象：神学话语研究》和《实存与类比》这两部著作显然特别重要，因为在这两部著作中前者批判了逻辑经验主义，而后者则为托马斯主义自然神学提供了辩护。

在其《语词与形象：神学话语研究》一书中，马斯科尔从认识论的角度批判了逻辑经验主义的狭隘性。在他看来，逻辑经验主义者把感性经验作为判断语言意义的基本标准，乃是出于他们对人的知觉能力的误解。他们的错误不在于他们承认没有感觉就没有知觉，而在于他们认为知觉仅仅是对单个的感觉经验的记录，从而把经验仅仅局限于狭隘的感觉经验。事实上，任何一个对语言的意义问题持开明态度的人都应该清醒地认识到判断语言意义的基本标准不可能仅仅局限于感性经验，它还应该包括知性经验。因此，要想克服逻辑经验主义的狭隘性，就必须返回到阿奎那与亚

① Austin Farrer, *Finite and Infinite*: *A Philosophical Essay*, Westerminster: Dacre Press, 1943, p.2.

里士多德的知觉论。他指出:“艾耶尔的经验主义太绝对了,他以为我们人类所有关于实在的知识都来自于我们的个别经验。然而,知觉论却并非如此,它拒绝把我们的经验仅仅局限于感觉经验,也拒绝把感觉经验限制在对感觉现象的纯粹意识方面。”①基于阿奎那与亚里士多德的知觉论,马斯科尔批判了逻辑经验主义者不了解感觉中的对象并非知觉的终极目标,它们不是知性所知的本质对象(objectum quod),而是知性由以认知的凭借对象(objectum quo)。知性活动并非在于单纯的推理活动,它还包括理解活动。知性通过这个由以认知的凭借对象便能在自身的活动中直接把握那隐藏在感觉对象背后的精神实质。② 因此,知性活动既包括对由物质事件所构成的整个世界的领悟,也包括对精神实在的领悟。他认为,尽管人的理智的知识来自于感觉经验,然而最高的理智活动本身却是沉思性的,它能从事物的感知表象深入到其背后的形而上学实在方面。理智活动产生的知识不是零散的个别知识,而是整体性知识。“这些知识不仅是关于感官现象的知识,而且是藉着感官现象而获得的知识;这些感官现象在本质上是晦暗不明的,藉着它们而确立起来的知识涵括了我们在经验中的最重要的某些特征,这些知识也包括我们关于物体、人和上帝的知识。”③但是,逻辑经验主义者仅仅偏囿于感性经验的知识,并且以其狭隘的经验证实原则来作为衡量我们用以表达一切知识的语言之意义标准,这显然是以一种短视的知觉论为其理论基础的。在他看来,任何一个有理性人,只要他能根据阿奎那与亚里士多德的知觉论而克服这种逻辑经验主义的短视行为,就不难理解形而上学语言和宗教语言的意义之合理性。当然,如果我们要想理解形而上学语言和宗教语言的意义,那么我们就必须借助于阿奎那的类比理论,虽然这种类比理论目前因为存在着一些逻辑上的困难而受到了严肃的批评,但是这并不影响它的重要价值,因为它的价值并不依赖于它在逻辑上的正确无误。马斯科尔指出:“必须承认,类比理论和与之类似的一些理论的目的并不是要证明思考和谈论上帝是可能的,而只是要解释这个初看之下不可能的活动如何成为可能的。同那些反形而上学的实证主义者相反,我倒坚持认为,有些人至少在有些时候说一些包含‘上帝’一词,以之作为主题的有意义的话,这是一个经验的问题。是否有人提出过一种完全令人满意的理论来说明这一点,这是可以怀疑的;古典类比理论试图做到这一点,然而关于它在多大程度上是成功的,这无疑是仁者见仁智者见智。我目前的意见是:关于上帝的思考和谈论不必等待一种无懈可击的精致解释来说明它们的可能性和性质。如果类比理论能够提供这样的一种

① E.L.Mascall, *Words and Images*: *A Study in Theological Discourse*, London: Darton, Longman and Todd, 1957, p.30.

② Ibid., p.34.

③ Ibid., pp.75-76.

解释，这对类比理论来说固然更好；如果不能，尽管那对它来说是不大好，然而对它努力去说明的那种活动本身来说却丝毫无损。"①

就回应逻辑经验主义和新正统主义对宗教语言的挑战而言，马斯科尔的《实存与类比》一书可以被视为其《语词与形象：神学话语研究》一书的姊妹篇，其目的就在于借助于类比理论而回应由新正统主义者掀起的反自然神学思潮所引发的关于人如何能够谈论上帝的问题。正如法雷尔一样，马斯科尔也认为人如何能够谈论上帝的问题同样也是启示神学的一个难题，而不仅仅是自然神学的一个难题。任何特殊启示都必须以相信上帝的存在为前提。但是，如果我们仅仅诉诸启示或者宗教经验，那么我们根本就不能形成相信上帝存在的适当基础，也不能像安瑟尔谟那样通过本体论证明而形成相信上帝存在的适当基础，因为一个必然存在的存在者之观念并不使它的存在成为必然的。因此，如果我们要想找到基督宗教信仰的合理根据，那么我们就必须遵循自然神学的路径。在他看来，尽管阿奎那关于上帝存在的五路证明还有其不尽如人意的地方，然而它却给我们带来了关于上帝是自立的存在本身及其赋予万物以存在的知识。对于这种知识的丰富内涵，我们决不应当掉以轻心。当然，我们对上帝的理性认识也不应该以关于上帝存在的宇宙论证明为终点。如果我们离开启示而要想能够获得更多关于上帝的知识，那么我们就必须在宇宙论证明的基础上藉着阿奎那大力倡导的类比方法才能得以实现。

马斯科尔把关于上帝存在的宇宙论证明的终点视为类比理论的起点。在他看来，既然宇宙论证明的结论给我们带来了关于上帝是自立的存在本身及其赋予万物以存在的知识，他在本性上完全不同于他的创造物，那么，当我们使用源自于受造物的语言来谈论上帝的时候，一方面，我们应用于上帝的谓词与我们把它应用于受造物的情形不可能完全相同，因为，如果两者完全相同，那么这就意味着我们同（单）义地谈论它们，这样一来，就会抹杀存在于上帝与受造物之间的本质差异，从而使我们陷入关于上帝的拟人论错误；另一方面，我们应用于上帝的谓词与我们把它应用于受造物的情形也不可能完全不同，因为，如果两者完全不同，那么这就意味着我们纯粹异（多）义地谈论它们，这样一来，就会使我们陷入关于上帝的不可知论错误。因此，我们必须在同（单）义地谈论上帝与纯粹异（多）义地谈论上帝之间寻找一条中庸之道。事实上，阿奎那的类比理论已经为我们提供了这条中庸之道。继阿奎那时代之后，经院哲学家们普遍地采用了卡吉坦在其《论名称的类比》（*De analogia nominum*）一书

---

① E.L.Mascall, *Words and Images*: *A Study in Theological Discourse*, London: Darton, Longman and Todd, 1957, pp.102-103.

中所区分的属性类比和比例性类比两种类比模式。[①] 就属性类比而言，各类比项彼此之间并不具有平等性。其中，只有一个类比项在形式的意义上拥有类比词所意指的完美性，因而它是首要的类比项。然而，另一个类比项却仅仅在相对的和派生的意义上拥有类比词所意指的完美性，因而它是次要的类比项。就比例性类比而言，各类比项彼此之间具有平等性，类比词所意指的完美性都按照一定的比例而形式地存在于所有的类比项中，它们彼此之间没有首要与次要之分。然而，类比词所意指的完美性在不同的类比项中具有由各类比项的不同本质所决定的不同存在模式。

尽管马斯科尔遵循了卡吉坦对属性类比与比例性类比的区分，然而他却认为，当我们把这两种类比模式分别单独地应用于上帝和受造物的时候，它们都存在着严重的缺陷。

就属性类比而言，由于在不同的类比项中只有一个类比项在形式的意义上拥有类比词所意指的完美性，因此它的缺陷就在于我们对另一个类比项在形式上所具有的性质仍然缺乏认识，这对于有神论者来说无疑是一个非常严肃的问题。例如，当我们使用诸如“生命”、“善”、“智慧”、“存在”之类的语词来描述上帝的时候，由于这些语词对我们所具有的意义全都来自于我们对受造物的经验，因此，在属性类比的模式中，这仅仅意味着我们在受造物中所发现的这些不同的完美性实际上存在于上帝之中，他能够在受造物中造成这些完美性，但是这并不意味着上帝本身必然在形式上拥有这些完美性。尽管属性类比并不排除上帝在形式上拥有这些完美性，然而属性类比本身却并没有把这一点归诸于上帝。[②] 因为这个缘故，所以属性类比并不能使我们知道上帝的真实性质。因此，就属性类比而言，我们所知道的一切仍然是我们从宇宙论证明中所了解到的东西，即上帝是这些完美性的根源。

就比例性类比而言，也存在着严重的缺陷。首先，由于比例性类比依赖于比例的相似性，尽管这种相似性在形式上可以在每一个类比项中被发现，然而其模式却取决于各类比项所具有的特殊本质，因此我们不能过于从形式上理解这种比例的相似性。以“生命”这个语词为例，马斯科尔具体说明了比例性类比的这一缺陷。例如，白菜的生命：白菜的本质=人的生命：人的本质=上帝的生命：上帝的本质，这是典型的比例性类比图式的一个例子。就白菜的生命：白菜的本质=人的生命：人的本质而言，马斯科尔认为，如果我们假定“生命”这个语词不是同(单)义的，那么我们就不

---

① 卡吉坦对阿奎那类比理论的诠释尤其是他所区分的属性类比和比例性类比受到了当代不少新托马斯主义者的批判，他们认为卡吉坦的类比观是建立在误解阿奎那的类比理论基础上的。Ralph McInerny 是批判卡吉坦类比观点的最著名的代表人物。See Ralph McInerny, *Aquinsa and Analogy*, Washington, D.C.: The Catholic University of America Press, 1996, pp.3-29.

② E.L.Mascall, *Existenc and Analogy*, London: Longmans, Green, 1949, p.102.

能过于从形式上来理解在这个图式中间的等号。“因为关键的论点并不是说：白菜的生命被白菜的本质所决定的模式与人的生命被人的本质所决定的模式是等同的；而是说：白菜的本质决定白菜的生命模式适合于白菜性，而人的本质决定人的生命模式适合于人性。”①只要我们认识到这一点，那么我们就会陷入无穷倒退，其中所设想的平等性关联就不可能恢复了。其次，当我们按照比例性类比的模式谈论上帝的时候，由于我们对类比词的意义的了解仅仅来自于受造物，然而对它被应用于上帝的意义却一无所知，因此我们就会陷入不可知论。就人的生命：人的本质=上帝的生命：上帝的本质而言，除了知道“生命”这个语词在人那里具有的形式上的意义及其由人的本质所决定的生命模式之外，我们只知道人的生命与人的本质的关系正如上帝的生命与上帝的本质的关系一样。然而，我们却对这个公式右边的两项一无所知。对此，马斯科尔分析说：“我们的公式事实上并未告诉我们应该在什么意义上断言上帝拥有生命。因为，正如对于上帝的生命一样，我们对于上帝的本质几乎一无所知。从形式上来思考，他的生命的确与他的本质是同一的。因此，我们的方程式有两个未知数，于是无解。……看来，结果乃是绝对的不可知论。”②

在马斯科尔看来，既然我们分别单独地按照属性类比的模式和比例性类比的模式谈论上帝都会因为它们具有严重的缺陷而显得不充分，那么，只有把这两种类比模式充分结合起来，我们才能有意义地从形式上谈论上帝。他总结说：“因此，看来结论就在于，为了让类比理论真正令人满意，我们必须把在上帝与世界之间的类比关系看作是属性类比与比例性类比在一种密切关联的统一体中的结合。”③以“善”这个语词为例，马斯科尔具体解释了把属性类比与比例性类比结合在一起能够使我们关于上帝的思想从本质的层面超越到实存的层面。例如，就有限存在的善：有限存在=上帝的善：上帝而言，他把这个类比图式解释为不仅适用于本质的层面，而且适用于实存的层面。他认为这个类比图式所表达的不是概念的比较，而是实存的判断。他说：“我们的公式的左边第二项（‘有限存在’）所表达的正是实存的偶然性，它出自于这样一个事实：在有限存在者中，本质与实存是不同的；右边第二项（‘上帝’）所表达的是实存的必然性，它出自于这样一个事实：在上帝中，本质与实存是同一的。这个公式的两边是靠那个属性类比联结起来的，那个类比不仅在概念层次上而且在实存层次上肯定了有限存在仅仅依赖于上帝才得以实存。于是，上帝的善就被宣布为自立的善，而且既然如此，就不仅与上帝的本质同一，而且与上帝借以实存的活动同一。尽管类比不曾使我们设想那与上帝的本质同一的上帝之善，然而它却使我们能

① E.L.Mascall, *Existenc and Analogy*, London: Longmans, Green, 1949, p.104.

② Ibid., p.110.

③ Ibid., p.113.

够肯定上帝之善与其实存是同一的。因此,我们关于上帝的一切断言,就其将概念应用于上帝而言,都是很不恰当的,然而就其肯定了上帝的完美性而言,则是完全恰当的。”①

总而言之,一方面,马斯科尔承认人类语言是为了谈论感官经验的有限对象而被发展起来的,我们使用这样的语言来谈论作为超验的无限存在者的上帝必然会有它的某种缺陷;另一方面,他又认为,只要我们以宇宙论证明所获得的关于上帝存在的知识为基础,并且借助于类比理论,那么我们就完全能够使用我们人类的语言从形式上有意义地谈论上帝。应当承认,马斯科尔的理论努力不仅有力地回击了逻辑经验主义掀起的反对形而上学和自然神学的挑战,而且在一定程度上对传统托马斯主义的类比理论作出了创新性解释,为推动宗教语言哲学的发展作出了重要贡献。

三、K.拉纳论证谈论上帝何以可能

当反形而上学和反自然神学思潮在 20 世纪上半叶欧洲大陆的学术思想领域的漫延达到如日中天的地步的时候,有一些新托马斯主义者敏锐地认识到,只有返回造成这种倾向的思想根源——康德的先验哲学那里,才能寻找到为形而上学和自然神学的合法性进行辩护的路径。他们试图遵循康德哲学的主体性进路,采用康德哲学的先验反思方法改造传统托马斯主义,期望以此来突破康德先验哲学的瓶颈,并且回应当时的反形而上学和反自然神学思潮对宗教语言的挑战。因为这个缘故,所以他们也被称为“先验托马斯主义者”(transcendental Thomist)。在这些先验托马斯主义者当中,卡尔·拉纳(Karl Rahner,1904—1984 年)无疑是最杰出的代表人物。众所周知,拉纳是对那次标志着罗马天主教会走向现代化道路的“梵二会议”产生重要影响的著名神学家,可谓 20 世纪罗马天主教神学的思想泰斗。他从小就接受天主教耶稣会学校的正统教育。1934 年,在中学毕业之后,拉纳受天主教会派遣到弗莱堡大学去学习哲学,师从于海德格尔并且深受其存在主义哲学的影响。他从海德格尔哲学中学会了如何把现代哲学与基督宗教神学恰当整合起来的方法。早在拉纳之前,天主教神学系统的著名新托马斯主义者约瑟夫·麦利切尔(Joseph Marechal,1878—1944 年)就已经率先利用康德哲学的先验反思方法来诠释传统托马斯主义,努力在托马斯认识论的形而上学批判与康德认识论的先验批判之间进行对话与会通,从而形成了后来所谓的“先验托马斯主义”(transcendental Thomism)。受到麦利切尔的启发,拉纳继续沿着先验托马斯主义之路弘扬和发展传统托马斯主义,创立了极富先验论特色的神学人类学,为推进 20 世纪天主教神学思想的发展作出巨大的理论贡献。

---

① E.L.Mascall, *Existenc and Analogy*, London:Longmans, Green, 1949, p.120.

青年时代的拉纳恰逢新正统主义产生巨大影响的全盛时期，他亲历了新正统主义从外部给罗马天主教会的托马斯主义传统带来的严重挑战。在新正统主义所引发的关于人如何能够谈论上帝的广泛争论中，拉纳深切地感受到巴特的圣言神学借助于恩典的类比而提出的从上帝到人的解决方案把主动权交给上帝，却完全忽视甚或否定作为信仰者的人的主体性。在他看来，信仰乃是个人面对自身的存在奥秘而在生存论上所作出的本己的决断和灵魂本真的转向。如果我们忽视甚或否定了信仰主体的能动性，那么我们就根本无法真正解决人如何能够谈论上帝的问题。拉纳意识到，要想真正解决人谈论上帝何以可能的问题，就必须遵循康德哲学的主体性进路，首先解决作为信仰主体的人倾听圣言的先验可能性条件是什么这一问题。然而，这一问题本身却又是以从认识论上解决人认识上帝何以可能的问题为其哲学基础的。因为这个缘故，所以拉纳在其博士学位论文《世界中的精神》中首先选定了阿奎那的认识形而上学并且结合康德和海德格尔的认识论作为自己的研究对象，他试图把它们整合成一种可以解决人认识上帝何以可能的问题的神学认识论，以便最终为人谈论上帝的可能性提供某种恰切的合法性辩护。

拉纳的神学认识论是以一般哲学认识论为其理论基础的。他的神学认识论试图在一般哲学认识论对于发生在经验世界中的人的认识业已作出解释的基础上，进一步阐明在人的经验认识能力中有一股精神动力，它能够使人从经验的有限对象超越到超验的无限对象，而且这种超验的无限对象就是作为神圣奥秘的上帝。为了揭示作为认识主体的人所具有的这股从经验的有限对象超越到超验的无限对象的精神动力，拉纳借助于海德格尔的认识论和基础存在论分析方法而批判了康德的先验认识论。由于康德对纯粹理性的批判动摇了传统形而上学以及自然神学关于上帝存在的宇宙论证明，因此罗马天主教会曾经一度把康德哲学视为对传统天主教神学构成严重威胁的新教哲学。尽管如此，拉纳却如同他的先验托马斯主义前辈麦利切尔一样对康德的理性批判采取了一种客观正视和批判吸纳的态度。在他看来，虽然康德对纯粹理性的批判所得出的结论是错误的，但是康德先验哲学的主体性进路仍然值得批判地遵循。他认为康德对纯粹理性的批判是一种未完成的先验认识论，因为事实上康德本人在其《实践理性批判》中也承认人具有超验认知的本能冲动，只不过他假定人仅仅凭借自己的自然理性就能够直接进入超验之维乃是错误的罢了。然而，倘若我们不是认定人仅仅凭借自己的自然理性就能够获得关于上帝的知识，而是把人的自然理性的超验倾向视为人倾听圣言的可能性条件，那么，我们通过自然神学路径而获得的知识就绝不会是无效的。如同海德格尔一样，拉纳也认为康德认识论的先验范畴只能适用于客观对象的认识论域，却不能适用于人的存在本身的认识论域。只有采用关于生存结构的基础本体论范畴来作为人的先验范畴，我们才能解释人的存在本身。因此，拉纳便决定采用海德格尔的基础本体论范畴和分析方法来探讨作为信仰主体的人认识神圣真理和倾听上帝自我传达的圣言的精神活动。

拉纳把“在与认识的原初统一”视为其神学认识论的形而上学基础性命题。众所周知，早在古希腊形而上学发轫之际，巴门尼德就曾经提出过“思（noein）与在（einai）是同一的”这个命题。海德格尔把这一命题诠释为“在”与“讯问”在相互排斥的意义上又归属一起而同一。他指出，当且仅当“在起作用而且现象时，才必然有现象这回事也有讯问这回事一同出现。但在此现象与讯问出现时若人要参加的话，那么人当然必须自身在，必须归属于这个在。那么人的在的本质和方式都只能从这个在的本质来得到规定。”①拉纳遵循了海德格尔对有限的此在与整体之在的关系所作的这一诠释，他也把在者之在与认识理解为原初统一的。在他看来，认识就是存在的自我呈现，而且这种自我呈现就是在者之在。他说：“在者之在和认识所以相互关联是由于它们在原初之时本质上就是同一个东西。这就是说，在本身只要其为在和作为（表现着‘本质论上的差异’的）在出现，它就是认识，即与在处于原初统一之中的认识，即在之认识，这种在之认识便‘是’（ist）认识者自身。在和认识构成原初的统一，这就是说，对自身的认识关系属于在者之在的本质；反之亦然：属于在之本质要素的认识即在本身的觉在。认识在其原初概念中即把握自己（Selbstbesitz），一个在者把握自己的程度是与其之‘为’在的程度一致的。”②他还说：“在本身即认识，认识即在者之存在的觉在，而这种觉在必然是与在的构成同时产生的，所以认识也就是在者的自我反思（Zusich-Reflektiertheit）、在者的‘主体性’。”③

基于在与认识的原初统一，拉纳便把人的有限此在作为其神学认识论的起点，由此入手而追问作为无限存在本身的上帝，正如海德格尔把人的有限此在作为其基础本体论的起点，由此入手而追问作为整体的存在之意义一样。在拉纳看来，每一个在者都是认识的一个可能对象，它既具有可知性（Erkennbarkeit），即可对之进行提问，又从它自身并借助于它的在而从本质上具有一种内在的从属性（Hinordnung），即从属于一种可能的认识和一个可能的认识者。当人作为认识的主体面对那些具有可知性的在者的时候，他必然会提出各种各样的问题。然而，人所提出的一切问题归根到底都是由在者之在决定的，并且与在者之在构成原初的统一。就人的提问活动而言，一方面，提问意味着被提问对象的存在对提问者来说具有某种程度的隐秘性和未知性；另一方面，提问也意味着敞开了提问者自身的存在状况的有限性。在这个经验世界的一切在者当中，只有人才能提出问题、思考问题并且寻找解决问题的答案。于

① ［德］海德格尔：《形而上学导论》，北京：商务印书馆 1996 年版，第 104 页。

② ［德］K.拉纳：《圣言的倾听者》，北京：三联书店 1994 年版，第 42 页。

③ 同上，第 44 页。

是，拉纳便把提问活动视为人的存在的基础本体论规定。他认为，人就是一个会提问的在者。作为提问者的人不仅可以把其他在者作为自己提问的对象，而且可以把他自身的此在也作为提问的对象，甚至还可以把他自己的提问活动和所提出的问题本身再作为反思式地提问的对象。因此，就人在存在论上的提问活动而言，拉纳认为作为有限存在的此在就是提问本身。

人既是一个自身具有存在的提问者，又是一个被提问的对象，他必须通过提问活动而表示自身的存在。由于作为提问对象的存在乃是包含了提问者本身在内的整体存在，因此人之作为被提问者的存在既显示他自身，同时又在他自身的提问性（Fragwürdigkeit）中隐藏他自身。① 但是，人的存在不是作为整体的存在，而是一个受到他的肉身限制的存在。换言之，人是一个作为有限存在的此在。当人面对具有可知性的在者而提出各种各样的问题的时候，他的提问本身所指涉的不仅是那作为人自身的存在，而且是那作为整体的存在。实际上，在人的提问活动背后，总是伸展着一个绝对的无限存在的视域。只有在这个绝对的无限存在的视域中并且通过它，才能使人针对各种具体存在对象所提出的问题以主题化的方式凸显出来。因此，人在存在论上的提问，就其形而上学本质而言，就是人作为有限存在的此在去追问作为整体的无限存在。

提问作为人的存在的基础本体论规定表明了人是世界中的一个精神性存在。人的精神性正是人的主体性的充分体现。拉纳的神学认识论从两个方面进一步阐明了人的主体性究竟具有什么样的先验条件而为人认识和倾听作为神圣存在的上帝之言提供了可能性。

一方面，拉纳从一般哲学认识论的角度阐明了在主体的认识结构中先验地拥有那超越具体存在而趋向普遍存在的可能性条件。在他看来，人的认识从其本质上讲乃是承纳性的（hinnehmend）。人只有首先走出他自身而进入不同于他自身的物质世界之中，才能使认识对象与他自身相遇，并且接受其作用；然后，再返归他自身而实现他对认识对象的觉在。因此，人的第一个认识活动便是在感性中并且通过感性所表现出来的东西而以概念去把握个别事物。然而，人对个别事物的概念性把握却是借助于阿奎那所谓的主动理智的抽象作用而实现的。在此意义上，我们可以说人的主动理智所具有的抽象能力乃是使感性地表现出来的东西上升为概念的先验可能性条件。主动理智的抽象从其本质上讲是对那寓于个别事物中的“特性”（Washeit）的无限性的认识。这种特性就是阿奎那所谓的“形式”（forma）或者“实质”（quidditas）。

---

① Karl Rahner, *Spirit in the World*, English translated by William Dych, S.J., New York: The Continuum Publishing Company, 1994, p.58.

尽管这种特性只是从个别事物中被解析出来，然而它所指涉的对象却在原则上已经超越了它从其中出现并且从其中藉着感性而被经验到的个别事物。拉纳说："在感性中经验到的特性的有限性，在于表现为可感知的'此一'事物之中并且是由此一事物产生的，它作为已被理解到的东西将使人认识到理应属于特性本身的无限性。而有限性之所以为人所意识到，是由于对表现为感性的'此一'事物的把握行为在这种把握之前已经越出'此一'个别事物而及于更多的东西，即多于'此一'个别事物。"①正如界线之所以被经验为界线，是因为它被认为是逾越它的障碍一样，人的意识之所以经验到特性的有限性，也是因为它在每一次个别的认识中总是逾越个别对象。换言之，人不仅能够认识到个别对象的特性的有限性，而且能够把握到它与一切可能对象的整体关联性。拉纳把这种先于个别认识行为而逾越到对"更多的东西"之把握称为"在先把握"（Vorgriff），并且把它看成是那作为精神的人向着一切可能对象的绝对广延面所作的自我运动能力。他认为，这样的能力是先验地随着人的本质的形成而产生的，这也就是说，在先把握既是一般概念得以成立的可能性条件，也是主动理智进行抽象的可能性条件。拉纳指出："在先把握是作为认识的可能性之前提条件，在对此一个别客体的认识中出现的。在先把握有觉知地开放着认识的个别客体在其中被觉知的视野。"②当然，对于拉纳来说，在先把握在超越个别对象之后所触及的"更多的东西"，既不是海德格尔所谓的绝对化的虚无，也不是康德所谓的感性直观视域，而是阿奎那所谓的"绝对存在"（esse absolutum）。在他看来，一个具体的有限的在者总是与作为无限在的整体背景形成对照，在也总是在对一个特定在者的把握中已经被共知。人作为认识者从其本质上讲先验地具有对无限在的在先把握能力，并且在无限在的视域中完成对个别对象的具体认识。如果没有对无限在的在先把握作为先验条件，那么人就根本不可能认识任何具体的、有限的在者。因此，"在先把握——作为人具体占有对象和人的自在性这两者得以成立的先验条件——是一种向着本身无限的在运作的在先把握。"③根据拉纳的说法，在先把握作为人的认识的先验条件最鲜明地体现在人的理智的判断行为中，因为在每一个判断中人的理智都以某种固有特性肯定着一个在者是如此这般的东西。这在一定程度上是判断的一般形式，即使在人的自身行为中也是如此。因此，在人的理智的判断中，便会发生向着绝对存在的无限性运作的在先把握，它属于人的此在的本质性构成要素。

另一方面，拉纳从神学认识论的角度阐明了在作为主体的人的存在结构中先验地拥有那倾听圣言的可能性条件。在他看来，既然人对个别在者的有限性的认识是

① ［德］K.拉纳：《圣言的倾听者》，北京：三联书店1994年版，第64页。

② 同上，第65页。

③ 同上，第68页。

以对绝对存在的在先把握为先验条件的,而且在先把握是人的此在的本质性构成要素,那么人的本质存在乃是一个先验的敞开结构,它能够在保持其自身的自在性的同时又具有对绝对存在的开放性。当人面对他自身和世界的存在的时候,他的提问活动本身使他成为在世界中的精神性的存在,他的自我敞开的存在结构使他能够在保持他自身的自在性的同时又超越到那隐藏在有限存在背后的作为整体的无限存在。拉纳指出:"人对在本身'是'绝对开放的并且保持未完成的本体论差异。人是那些对于在之绝对自我照亮状态保持着开放的有限在者中的第一个;这种开放性,原则上是进行任何个别认识的条件。这就是说,任何在领域都不可能处在这样一种视野之外,在这种视野之中,人认识其对象并可以在他的认识中保持其自在性,他可以自由地采取自己对自己的态度和决定自己的命运。人在他的每一个认识和行为中都同时肯定着的他的这种基本质素,我们用一个词来表示就叫作'精神性'(Geistigkeit)。"①根据拉纳的说法,人作为精神性存在的自我敞开结构对绝对存在的开放性实际上就是对上帝之在的开放性,因为"借以假定'在先把握'的必然性同时也肯定了上帝——具有绝对'禀在'品格的在者——的在。"②因为这个缘故,所以他非常赞同阿奎那的说法:"一切认识者在认识的每一个对象中也都隐然地认识上帝。"③从这个意义上讲,人的自我敞开的存在结构就是人倾听圣言的内在的先验可能性条件。在拉纳看来,人在此世的存在与上帝始终都具有一种生存本体论关联,上帝乃是人的在先把握所指向的终极目的,因为人作为精神性的存在总是在对上帝的绝对开放状态中度过自己的一生。"对于上帝的开放性并非在某个时候按照人身上的愿望可能或者不可能发生的事件,它是人之所是、人之所必须是以及甚至在最徒劳无益的日常生活中仍旧是的那个东西的可能性的条件。人之所以为人仅仅由于他总是走在通向上帝之路上,不管他是否明确知识这一点,不管他是否愿意,因为他对于上帝永远保持着一个有限者之无限的开放状态。"④

拉纳不仅从主体性进路充分揭示了人具有能够认识神圣真理并倾听神圣之言的先验条件,而且重新解释了传统托马斯主义关于人如何认识和谈论上帝的学说。他所作出的重新解释充分体现在其《世界中的精神》一书的结论中。拉纳指出:"神学家托马斯在上帝以这样的方式显示他自身所在的那个点上关心人,以致上帝能够在他的启示之言中被人倾听到:'从人的心灵的视角'。为了能够倾听到上帝是否说

① [德] K.拉纳:《圣言的倾听者》,北京:三联书店 1994 年版,第 71 页。

② 同上,第 69 页。

③ Sancti Thomae de Aquino, *De Veritate*, q.22, a.2 ad 1:"Omnia cognoscentia cognoscunt implicite Deum in quolibet cognito."

④ [德] K.拉纳:《圣言的倾听者》,北京:三联书店 1994 年版,第 72 页。

话，我们必须知道他存在；唯恐他的道达到一位已知者，他不得不隐匿于我们；为了对人言说，他的道必须在我们已经并且总是存在的地方——在尘世之地中，在尘世之时中——与我们相遇；就人通过转向感觉意象进入世界而言，存在本身的敞开以及在其中关于上帝的存在的知识已经被触及，然而，即使在那时，这位存在于世界彼岸的上帝也总是隐匿于我们的。抽象乃是存在本身的敞开，存在本身的敞开把人置于上帝面前；转向(conversio)就是进入这个有限世界的此时此地(das Da und Jetzt)，并且这使上帝成为遥远的不可知者。对托马斯来说，抽象和转向乃是同一回事：人。如果人以这种方式被理解，那么他就能够倾听到上帝是否可能还没有说话，因为他知道上帝存在；上帝能够说话，因为他是不可知者。而且，如果基督宗教不是一个永恒的、全能的精神之观念，而是拿撒勒的耶稣，那么，托马斯的认识形而上学当它把人召回到他的有限世界的此时此地时就是基督性的，因为永恒者也已进入了他的世界，以致人可以找到永恒者，而且可以在永恒者中重新找到他自己。”①

在20世纪基督宗教神学领域围绕人如何能够谈论上帝的问题所产生的广泛争论中，绝大多数神学家们对这个问题基本上采取了两种对立的探讨方式。麦奎利对他们探讨这个问题的两种对立的方式作了这样的概括：“第一种探讨方式是从人类语言的一般的和可理解的用法出发，进而探讨这种语言能否和怎样合理地扩展，以致可以用它来谈论上帝。这种探讨方式显而易见的优点是，它的出发点是某种人们熟悉而可理解的东西的坚实基础。第二种探讨方式从假设上帝的真实性开始，进而牢牢记住，我们若确实承认上帝的真实性，那么我们必须把他想象成先于万物、使万物成为可能、包括使我们对他的认识、关于他的谈论成为可能的存在。所以这种探讨开始于上帝，而且要问，要使神的真实性至少在某种程度上属于人类语言的管辖范围之内，必须满足什么条件。第二种探讨方式看来具有试图开始于所谓‘那一边’的缺点，但是另一方面，它具有适合于宗教经验之普遍模式的优点，在这种宗教经验的普遍模式中，上帝据说是通过启示被认识的，也可以这么说，由于主动权在神这一边，上帝是通过从神到人的方法而被认识的。”②绝大多数为自然神学进行辩护的新托马斯主义者，甚至连反对自然神学的新正统主义者布尔特曼在其去神话理论中也基本上采取了第一种探讨方式。然而，巴特却极力采取第二种探讨方式。不过，当巴特采取这种探讨方式的时候，他并未能令人满意地解决人类语言要想能够谈论上帝必须满足什么样的条件的问题。拉纳显然吸取了这两种探讨方式的优点。一方面，他坚持

① Karl Rahner, *Spirit in the World*, English translated by William Dych, S.J., New York: The Continuum Publishing Company, 1994, p.408.

② [英]约翰·麦奎利：《谈论上帝：神学的语言与逻辑之考察》，安庆国译、高师宁校，成都：四川人民出版社1997年版，第24—25页。

遵循传统自然神学的路径；另一方面，他又解决了巴特的圣言神学未能解决的关于人类语言能够谈论上帝还必须满足什么样的条件的问题。事实上，拉纳不仅从神学认识论的角度论证了人认识上帝的先验可能性，而且从神学人类学的角度把人描述成为能够从自己的历史中聆听自由的上帝之言的倾听者，论证了人的自我敞开的先验性与上帝的自我传达的启示性同契，从而为人认识和谈论上帝的可能性提供了最具形而上学深度的合法性辩护。应当承认，拉纳的先验神学思想对于重新评估传统自然神学的合理性，对于回应并且克服自康德先验哲学批判以降欧洲大陆持续不断地反对自然神学的倾向，具有十分重要的理论意义。

结　语

从哲学形态上来看，尽管西方哲学发展到20世纪明显地出现了从认识论哲学向语言哲学的转向，然而这种所谓的“语言学转向”却并非突兀出现的空穴来风，而是早已被孕育在西方哲学不断演进的宏大历史过程之中。正如从古代本体论哲学向近代认识论哲学的转向是西方哲学长期对人的认识问题关注和探讨逐渐历史地积淀而成的结果一样，从近代认识论哲学向现代语言哲学的转向也是西方哲学长期对人的语言问题的关注和探讨历史地孕育而成的结果。从古希腊哲学经中世纪经院哲学到近代哲学，整个西方哲学向来就不缺乏对语言现象的深刻而持久的理论反思。从柏拉图的语言工具论到17世纪莱布尼茨构建理想化的普遍语言之梦，语言哲学一直就是构成整个西方哲学洪流不可或缺的一部分。在近现代以前，尽管语言哲学并没有像本体论哲学和认识论哲学那样被主题化而成为一门显学，然而它却为推动当代西方哲学的语言学转向创造了必要的基本条件。阿奎那语言哲学代表了中世纪宗教语言哲学的典型形态，它作为西方语言哲学发展史中不可或缺的一个环节起到了上承古希腊语言哲学传统下启当代语言哲学发展的重要历史作用。本书通过梳理阿奎那反思语言现象和讨论语言问题的相关文本，比较全面地考察了阿奎那语言哲学的历史渊源、基本论域及其当代发展效应。通过这番冗长的考察，我们大体上可以得出以下四点基本结论。

第一，对阿奎那语言哲学的研究必须进行历史溯源。一方面，我们必须追溯到作为整个西方文化思想源头的古希腊哲学，从中发现那些被隐藏在整个古希腊哲学底层的富有深刻洞见的语言哲学思想。在古希腊语言哲学思想资源中，有一些具有明显理性主义特征的语言观不仅直接构成了阿奎那语言哲学的理论来源，并且赋予了它以一种分析理性精神。另一方面，我们还必须追溯到犹太——基督教文化传统所孕育的宗教哲学，从中发现那些与宗教哲学问题密切相关的宗教语言哲学思想。这些富有宗教神学意蕴的语言哲学思想既构成了阿奎那语言哲学的理论背景和思想来源，又赋予了它以一种形上超验精神。阿奎那自觉地把语言现象和语言问题置于基督宗教背景中予以考察，批判地继承了古希腊哲学传统和犹太——基督教神学传统所提供的一些饱含深刻洞见的语言哲学遗产，并且把它们有机地整合在一起，使其对语言现象和语言问题的理论反思不仅具有哲学意蕴,而且具有神学意蕴。因此,我们可以说阿奎那语言哲学从其本质上讲是一种宗教语言哲学。任何企图通过抹杀阿奎那语言哲学的神学底蕴而使其变成一种纯粹语言哲学的尝试,都只不过是一种解构性的做法而已,必将导致它丧失其本质特征而遭受否定。

第二,阿奎那语言哲学不是一种系统化的理论建构,而是出于建构基督宗教神学体系的需要而自觉地反思语言现象的诸多方面问题的结果。一般来说,阿奎那之所以对语言现象进行哲学反思,要么是因为在注释以往哲学家和神学家的作品的时候必然要涉及一些相关的语言问题,要么是因为在建立他自己的神学理论的时候必然要涉及到一些与语言相关的问题。事实上,他并没有撰写过任何一部专门反思语言现象和探讨语言问题的著作。尽管如此,这既不意味着阿奎那语言哲学缺乏应有的理论深度,更不意味着它完全是杂乱无章的。相反,如果我们认真地梳理他对语言现象所作的零星反思以及他对语言问题所作的片断式论述,那么我们就不难发现阿奎那语言哲学实际上包含着由命名与意指理论、内在语理论以及类比理论所构成的一个相对完整的基本论域。阿奎那对属于这个基本论域的每一个具体的语言哲学理论主题的阐释都是建立在他自己的形而上学基础上的。例如,他的命名与意指理论主要是以他那源自于亚里士多德主义的实在论为基础的,他的内在语理论主要是基于他自己的形而上学认识论,他的类比理论则主要是基于他自己的形而上学本体论。不仅如此,阿奎那对这三个具体的语言哲学理论主题的阐释都与他自己的基督宗教神学理论保持着极其密切的关联性,它们最终都指向了作为超验的终极实在的上帝,充分体现出了其语言哲学的形上超越精神。因此,我们可以说命名与意指理论、内在语理论和类比理论共同构成了阿奎那宗教语言哲学的主要内容。

第三,阿奎那语言哲学本身具有开放性和重要的当代价值。虽然它是构成中世纪经院哲学传统的一部分,但是它并不完全属于尘封的历史,反倒在一定意义上属于鲜活的当代。一方面,阿奎那语言哲学为当代新托马斯主义者所传承,经过新托马斯主义者的创新性解释而直接融入了整个西方哲学的现代化进程之中,它的当代发展效应是相当明显的。另一方面,阿奎那语言哲学本身又为当代西方语言哲学的发展提供了十分丰富的可资利用的思想资源,它所包含的一系列基本观点与当代西方语言哲学提出的许多深刻的思想洞见能够协调一致。如果我们能够对阿奎那语言哲学进行深入的挖掘、整理和创新性的转换,那么我们就不难发现它仍然具有巨大的当代价值。仅以其内在语理论为例,我们就不难说明它所具有的当代价值。阿奎那在道成肉身的神学语境中所阐释的内在语理论不仅把外在语视为客观事物的形式符号,而且把它视为一面能够在其中反映出客观事物的图像的镜子。他的这种镜喻之说等于直接把作为思想观念的内在语当作语义生成的基础性构成条件之一铺陈出来了。

这样一来,就使他那关于外在语、内在语与客观实在之间的统一性思想既能更加符合语言的自然现象,又能弥补自柏拉图以降西方语言哲学在处理语言、思想与客观实在之间的关系问题上所出现的裂痕。不仅如此,阿奎那既在语言与客观实在的内在统一性问题上充分强调了语义生成的本体论基础,又极力凸显了语言与思想的深层关联,这就为当代西方语言哲学深入思考语言现象的本质及其功能等问题指明了一个正确的方向。事实上,当代不少现象学家正是沿着阿奎那早已指明的方向在深入思考语言的本质和功能。例如,梅洛-庞蒂(Maurice Merleau-Ponty,1908—1961年)就曾经在其《知觉现象学》一书中指出,语言有其内在意义;思想离不开语言:语言实现思想,思想内在于语言之中,语言就是思想。① 除此之外,当代诠释学者J.C.魏海默(Joel C.Weinsheimer)发现阿奎那的内在语理论与当代英国日常语言哲学牛津学派的著名代表人物约翰·奥斯汀(John Austin,1911—1960年)的言语行为理论是相当契合的。他认为前者为后者提供了一个先行的历史范例。奥斯汀关于"说话就是做事"(to say something is to do something)的言语行为理论对于逻辑经验主义原本就有某种矫枉纠偏的作用。由于他从语义学转向了语用学,并且在方法论上强调语言的复杂性和多样性,把对语言的意义分析情境化、具体化、现实化,主张通过对日常语言在其具体使用场合的意义分析而阐明其多种功能,因此他认为语言的意义只有藉着具体的言说行为才能得以实现。类似地,阿奎那语言哲学的内在语理论不仅强调"上帝之道"只有通过上帝的言说行为才能得以取肉身而成为历史中成长的人,而且强调万物都必须藉着上帝的言说行为才能得以成为受造的存在者。不仅如此,阿奎那还强调内在语只有通过外在语的表达行为才能实现其存在,因为内在语必然与它可能的表达行为发生关联,这就充分说明语言的存在特性也是一种行为。"言说使道成为肉身,使它成为具体的,而且只有这样它才是实在的。做出一个许诺的行为就是许诺本身。一个言语行为是一个既存在又意指的事件。"②因为这个缘故,所以魏海默认为在阿奎那语言哲学的内在语理论对上帝之道的阐释中隐含着言语行为理论的历史雏形,它对于当代逻辑经验主义同样具有某种程度的矫枉纠偏作用。

对于阿奎那语言哲学所具有的当代价值,我们还可以从它对当代哲学诠释学的影响方面来加以体认。众所周知,诠释学作为一门关于理解的科学其本身就离不开语言这一前提,因为理解只有通过语言的形式才能产生。尤其是以加达默尔为代表的当代哲学诠释学更加注重语言作为诠释学经验的媒介作用。他不仅把诠释学的对

---

① Maurice Merleau-Ponty, *Phenomenology of Perception*, London: Routledge & Kegan Paul, 1962, pp. 177-178.

② Joel C.Weinsheimer, *Gadamer's Hermenutics: A Reading of Truth and Method*, New Haven & London: Yale University Press, 1985, p.234.

象规定为具有语言性质的传承物,而且把理解本身也视为一种语言过程。然而,加达默尔所建构的哲学诠释学本身就直接受到过阿奎那语言哲学的启发。阿奎那在其内在语理论中曾经把话语比喻为光,而颜色却只有在光中才能被看见,其中彰显出话语在认识过程中所起的重要作用。这对于加达默尔把语言看作认识得以完成的场所并且把握存在于理解活动与理解对象之间的本质关系来说有着至关重要的影响。他不仅从阿奎那关于上帝之道与人类话语的区分中直接领悟到语言对于理解活动的重要性,而且他在解释语言概念的自然构成过程的时候把隐喻作为诠释学循环和视域融合模型的范式也是直接受惠于阿奎那语言哲学的类比理论之启发。

第四,隐含在阿奎那语言哲学中的浓厚神学意蕴充分体现出它作为一种基督宗教语言哲学所具有的形上超验精神。尽管人类语言原本是为了言说经验事物而产生和发展起来的,然而阿奎那语言哲学却以形而上学本体论承诺人类语言的语义生成基础,并且将其终极基础归结为超验的神圣存在,从而把人类语言的表达功能扩展到了超越经验世界的神圣领域。他的命名与意指理论不仅阐明了有些名称能够实体地或者本质地意指上帝,而且阐明了我们能够形成关于上帝的真实的肯定命题。[①] 根据阿奎那语言哲学,当我们使用自己的语言去表达经验世界的客观对象的时候,我们是自己语言的主人;然而,当我们使用自己的语言去表达超验的神圣实在的时候,我们的语言反倒成了我们的主人,因为我们用以表达神圣实在的语言具有超验的神圣性质,它们所表达的完美性有其神圣本源。在这种情况下,一方面,我们并不能完全把握自己所用语言的意义;另一方面,我们又不是在随意地使用自己的语言,而是在遵循着一种类比逻辑而使用自己的语言。这种类比逻辑能够使我们利用那来自于经验世界的日常语言谈论作为神圣奥秘的上帝成为有意义的。换言之,类比逻辑既保证了人类语言对神圣奥秘具有某种程度的开放性和可言说性,又保证了神圣奥秘的不可把握性及其在本质上的不可言说性。从这个意义上讲,阿奎那的类比理论体现出来的这种形而上学超越精神有助于我们打破并克服维特根斯坦关于神秘的东西不可言说的逻辑实证主义教条,它对于我们深入探讨人类语言的本质及其能动性具有重要的理论意义。

① *ST*, Ia, q.13, a.12.

缩 写 表

DK = *Die frangniente der vorsokratiker*

PL = *Patrologia latina*

ST = *Summa theologiae*

SCG = *Summa contra gentiles*

Super Sententiarum = *Scriptum super Sententiis*

In Perihermeneias = *Expositio libri Peryermeneias*

In Metaphysicorum = *Sententia libri Metaphysicae*

In Physicam = *Commentaria in octo libros Physicorum*

In Ethicorum = *Tabula libri Ethicorum*

In Epistolam ad Romanos = *Super Epistolam S.Pauli ad Romanos lectura*

Super Ioannem = *Super Evangelium S.Ioannis lectura*

De Veritate = *Quaestiones disputatae de veritate*

De Potentia = *Quaestiones disputatae de potentia*

De Malo = *Quaestiones disputatae de malo*

Quodlibet = *Quaestiones de quodlibet*

De Spiritualibus Creaturis = *Quaestio disputata de spiritualibus creatures*

Super De Divinis Nominibus = *In librum Beati Dionysii De divinis nominibus expositio*

译 名 对 照 表

（以汉语拼音字母为序）

一、人名和神名

阿波里纳 Apollinaris

阿弗洛狄西亚的亚历山大 Alexander of Aphrodisias

阿奎那 Sancti Thomae de Aquino

阿里乌 Arius

阿那克西曼德 Anaximander

阿那克西美尼 Anaximenes

阿瑞斯 Ares

阿斯帕修斯 Aspasius

阿威罗伊 Averroes

阿维森纳 Avicenna

艾比翁 Ebion

艾柯 Umberto Eco

艾克哈特 Johanes Eckhart

艾耶尔 Alfred Jules Ayer

爱拉斯谟 Desiderius Erasmus

爱利亚的芝诺 Zeno of Elea

爱留根纳 John Scotus Erigena

安瑟尔谟 St. Anselmus

安提丰 Antiphon

昂克劳 Onquelos

奥古斯丁 Aurelius Augustinus

奥康姆 Guillelmus de Ockham

奥利金 Origen

奥斯汀 John Austin

奥歇里的拉姆伯特 Lambert of Auxerre
巴比伦的第欧根尼 Diogenes of Babylon
巴门尼德 Parmenides
巴特 Karl Barth
柏拉图 Plato
保罗 Paul
毕达哥拉斯 Pythagoras
波埃修 Anicius Manlius Severinus Boethius
波菲利 Porphyry
伯利 Walter Burley
布尔特曼 Rudolf Bultmann
布雷斯韦特 Rechard Bevan Braithwaite
布里丹 Joannes Buridanus
布伦 Paul Van Buren
蔡德 Zaid
查士丁 Justin
大阿尔伯特 Albertus Magnus
大格列高利 Gregorius Magnus
大马士革的约翰 John of Damascus
大卫 David
德里达 Jacques Derrida
德谟革 Demiurge
狄奥尼修斯 Dionysius
狄凯 Dike
狄提俄斯 Tityus
狄翁 Dion
第奥尼修斯 Dionysius
蒂利希 Paul Tillich
恩培多克勒 Empedocles
恩披里柯 Sextus Empericus
法雷尔 Austin Farrer
斐洛 Philo of Alexandria/Philo Judaeus
费尔巴哈 Ludwig Andreas Feuerbach
费克 Ludwig von Ficker
弗雷格 Friedrich Ludwig Gottlob Frege

傅提诺 Photinus

高尔吉亚 Gorgias

哈纳克 Adolf Von Harnack

海德格尔 Martin Heidegger

海伦 Helen

荷马 Homer

赫尔曼 Wilhelm Hermann

赫尔墨斯 Hermes

赫拉克利特 Heraclitus

赫利亚斯 Peter Helias

赫谟根尼 Hermogenes

黑格尔 Friedrich Hegel

基尔克 G.S.Kirk

基尔克果 Soren Kierkegaard

吉尔松 Etienne Henri Gilson

吉奇 P.T.Geach

加达默尔 Hans-Georg Gadamer

卡夫坦 Julius Kaftan

卡吉坦 Thomas vio Cajetanus

卡西尔 Ernst Cassirer

康德 Immanuel Kant

康福德 Francis MacDonald Cornford

考诃 H.Koch

柯费尔德 G.B.Kerferd

柯万维戈 Jonathan Kvanvig

科普斯敦 F.C.Copleston

克拉底鲁 Cratylus

克雷茨曼 Norman Kretzmann

克里斯普利士的马克西姆 Maximus de Chrysopolis

克里翁 Cleon

克林妥 Cerinthus

克律西波 Chrysippus

克罗诺斯 Chronus

库萨 Nikolaus Cusanus

昆体良 Marcus Fabius Quintilianus

拉尔修 Diogenes Laertius

拉纳 Karl Rahner

莱布尼茨 G.W.Leibniz

朗格 A.A.Long

利类思 Ludovic Bugli

利奇蒙德 James Richmond

列奥十三世 Pope Leo XIII

卢卡西维茨 J.Lukasiewicz

伦巴德 Peter Lombard

罗卡 Gregory P.Rocca

罗勒根 Bernard Lonergan

罗素 Bertrand Russell

洛伊德 G.E.R.Loyd

马丁一世 Pope Saint Martin I

马克思 Karl Heinrich Marx

马利亚 Mary

马斯科尔 E.L.Mascall

迈蒙尼德 Moses Maimonides

麦基 Bryan Magee

麦奎利 John MacQuarrie

麦里梭 Melissus

麦利切尔 Joseph Marechal

梅洛-庞蒂 Maurice Merleau-Ponty

明谷的伯纳德 Bernard de Clairvaux

摩尔 George Edward Moore

摩西 Moses

莫尔伯克的威廉 Guilelmus Moerbeke

莫瑞尔 John Morreall

涅尔夫妇 William Kneale and Martha Kneale

欧布里德 Eubulides

欧文 G.E.L.Owen

欧亚塞卢 Euathlus

普里西安 Priscian

普罗狄科 Prodicus

普洛克鲁士 Proclus

普罗泰戈拉 Protagoras
萨莫萨特鲁的保罗 Paulus Samosatenus
塞涅卡 Seneca
塞浦路斯的西提乌姆的芝诺 Zeno of Citium of Cyprus
圣维克多修道院的理查德 Richard de St.Victor
圣维克多修道院的雨果 Hugues de St.Victor
施莱尔马赫 Friedrich Schleiermacher
斯蒂格尔马雅 J.Stiglmayr
斯提尔波 Stilpo
苏格拉底 Socrates
苏托 Taki Suto
索里的克律西波 Chrysippus of Soli
泰阿泰德 Theaetetus
泰勒斯 Thales
提摩太 Timothy
瓦伦提诺 Valentinus
维柯 Giambattista Vico
维特根斯坦 Ludwig Wittgenstein
伪狄奥尼修斯 Pseudo-Dionysius
魏海默 Joel C.Weinsheimer
西塞罗 Marcus Tullius Cicero
夏普利斯 R.W.Sharples
休谟 David Hume
雅各 Jacob
亚伯拉罕 Abraham
亚里士多德 Aristotle
亚略巴古提 Areopagite
亚述的克里安赛斯 Cleanthes of Assos
扬布利科 Iamblichus
耶和华/雅威 YHWH
耶稣 Jesus
以撒 Isaac
宙斯 Zeus

二、术语

艾比翁主义 Ebionitism

按照本质 per essenciam
按照部分的模式 per modum partis
按照超越 per excessum
按照分有 per participationem
按照否定 per negationem/per negationes
按照否定(的)模式 per modum negationis
按照否定之路 per viam negationis
按照结果的相似性 per similitudinem effectus
按照肯定 per affirmationes
按照先后 secundum/per prius et posterius
按照先后被用来言说不同事物 dicitur de diversis secundum prius et posterius
按照相似性 per similitudinem
按照因果模式 per modum causae
按照因果性 per causalitatem
按照整体的模式 per modum totius
按照卓越模式 per modum eminentiae
按照卓越之路 per viam excellentiae
把握 comprehendat
把握性印象 katalepsis
把握自己 Selbstbesitz
白板 tabula rasa
白的观念/白的义理 ratio albi
白物 album
白性/白 albedo
半人半马怪物 centauros
被表示者/被意指者 σημαινόμενον
被摧毁 φθείρεσθαι
被动理智 intellectus passivus
被理解的人 homo intellectus
被理解的人就是话语 homo intellectus est verbum
被理解的事物 res intellect
被理解的意向 intentio intellect/ intentio intellecta
被模化者 exemplatum
被言说者/被展示者 λεγομενον
被意指事物 res significata

被意指者 significatum/τάσημαινόμενα
被印入的可理解心象 species impressa intelligibilis
被用来非本义地言说上帝 non proprie dicuntur de Deo
被用来类比地言说不同事物 dicitur analogice de diversis
被指示者/被展示者 λεγομενον
本义地 proprie
本义地被用来言说上帝 proprie dicuntur de Deo
本义地理解 intelligere proprie
本源 principium
本质 essentia
本质地 essentialiter
本质对象 objectum quod
比较 comparatio
比例 άυαλογία/proportio/proportionem
比例的 proportionis
比例的类比 analogiam proportionis
比例的相似性 similitudinem proportionis
比例的一致 convenientia proportionis
比例性 proportionalitas
比例性的 proportionalitatis
比例性的类比 analogiam proportionalitatis
比例性的相似性 similitudo proportionabilitatis
比例性的一致 convenientiam proportionalitatis
必要的 necessitatem
辩证法 dialektikos/Dialektik
表达 expressio
表达性的 expressivum
表达语 verbum prolatum
表示/意指 σημαίνειν
表述 λέγειν/legein
不定的二 δυ άδ
不可传达的 incommunicabilem
不平等性 inaequalitas
不确定的 άόριστα
不同的关系模式 diversos modos relationis

不完全的 ἐλλιπη
不完全的语句 oratio imperfecta
部分的存在 partis esse
部分的形式 forma partis
陈述句 enunciatio
陈述语句 oratio enunciativa
称呼 appellatio
成比例地 proportionaliter
承纳性的 hinnehmend
尺度 μέτρος/metros
抽象的 abstractionis
抽象名称 nomina abstracta
抽象作用 abstractio
出生 Genea
出于故意安排的异(多)义 aequivoca a consilio
出于偶然的异(多)义 aequivoca a casu
创造 creatio
纯粹的存在 esse tantum
纯粹的异(多)义 pura aequivoca/puram aequivocationem
此时此地 das Da und Jetzt
次要 secundus locus
次要地/按照在后 per posterius
从本质上/本质地 essentialiter
从施加者一方 ex parte imponentis
从事物一方 ex parte rei
从无中创造 creatio ex nihilo
从原因上/原因地 causaliter
从属性 Hinordnung
存在 το ον/ον/to on/eon/einai/on/esse/estin to einai/existing/exist/hayah
存在/是本身 ipsum esse
存在的东西 quod est
存在的活动 actum essendi
存在的主体 subiectum essendi
存在模式 modus essendi
存在者 ens/estin/eon/einai

存在者的类比 analogia entis

存在者之为存在者/作为存在者的存在者 ens qua ens

带有时间的实体 substantiam cum tempore

带有性质的实体 substantiam cum qualitate

单纯的同(单)义 simplicem univocationem

单个的 singularem

诞生 nativitas

道之道 verbum verbi

道路/途径 hodos

等级从属论 subordinationismus

第二被理解者 secumda intellecta

第二施加的名称 nomina secundae impositionis

第二意向 secunda intentio

第一被理解者 prima intellecta

第一存在者 primum ens

第一符号 primorum notae

第一现实 primum actum

第一意向 prima intentio

第一语词 primis vocibus

第一种相 prima genera

否定性差异 differentia negativa

定义 definitionem

动词 verba

动力因 causam efficientem/efficiens

动物 animal

动物的健康 sanitas animalis

独立自存 adest

对不可分者的理解 indivisibilium intelligentia

对同一某物的比例 proportiones ad aliquid unum

多个对一个 plurium ad unum

多个有着对一个的比例 multa habent proportionem ad unum

恩典的类比 analogia gratiae

发出 processum

发声/讲话 φωνή

返回到感觉意象 conversio ad phantasmata

范畴 kategoria/praedicamenta
非本义地 non proprie
非存在者 ouk estin
非物质的模式 modum immaterialem
非形体的本性 naturae incorporeae
非形体的形式/非形体的属相 species incorporeae
分离 division/divisionem
分娩 partus
分有 μετέχω/participare
否定神学 theologia apophatike
否定之路/否定方法 via negativa
符号 σὺμβολου/symbolon/σημείου/semeion/symbolum/signum/signa/nota/notae/signs
符号所指物 significabilia
父亲的义理 ratio matris
复合的 complexa
概念 conception/conceptus
感觉 sensationes
感觉意象 phantasma
感受理智 intellectus passtivus
这一个 tode ti
根据(由于)约定 secundum placitum/ad placitum
根据比例 secundum proportionem/ἀυαλογία
根据比例的一致 convenientia secundum proportionem
根据存在 secundum esse
根据存在者的义理考虑存在者 considerabat ens secundum rationem entis
根据类比 secundum analogiam/ἀυαλογία/κατ' ἀναλογίαν
根据类比的一致 convenientia secundum analogiam
根据排除的义理 secundum rationem remotionis
根据它相关于一个第一物 per respectum ad unum primum
根据先后 secundum prius et posterius
根据义理 secundum rationem
根据因果性的义理 secundum rationem causalitatis
根据卓越的义理 secundum rationem excellentiae
工具 organon
公牛 bos

共同概念 koinai ennoia
共同性 communitas
估价力 vis aestimativa
观看 speculantes
光照作用 illuminatio
喊出真相 verum boans
和谐 ἁρμονία
呼喊 boatus
呼唤语句 oratio vocativa
话语/言语 verbum/word/Wort
幻影论 Docetism
基体 supposita/suppositum
基于事物本性的形式 forma secundum rei naturam
记忆力 vis memorativa
技巧 technē
假 falsum
简单的/非复合的 incomplexa
健康 ὑγίεια/sanitas/health
健康的 sanum
健康给予者 sanativum
健康着 ὑγιαίνει
讲 dibber
讲话 φωνή
降临 bo
降生成人的 incarnatus
降生成人的奥秘/道成肉身的奥秘 incarnationis mysterium
较少本义地 minus proprie
接触点 Anknüpfungspunkt
结果分有原因 effectus participat causam
结合 composition/compositionem
结合的模式 modum compositionum
经验/感受 πάθημα/passio
精气 spiritus
精神变化 immutatio spiritualis
精神性 Geistigkeit

精神语 verbum mentis

镜子 speculum

旧逻辑 logica vetus

居间的 μέσα

句子 orationes/ oratione

具体的 concretionis

具体名称 nomina concreta

绝对存在 esse absolutum

绝对地是 esse simpliciter

可感印象 species sensibilis

可理解的存在 esse intelligibile

可理解的心象 species intelligibilis

可理解者的第一原理 prima intelligibilium principia

可理解者的流溢 emanatio intelligibilis

可能或者不可能 possibilia vel impossibilia

可能或者潜能 possibilia vel potentia

可能理智 intellectus possibilis

可知性 Erkennbarkeit

肯定神学 theologia cataphatike

肯定性差异 differentia affirmative

肯定之路/肯定方法 via affirmative

空气的振动 verberatio aeris

口语 voces/voce

口语意指的多样性 diversa vocum significatione

扩充 ampliatio

类比 analoga/analogia/ἀναλογία

类比的多样性 multiplicitas analogiae

类比地 analogiae

类比地被用来谓述 analogice praedicari

类比地被用来言说不同的事物 analogice dicitur de diversis

类比地谓述 analogice praedicari

类似地 similiter

类似性地 similitudinarie

冷 frigus

理解 intelligere

理解模式 modum intelligendi/modus intelligendi
理性认知能力 noesis
事物的理性特征/事物的义理 rationes rerum
理智的概念 conceptio intellectus/intellectus conceptiones
理智的活动 actione intellectus
理智的流溢 emanatio intellectus
理智世界 kosmos noētos
理智运作 operationes intellectus
连带意指 consignificare/consignificatione
连接 copulation/copular
两者对第三者 duorum ad tertium
灵魂的感受 animae passions/anima passionum/
流溢 emanatio
流溢模式 modum emanationis
论辩术 eristic
逻各斯/语言/命题/理性/道 λόγος/logos
逻辑意向 intentiones logicas
名称/语词 nomen/nomina/onoma
名称被施加以便意指的东西 ad quod nomen imponitur ad significandum
名称的实体 substantia nominis
名称的所指 id ad quod
名称的性质 qualitas nominis
名称的由来 id a quo
名称的正确性 correction of name
名称为了意指而由以被施加的东西 a quo imponitur nomen ad significandum
名称由以被施加的东西 id a quo imponitur nomen
名词 nomina
命令语句 oratio imperativa
命题 άξματα/άπόφανσις/enunciatio/enunciationem/proposition
模式 modum
模式主义者 Modistae
模型/范式 exemplar/paradeigma
模型的义理 rationem exemplaris
摩尼教徒 Manichaeorum
某人实存着 A man exists

某物因以而是的东西 quo est
某物曾经或者将来是 aliquid fuisse vel futurum esse
某种东西 τότί
母亲的义理 ratio patris
目的 finis
内在表达语 verbum intus prolatum
内在的被理解者本身 ipsum interius intellectum
内在逻各斯 λόγος ενδιαθετος
内在语 verbum interius/verbum intimum
那个 asher/illadi/illati/that
那个神 ho theos
能 posse
能被意指者 significabile
能力 potentia
能意指者 significativum
诺斯替主义 Gnosticism
排除法 via remotionis
判断 sententia
跑 currere
跑者 currens
平等地 aequaliter
平等性 aequalitas
凭借对象 objectum quo
普遍的存在 esse commune
普遍的存在者 ens commune
普遍的或者共同的存在者 ens commune
普遍性 universalitatem
普纽玛 pneuma
齐一性 uniformitas
其所指 id ad quod
祈求语句 oratio deprecativa/optativa
起源 originem
前把握性概念 prolepseis
潜能 potentia
潜在存在的 subsistent

求知欲 sciendi desiderium

取一部分 partem capere

取自他物而据为己有 ab alio ad se sumptio

去神话化 Demythologizing

确定的 ρισμένα

确立对某物的理解 constituit intellectum

热 calor

人 homo

人的话语/人言 verbum hominis

人为现象 nomos

人性 humanitas

认知性的 cognoscitiva

荣耀之光 lumen gloriae

肉身/血肉之躯 caro

肉身化 incarnatio

三个维度 tres dimeniones

三位一体 Trinitate

三位一体的奥秘 mysterium trinitatis

善 bonitos/bonitatem/goodness

善的 bonum/good

伤脚 laedit pedem/laedere pedem

伤脚者 laedens pedem

上帝的专名 τετραγρ άμματον/Tetragrammton

上帝的话语 theo-logia

上帝的形象 imago Dei

上帝说 Deus dixit

上帝之道 Verbum Dei

上升之路 via ascensus

摄取 assumptio/assumendo

身体的感受 passiones corporis

神 theos

神圣生育 divina generatio

生命 vita

生育 generatio

生育的义理 rationem generationis

生育模式 modum generationis
声音 sonos/vox
声音的想象 imaginatio vocis
圣言/圣道 Verbum divinum/Divine Word
圣言神学 Worttheologie
圣子 filius
什么 quid
石头 lapis
实存的 existent
实体 οὐσία/ousia
实体的种相 genere substantie
实体地 substantialiter
实质 quidditas
事物 res
事物的名称 nomen rei
所造事物的义理 rationem rerum factarum
是 hayah/to be/ist
是/存在/存在者ἐστιν/estin
是否存在 an est
是什么 ti esti/quid est
是这个 id quod est
首要的和直接的被理解者 primo et per se intellectum
首要地/按照在先 principaliter/per prius
受造物的善 bonitatem creaturae
书写文字 scriptae litterae
数量的种相 genere quantitatis
说 amar
说出的逻各斯/说出的语言 λόγος προφορικος
说话 λεγω/yedabber/lego
思 noein
思辨语法 grammatica speculativa
思想 cogitare/cogitation/dianoia/intellectus
思想的性质 intellectuum qualitatem
所陈述的东西/命题 enuntiatum
所说出的东西 dictum

所宣称的东西 effatum

所造的事物 rerum factarum

所指 id ad quod

他所是 qui est/He Who Is

他要 He wills

特性 Washeit

提问性 Fragwürdigkeit

天使之言 verbum Angeli

同(单)义 univoca

同(单)义地被用来谓述 univoce praedicatur

同化 consumendo

同名同义 synonymy

同名异义 homonymy

同一个目的 uni fini

同一个形式的两个呈现事件 two occurrences of the same form

同一个主动者 uni agenti

同一个主体 unum subiectum

同义地谓述 univoce praedicari

统治本原 governing principle

吐火兽 chimaeras

推理和探究 ratiocinando et inquirendo

外在逻各斯 λόγος αποφαντικος

外在语 verbum exterius

完全的 αύτοτελη

完全的语句 oratio perfecta

万物之道 Verbum omnium rerum

微笑 ridere

位格 persona

谓述 λεκτόν/lecton

文字 litterae/scripturam

无文字并且不分音节连接的口语 vox non litterata et non articulate

物体 corpus

习俗的观念 ratio institutionis

下降之路 via descensus

先验托马斯主义 transcendental Thomism

先验托马斯主义者 transcendental Thomist

显现 manifestationem

现实的相似性 actu similitudines

现实地由理智所考虑的东西 id quod actu consideratur per intellectum

现实地是或者不是 esse vel non esse in actu

限定者 modifier

限制 restrictio

相/理念 idea

相关于一 respectum ad unum

相似性 similitudines /similitudo

相似性的观念/相似性的义理 ratio similitudinis

相似性原则 Ähnlichkeitsprinzip

想象 imaginationes

想象力 imaginatio

向内的发出 processio ad intra

向外的发出 processeio ad extra

象征 symbols

象征性地 symbolice

心里说 ve-amarti

心语 verbum cordis

新逻辑 logica novellus

形式 forma

形式的中介 formale medium

形式地 formaliter

形式或者性质 formam sive qualitatem

形象 eikon/imago

形象的义理 rationem imaginis

型 Eidos

言说/展示 λέγειν

言谈 ἀπόφανσις

言语 speech

颜色 colorem

要 omer

一 hen

一般地理解 intelligere communiter

一个对另一个 unius ad alterum
一个名称被归属于之的东西 Id autem cui attribuitur nomen
一个有对另一个的比例 unum habet proportionem ad alterum
一物是什么 quod quid est
一致 convenientia
医学的 medicinale
依照部分相同、部分不同的义理 secundum rationem partim eamdem, partim diversam
依照完全不同的义理 secundum rationes omnino diversas
依照完全相同的义理 secundum rationem omnino eamdem
疑问语句 oratio interrogativa
已经启示的上帝 Deus revelatus
已然生成 in facto esse
以抽象的方式 in abstracto
以多种方被用来言说不同的事物 multipliciter dicitur de diversis
以具体的方式 in concreto
义理 ratio
异(多)义 aequivoca
异(多)义的多样性 multiplicitas aequivocationis
异(多)义地被用来谓述 aequivoce praedicatur
异义地谓述 aequivoce praedicari
意见 doxa/judgment
意思 meaning/sense
意向的名称 nomen intentionis
意向性的存在 esse intentionale
意义/意指 meaning/signification
意指和显现的义理 rationem significationis et manifestationis
意义理论 theory of meaning
意指 signification/significare/significationem
意指的义理 ratio significandi
意指模式 modus significandi
意指特性 proprietates significationum
意指者 signifcans/τάσημαίνοντα
意志 will
因果性之路 via causalitatis
隐匿的上帝 Deus absconditus

隐喻 metaphoris

隐喻地 metaphorice

隐喻地被用来言说上帝 metaphorice de Deo dicuntur

印象 φαυτασίαι

永存的逻各斯 ho aidios logos

由……引起 causetur

由来 id a quo

由于施加 ex impostione

由于习俗 ex institutione

由于自然/由于本性 ex natura

有生命的 vivum

有时 quandoque

有文字并且分音节连接的口语 vox litterata et articulate

有用的 utilitatem

与一个中心点相关/与一相关/核心意义 πρόςέν/pros hen/focal meaning

语词 dictio/diction/verbum

语言学转向 linguistic turn

原理/原则/本原/因素 principium

源自于习俗的符号 signum,quod est ex institutione

源自于自然的口语 vocem,quae est ex natura

约定地 positione

约定原则 Konventionsprinzip

孕育 conceptio

运作性的 operativum

载体 hypokeimenon

在 einai

在上帝之中道的发出 processio verbi in divinis

在先性 prioritate/prioritatem

在先把握 Vorgriff

展现 explicatio

真 verum

真理 aletheia

真理的符合论 correspondence theory of truth

真理性 alēthē

真实的 alethes

真实的人 homo verus
真实的上帝 verus Deus
真正的存在 to ontos on
真值沟 a truth-value gap
振动 verberatio
整体的存在 totius esse
整体的形式 forma totius
正名 orthoepeia
正确的措词或者表述 correct diction
正确理性 orthos logos
知道 noscere
知识 episteme
直观 visio/videant
植根语 verbum insitum
指称 reference
指称理论 theory of reference
指代 supposition/supponere/supponi
指涉(向)同一某物 ad unum aliquid et idem…referuntur
指示/展示 λέγειν
指向那个一 ad illud unum refertur
至善 summum bonum
制造性的 factiva
质料 materia
质料地 materialiter
秩序 κόσμος
智慧 sapietia/sophia
智慧的 sapiens
智人 logikos
中介 medietas
种相 genus
种子理性 logos spermatikos
主动理智 intellectus agens
主体 subiectum
属相 species
专名 Shem ha-meforash/nomen proprium

专有地 proprie

专有模式 proprius modus

专有义理 ratio propria

转化 conversio

卓越之路 via eminentia

自立的存在 esse subsistens

自然变化 immutatio naturalis

自然的存在 esse naturale

自然地 naturaliter

自然法 lex natrualis

自然/本性 physis

自我反思 Zusich-Reflektiertheit

宗教论断 religious assertion

综合感/统觉 sensus communis

最普遍的 communisssimum

作为部分 ut partem

作为存在的存在 το ον η ον

作为整体 ut totum

三、著作名

《〈罗马书〉释义》(巴特)*The Epistle to the Romans*

《〈约翰福音〉评注》(阿奎那)*Super Evangelium S.Ioannis lectura*

《〈箴言书〉评注》(阿奎那) *Scriptum super Sententiis*

《阿奎那和类比》(麦金纳尼)*Aquinas and Analogy*

《巴门尼德篇》(柏拉图)*Parmenides*

《柏拉图〈巴门尼德篇〉评注》(普洛克鲁士)*In Platonis Parmenidem Commentaria*

《辩谬篇》(亚里士多德)*Sophistikoi Elenkoi/On Sophistical Refutations*

《波埃修〈论三位一体〉评注》(阿奎那) *Super Boetium De trinitate*

《波埃修〈七公理论〉评注》(阿奎那)*Expositio libris Boetii De hebdomadibus*

《波埃修论灵魂、语法和逻辑》(苏托)*Boethius on Mind,Grammar and Logic*

《驳尤提克斯和聂斯脱利派》(波埃修)*Contra Eutychen et Nestorium*

《忏悔录》(奥古斯丁) *Confessiones*

《纯粹理性批判》(康德)*Kritik der reinen Vernunft*

《存在与时间》(海德格尔)*Sein und Zeit*

《存在着的他》(马斯科尔)*He Who Is*

《蒂迈欧篇》(柏拉图)*Timaeus*

《动物志》(亚里士多德)*Fauna*

《反逻辑学家》(恩披里柯)*Against the Logicians*

《反塞尔修斯》(奥利金) *Against Celsus*

《反异教大全》/《驳异大全》(阿奎那)*Summa contra Gentiles*

《范畴篇》(亚里士多德)*The Categories*

《斐德罗篇》(柏拉图)*Phaedrus*

《斐多篇》(柏拉图)*Phaedo*

《斐洛》(科尔森和惠特克)*Philo*

《工具论》(亚里士多德)*Organon*

《关于美学、心理学和宗教信仰的演讲和对话》(维特根斯坦)*Lectures and Conversations on Aesthetics, Pschology and Religious Belief*

《国家篇》(柏拉图)*Politeia*

《海伦颂》(高尔吉亚)*Encomium of Helen*

《后分析篇》(亚里士多德)*Posterior Analytics*

《回忆苏格拉底》(色诺芬)*Memorabilia*

《基督教的世俗化》(马斯科尔)*The Secularization of Christianity*

《基督教神学与自然科学》(马斯科尔)*Christian Theology and Natural Science*

《加达默尔的解释学》(魏海默)*Gadamer's Hermenutics: A Reading of Truth and Method*

《教会教义学》(巴特)*Church Dogmatics*

《教阶等级》(伪狄奥尼修斯)*De ecclesiastica hierarchia*

《解释篇》(亚里士多德)*De Interpretatione/On Interpretation*

《〈解释篇〉评注》(波埃修)*In Peri Hermeneias*

《精神现象学》(黑格尔)*Phänomenologie des Geistes*

《旧约》 *Old Testament*

《卡尔米德篇》(柏拉图)*Charmides*

《克拉底鲁篇》(柏拉图)*Cratylus*

《拉凯斯篇》(柏拉图)*Laches*

《类比和谈论上帝》(莫瑞尔)*Analogy and Talking about God: A Critique of the Thomistic Approach*

《灵魂论》(亚里士多德)*De Anima*

《〈灵魂论〉评注》(阿奎那)*Sentencia libri De anima*

《〈创世记〉问答》(斐洛)*Questiones et solutions in Genesin/Questions and Answers on Genesis*

《论共相》(西塞罗)*De univers*

《论辩篇》(亚里士多德)*Topics*

《论辩证法》(奥古斯丁)*De Dialectica*

《论创造》(斐洛)*On the Creation*

《论存在者与本质》(阿奎那)*De Ente et Essentia/On Bing and Essence*

《论动物的行进》(亚里士多德)*On the Gait of Animals*

《论逃避与发现》(斐洛)*De fuga et inventione/On Flight and Finding*

《论分离实体》(阿奎那)*De substantiis separatis*

《论划分》(波埃修)*De divisione*

《论基督宗教学说》(奥古斯丁)*De Doctrina Christiana*

《论基路伯》(斐洛)*On the Cherubim*

《论教师》(奥古斯丁)*De Magistro*

《论精神受造物》(阿奎那)*De spiritualibus creaturis*

《论口音的变乱》(斐洛)*De confusione linguarum/On the Confusion of Tongues*

《论梦》(斐洛)*On Dreams*

《论名称的类比》(卡吉坦)*De analogia nominum*

《论模态命题》(阿奎那)*De Propositionibus Modalibus*

《论三位一体》(奥古斯丁)*De trinitate*

《论三位一体》(波埃修)*De trinitate*

《论上帝的权能》(阿奎那)*De potentia/On the Power of God*

《论神圣名称》(伪狄奥尼修斯)*De divinis nominibus*

《论生成和消灭》(亚里士多德)*On Generation and Corruption*

《论诗》(亚里士多德)*Poetics*

《论十诫》(斐洛)*De decalogo/On the Decalogue*

《论希波克拉底和柏拉图的学说》(伽伦)*On the Doctrine of Hippocrates and Plato*

《论亚伯与该隐的献祭》(斐洛)*De sacrificiis Abelis et Caini/On the Sacrifices of Abel and Cain*

《论亚伯拉罕的迁居》(斐洛)*De migratione Abrahami/On the Migration of Abraham*

《〈箴言书〉评注》(阿奎那)*Scriptum super Sententiis*

《论真理》(阿奎那)*De veritate*

《论正统信仰》(大马士革的约翰)*De Fide Orthodoxa*

《论特殊律法》(斐洛)*De specialibus legibus/On the Special Laws*

《论自然原理》(阿奎那)*De principiis naturae*

《逻辑学、科学和辩证法》(奴斯鲍姆)*Logic, Science and Dialectic: Collected Papers in Greek Philosophy*

《逻辑学》(奥歇里的拉姆伯特)*Logica*

《逻辑哲学论》(维特根斯坦)*Tractatus Logico-Philosophicus*

《马克思恩格斯全集》*The Complete Works of Max and Angles*

《迷途指津》(迈蒙尼德)*Moreh Nevukhim*

《摩西传》(斐洛)*Moses*

《尼各马可伦理学》(亚里士多德)*Ethika Nikomachea/Nicomachean Ethics*

《七公理论》(波埃修)*De hebdomadibus*

《前分析篇》(亚里士多德)*Prior Analytics*

《前尼西亚教父》(罗伯茨和唐纳森)*The Ante-Nicene Fathers:Translations of the Writings of the fathers Down to A.D.*325

《人论》(卡西尔)*An Essay on Man*

《上帝的实存》(希克)*The Existence of God*

《上帝之道与人的话语》(巴特)*The Word of God and The Word of Man*

《神秘神学》(伪狄奥尼修斯)*De mystica theologia*

《神学大全》(阿奎那)*Summa Theologiae*

《神学纲要》(阿奎那)*Compendium theologiae*

《神学与形而上学》(利奇蒙德)*Theology and Metaphysics*

《圣·保罗〈致罗马人书〉评注》(阿奎那)*Super Epistolam S.Pauli ad Romanos lectura*

《圣·托马斯和卡耶坦的亚里士多德〈解释篇〉评注》(厄斯特勒)*Aristotle:On Interpretation Commentary by St.Thomas and Cajetan(Peri Hermeneias)*

《圣言的倾听者》(拉纳)*Hörer des Wortes*

《实存与类比》(马斯科尔)*Existenc and Analogy*

《实践理性批判》(康德)*Kritik der praktischen Vernunft*

《世界中的精神》(拉纳)*Geist in Welt:Zur Metaphysik der endlichen bei* Thomas von Aquin

《书信集》(伪狄奥尼修斯)*Epistles*

《谁是神的后裔》(斐洛)*Quis rerum divinarum Heres sit/Who is the Heir*

《思想家——当代哲学的创造者们》(麦基)*Men of Ideas Some Creators of Contemporary Philosophy*

《斯多亚学派、伊壁鸠鲁和怀疑论者》(夏普利斯)*Stoics,Epicurus and Sceptics*

《泰阿泰德篇》(柏拉图)*Theaetetus*

《谈论上帝:神学的语言与逻辑之考察》(麦奎利)*God-Talk:An Examination of the Language and Logic of Theology*

《天阶等级》(伪狄奥尼修斯)*De caelesti hierarchia*

《为什么我不是基督徒》(罗素)*Why I Am Not a Christian*

《伪狄奥尼修斯:文本评注及其影响导论》(罗内姆)*Pseudo-Dionysius:A Commentary on the Texts and an Introduction to Their Influence*

《伪狄奥尼修斯〈论神圣名称〉评注》(阿奎那)*In Librum Beati Dionysii De Divinis Nominibus Expositio*

《物理学》（亚里士多德）*Physics*

《哲学史》（科普斯敦）*A History of Philosophy*

《西方哲学史》（罗素）*A History of Western Philosophy*

《希腊哲学、斯多亚学派、伊壁鸠鲁和怀疑论者》（朗格）*Hellenistic Philosophy, Stoics, Epicurus, Sceptics*

《希腊哲学家》（朗格和塞德利）*The Hellenistic Philosophers*

《系统神学》（蒂利希）*Systematic Theology*

《心语》（罗勒根）*Verbum: Word and Idea in Aquinas*

《新科学》（维柯）*Scienza Nuova*

《新约和其他早期基督教文献的希-英辞典》（鲍尔）*A Greek-English Lexicon of the New Testament and other Early Christian Literature*

《神性之探》（麦奎利）*In Search of Deity: An Essay in Dialectical Theism*

《书信集》（塞涅卡）*Epistulae*

《信仰的动力》（蒂利希）*Dynamics of Faith*

《形而上学》（亚里士多德）*Metaphysics*

《形而上学导论》（海德格尔）*Einführung in die Metaphysik*

《修辞学》（亚里士多德）*Rhetoric*

《亚里士多德〈范畴篇〉评注》（大阿尔伯特）*In Praedicamenta Aristotelis*

《波埃修的亚里士多德〈解释篇〉评注》（迈瑟）*Anicii Manlii Severini Boetii Commentarii in Librum Aristotelis ΠΕΡΙ ΕΡΜΗΝΕΙΑΣ*

《〈范畴篇〉导论》（波菲利）*Isagoge*

《亚里士多德〈范畴篇〉评注》（波埃修）*In Categorias Aristotelis*

《亚里士多德〈解释篇〉评注》（阿奎那）*Expositio libri Peryermeneias*

《亚里士多德〈尼各马可伦理学〉评注》（阿奎那）*Sententia libri Ethicorum*

《亚里士多德〈物理学〉评注》（阿奎那）*Commentaria in octo libros Physicorum*

《亚里士多德〈形而上学〉评注》（阿奎那）*Sententia libri Metaphysicae/Commentary on Aristotle's Metaphysics*

《亚历山大的斐洛》（温斯顿）*Philo of Alexandria: The Contemplative Life, the Giants, and Selection*

《耶稣基督和神话》（布尔特曼）*Jesus Christ and Mythology*

《意指模式大全》*Summae Modorum Significandi*

《永恒之父》（列奥十三世）*Aeterni Patris*

《优台谟伦理学》（亚里士多德）*Eudemian Ethics*

《有限与无限》（法雷尔）*Finite and Infinite: A Philosophical Essay*

《语词与形象：神学话语研究》（马斯科尔）*Words and Images: A Study in Theological Discourse*

《语法规则》(普里西安)*Institutiones Grammaticae*

《语言,真理与逻辑》(艾耶尔)*Language,Truth and Logic*

《在通向语言的途中》(海德格尔)*Unterwegs zur Sprache*

《哲学百科全书》(爱德华)*The Encyclopedia of Philosophy*

《哲学的慰藉》(波埃修)*Philosophiae Consolatio/The Consolation of Philosophy*

《哲学评论》(维特根斯坦)*Philosophical Remarks*

《哲学史讲演录》(黑格尔)*Vorlesungen über die Geschichte der Philosophie*

《哲学研究》(维特根斯坦)*Philosophical Investigations*

《真理与方法》(加达默尔)*Wahrheit und Methode*

《政治学》(亚里士多德)*Politics*

《知觉现象学》(梅洛-庞蒂)*Phenomenology of Perception*

《智者篇》(柏拉图)*Sophist*

《智者运动》(柯费尔德)*The Sophistic Movement*

《中世纪基督宗教哲学史》(吉尔松)*History of Christian Philosophy in the Middle Ages*

《中世纪哲学》(《劳特利奇哲学史(十卷本)第三卷》)(马仁邦)*Medieval Philosophy*(*Routledge History of Philosophy*[*Ten Volusmes*],*Volume III*)

参 考 文 献

（以下所列文献均为本书直接或间接引用过）

一、拉丁文文献

1.J.P.Migne,*Patrologia Latina*,221 vols.,Paris,1844-1864.

2.Sancti Thomae de Aquino,*Summa theologiae*,textum Leoninum Romae 1888-1903 editum.

3.Sancti Thomae de Aquino,*Summa contra gentiles*,textum Leoninum emendatum ex plagulis de prelo Taurini 1961 editum.

4.Sancti Thomae de Aquino,*Scriptum super Sententiis*,textum Parmae 1856-1858 edtum.

5.Sancti Thomae de Aquino,*Super Boetium De trinitate*, textum a Bruno Decker Lugduni Batauorum 1959 editum.

6.Sancti Thomae de Aquino,*Expositio libri Peryermeneias*, textum Leoninum Taurini 1955 editum.

7.Sancti Thomae de Aquino,*Sententia libri Metaphysicae*,textum Leoninum Taurini 1950 editum.

8.Sancti Thomae de Aquino,*Tabula libri Ethicorum*, textum Leoninum Romae 1971 editum.

9.Sancti Thomae de Aquino,*Commentaria in octo libros Physicorum*, textum Leoninum Taurini 1954 editum.

10.Sancti Thomae de Aquino,*Super Epistolam S. Pauli ad Romanos lectura*,textum Leoninum Taurini 1953 editum.

11.Sancti Thomae de Aquino,*Super Evangelium S.Ioannis lectura*,textum Leoninum Taurini 1952 editum.

12.Sancti Thomae de Aquino,*Quaestiones disputatae de veritate*,textum adaequatum Leonino 1970 editum.

13.Sancti Thomae de Aquino,*Sentencia libri De anima*,textum Leoninum Taurini 1959 editum.

14.Sancti Thomae de Aquino,*Expositio libris Boetii De ebdomadibus*,texum Leoninum Taurini 1954 editum.

15.Sancti Thomae de Aquino,*Sentencia libri De Anima*,textum Leoninum Taurini 1959 editum.

16.Sancti Thomae de Aquino,*Quaestiones disputatae de potentia*,textum Leoninum Taurini 1953 editum.

17.Sancti Thomae de Aquino, *De ente et essentia*, Textum a L.Baur Monasterii Westfalorum 1933 editum.

18.Sancti Thomae de Aquino, *Quaestiones disputatae de malo*, textum Leoninum Taurini 1953 editum.

19.Sancti Thomae de Aquino, *Quaestiones de quodlibet*, textum Leoninum Taurini 1956 editum.

20.Sancti Thomae de Aquino, *Quaestio disputata de spiritualibus creaturis*, textum Leoninum Taurini 1953 editum.

21.Sancti Thomae de Aquino, *In librum Beati Dionysii De divinis nominibus expositio*, textum Leoninum Taurini 1950 editum.

22.Sancti Thomae de Aquino, *De principiis naturae*, textum Leonino 1972 praebito adaequatum.

23.Sancti Thomae de Aquino, *De substantiis separatis*, textum Leonino 1968 edito adaequatum.

24.*Aristoteles Latinus*, ed.L.M.Minio-Paluello, 1965.

二、其他外文文献

25.St.Thomas Aquinas, *Summa Theologica*, complete English edition in five volumes, translated by Fathers of the English Dominican Province, Benziger Brothers, Inc., 1948.

26.St.Thomas Aquinas, *Summa contra Gentiles*, book one: God, translated, with an introduction and notes, by Anton C.Pegis, E.R.S.C., university of Notre Dame Press, Notre Dame/London, 1975.

27. St. Thomas Aquinas, *Summa contra Gentiles*, book two: creation, translated, with an Introduction and Notes, by James F. Anderson, Notre Dame, London: University of Notre Dame Press, 1975.

28.St.Thomas Aquinas, *Summa contra gentiles*, book three: providence, translated, with an Intoduction and Notes, by Vernon J.Bourke, Notre Dame, London: University of Notre Dame Press, 1975.

29. St. Thomas Aquinas, *Summa contra gentiles*, book four: salvation, translated, with an Introduction and Notes, by Charles J. Oneil, Notre Dame, London: University of Notre Dame Press, 1975.

30.St.Thomas Aquinas, *On the Power of God*, translated by the English Dominican Fathers, Westminster, Maryland: The Newman Press, 1952.

31.St.Thomas Aquinas, *Truth*, volume I, translated by Robert W. Mulligan, S.J., Indianapolis/Cambridge: Hackett Publishing Company, Inc., 1994.

32. St. Thomas Aquinas, *Truth*, volume II, translated by James V. McGlynn, Indianapolis/Cambridge: Hackett Publishing Company, Inc., 1994.

33. St. Thomas Aquinas, *On Bing and Essence*, translated with an introduction and notes by Armand Maurer, second revised edition, Toronto: Pontifical Institute of Mediaeval Studies, 1968.

34.St.Thomas Aquinas, *An Exposition of the On the Hebdomads of Boethius*, introduction and translation by Janice L.Schultz and Edward A.Synan, Washington: The Catholic University of American Press, 2001.

35.St.Thomas Aquinas, *Aristotle's De Anima in the Version of William of Moerbeke and the Commentary of St.Thomas Aquinas*, translated by Kenelm Foster, O.P., M.A.and Silvester Humphries, O.P., M.A., New Haven and London: Yale University Press, 1951.

36.St.Thomas Aquinas, *On Evil*, translated by Jean Osterler, Notre Dame, London: University of Notre Dame Press, 1993.

37.St.Thomas Aquinas, *Aristotle: On Interpretation Commentary by St.Thomas and Cajetan (Peri Hermeneias)*, Translation from the Latin with an Introduction by Jean T.Oesterle, The Marquette University Press, Milwaukee, Wisconsin, 1962.

38.St.Thomas Aquinas, *Commentary on Aristotle's Metaphysics*, translation and introduction by John P.Rowan, Dumb Ox Books, Notre Dame, Indiana, 1995.

39.St.Thomas Aquinas, Commentary on Aristotle's Physics, tanslated by Richard J.Blackwll, Richard J.Spath, and W.Edmund Thirlkel, Dumb Ox Books, Notre Dame, Indiana, 1999.

40.Diels, H.und Kranz, W., *Die Frangniente der Vorsokratiker*, Griechisch und Deutsch, Weidmann, 1974.

41.Kerferd, G.B., *The Sophistic Movement*, Cambridge University Press, 1981.

42.Francis MacDonald Cornford, *Plato's Theory of Knowledge*, London: Routledge & Kegan Paul, 5th Impression 1957.

43.Sharples, R.W., *Stoics, Epicurus and Sceptics*, Routledge, 1996.

44.*Sextus Empericus*, 4 Vols., Loeb Classical Library, Rep.2000.

45.Diogenes Laertius, *Lives of Eminent Philosophers*, 2 Vols., Loeb Classical Library, 1925.

46.A.A.Long and David Sedley, (eds.), *The Hellenistic Philosophers*, 33E, Vols.i and ii, Cambridge University Press, 1987.

47.A. A. Long and David Sedley, (eds.), *The Hellenistic Philosophers*, 34J, Vols. i and ii, Cambridge University Press, 1987.

48.A. A. Long, *Hellenistic Philosophy, Stoics, Epicurus, Sceptics*, 2nd, Berkeley, University of California Press, 1986.

49.Origen, *The Ante-Nicene Fathers: Translations of the Writings of the fathers Down to A.D.*325, ed.by Alexander Roberts and James Donaldson.4 vol., Grand Rapids, Mich.: Eerdmans, 1988.

50.*Philo of Alexandria: The Contemplative Life, the Giants, and Selection*, tr.by David Winston, New York, 1981.

51.Colson, F.H., and Whitaker, G.H., *Philo*(Greek text with introductions and an English translation), 10 vols., Loeb Classical Library, London and Cambridge, Mass., 1929–62.

52.Rev.Professor J.F.Shaw, Schaff, P., ed.*A Select Library of the Nicene and Post-Nicene Fathers of the Christian Church*, Edinburgh: T&T Clark, 1994, first series, vol.II.

53.Augustine, *Against the Academicians and the Teacher*, translated by Peter King.Indianaplis IN: Hackett Pub.Co., 1995.

54.Augustine, *The Trinity*, the English version introducted, translated, and noted by Edmund Hill, New City Press, Brooklyn, New York, 1991.

55.Boetii, *Anicii Manlii Severini Boetii Commentarii in Librum Aristotelis ΠΕΡΙ ΕΡΜΗΝΕΙΑΣ*, ed. C.Meiser.2 vols.Leipzig, 1877/80; rpt.NY-London, 1987.

56.Proclus, *In Platonis Parmenidem Commentaria*, 851.6–8, vol.2., ed.C.Steel, Oxford: Oxford University Press, 2008.

57.Boethius, *The Consolation of Philosophy*, translated by R.H.Green, New York: Macmillan, 1962, repr.Dover: Mineola, 2002.

58.Taki Suto, *Boethius on Mind, Grammar and Logic: A Study of Boethius' Commentaries on Peri hermeneias*, Koninklijke Brill NV, Leiden, Boston, 2012.

59.John MacQuarrie, *In Search of Deity: An Essay in Dialectical Theism*, New York: Crossroad Publishing, 1987.

60.Paul Rorem, *Pseudo-Dionysius: A Commentary on the Texts and an Introduction to Their Influence*, Oxford New York: Oxford University Press, 1993.

61.N.Kretzmann, "History of Semantics", *The Encyclopedia of Philosophy*, vol.7, ed.P.Edwards, New York: Macmillan, 1967.

62.U.Eco, "Signification and Denotation from Boethius to Ockham", in *Franciscan Studies*, 44, 1984.

63.Gregory Rocca, O.P., "The Distinction between 'Res Significata' and 'Modus Significandi' in Aquinas's Theological Epistemology", *The Thomist: A Speculative Quarterly Review* 55, 1991.

64.Gregory P.Rocca, O.P., "Aquinas on God-Talk: Hovering over the Abyss", *Theological Studies* 54, 1994.

65.Jonathan Kvanvig, "Divine Transcendence", *Religious Studies* 20, 1984.

66.John Morreall, *Analogy and Talking about God: A Critique of the Thomistic Approach*, Washington, D.C.: University Press of America, 1978.

67.Jonh F.Wippel, *The Metaphysical Thought of Thomas Aquinas: From Finite Bing to Uncreated Bing*, Washington, D.C.: The Catholic University of America Press, 2000.

68.*The Cambridge Translations of Medieval Philosophical Texts, volume* 1, *Logic and the Philosophy of Language*, ed. by Norman Kretzmann and Eleonore Stump, Cambridge University Press, 1988.

69.Bernard Lonergan, *Verbum: Word and Idea in Aquinas*, ed.by Frederick E.Crowe and Robert

M.Doran, University of Toronto Press, 1997.

70.P.T.Geach, "Form and Existence", *Proceedings of the Aristotelian Society*, 1954-5.

71.*A Greek-English Lexicon of the New Testament and other Early Christian Literature*, 3rd edition, by Walter Bauer, University of Chicago Press, 2001.

72.G.E.L.Owen, "Logic and Metaphysics in Some Early Works of Aristotle", *Logic, Science and Dialectic: Collected Papers in Greek Philosophy*, edited by Martha Nussbaum, Ithaca: Cornell Universiy Press, 1986.

73.Ludwig Wittgenstein, *Lectures and Conversations on Aesthetics, Pschology and Religious Belief*, Oxford: Blackwell, 1980.

74.Karl Barth, *Church Dogmatics*, Vol.1 Part I-II: *The Doctrine of the Word of God; Prolegomena to Church Dogmatics*, Edingburgh: T & T Clark, 1936.

75.Karl Barth, *Church Dogmatics*, Vol.2 Part I: *The Doctrine of God; The Knowledge of God; The Reality of God*, Edingburgh: T & T Clark, 1956.

76.Karl Barth, *The Word of God and The Word of Man*, New York: Harper & Bros, 1957.

77.Bertrand Russell, *Why I Am Not a Christian*, London: George Allen & Unwin, 1957.

78.Austin Farrer, *Finite and Infinite: A Philosophical Essay*, Westerminster: Dacre Press, 1943.

79.E.L.Mascall, *Words and Images: A Study in Theological Discourse*, London: Darton, Longman and Todd, 1957.

80.Ralph McInerny, *Aquinsa and Analogy*, Washington, D.C.: The Catholic University of America Press, 1996.

81.E.L.Mascall, *Existenc and Analogy*, London: Longmans, Green, 1949.

82.Karl Rahner, *Spirit in the World*, English translated by William Dych, S.J., New York: The Continuum Publishing Company, 1994.

83. Maurice Merleau-Ponty, *Phenomenology of Perception*, London: Routledge & Kegan Paul, 1962.

84.Joel C.Weinsheimer, *Gadamer's Hermenutics: A Reading of Truth and Method*, New Haven & London: Yale University Press, 1985.

85.R.B.Braithwaite, "An Empiricist's View of The Nature of Religious Belief", *The Existence of God*, ed.by John Hick, London: Macmillan Publishing Co.Inc., 1964.

86.Rudolf Bultmann, *Jesus Christ and Mythology*, London: Macmillan Publishign Co.Inc., 1958.

87.Paul Tillich, *Dynamics of Faith*, New York: Happer and Row, 1957.

88.Paul Tillich, *Systematic Theology*, Vol.1, Chicago: The University of Chicago Press, 1951.

89.Paul Tillich, "The Nature of Religious Language", *The Christian Scholar*, XXXVIII, 3, September, 1955.

90.E.Gilson, *History of Christian Philosophy in the Middle Ages*, New York: Random House, 1955.

三、中文文献

91.《亚里士多德全集》,苗力田主编,北京:中国人民大学出版社 1990 年版。

92.《柏拉图全集》,王晓朝译,北京:人民出版社 2002 年版。

93.[古希腊] 色诺芬:《回忆苏格拉底》,吴永泉译,北京:商务印书馆 1984 年版。

94.(托名)狄奥尼修斯:《神秘神学》,包利民译,北京:三联书店 1998 年版。

95.[古罗马] 奥古斯丁:《忏悔录》,周士良译,北京:商务印书馆 2009 年版。

96.[阿拉伯] 迈蒙尼德:《迷途指津》,傅有德等译,济南:山东大学出版社 1998 年版。

97.[意] 阿奎那:《神学大全》第一集,段德智译,北京:商务印书馆 2013 年版。

98.[意] 维柯:《新科学》,朱光潜译,北京:商务印书馆 1989 年版。

99.[德] 黑格尔:《精神现象学》上卷,贺麟、王玖兴译,北京:商务印书馆 1979 年版。

100.[德] 黑格尔:《哲学史讲演录》第一卷,贺麟译,北京:商务印书馆 1996 年版。

101.[德] 卡西尔:《人论》,甘阳译,上海:上海译文出版社 1985 年版。

102.[德] 海德格尔:《在通向语言的途中》,孙周兴译,北京:商务印书馆 1999 年版。

103.[德] 海德格尔:《存在与时间》,陈嘉映、王庆节译,熊伟校,北京:三联书店 1987 年版。

104.[德] 海德格尔:《形而上学导论》,熊伟、王庆节译,北京:商务印书馆 1996 年版。

105.[奥] 维特根斯坦:《哲学研究》,李步楼译,北京:商务印书馆 2005 年版。

106.[奥] 维特根斯坦:《逻辑哲学论》,韩林合译,北京:商务印书馆 2014 年版。

107.[德] K.拉纳:《圣言的倾听者》,朱雁冰译,北京:三联书店 1994 年版。

108.[德] 加达默尔:《真理与方法》下卷,上海:上海译文出版社 1999 年版。

109.[瑞士] 巴特:《罗马书释义》,魏育青译,上海:华东师范大学出版社 2005 年版。

110.[英] 罗素:《为什么我不是基督徒》,徐亦春等译,北京:商务印书馆 2012 年版。

111.[英] 罗素:《西方哲学史》上卷,何兆武、李约瑟译,北京:商务印书馆 1997 年版。

112.[英] 约翰·马仁邦主编:《中世纪哲学》(帕金森、杉克尔主编:《劳特利奇哲学史(十卷本)》第三卷),孙毅等译,冯俊校,北京:中国人民大学出版社 2009 年版。

113.[英] 布莱恩·麦基:《思想家——当代哲学的创造者们》,周穗明等译,北京:三联书店 1987 年版。

114.[英] 艾耶尔:《语言、真理与逻辑》,尹大贻译,上海:上海译文出版社 1981 年版。

115.[英] 詹姆士·利奇蒙德:《神学与形而上学》,朱代强、孙善玲译,成都:四川人民出版社 1997 年版。

116.[英] 约翰·麦奎利:《谈论上帝:神学的语言与逻辑之考察》,安庆国译,高师宁校,成都:四川人民出版社 1997 年版。

117.《马克思恩格斯全集》第三卷,北京:人民出版社 1965 年版。

118.汪子嵩等:《希腊哲学史》,北京:人民出版社 1997 年版。

119.邓晓芒:《思辨的张力——黑格尔辩证法新探》,长沙:湖南教育出版社 1992 年版。

120.刘小枫:《走向十字架上的真》,上海:上海三联书店 1995 年版。

121.北京大学哲学系外国哲学史教研室编译:《西方哲学原著选读》,北京:商务印书馆 1987 年版。

122.胡景钟、张庆熊主编:《西方宗教哲学文选》,尹大贻等译,上海:上海人民出版社 2002 年版。

123.董尚文:《寻求神学语言的意义——麦奎利的语言哲学简论》,《哲学动态》2001 年第 4 期。

124.董尚文:《当代西方宗教语言研究方法论分析(上、下)》,《哲学动态》2002 年第 7—8 期。

125.董尚文:《托马斯的宗教语言哲学》,《哲学研究》2005 年第 12 期。

126.董尚文:《托马斯的话语理论及其意义》,《哲学动态》2008 年第 2 期。

127.董尚文:《托马斯主义的先验转向》,《世界哲学》2009 年第 3 期。

128.董尚文:《K.拉纳的认识形而上学及其意义》,《哲学研究》2009 年第 6 期。

129.董尚文:《阿奎那的问题类型论及其意义》,《哲学研究》2013 年第 3 期。

后　记

这本学术著作从最初萌发创作动机到现在出版问世已历时五年之久,总算暂且能够如愿以偿地放下这一重负了！笔者对基督宗教语言问题的特别关注大约始于2000年年初。从2001年起,笔者开始陆续在《哲学动态》和《哲学研究》上发表了多篇讨论宗教语言问题的文章,其中有2篇分别被人民大学复印资料《宗教》和《外国哲学》全文转载,也有2篇是直接讨论阿奎那语言哲学问题的。后因形势所迫为生计(吾辈60后想要在高校混饭吃,若无博士学位,便不具评聘教授的资格,在如此刚性体制下,柔弱的个体实属无可奈何!)考入武汉大学哲学学院师从段德智教授攻读博士学位而使我获得了深入钻研阿奎那基督宗教哲学的机会,由于我当时把主要精力和时间都投入在研究阿奎那形而上学上,对基督宗教语言问题的关注暂时相对较少了,直到2008年将自己的博士学位论文修改并整理成《阿奎那存在论研究》出版之后,我才有更多的时间和精力用来重新关注和思考基督宗教语言问题。2009年,以已经发表过的有关宗教语言问题的文章为基础,我向教育部申报"阿奎那语言哲学及其当代发展效应研究"这一课题,并获批为该年度教育部人文社会科学研究规划基金项目(项目批准号为:09YJA720009)。我原计划用三年时间来完成这个研究项目,结果却用了将近五年时间。这个研究项目的完成时间一再申请延期,其重要原因之一就在于阿奎那并没有撰写过任何一本语言哲学专著,然而他又在其绝大部分著作中都广泛地讨论了语言问题,要想在他撰写的汗牛充栋的著作中把他对语言问题的讨论全部整理出来加以研究绝非易事,况且这些著作都用拉丁文写成,有一些被译成英文的作品又或多或少存在着这样或那样的不足,需要对照拉丁文逐一研读,待我把这些准备工作做完时结项日期已经临近了;此外,在本书撰写期间又逢80多岁高龄的老母亲突然中风,瘫痪于床达8月之久终至驾鹤西去,为人子者尽孝尽义理所当然,亦耗费不少时间和精力;加之教学工作及其他杂务耽搁,只能断断续续,一拖再拖。爬梳迄今,该著终于辍笔付梓,实为难产。

在此需要说明的是,本书有极少部分内容涉及笔者先前已经发表过的文章,但是在经过此次更加深入细致地研究之后,笔者也发现了在先前发表过的文章中有些观点在理解上还存在着一定的偏差甚或误解。借此机会,本书也对笔者先前所发表的文章中的偏差或误解一并作了更正。除此之外,在本书中还有个别章节的内容曾经提交由武汉大学哲学学院、台湾辅仁大学天主教学术研究中心、意大利利玛窦研究中心共同主办的“托马斯阿奎那与中世纪哲学”国际学术研讨会(2014 年 11 月)并作学术报告,得到与会者的关注和讨论,笔者也根据在讨论中所受到的启发作了相应修改。

在本书的写作过程中,笔者充分得益于国内外许多学者所做的与本选题相关的大量铺垫性研究工作,或直接引用了他们的研究成果,或受到他们的研究成果之启发;华中科技大学人文社会科学研究专项项目也为本书的出版给予了资助,在此一并表示衷心的感谢!我还得到了不少亲人和朋友们的关心和帮助,尤其是恩师段德智教授在古稀高龄还如此认真地审阅全书并且欣然为之作序,诚令弟子颇有宠命优渥之感!此外,我还要特别提到的是:周红梅、周斯夏、董斯雨女士自始至终都给予了无微不至的关爱和支持;王卉珏博士利用自己在华中科技大学图书馆做编审的便利条件帮助提供了大量的外文参考资料;王翠女士亦远在英国帮助选购了一些外文参考书;我的博士生程寿庆同学帮忙认真校对了全书并且整理了译名对照表以及参考文献;人民出版社的洪琼先生认真审阅并编校了全部书稿,并且为本书的出版热情奔波。对于他们给予的热情关怀和无私帮助,也在此表示真诚的谢意!

董 尚 文

2015 年 4 月 1 日于学府佳园